개인사업자 세금 실무서

세금 개요 및 절세
부가가치세 종합소득세
직접 세무신고하기

- ▶ 사업자등록 및 세금 개요
- ▶ 부가가치세 해설
- ▶ 부가가치세 직접 신고하기
- ▶ 종합소득세 해설
- ▶ 간편장부대상자 종합소득세 신고하기
- ▶ 복식부기기장의무자의 종합소득세 신고
- ▶ 원천징수 실무

"이제부터 세금 신고는 내가 직접 한다."

■ 저자 이진규 (약력)
(현)삼일인포마인 세무상담위원
(현)비즈폼, 이지분개 세무상담위원
　20여년간 세무상담
(현)경영정보사 도서 집필 및 발간
(전)국세청 세무조사관

■ 저자 저서
법인관리 및 법인세무 컨설팅
법인기업의 세무회계실무
세법의 가산세 및 세무회계실무
부가가치세 및 원천세 실무
세금개요 및 절세

세금개요 및 세금절세
부가가치세·종합소득세 직접 신고하기

2024 01. 05. 개정판 발행
저　　자 : 이 진 규
발 행 인 : 강 현 자
발 행 처 : 경영정보사
신고번호 : 제2021 - 00026호

주　　소 : 대구시 동구 동촌로 255
　　　　　 태왕 아너스 101동 401호
전　화 : 080 - 250 - 5771
홈페이지 : www.ruddud.co.kr
E-Mail　 : lee24171@naver.com

머리말

이 책은 개인사업자 및 중소기업의 경리담당자를 위한 세무신고 실무서로 부가가치세 및 종합소득세에 대한 내용을 알기 쉽게 설명하고 있습니다. 그리고 지출증빙의 중요성 및 정규영수증 제도에 대하여 상세히 설명하여 두었습니다.

이 책은 세금계산서 발급 시기, 수정 발급, 부가가치세 매입세액 공제와 불공제 사례, 부가가치세 신고와 관련하여 유의할 사항 등에 대하여 수록하였습니다. 또한 전자세금계산서의 수취 및 발급에 관한 내용을 수록하여 전자세금계산서 발급의무대상사업자가 아닌 개인사업자라도 전자 세금계산서를 발급하여 세금계산서 발송비 등의 비용을 절감할 수 있도록 구체적 업무내용을 제시하고 있습니다.

이 책은 특히 개인사업자로서 간편장부대상자의 경우 세무사사무소에 장부기장을 맡기지 않고도 사업자 본인이 직접 부가가치세, 종합소득세 신고를 국세청 세무신고 사이트인「홈택스」에서 직접 신고할 수 있도록 구체적인 사례를 제시하고 있으며, 국세청 홈페이지 및 홈택스에서 제공하는 있는 각종 세무자료 및 사용방법 등을 수록하였습니다.

끝으로 사장님 및 중소기업의 경리업무에 종사하시는 분들에게 본서가 업무에 유익한 도서가 되기를 바랍니다.

2024년 1월 저자 이 진 규

부가가치세 종합소득세
세무 실무 및 세금 절세

[제1부] 세금개요 및 세금절세

세금과 관련하여 개인사업자가 반드시 알아야 하는 사업자등록과 세금개요에 대한 전반적인 내용, 세금절세는 어떻게 가능한 것인가? 세금 납부일정표, 국세청 홈페이지 활용등 다양한 내용을 수록하였습니다.

[제2부] 부가가치세 실무 및 전자신고

부가가치세의 전반적인 내용 및 신고실무, 전자세금계산서 및 세금계산서 발행과 관련하여 주의할 점, 부가가치세 수정신고, 경정청구, 기한 후 신고방법, 2021년 하반기부터 개정된 간이과세자와 관련 개정 세법등에 대한 실무 사례를 상세히 수록하였습니다.

[제3부] 종합소득세 실무, 종합소득세 신고

종합소득세 세금 계산 절차, 종합소득세 신고유형, 복식부기의무자, 간편장부대상자, 성실신고확인대상자, 추계신고대상자, 종합소득세 신고 관련 유의사항, 사업용계좌 신고, 각종 소득공제 및 감면제도 및 세액공제 등과 관련한 내용을 수록하였습니다.

[제4부] 지출증빙 및 세무조사, 증빙관리

정규영수증 제도, 정규영수증 수취대상 거래, 정규영수증을 수취하지 않아도 되는 거래, 정규영수증 과소 수취에 대한 관할 세무서의 해명 요구, 세무조사 및 세무조사 선정기준, 영수증의 보관 및 관리 방법 등에 대하여 수록하였습니다.

[제5부] 근로소득세 등 원천세 신고

급여·임금·상여금 및 퇴직금 지급과 관련한 세무신고, 일용근로자의 임금 지급에 대한 노무 및 세무실무, 기타 원천징수대상 소득 지급에 대한 세무실무 내용을 수록하였습니다.

[제6부] 장부기장 및 재무제표 이해

개인사업자의 장부기장 방법, 손익계산과정, 계정과목 분류, 개인사업자의 자본금 관리, 재무제표인 손익계산서, 재무상태표에 대한 내용을 쉽게 이해할 수 있도록 체계적인 방법으로 관련 내용을 수록하였습니다.

목차 — 부가가치세, 종합소득세 근로소득세 등 신고[홈택스]

CONTENTS •••••

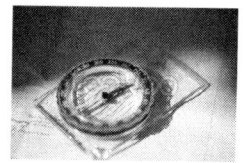

사업자등록 세무일정

CHAPTER 01 개인사업자 사업자등록

01	사업자등록 신청은 어떻게 하나요?	5
02	통신판매업자의 경우 통신판매업 신고는 어떻게 하나요?	9
03	일반사업자로 하여야 하나요? 간이사업자로 하여야 하나요?	10
04	직원이 없는 경우 세금 신고는?	11
05	직원이 있는 경우 세금 신고 및 4대보험 신고는?	11
06	세무사사무소에 세무신고 및 장부기장을 맡겨야 하나요?	12
07	사업장 임차보증금도 확정일자를 받을 수 있나요?	15

▣ 창업연도 매출액과 관련한 세무상 유의사항   20

01 창업연도 매출에 따라 다음 연도에 달라지는 것이 있나요?   20
02 복식부기의무자에 해당하면 사업용계좌를 신고하나요?   20
03 복식부기의무자에 해당하면 승용차 운행기록부를 작성하나요?   20
04 창업연도 매출이 8천만원 이상이 되면 어떻게 되나요?   22
05 창업연도 매출이 8천만원에 미달하면 어떻게 되나요?   23

CHAPTER 02 개인사업자 세금 개요

01 종합소득세는 언제까지 신고납부하여야 하나요?   26
02 부가가치세란 무엇인가요?   28
03 근로소득세   29
04 퇴직소득세   30
05 사업자의 경우 신고·납부하여야 하는 지방세 및 지방소득세는?   31
06 개인사업자의 세금 신고 및 납부일정은 어떻게 되나요?   32
07 과세사업자로서 종업원이 있는 개인사업자   32
08 과세사업자로서 종업원이 없는 경우   33
09 면세사업자로서 종업원이 있는 개인사업자   33

CHAPTER 03 세금 절세 오해 및 가이드

01 합법적으로 절세를 한다는 것이 무슨 의미인가요?   36
02 탈세는 어떻게 이루어지나요?   37
03 부가가치세는 어떻게 절세할 수 있나요?   38
04 종합소득세는 어떻게 절세할 수 있나요?   40

CHAPTER 04 개인사업자 4대보험료, 건강보험료 부과

01 개인기업 사업주 및 직원 4대보험 가입 및 보험료 42
02 자영업자의 지역 건강보험료 부과기준 47

부가가치세 실무

CHAPTER 01 부가가치세 개요

01 과세사업자 및 면세사업자는 어떻게 구분되나요? 59
02 부가가치세 신고 및 납부기한은 어떻게 되나요? 63
03 일반과세자 최초 부가가치세 신고는 언제까지 하여야 하나요? 64
04 간이과세자 최초 부가가치세 신고는 언제까지 하여야 하나요? 64

CHAPTER 02 세금계산서 발급 및 수정발급

01 사업자는 모두 세금계산서를 발급하여야 하나요? 65
02 신용카드로 결제받은 경우 세금계산서를 발급하여야 하나요? 66
03 소매업의 경우에도 세금계산서를 발급하여야 하나요? 66
04 부동산을 매각한 경우 세금계산서를 발급하여야 하나요? 67
05 세금계산서를 발급하지 않아도 되는 업종은? 67
06 세금계산시 발급시 유의할 내용은? 70
07 세금계산서는 언제 발급하여야 하나요? 73
08 세금계산서를 제 때 발급하지 못한 경우 어떻게 되나요? 78
09 당초 세금계산서를 잘못 발급한 경우 수정발급할 수 있나요? 78

CHAPTER 03 전자세금계산서 발급 및 관리

01 과세사업자는 반드시 전자세금계산서를 발급하여야 하나요?　　87
02 전자세금계산서는 어디에서 발급하나요?　　89
03 전자세금계산서는 어떻게 발급하나요?　　90
04 전자세금계산서를 잘못 발급한 경우 수정발급할 수 있나요?　　97

CHAPTER 04 현금영수증 발급

01 현금영수증가맹점으로 가입을 하여야 하는 업종은?　　99
02 현금영수증가맹점으로 가입하지 않는 경우 어떻게 되나요?　　102
03 현금영수증을 의무적으로 발급하여야 하는 경우는?　　103
04 현금영수증 의무발급자가 현금영수증을 발급하지 않은 경우　　105
05 부가세 신고시 현금매출명세서를 제출하여야 하는 업종은?　　108

CHAPTER 05 부가가치세 과세표준

01 부가가치세 과세표준이란?　　109
02 간주공급이 무엇인가요?　　110
03 부가가치세 과세대상이 아닌 것?　　113

CHAPTER 06 영세율 및 면세제도

01 영세율이란 무엇인가요?　　114

02 영세율이 적용되는 재화 또는 용역은? 116
03 면세란 무엇이며, 면세사업자 세무신고는 어떻게 되나요? 120

CHAPTER 07 매입세액공제, 매입세액불공제

01 사업자등록 신청전 매입세액도 공제받을 수 있나요? 125
02 간이과세자로부터 현금영수증을 받은 경우 매입세액공제는? 125
03 신고 누락한 매입세금계산서의 매입세액을 공제받는 방법은? 126
04 신용카드전표, 현금영수증 매입세액을 공제받을 수 있나요? 126
05 신용카드전표로 매입세액을 공제받을 수 없는 지출은? 127
06 사업용신용카드 및 현금영수증 홈택스 등록 및 조회 방법은? 129
07 의제매입세액이 무엇인가요? 131
08 거래대금을 받을 수 없는 경우 납부한 부가세 공제는? 134
09 매입세액 중 공제를 받을 수 없는 것은? 137

CHAPTER 08 부가가치세 경감 공제세액 및 기타

01 전자신고세액공제 139
02 매출대금을 신용카드로 결제받은 경우 세액공제는? 139
03 결제대행업체를 통하여 신용카드결제를 받은 경우 세액공제는? 141
04 부가가치세 예정고지세액이란? 142
05 부가가치세 신고서의 과세표준명세란 작성방법은? 143
06 고정자산을 매각한 경우 과세표준명세란에 어떻게 기재하나요? 143
07 면세 계산서 발급 및 수취금액 부가세 신고서 작성방법은? 143
08 부가가치세 신고시 일반매입과 고정자산매입 왜 구분하나요? 144
09 부가율 계산 144
10 세금 납부서 작성 145

■ **일반과세자 부가가치세 신고서 작성 사례** 146

01 부동산임대업, 도소매업, 화물운수업, 제조업, 건설업, 음식업 146
02 건설업, 도소매업, 부동산임대업, 음식점업, 제조업, 화물운수업 146

CHAPTER 09 일반환급, 조기환급, 기한후 신고, 경정청구

01 일반환급 또는 조기환급이란? 147
02 매입세액이 매출세액보다 많은 경우 매입세액공제는? 148
03 부가세 신고를 기한내 하지 못한 경우 어떻게 하나요? 149
04 매입세금계산서를 누락한 경우 공제를 받을 수 있나요? 150

CHAPTER 10 간이과세자 부가세 신고 및 납부 특례

01 간이과세 적용대상 사업자는? 151
02 간이과세자도 세금계산서를 발급할 수 있는 경우가 있나요? 153
03 간이과세자 관련 개정 세법내용은? 154
04 간이과세자의 납부할 세액 계산 방법은? 157
05 간이과세자도 예정신고를 하여야 하는 경우가 있나요? 159
06 간이과세자의 경우 부가세 납부가 면제될 수 있나요? 160
07 일반과세자의 연간 매출이 8천만원에 미달하게 되는 경우? 161

■ **간이과세자 부가가치세 신고서 작성 사례** 163

■ **홈택스에서 부가가치세 신고하기** 164

종합소득세 실무 및 사업자 지원제도

CHAPTER 1 종합소득세 개요

01 종합소득세 신고시 합산하여야 하는 소득은? ... 180
02 사업자의 경우 소득은 어떻게 계산하나요? ... 184
03 종합소득세 기장의무 구분 및 신고 유형 요약 ... 192
04 창업한 연도에도 장부기장하여 소득세 신고를 하여야 하나요? ... 193
05 면세사업자 사업장현황신고 및 신고기간 ... 194
06 종합소득세 [홈택스] 전자신고 ... 195
07 종합소득세에 대한 지방소득세 신고 및 납부기한은? ... 196
08 종합소득세 신고시 유의할 사항은 어떤 것들이 있나요? ... 197
09 공동사업자의 종합소득세 신고 관련 유의사항 ... 205

CHAPTER 2 간편장부대상자 소득세 신고

01 간편장부대상자의 사업소득금액은 어떤 방법으로 계산하나요? ... 209
02 총수입금액 및 필요경비명세서는 어떻게 작성하나요? ... 210
03 간편장부대상자 종합소득세 신고서 작성절차는? ... 223

CHAPTER 3 소득세 추계 신고

01 추계에 의한 종합소득세 신고 ... 225
02 간편장부대상자의 추계소득금액 계산 ... 226

03 복식부기의무자의 추계소득금액 계산 229
04 단순경비율, 기준경비율 적용 대상사업자 및 무기장가산세 231
05 기준경비율에 의한 추계소득금액계산서 작성 232

CHAPTER 4 복식부기기장자 소득세 신고

01 복식부기의무자란? 235
02 간편장부대상자에서 복식부기의무자로 변경된 경우 주의사항 236
03 사업용계좌란 무엇이며, 신고대상사업자는? 237
04 세무사에게 외부조정을 받아야 하는 사업자는? 239
05 성실신고확인대상 사업자란 241
06 사업소득금액 및 종합소득금액 확정 247
07 접대비(기업업무추진비) 한도초과액 필요경비불산입 251
08 기부금 한도초과액 필요경비불산입 253
09 종합소득금액 및 산출세액 확정 256

CHAPTER 5 소득공제, 과세표준, 산출세액, 세액공제

01 사업소득금액에서 공제를 받을 수 있는 것들이 있나요? 259
02 배우자공제 및 부양가족공제를 받을 수 있는 조건은? 260
03 국민연금불입액 및 소상공인 공제부금 공제 261
04 종합소득세 과세표준이란 무엇을 말하나요? 263
05 소득세 세율은 어떻게 되나요? 263
06 자녀세액공제 및 출산·입양 세액공제 264
07 연금불입액이 있는 경우 세액공제를 받을 수 있나요? 265
08 표준세액공제란? 267

CHAPTER 6 세금 절세의 핵심 세금 감면제도

01 특정한 업종의 창업중소기업에 대한 감면　　268
02 특정한 업종의 중소기업특별세액감면　　272
03 창업사업자 및 직원 증가시 공제받는 고용증대세액공제　　276
04 직원 증가시 공제받는 사회보험료 세액공제　　283
05 연구개발비 지출시 공제받는 연구개발세액공제　　285
06 '23년 이후 통합고용세액공제 신설　　287

CHAPTER 7 업무용 승용차 비용 한도 및 증빙

01 복식부기의무자의 업무용승용차 관련 비용 필요경비 산입　　289
02 업무용승용차 적용대상 차량 및 비용인정 범위　　291
03 승용차 운행기록 작성　　294
04 업무용승용차 관련비용 등에 관한 명세서 작성　　295
05 승용차 감가상각비 한도액　　297
06 업무용차량을 매각한 경우 세무회계　　299

CHAPTER 8 소득이 적은 사업자에 대한 지원제도

01 사업소득이 적은 경우 근로장려금을 지원받을 수 있나요?　　301
02 근로장려금 지원기준은 어떻게 되나요?　　301
03 근로장려금 지원금액은 얼마나 되나요?　　305
04 사업자가 만18세 미만 자녀가 있는 경우 자녀장려금은?　　308
05 자녀장려금 지원기준 및 지원금액은 어떻게 되나요?　　308

지출증빙, 과세자료, 세무조사, 가산세

CHAPTER 1 정규영수증 제도

01 사업 경비 지출시 왜 정규영수증 수취를 의무화하고 있나요? 314
02 세법에서 인정하는 증빙에는 어떤 것이 있나요? 316
03 어떤 경우 정규영수증을 수취하여야 하나요? 318
04 정규영수증 수취하지 않아도 되는 경우가 있나요? 320
05 정규영수증외의 영수증 수취명세서 제출의무 323
06 정규영수증을 과소 수취한 경우 어떤 문제가 발생하나요? 326

CHAPTER 2 정규영수증 등 지출증빙 관리

01 세금계산서 관리 및 보관 방법 329
02 면세 계산서 관리 및 보관 방법 333
03 신용카드매출전표 관리 및 보관 방법 334
04 현금영수증 관리 및 보관 방법 335
05 간이영수증, 기타영수증 관리 및 보관 방법 336

CHAPTER 3 과세자료 해명안내 및 세무조사

01 세무조사란? 337
02 탈세 및 탈세 사례 338
03 세무조사를 최소화하기 위한 방법은? 339

04 세무조사와 관련하여 알아 두어야 하는 사항	340
05 세무조사 선정 기준은?	341
06 세무조사 선정시 성실도는 어떻게 분석되고 있는가요?	341
07 간편장부대상자도 세무조사를 받을 수 있나요?	342
08 과세자료 해명 안내가 무엇인가요?	343
09 부가세 신고한 내용도 과세자료 해명안내문을 받게 되나요?	344
10 종합소득세 신고 내용도 해명안내문을 받게 되나요?	345
11 수정신고하는 경우 가산세 적용은 어떻게 되나요?	346

원천세 신고납부, 국세청 자료, 홈택스

CHAPTER 1 원천징수제도, 원천세 신고·납부

01 원천징수제도	358
02 지급명세서 제출	359
03 근로소득 간이지급명세서 제출	360
04 간이세액표에 의한 근로소득세 징수	364
05 식대 비과세 한도 확대 10만원 → 20만원	365
06 인적공제대상자의 소득금액과 공제 대상 여부	370
07 원천징수이행상황신고서 신고 및 세금납부	371
08 중도퇴사자 원천징수이행상황신고서 작성방법	372
09 중도퇴사자 연말정산 및 유의사항	372
10 원천세 수정신고 및 수정신고서 작성방법	373
11 원천세 가산세	374
12 근로소득세 및 4대보험료를 회사가 모두 부담하는 경우?	376
13 청년 등 취업자에 대한 소득세 감면	378

14 확정기여형 퇴직연금의 퇴직소득세 원천징수　384
15 확정급여형 퇴직연금의 퇴직소득세 원천징수　386
16 퇴직소득 및 퇴직소득세 계산　387
17 퇴직소득세 과세이연 및 지급명세서 제출　389
18 퇴사자 4대보험 정산 등　391
19 반기(6개월)별 근로소득세 신고 및 납부　392
20 연말정산　396
21 이자소득세 원천징수　397
22 기타소득세 원천징수　399
23 원천징수대상 사업소득 원천징수　405

CHAPTER 2 일용근로자 원천징수 세무실무와 4대보험

01 일용직 근로자란?　408
02 일용직 근로자의 법정수당 및 퇴직금　409
03 일용직 근로자의 연장·야간·휴일근로 가산수당　410
04 일용직 근로자 4대보험 가입대상 및 제외자　411
05 일용직 근로자의 '근로내용확인신고서' 제출　413
06 일용직 근로자 근로소득세 원천징수　414
07 배우자가 일용근로자인 경우 배우자공제를 받을 수 있나요?　415
08 일용근로자 지급명세서 제출　417

▣ 국세청 홈페이지 살펴보기　418

▣ 국세청 홈택스 살펴보기　420

▣ 국세법령정보시스템　422

장부기장 및 재무제표

CHAPTER 1 개인기업 장부기장

01 복식부기의무자 장부기장   429
02 간편장부대상자 및 간편장부기장   430

CHAPTER 2 사업자 소득계산, 손익계산서, 재무상태표

01 수익과 비용은 무엇을 의미하는가요?   431
02 매출원가 및 기말상품재고액   436
03 자산인 상품과 비용인 매출원가   439
04 자산인 차량운반구와 비용인 감가상각비   439
05 자산의 취득과 관련한 비용 계정과목   441
06 계정과목은 어떻게 정하며, 법적 근거가 있나요?   441
07 손익계산서   443
08 표준손익계산서   444
09 손익계산서에서 이익이 발생하면, 재무상태표의 영향은?   447
10 인출금과 자본금   449
11 자본금이 마이너스가 되는 경우 어떤 문제가 있나요?   450
12 재무상태표 구성항목인 자산, 부채, 자본   451
13 표준재무상태표   455

세금과 관련한 법률 이해

대한민국의 모든 법률은 법제처 홈페이지에서 확인할 수 있으며, 한글문서로 다운로드받아 생활 및 업무에서 유용하게 사용할 수 있습니다.

한편, 국세 관련 세법 및 기본통칙, 집행기준, 예규 심판사례, 판례등은 국세법령정보시스템에서 확인할 수 있습니다.

세금 납부의무 근거 법령

Q 헌법 (제38조)

모든 국민은 법률이 정하는 바에 의하여 납세의 의무를 진다.

Q 법률

국회의원과 정부는 법률안을 제출할 수 있으며, 법률은 국회에서 의결합니다.

소득세법, 법인세법, 부가가치세법, 조세특례제한법 등

대통령령

대통령은 법률에서 구체적으로 범위를 정하여 위임받은 사항과 법률을 집행하기 위하여 필요한 사항에 관하여 대통령령을 발할 수 있습니다.

소득세법 시행령, 법인세법 시행령, 부가가치세법 시행령, 조세특례제한법 시행령 등

총리령·부령

국무총리 또는 행정각부의 장은 소관사무에 관하여 법률이나 대통령령의 위임 또는 직권으로 총리령 또는 부령을 발할 수 있습니다.

소득세법 시행규칙, 법인세법 시행규칙, 부가가치세법 시행규칙 등

예규, 통칙, 판례

예규란 세법적용에 대한 질의에 대하여 행정관청의 해석한 것을 말합니다.

통칙이란 예규 중에서 중요한 내용 등에 대하여 세법의 조문에 따라 체계화한 것으로 세법의 경우 기본통칙 및 세법집행기준이 있습니다.

판례란 조세쟁송에 대한 법원의 판결내용을 말합니다.

법령자료 및 주의할 사항

해당 법령의 '부칙'에서 반드시 **시행일**을 확인하여야 하며, 개정된 법률 중 그 시행시기를 따로 정하고 있는 경우가 많이 있습니다.

ⓠ 소득세법의 가산세 규정 개정 및 시행시기

● 시행시기

시행시기란 해당 법률의 효력이 발생하는 날로 예를 들어 "주택임대소득이 있는 사업자가 소득세법 제168조제1항 및 제3항에 따라 「부가가치세법」 제8조제1항 본문에 따른 기한까지 등록을 신청하지 아니한 경우에는 사업 개시일부터 등록을 신청한 날의 직전일까지의 주택임대수입금액의 1천분의 2에 해당하는 금액을 해당 과세기간의 결정세액에 더한다."는 개정 규정은 개정 소득세법 부칙 조항에 의하여 2020년 1월 1일부터 시행하는 것입니다.

□ 소득세법 제81조(가산세) ⑮ 주택임대소득이 있는 사업자가 제168조제1항 및 제3항에 따라 「부가가치세법」 제8조제1항 본문에 따른 기한까지 등록을 신청하지 아니한 경우에는 사업 개시일부터 등록을 신청한 날의 직전일까지의 주택임대수입금액의 1천분의 2에 해당하는 금액을 해당 과세기간의 결정세액에 더한다. <신설 2018. 12. 31.>

부 칙 <제16104호, 2018. 12. 31.>
제1조(시행일) 이 법은 2019년 1월 1일부터 시행한다. 다만, 제2조, 제81조제15항, 제118조의11(제94조제1항제3호나목에 따른 중소기업의 주식등에 한정한다), 제119조의2, 제129조제1항제1호나목, 제156조의2제2항, 제

156조의6제2항, 제165조의3제2항·제3항(같은 조 제2항 관련 부분만 해당한다) 및 제176조제2항의 개정규정은 2020년 1월 1일부터 시행한다.

● 경과조치

경과조치란 기존의 법령이 개정, 폐지되거나 새로운 법령이 제정된 경우에 구법과 신법의 대체를 원활하게 하기 위한 규정으로 대부분 개정법(신법) 마지막 부분에 부칙으로 규정됩니다.

□ 부가가치세법 부 칙 (일부) <법률 제19194호, 2022. 12. 31.>
제1조(시행일) 이 법은 2023년 1월 1일부터 시행한다. 다만, 다음 각 호의 개정규정은 해당 호에서 정한 날부터 시행한다.
1. 제63조제4항부터 제7항까지, 제66조제1항, 제68조의2제2항제2호, 제75조제1항·제2항 및 제76조제1항의 개정규정: 2023년 7월 1일
2. 제39조제1항제6호의 개정규정: 2024년 1월 1일

제3조(간이과세자의 전자세금계산서 발급에 대한 세액공제에 관한 적용례) 제63조제4항의 개정규정은 2023년 7월 1일 이후 공급하는 재화 또는 용역에 대한 전자세금계산서를 발급하는 경우부터 적용한다.

제6조(접대비 명칭의 변경에 관한 경과조치) 2024년 1월 1일 전에 지출한 접대비는 제39조제1항제6호의 개정규정에 따른 기업업무추진비로 본다.

◐ 세법 관련 법령 자료

세법에 관한 법률 및 대통령령, 시행규칙, 기본통칙, 세법집행기준, 예규, 개정세법 해설 등은 '국세청법령정보시스템'에서 모든 내용을 확인할 수 있습니다.

Q 세법은 다음의 과정을 거쳐 개정됩니다.

(1) 매 년 8월 기획재정부에서 다음해 세법 및 시행령 개정안 보도
기획재정부 홈페이지 → 정책 → 세제

(2) 매 년 12월 세법 관련 법률을 국회 기획재정위원회에서 의결

(3) 다음해 2월 경 세법 관련 시행령(대통령령)을 국무회의 심의를 거쳐 개정

(4) 세법 및 시행령(대통령령)과 관련한 시행규칙 개정

Q 도서 내용 중 소득세법 시행규칙에서 정하는 사항

[소득세밥 시행규칙] 간주임대료 이자율(정기예금 이자율)
제23조(총수입금액계산의 특례) ① 영 제53조제3항제1호 산식에서 "기획재정부령으로 정하는 이자율"이란 연 1천분의 29를 말한다.
<개정 2019. 3. 20., 2020. 3. 13., 2021. 3. 16., 2023. 3. 20.>

[소득세법 시행규칙] 간편장부대상자 또는 복식부기의무자가 단순경비율에 의하여 추계신고하는 경우 적용하는 배율
제67조(소득금액 추계결정 또는 경정 시 적용하는 배율) 영 제143조제3항제1호 각 목 외의 부분 단서에서 "기획재정부령으로 정하는 배율"이란 3.4(법 제160조에 따른 간편장부대상자의 경우에는 2.8)를 말한다.
<개정 2016. 3. 16., 2020. 3. 13.>

아래 내용은 반드시 읽어 보아야 합니다.

[1] 도서 내용 중 수정 사항 및 개정세법 등은 홈페이지를 통하여(공지사항 및 최신 개정세법) 확인할 수 있으며, **홈페이지에 수정 내용 등을 수록하여 두었음에도 이를 확인하지 아니하는 경우 중대한 세무적 문제가 발생할 수도 있으므로** 홈페이지 내용을 확인하여 주시기를 간곡히 당부드립니다.

[2] 세법은 정부의 정책에 따라 수시로 개정이 됩니다. 따라서 이러한 개정내용을 경영정보사 홈페이지에 게재하여 두었으며, 또한 지면 관계상 책에 수록하지 못한 내용은 홈페이지에 올려 두었습니다.

[3] 경영정보사에서 발간한 도서를 구입하신 분은 경영정보사 홈페이지의 다양한 자료를 무료로 사용할 수 있습니다.

▶ 경영정보사 홈페이지 이용방법

경영정보사 홈페이지(www.rudud,co,kr)에 접속하시어 **지정 아이디(aa11) 및 지정 비밀번호(aa1111)를** 입력하시면 특별한 절차 없이 사용할 수 있습니다.

1

사업자등록 · 세무일정
창업 초기 주의사항

2024년 이자율 및 간이과세자 기준 개정

[개정 세법] 부동산 임대보증금에 대한 간주임대료 산정 이자율 조정
(부가가치세법 시행규칙 제47조)

종 전	개 정
☐ 부동산 임대보증금*에 대한 간주임대료** 산정시 이자율 * 부동산 임대용역의 대가 중 임대보증금은 1년 만기 정기예금 이자율에 상당하는 이자율을 적용하여 과세 ** 간주임대료= 임대보증금 × 과세대상기간 일수/365 × 이자율 ○ 연 2.9%	☐ 이자율 상향 ○ 연 2.9% → **3.5%** * 「국세기본법 시행규칙」의 국세환급가산금 이자율과 동일 수준

<적용시기> 2024.3.22.이 속하는 과세기간 분부터 적용

[개정 세법] 간이과세 적용 범위 확대
부가가치세법 시행령 제109조 제1항

종 전	개 정
☐ 간이과세의 적용 범위 ○ (적용대상자) 직전 연도의 공급대가 합계액 8천만원 미만인 개인사업자	☐ 기준금액 인상 ○ 8천만원 → 1억 400만원

<적용시기> 2024.1.1. 이후 개시하는 과세기간 분부터 적용

SECTION 01

개인사업자 사업자등록

사업상 독립적으로 물품 또는 서비스를 계속, 반복적으로 공급하는 자를 사업자라고 합니다. 사업자는 법인사업자와 개인사업자로 구분합니다.

법인사업자는 법인설립등기라는 별도의 절차를 거쳐 사업자등록을 하여야 하나 개인사업자는 별도의 등기 절차없이 세무서에 사업자등록을 하여 사업을 할 수 있습니다.

사업자와 사업장

사업자

사업자란 사업상 독립적으로 재화(물품 등) 또는 용역(서비스)을 계속, 반복적으로 공급하는 자를 의미합니다.

예를 들어 중고자동차를 계속, 반복적으로 공급하는 경우에는 사업자에 해당하지만, 개인 목적으로 사용하던 차량을 매각하는 경우는 사업자에 해당하지 않는 것입니다.

또한 토지나 건물을 계속, 반복적으로 매입하여 판매하는 경우에는 사업자(부동산매매업)에 해당하는 것이나 주거 목적으로 사용하던 주택을 양도하거나 투자 목적으로 보유한 토지를 양도하는 경우로서 부동산매매업에 해당하지 않는 경우에는 사업자에 해당하지 않는 것이며, 이 경우 양도소득세를 신고 및 납부하여야 합니다.

사업자는 사업장 소재지별로 사업개시 20일 전 이내에 사업자등록을 하여야 하며, 부가가치세가 과세되는 사업자는 과세사업자로 부가가치세가 면제되는 사업자는 면세사업자로 신고를 하여야 합니다.

◱ 사업장

사업을 하고자 하는 경우 거래를 행하는 장소가 필요할 것이며, 사업자 또는 그 사용인이 상시 주재하여 거래의 전부 또는 일부를 행하는 장소로 사업장이라고 합니다.

Q&A 개인사업자가 주거용인 자택을 사업장으로 하여 사업자등록을 할 수 있나요?

사업장이 별도로 필요하지 않은 통신판매업 또는 자택에서 사실상 사업이 가능한 출판업종 등은 자택을 사업장으로 하여 사업자등록을 할 수 있습니다.

사업자등록 신청 및 사업자등록증 발급

■ 사업자등록 신청은 어떻게 하나요?

관할 세무서에 신청

사업자등록은 사업장 소재지를 관할하는 세무서를 방문하여 사업자등록을 하거나, 홈택스에서 인터넷으로 사업자등록 신청을 할 수 있으며. 관할세무서는 사업장이 소재한 지역을 관할하는 세무서로 국세청 홈페이지에서 확인할 수 있습니다.

[국세청홈페이지] → [국세청 소개] → [전국 세무관서]

관할 세무서를 방문하여 사업자등록 신청을 하는 경우 사업자등록 신청서에 사업자 본인이 자필로 서명하거나 홈택스에서 신청하는 경우 공인인증서로 로그인을 하여야 합니다.

▶ 업태 및 종목

국세청에서는 사업자의 업종(업태 및 종목)에 대하여 코드를 부여하여 관리하며 업태 및 종목코드는 사업자등록신청시 사업자의 확인을 받아 관할세무서에서 부여합니다. 코드번호에 의하여 사업자의 사업소득 신고의 성실도, 무신고시 세금결정등을 위한 중요한 내용이므로 업태 및 종목코드는 정확히 확인하여야 합니다.

• 국세청 홈택스 → 조회·발급 → 기타조회 → 기준(단순)경비율관리

▶ 사업장 관할세무서와 주소지 관할세무서

1) 사업장 소재지 관할 세무서란 사업장에서 발생하는 세금 업무(부가가치세, 원천세(원천세 편 참고)를 관할하는 세무서를 말합니다.

2) 개인사업자의 경우 종합소득세는 주소지 관할세무서에 신고 및 납부하여야 하며, 종합소득세 관할 세무서를 주소지 관할세무서라 합니다. 사업장 소재지 관할 세무서에 사업자등록을 한 경우 주소지 관할 세무서에는 별도의 사업자등록 신고는 하지 않으며, 사업자는 종합소득세 신고 및 납부만 주소지 관할 세무서에 하면 됩니다.

사업장마다 사업개시일로부터 20일 이내 신청

사업자등록은 사업장마다 하여야 합니다. 예를 들어 사업장이 2개 이상인 경우 각각의 사업장마다 별도로 사업자등록을 하여야 합니다. 사업자등록은 사업을 시작한 날로부터 **20일 이내**에 사업장 소재지 관할세무서 민원봉사실에 신청하여야 합니다.

단, 사업을 시작하기 전에 상품이나 시설자재 등을 구입하는 경우에는 예외적으로 사업을 개시하기 20일 전에라도 사업자등록을 하여 세금계산서를 발급받을 수가 있습니다.

> **보 충** 사업개시일부터 20일 이내 사업자등록을 하지 않는 경우 불이익
>
> 1. 사업개시일로부터 등록을 신청한 날의 직전일까지의 공급가액에 대하여 100분의 1에 해당하는 금액을 가산세로 물게 됩니다.
> ▶ 공급가액이란 부가가치세(10%)가 포함된 매출액(공급대가)에서 부가가치세를 제외한 금액을 의미합니다. 즉, 부가가치세가 포함된 매출액이 11,000,000원인 경우 공급가액은 10,000,000원이고, 부가가치세는 1,000,000원이 되는 것입니다.
> 2. 매입세액을 공제 받을 수 없습니다. 즉, 사업자등록을 하지 않으면 세금계산서를 발급받을 수 없어 상품을 구입할 때 부담한 부가가치세를 공제받지 못하게 됩니다.

▶ 개인사업자 사업자등록 신청서류

1. 사업자등록신청서 1부
2. 임대차계약서 사본 (사업장을 임차한 경우에 한함)
- 상가건물을 임차한 경우 해당 부분의 도면(상가건물의 일부분을 임차하는 경우에 한함)
3. 허가 및 등록을 요하는 사업의 경우 허가(등록, 신고)증 사본
- 허가(등록, 신고) 전에 등록하는 경우 허가(등록)신청서 등 사본 또는 사업계획서
4. 2인 이상 공동으로 사업하는 공동사업자인 경우 동업계약서

보 충   공동사업자 사업자등록 신청 및 소득분배

1) 2인 이상의 사업자가 공동으로 사업을 하는 경우 사업자등록신청은 공동사업자 중 1인을 대표자로 하여 대표자 명의로 신청하여야 하며, 공동사업을 하는 경우 '공동사업자명세'를 제출하여야 합니다.
2) 공동사업자는 공동사업에서 1년간 발생한 소득에 대하여 지분비율에 따라 '공동사업자별분배명세서'를 작성하여 공동사업자 각각의 소득에 대하여 종합소득세 신고를 하여야 합니다.

◐ 사업자등록증 교부

사업자등록 신청일로부터 **2일 이내**에 사업자등록증을 교부합니다만 개인사업자의 경우 특별한 사유가 없는 한 즉시 발급하여 줍니다.

다만, 신청내용으로 보아 명의위장 또는 신용카드 위장가맹, 자료상 등 혐의가 있다고 판단되는 경우에는 사업자등록증을 교부하기 전에 세무서에서 현지확인을 실시하여 정상 사업자인지 여부를 확인한 후 교부합니다.

■ 사업자등록번호 구성

○○○ - ○○ - ○○○○○
 ①   ②   ③

① 세무서코드 (예: 반포세무서 114)

　사업자가 최초 사업자등록을 한 세무서의 고유번호 코드입니다.

② 사업자의 종류
- 법인본점 81, 86, 87
- 지점법인 85
- 국가 83
- 비영리법인 82
- 개인사업자 01 ~ 79
- 면세사업자 90

③ 일련번호 ○○○ - ○○ - ○○○○●

- 일련번호의 마지막 숫자는 검증번호로 사업자등록번호가 정확한지 여부를 검증하는 기능입니다. 예를 들어 전산 프로그램을 사용하는 경우 사업자등록번호를 잘못 입력하면 오류가 발생합니다.

Q&A 사업자등록을 하지 않는 경우 어떻게 되나요?

사업을 하는 자는 반드시 사업자등록을 하여야 하며, 사업자등록을 하지 않는 경우 세금계산서를 발급할 수 없으며, 세무조사를 받아 세금을 추징당하게 됩니다. 즉, 세무서는 사업자등록을 하지 않는 사업자에 대하여 세무조사를 하며, 매출금액을 확인하여 부가가치세 및 미등록가산세, 무신고가산세, 미납부가산세 등을 추징하고, 소득세 및 무신고가산세, 미납부가산세를 부과하게 됩니다. 따라서 사업자에 해당하는 경우 반드시 사업자등록을 하여야 합니다.

📋 통신판매업 신고

인터넷사이트 또는 옥션등 전자상거래업체를 이용하여 상품을 판매하는 사업자의 경우 반드시 통신판매업 신고를 하여야 합니다.

구 분	내 용
신 고 대 상	통신판매업(인터넷쇼핑몰포함)을 하는 사업자(간이과세자 및 면세사업자 포함)는 신고를 하여야 하며, 쇼핑몰하단(카피라이트 부분)에 통신판매업 신고번호를 명시하여야 합니다.
신 고 처	각 사업장 소재지관할 시,군,구청 지역경제과
제 출 서 류	대표자가 직접 신고할 경우 서류는 필요없습니다. 단, 대리인이 신고하는 경우 대표자 및 신고인의 주민등록증을 가지고 가야 합니다.
비 용	인구 50만 이상 시: 40,500원 / 그 밖의 시: 22,500원 / 군: 12,000원 납세의무자가 매년 1월 1일 현재 간이과세자에 해당하는 경우는 과세제외함
처 리 기 간	3일 이내 (통상 1시간내에 처리하여 교부합니다.)

<관련사이트> 통신판매업신고 - 민원24

▶ 통신판매업신고를 이행하지 않으면 영업정지 15일 이상 및 최고 3천만원 이하의 벌금에 처해질 수 있으므로 반드시 신고를 하여야 합니다.

□ 통신판매업 신고 면제 기준에 대한 고시
[공정거래위원회고시 제2022-4호, 2022. 4. 5., 일부개정]
제2조(통신판매업 신고 면제 기준) ① 다음 각 호의 하나에 해당하는 통신판매업자는 법 제12조제1항에 따른 통신판매업 신고를 아니할 수 있다.
1. 직전년도 동안 통신판매의 거래횟수가 50회 미만인 경우
2. 「부가가치세법」 제2조제4호의 간이과세자인 경우

Q 사업자등록 신청을 하는데 일반사업자로 하여야 하는지 간이과세자로 등록을 하여야 하는지요?

1) 세금계산서를 발급하지 않아도 되는 업종[소매, 음식업, 미용업, PC방 등]인 경우 간이과세자로 신청을 하시면 됩니다만,

2) 다음의 경우 일반과세자로 신청을 하여야 합니다.
1. 세금계산서를 발급하여야 하는 업종(제조업, 건설업, 도매업 등)
2. 연간 예상매출액이 8천만원 이상으로 예상되는 경우
3. 8천만원 미만이더라도 세금계산서를 발급하여야 하는 경우
 - 간이과세자 중 신규사업자, 직전연도 공급대가 합계액이 4,800만원 미만인 경우 세금계산서를 발급할 수 없습니다.
4. 사업 초기 시설투자 등이 많아 매입세액을 환급받고자 하는 경우 (간이과세자는 매입세액 환급 불가)
5. 간이과세자로 사업자등록을 할 수 없는 업종

◆ 연간 공급대가 예상액이 8,000만원 미만이라도 간이과세를 적용받을 수 없는 업종
1. 제조업 (단, 과자점, 떡방앗간, 양복, 양장점은 간이과세 가능)
2. 도매업 (소매업 겸업시 도, 소매업 전체), 부동산매매업
3. 시 이상 지역의 과세유흥장소
4. 전문직사업자 (변호사, 법무사, 공인회계사, 세무사, 약사업 등)
5. 현재 일반과세자로 사업을 하고 있는 자가 새로이 사업자등록을 낸 경우 (다만, 개인택시, 용달, 이발·미용업은 제외)
6. 건설업, 전기·가스·증기·수도업, 전문·과학·기술서비스업
7. 사업시설관리·사업지원 및 임대 서비스업

Q&A **간이과세자로 사업자등록을 하였는데 직원은 없습니다. 세금 신고와 관련하여 무엇을 하여야 하나요?**

1) [부가가치세 신고] 창업한 과세연도의 다음해 1월 1일부터 1월 25일 기간 중 부가가치세 신고·납부를 하시면 됩니다. 단, 매출액이 4800만원 미만인 경우 납부의무가 면제됩니다.

2) [종합소득세 신고] 창업한 과세연도의 다음해 5월 1일부터 5월 31일 기간 중 종합소득세를 신고 및 납부하여야 합니다. 신규사업자의 경우 장부 기장을 하지 않아도 되며, 이 경우 추계로 계산한 소득금액 (매출액 - 매출액 × 단순경비율)을 계산하여 소득세를 납부하시면 되므로 홈택스에서 안내하는대로 간단하게 신고를 할 수 있습니다.

Q&A **간이과세자(일반사업자 포함)로 사업자등록을 하였는데 직원이 있습니다. 세금 신고 및 4대보험과 관련하여 무엇을 하여야 하나요?**

1) 직원이 있는 경우 직원에 대하여 4대보험에 가입을 하여야 하며,

2) 매월 지급하는 급여에 대하여 근로소득 간이세액표에 의하여 계산한 근로소득세 및 지방소득세(근로소득세의 10)를 징수하여 두었다가 매월 또는 6개월 단위(반기 신고라 함)로 세무서에 신고(원천징수이행상황신고서) 및 납부하고, 시·군·구에 지방소득세를 납부하여야 합니다.

3) 다음해 2월 말일까지 연말정산을 한 후 3월 10일까지 세무서에 지급명세서를 제출하여야 합니다.

4) 또한 전반기(1.1 ~ 6.30.) 급여 지급분에 대하여 7월 31일까지 하반기(7.1 ~ 12.31.) 지급분은 다음해 1월 31일까지 근로소득간이지급명세서를 제출하여야 합니다.

▶ 직원이 있는 경우 이와 같은 복잡한 업무로 인하여 통상 세무사사무소에 장부기장을 맡기는 것이 현실입니다.

Q&A 창업을 하였는데 세무사사무소에 세무신고 및 장부기장을 맡겨야 하나요?

1) 처음 사업을 하다보면, 세법에 대하여 별로 하는 것이 없고, 세금에 대한 막연한 두려움으로 세무사사무소를 찾게 되는데 소규모 사업자로서 직원이 없는 경우 조금만 시간을 내어 세금 신고 업무 등과 관련하여 공부를 하시면, 세무사사무소에 대한 수수료 부담없이 본인이 직접 세무신고를 할 수 있습니다. 본서 및 국세청 유튜브 등을 활용하여 한 번만 신고를 하여 보시면, 그 다음부터는 어렵지 않게 신고를 할 수 있습니다

2) 부가가치세 신고는 본서 및 <국세청 홈페이지> "개인신고안내 → 국세신고안내 → 부가가치세"와 "동영상자료실(업종별 부가가치세 신고안내)"을 참고하신 후 홈택스에서 부가가치세 신고를 할 수 있습니다.

3) 종합소득세 신고는 다소 복잡합니다만, 장부기장(간편장부)에 대한 내용을 충분히 이해하신 후 간편장부대상자에 해당하는 경우 본서 내용 및 국세청 동영상 자료를 참고하신 후 직접 홈택스에서 종합소득세 신고를 할 수 있을 것입니다.

4) 복식부기기장의무자 및 직원이 있는 경우에는 4대보험 가입 및 직원 급여 등과 관련한 여러 가지 복잡한 세무신고 업무로 세무사사무소에 세무신고 및 기장을 맡겨야 할 것입니다

과세사업자 및 면세사업자 구분은 어떻게 하나요?

사업자는 과세사업자와 면세사업자로 구분하며, 과세사업자는 일반과세자와 간이과세자로 구분합니다.

과세사업자란 **부가가치세**가 과세되는 재화 또는 용역을 공급하는 사업자를 말하며, 다음의 면세사업자에 해당하지 않는 사업자는 과세사업자에 해당합니다.

과세사업자는 물품 등의 판매시 거래상대방으로부터 판매금액 10%를 부가가치세('매출세액'이라 합니다.)로 징수하여 3개월 또는 6개월 단위로 부가가치세를 신고 및 납부하여야 합니다.

면세사업자란 부가가치세 징수의무가 면제되는 사업자를 말하며, 다음의 업종을 영위하는 자로서 면세사업자는 부가가치세 신고 및 납부의무가 없습니다.

1. 가공되지 아니한 식료품(쌀, 미가공 농·축·수산물 등)
2. 병원, 의원(단, 성형목적의 의료시술은 과세됨)
3. 허가 또는 인가를 받은 학원, 강습소, 기타 비영리단체 등
4. 도서, 신문
5. 토지의 공급 및 주택과 그 부수토지의 임대용역
6. 개인이 일의 성과에 따라 수당 또는 이와 유사한 성질의 대가를 받는 인적용역(직업 강사, 번역 전문인) 등
7. 국민주택(전용면적 85㎡) 이하의 공급 및 당해 주택의 건설용역
8. 토지의 공급
9. 금융·보험용역

사업자등록 정정

▣ 사업자등록 정정 신청

사업자가 사업자등록 정정 사유 중 어느 하나에 해당하는 경우에는 지체없이 '사업자등록정정신고서'에 사업자등록증과 이를 증명하는 서류를 첨부하여 사업장 관할세무서장에게 제출하여야 합니다. 지체없이에 대한 기간은 법에서 별도로 명시하고 있지 않으므로 가능한 빠른 시간내에 사업자등록 정정신청을 하여야 합니다.

▣ 사업자등록 정정신청 사유

○ 상호 또는 업종 변경 및 추가
○ 통신판매업자가 사이버몰 명칭 또는 인터넷 도메인 이름을 변경하는 때
○ 상속에 의한 사업자 명의 변경
○ 사업장 이전 및 사업자단위 과세사업자가 사업자단위 과세 적용 사업장을 이전 또는 변경하는 때
○ 사업자 단위 과세 사업자가 종된 사업장을 신설하거나 이전하는 경우 또는 종된 사업장의 사업을 휴업하거나 폐업하는 경우
○ 공동사업자의 구성원 또는 출자지분 변경되는 경우

▶ 개인사업자 주소변경은 사업자등록 정정 사유가 아님
대표자의 주소가 변경된 경우 사업자등록정정신고를 하지 않습니다. 이는 국세청과 행정안전부의 주소지 자료 연계로 별도의 신청이 없어도 자동으로 변경이 되기 때문입니다.

사업장 임차와 확정일자

🅠 확정일자

① 사업장을 임차한 경우 확정일자를 받아 두어야 합니다. '확정일자'란 건물소재지 관할 세무서장이 임대차계약서의 존재사실을 인정하여 임대차계약서에 기입한 날짜를 말합니다.

② 건물을 임차하고 사업자등록을 한 사업자가 확정일자를 받으면 등기를 한 것과 같은 효력을 가지므로 임차한 건물이 경매나 공매로 넘어갈 때 확정일자를 기준으로 보증금을 우선변제 받을 수 있습니다. 만약, 확정일자를 받아놓지 않으면 임대차계약 체결 후 당해 건물에 근저당권 등이 설정된 경우 우선순위에서 뒤지기 때문에 보증금을 받을 수 없는 경우가 생길 수 있습니다.

③ 확정일자의 효력은 상가건물을 빌린 모든 임차인에 대하여 적용하는 것이 아니라 환산보증금(보증금+월세의 보증금 환산액)이 지역별로 다음 금액 이하인 경우에만 적용합니다.

지 역	환산보증금
서울특별시	9억원 이하
수도권정비계획법에 의한 수도권 중 과밀억제권역(서울특별시 제외)	6억9천만원 이하
광역시(수도권 과밀억제권역과 군지역 제외) 안산시, 용인시, 김포시, 광주시(경기)	5억4천만원 이하
기타지역	3억7천만원 이하

* 월세의 보증금 환산 : 월세 × 100

□ 상가건물 임대차보호법 -요약-

제2조(적용범위) ① 이 법은 상가건물(제3조제1항에 따른 사업자등록의 대상이 되는 건물)의 임대에 대하여 적용한다. 다만, 제14조의2에 따른 상가건물임대차위원회의 심의를 거쳐 대통령령으로 정하는 보증금액을 초과하는 임대차에 대하여는 그러하지 아니하다. <개정 2020. 7. 31.>

□ 상가건물 임대차보호법 시행령

제2조(적용범위) ①「상가건물 임대차보호법」제2조제1항 단서에서 "대통령령으로 정하는 보증금액"이란 다음 각 호의 구분에 의한 금액을 말한다. <개정 2018. 1. 26., 2019. 4. 2.>
1. 서울특별시 : 9억원
2. 과밀억제권역(서울특별시는 제외한다) 및 부산광역시: 6억9천만원
3. 광역시(과밀억제권역에 포함된 지역과 군지역, 부산광역시는 제외한다), 세종시, 파주시, 화성시, 안산시, 용인시, 김포시 및 광주시: 5억4천만원
4. 그 밖의 지역 : 3억7천만원

제3조(대항력 등) ① 임대차는 그 등기가 없는 경우에도 임차인이 건물의 인도와「부가가치세법」제8조,「소득세법」제168조 또는「법인세법」제111조에 따른 사업자등록을 신청하면 그 다음 날부터 제3자에 대하여 효력이 생긴다. <개정 2013. 6. 7.>

제4조(확정일자 부여 및 임대차정보의 제공 등) ① 제5조제2항의 확정일자는 상가건물의 소재지 관할 세무서장이 부여한다.

제5조(보증금의 회수) ② 제3조제1항의 대항요건을 갖추고 관할 세무서장으로부터 임대차계약서상의 확정일자를 받은 임차인은「민사집행법」에 따른 경매 또는「국세징수법」에 따른 공매 시 임차건물의 환가대금에서 후순위권리자나 그 밖의 채권자보다 우선하여 보증금을 변제받을 권리가 있다.

[법령자료] 법제처 홈페이지 → '상가' 검색

🅠 확정일자를 받은 경우 임차인이 보호받는 사항

① 건물의 소유권이 제3자에게 이전되는 경우에도 사업자등록을 마친 임차인은 새로운 소유자에게 임차권을 주장할 수 있습니다.

② 사업자등록을 마치고 확정일자를 받은 임차인은 경매 또는 공매시 임차건물의 환가대금에서 후순위권리자보다 우선하여 보증금을 변제받을 수 있습니다. (확정일자를 받아야 함)

▶ 최우선변제를 받을 수 있는 소액임차인

확정일자를 받은 임차인은 경매·공매시 확정일자를 기준으로 변제순위가 결정되지만, 환산보증금이 일정액 이하인 소액임차인이 사업자 등록을 마친 경우(즉, 대항력 요건을 갖춘 경우)에는 건물이 경매로 넘어가는 경우에도 다른 권리자보다 최우선하여 보증금의 일정액을 변제 받을 수 있습니다.

🅛 최우선변제를 받을 수 있는 소액임차인 및 보증금의 한도
☐ 상가건물 임대차보호법 제14조
☐ 상가건물 임대차보호법 시행령 제6조 및 제7조

지 역	보증금 중 최우선 변제를 받을 금액 (환산보증금)	우선 변제받을 보증금의 범위 (보증금)
서울특별시	6,500만원 이하	2,200만원까지
수도권정비계획법에 의한 수도권 중 과밀억제권역(서울특별시 제외)	5,500만원 이하	1,900만원까지
광역시(수도권 과밀억제권역과 군지역 제외), 안산시, 용인시, 김포시, 광주시(경기)	3,800만원 이하	1,300만원까지
기 타 지 역	3,000만원 이하	1,000만원까지

• 월세의 보증금 환산 : 월세 × 100

🇶 계약갱신 요구

□ 상가건물 임대차보호법 제10조 (계약갱신 요구 등) -요약-
① 임대인은 임차인이 임대차기간이 만료되기 **6개월 전부터 1개월 전**까지 사이에 계약갱신을 요구할 경우 정당한 사유 없이 거절하지 못한다. 다만, 다음 각 호의 어느 하나의 경우에는 그러하지 아니하다.
<개정 2013. 8. 13.>
1. 임차인이 3기의 차임액에 해당하는 금액에 이르도록 차임을 연체한 사실이 있는 경우
2. 임차인이 거짓이나 그 밖의 부정한 방법으로 임차한 경우
3. 서로 합의하여 임대인이 임차인에게 상당한 보상을 제공한 경우
4. 임대인의 동의 없이 목적 건물의 전부 또는 일부를 전대(轉貸)한 경우
5. 임차한 건물의 전부 또는 일부를 고의나 중대한 과실로 파손한 경우
6. 임차한 건물의 전부 또는 일부가 멸실되어 임대차의 목적을 달성하지 못할 경우
7. 임대인이 다음 각 목의 어느 하나에 해당하는 사유로 목적 건물의 전부 또는 대부분을 철거하거나 재건축하기 위하여 목적 건물의 점유를 회복할 필요가 있는 경우
　가. 임대차계약 체결 당시 공사시기 및 소요기간 등을 포함한 철거 또는 재건축 계획을 임차인에게 구체적으로 고지하고 그 계획에 따르는 경우
　나. 건물이 노후·훼손 또는 일부 멸실되는 등 안전사고의 우려가 있는 경우
　다. 다른 법령에 따라 철거 또는 재건축이 이루어지는 경우
8. 그 밖에 임차인이 임차인으로서의 의무를 현저히 위반하거나 임대차를 계속하기 어려운 중대한 사유가 있는 경우
② 임차인의 계약갱신요구권은 최초의 임대차기간을 포함한 전체 임대차기간이 10년을 초과하지 아니하는 범위에서만 행사할 수 있다.
<개정 2018. 10. 16.>

③ 갱신되는 임대차는 전 임대차와 동일한 조건으로 다시 계약된 것으로 본다. 다만, 차임과 보증금은 제11조에 따른 범위에서 증감할 수 있다.
④ 임대인이 제1항의 기간 이내에 임차인에게 갱신 거절의 통지 또는 조건 변경의 통지를 하지 아니한 경우에는 그 기간이 만료된 때에 전 임대차와 동일한 조건으로 다시 임대차한 것으로 본다. 이 경우에 임대차의 존속기간은 1년으로 본다. <개정 2009. 5. 8.>
⑤ 제4항의 경우 임차인은 언제든지 임대인에게 계약해지의 통고를 할 수 있고, 임대인이 통고를 받은 날부터 3개월이 지나면 효력이 발생한다.

차임등의 증감청구권

□ 상가건물 임대차보호법 제11조(차임 등의 증감청구권) -요약-
① 차임 또는 보증금이 임차건물에 관한 조세, 공과금, 그 밖의 부담의 증감이나 「감염병의 예방 및 관리에 관한 법률」 제2조제2호에 따른 제1급감염병 등에 의한 경제사정의 변동으로 인하여 상당하지 아니하게 된 경우에는 당사자는 장래의 차임 또는 보증금에 대하여 증감을 청구할 수 있다. 그러나 증액의 경우에는 대통령령으로 정하는 기준에 따른 비율을 초과하지 못한다. <개정 2020. 9. 29.>
② 제1항에 따른 증액 청구는 임대차계약 또는 약정한 차임 등의 증액이 있은 후 1년 이내에는 하지 못한다.
<신설 2020. 9. 29.>

□ 상가건물 임대차보호법 시행령 제4조(차임 등 증액청구의 기준) 법 제11조제1항의 규정에 의한 차임 또는 보증금의 증액청구는 청구당시의 차임 또는 보증금의 100분의 5의 금액을 초과하지 못한다.
<개정 2008.8.21., 2018.1.26.>

창업연도 매출액과 관련한 세무상 유의사항

소득세 및 장부기장의무

Q&A 창업연도 매출에 따라 다음 과세연도에 달라지는 것이 있나요?

창업한 과세연도에는 간편장부대상자에 해당하나 창업한 연도의 매출규모가 아래 금액 이상(수입금액은 연간으로 **환산하지 않음**)인 경우 다음해에는 복식부기의무자가 되어 복식부기로 장부기장을 하여야 합니다.

▶ 복식부기기장의무자 [직전연도 수입금액이 아래 금액 이상인 사업자]

업 종 별	기준금액
가. 농업·임업 및 어업, 광업, 도매 및 소매업(상품중개업 제외), 부동산매매업, 그 밖에 나목 및 다목에 해당되지 아니하는 사업	3억원
나. 제조업, 숙박 및 음식점업, 전기·가스·증기 및 공기조절 공급업, 수도·하수·폐기물처리·원료재생업, 건설업(비주거용 건물 건설업은 제외), 부동산 개발 및 공급업(주거용 건물 개발 및 공급업에 한정), 운수업 및 창고업, 정보통신업, 금융 및 보험업, 상품중개업	1억5천만원
다. 부동산임대업, 부동산업(부동산매매업은 제외), 전문·과학 및 기술서비스업, 사업시설관리·사업지원 및 임대서비스업, 교육서비스업, 보건업 및 사회복지서비스업, 예술·스포츠 및 여가 관련 서비스업, 협회 및 단체, 수리 및 기타 개인서비스업, 가구내 고용활동	7천500만원

Q&A 창업연도 매출이 복식부기의무자에 해당하는 경우 사업용계좌 신고를 하여야 한다는데 신고기한은 어떻게 되나요?

복식부기의무자의 경우 거래대금(매입, 매출) 수수 및 인건비, 임차료를 지급하는 때 반드시 세무서에 신고한 계좌를 통하여 결제를 하여야 하며, 창업연도 매출액이 복식부기의무자에 해당하는 경우 **다음해 6월 말일까지** 사업용계좌를 사업장 관할 세무서에 신고하여야 합니다.

Q&A 사업용계좌를 신고하지 않은 경우 어떤 불이익이 있나요?

1) 복식부기의무자가 사업용계좌를 신고하지 않은 경우 사업용계좌 미사용금액의 0.2%를 가산세로 부담하여야 하며,

2) 사업용계좌를 신고하지 않은 경우 창업중소기업감면, 중소기업특별세액 감면 등을 받을 수 없으므로 각별히 유의를 하여야 합니다.
<조세특례제한법 제128조 ④>

Q&A 창업연도 매출이 복식부기의무자에 해당하면 승용차 운행기록부를 작성하나요?

1) 창업한 연도의 다음해부터 승용차 관련 비용에 대하여 연간 감가상각비는 800만원 한도로 하며, 종합소득세 신고시 '업무용승용차 관련 비용 등에 관한 명세서'를 제출하여야 합니다.

2) 연간 승용차 관련 비용이 1500만원을 초과하는 경우 업무용승용차 운행기록부를 작성하여야 합니다.

♣ 상세내용 → 경영정보사 홈페이지 참조

Q&A 창업연도 매출이 복식부기의무자에 해당하는 경우 기타 세무상 주의할 사항은 어떤 것이 있나요?

1) 신규사업자이만, 사업 개시연도의 수입금액(연으로 환산하지 않음)이 복식부기의무자에 해당하는 경우 추계신고시 기준경비율을 적용하여야 합니다.
(상세내용 → <도서> 추계에 의한 종합소득세 신고)

2) 창업한 연도의 다음해부터 복식부기기장을 하여야 하므로 세무사 사무소에 장부기장을 맡겨야 할 것입니다.

부가가치세

Q & A 창업시 *간이과세자로 사업자등록*을 하였으나 창업한 연도의 매출이 8000만원 이상이 되는 경우 어떻게 되나요?

1) 창업한 연도의 매출(연으로 환산함)이 8000만원 이상이 되면, 다음해 7월 1일자로 일반과세자로 전환이 됩니다.

2) 일반과세자로 전환이 되는 경우 간이과세자임으로 인하여 공제받지 못한 매입세액을 공제받을 수 있으며, 이를 재고매입세액이라고 합니다.
1. 상품 및 제품, 재공품, 재료
재고매입세액 = 재고금액 × 10/110 × (1 - 0.5퍼센트 × 110/10)
2. 화물차량, 비품, 인테리어 등
재고매입세액 = 취득가액 × (1 - 50/100 × 경과된 과세기간의 수) × 10/110 × (1 - 0.5퍼센트 × 110/10)

3) 간이과세자가 일반과세자로 변경되는 경우 변경되는 날 현재(7. 1.)에 있는 재고품, 감가상각자산 등에 대하여 '일반과세 전환 시의 재고품등 신고서'를 작성하여 직전 과세기간(1.1 ~ 6.30.)에 대한 부가가치세 신고와 함께 세무서에 7. 25. 까지 신고하여야 합니다.
[상세내용] <부가가치세법 제44조> <부가가치세법 시행령 제86조>

▶ 경과된 과세기간의 수
창업연도에 감가상각자산(화물차량, 비품, 인테리어 등)을 취득한 경우 과세기간의 개시일에 당해 재화를 취득한 것으로 보아 과세기간 수를 계산합니다.[간이과세자 과세기간 1.1.(창업의 경우 사업개시일) ~ 12.31.] 예를 들어 2023년도 중에 간이과세자로 사업장등록을 하였으나 창업한 연도 매출이 8천만원 이상이 되어 2024. 07. 01 일반과세자로 전환이 되는 경우 감가상각자산의 경과된 과세기간 수는 '1'(2023년)이 됩니다.

Q&A 창업한 연도에 *일반과세자로 사업자등록*을 하였는데 창업한 연도의 매출액이 8000만원에 미달하는 경우 어떻게 되나요?

1) 창업한 연도의 매출액(연으로 환산함)이 8000만원 미만이 되는 경우 다음해 7월 1일자로 간이과세자로 전환이 됩니다.

2) 간이과세자로 전환되는 경우 일반과세사업자임으로 인하여 공제받았던 매입세액을 다시 납부하여야 하며, 이를 재고납부세액이라고 합니다.
1. 상품 및 제품, 재공품, 재료
재고납부세액 = 재고금액 × 10/100 × (1- 0.5% × 110/10)
2 화물차량, 비품, 인테리어 비용 등
재고납부세액 = 취득가액 × (1-25/100 × 경과된 과세기간의 수) × 10/100 × (1-0.5% × 110/10)

3) 일반과세자가 간이과세자로 변경되는 경우 재고납부세액을 그 변경되는 날의 직전 과세기간에 대한 확정신고와 함께 '간이과세 전환시의 재고품등 신고서'를 작성하여 세무서장에게 신고하고(전년도 공급대가에 의하여 전환되는 경우 다음해 7월 25일), 간이과세자로 변경된 날이 속하는 과세기간에 대한 확정신고(다음해 1월 25일)를 할 때 납부할 세액에 더하여 납부하여야 합니다.

▶ 경과된 과세기간의 수

창업연도에 감가상각자산(화물차량, 비품, 인테리어 등)을 취득한 경우 과세기간의 개시일에 당해 재화를 취득한 것으로 보아 과세기간 수를 계산합니다. [일반과세자 과세기간 1.1. ~ 6.30., 7.1. ~ 12.31.]
예를 들어 2023.7.20. 일반과세자로 사업자등록을 하였으나 창업연도 매출액이 8000만원 미만이 되어 2024. 7. 1 유형전환되는 경우 2023. 7. 20 취득한 유형자산의 경과된 과세기간 수는 '2'(2023년 2기, 2024년 1기)입니다.

Q&A 창업한 연도 매출이 8천만원에 미달할 것으로 예상되더라도 일반과세사업자로 사업자등록을 하여야 하는 경우가 있나요?

1) 간이과세자로 등록할 수 없는 업종(제조업, 도매업, 건설업 등)의 경우 일반과세사업자로 사업자등록을 하여야 합니다.
<부가가치세법 시행령 제109조 ②>

2) 간이과세자로 등록할 수 있는 업종이더라도 사업자에게 세금계산서를 발급하여야 하는 경우(서비스업 등)에는 창업연도 매출액이 8000만원에 미달할 것으로 예상되더라도 일반과세자로 등록을 하여야 합니다.

3) 간이과세자는 매입세액이 매출세액보다 많더라도 부가가치세 환급을 받을 수 없습니다. 따라서 창업연도 매출이 8000만원에 미달할 것으로 예상되더라도 시설 투자 등으로 매입세액이 많아지게 되어 부가가치세 환급을 받아야 하는 경우 일반과세자로 사업자등록을 하여야 합니다.

4) 한편, 일반과세사업자로 사업자등록을 하였으나 창업연도의 매출액이 8000만원에 미달하게 되는 경우 다음연도 7월 1일 자로 간이과세자로 전환(간이과세자가 될 수 없는 업종은 전환되지 않음)이 되어 환급받은 부가가치세를 도로 납부하여야 문제가 발생하게 되므로 간이과세 포기신고를 하여 일반과세사업자로 유지를 하여야 합니다.

5) 창업연도 매출이 4800만원에 미달하는 간이과세자는 세금계산서를 발급할 수 없으므로 세금계산서를 발급하여야 하는 업종인 경우 다음연도 6월 30일까지 간이과세 포기신고를 하여 일반과세사로 유지를 하여야 합니다.
- 전년도 매출액이 4800만원 이상 8000만원 미만으로 간이과세자로 전환된 경우에는 세금계산서를 발급할 수 있으나
- 4800만원 미만인 경우 세금계산서를 발급할 수 없음

SECTION 02

세금 개요

개인사업자는 1월 1일(신규사업자의 경우 개업일)부터 12월 31일까지의 사업과 관련한 소득에 대하여 다음해 5월 31일까지 종합소득세를 신고 및 납부하여야 합니다.

부가가치세 과세사업자는 1기(1.1~6.30)와 2기(7.1~12.31) 종료일로부터 25일 이내에 부가가치세를 신고 및 납부를 하여야 합니다.

면세 사업자는 다음해 2월 10일까지 사업장현황신고를 하여야 합니다.

사업자는 매 월 급여 지급시 종업원의 근로소득세 및 지방소득세를 징수 및 신고·납부하여야 하며, 4대보험에 가입을 하여야 하고, 급여 지급시 근로자 본인 부담분을 징수한 다음 급여 해당 월의 다음달 10일까지 사업주 부담금을 포함하여 납부하여야 합니다.

종합소득세

Q 종합소득세는 언제까지 신고납부하여야 하나요?

사업자의 사업과 관련한 소득을 사업소득이라고 합니다. 사업자는 사업과 관련한 수익 및 비용을 장부기장에 의하여 사업소득금액(수입금액 - 필요경비)을 계산하여 다음해 5월 1일부터 5월 31일까지 사업자의 주소지 관할 세무서에 신고 및 납부하여야 합니다.

① 종합소득세는 개인(거주자)이 1년간의 경제활동으로 얻은 소득에 대하여 납부하는 세금으로서 원칙적으로 모든 과세대상 소득을 합산하여 계산합니다. 다만, 납세의무자의 편의를 위하여 근로소득만 있는 경우에는 근로소득을 지급하는자가 연말정산을 하여 신고.납부 하도록 하고 있으며, 이자소득 및 배당소득의 연간 합계액이 **2천만원 이하**인 경우 그 소득을 지급하는 자가 이자소득세 및 배당소득세를 징수하여 납부하게 함으로서 종합소득세 신고의무를 면제하고 있습니다. 따라서 개인이 근로소득만 있거나 이자 및 배당소득의 연간 합계액이 2천만원 이하인 경우 종합소득세를 신고할 의무가 없는 것입니다.

② 개인의 소득세를 종합소득세라 함은 사업과 관련한 소득외의 다른 소득 예를 들어 근로소득, 이자소득 및 배당소득의 연간합계액이 2천만원을 초과하는 경우 이를 합산하여 신고하여야 하기 때문에 종합소득세라고 하는 것입니다.

③ 종합소득세는 연령, 성별 등에 불문하고 한 개인(거주자)의 소득을 기준으로 신고하여야 합니다. 예를 들어 사업자의 배우자가 별도의 사업을 하는 경우 사업자 및 그의 배우자가 각각 별도로 종합소득세를 계산하여 신고 및 납부를 하여야 하는 것입니다.

Q&A 퇴직소득 또는 양도소득도 종합소득세 신고시 합산을 하여야 하나요?

퇴직소득은 퇴직소득세로 별도로 신고하며, 토지 및 건물 등 자산의 양도로 인하여 발생하는 양도소득은 양도소득세로 별도로 신고하여야 하는 것으로 종합소득세 신고시 합산하지 않습니다.

Q&A 배당소득이란 무엇을 말하나요?

법인기업의 경우 출자자(투자자)를 주주라 합니다. 주주는 기업의 이익이 발생하였을 때 그 이익에 대한 배당을 받을 목적으로 투자를 한 자입니다. 투자를 한 기업에서 배당을 하게 되면, 주주는 소득을 얻게 되며, 이 소득을 배당소득이라고 합니다.

Q&A 상속으로 인하여 발생한 소득 또는 증여에 의한 소득은 어떻게 신고하나요?

상속 또는 증여에 의한 소득은 「상속세 및 증여세법」의 규정에 의하여 종합소득과는 별도의 소득으로 신고·납부하여야 합니다.

♣ 종합소득세와 관련한 자세한 내용은 '종합소득세' 편을 참고하시기 바랍니다.

부가가치세가 무엇인가요?

사업자가 부가가치세가 과세되는 물품 또는 서비스를 제공하는 경우 공급받는자(거래상대방 또는 소비자)로부터 물품대금 또는 서비스요금 외에 거래금액의 10%를 부가가치세로 더 받아 두었다가 일정기간 단위로 세무서에 신고 및 납부하도록 규정하고 있습니다.

따라서 세법에서 부가가치세 징수를 면제하고 있는 면세사업자 등 이외의 일반과세자에 해당하는 개인사업자는 반드시 재화(물품 등) 또는 용역(서비스)을 공급할 시 부가가치세를 더 받아 두었다가 3개월마다 납부(세무서의 예정고지에 의한 납부)하고, 6개월 마다 **사업장 관할세무서**에 신고 및 납부하여야 하는 것입니다.

부가가치세는 재화 또는 용역의 소비행위에 대하여 부과되는 일반소비세로 재화 또는 용역을 공급하는 자가 공급받는자로부터 징수하여 납부하는 간접세입니다. 간접세란 세금을 부담하는 자(부가가치세의 경우 최종소비자)외 납부하는 자가 다른 세금을 말합니다.

예를 들어 컴퓨터 대리점이 컴퓨터를 1,000,000원에 판매하고자 하는 경우 공급가액 1,000,000원의 10%인 100,000원을 부가가치세로 더 받아 두었다가 일정기간 단위로 관할 세무서에 납부하여야 하는 것입니다.

♣ 부가가치세와 관련한 자세한 내용은 '부가가치세' 편을 참고하시기 바랍니다.

근로소득세

임금을 받을 목적으로 근로를 제공하는 자를 근로자라고 하며, 근로자는 사업주로부터 임금을 받게 됩니다. 임금소득을 세법용어로는 근로소득이라고 합니다.

근로소득이 있는 경우 그 소득에 대하여 근로자 본인이 세금을 신고.납부하여야 하나 근로소득자의 납세편의를 위하여 급여를 지급하는 사업주로 하여금 1년간의 급여총액이 확정되기 전 매 월 급여지급시 간이세액표에 의하여 근로소득세를 조금씩 미리 징수하여 두었다가 다음해 **3월 10일**까지 **연말정산**을 하여 근로소득세를 확정한 다음 근로소득 지급 및 근로소득세 징수에 관한 내역서인 '근로소득 지급명세서' 제출을 하도록 하고 있는 것입니다.

따라서 근로자를 고용하는 사업주는 매 월의 급여 지급시 종업원의 근로소득세를 징수하여 급여지급일의 다음달 10일까지 **사업장 관할 세무서**에 신고 및 (이 신고서의 명칭을 '원천징수이행상황신고서'라고 하는 것입니다.) 납부하여야 하는 것입니다.

단, 종업원 20인 이하 사업자의 경우 반기(6개월) 마다 신고 및 납부를 할 수 있습니다.

근로소득세를 징수 및 신고.납부하는 경우 근로소득세의 10%를 지방소득세로 같이 징수하여 납부하여야 합니다.

퇴직소득세

1년 이상 근로한 직원이 퇴사하는 경우 사업주는 1년에 30일분 이상의 평균임금을 퇴직금으로 지급을 하여야 합니다. 퇴직금을 지급받는 퇴직자는 퇴직소득이 발생하므로 그에 대한 세금을 납부하여야 할 것입니다만, 퇴직소득자의 납세편의를 위하여 퇴직금을 지급하는 사업주로 하여금 퇴직금 지급시 퇴직소득세 및 지방소득세를 계상하여 징수 및 납부하도록 규정하고 있습니다.

따라서 퇴직금을 지급하는 사업주는 종업원의 퇴직소득세 및 지방소득세를 징수하여 퇴직금 지급일의 다음달 10일까지 **사업장 관할 세무서**에 신고(이 신고서의 명칭을 '원천징수이행상황신고서'라고 하는 것입니다.) 및 납부하여야 합니다. 단, 종업원 20인 이하 사업자의 경우 반기(6개월) 마다 신고 및 납부를 할 수 있습니다.

그리고 다음해 3월 10일까지 퇴직소득세 징수에 관한 내역서인 '퇴직소득지급명세서'를 제출하여야 합니다.

한편, 종업원의 퇴직금에 대하여 퇴직연금(확정기여형퇴직연금)에 가입한 사업주는 퇴직연금사업자가 퇴직소득세에 관한 사항을 신고 및 납부하므로 퇴직연금을 불입함으로서 퇴직금 지급 및 퇴직소득세 신고 및 납부의무가 종결됩니다.

퇴직소득세를 징수 및 신고.납부하는 경우 퇴직소득세의 10%를 지방소득세로 같이 징수하여 납부하여야 합니다.

지방세 및 지방소득세

지방세는 지방세법에 의하여 지방자치단체(시.군.구)에 납부하여야 하는 세금으로 자산의 취득 및 보유등과 관련하여 납부하여야 하는 지방세와 소득에 대하여 납부하는 지방소득세로 구분이 됩니다.

지방소득세는 종합소득세, 양도소득세, 법인세 등 국세(직접세)의 10%에 해당하는 금액을 지방소득세로 납부하여야 합니다. 단, 상속세 및 증여세의 경우 지방소득세 신고 납부의무는 없습니다.

원천징수대상소득(근로소득, 이자소득, 배당소득, 퇴직소득)의 지방소득세 납부기한일은 국세 납부일과 동일하며, 지방세법에서는 특별징수분이라고 합니다.

▶ 지방세 종류 신고납부대상자 [참고사이트 →위택스]

납부기한	신고 또는 납부대상 세금	대 상 자
1월 31일	등록면허세	면허를 받고 사업을 하는 자
5월 31일	소득세분 지방소득세 납부	개인사업자 종합소득세 납부자
6월 30일	자동차세	자동차소유자
7월 31일	재산세	부동산소유자(재산세)
7월 31일	지방세 재산분(1차분)	연면적 330㎡초과 사업장
8월 31일	주민세 균등분	전 사업자
9월 30일	재산세(2차분)	부동산소유자(재산세)
9월 30일	토지분 재산세	토지를 보유한 사업자
12월 31일	자동차세	자동차를 보유한 사업자

▶ 주민세 사업소분 : 사업소 연면적이 330제곱미터를 초과하는 경우 연면적 1제곱미터당 250원을 8월 중 신고·납부하여야 합니다..

[개정 세법] 주민세 사업소분(균등분) 신고 및 납부(지방세법 제83조)
종전에는 시·군·구에게 고지를 하였으나 2022년 이후 주민세 5만원을 사업자가 8월 중 시·군·구에 신고 및 납부하여야 합니다.

세금 신고 및 납부일정표

▶ 과세사업자로서 종업원이 있는 개인사업자

납부기한	신고 또는 납부대상 세금	신고	납부	대상자
1월 25일	부가가치세 (전년도 2기)	○	○	개인사업자
1월 31일	근로소득 간이지급명세서 제출	○		전년도 하반기 임금 지급자
2월 말일	이자, 기타소득 지급명세서 제출	○		이자, 기타소득 지급 사업자
3월 10일	건강보험 연말정산 신고	○		종업원 있는 사업자
3월 10일	연말정산 신고·납부	○	○	종업원이 있는 전 사업자
3월 10일	지급명세서 제출	○		근로, 퇴직소득 지급 사업자
3월 15일	고용보험, 산재보험 정산신고	○		종업원 있는 사업자
4월 25일	부가가치세 (1기) 예정고지세액		○	신고는 하지 않음
5월 31일	종합소득세 신고·납부	○	○	개인사업자
5월 31일	지방소득세 납부		○	종합소득세 납부자
7월 25일	부가가치세 (1기) 신고납부	○	○	개인사업자
7월 31일	근로소득간이지급명세서 제출	○		상반기 상용근로자 임금 지급자
10월 25일	부가가치세 (2기) 예정고지세액		○	신고는 하지 않음
11월 15일	종합부동산세 납부		○	신고는 하지 않음
11월 30일	소득세 중간예납예정고지세액		○	신고는 하지 않음
11월 30일	소득세 중간예납 신고 및 납부	○	○	전년도 납부세액 없는 경우

▶ 매 월 10일 신고 또는 납부
1) 근로소득원천징수이행상황신고서 제출 및 간이세액표에 의한 근로소득세 및 지방소득세 납부, 단, 반기별 신고자는 반기의 다음달 10일까지 신고 및 납부
2) 4대보험료 납부

▶ (반기) 근로소득 간이지급명세서 제출
직원급여를 지급하는 사업자는 지급일이 속하는 반기 마지막 달의 다음 달 말일까지 간이지급명세서를 제출하여야 합니다.

▶ 원천징수대상 사업소득, 인적용역 기타소득 간이지급명세서 제출

원천징수대상 사업소득 및 '24년 1월 1일 이후 인적용역 관련 기타소득을 지급하는 경우 그 소득 지급일이 속하는 달의 다음 달 말일까지 간이지급명세서를 원천징수 관할 세무서장에게 제출하여야 합니다.

▣ 과세사업자로서 종업원이 없는 경우

납부기한	신고 또는 납부대상 세금	신고	납부	대 상 자
1월 25일	부가세 (전년도 2기) 신고납부	O	O	개인사업자
4월 25일	부가세 (1기) 예정고지세액		O	신고는 하지 않음
5월 31일	종합소득세 신고납부	O	O	개인사업자
5월 31일	지방소득세 납부		O	종합소득세 납부자
7월 25일	부가세 (1기) 신고납부	O	O	개인사업자
10월 25일	부가세 (2기) 예정고지세액		O	신고는 하지 않음
11월 30일	소득세 중간예납예정고지세액		O	신고는 하지 않음
11월 30일	소득세 중간예납 신고 및 납부	O	O	전년도 납부세액 없는 경우

▣ 면세사업자로서 종업원이 있는 개인사업자

납부기한	신고 또는 납부대상 세금	신고	납부	대 상 자
1월 31일	근로소득간이지급명세서 제출	O		전년도 하반기 임금 지급자
2월 10일	세금계산서, 계산서 합계표 제출	O		복식부기의무자
2월 10일	사업장현황신고	O		
2월 말일	건강보험 연말정산 신고	O		종업원 있는 사업자
3월 10일	연말정산 및 지급명세서 제출	O	O	종업원이 있는 전 사업자
3월 15일	고용보험, 산재보험 정산신고	O		종업원 있는 사업자
5월 31일	종합소득세, 지방소득세 신고납부	O	O	개인사업자
7월 31일	근로소득간이지급명세서 제출	O		상반기 상용근로자 임금 지급자
11월 30일	소득세 중간예납 예정고지세액		O	신고는 하지 않음

Q 면세사업자로서 종업원이 없는 경우 세무신고 업무는 어떤 것이 있나요?

1) 면세사업자는 다음해 2월 10일까지 면세사업장현황신고를 하여야 하며, 직전연도 수입금액이 4800만원 이상인 경우 매출계산서합계표 및 매입계산서합계표, 매입세금계산서합계표를 제출하여야 합니다.

2) 면세사업자는 부가가치세 신고납부가 없으므로 다음해 5월 1일부터 5월 말일까지 종합소득세 신고납부만 하시면 됩니다.

3) 전년도 소득세 납부세액인 100만원 이상(고지금액이 50만원 미만인 경우 부징수)인 경우 11월 중 소득세 중간예납세액을 납부하여야 합니다.

▶ 소득세 중간예납 (상세 내용 : 매 년 국세청 발간 자료 참조)
납부할 종합소득세의 일부를 미리 납부하는 제도로서 직전 과세기간의 종합소득세액(중간예납기준액)의 1/2을 고지하게 됩니다.
다만, 전년도에 결손등으로 중간예납기준액이 없거나 중간예납추계액 (1.1~ 6.30. 기간 사업소득에 대하여 계산한 세액)이 전년도 종합소득 세액의 30%에 미달하는 경우 중간예납세액을 계산하여 중간예납추계액을 계산하여 신고·납부할 수 있습니다.

▶ 세금 신고 및 납부 관할 행정기관

국 세	지방세	관할 행정기관	신고 및 납부기한
종합소득세		주소지 관할세무서	5월 31일
	지방소득세	주소지 시·군·구청	5월 31일
근로소득세		사업장 관할세무서	지급일의 다음달 10일
	지방소득세	사업장 시·군·구청	지급일의 다음달 10일
퇴직소득세		사업장 관할세무서	지급일의 다음달 10일
	지방소득세	사업장 시·군·구청	지급일의 다음달 10일
부가가치세		사업장 관할세무서	과세기간 (6개월) 종료일의 다음달 25일

SECTION 03

세금 절세

사업자의 경우 가능한 세금을 적게 내고 싶어 하는 것은 당연하며, 합법적으로 세금을 적게 낼 수 있다면, 누구든지 세금을 적게 낼 것입니다. 세금을 줄이는 것을 절세라고는 하지만, 현실적으로 절세라는 용어는 적절하지 않는 것 같습니다.

우리가 흔히 말하는 절세란 "세법을 정확히 알아 법이 정하는 범위내에서 납부하여야 할 세금에서 공제 또는 감면을 받는 것과 세법을 잘 몰라 억울한 세금을 추징당하는 것을 미리 방지하는 것이다." 라고 이해하시면 됩니다.

세금 절세와 관련한 자료들은 국세청에서 정리하여 국세청 홈페이지에 게재(PDF 파일)하고 있으며, 세금 절세에 관한 내용은 국세청 홈페이지에서 다운로드 받아 참고하시면 됩니다.

■ 국세정책/제도 → 통합자료실 → 국세청발간책자

합법적인 절세

사업자의 경우 가능한 세금을 적게 내고 싶어 하는 것은 당연하며, 합법적으로 세금을 적게 낼 수 있다면, 누구든지 세금을 적게 낼 것입니다. 세금을 줄이는 것을 절세라고는 하지만, 현실적으로 절세라는 용어는 적절하지 않는 것 같습니다.

왜냐하면, 세금을 적게 내기 위한 가장 확실한 방법은 사업자의 경우 매출을 누락하거나 실제 발생하지 않은 경비를 발생한 것으로 하여 사업소득금액을 줄여 부담할 세금을 줄이는 것으로서 사업자가 매출을 누락하거나 경비를 가짜로 계상하여 소득을 줄이는 것은 탈세행위에 해당하는 것입니다.

절세란 "세법을 정확히 알아 법이 정하는 범위내에서 납부하여야 할 세금에서 적법하게 공제 또는 감면을 받는 것과 국세청에서 사업자에게 제공하는 납세편의내용을 잘 이용하는 것 및 세법을 잘 몰라 억울한 세금을 추징당하는 것을 미리 방지하는 것이다."라고 이해하시면 됩니다.

지금부터 살펴볼 내용들은 이러한 관점에서 사업자가 법을 잘 몰라 세금을 줄일 수 있음에도 세금을 많이 내는 사례 및 억울한 세금을 추징당하는 것을 사전에 예방하는 차원에서 관련 내용을 살펴보도록 하겠습니다.

■ 국세청 세금절약 자료
국세청 홈페이지 → 국세정책/제도 → 통합자료실 → 국세청발간책자 세금안내 책자 → 세금절약가이드

탈세 및 탈세 사례

개요

소득을 적법하지 않는 방법으로 줄여 세금을 적게 내는 것을 탈세라고 하며, 탈세의 경우 국세청은 세무조사등을 통하여 납세의무를 성실히 이행하지 않은 책임을 물어 원래 부담하여야 할 세금외에 무거운 가산세 등을 추징하며, 그 금액이 중요한 경우 국세청이 납세자를 검찰에 고발하여 형사처벌까지도 받게 하는 것입니다.

탈세의 대표적인 방법은 소득을 줄이는 것으로 그 구체적인 사례는 다음과 같습니다.

세금 탈세 유형

○ 수입금액(매출, 장려금 등) 누락하여 소득금액을 줄이는 경우
○ 정부로부터 받은 각종 보조금(기술개발관련 보조금, 고용촉진 등과 관련한 고용노동부 보조금)을 누락하여 소득금액을 줄이는 경우
○ 실제 매입하지 않은 물품 등을 매입한 것으로 처리하여 비용을 과다하게 계상하여 소득금액을 줄이는 경우
○ 실제 지급하지 않은 임금을 지급한 것으로 처리하는 경우
○ 사업자의 개인적인 지출비용을 사업과 관련한 비용으로 처리하여 소득을 줄이는 경우
○ 자산을 비용으로 계상하여 소득을 줄이는 경우

부가가치세 절세 및 세무리스크

Q 사업자가 공제대상 매입세액을 누락하는 경우

부가가치세가 과세되는 사업자의 경우 자기의 사업과 관련하여 재화 또는 용역을 공급받으면서 공급가액의 10%로 더 준 부가가치세 매입세액 중 공제를 받지 못하는 세액으로 특정한 경우(승용차 취득 및 유지비용, 접대비 등)외에는 매출세액에서 공제를 받을 수 있으며, 공제대상 매입세액이 매출세액보다 많은 경우 환급을 받을 수 있습니다.

세금계산서에 의한 매입세액은 일반 과세사업자가 공제를 모두 받지만, 신용카드매출전표 또는 현금영수증상의 매입세액 또한 공제를 받을 수 있음에도 이를 누락하는 사례가 종종 있으며, 이와 관련한 자세한 내용은 부가가치세 편을 참고하시기 바랍니다.

Q 매입세액을 부당 공제받아 세금을 추징당하는 경우

신용카드매출전표 또는 현금영수증상의 매입세액의 경우에도 매출세액에서 공제를 받을 수 없는 경우가 있음에도 이를 잘 알지 못하여 부가가치세 신고시 매출세액에서 공제를 받고 나중에 세금을 추징당하는 경우가 있으며, 그 내용은 다음과 같습니다.

사 례 신용카드매출전표 및 현금영수증으로 매입세액을 공제받을 수 있는 지출
- 종업원 식대 및 회식비용, 작업복 구입비용
- 화물차, 승합차, 밴차량, 경승용차(모닝, 마티즈 등)의 유류대 및 수선비
- 사업과 관련한 소모품, 비품 구입비

사 례 신용카드매출전표 및 현금영수증으로 매입세액을 공제받을 수 없는 지출

- 거래처 접대비, 상품권 또는 입장권 결제금액, 종업원 선물구입비용
- 여객운송사업자(항공사, 고속철도, 고속버스 등)에게 결제한 것
- 승용차(배기량 1,000cc 초과)의 유류대 및 수선비, 기타 유지비용
- 간이과세자와의 거래 및 면세물품(쌀, 화환, 도서구입비) 구입비용
- 사업과 관련없는 사업주 개인용도 지출

사업개시 전 매입과 매입세액공제

사업자등록을 하지 아니하고, 사업 준비단계에서 지출한 사업장 인테리어비, 비품 구입비, 기타 사업과 관련한 경비지출 등의 경우 부담한 매입세액은 원칙적으로 공제를 받을 수 없습니다.

단, 구입하는 시점에 사업자등록번호 대신 사업자의 주민등록번호를 기재한 세금계산서를 발급받거나 신용카드로 결제하는 경우로서 사업자등록신청일이 공급시기가 속하는 과세기간이 끝난 후 20일 이내인 경우 그 과세기간 내 매입세액은 공제를 받을 수 있습니다. 따라서 사업자등록은 가능한 **빠른** 시간내에 신청하여야 합니다.

특히 사업과 관련하여 사용하고자 하는 화물차(포터 등), 9인승 이상승합차, 경승용차를 사업자등록신청전 취득하더라도 주민등록기재분으로 세금계산서를 수취하는 두는 경우로서 공급시기가 속하는 **과세기간이 끝난 후 20일 이내**에 사업자등록을 신청한 경우 그 공급시기 내 매입세액은 공제받을 수 있으므로 반드시 주민등록기재분으로 세금계산서를 받아 두어야 합니다. (부가가치세법 제39조 ① 8)

종합소득세 절세 사례

◘ 창업중소기업등에 대한 세액감면

수도권과밀억제권역 외의 지역에서 창업한 중소기업은 해당 사업에서 최초로 소득이 발생한 과세연도(사업 개시일부터 5년이 되는 날이 속하는 과세연도까지 해당 사업에서 소득이 발생하지 아니하는 경우에는 5년이 되는 날이 속하는 과세연도)와 그 다음 과세연도의 개시일부터 이후 4년 이내에 끝나는 과세연도까지 해당 사업에서 발생한 소득에 대한 소득세의 100분의 50에 상당하는 세액을 감면합니다.

♣ 자세한 내용 → '종합소득세' 편

◘ 창업중소기업 취득세·재산세 등 지방세 면제

취득세 면제(지방세특례제한법 제58조의3)

다음 각 호의 어느 하나에 해당하는 기업이 해당 사업을 하기 위하여 **창업일부터 4년 이내에 취득하는 사업용 재산**(「지방세법」 제127조제1항제1호에 따른 비영업용 승용자동차는 제외한다)에 대해서는 **취득세의 100분의 75**에 상당하는 세액을 감면합니다.

다만, 취득일부터 2년 이내에 그 재산을 정당한 사유 없이 해당 사업에 직접 사용하지 아니하거나 다른 목적으로 사용·처분(임대를 포함)하는 경우 또는 정당한 사유 없이 최초 사용일부터 2년간 해당 사업에 직접 사용하지 아니하거나 처분하는 경우에는 감면받은 세액을 추징당하게 됩니다.

1. 2026년 12월 31일까지 수도권과밀억제권역 외의 지역에서 창업한 중소기업
2. 2026년 12월 31일까지 「벤처기업육성에 관한 특별조치법」 제2조제1항에 따른 벤처기업 중 대통령령으로 정하는 기업으로서 창업 후 3년 이내에 같은 법 제25조에 따라 벤처기업으로 확인받은 기업

♣ 자세한 내용 → '종합소득세' 편

재산세 감면

창업중소기업 및 창업벤처중소기업은 당해 사업에 직접 사용하는 사업용 재산에 대하여 창업 후 5년간 재산세의 50%가 감면됩니다.

[개정 세법] 2018년 이후 창업의 경우 창업일부터 3년간 재산세를 면제하고, 그 다음 2년간은 재산세의 100분의 50에 상당하는 세액을 경감함

🅠 성실사업자는 교육비·의료비 공제가 됩니다.

사업소득자는 근로소득자가 받을 수 있는 교육비 및 의료비 지출에 대한 소득공제를 받을 수 없습니다만, 성실사업자 요건을 모두 충족하는 사업자의 경우 교육비 및 의료비 지출액 중 일정 **한도내 지출금액의 15%를 세액공제**받을 수 있습니다.

♣ 자세한 내용 → 종합소득세 편 참조

SECTION 04

개인사업자 4대보험 건강보험료 부과기준

개인기업 사업주 및 직원 4대보험료

Q 국민연금

● **직원이 없는 경우**

① 사업장에 직원이 없는 경우 국민연금 가입의무는 없습니다.
② 직원이 없더라도 노후 보장을 위하여 가능한 가입을 하여야 하며, 이 경우 임의가입을 할 수 있습니다.

● **직원이 있는 경우**

사업자등록 후 1인 이상의 직원을 고용할 경우, 당연적용사업장에 해당하기 때문에 사용자와 가입자는 사업장가입자로 국민연금을 의무적으로 가입하여야 합니다. 국민연금보험료는 기준소득월액의 9%이며, 사업주가 4.5%를 부담하여야 합니다.

▶ 직원 유무에 따른 4대보험 가입

구 분	직원이 없는 경우 사업주	직원이 1인 이상 있는 경우 사업주	종업원
국민연금	×	○	○
건강보험	×	○	○
고용보험	×	×	○
산재보험	×	×	○

Q 건강보험료

● 직원이 있는 경우 사업장으로 신고 및 가입

① 창업을 하고 직원을 채용하는 경우 건강보험 직장가입자로 가입을 하여야 하며, 다음의 서식(국민건강보험공단 홈페이지에서 다운로드)을 직성하여 국민건강보험공단에 팩스(팩스는 공난지사에 제출하여야 합니다. 지사 팩스번호 문의: 1577-1000)로 제출을 하시면 됩니다.

```
국민연금  [●]당연적용사업장 해당신고서
건강보험  [●]사업장(기관) 적용신고서

고용보험  ([ ]보험관계성립신고서 [ ]보험가입신청서)
산재보험  ([ ]보험관계성립신고서 [ ]보험가입신청서)
```

```
국민연금 [ ] 사업장가입자       건강보험 [ ] 직장가입자
자격취득 신고서                자격취득 신고서
고용보험 [ ]                   산재보험 [ ]
피보험 자격취득 신고서          근로자 고용 신고서
```

② 사업주 본인의 소득은 급여가 가장 많은 직원 급여 이상으로 신고를 하여야 합니다.

③ 건강보험공단은 신고한 월소득액을 기준으로 자격취득일(통상 신고일)부터 보험료율을 곱한 금액을 매월 고지합니다.

● 직원이 없는 경우 건강보험료로 어떻게 부과되나요?

① 사업장에 종업원이 없는 경우 건강보험 지역가입자가 되며, 사업주 및 피부양자의 소득금액, 재산, 차량 등 보유상황에 따른 부과기준에 의하여 계산한 지역건강보험료를 부과합니다.

② 재산이 많아 지역건강보험료가 부담이 되는 경우 배우자 또는 자녀 등을 사업장에 채용하여 사업장 적용 대상자가 되면, 본인 및 배우자 또는 자녀 등은 직장가입자로서 본인은 사업소득을 기준으로 배우자 및 자녀등은 책정한 급여를 기준으로 건강보험료를 각각 납부할 수 있습니다.

> **Q&A 배우자를 직원으로 등록하는 경우 좋은 점이 있나요?**
> 재산 등이 많아 지역건강보험료 부담이 큰 경우 배우자를 직원으로 등록하여 급여를 지급하는 경우 사업주는 사업소득을 기준으로 배우자는 급여 수준으로 **직장가입자 건강보험료를** 납부하게 되므로 건강보험료 부담이 줄어들 수 있으며, 배우자의 급여는 사업자의 소득에서 필요경비에 산입하게 되므로 소득세 부담이 줄어들 수 있습니다.

③ 사업장 적용을 받는 경우 국민연금도 직장가입자로 가입하여 각각 납부를 하여야 합니다만, 책정한 급여가 230만원 이하인 경우 배우자 또는 자녀의 국민연금불입액 중 80%를 국가로부터 보조를 받을 수 있습니다. (두루누리)

▶ 두루누리 지원대상 → 두루누리 홈페이지 참조
근로자 수가 10명 미만인 사업에 고용된 근로자 중 월평균보수가 260만원 미만인 신규가입 근로자와 그 사업주
• 신규가입자 : 지원신청일 직전 1년간 고용보험과 국민연금 자격취득 이력이 없는 근로자

■ 회사에 다니다가 퇴사한 이후 개인사업을 하는 경우로서 작원이 없는 경우 건강보험료 납부 특례
(지역 건강보험료 > 퇴사한 직장에서 납부한 보험료)

사용관계가 끝난 직장가입자 중 지역가입자로 자격이 변경된 사람으로서 실업 전 해당 사업장에서 1년 이상 계속하여 직장가입자의 자격을 유지한 사람은 지역가입자가 된 이후 최초로 고지받은 지역가입자 보험료의 납부기한 이내에 공단에 직장가입자로서의 자격을 유지할 것을 신청하면, 사용관계가 끝난 날의 다음 날부터 **3년이 되는 날까지의 기간 동안** 직장가입자의 자격을 유지할 수 있습니다.

공단에 신청한 가입자는 사용관계가 끝난 날이 속하는 달을 제외한 직전 3개월간 지급받은 보수의 평균액을 기준으로 보수월액을 산정하며, 공단은 보수월액을 기준으로 산정한 건강보험료의 50%를 경감하여 주므로 퇴직 전 근로자 본인이 부담한 건강보험료(보수월액의 4%)와 지역 보험료(고지금액 또는 공단에 문의)로 납부하여야 하는 금액을 비교하여 직장가입자로서 부담한 건강보험료가 지역보험료보다 적은 경우 공단에 신청을 하시면 건강보험료를 절약할 수 있습니다.

따라서 직장 가입자로서 부담하던 수준의 건강보험료를 납부하고자 하는 경우 지역가입자가 된 이후 최초로 고지받은 지역가입자 보험료

의 납부기한 이내에 국민건강보험공단(1577-1000)에 전화하여 신청을 하시면 됩니다.

다만, 신청인이 신청 후 최초로 내야 할 보험료를 그 납부기한까지 내지 아니하면 직장가입자의 자격을 유지할 수 없습니다.

◨ 고용보험 및 산재보험

종업원이 있는 경우 직원은 고용보험 및 산재보험에 가입을 하여야 하나 사업주 및 사업주의 동거가족은 가입대상이 아닙니다.

◨ 배우자, 직계존비속의 직원채용과 4대보험 가입

급여 책정
배우자 또는 직계존비속을 근로자로 채용하는 경우로서 배우자 또는 직계존비속외의 다른 근로자가 없는 경우 근로기준법의 적용을 받지 아니하므로 최저임금 미만으로 급여를 책정하더라도 특별히 문제가 될 점은 없으므로 국민연금, 건강보험료 부담을 줄이고자 하는 경우 최저임금 미만으로 급여를 책정하여도 무방할 것입니다.

국민연금 및 건강보험
가족을 직원으로 채용하는 경우 가족 개인의 소득이 발생하므로 국민연금 및 건강보험 직장가입자로 가입을 하여야 하며, '사업장적용신고서' 및 '사업장가입자 자격취득 신고서'를 국민연금공단 또는 건강보험공단에 제출을 하여야 합니다.

자영업자의 지역 건강보험료 부과기준

> 건강보험료는 자녀의 학비지원, 의료비환급 등 국가 복지지원정책의 기준금액이 되는 기본자료 이므로 건강보험료 부과기준 금액을 알아 두면 매우 유용합니다.

개요

건강보험료 직장가입자가 아닌 경우(근로자가 없는 개인 사업자인 세대주 또는 직업이 없는 세대주 등)에는 지역가입자로 건강보험료를 납부하여야 합니다.

지역가입자의 경우 **소득, 재산 보유현황, 자동차의 종류** 등을 기준으로 건강보험료를 계산하여 건강보험공단에서 매 월 보험료를 고지합니다. 따라서 재산을 취득하거나 자동차를 구입할 시 건강보험료 추가 부담액을 미리 계산하여 본 다음 재산 취득 또는 자동차 구입을 하는 것이 도움이 될 것입니다.

▶ 피부양자 대상 여부 판정시 소득기준

피부양자의 소득[공적연금소득, 이자소득, 배당소득, 기타소득금액)]이 연간 2천만원을 초과하는 경우 피부양자에서 제외되며, 이 경우 소득의 합계액으로 하되, 비과세소득 및 이자소득, 배당소득의 합계액이 1천만원 이하인 금액은 포함하지 않습니다.

■ 공적연금소득 : 국민연금, 공무원연금, 군인연금, 사립학교 연금등

부양가족 중 소득이 있는 경우 건강보험료 납부

배우자(맞벌이부부), 부모, 자녀가 근로소득이 있는 경우

본인, 배우자, 부모, 자녀가 각각 직장에 근무하는 경우에는 본인 및 배우자, 부모, 자녀는 직장가입자로 각각 건강보험료를 납부하여야 합니다.

근로자의 배우자, 부모, 자녀가 사업자등록이 있는 경우

세대구성원이라 하더라도 배우자, 부모, 자녀가 사업소득이 있는 경우에는 배우자, 부모, 자녀는 근로자 본인의 피부양자가 될 수 없으며, 직장가입자(해당 사업장에 근로자가 있는 경우) 또는 지역가입자로 건강보험료를 별도로 납부하여야 합니다.

단, 소득이 없던 배우자, 부모, 자녀가 새로 사업자등록을 하였으나 종업원이 없는 경우 그 소득이 국세청의 통보에 의하여 건강보험공단에서 확인되기 전까지는 근로자 본인의 피부양자이므로 별도의 지역가입자에 해당하지 않습니다.

◆ 본인이 근로자인 경우로서 부양가족이 사업자등록이 있거나 소득이 있더라도 본인인 근로자의 피부양자(부양가족)에 해당하는 경우
1. 사업자등록을 하였으나 **최초 종합소득세 신고를 하기전까지의 기간**
2. 사업자등록이 되어 있지 않는 자로서 사업소득(보험모집인 등), 기타소득 등의 연간 합계액이 500만원 이하인 자
* 소득금액 : 총수입금액에서 필요경비를 차감한 금액(수익 - 비용)

◆ 본인의 부양가족 중 건강보험료 피부양자가 될 수 없는 경우
국민건강보험법 시행규칙 [별표 1의2]
1. 부양가족이 사업자등록이 있는 경우로서 사업소득이 발생한 사업연도 이후
2. 부양가족이 사업자등록 여부에 관계없이 주택임대소득이 있는 경우
3. 사업자등록이 되어 있지 않더라도 사업소득(보험모집인 등), 기타소득 등의 연간 합계액이 500만원을 초과하는 자
4. 부양가족이 소유한 재산의 재산세 과세표준이 9억원을 초과하는 자
5. 부양가족이 소유한 재산이 재산세 과세표준이 5.4억원 초과 9억원 이하이나 연간소득이 1천만원을 초과하는 자
6. <u>영 제41조제1항 각 호</u>에 따른 소득의 합계액이 연간 2,000만원을 초과하는 경우

◆ 건강보험료 부과기준대상 소득에 포함하는 금액
○ 이자소득과 배당소득의 합계액이 1천만원을 초과하는 경우 전액
○ 사업소득 : 사업소득에서 필요경비를 차감한 금액
○ 근로소득 : 근로소득 전액의 50%
- 비과세 급여[월 20만원 이하 식대, 월 20만원 이하 차량유지비 등]는 제외하며, 근로소득공제를 차감하기 전의 총급여를 말함
○ 공적연금소득 : 공적연금소득의 50%
- 총 연금액을 연금소득으로 보며, 연금소득공제를 차감하기 전의 연금
○ 사적연금소득 : 연금운용수익 소득의 50%
- 세액공제 받지 않은 납입액 : 비과세
- 세액공제 받은 납입액, 운용수익 : 연금소득세 과세
○ 기타소득 : 기타소득에서 필요경비를 차감한 금액

피부양자에서 제외되는 소득금액 인하

피부양자의 연간 소득(사업소득이 없는 경우 → 연금, 이자·배당소득등)이 3천4백만원 이하인 경우 피부양자 자격을 유지할 수 있었으나
2022년 9월 이후 피부양자의 연 소득이 2000만원을 넘는 피부양자는 지역가입자로 전환되어 별도로 보험료를 부담하여야 합니다.
- 피부양자 27만 3000명(피부양자의 1.5%) 지역가입자로 전환

◆ 보험료 경감고시
경제 상황을 고려해 피부양자 인정기준 강화에 따라 지역가입자로 전환되는 피부양자의 보험료를 2026년 8월까지 일부 경감할 예정이다.

<경감률> 1년차 80%→ 2년차 60% → 3년차 40% → 4년차 20% 등 단계적으로 적용된다.

[재산 기준금액을 인하하여 피부양자 기준 강화] → 보류
(종전) 재산세 과세표준이 9억원을 초과하는 자 및
재산세 과세표준 5.4억원 초과 9억원 이하 + 연간소득 1천만원
(개정) 현행 유지

◆ 재산세 과세표준
○ 주택 : 공시가격의 60%, 토지 및 기타건축물 : 공시가액의 70%
○ 공시가격 → 부동산공시가격알리미 홈페이지

▶ 피부양자가 될 수 없는 경우 최소보험료 납부
지역가입자로 건강보험료를 납부하여야 하며, 지역가입자가 되는 경우 소득이 없더라도 최소보험료는 납부하여야 합니다.

🅠 지역건강보험료 부과 체계

● 세대 단위 산정 및 부과점수

지역가입자의 월별 보험료액은 세대 단위로 산정하며, 보험료부과점수는 지역가입자가 속한 세대의 보험료 부담능력을 표시하는 점수로서 가구별 소득, 재산, 자동차에 부과하는 등급별 점수의 합계액에 보험료부과 점수당 금액[건강보험법 시행령 제44조 제2항(2022년 205.3원, 2023년 208.4원)]을 곱한 금액으로 산정합니다.

[1] 소득에 부과되는 점수

금융소득(이자 + 배당소득)이 1천만원을 초과하는 경우 금융소득 전액, **사업소득, 기타소득은 전액을 소득으로 하며, 근로소득 및 연금소득은 해당 소득의 100분의 30[2022년 9월 이후 100분의 50]**을 소득으로 평가하여 합산한 소득금액을 등급별로 구분하여 산정합니다.

▶ 소득월액(연간 소득 ÷ 12)
○ 이자소득 및 배당소득 : 1천만원을 초과하는 금액
○ 사업소득 : 총수입금액에서 필요경비를 차감한 소득
○ 근로소득 : 근로소득의 **100분의 50** (소득세법의 비과세소득은 제외, 근로소득공제를 차감하지 않은 금액)
○ 연금소득 : 공적연금 전액 및 사적운용수익의 **100분의 50**
○ 기타소득 : 기타소득에서 필요경비를 차감한 금액

[개정] 소득평가율 인상 등
○ 지역가입자 소득보험료 등급제 → 정률제로 전환
○ 연금소득, 근로소득 평가율 30% → 50% 인상

[개정] 소득금액이 연 336만원 이하인 경우 부과점수 → 93점
지역가입자의 월별 보험료액의 하한액(19,140원)을 보험료부과점수당 금액(205.3원)으로 나누어 얻은 값

[개정] 소득금액이 연 336만원 초과하는 경우 부과점수
건강보험료 부과대상 소득 ÷ 12 × 보험요율(6.99%) ÷ 보험료부과점수당 금액(205.3원)

<사례> 월별보험료 계산 (2022년 9월 이후 기준)
국민연금 연간 12,000,000원
사업소득금액 24,000,000원
재산금액 : 아파트 공시가격 500,000,000원
자동차 1대 : 4천만원 미만
<풀이>
○ 소득 : 851점
3000만원(사업소득금액 2400만원 + 국민연금평가액 600만원)
○ 재산 : 637점
5억원 × 60% - 5천만원 = 250,000,000원
○ 월 보험료 : 305,480원(부과점수 1,488 × 205.3원)

[2] 재산에 부과되는 점수

재산(자동차 제외)에 부과하는 점수는 1)과 2)의 금액을 합산한 금액에서 기본공제액(5천만원)을 뺀 금액을 등급별로 구분하여 산정합니다.

1) 토지, 건축물, 주택, 선박의 재산세 과세표준금액
2) 임차주택에 대한 보증금 및 월세금액을 보건복지부령으로 정하는 기준에 따라 평가한 금액
[보증금 + (월세금액을 1000분의 25로 나눈 금액)] × 100분의 30

■ 주택 담보대출금 또는 전세보증금 대출금 공제

1) 9월부터 지역가입자로서 무주택자(전·월세) 또는 1주택자(자가)가 실거주 목적으로 주택을 구입·임차하기 위하여 빌린 부채는 건강보험료 부과 대상에서 제외됩니다.

2) 대상이 되는 주택은 공시가격 5억원(재산과표 3억, 시가 7~8억 상당) 이하(전·월세의 경우 보증금 5억원 이하)이며, 주택담보대출·전세담보대출 등으로서 취득일·전입일 등으로부터 전후 3개월 이내에 발생한 대출이어야 합니다.

3) 대출액에 30%(임차), 60%(자가)를 곱하여 평가한 금액*을 건강보험료 재산과표에서 공제하되, 자가 세대는 과표 5,000만 원(대출원금 8,300만 원 상당)**까지, 임차 세대는 보증금의 범위에서 1.5억 원 (대출원금 5억 원)까지 공제 받을 수 있습니다.

* 보험료부과 시 재산의 30%(임차), 60%(자가)를 곱하여 부과하고 있음
** 60% 평가된 뒤 5천만원이므로 대출원금 기준으로는 8,300만원 상당

[문] 주택 취득·입주 후 1년 뒤 생활·사업자금 목적으로 진 주택담보대출은 공제받을 수 없는지?
[답] 주택 소유권 취득 후 3개월 뒤에 진 부채(주택담보대출 등)는 실제 거주목적의 대출로 보기 어려워, 공제 대상이 될 수 없음

[문] 주택 실거주 목적으로 과거(2022년 이전)에 진 부채가 있는데, 공제 받을 수 있을지?
[답] 과거에 발생한 부채라 하여도, 공제 신청일 현재 남아있는 부채잔액에 대해서는 공제 신청 가능(완제된 부채는 공제 불가)

[문] 전세 임차인은 얼마까지 부채를 공제 받을 수 있는지?
[답] 전세 보증금 5억원 이하의 주택에 대해 적용되므로, 보증금 5억 원의 범위(최대 1억 5,000만 원까지)에서 공제받을 수 있음

[3] 승용자동차에 부과되는 점수

4천만원 이상 차량에만 배기량, 경과연수에 따라 등급별 점수를 적용하여 산정하며, 자동차가 2대 이상인 세대는 각각의 자동차에 대한 등급별 점수를 합산합니다.

■ 국민건강보험법 시행령 [별표 4] <개정 2022. 12. 27.>

보험료부과점수의 산정방법(제42조제1항 관련)

1. 제42조제1항에 따른 보험료부과점수는 지역가입자가 속한 세대의 보험료 부담능력을 표시하는 점수로서, 가목부터 다목까지의 규정에 따른 소득·재산 및 자동차에 부과하는 점수를 합하여 산정한다. 다만, 가목에 따른 소득금액이 연 336만원 이하인 경우에는 가목에 따른 소득에 부과하는 점수가 아닌 제32조제2호나목에 따른 지역가입자의 월별 보험료액의 하한액을 제44조제2항에 따른 보험료부과점수당 금액으로 나누어 얻은 값에 나목 및 다목의 규정에 따른 재산 및 자동차에 부과하는 점수를 합하여 산정한다.

가. 소득에 부과하는 점수는 제42조제2항에 따른 소득을 보건복지부령으로 정하는 바에 따라 평가하여 합산한 소득금액을 다음 표의 구분에 따라 산정한다.

소득금액	점수
336만원 초과 ~ 6억6,199만원 이하	95.25911708 + (336만원을 초과하는 소득 1만원당 1만분의 2,835.0928)
6억6,199만원 초과	18,768.13

나. 재산(자동차는 제외한다. 이하 이 표에서 같다)에 부과하는 점수는 다음의 금액을 합산한 금액에서 5천만원 및 제42조의2제3항 각 호의 구분에 따른 금액을 뺀 금액을 등급별로 구분하여 산정한다. 이 경우 재산의 등급별 점수는 제3호의 표와 같다.

1) 제42조제3항제1호에 따른 토지, 건축물, 주택, 선박 및 항공기의 재산세 과세표준금액
2) 제42조제3항제2호에 따른 임차주택에 대한 보증금 및 월세금액을 보건복지부령으로 정하는 기준에 따라 평가한 금액

다. 자동차에 부과하는 점수는 제42조제3항제3호에 따른 자동차에 사용연수에 따른 감액률을 반영하여 자동차 종류별 배기량에 따라 등급별로 구분하여 산정한다. 이 경우 자동차의 등급별 점수는 제4호의 표와 같으며, 자동차가 2대 이상인 세대는 각각의 자동차에 대한 등급별 점수를 합산한다.

3. 재산등급별 점수

등급	재산금액(만원)	점수	등급	재산금액(만원)	점수
1	450 이하	22	31	38,800 초과 ~ 43,200 이하	757
2	450 초과 ~ 900 이하	44	32	43,200 초과 ~ 48,100 이하	785
3	900 초과 ~ 1,350 이하	66	33	48,100 초과 ~ 53,600 이하	812
4	1,350 초과 ~ 1,800 이하	97	34	53,600 초과 ~ 59,700 이하	841
5	1,800 초과 ~ 2,250 이하	122	35	59,700 초과 ~ 66,500 이하	881
6	2,250 초과 ~ 2,700 이하	146	36	66,500 초과 ~ 74,000 이하	921
7	2,700 초과 ~ 3,150 이하	171	37	74,000 초과 ~ 82,400 이하	961
8	3,150 초과 ~ 3,600 이하	195	38	82,400 초과 ~ 91,800 이하	1,001
9	3,600 초과 ~ 4,050 이하	219	39	91,800 초과 ~ 103,000 이하	1,041
10	4,050 초과 ~ 4,500 이하	244	40	103,000 초과 ~ 114,000 이하	1,091
11	4,500 초과 ~ 5,020 이하	268	41	114,000 초과 ~ 127,000 이하	1,141
12	5,020 초과 ~ 5,590 이하	294	42	127,000 초과 ~ 142,000 이하	1,191
13	5,590 초과 ~ 6,220 이하	320	43	142,000 초과 ~ 158,000 이하	1,241
14	6,220 초과 ~ 6,930 이하	344	44	158,000 초과 ~ 176,000 이하	1,291
15	6,930 초과 ~ 7,710 이하	365	45	176,000 초과 ~ 196,000 이하	1,341
16	7,710 초과 ~ 8,590 이하	386	46	196,000 초과 ~ 218,000 이하	1,391
17	8,590 초과 ~ 9,570 이하	412	47	218,000 초과 ~ 242,000 이하	1,451
18	9,570 초과 ~ 10,700 이하	439	48	242,000 초과 ~ 270,000 이하	1,511
19	10,700 초과 ~ 11,900 이하	465	49	270,000 초과 ~ 300,000 이하	1,571
20	11,900 초과 ~ 13,300 이하	490	50	300,000 초과 ~ 330,000 이하	1,641
21	13,300 초과 ~ 14,800 이하	516	51	330,000 초과 ~ 363,000 이하	1,711
22	14,800 초과 ~ 16,400 이하	535	52	363,000 초과 ~ 399,300 이하	1,781
23	16,400 초과 ~ 18,300 이하	559	53	399,300 초과 ~ 439,230 이하	1,851
24	18,300 초과 ~ 20,400 이하	586	54	439,230 초과 ~ 483,153 이하	1,921
25	20,400 초과 ~ 22,700 이하	611	55	483,153 초과 ~ 531,468 이하	1,991
26	22,700 초과 ~ 25,300 이하	637	56	531,468 초과 ~ 584,615 이하	2,061

27	25,300 초과 ~ 28,100 이하	659	57	584,615 초과 ~ 643,077 이하	2,131
28	28,100 초과 ~ 31,300 이하	681	58	643,077 초과 ~ 707,385 이하	2,201
29	31,300 초과 ~ 34,900 이하	706	59	707,385 초과 ~ 778,124 이하	2,271
30	34,900 초과 ~ 38,800 이하	731	60	778,124 초과	2,341

4. 자동차등급별 점수

구분		사용연수별 점수		
등급	배기량	3년 미만	3년 이상 6년 미만	6년 이상 9년 미만
		100%	80%	60%
1	800시시 이하	18	14	11
2	800시시 초과 1,000시시 이하	28	23	17
3	1,000시시 초과 1,600시시 이하	59	47	35
4	1,600시시 초과 2,000시시 이하	113	90	68
5	2,000시시 초과 2,500시시 이하	155	124	93
6	2,500시시 초과 3,000시시 이하	186	149	111
7	3,000시시 초과	217	173	130

2

부가가치세 실무
홈택스 전자신고

SECTION 01

부가가치세 개요

> 과세사업자가 물품을 공급하거나 서비스를 제공하는 경우 공급가액(물품대금 또는 서비스요금)의 10%를 부가가치세로 징수하여 일정 기간 단위로 신고 및 납부하여야 합니다.

과세사업자, 면세사업자

Q 과세사업자

과세사업자란 **부가가치세**가 과세되는 재화(물품 등) 또는 용역(서비스)을 공급하는 사업자를 말하며, 면세사업자에 해당하지 않는 사업자는 모두 과세사업자에 해당합니다.

🅠 면세사업자

면세사업자란 부가가치세 징수의무가 면제되는 사업자를 말하며, 다음의 업종을 영위하는 자로서 면세사업자는 부가가치세 신고 및 납부의무가 없습니다.

1. 가공되지 아니한 식료품 (미가공 농·축·수산물 및 임산물 포함)
2. 병원, 의원(단, 성형목적의 의료시술은 과세됨)
3. 허가 또는 인가를 받은 학원, 강습소, 기타 비영리단체 등
4. 도서, 신문
5. 토지의 공급 및 주택과 그 부수토지의 임대용역
6. 개인이 일의 성과에 따라 수당 또는 이와 유사한 성질의 대가를 받는 인적용역(강사, 번역 전문인) 등
7. 국민주택(전용면적 85㎡ 이하) 및 당해 주택의 건설용역

🅠 부가가치세 및 부가세예수금

부가가치세

부가가치세법에서는 부가가치세가 **과세**되는 물품 또는 서비스를 계속, 반복적으로 공급하는 사업자의 경우 공급가액의 10%를 물품 또는 서비스를 공급받는자로부터 더 받아 일정 기간 단위로 세무서에 신고 및 납부하도록 규정하고 있습니다. 따라서 과세사업자는 반드시 재화 또는 용역을 공급할 시 부가가치세를 더 받아 두었다가 세무서에 신고 및 납부하여야 하는 것입니다.

예를 들어 컴퓨터 대리점이 컴퓨터를 1,000,000원에 판매하고자 하는 경우 공급가액 1,000,000원의 10%인 100,000원을 부가가치세로 더

받아 두었다가 일정기간 단위로 관할 세무서에 납부하여야 하는 것입니다.

■ 컴퓨터 판매대금으로 받은 금액 1,100,000원
컴퓨터가격(1,000,000) + 부가가치세 (100,000)

부가세예수금

부가가치세로 받은 돈은 매출금액이 아니라 나중에 세무서에 납부하여야 하는 빚(부채)으로 계상하여야 하는데 이 빚의 명칭을 '부가세예수금'이라고 합니다. 예를 들어 은행에서 돈을 빌린 경우 나중에 갚아야 할 것입니다. 나중에 갚아야 할 돈의 명칭을 부채 항목인 '차입금'이라고 하듯이 '부가세예수금'도 세무서에 나중에 갚아야 할 돈이므로 부채인 것입니다.

한편, 컴퓨터대리점이 컴퓨터를 팔기 위해서는 컴퓨터를 구입할 것입니다. 컴퓨터 대리점이 본사로부터 컴퓨터를 800,000원에 구입하는 경우 본사 또한 과세사업자이므로 컴퓨터대금의 10%인 80,000원을 매입자로부터 더 받아야 합니다. 따라서 본사는 대리점에 컴퓨터대금 800,000원에 부가가치세 80,000원을 덧붙여 880,000원에 판매하고, 본사 역시 대리점으로부터 받은 부가가치세 80,000원은 세무서에 납부하여야 하는 것입니다.

이와 같이 부가가치세는 물품을 구입한 자가 부담하고 물품을 판매한 자가 물품을 구입한 자로부터 부가가치세를 받아 두었다가 물품을 구입한 자를 대신하여 납부하는 세금인 것입니다. 이 경우 사업자(사업상 독립적으로 재화 또는 용역을 공급하는 자로 세무서에 사업자등록을 한 자 중 과세사업자)에 한하여 사업과 관련한 물품 구입시 물품대금의 10%를 부가가치세로 더 준 금액 인 매입세액 80,000원은 사업자가 물품판매시 물품대금의 10%로 더 받아 납부할 부가가치세 100,000원에서 공제받을 수 있도록 부가가치세법은 규정하고 있습니다. 즉, 사업자는 20,000원만 부가가치세로 납부하는 것입니다.

컴퓨터 제조공장			컴퓨터 대리점			소비자
컴퓨터 판매		→	컴퓨터 매입	컴퓨터 매출	→	매 입
공급가액	800,000		공급가액 800,000	공급가액 1,000,000		1,100,000
매출세액	80,000		매입세액 80,000	매출세액 100,000		

사 례 컴퓨터대리점의 부가가치세 납부 계산 사례

① 매출 공급가액 1,000,000원 + 매출 부가가치세   100,000원
② 매입 공급가액   800,000원 + 매입 부가가치세   80,000원
③ 납부할 부가가치세 (매출세액 - 매입세액)   20,000원

   매출시 소비자로부터 받은 부가가치세(매출세액) 100,000원에서 매입시 컴퓨터 생산공장에 지급한 부가가치세 80,000원(매입세액)을 공제한 금액을 납부합니다.

Q & A 사업자가 자기의 사업과 관련하여 재화 또는 용역을 공급받으면서 부담한 부가가치세(매입세액)는 사업과 관련한 비용(세금과공과금)인가요?

"아닙니다." 부가가치세 매입세액은 납부할 부가세예수금에서 상계(공제)할 수 있으므로 자산에 해당합니다. 예를 들어 고길동에게 줄 돈(차입금) 2백만원이 있고, 고길동에게 받을 돈(대여금) 1백만원이 있는 경우에 나중에 빚을 갚을 때 받을 돈과 상계하고 변제할 것입니다. 즉 줄 돈은 빚이고, 받을 돈은 자산인 것입니다. 부가가치세 매입세액은 부가가치세 매출세액과 상계처리할 수 있으므로 자산에 해당하는 것이며, 이 자산의 명칭을 부가세대급금이라고 하는 것입니다.

부가가치세 신고·납부기한은 언제까지인가요?

사업자는 계속 반복적으로 물품을 판매하거나 서비스를 제공할 것입니다. 세법에서 과세사업자로 하여금 물품 등의 판매시 징수한 부가가치세를 매일 신고 및 납부하도록 규정하고 있다면, 사업자는 매우 불편할 것이며, 세무서 또한 번거로운 일입니다.

따라서 일정 기간 단위로 신고 및 납부하도록 규정하고 있으며, 개인사업자의 경우 신고 및 납부기한은 다음과 같습니다.

부가가치세 신고 및 납부기한 (계속사업자)

부가가치세 신고기준은 일반적으로 물품 또는 서비스를 공급한 날을 기준으로 하며, 세금계산서를 발급한 경우 작성일자를 기준으로 해당 과세기간의 다음달 25일까지 신고 및 납부를 하여야 합니다.
다만, 휴업 또는 사업부진 등으로 인하여 각 예정신고기간의 공급가액 또는 납부세액이 직전과세기간의 공급가액 또는 **납부세액의 3분의 1에 미달하는 자**와 각 예정신고기간분에 대하여 **조기환급(영세율, 시설투자 등)** 대상인 경우 예정신고를 할 수 있습니다.

▶ 부가가치세 신고 및 납부기한 (개인사업자)

구 분	제 1 기		제 2 기	
	과세기간	기 한	과세기간	신고기간
예정고지 및 납부	1.1~3.31	4.1~4.25	7.1~9.30	10.1~10.25
신 고 및 납 부	1.1~6.30	7.1~7.25	7.1~12.31	다음해 1.1~1.25

신규사업자 및 폐업자 부가세 과세기간 및 신고기한

① 신규사업자는 사업개시일부터 해당 과세기간의 종료일까지의 기간을 과세기간으로 하여 해당 과세기간의 사업실적에 대하여 부가가치세 신고 및 납부를 하여야 합니다. 예를 들어 개인사업자가 2월 10일 사업을 개시한 경우 2월 10일부터 6월 30일 기간 동안의 사업실적에 대하여 7월 25일까지 부가가치세 신고 및 납부(또는 환급)를 하여야 합니다.

② 폐업자는 폐업일이 속하는 해당 과세기간의 개시일부터 폐업일까지의 기간을 과세기간으로 하여 폐업일이 속하는 날의 다음달 25일까지 신고 및 납부를 하여야 합니다.

> **Q&A 일반과세사업자로 사업자등록을 하였는데 최초 부가가치세 신고는 언제까지 하여야 하나요?**
> 사업자등록증을 발급받은 날이 속하는 반기(과세기간이라 함) 마지막 달의 다음달 25일까지 신고 및 납부를 하시면 됩니다.
> 예를 들어 2월 10일 사업자등록을 한 경우 7월 1일부터 7월 25일 기간 중 부가가치세 신고 및 납부를 하여야 합니다.

> **Q&A 창업을 하고 간이과세자로 사업자등록을 하였는데 최초 부가가치세 신고는 언제까지 하여야 하나요?**
> 간이과세자는 1월 1일부터 12월 31일까지의 기간을 과세기간으로 하며, 신규로 사업을 시작하는 자에 대한 최초의 과세기간은 사업 개시일부터 그 날이 속하는 과세기간의 종료일까지로 합니다 따라서 다음해 1월 25일까지 신고를 하시면 됩니다. <부법 제67조>

SECTION 02

세금계산서 발급
수정발급 가산세

> 매출 세금계산서 발급시 공급받는자 사업자등록번호는 반드시 사업자등록증을 확인하여 정확히 기재하여야 하며, 매출 세금계산서를 중복 발급하거나 부가가치세 신고시 누락하여서는 안됩니다.

사업자는 모두 세금계산서를 발급하여야 하나요?

Q 세금계산서 발급

① 영수증발급대상 업종이 아닌 **제조업, 도매업, 건설업등**을 운영하는 사업자가 재화 또는 용역을 공급하는 경우에는 반드시 세금계산서를 발급하여야 합니다. 따라서 제조업, 도매업, 건설업을 영위하는 사업

자가 물품 등을 사업자등록이 없는 일반개인에게 물품 등을 판매하는 경우 거래시기(물품 등의 인도시기)에 신용카드로 결제받고 신용카드매출전표를 발행하는 경우를 제외하고는 반드시 공급받는 자란에 주민등록번호를 기재한 주민등록기재분 세금계산서를 발급하여야 하는 것이며, 세금계산서를 발급하지 않은 경우 세금계산서미발급가산세(공급가액의 2%)가 적용됩니다.

Q&A 제조 및 도매업을 운영하는 사업자가 물품대금으로 신용카드로 결제받은 경우에도 세금계산서를 발급하여야 하나요?

신용카드로 결제받은 경우 세금계산서를 발급할 의무가 없습니다. 다만, 세금계산서를 발급하고 그 대금을 신용카드로 결제받은 경우 신용카드로 결제받은 금액은 매출금액에서 제외하여야 합니다. 이 경우 '신용카드매출전표 등 발행금액 집계표'를 작성하여 부가가치세 신고시 제출하여야 하며, '3. 신용카드매출전표 등 발행금액(⑤합계) 중 세금계산서(계산서) 발급내역'란에 기재합니다.

② 영수증발급 대상 업종인 **소매업, 음식점업, 숙박업** 등을 영위하는 사업자는 세금계산서 발급의무가 없습니다. 이러한 사업자는 재화 또는 용역 공급시 현금영수증을 발급하거나 신용카드로 결제를 받으시면 됩니다. 다만, 소비자가 신용카드로 결제하지 않거나 현금영수증 발급을 원하지 않는 경우 간이영수증을 발급하시면 됩니다.

Q&A 소매업 또는 음식점업의 경우에도 세금계산서를 발급하여야 하는 경우가 있나요?

일반과세사업자로서 소매, 음식숙박업, 서비스업, 정보통신업 등을 영위하는 업종이라 하더라도 공급받는자가 세금계산서 발급을 요구하는 경우 세금계산서를 발급하여야 합니다.

> **Q&A** 사업에 사용하던, 토지 및 건물을 매각한 경우 세금계산서를 발급하여야 하나요? 그리고 세무상 유의사항은 어떤 것이 있나요?

1) 토지는 (면세)계산서를 발급하여야 하며, 건물은 세금계산서를 발급하여야 합니다. 단, 매수자가 개인인 경우 계산서 또는 세금계산서 발급 의무가 없습니다.

2) 사업에 사용하던 토지 및 건물을 양도하는 경우 개인사업자는 양도소득세를 신고 및 납부를 하여야 하며, 건물에 대하여 감가상각비로 계산하여 사업소득 필요경비에 산입한 금액은 건물 취득가액에서 차감을 하여야 합니다.

■ 영수증 및 영수증발급대상 업종

영수증

영수증이라 함은 세금계산서와 달리 세금계산서의 필요적 기재사항 중 **공급받는 자를 별도로 기재하지 아니하고** 공급자의 사업자등록번호, 상호, 성명, 공급가액 및 세액, 작성연월일이 기재된 것으로 주로 사업자가 아닌 다수의 소비자를 상대로 하는 사업자와 간이과세자는 영수증 또는 현금영수증을 발급하여야 합니다.

세금계산서를 발급하지 않아도 되는 업종(영수증발급대상 사업자)

주로 사업자가 아닌 일반소비자에게 재화 또는 용역을 공급하는 사업자의 경우 공급받는 자 및 부가가치세를 별도로 기재하지 아니한 영수증(통상 간이영수증이라 함)을 발급할 수 있도록 규정하고 있으며, 다음에 정하는 사업자는 영수증발급대상사업자에 해당합니다.

1. 소매업, 음식점업(다과점업 포함), 숙박업
2. 목욕·이발·미용업
3. 여객운송업
4. 입장권을 발행하여 영위하는 사업
5. 우정사업조직이 소포우편물을 배달하는 용역을 공급하는 사업
6. 무도학원 및 자동차운전학원
7. 변호사업, 변리사업, 법무사업, 공인회계사업, 세무사업, 경영지도사업, 기술지도사업, 감정평가사업, 기술사업, 건축사업, 도선사업, 측량사업 기타 이와 유사한 사업서비스 및 행정사업(사업자에게 공급하는 것 제외)
8. 주로 사업자가 아닌 소비자에게 재화 또는 용역을 공급하는 사업인 도정업, 제분업중 떡방앗간, 양복점업·양장점업·양화점업, 주거용건물공급업, 운수업 및 주차장운영업, 부동산중개업, 개인서비스업, 가사서비스업 등
9. 자동차제조업 및 자동차판매업

▶ **영수증 발급의무자 중 세금계산서를 발급하여야 하는 경우**

일반과세자가 영수증 발급의무자로부터 재화 또는 용역을 공급받고, 공급자에게 세금계산서 발급을 요구하는 때에는 영수증 발급의무자는 세금계산서를 발급하여야 합니다.

한편, **목욕·이발·미용업, 여객운수업(전세버스 운송사업은 제외함), 입장권을 발행하여 영위하는 사업**의 경우에는 공급받는 자가 세금계산서의 발행을 요구하여도 공급자는 세금계산서를 발행할 수 없으나 **감가상각자산**을 공급하는 경우로서 공급받는 사업자가 세금계산서의 발급을 요구할 때에는 세금계산서를 발급할 수 있습니다.
(부가가치세법 시행령 제73조 ① ~ ④)

▶ 영수증발급의무 면제대상 업종

다음에 해당하는 업종은 영수증발급을 면제하고 있으므로 영수증을 발급하지 않아도 됩니다.
1. 택시운송 사업자, 노점 또는 행상을 하는 자가 공급하는 것
2. 무인자동판매기를 이용하여 재화 또는 용역을 공급하는 자
3. 개인적 공급, 사업상 증여 및 폐업시의 잔존재화 등과 간주공급에 해당하는 재화
4. 부동산임대용역중 전세금·임대보증금에 대한 간주임대료
5. 영세율 적용이 되는 재화·용역의 공급으로 직접 수출하는 재화
6. 국외에서 제공하는 용역, 「항공법」에 의한 상업서류 송달용역 등

사업자등록이 없는 개인에게 매출

① 소매, 음식수박업 등 영수증발행대상사업자가 사업자등록이 없는 개인에게 재화 또는 용역을 공급하는 경우 세금계산서 발급의무가 없습니다. 이 경우 현금영수증 또는 간이영수증을 발행하거나 신용카드로 결제를 받으면 됩니다.
② 영수증 발행사업자가 아닌 일반과세사업자(제조, 도매, 건설업 등)가 사업자가 아닌 개인에게 상품 등을 판매하는 경우 주민등록기재분으로 세금계산서를 발행하여야 합니다. 단, 신용카드로 결제받는 경우에는 주민등록기재분 세금계산서를 발급하지 아니합니다.
③ 주민등록기재분으로 세금계산서를 발행하는 경우 세금계산서 공급받는자의 성명란에는 성명을, 비고란에는 주민등록번호를 기재하여야 하며, 작성연월일, 공급가액, 세액 등을 기재하여야 합니다.
④ 매출처별세금계산서합계표(세금계산서 발급분과 주민등록기재분) 작성시 개인 판매분에 대하여는 '주민등록번호발행분'으로 신고하여야 합니다.

세금계산서 발급시 유의할 사항은 무엇인가요?

🅠 세금계산서 발급방법

① 세금계산서 발급시 공급자는 신규거래처의 경우 거래 상대방의 사업자등록증 사본 등을 요구하여 정확한 등록번호를 선명하게 기재하여야 합니다. 착오에 의하여 잘못 기재하거나 희미하게 기재되어 있는 경우 세무서에 다시 정확한 사업자등록번호를 확인하여 주어야 하는 번거로움이 있으므로 주의를 요합니다. 한편, 세금계산서를 발급하는 프로그램에 의하여 발급하는 경우 사업자등록번호 마지막 번호(○○○-○○-○○○○●)는 검증번호로 잘못 입력한 경우 수정하라는 메시지가 뜹니다만, 수기로 세금계산서를 작성하는 경우 반드시 재확인하여 정확한 사업자등록번호를 기재하여야 합니다.

② 세금계산서는 2부를 발급하여 '공급자용'(적색)은 공급자가 보관하고, '공급받는자용'(청색)은 매입자에게 발급하여야 합니다.

③ 세금계산서 발급 또는 작성시에는 반드시 기재하여야 하는 사항이 있습니다. 이를 필요적 기재사항이라고 하며, 필요적 기재사항을 기재하지 않은 경우 세금계산서를 미발급한 것으로 보아 세금계산서 미발급가산세(공급가액의 100분의 2)가 적용됩니다.

■ 세금계산서 필요적 기재사항
1. 공급하는 사업자의 등록번호와 성명 또는 명칭
2. 공급받는 자의 등록번호
3. 공급가액과 부가가치세액
4. 작성 연월일

④ 세금계산서 작성일자 ~ 세금계산서의 작성일자는 물품을 인도(판매)한 날 또는 서비스의 제공이 완료된 날입니다. 다만, 다음의 같은 예외는 있습니다.

1. 월합계세금계산서의 경우 : 해당 월의 말일
2. 선수금을 받고 세금계산서를 발급하는 경우 : 그 대가를 받은 날
3. 중간지급조건부거래 : 각각의 대가를 받기로 한 날

⑤ 세금계산서 발급일자 ~ 세금계산서는 거래일의 다음달 10일까지 발급하여야 합니다. 종이세금계산서의 경우 발급일을 별도로 기재하는 란이 없으므로 특별한 문제는 없습니다만, 전자세금계산서의 경우에는 발급일이 전산에 남아 있으므로 반드시 작성일자의 다음달 10일까지 발급하여야 합니다.

⑥ 영수/청구란에는 세금계산서를 발급하고 그 대금을 즉시 수령한 경우 영수란에 체크하여야 하며, 그 대금을 외상으로 한 경우 청구란에 체크를 하시면 됩니다. 영수란에 체크한 경우 입금표와 같은 효력이 있습니다.

⑦ 거래품목이 5가지 이상으로 세금계산서에 거래내역을 모두 기입할 수 없는 경우에는 "****외"라고 기재하고 거래명세서를 별도로 작성하여 발급합니다.

⑧ 법인사업자 및 전년도 매출금액이 **1억원** 이상인 개인사업자는 반드시 전자세금계산서를 발급하여야 합니다. 단, 전년도 매출액이 **1억원** 미만인 개인사업자는 전자세금계산서발급의무가 없습니다.

⑨ 제조업, 도매업, 건설업을 운영하는 사업자가 개인에게 물품 등을 판매한 경우로서 신용카드로 결제를 받지 아니한 경우 주민등록기재분으로 세금계산서를 발급하여야 합니다. 이 경우 성명, 주소 등을 기입하시고 세금계산서의 비고란에 주민등록번호를 기재하여야 합니다.

⑩ 매출세금계산서는 돈과 직접 관련되는 것이므로 매출세금계산서는 어떠한 경우에도 부가가치세 신고시 누락하여서는 안됩니다. 매출세금계산서를 부가가치세 신고시 누락한 경우 각종 가산세를 부담하여야 합니다. 뿐만 아니라 종합소득세 신고 이후에 매출세금계산서를 누락한 사실이 발견되는 경우 개인사업자는 종합소득세 및 가산세를 추가로 부담하여야 하는 등 심각한 문제가 발생합니다.

세금계산서 공급가액 및 세액 구분

공급가액에는 판매가액을, 세액에는 물품 판매가액의 10%를 기재합니다. 거래 관행상 부가가치세를 포함한 금액('공급대가' 라 합니다.)을 판매금액으로 정하고 세금계산서를 발급하는 경우가 있는데 예를 들어 거래금액을 1,000,000원으로 정하고 세금계산서를 발급한다면 공급가액란에는 909,091원을 세액란에는 90,909원을 기재합니다. 사업자는 물품 등의 판매 또는 공급계약시 '공급대가' 와 '공급가액'이란 용어를 반드시 구분하여 사용하여야 합니다.

세금계산서는 언제 발급하여야 하나요?

🅠 세금계산서 발급 개요

① 세금계산서 작성일자는 재화등을 공급한 날 또는 용역을 제공한 날입니다. 세금계산서의 발급은 원칙적으로 물품을 인도(판매) 하는 날짜에 발급하여야 합니다.(대금 수령일이 아님) 다만, 계속적인 거래가 있는 거래처의 경우 매 번의 거래시에는 거래명세서를 작성하여 발급하고, 1개월간의 거래를 합하여 그 달의 말일자를 작성일자로 하여 월합계 세금계산서를 발급할 수 있습니다.

② 사업자가 공급시기가 도래하기 전에 대가의 전부 또는 일부를 미리 받은 경우('선수금'이라고 합니다.) 그 금액에 대하여 대가를 받은 날을 작성일자로 하여 세금계산서를 발급할 수 있습니다.

③ 세금계산서는 작성일자의 다음 달 10일까지 반드시 발급하여야 합니다. 예를 들어 20×7년 8월 15일 거래분의 작성연월일을 20×7년 8월 15일로 하여 반드시 20×7년 9월 10일까지 발급하여야 합니다.

🅠 월합계 세금계산서 발급

다음 각 호의 어느 하나에 해당하는 경우에는 재화 또는 용역의 공급일이 속하는 달의 다음 달 10일(그 날이 공휴일 또는 토요일인 경우에는 바로 다음 영업일)까지 세금계산서를 발급할 수 있습니다.

1. 거래처별로 1역월(1曆月)의 공급가액을 합하여 해당 달의 말일을 작성 연월일로 하여 세금계산서를 발급하는 경우

2. 거래처별로 1역월 이내에서 사업자가 임의로 정한 기간의 공급가액을 합하여 그 기간의 종료일을 작성 연월일로 하여 세금계산서를 발급하는 경우
3. 관계 증명서류 등에 따라 실제거래사실이 확인되는 경우로서 해당 거래일을 작성 연월일로 하여 세금계산서를 발급하는 경우

▶ 1역월이라 함은 달력상의 월을 말하는 것으로 1역월을 벗어나 발급할 수 없음 (서삼46015-11127, 2003.07.14.)

장기할부판매, 완성도, 중간지급조건부 공급

대가의 각 부분을 받기로 한 때를 재화의 공급시기로 본다. 다만, 완성도기준지급조건부, 중간지급조건부의 경우 재화가 인도되거나 이용가능하게 되는 날 이후에 받기로 한 대가의 부분에 대해서도 재화가 인도되거나 이용가능하게 된 날을 공급시기로 봅니다.

1. 장기할부판매의 경우
2. 완성도기준지급조건부로 재화를 공급하는 경우
3. 중간지급조건부로 재화를 공급하는 경우

장기할부판매

장기할부판매란 재화를 공급하고 그 대가를 월부, 연부 또는 그 밖의 할부의 방법에 따라 받는 것 중 다음 각 호의 요건을 모두 갖춘 것을 말합니다.

1. 2회 이상으로 분할하여 대가를 받는 것
2. 해당 재화의 인도일의 다음 날부터 최종 할부금 지급기일까지의 기간이 1년 이상인 것

중간지급조건부 거래 [부칙 제18조]

계약금을 받기로 한 날의 **다음 날**부터 재화를 인도하는 날 또는 재화를 이용가능하게 하는 날까지의 기간이 6개월 이상인 경우로서 그 기간 이내에 계약금 외의 대가를 분할하여 받는 경우

완성도기준지급조건

완성도기준지급조건이란 당해 용역의 제공이 완료되기 전에 건설공사의 완성도에 따라 그 완성비율만큼 대가를 지급하기로 한 계약에 의한 공급을 말하는 것으로서 계약금을 지급하기로 한 날로부터 잔금을 지급하기로 한 날까지의 기간이 6월 미만인 경우에도 용역의 제공이 완료되기 이전에 완성도에 따라 그 완성비율에 해당하는 대가를 받기로 하는 경우에는 완성도기준지급 조건부 공급에 해당합니다.

공급시기 도래 전 세금계산서 발급

사업자가 공급시기가 도래하기 전에 대가의 전부 또는 일부를 받고 (반드시 대가를 받은 경우에 한함) 세금계산서를 발급하는 경우에는 그 발급하는 때를 당해 재화 또는 용역의 공급시기로 합니다.

한편, 사업자가 재화 또는 용역의 거래시기가 도래하기 전에 세금계산서를 발급하고 그 세금계산서 발급일로부터 **7일 이내**에 대가를 지급받는 경우에는 그 세금계산서를 발급한 때를 재화 또는 용역의 공급시기로 봅니다.

다음 각 호의 어느 하나에 해당하는 경우에는 재화 또는 용역을 공급하는 사업자가 그 재화 또는 용역의 공급시기가 되기 전에 제32

조에 따른 세금계산서를 발급하고 그 세금계산서 발급일부터 7일이 지난 후 대가를 받더라도 해당 세금계산서를 발급한 때를 재화 또는 용역의 공급시기로 봅니다.

1. 거래 당사자 간의 계약서·약정서 등에 대금 청구시기(세금계산서 발급일을 말한다)와 지급시기를 따로 적고, 대금 청구시기와 지급시기 사이의 기간이 30일 이내인 경우
2. 세금계산서 발급일이 속하는 과세기간(공급받는 자가 제59조제2항에 따라 조기환급을 받은 경우에는 세금계산서 발급일부터 30일 이내)에 재화 또는 용역의 공급시기가 도래하고 세금계산서에 적힌 대금을 지급받은 것이 확인되는 경우

[세법 개정] 선발급 세금계산서 공급시기 특례 요건 완화
(부가법 §17③)

종 전	개 정
□ 공급시기 전에 세금계산서를 발급하더라도 다음의 경우에는 세금계산서 발급시기를 공급시기로 간주(공급시기 특례) ㅇ 동일 과세기간 내*에 ❶공급시기 도래 및 ❷대가수령 　* 조기환급을 받는 경우 30일 이내	□ 공급시기 특례 요건 완화 ㅇ 동일 과세기간 내*에 ❶공급시기 도래 　* (좌 동)

<적용시기> '22.1.1. 이후 재화 또는 용역을 공급하는 분부터 적용

🅠 세금계산서 지연발급에 대한 가산세

> Q&A 세금계산서를 공급시기에 발급하지 못한 경우 세무상 어떤 문제가 있나요?
>
> 세금계산서를 지연발급하는 경우 공급자는 공급가액의 1%를 가산세로 부담하여야 하며, 공급받는자는 공급가액의 0.5%를 가산세로 부담하게 되므로 반드시 공급시기에 세금계산서를 발급하여야 합니다.

공급시기가 속하는 확정신고기간내에 지연발급한 경우

세금계산서는 **공급시기를 작성일자로 하여** 다음달 10일까지 발급하여야 함에도 지연 발급한 경우 매출자는 공급가액의 1%를, 매입자는 공급가액의 0.5%를 가산세로 부담하여야 합니다.

공급시기가 속하는 확정신고기간 이후에 발급한 경우

공급시기가 속하는 확정과세기간 이후 세금계산서를 발급한 경우 매출자는 세금계산서 미발급가산세(공급가액의 2%)가 부과되고, 매입자는 매입세액 공제를 받을 수 없습니다. 단, 실제 공급시기가 속하는 과세기간의 확정신고기한 다음날부터 6개월 이내에 발급받은 것으로서 수정신고·경정청구하는 경우 매입세액은 공제를 받을 수 있습니다.

[세법 개정] 공급시기가 지난 후 발급된 세금계산서의 매입세액공제 인정범위 확대(부가령 §75)
(중전) 확정신고기한 다음날부터 6개월 이내에 세금계산서를 발급받고 납세자가 경정청구, 수정신고 하는 경우
(개정) 6개월 이내 → 1년 이내
<적용시기> 2022.2.15. 이후 재화·용역을 공급하는 분부터

세금계산서 수정 발급 및 가산세 적용

🅠 세금계산서 작성일자를 잘못하여 발급한 경우

공급시기와 세금계산서 작성일자가 다른 경우

공급시기(거래일자)와 세금계산서 작성일자가 착오로 잘못 기재한 경우 작성일자를 수정하여 수정세금계산서를 발급하여야 합니다. 다만, 세금계산서는 발급시기가 속하는 달의 다음달 10일까지 발급을 하여야 하므로 수정한 작성일자의 다음달 10일 이내에 수정세금계산서를 발급하여야 가산세 적용이 없습니다.

▶ **작성일자를 잘못 기재하여 해당 공급시기가 속하는 달의 다음달 10일 이내 수정발급 하는 경우 가산세는 없음**

예를 들어 20×7년 1월 31일 거래에 대해 작성일자를 잘못하여 2월 3일로 하여 2월 3일 발급하였으나 이를 수정발급 하고자 하는 경우 늦어도 2월 10일까지는 작성일자를 1월 31일로 하여 발급하여야 가산세가 없습니다.

공급시기와 작성일자는 같아도 발급일자가 늦은 경우

세금계산서는 재화 또는 용역의 공급일을 작성일자로 하여 해당 재화 또는 용역의 공급일에 세금계산서를 발급(공급일 = 작성일자 = 발급일자)하여야 합니다. 따라서 정당한 공급일을 작성일자로 세금계산서를 발급하더라도 발급일자가 늦어지는 경우 다음의 가산세가 적용됩니다. 다만, 월합계 세금계산서나 실제거래사실이 확인되는 경우 해당 월의 말일 또는 거래일을 작성 연월일로 하여 해당 월의 다음달 10일까지 발급을 할 수 있습니다.

▶ **공급시기가 속하는 다음 달 11일 이후 부가가치세 확정신고기한 내 전자세금계산서를 발급하는 경우 지연발급가산세가 적용됨**

작성일자는 정당하더라도 다음 달 11일 이후에 세금계산서를 발급한 경우 동일 과세기간의 확정신고기한내인 경우 공급자는 공급가액의 1%를 가산세로 부담하여야 하며, 공급받는자는 공급가액의 0.5%를 가산세로 부담하여야 합니다.

[개정 세법] 세금계산서 지연발급에 대한 가산세 개정 내용
(2017.01.01. 이후) 과세기간의 다음달 11일 이후 25일 이내에 발급하는 경우 가산세 → 공급자 : 공급가액의 1%, 공급받는자 : 공급가액의 0.5%

▶ **공급시기가 속하는 확정과세기간의 신고기한 이후에 전자세금계산서를 발급하는 경우**

공급자가 세금계산서를 발급하지 않은 것으로 보아 공급자는 공급가액의 2%를 가산세로 부담하여야 하며, 매입자는 매입세액을 공제받을 수 없습니다.

다만, 세금계산서를 발급받았으나, 실제 공급시기가 속하는 과세기간의 확정신고기한 다음날부터 1년 이내에 발급받은 것으로서 수정신고.경정청구하거나, 거래사실을 확인하여 결정.경정하는 경우 매입세액공제를 받을 수 있습니다.

계약 해제 또는 반품 관련 수정세금계산서 발급

계약 해제시 수정 전자세금계산서 발급
① 계약이 해제된 경우 계약해제일을 작성일자로 적고 비고란에 처음 세금계산서 작성일을 덧붙여 적은 후 붉은색 글씨로 쓰거나 음(陰)의 표시를 하여 발급하여야 합니다.

② 재화를 공급한 후 하자 등의 사유로 반품된 경우 재화가 **환입된 날을 작성일자**로 하여 비고란에 당초 세금계산서 작성일자를 부기한 후 붉은색 글씨로 쓰거나 부(負)의 표시를 하여 발급합니다.

③ 재화의 환입 또는 계약 해제로 그 사유가 발생한 날 정당하게 세금계산서를 수정 발급한 경우 매출자 및 매입자 모두 가산세 적용은 없습니다.

◆ 사업연도 이후 계약 해제 또는 환입된 경우 매출 차감

(법인-1434, 2009.12.28.) 내국법인이 상품·제품 또는 기타의 생산품을 판매한 경우 그 손익의 귀속시기는 그 상품 등을 인도한 날이 속하는 사업연도로 하는 것이며, 판매한 상품 등이 반품된 경우에는 그 반품일이 속하는 사업연도에 매출의 취소로 보아 매출액에서 차감하는 것임

재화·용역 공급없이 착오로 세금계산서를 발행한 경우

재화나 용역을 공급함이 없이 매출 세금계산서를 잘못 발급한 경우에는 수정세금계산서 발급사유에 해당하지 아니하므로 수정세금계산서를 발급할 수 없으며, 재화나 용역을 공급함이 없이 매출세금계산서를 발급한 공급자는 공급가액의 2%를 가산세로 부담하여야 합니다.

한편, 거래없이 타 사가 세금계산서를 잘못 발행한 매입세금계산서를 수취한 해당 업체는 매입세액을 불공제처리 하여야 하며, 매입세액 공제를 받은 경우에는 수정신고를 하여야 하고, 수정신고시 신고불성실가산세 및 납부지연가산세를 추가로 부담하여야 합니다.

반품시 전자세금계산서 수정발급

재화가 환입된 날을 작성일로 입력하고, 음(陰)의 표시를 하여 발급

합니다. (종이 세금계산서의 경우 비고란에 처음 세금계산서 작성일을 덧붙여 기재함)

▶ **불량재화는 반품받고 동일 제품으로 교환하여 주는 경우**
부가가치세가 과세되는 재화의 공급에 해당되지 아니하므로 반품 또는 교환에 대하여 세금계산서 발급대상이 아닙니다.

▶ **불량재화는 반품받고 동종 유사 제품으로 교환하여 주는 경우**
반품에 따른 수정세금계산서 및 교환에 따른 세금계산서를 각각 발급하여야 합니다.

▶ **반품받지 아니하고 동종 유사 제품을 무상으로 주는 경우**
무상 공급시 시가를 과세표준으로 하여 세금계산서를 발급하여야 합니다.

◉ 필요적 기재사항을 잘못 기재(입력)한 경우

필요적 기재사항을 착오로 잘못 입력한 경우

처음에 발급한 세금계산서의 내용대로 세금계산서를 음(陰)의 표시를 하여 발급하고, 수정하여 발급하는 세금계산서는 양수로 작성하여 발급합니다. 다만, 다음의 어느 하나에 해당하는 경우로서 과세표준 또는 세액을 경정할 것을 미리 알고 있는 경우는 제외합니다.

1. 세무조사의 통지를 받은 경우
2. 세무공무원이 과세자료의 수집 또는 민원 등을 처리하기 위하여 현지출장이나 확인업무에 착수한 경우
3. 세무서장으로부터 **과세자료 해명안내 통지**를 받은 경우

필요적 기재사항을 착오 외의 사유로 잘못 입력한 경우

재화나 용역의 공급일이 속하는 과세기간에 대한 **확정신고기한**까지 세금계산서를 작성하되, 처음에 발급한 세금계산서의 내용대로 세금계산서를 음(陰)의 표시를 하여 발급하고, 수정하여 발급하는 세금계산서는 양(陽)의 표시를 하여 작성합니다.

공급받는 자를 잘못 기재하여 세금계산서를 발행한 경우

공급받는자를 잘못 기재한 경우 재화 또는 용역의 공급시기가 속한 과세기간의 **확정신고기한**까지 공급받는 자를 수정하는 세금계산서를 발행할 수 있으며, 이 경우 적용되는 세금계산서 관련 가산세는 없습니다. 단, 공급받는 자의 수정은 기재사항 착오로 볼 수 없으므로 **확정신고기한 이후**에는 수정세금계산서를 발급할 수 없으며, 확정신고기한 이후 세금계산서를 발급한 경우 세금계산서를 발급하지 않은 것으로 보아 공급자는 공급가액의 2%를 곱한 금액의 가산세가 적용되며, 매입자는 매입세액을 공제받을 수 없습니다.

폐업자에게 세금계산서를 발급한 경우

재화 또는 용역을 공급받는 자가 사업자가 아닌 경우(폐업자 포함)에는 공급받는 자의 주소·성명 및 주민등록번호 기재하여 발급하여야 합니다. 단, 매입자가 폐업자인줄 모르고 사업자번호로 세금계산서를 발행한 경우 재화 및 용역의 공급일이 속하는 과세기간에 대한 **확정신고기한**까지 수정세금계산서를 작성 발급할 수 있는 것으로 이 경우 당초분은 취소하고 공급받는 자의 주민등록번호를 기재한 수정세금계산서를 **확정신고기한**까지 발급할 수 있으며, 확정신고기한까지 수정세금계산서를 발행하는 경우 가산세 적용은 없습니다. 한편, 확정신고기한을 경과한 경우에는 세금계산서를 수정하여 발행할 수 없으므로 이 경우 세금계산서불성실가산세가 적용됩니다.

[세법 개정] 수정세금계산서 발급기한 확대(부가령 §70①)

현 행	개 정
□ 필요적 기재사항*을 잘못 기재한 세금계산서에 대한 수정세금계산서 발급기한 * 공급자, 공급받는자, 공급가액, 작성연월일 ㅇ 재화·용역의 공급시기가 속하는 과세기간의 확정신고기한까지	□ 수정세금계산서 발급기한 확대 ㅇ 확정신고기한까지 → 확정신고기한 다음날부터 1년까지

<적용시기> 2022. 2. 15. 이후 재화·용역을 공급하는 분부터

🅠 기타 수정 전자세금계산서 발급

착오로 전자세금계산서를 이중으로 발급한 경우

① 매출자는 처음에 발급한 세금계산서의 내용대로 음(陰)의 표시를 하여 발급 : 당초 작성일자로 하여 부(-)의 수정세금계산서를 발행하고 당초 과세기간분에 대하여 '경정청구'하여 환급을 받아야 합니다. 이 경우 가산세 적용은 없습니다.

② 매입자는 매입세액을 공제받은 사실이 없는 경우 가산세 적용은 없으나 매입세액을 중복으로 공제받았다면, 수정신고를 하여야 하며, 수정신고시 신고불성실 및 납부지연가산세가 적용됩니다. 단, 수정전자세금계산서를 발급받고 수정신고시에는 매입처별세금계산서합계표 불성실가산세는 적용되지 않습니다.

과세표준 및 세율을 실제보다 과다하게 발급한 경우

① 처음에 발급한 세금계산서의 내용대로 세금계산서를 붉은색 글씨로 쓰거나 음(陰)의 표시를 하여 발급하고, 수정 발급하는 세금계산서는 양의 표시를 하여 발급합니다.

② 공급가액 또는 세액을 착오로 과다 기재한 경우 공급가액을 정정하는 수정세금계산서를 발급할 수 있으며, 수정신고를 하는 경우 필요적 기재사항의 수정으로 공급자의 경우 가산세 적용은 없습니다. 단, 공급받는자의 경우 과세기간 이후에는 당초 매입세액을 과다하게 공제받은 금액에 대하여 신고불성실가산세 및 납부지연가산세를 부담하여야 합니다.(세금계산서 관련 가산세는 없음)

과세표준 및 세액을 실제보다 과소하게 발급한 경우

착오사실을 인지한 날 처음에 발급한 세금계산서의 내용대로 세금계산서를 붉은색 글씨로 쓰거나 음(陰)의 표시를 하여 발급하고, 수정 발급하는 세금계산서는 양의 표시를 하여 발급합니다.

단, 예정신고기한 또는 확정신고기한 이후 수정하여 발급하는 경우 부가가치세를 과소신고 및 납부한 것이므로 신고불성실가산세 및 납부지연가산세를 추가로 부담하여야 합니다.(세금계산서 관련 가산세는 없음) 한편, 매입자의 경우 수정세금계산서에 의해 매입세액 공제가 가능합니다.

사업자를 주민등록기재분으로 세금계산서 발급한 경우

공급자가 거래 상대방이 사업자인 것을 모르고 주민등록번호를 기재하여 발행한 세금계산서는 주민등록번호를 사업자등록번호로 수정한 세금계산서를 발급할 수 있습니다. 이 경우 관할 **세무서장이 경정하여 통지하기 전까지** 당초에 발급한 세금계산서의 내용대로(당초 작성일자) 세금계산서를 수정하여 발급합니다. 다만, 공급받는 자가 사업자등록을 하기 전에 공급받는 자의 주민등록번호를 기재하여 발급한 세금계산서에 대하여는 사업자등록번호로 수정한 세금계산서를 발급할 수 없습니다.

세금계산서를 발행하여야 하나 면세 계산서를 발행한 경우

부가가치세가 과세되는 재화 또는 용역을 공급하였으나 면세 계산서를 발급한 경우 소급하여 세금계산서를 발급할 수 없는 것이며, 세금계산서 미발급 가산세(공급가액의 2%), 신고불성실가산세, 납부지연가산세가 적용됩니다.

면세 계산서를 발행하여야 하나 세금계산서를 발행한 경우

부가가치세가 면제되는 재화나 용역을 공급하면서 착오로 계산서가 아닌 세금계산서로 발급한 경우 부가가치세법의 가산세 및 소득세법의 규정에 의한 계산서 미발급가산세는 적용되지 않습니다.

Q 전자세금계산서 발급대상자가 종이세금계산서를 발급한 경우

전자세금계산서 발급의무대상 사업자가 종이세금계산서를 발행한 경우 매출자는 세금계산서 불성실가산세(공급가액의 1%)를 부담하여야 하나 매출자가 정당한 거래시기에 종이세금계산서를 발행한 경우 매입자는 매입세액을 공제받을 수 있습니다.

SECTION 03

전자세금계산서 의무발급사업자

전자적 방법에 의하여 발급한 것을 전자세금계산서라 하며, 법인 및 개인사업자 중 직전 연도의 사업장별 재화 및 용역의 공급가액 합계액이 1억원 (고정자산 매각분 포함)이상인 사업자는 세금계산서 발급시 반드시 전자세금계산서를 발급하여야 합니다.

전자세금계산서를 발급하여야 하는 기간은 다음 해 제2기 과세기간과 그 다음 해 제1기 과세기간으로 합니다. 예를 들어 2023년도 공급가액이 1억원 이상이 되는 경우 전자세금계산서 의무발급 기간은 2024년 7월 1일 ~ 2025년 6월 30일입니다.

전자세금계산서 발급 및 발급받은 전자세금계산서를 확인하기 위하여 반드시 국세청 홈택스에 공인인증서 등록을 하여야 합니다.

전자세금계산서 의무발급 대상 사업자

① 법인 및 개인사업자로서 직전년도 공급가액이 1억원 이상인 사업자는 전자세금계산서를 의무적으로 발급하여야 합니다. 1억원 기준금액에는 고정자산매출분은 포함하되, 과세·면세 겸업사업자의 경우 면세수입금액은 포함하며, 2개 이상 사업장이 있는 경우 해당 사업장별로 1억원 이상인 사업장만 전자세금계산서를 의무적으로 발급하여야 합니다. 단, 전자세금계산서 발급의무대상사업자가 아니더라도 전자세금계산서는 발급할 수 있습니다.

[개정 세법] 전자세금계산서 의무발급 개인사업자 확대(부가령 §68)
(종전) 직전연도 사업장별 공급가액 합계액이 1억원 이상인 개인사업자
(개정) 직전연도 공급가액 합계액 8천만원 이상
<적용시기> '24.7.1. 이후 재화 또는 용역을 공급하는 분부터 적용
○ 사업장별 재화·용역의 공급가액 합계액을 기준으로 8천만원 이상 여부를 판단

② 개인사업자의 전자세금계산서 의무발급기간은 매출금액이 2억원 이상인 해의 다음 해 제2기 과세기간과 그 다음 해 제1기 과세기간으로 합니다.

Q & A 새로 창업을 하였는데 전자세금계산서를 발급하여야 하나요?

창업한 연도는 전자세금계산서 발급의무가 없으나 홈택스에서 전자적으로 세금계산서를 발급하는 것이 업무적으로 매우 편리하고, 분실 등의 우려가 없으므로 국세청 홈페이지의 전자세금계산서 발급방법(국세정책제도 → 전자(세금)계산서)을 참고하여 홈택스에서 전자세금계산서를 발급하시기 바랍니다.

■ 전자(세금)계산서 발급에 대한 세액공제 신설
(부가법 §47, 소득법 §56의3, 부가령 §89, 소득령 §116의4)

종 전	개 정
<신 설>	□ 전자(세금)계산서 발급·전송에 대한 세액공제 ㅇ (공제대상) 직전연도 공급가액(총수입금액)이 3억원 미만인 개인사업자 　- 전자(세금)계산서를 발급일의 다음 날까지 국세청장에게 전송 ㅇ (공제금액) 전자세금계산서 발급 건수 당 200원 ㅇ (공제방식) 부가가치세·소득세에서 공제 ㅇ (적용기한) '22.7.1. ~ '24.12.31.

<적용시기> '22.7.1. 이후 재화와 용역을 공급하는 분에 대한 전자(세금)계산서를 발급하는 분부터 적용

■ 전자세금계산서 발급세액공제 간이과세자 적용
(부가법 §63, 부가령 §114)

종 전	개 정
□ 간이과세자에게 적용되는 세액공제 ㅇ 매입세금계산서등 수취세액공제 ㅇ 신용카드매출전표등 발행세액공제 <추 가>	□ 세액공제 항목 추가 ㅇ (좌 동) ㅇ (좌 동) ㅇ 전자세금계산서 발급세액공제

<적용시기> '23.7.1. 이후 재화나 용역을 공급하는 분부터 적용

전자세금계산서는 어디에서 발급하나요?

국세청 홈택스를 이용하여 발급하는 방법과 전자세금계산서 발급용 프로그램을 구입하여 발급하는 방법이 있으며, 국세청 홈택스를 이용하는 경우 무료로 발급할 수 있습니다.

국세청 홈택스에서 발급

① 「홈택스」에서 공인인증서로 로그인하고, 세금계산서를 작성하여 거래처에 발급하는 방법으로「홈택스」에서 세금계산서 발급내용을 입력한 다음 전자세금계산서를 발급하면, 거래상대방에서 자동으로 전송이 됩니다.

② 전자세금계산서 발급시 거래상대방의 이메일을 입력하여야 합니다만, 단, 이메일을 입력하지 않아도 세금계산서의 효력에는 영향이 없으며, 국세청 「홈택스」에서 전자세금계산서를 발급하는 경우 모든 사업자가 무료로 이용가능합니다.

세금계산서 발행시스템 사업자를 통한 발급

전자세금계산서 발행시스템을 개발하여 그 시스템을 제공하는 것을 주업으로 하는 임대사업자(ASP)의 시스템에 접속하여 발행하고, 국세청에 전송하는 방법으로 이 경우 사용료를 지급하여야 합니다.

전자세금계산서는 어떻게 발급하여야 하나요?

🅠 전자세금계산서 발급 방법

유튜브에서 "전자세금계산서"를 검색하시면 전자세금계산서 발급방법에 대한 동영상 강좌를 볼 수 있습니다.

🅠 공인인증서 발급

전자세금계산서를 발급하기 위해서는 반드시 **전자세금계산서 발행용 공인인증서**가 필요합니다.

국세청 「홈택스」에서 전자세금계산서를 발급하려는 사업자의 경우 공인인증서로 로그인하여 전자세금계산서를 발급하여야 하므로 반드시 전자세금용 공인인증서를 준비하여야 합니다.

개인사업자는 거래은행을 통해「전자세금용 공인인증서」를 발급받아야만 「홈택스」에서 전자세금계산서를 발급할 수 있습니다.

은행용이나 증권용 등 개인이 인터넷뱅킹을 목적으로 발급받은 공인인증서는 전자세금용 공인인증서로 사용이 불가능합니다.
이 경우 **전자세금용 공인인증서를 발급**받아야 하며, 거래은행에서 발급받는 것이 가장 저렴합니다.

참고 공인인증서 발급

○ 법인범용인증서 (단, 법인은행/보험/신용카드인증서는 사용불가)하므로 법인 범용인증서를 교부받아야 합니다.)

○ 전자세금용인증서
1. 기업인터넷뱅킹을 가입하여 사용하고 있는 사업자(법인, 개인사업자)는 거래 은행 홈페이지에서 발급이 가능합니다.
2. 기업인터넷뱅킹에 가입하지 않은 사업자는 반드시 거래은행 창구를 방문하여 **전자세금용 인증서를 발급받아야 합니다.**
법인은 대리인 신청이 가능하나 개인사업자는 반드시 본인이 은행을 방문하여야 발급을 받을 수 있습니다.
- 방문신청시 구비서류(개인사업자) : 사업자등록증사본, 신분증, 출금계좌용통장

국세청 「홈택스」 로그인 (공인인증서)

1. 회원가입 (메인화면 상단)
2. 공인인증서 로그인
3. 홈택스 하단 "전자세금계산서 발급" 클릭

건별 발급

공급받는자 인적사항 및 거래 내용 입력

1. 공급받는자 **사업자등록번호, 상호, 성명, 작성일자, 공급가액**은 반드시 입력을 하여야 합니다.
▶ 품명, 수량, 단가 입력없이 공급가액만 입력을 하여도 됩니다만, 공급가액은 반드시 입력을 하여야 합니다.
2. [발급] 버튼을 누르시면 정상적으로 발급이 됩니다.

▶ 홈택스 전자세금계산서 발급

◆ 거래처 e-mail

매출자는 전자세금계산서를 발급하기 위해 매입자가 수신할 수 있는 포털 e-mail을 확보하여야 하며, 전자세금계산서 발급시 e-mail주소를 입력하여야 합니다. 단, e-mail 주소를 입력하지 않아도 세무상 불이익은 없습니다.

거래처 등록

전자세금계산서 발급시 별도의 거래처 등록없이 건별 발행 화면에서 거래처를 직접 입력하여 발급을 할 수 있습니다만, 계속 거래처의 경우 다음 절차에 의하여 거래처등록을 한 다음 전자세금계산서를 발급하시는 것이 편리합니다.

1. My NTS → 일괄등록
2. 거래처양식 내리기(다운로드) : 엑셀 파일 또는 텍스트 파일
   '전자세금계산서' 폴더를 만들어 저장함 → 파일명 : '거래처양식'
3. 엑셀 파일 또는 텍스트 파일에서 거래처 명단 작성
4. '찾아 보기'를 클릭하여 파일명 : '거래처양식' 올리기(업로드)
5. [거래처 일괄등록] 메뉴바(버튼) 클릭

▶ 등록된 거래처의 전자세금계산서 발급

1. [거래처 검색] 메뉴바(버튼)를 클릭하여 공급받는자 거래처를 선택합니다.

2. 작성일자 및 공급가액은 반드시 입력을 하여야 합니다.

품명, 수량, 단가 입력없이 공급가액만 입력을 하여도 됩니다만, 공급가액은 반드시 입력을 하여야 합니다.

3. [발급] 버튼을 누르시면 정상적으로 발급이 됩니다.

보 충	간편발급

간편발급을 클릭하시면 등록된 거래처를 선택하여 전자세금계산서를 발급할 수 있습니다.

▣ 거래처

거래처란 거래를 입력할 시 해당 계정과목(보통예금, 외상매출금, 외상매입금 등) 에서 어느 업체의 것이 증가 또는 감소되었느냐를 입력하기 위한 것입니다. 예를 들어 "외상매출금(계정과목)이 증가하였을 경우 어느 업체(거래처)의 외상매출금이 증가하였느냐?" "보통예금(계정과목)이 인출되었을 경우 어느 통장(거래처)에서 출금되었느냐?" 등을 어느 업체 어느 통장(거래처) 별로 증가, 감소내역을 알기 위하여 입력하는 란으로 거래처 관리를 전산으로 처리하기 위해서는 반드시 거래처 등록을 하여야 합니다. 한편, 계정과목에 따라 거래처관리가 필요한 경우가 있고 필요 없는 경우가 있습니다. 예를 들어 세금계산서를 수수하지 않는 비용(수익) 계정과목으로 현금을 지급(수입)하는 경우 그 지급처(수입처)가 어디냐? 를 기록하기 위하여 업체명을 입력하나 이는 단순히 지급처를 표시하는 것으로 관리대상 거래처가 아니므로 거래처명에 지급처 또는 수입처명을 직접 입력하면 됩니다.

◆ 거래처 등록이 필요한 계정과목
- 자산 중 당좌예금, 보통예금, 정기적금, 정기예금, 외상매출금, 받을어음, 단기대여금, 미수금, 선급금, 가지급금, 전도금, 장기대여금 등

- 부채 중 외상매입금, 지급어음, 미지급금, 예수금, 당좌차월, 선수금, 단기차입금, 미지급비용, 장기차입금 등

◈ 거래처 등록이 필요 없는 계정과목
- 자산 : 현금, 부가세대급금, 토지, 건물, 비품, 차량운반구 등
- 부채 : 부가세예수금, 임대보증금 등
- 판매비및관리비 : 세금계산서를 수취하지 않는 것
- 영업외수익 : 세금계산서를 발행하지 않는 것
- 영업외비용 : 세금계산서 미수취 및 현금거래
- 원가계정 : 세금계산서 미수취 및 현금거래

품목등록

자주 사용하는 품목은 [My NTS] → [품목관리] → [품목등록]에서 품목을 등록한 다음 전자세금계산서 발급시 품목을 선택하여 발급할 수 있습니다.

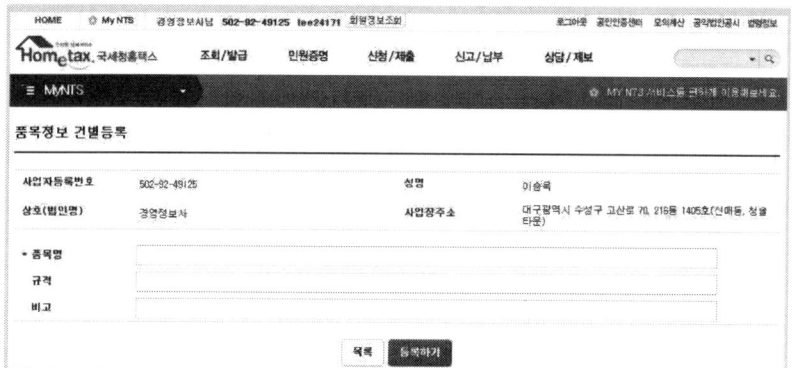

전자세금계산서 발급시기와 전송기한

■ 전자세금계산서 발급시기

세금계산서는 거래시기(물품 등을 공급한 날)가 속하는 월의 다음달 10일까지 반드시 공급시기를 작성일자로 하여 전자세금계산서를 발급하여야 합니다.

거래일의 다음달 11일 이후 발급하는 경우 매출자 및 매입자는 각각 세금계산서불성실가산세(공급자는 공급가액의 1%, 공급받는자는 공급가액의 0.5%)가 적용됩니다.

한편, 1기분(1.1. ~ 6. 30.)을 7월 26월 이후 발급하는 경우 및 2기분(7. 1. ~ 12. 31.)을 다음해 1월 26일 이후 발급하는 경우에는 과세기간이 달라져서 매입자는 매입세액을 공제받을 수 없으며, 매출자는 세금계산서 미발급에 해당되어 공급가액의 2%를 가산세로 부담하게 됩니다. 따라서 전자세금계산서의 경우 발급일자를 국세청이 전산에서 확인할 수 있으므로 발급기한을 넘기지 않도록 특히 유의를 하여야 합니다.

■ 전자세금계산서 국세청 전송기한

전자세금계산서를 발급한 후 즉시 국세청에 전송함을 원칙으로 하되, 재화 또는 용역의 공급일이 속하는 달의 다음달 11일까지는 국세청에 전송하여야 합니다. 단, 「홈택스」를 이용하여 전자세금계산서를 발급하는 경우 전자세금계산서 발행 즉시 전송되므로 별도의 전송절차는 필요하지 않습니다.

전자세금계산서를 잘못 발행한 경우 수정 발행

전자세금계산서 수정 발급

① 발행된 전자세금계산서는 취소.반송이 불가능하며, 수정 등의 사유가 발생한 경우에는 수정세금계산서를 발행할 수 있습니다.

② 수정세금계산서의 전송기한은 수정세금계산서 발행일을 기준으로 전송기한이 다시 시작됩니다.

③ 수정세금계산서 발행사유는 기재사항 착오·정정, 계약의 해제, 공급가액 변동, 재화의 환입, 내국신용장 사후개설이 있으며, 수정세금계산서 발행에 따른 불이익(가산세)은 없습니다.

④ 종이세금계산서를 발행한 경우에는 신고기한 도래전 수정사유가 발생하였을 시 통상 공급자와 공급받는자가 같이 세금계산서를 수정하거나 잘못 발행된 세금계산서는 폐기함으로서 정상적으로 수정세금계산서를 발급하지 않는 경우가 일반적이었으나 전자세금계산서 발행제도하에서는 수정세금계산서 발급사유가 발생한 경우 반드시 전자적으로 수정세금계산서를 발급하여야 합니다.

수정 전자세금계산서 발급사유 및 발급절차

수정세금계산서 발행 편 및 국세청 「홈택스」를 참고하여 수정 세금계산서를 발급하시면 됩니다.

SECTION 04

현금영수증가맹점 현금영수증 발급

1) 현금영수증은 현금영수증 발급장치에 의하여 발급하는 영수증으로서 국세청 전산시스템과 연계되어 사업자가 현금영수증을 발급하는 경우 국세청은 사업자의 매출을 파악할 수 있습니다.

2) 따라서 주로 소비자를 대상으로 하는 업종의 경우 의무적으로 현금영수증 가맹점으로 가입을 하여야 합니다.

3) 또한 매출 누락을 방지하기 위하여 **특정 업종**에 대하여 현금영수증 발급을 의무화하고 있습니다.

4) 현금영수증 가맹점 가입 및 의무발급 등에 대한 내용은 소득세법 제162조의3(현금영수증가맹점 가입·발급의무 등)에서 규정하고 있습니다만, 세금계산서 발급을 의무적으로 발급하여야 하는 사업자가 아닌 경우 현금영수증을 발급하여야 하므로 부가가치세 편에 수록하였음을 참고하시기 바랍니다.

현금영수증가맹점 가입하여야 하는 업종

주로 사업자가 아닌 소비자에게 재화 또는 용역을 공급하는 사업자로서 직전 과세연도 수입금액의 합계액이 2천400만원 이상인 사업자 및 다음의 업종을 영위하는 사업자는 그 요건에 해당하는 날부터 **60일이내**에 신용카드단말기 등에 현금영수증 발급장치를 설치함으로써 현금영수증가맹점으로 가입하여야 합니다.

1. 의료업, 수의업 및 약사에 관한 업을 행하는 사업자
2. 변호사업, 심판변론인업, 변리사업, 법무사업, 공인회계사업, 세무사업, 경영지도사업, 기술지도사업, 감정평가사업, 손해사정인업, 통관업, 기술사업, 건축사업, 도선사업, 측량사업, 공인노무사업, 의사업, 한의사업, 약사업, 한약사업, 수의사업과 그 밖에 이와 유사한 사업서비스업등
3. 현금영수증의무발행사업자 소득세법 시행령 [별표 3의3]에 따른 업종을 영위하는 사업자

[별표 3의3] 법제처 홈페이지 → '소득세법 시행령' → 별표

Q & A 소비자상대 업종이 아닌 경우에도 현금영수증을 발급할 수 있나요?

제조업, 건설업, 도매업 등 세금계산서를 발급하여야 하는 업종의 사업자가 현금영수증가맹점으로 가입하고, 현금영수증을 발급하는 경우 세금계산서를 발급하지 않습니다. <부가가치세법 제33조>

◆ 주로 소비자에게 재화·용역을 공급하는 사업자
소득세법 시행령 [별표 3의2]

■ 소득세법 시행령 [별표 3의2] <개정 2022. 2. 15.>

소비자상대업종(제210조의2제1항 및 제210조의3제1항 관련)

구분	업종
1. 소매업	복권소매업 등 기획재정부령으로 정하는 업종을 제외한 소매업 전체 업종
2. 숙박 및 음식점업	숙박 및 음식점업 전체 업종
3. 제조업	양복점업 등 기획재정부령으로 정하는 업종
4. 건설업	실내건축 및 건축마무리 공사업
5. 도매업	자동차중개업
6. 부동산업 및 임대업	가. 부동산 중개 및 대리업 나. 부동산 투자 자문업 다. 부동산 감정평가업(감정평가사업을 포함한다) 라. 의류 임대업
7. 운수업	가. 전세버스 운송업 나. 「화물자동차 운수사업법」에 따른 화물자동차 운송주선사업(이사화물을 포장하는 서비스를 제공하는 사업으로 한정한다) 다. 특수여객자동차 운송업(장의차량 운영업) 라. 주차장 운영업 마. 여행사업 바. 삭제 <2018. 2. 13.> 사. 기타 여행보조 및 예약 서비스업 아. 여객 자동차 터미널 운영업 자. 소화물 전문 운송업
8. 전문·과학 및 기술서비스업	가. 변호사업 나. 변리사업 다. 공증인업 라. 법무사업 마. 행정사업 바. 공인노무사업 사. 공인회계사업(기장대리를 포함한다) 아. 세무사업(기장대리를 포함한다) 자. 건축설계 및 관련 서비스업 차. 기술사업 카. 심판변론인업 타. 경영지도사업 파. 기술지도사업 하. 손해사정인업 거. 통관업 너. 삭제 <2014.2.21> 더. 측량사업 러. 인물 사진 및 행사용 영상 촬영업 머. 사진처리업

9. 교육서비스업	가. 컴퓨터학원 나. 속기학원 등 그 외 기타 분류안된 교육기관 다. 운전학원 라. 자동차정비학원 등 기타 기술 및 직업훈련학원 마. 일반 교과 학원 바. 외국어학원 사. 방문 교육 학원 아. 온라인 교육 학원 자. 기타 교습학원 차. 예술 학원 카. 태권도 및 무술 교육기관 타. 기타 스포츠 교육기관 파. 청소년 수련시설 운영업(교육목적용으로 한정한다) 하. 기타 교육지원 서비스업
10. 보건업 및 사회복지서비스업	가. 종합병원 나. 일반병원 다. 치과병원 라. 한방병원 마. 요양병원 바. 일반의원(일반과, 내과, 소아청소년과, 일반외과, 정형외과, 신경과, 정신건강의학과, 피부과, 비뇨의학과, 안과, 이비인후과, 산부인과, 방사선과 및 성형외과) 사. 기타의원(마취통증의학과, 결핵과, 가정의학과, 재활의학과 등 달리 분류되지 아니한 병과) 아. 치과의원 자. 한의원 차. 수의업
11. 예술, 스포츠 및 여가 관련 서비스업	가. 영화관 운영업나. 비디오물 감상실 운영업 다. 독서실 운영업 라. 박물관 운영업 마. 식물원 및 동물원 운영업 바. 실내 경기장 운영업 사. 실외 경기장 운영업 아. 경주장 운영업(경마장 운영업을 포함한다) 자. 골프장 운영업 차. 스키장 운영업 카. 체력단련시설 운영업 타. 수영장 운영업 파. 볼링장 운영업 하. 당구장 운영업 거. 종합 스포츠시설 운영업 너. 골프연습장 운영업 더. 스쿼시장 등 그외 기타 스포츠시설 운영업 러. 컴퓨터 게임방 운영업 머. 노래연습장 운영업 버. 오락사격장 등 기타 오락장 운영업 서. 해수욕장 운영 등 기타 수상오락 서비스업 어. 낚시장 운영업 저. 무도장 운영업 처. 유원지 및 테마파크 운영업 커. 기원 운영업

12. 협회 및 단체, 수리 및 기타 개인서비스업	가. 컴퓨터 및 주변 기기 수리업 나. 통신장비 수리업 다. 자동차 종합 수리업 라. 자동차 전문 수리업 마. 자동차 세차업 바. 모터사이클 수리업 사. 가전제품 수리업 아. 의복 및 기타 가정용 직물제품 수리업 자. 가죽, 가방 및 신발수리업 차. 시계, 귀금속 및 악기 수리업 카. 보일러수리 등 그 외 기타 개인 및 가정용품 수리업 타. 이용업 파. 두발 미용업 하. 피부 미용업 거. 손·발톱 관리 등 기타 미용업 너. 욕탕업 더. 마사지업 러. 비만 관리 센터 등 기타 신체관리 서비스업 머. 가정용 세탁업 버. 세탁물 공급업 서. 장례식장 및 장의관련 서비스업 어. 화장터 운영, 묘지 분양 및 관리업 저. 예식장업 처. 점술 및 유사 서비스업 커. 산후 조리원 터. 결혼 상담 및 준비 서비스업
13. 가구내 고용활동	놀이방·어린이집(「영유아보육법」 제13조에 따라 설치·인가된 경우는 제외한다)

비고: 업종의 구분은 한국표준산업분류를 기준으로 한다. 다만, 위 표에서 특별히 규정하는 업종의 경우에는 그러하지 아니하다.

Q&A 현금영수증가맹점으로 가입하지 않는 경우 어떻게 되나요?

가맹점으로 미가입한 기간의 수입금액의 1%를 가산세로 부담하여야 하며, **창업중소기업감면, 중소기업특별세액감면** 등을 받을 수 없습니다,.
<소득세법 제81조의9 ②> <조세특례제한법 제128조 ④>

현금영수증 의무발행사업자 및 미발행가산세

◐ 현금영수증을 의무적으로 발급하여야 하는 경우는?

다음에 정하는 업종을 영위하는 사업자는 현금영수증가맹점으로 가입을 하여야 하며, 건당 거래금액(부가가치세액 포함)이 **10만원** 이상인 재화 또는 용역을 공급하고 그 대금을 현금으로 받은 경우에는 거래상대방이 현금영수증 발급을 요청하지 아니하더라도 현금영수증을 발급하여야 합니다.

▶ 현금영수증 의무발행사업자 [소득세법시행령 별표 3의3]

소득세법 시행령 [별표 3의3]

현금영수증 의무발행업종(제210조의3제1항제4호 및 같은 조 제11항 관련)	
구분	업종
1. 사업서비스업	변호사업, 공인회계사업, 세무사업, 변리사업, 건축사업, 법무사업, 심판변론인업, 경영지도사업, 기술지도사 감정평가사업, 손해사정인업, 통관업, 기술사업, 측량사업, 공인노무사업
2. 보건업	종합병원, 일반병원, 치과병원, 한방병원, 요양병원 바. 일반의원(일반과, 내과, 소아청소년과, 일반외과, 정형외과, 신경과, 정신건강의학과, 피부과, 비뇨의학과, 안과, 이비인후과, 산부인과, 방사선과 및 성형외과) 기타의원, 치과의원, 한의원, 수의업
3. 숙박 및 음식점업	일반유흥 주점업(「식품위생법 시행령」 제21조제8호다목에 따른 단란주점영업을 포함한다) 무도유흥 주점업, 일반 및 생활 숙박시설운영업 출장 음식 서비스업 기숙사 및 고시원 운영업(고시원 운영업으로 한정한다)

4. 교육 서비스업	일반 교습 학원, 예술 학원, 외국어학원 및 기타 교습학원 운전학원, 태권도 및 무술 교육기관 기타 스포츠 교육기관, 기타 교육지원 서비스업 청소년 수련시설 운영업(교육목적용으로 한정한다) 기타 기술 및 직업훈련학원, 컴퓨터 학원 그 외 기타 분류 안 된 교육기관
5. 그 밖의 업종	골프장 운영업, 골프 연습장 운영업 장례식장 및 장의관련 서비스업, 예식장업 부동산 중개 및 대리업, 부동산 투자 자문업 산후 조리원, 시계 및 귀금속 소매업 피부 미용업, 손·발톱 관리 미용업 등 기타 미용업 비만 관리 센터 등 기타 신체 관리 서비스업 마사지업(발 마사지업 및 스포츠 마사지업으로 한정한다) 실내건축 및 건축마무리 공사업(도배업만 영위하는 경우는 제외한다), 인물 사진 및 행사용 영상 촬영업 결혼 상담 및 준비 서비스업, 의류 임대업 「화물자동차 운수사업법」 제2조제4호에 따른 화물자동차 운송주선사업(이사화물을 포장하는 서비스를 제공하는 사업) 자동차 부품 및 내장품 판매업 자동차 종합 수리업, 자동차 전문 수리업 전세버스 운송업, 가구 소매업 전기용품 및 조명장치 소매업, 의료용 기구 소매업 페인트, 창호 및 기타 건설자재 소매업 주방용품 및 가정용 유리, 요업 제품 소매업[거울 및 액자(내용물이 없는 것으로 한정한다) 소매, 주방용 유리제품 소매, 관상용 어항 소매업으로 한정한다] 안경 및 렌즈 소매업, 운동 및 경기용품 소매업 예술품 및 골동품 소매업, 중고자동차 소매업 및 중개업 악기 소매업, 자전거 및 기타 운송장비 소매업 체력단련시설 운영업, 화장터 운영, 묘지 분양 및 관리업 특수여객자동차 운송업 가전제품 소매업, 의약품 및 의료용품 소매업 독서실 운영업, 두발 미용업, 철물 및 난방용구 소매업

	신발 소매업, 애완용 동물 및 관련용품 소매업 의복 소매업, 컴퓨터 및 주변장치, 소프트웨어 소매업 통신기기 소매업, <2022.1.1. 이후> 건강보조식품 소매업, 모터사이클 수리업 자동차 세차업, 벽지, 마루덮개 및 장판류 소매업 공구 소매업, 가방 및 기타 가죽제품 소매업 중고가구 소매업, 사진기 및 사진용품 소매업
6. 통신판매업	전자상거래 소매업(제1호부터 제5호에 따른 업종에서 사업자가 공급하는 재화 또는 용역을 온라인 통신망을 통하여 소매하는 경우로 한정한다)

비고: 업종의 구분은 한국표준산업분류를 기준으로 한다. 다만, 위 표에서 특별히 규정하는 업종의 경우에는 그렇지 않다.

🇶 현금영수증 의무발행사업자가 현금영수증을 발급하지 않은 경우 가산세

▶ 현금영수증의무발행사업자의 현금영수증 미발행가산세

현금영수증의무발행사업자의 경우 건 당 **10만원 이상** 거래에 대하여 재화 또는 용역을 제공하고 현금을 받은 경우에는 상대방이 현금영수증 발급을 요청하지 아니하더라도 무조건 현금영수증을 발행하여야 합니다.

따라서 거래상대방이 현금영수증 발급을 요청하지 아니하거나, 현금영수증가맹점이 신분을 인식하지 못하더라도 **국세청이 지정한 코드(010-000-1234)**로 현금영수증을 자진해서 발급하여야 합니다.

만약, 재화나 용역을 공급하고 그 대금을 계좌이체 또는 현금으로 받은 즉시 현금영수증을 발급하지 못한 경우에도 받은 날부터 **5일 이내**에 무기명으로 발급할 수 있습니다.

현금영수증 의무발행 사업자가 현금영수증을 발급하지 아니하거나 사실과 다르게 발급하여 관할세무서장으로부터 통보받은 경우 해당 과세기간의 거래에 대하여 통보받은 건별 미발급금액 또는 건별로 사실과 다르게 발급한 금액의 각각 100분의 20[착오나 누락으로 인하여 거래대금을 받은 날부터 7일(2022년 이후 10일) 이내에 세무서에 자진 신고하거나 현금영수증을 자진 발급한 경우 100분의 10]에 해당하는 금액을 가산세로 부담하게 됩니다.

Q&A 현금영수증가맹점으로 가입하지 않는 경우 또는 현금영수증 의무발급사업자가 발급을 하지 않는 경우 어떻게 되나요?

1) 가맹점으로 미가입한 기간의 수입금액의 1%를 가산세로 부담하여야 하며, 창업중소기업감면, 중소기업특별세액감면 등을 받을 수 없습니다.
<소득세법 제81조의9 ②> <조세특례제한법 제128조 ④>

2) 현금영수증 의무발급대상 사업자가 10만원 이상 거래의 경우 미발급금액의 20%를 가산세로 부담하여야 합니다.

3) **통신판매업**은 현금영수증 의무발급대상 사업자에 해당하므로 10만원 이상 거래에 대하여 신용카드로 결제를 받거나 세금계산서를 발급하지 않는 경우(예금 입금 등) 현금영수증을 발급하여야 합니다.

[개정 세법] 현금영수증 사업자에 대한 부가가치세 과세특례 적용기한 연장(조특법 §126의3)

현 행	개 정
□ 현금영수증사업자*에 대한 부가가치세액 공제 * 현금영수증가맹점으로부터 현금결제내역을 수집하여 국세청으로 전송 ㅇ (공제대상) 현금영수증가맹점의 현금영수증 발급건수 ㅇ (공제금액) 종이발급 : 9.4원, 온라인발급 : 8.4원 ㅇ (적용기한) '22.12.31.	□ 적용기한 연장 ㅇ (좌 동) ㅇ '25.12.31.

[세법 개정] 현금영수증 가맹점 세액공제 적용기한 신설(조특법 §126의3)

현 행	개 정
□ 현금영수증 발급 시 세액공제 ㅇ (대상) 현금영수증 가맹점 ㅇ (요건) **5천원 미만 거래이면서 전화망을 통한 발급인 경우** ㅇ (세액공제) 발급 건 × 20원 <신 설>	□ 적용기한 신설 (좌 동) ㅇ(적용기한) 25.12.31.

특정 업종의 현금매출명세서 제출의무

Q 부가가치세 신고시 현금매출명세서를 제출하여야 하는 업종은?

다음의 사업을 하는 사업자는 부가가치세 예정신고 또는 확정신고를 할 때 현금매출명세서를 함께 제출하여야 합니다. <부법 제55조 제1항>

(1) 부가가치세법 제55조
부동산업, 전문서비스업, 과학서비스업 및 기술서비스업, 보건업, 그 밖의 개인서비스업
(2) 부가가치세법 시행령 제100조 및 제109조 제2항제7호
예식장업, 부동산중개업, 보건업(병원과 의원으로 한정한다), 변호사업, 심판변론인업, 변리사업, 법무사업, 공인회계사업, 세무사업, 경영지도사업, 기술지도사업, 감정평가사업, 손해사정인업, 통관업, 기술사업, 건축사업, 도선사업, 측량사업, 공인노무사업, 의사업, 한의사업, 약사업, 한약사업, 수의사업과 그 밖에 이와 유사한 사업서비스업으로서 기획재정부령으로 정하는 것
(3) 부가가치세법 시행규칙 제71조
과자점업, 도정업, 제분업 및 떡류 제조업 중 떡방앗간
양복점업, 양장점업, 양화점업
그 밖에 자기가 공급하는 재화의 50퍼센트 이상을 최종소비자에게 공급하는 사업으로서 국세청장이 정하는 것

현금매출명세서 제출대상 업종을 영위하는 사업자가 현금매출명세서를 제출하지 아니한 경우 제출하지 아니한 수입금액의 1%를 가산세로 부담을 합니다.

SECTION 05

과세표준
과세대상

> 과세표준이란 부가가치세 부과기준이 되는 금액을 말합니다. 단, 사업자가 재화 또는 용역을 공급하고 그 대가로 받은 금액에 공급가액과 세액이 별도 표시되어 있지 아니한 경우에는 거래금액 또는 영수할 금액의 110분의 100에 해당하는 금액이 과세표준이 됩니다.

부가가치세 과세표준 및 계산 방법

Q 금전으로 대가를 받는 경우

과세표준에는 거래상대자로부터 받은 대금·요금·수수료 기타 명목 여하에 불구하고 대가관계에 있는 모든 금전적 가치있는 것을 포함하며, 외상판매 및 할부판매의 경우 공급한 재화의 총가액을 과세표준으로 합니다.

🅠 간주공급이 무엇인가요?

과세대상인 재화의 공급은 원칙적으로 계약상 또는 법률상의 모든 원인에 의하여 재화를 인도 또는 양도하는 것으로 합니다. 그러나 통상의 거래가 아니더라도 **재화의 공급으로 간주**하여 과세하는 경우가 있으며, 이러한 공급을 간주공급이라고 합니다. 간주공급에는 자가공급, 개인적공급, 사업상증여, 폐업시 잔존재화 등이 있으며, 간주공급은 세금계산서 발급대상이 아닙니다.

♣ 상세 내용 : 경영정보사 홈페이지 참조

개인적 공급

사업과 직접 관계없이 개인적인 목적 또는 기타의 목적을 위하여 사업자가 재화를 사용·소비하거나 사용인 또는 기타의 자가 재화를 사용·소비하는 것으로서 사업자가 그 대가를 받지 아니하거나 시가보다 낮은 대가를 받는 것을 말합니다. 다만, 매입세액을 공제받지 아니한 것은 과세되는 재화의 공급으로 보지 않습니다.

▶ 종업원 선물 세무처리

사업자가 복리후생목적으로 선물을 구입하여 종업원에게 증정하는 경우 그 매입세액은 공제가 가능합니다. 그러나 직원에게 주는 선물은 재화의 공급인 개인적 공급에 해당되는 것이므로 부가가치세가 과세됩니다. 즉, 종업원 선물용으로 물품 등을 구입할 시 부가가치세 매입세액을 공제받는 경우에는 그 선물을 종업원에게 지급할 시 부가가치세 매출세액을 계산하여 납부하여야 하는 것입니다. 단, 매입세액을 공제받지 않는 경우 부가가치세를 납부하지 않아도 되므로 실무에서는 종업원 선물 구입의 경우 매입세액불공제하고, 과세대상 급여로 처리를 합니다.

[개정 세법] 2019년 이후 1인당 연간 10만원 이내의 경조사와 관련된 재화의 경우 매입세액을 공제받더라도 개인적 공급으로 보지 아니함

사업상증여

사업자가 재화를 증여하는 경우 재화의 공급으로 보아 부가가치세가 과세됩니다. 단, 증여하는 재화가 주된 거래의 공급대가에 포함된 경우(자기의 제품을 구입하는 자에게 구입 당시 구입액의 비율에 따라 증여하는 증여품 등)에는 부수재화에 해당하므로 사업상증여에 해당하지 않습니다. 또한 사업을 위하여 대가를 받지 아니하고 다른 사업자에게 인도 또는 양도하는 견본품과 매입세액이 공제되지 아니하는 것은 과세되는 재화의 공급에 해당하지 않습니다.

폐업시 잔존재화

사업자가 사업을 폐지하는 때에 잔존하는 재화는 자기에게 공급하는 것으로 봅니다. 따라서 폐업시 사업에 사용하던 재고자산 및 감가상각자산이 있는 경우 재고자산은 그 시가를, 감가상각자산은 '감가상각자산의 간주공급시 과세표준'을 공급가액으로 간주하여 부가가치세를 납부하여야 합니다. 단, **매입세액이 불공제된 재화의 경우에는 간주공급에서 제외합니다.**

마일리지

재화의 공급과 관련하여 소비자에게 적립하여 준 마일리지를 소비자가 사용하는 경우 종전에는 부가가치세가 과세되었으나 2018년 이후 법령 개정으로 부가가치세 과세표준에 포함하지 않습니다.
(용역의 공급은 당초부터 간주공급에 해당하지 않음)

과세표준에서 차감하여야 하는 것

에누리액 및 환입된 재화의 가액

① 에누리액이란 재화 또는 용역의 공급에 있어서 그 품질·수량 및 인도·공급대가의 결제 기타 공급조건이 계약내용과 상이한 경우 그 재화 또는 용역의 공급당시 공급가액에서 일정액을 직접 공제하는 금액을 말하여, 에누리액은 매출금액에서 차감하여야 하므로 감액 수정세금계산서를 발행하여야 합니다.

② 환입된 재화는 그 사유가 발생한 때에 감액 수정세금계산서를 발급하여 과세표준에서 차감하여야 합니다.

매출할인액

매출할인액은 외상판매에 대한 공급대가의 미수금을 결제하거나 공급대가의 미수금을 약정기일전에 영수하는 경우 할인하는 금액으로 할인액은 과세표준에서 공제합니다.

매입자에게 도달하기 전 파손·훼손된 재화의 가액

재화를 공급하고, 세금계산서를 발급하였으나 공급받는 자에게 도달하기 전에 해당 재화가 파손·훼손 또는 멸실된 경우 과세표준에 포함하지 않으므로 감액 수정세금계산서를 발급하여야 합니다.

부가가치세 과세대상이 아닌 것은?

연체이자

대가의 지급지연으로 인하여 지급받는 연체이자는 과세표준에 포함하지 않습니다.

판매장려금

사업자가 판매촉진을 위하여 거래상대방의 판매실적에 따라 일정률의 장려금품을 지급 또는 공급하는 경우로서 금전으로 지급하는 장려금은 과세표준에서 공제하지 아니합니다. 단, 현물로 공급하는 것은 사업상증여에 해당하므로 현물을 받은 사업자는 현물을 공급한 자에게 세금계산서를 발급하여야 합니다.

손해배상금

사업자가 타인으로부터 입은 손해에 대하여 손해배상금을 지급받는 경우에는 세금계산서 발급대상이 아닙니다.

□ 부가가치세법 기본통칙 4-0-1【손해배상금 등】
① 각종 원인에 의하여 사업자가 받는 다음 각 호에 예시하는 손해배상금 등은 과세대상이 되지 아니한다. (2011. 2. 1. 항번개정)
1. 소유재화의 파손·훼손·도난 등으로 인하여 가해자로부터 받는 손해배상금 (1998. 8. 1. 개정)
2. 도급공사 및 납품계약서상 그 기일의 지연으로 인하여 발주자가 받는 지체상금 (1998. 8. 1. 개정)
3. 공급받을 자의 해약으로 인하여 공급할 자가 재화 또는 용역의 공급없이 받는 위약금 또는 이와 유사한 손해배상금 (1998. 8. 1. 개정)
4. 대여한 재화의 망실에 대하여 받는 변상금 (1998. 8. 1. 개정)

SECTION 06

영세율 및 면세

사업자가 재화(물품) 또는 용역(서비스)을 공급하는 경우 원칙적으로 거래상대방으로부터 부가가치세를 징수하여 납부하여야 하나 조세정책목적으로 특정한 경우 부가가치세를 징수하지 않는 제도가 영세율 및 면세제도이며, 그 내용은 다음과 같습니다.

영세율

◎ 영세율이란 무엇인가요?

영세율은 국가가 조세정책 목적으로 영세율 적용대상 재화 또는 용역의 공급에 대하여 부가가치세의 거래징수 및 납부의무를 면제하여 줄 뿐만 아니라 사업과 관련한 매입세액을 공제하여 줌으로서 완전면세가 되는 제도로 부가가치세법 및 조세특례제한법에 규정하고 있으나 실무에서 접하는 영세율은 대부분 **수출업자** 및 수출업자에게 수출물품을 납품하는 수출품생산업자의 경우입니다. 영세율 적용대상 사업자는 부가가치세 신고 및 납부의무가 있고, 물품 등을 구입할 시 발급받은 세금계산서의 매입세액을 공제받을 수 있습니다.

따라서 영세율 적용대상 사업자(수출 등)의 경우 매출세액은 없으나 물품 등의 매입시 부담한 매입세액은 있으며, 공제대상 매입세액은 관할세무서로부터 환급을 받을 수 있습니다. 예를 들어 매출세액 '0' 매입세액이 500만원인 경우 그 내용에 대하여 부가가치세 신고를 하는 경우 관할 세무서에서 매입세액 500만원은 환급을 하여 주며, 국가가 영세율 사업자의 매입세액을 조속히 환급(조기환급)해 주기 위하여 신고기한일이 경과한 날로부터 15일 이내에 환급을 하여 줍니다. 또한 부가가치세 신고를 매 월 할 수 있도록 하고 있습니다.

영세율과 면세의 차이점

부가가치세 신고·납부의무

영세율 및 면세에 해당하는 경우 이를 공급하는 사업자는 거래상대방으로부터 부가가치세를 거래징수하지 않는 점은 같으나 면세사업자는 부가가치세 신고납세의무가 없습니다만, 영세율 적용대상사업자는 부가가치세법에 의한 사업자등록을 하여야 하며, 부가가치세신고를 하여야 합니다.

세금계산서 발급의무

면세에 해당하는 재화 또는 용역을 공급하는 경우에는 세금계산서 양식 중 세액이 없는 **계산서**를 발행하여야 하며, 수출의 경우 직수출은 세금계산서를 발급하지 아니하나 국내에서 내국신용장, 구매확인서 또는 임가공계약서에 의하여 수출물품을 공급하는 수출품생산업자의 경우에는 세금계산서 양식에 세액란을 영(0)으로 하는 영세율 세금계산서를 발급하여야 합니다.

부가가치세 매입세액 공제
면세사업자는 물품 등의 매입시 부담한 매입세액은 공제받을 수 없습니다. 반면, 영세율은 일반과세사업자로서 부가가치세신고납부의무가 있을 뿐만 아니라 국내에서 영세율 적용대상이 되는 재화 또는 용역을 공급하는 경우 부가가치세가 영(0)인 세금계산서를 발행하여야 합니다. 또한 재화 또는 용역을 공급받을 시 부담한 매입세액은 공제를 받을 수 있습니다.

▣ 영세율이 적용되는 재화 또는 용역

수출하는 재화
수출이라 함은 내국물품을 외국으로 반출하는 것을 말하며, 영세율이 적용되는 수출에는 직수출뿐만 아니라 국내에서 수출품생산업자가 수출업자에게 내국신용장 또는 구매확인서에 의하여 공급하는 재화, 수출업자와 **직접 도급계약**에 의하여 수출재화를 임가공하는 용역의 경우에도 영의 세율이 적용됩니다.

▶ **공급시기**
수출하는 재화를 선박 또는 항공기에 선적한 날

▶ **과세표준**
수출물품에 대한 대가를 외국통화 기타 외국환으로 받은 경우 다음에 정하는 금액을 과세표준으로 합니다.
1. 공급시기 도래 전에 원화로 환가한 경우에는 그 환가한 금액

2. 수출금액에 공급시기의 기준환율 또는 재정환율(미달러 이외의 외화)을 곱하여 계산한 금액

▶ **세금계산서 발급**
직수출의 경우 재화를 공급받는자(외국의 수입업자)는 국내 세법의 규정을 적용받지 않으므로 세금계산서 발급이 면제됩니다.

▶ **영세율 첨부서류**
직수출의 경우 부가가치세 신고시 '수출실적명세서'를 제출하여야 하며, 소포우편(EMS 등)에 의하여 수출한 경우에는 당해 우체국장이 발행하는 소포수령증을 제출하시면 됩니다. 그리고 **영세율매출명세서**를 추가로 작성하여 제출하여야 합니다.

내국신용장 또는 구매확인서에 의하여 공급하는 재화

내국신용장이라 함은 사업자(수출업자 등)가 수출용원자재, 수출용 완제품을 국내에서 구입할 때 원자재 또는 완제품 생산업자에게 그 대금지불을 보증하기 위하여 수출업자가 수출신용장을 근거로 국내 은행에 신용장 개설을 요구 있으며, 이를 내국신용장이라 합니다. 내국신용장의 경우 외국환 은행의 지급보증에 의하여 수혜자(공급업체)는 물품을 공급한 후 내국신용장 및 물품수령증명서를 근거로 환어음을 발행하여 물품대금을 은행으로부터 수령하게 됩니다.

반면, 구매확인서란 수출을 하고자 하는 자가 자신의 거래은행을 통하여 발급신청을 하여 발급받아 공급자에게 발급하는 것으로 은행의 지급보증이 없고 당사자간의 계약으로 정한 대금지불방법에 의하여 일반거래와 같이 구매자로부터 물품대금을 지급받게 됩니다.

▣ 공급시기
일반적인 공급시기 기준 적용(재화를 인도하는 때)

▣ 과세표준 및 세금계산서 발급
① 과세표준 ~ 공급일 현재 외화공급가액을 기준환율 또는 재정환율(미달러 이외의 외화)에 의하여 계산한 금액
② 세금계산서 발급 ~재화를 인도하는 때

▣ 내국신용장 또는 구매확인서에 의한 영세율 세금계산서 발급
사업자가 내국신용장이 개설되기 전에 재화를 공급하는 경우 재화의 공급시기에 일반세율(10%)을 적용한 세금계산서를 발급하여야 합니다. 단, 당해 재화의 공급시기가 속하는 과세기간 종료 후 **25일** 이내에 내국신용장이 개설되는 경우에는 당초 세금계산서 발행일을 작성일자로 하는 수정세금계산서 및 영세율 세금계산서(당초 세금계산서는 감액처리하고 영세율 세금계산서를 발급)를 발급하여야 합니다.

▣ 영세율 첨부서류
내국신용장 또는 구매확인서 사본

▶ 수출재화 임가공용역
수출업자와 **직접 도급계약**에 의하여 수출재화를 임가공하는 수출재화임가공용역에 대하여 영의 세율을 적용합니다.

▣ 공급시기, 과세표준, 세금계산서발급
내국신용장 및 구매확인서와 같습니다.

▣ 영세율 첨부서류
임가공계약서 사본 및 당해 수출업자가 교부한 납품사실증명서

◆ 임가공업자가 수출품생산업자에게 영세율 세금계산서를 발급한 경우
임가공업자가 수출업자에게 임가공계약서 등에 의하여 직접 납품하는 경우 영세율이 적용되나 수출품생산업자에게 납품하는 경우에는 영세율이 적용되지 아니함에도 영세율을 적용한 내용에 대하여 부가가치세 및 가산세를 추징함

기타 영세율 적용대상 재화 또는 용역의 공급
1. 국외에서 제공하는 용역
2. 국내에서 비거주자 등에게 공급하는 재화 또는 용역
3. 외국항행선박, 외국정부기관등에 공급하는 재화 또는 용역
4. 외국인전용판매장 등의 사업자가 공급하는 재화 또는 용역
5. 방위산업물자 및 군부대에 공급하는 석유류
6. 장애인용 보장구 등의 공급
7. 농·어민에게 공급하는 농업용·축산업용·임업용·어업용 기자재

▶ 국내사업장이 없는 비거주자에게 공급하는 경우 영세율 적용
국내에서 국내사업장이 없는 비거주자 또는 외국법인에게 공급되는 아래의 하나에 해당하는 재화 또는 사업에 해당하는 용역으로서 그 대금을 외국환은행에서 원화로 받는 경우 영세율이 적용됩니다
1. 재화
비거주자 또는 외국법인이 지정하는 국내사업자에게 인도되는 재화로서 해당 사업자의 과세사업에 사용되는 재화
2. 용역
전문, 과학 및 기술서비스업, 통신업, 상품중개업 중 상품종합중개업 소프트웨어 개발업, 컴퓨터프로그래밍, 시스템통합관리업, 자료처리, 호스팅, 교육서비스업(교육지원서비스업만 해당)

[상세 내용] 부가가치세법 시행령 제33조 제2항

면세 및 면세사업자

▣ 면세 개요 및 세무 자료 제출

면세되는 재화 또는 용역을 공급하는 사업자를 면세사업자라고 하며, 면세사업자는 재화 또는 용역의 공급시 부가가치세를 거래징수하지 않습니다만, 사업과 관련하여 물품 등을 매입하고 부담한 매입세액은 공제를 받을 수 없으며, 부가가치세 신고 및 납부의무가 없습니다.

단, **다음해 2월 10일**까지 1년간의 수입금액에 대하여 사업장 관할 세무서에 **면세사업자 사업장현황신고서**를 제출하여야 하며,

면세로 발행한 매출계산서가 있는 경우 매출처별계산서합계표를 작성하여 제출하여야 하고, 매입처별계산서합계표 및 매입처별세금계산서합계표를 작성하여 같이 제출하여야 합니다.

▶ **면세되는 재화 또는 용역**
○ 미가공 농산물, 축산물, 수산물 등 식료품의 공급
○ 병원, 의원, 장의용역
○ 도서 판매, 신문의 보급
○ 학원·강습소·훈련원·교습소(정부의 허가 또는 인가를 받은 경우)
○ 국민주택(전용면적 85㎡ 이하) 및 당해 주택의 건설용역
○ 토지의 공급
○ 여객운송용역 중 시내버스, 시외버스, 지하철, 연안여객선
○ 금융·보험용역

면세사업자의 계산서 또는 전자계산서 발급

면세 재화·용역을 공급하는 경우 계산서 발급

면세사업자 또는 과세사업자(간이과세자 포함)가 면세되는 재화 또는 용역을 공급하는 경우로서 제조업, 도매업, 건설업 등 영수증발급대상 사업자가 아닌 경우(단, 거래상대방이 발급을 요구하는 경우 발급을 하여야 함) 면세 계산서를 발급하여야 하며, 전자 계산서 발급의무자의 경우 전자계산서를 발급하여야 합니다.

▶ 과세사업자도 면세 재화 또는 용역을 공급할 수 있음

과세사업자가 면세되는 재화 또는 용역을 공급하는 경우 별도의 사업자등록정정신고없이 면세 재화 또는 용역을 공급할 수 있으며, 계산서 의무발급대상사업자(제조업, 도매업, 건설업 등)는 반드시 계산서를 발급하여야 하며, 계산서를 발급하지 않은 경우 공급가액의 100분의 2를 가산세로 부담하여야 합니다.

[개정 세법] 전자계산서 의무발급 개인사업자 확대(소득령§211의2)

종 전	개 정
☐ 전자계산서 의무발급 사업자	☐ 의무발급 개인사업자 확대
○ 전자세금계산서 의무발급 사업자 ○ 직전 과세기간 사업장별 총수입금액이 2억 원 이상 개인사업자	○ (좌 동) ○ 2억원 → 1억원 이상

<적용시기> '23.7.1. 이후 재화 또는 용역을 공급하는 분부터 적용
'22년 사업장별 총수입금액 기준으로 1억원 이상 여부를 판단

▶ **전자계산서 미발급 가산세**

직전연도 수입금액이 4800만원 이상인 사업자가 면세되는 재화 또는 용역을 공급하고 계산서를 발급하지 아니한 경우에는 공급가액의 2% (종이계산서를 발급한 경우 공급가액의 1%)를 가산세로 부담하여야 합니다. 다만, 소매업 등 소비자대상업종을 영위하는 사업자는 계산서 발급의무가 면제되는 업종은 제외합니다.

▶ **전자계산서 지연발급 가산세 → 공급가액 × 1%**

전자계산서를 발급하여야 하는 사업자가 발급시기가 지난 후 해당 재화 또는 용역의 공급시기가 속하는 과세기간의 다음 연도 1월 25일까지 계산서를 발급한 경우

▶ **전자계산서 지연전송 및 미전송가산세**

전자계산서 의무발급사업자가 전자계산서를 발급한 경우 전자계산서 발급일의 다음 날까지 국세청에 발급명세를 전송하여야 하며, 전송을 지연(발급일의 다음 다음날부터 익년 1월 10일까지 전송한 경우)하거나 전송을 하지 않은 경우에는 다음의 가산세가 적용됩니다.
* 지연전송한 경우 : 공급가액 × 0.5%
* 전송하지 않은 경우 : 공급가액 × 0.3%

▶ **면세사업자의 계산서합계표 제출의무**

면세계산서의 경우 부가가치세법의 규정이 아닌 소득세법의 규정을 적용받으며, 면세로 발급한 계산서 및 면세 계산서 수취내용에 대하여 반드시 **다음해 2월 10일까지** 계산서합계표를 제출하여야 하며, 직전연도 수입금액이 4800만원 이상인 사업자가 계산서합계표 제출을 누락한 경우 그 공급가액의 100분의 0.5%(2월 11일부터 3월 10일 제출하는 경우 가산세 0.3%)를 가산세로 부담하여야 합니다.

SECTION 07

매입세액공제 및 매입세액불공제

과세사업자가 사업과 관련하여 물품 또는 서비스를 공급받고 부담한 부가가치세 매입세액은 매출세액에서 공제받을 수 있습니다. 한편, 매입세액은 세법의 규정에 의하여 공제를 받을 수 없는 경우(매입세액불공제)가 있고, 재화 또는 용역을 공급받을 시 매입세액을 부담하지는 않았으나 정책복적 또는 과세형평을 위하여 특정한 경우 일정률을 공제하여 주는 매입세액공제제도가 있습니다.

매입세액공제

세금계산서에 의한 매입세액공제

매출세액에서 공제받을 수 있는 매입세액은 자기의 사업을 위하여 물품 또는 서비스를 공급받고 부담한 매입세액으로 매입세액을 공제받기 위해서는 세금계산서를 발급받아야 합니다.

전자세금계산서

① 법인사업자 및 개인사업자로부터 매입과 관련하여 전자세금계산서를 발급받은 경우 별도의 종이세금계산서를 수취할 의무는 없습니다. 이 경우 부가가치세 신고시 매입처별세금계산서합계표의 '전자세금계산서 발급받은분'에 합계하여 기재하시면 됩니다.
전자세금계산서로 발급받은 분은 '매입처별명세'를 작성하지 않습니다.

② 전자세금계산서로 발급받은 세금계산서는 국세청 '홈택스'에서 확인을 할 수 있습니다.

③ 매출자로부터 전자세금계산서를 발급받는 경우 전자세금계산서 발행일자는 재화 또는 용역을 공급받은 날로부터 10일 이내(예를 들어 6월 10일 거래분은 작성일자를 6월 10일로 하고, 반드시 7월 10일까지 발행하여야 하는 것임)에 발급받아야 하므로 발행일자를 특히 유의하여야 합니다.

종이세금계산서

① 사업자가 자기의 과세사업을 위하여 재화 또는 용역을 공급받고, 발급받은 종이세금계산서에 의하여 매입세액을 공제받고자 하는 경우 매입처별세금계산서합계표의 '위 전자세금계산서 외의 발급받은분'에 기재한 다음 '매입처별명세'를 작성하여 부가가치세 신고서와 같이 제출하여야 합니다.

② 전자세금계산서 발급의무대상사업자(법인 및 매출금액이 2억원 이상인 개인 사업자)로부터 전자세금계산서를 발급받지 못하고 종이세금계산서를 발급받은 경우에도 매입자는 매입세액을 공제받을 수 있으나 이 경우 '매입처별명세'를 작성하여야 합니다.

Q&A 사업자등록 신청일 이전에 물품 등을 구입한 경우 매입세액 공제를 받을 수 있나요?

1) 사업자등록증이 발급되지 아니한 상태에서 물품 등을 구입하였다 하더라도 세금계산서 작성일자가 속하는 과세기간(해당 반기)이 끝난 후 20일 이내에 사업자등록을 신청한 경우 매입세액은 공제받을 수 있습니다. 예를 들어 사업과 관련한 포터를 사업자등록없이 2023년 7월 1일 구입한 경우라도 2024년 1월 20일 사업자등록증을 발급받은 경우 매입세액을 공제받을 수 있습니다.
2) 단, 이 경우 주민등록기재분으로 세금계산서를 발급받아야 하며,
3) 물품 등을 사업자등록 이전에 구입하였으나 세금계산서의 공급받는자에 사업자등록번호가 기재된 경우 공급자에게 요청하여 주민등록번호 기재분으로 세금계산서를 수정 발급받아야 공제를 받을 수 있는 점에 주의를 하여야 합니다.

Q&A 간이과세자로부터 물품 등을 매입하고, 세금계산서 또는 현금영수증을 발급받은 경우 매입세액을 공제받을 수 있나요?

직전연도 매출액이 4800만원 미만인 간이과세자로부터 현금영수증을 수취하거나 신용카드로 결제한 경우 매입세액을 공제받을 수 없습니다만, **세금계산서 발급이 가능한 간이과세자**(직전연도 매출액이 4800만원 이상 8000만원 미만인 간이과세자)로부터 세금계산서, 현금영수증을 발급받거나 신용카드매출전표를 수취한 경우 매입세액을 공제를 받을 수 있으며, 간이과세자로서 세금계산서 발급이 가능한 간이과세자인지 여부는 홈택스에서 조회할 수 있습니다.

홈택스 → 조회발급 → 사업자상태 → 사업자등록번호로 조회

◆ 세금계산서 발급이 가능한 간이과세자인 경우 홈택스 표시
  ○ 부가가치세 간이과세자(세금계산서 발급사업자)로 표시

Q & A 부가가치세 신고기한에 제출 누락한 매입세금계산서의 매입세액을 경정청구 등으로 공제받는 경우 가산세가 적용되나요?

부가가치세 신고기간내에 매입처별세금계산서합계표를 제출하지 못한 경우 해당 신고기한이 경과한 날로부터 5년 이내에 수정(경정청구)하여 신고하는 경우 매입세액을 공제받을 수 있으며, 이 경우 가산세는 없습니다.

Q 물품 구입시 신용카드로 결제를 하거나 현금영수증을 받은 경우 매입세액을 공제받을 수 있나요?

> 일반과세사업자가 다음의 요건을 모두 충족하는 신용카드매출전표 또는 현금영수증을 수취한 경우 그 매입세액은 매출세액에서 공제받을 수 있습니다.

사업자명의 신용카드매출전표 및 현금영수증(원칙)

신용카드매출전표상 별도로 기재된 매입세액 또는 현금영수증의 매입세액을 공제받기 위해서는 개인사업자의 경우 회사명의 또는 사업주본인명의의 신용카드(현금영수증 포함)를 사용하여야 합니다.

Q & A 종업원 및 가족명의 신용카드를 사용한 경우에도 매입세액을 공제받을 수 있나요?

사업자가 일반과세자로부터 부가가치세가 과세되는 재화 또는 용역을 공급받고, 종업원 명의 또는 가족명의 신용카드를 사용하고, 신용카드전표에 세액이 별도로 기재된 경우 매입세액을 공제받을 수 있습니다.

신용카드가맹점이 일반과세자로서 다음 요건을 충족할 것

신용카드가맹점이 일반 과세사업자이어야 하며, 세금계산서 발행이 가능한 업종이어야 합니다. 예를 들어 제조업, 도매업 등을 영위하는 과세사업자로부터 물품 등을 공급받고, 신용카드로 결제한 경우 또는 소매업, 서비스업 등을 영위하는 과세사업자로부터 물품 등을 공급받고 신용카드로 결제한 경우 그 매입세액을 공제받을 수 있으나

신용카드가맹사업자가 간이과세자, 면세사업자 및 일반과세자 중 세금계산서를 발급할 수 없는 목욕·이발·미용업 및 여객운송업(항공사, KTX, 고속버스 등), 입장권을 발행하는 사업자인 경우 에는 세금계산서를 발급할 수 없으므로 신용카드매출전표의 매입세액을 공제받을 수 없습니다.

■ 신용카드매출전표, 현금영수증으로 매입세액을 공제받을 수 있는 지출
- 종업원 식대 및 회식비용, 작업복 구입비용
- 화물차, 승합차, 밴차량, 경승용차(모닝, 마티즈 등)의 유류대 및 수선비
- 사업과 관련한 소모품, 비품 구입비

■ 신용카드매출전표, 현금영수증으로 매입세액을 공제받을 수 없는 지출
- 거래처 접대비, 상품권 또는 입장권 결제금액, 종업원 선물구입비용
- 여객운송사업자(항공사, 고속철도, 고속버스 등)에게 결제한 것
- 승용차(배기량 1,000cc 초과)의 유류대 및 수선비, 기타 유지비용
- 간이과세자와의 거래 및 면세물품(쌀, 화환, 도서구입비) 구입비용
- 사업과 관련없는 사업주 개인용도 지출

■ **항공료 및 고속철도요금 카드결제시 매입세액공제대상 아님**

1. 여객운송사업자가 발급하는 항공권은 영수증 발급의무자의 범위에 해당하는 것이므로 부가가치세법 제32조의 세금계산서 발급대상에서 제외되는 것이며, 신용카드사용 매입세액공제 대상에 제외되는 것임
2. 부가가치세 과세사업자가 자기의 과세사업과 관련하여 출장시 고속철도에 의한 여객운송용역을 공급하는 자로부터 용역을 공급받는 경우 공급자는 영수증만을 발급하는 것으로서 당해 영수증을 발급받은 사업자는 당해 영수증에 의하여는 거래징수당한 부가가치세를 공제(환급)할 수 없는 것임

매입세액이 불공제되는 접대비 등의 지출금액이 아닐 것

접대비 또는 배기량 1,000cc를 초과하는 승용자동차의 취득 및 유지비용과 관련한 매입세액은 매출세액에서 공제받을 수 없는 것이므로 그 매입세액을 공제받을 수 없습니다.

예를 들어 화물자동차의 유류구입, 비품, 문구류 등을 구입하거나 직원의 복리후생적 지출과 관련하여 신용카드로 결제한 경우로서 그 매입세액을 공제받을 수 있는 요건을 충족하는 경우 매입세액을 공제받을 수 있으나 접대비 또는 배기량 1,000cc를 초과하는 승용자동차의 취득 및 유지와 관련한 것은 매입세액을 공제받을 수 없습니다.

승용자동차의 렌트 관련 비용도 매입세액공제를 받을 수 없습니다. 단, 경승용차의 취득 및 유지비용과 관련하여 부담한 매입세액은 매출세액에서 공제를 받을 수 있습니다.

신용카드매출전표등수령금액합계표 제출

위의 요건을 모두 충족하는 신용카드매출전표는 그 매입세액을 공제받을 수 있으며, '신용카드매출전표등 수령금액합계표'를 부가가치세 신고시 첨부하여 제출하거나 전자신고하는 경우 전자적으로 제출하여야 합니다.

■ 사업용신용카드 국세청 현금영수증 사이트 등록 및 조회

사업용으로 사용하는 신용카드 및 현금영수증을 「국세청 현금영수증」 사이트에서 등록하여 두시면 사용내역을 조회할 수 있으며, 이 경우 사업용신용카드의 매입세액공제금액 조회화면의 공제금액은 신용카드매출전표 등 수령명세서(갑)의 사업용신용카드란에 기재하여 매입세액 공제 신청할 수 있습니다. 다만, 사업용신용카드 이외의 카드거래내역에 의한 부가가치세 매입세액공제를 위해서는 별도로 카드번호별 거래처별 합계표를 작성 기재하여야 합니다.

◆ 홈택스에서 제공하는 신용카드 사용내역과 다른 경우

국세청 홈택스에서 제공하는 신용카드 사용내역은 참고자료로 활용하는 것으로서 사업자가 실제 사용한 신용카드에 의하여 매입세액공제를 받아야 합니다.

예 제 현금영수증 및 신용카드 결제에 의한 매입세액공제

- 직원 식대 현금영수증 수취 : 10건 공급가액 1,000,000원 세액 100,000원
- 화물차 주유 신용카드 결제 : 30건 공급가액 3,000,000원 세액 300,000원
- 소모품 구입 신용카드 결제 : 2건 공급가액 1,000,000원 세액 100,000원

신용카드매출전표등 수령금액 합계표(갑)
(202×년 1기 예정, 확정)

(앞 쪽)

처리기간 즉시

1. 제출자 인적사항
2. 신용카드 등 매입내역 합계

구 분	거래건수	공급가액	세 액
⑤ 합 계	42	5,000,000	500,000
⑥ 현금영수증	10	1,000,000	100,000
⑦ 화물운전자복지카드			
⑧ 사업용신용카드			
⑨ 기 타 신 용 카 드	32	4,000,000	400,000

3. 기타 신용·직불카드 및 기명식선불카드 매출전표 수령금액 합계

일련번호	⑩ 카드회원번호	⑪ 공급자(가맹점) 사업자등록번호	⑫ 기타 신용카드 등 거래내역 합계		
			거래건수	공급가액	세액
1	4553-0321-1253-****	○○○-○○-○○○○	4	300,000	30,000
2	4553-0321-1253-****	○○○-○○-○○○○	5	400,000	40,000
3	4553-0321-1253-****	○○○-○○-○○○○	2	100,000	10,000
4	4553-0321-1253-****	○○○-○○-○○○○	6	500,000	50,000
5	4553-0321-1253-****	○○○-○○-○○○○	8	400,000	40,000
6	4553-0321-1253-****	○○○-○○-○○○○	7	2,300,000	230,000
	합 계		32	4,000,000	400,000

■ 부가가치세 신고서 일부

매입세액	세금계산서 수 취 분	일 반 매 입	(10)	30,000,000	3,000,000
		수출기업 수입분 납부유예	(10-1)		
		고정자산 매입	(11)	10,000,000	1,000,000
	예 정 신 고 누 락 분		(12)		
	매입자발행 세금계산서		(13)		
	그 밖의 공제매입세액		(14)	5,000,000	500,000
	합 계 (10)-(10-1)+(11)+(12)+(13)+(14)		(15)	45,000,000	4,500,000
	공제받지 못할 매입세액		(16)		
	차 감 계 (15)-(16)		(17)	45,000,000 ㉴	4,500,000
경감공제세액	그 밖의 경감·공제세액		(18)		
	신용카드매출전표등 발행공제 등		(19)	5,000,000	500,000
	합 계		(20)	5,000,000	500,000
	소규모 개인사업자 부가가치세 감면세액		(20-1)		㉺

🅠 음식점, 제조업 등의 의제매입세액공제

과세사업자가 면세로 미가공 농산물 등을 구입하여 과세재화 또는 용역을 창출하는 경우 면세로 구입한 농산물 등의 매입가액에 소정의 율을 곱한 금액을 매입세액으로 의제하여 매출세액에서 공제하여 주는데 이를 의제매입세액공제라고 합니다.

의제매입세액공제 대상사업자
과세사업자의 경우 모든 업종에 대하여 의제매입세액공제를 받을 수 있으나 간이과세자는 의제매입세액공제를 받을 수 없습니다.

의제매입세액공제를 받을 수 있는 면세물품
① 부가가치세의 면제를 받아 공급받은 농산물·축산물·수산물 또는 임산물의 가액으로 가공되지 아니한 식료품(미가공식료품) 및 탈곡·정미·정맥·제분·정육·건조·냉동·염장·포장 기타 원생산물의 본래의 성질이 변하지 아니하는 정도의 1차 가공을 거쳐 식용에 공하는 것들
② 제1항 이외의 농산물·축산물·수산물, 임산물로서 원생산물 및 원생산물 본래의 성상이 변하지 아니하는 정도의 원시가공을 거친 것

의제매입세액 공제요건
면세 물품을 구입하고, 면세 계산서 또는 현금영수증을 받거나 신용카드로 결제한 경우에 한하여 의제매입세액은 공제를 받을 수 있으며, 의제매입세액공제를 받고자 하는 경우 '의제매입세액공제신고서'와 '매입처별계산서합계표' 또는 '신용카드매출전표등수령금액합계표'를 관할세무서장에게 제출하여야 합니다. 다만, 제조업을 영위하는 사업자가 농·어민으로부터 면세농산물 등을 직접 공급받는 경우에는 의제매입세액공제신고서만을 제출할 수 있습니다.

의제매입세액 공제금액

■ 업종별 의제매입세액공제율

구 분		율
1.음식점업	가. 과세유흥장소의 경영자	102분의 2
	나. 가목 외의 음식점을 경영하는 사업자 중 개인사업자	108분의 8 (과세표준 2억원 이하인 경우 109분의 9)
	다. 가목 및 나목 외의 사업자	106분의 6
2.제조업	가. 과자점업, 도정업, 제분업 및 떡류 제조업 중 떡방앗간	106분의 6
	나. 가목 외의 제조업을 경영하는 사업자 중 중소기업 및 개인사업자	104분의 4
	다. 가목 및 나목 외의 사업자	102분의 2
3.제1호 및 제2호 외의 사업		102분의 2

[개정 세법] 면세농산물 등의 의제매입세액 공제특례 적용기한 연장

과세표준 2억원 이하의 개인사업자인 음식점업자에게 적용하는 면세농산물 등의 의제매입세액 우대공제율(109분의 9)의 적용기한을 2026년 12월 31일까지로 2년 연장 (부가가치세법 제42조제1항)

[개정 세법] 면세농산물 의제매입세액공제 한도 10% 상향 [부령 제84조]

	종 전				개 정		
구분	공급가액 (6개월)	공제한도		구분	공급가액 (6개월)	공제한도	
		음식점업	기타			음식점업	기타
개인	1억원 이하	65%	55%	개인	1억원 이하	75%	65%
	1억원~2억원	60%			1억원~2억원	70%	
	2억원 초과	50%	45%		2억원 초과	60%	55%
법인		40%		법인		50%	

<적용시기> 2022년 7월 1일 이후

의제매입세액 공제시기

▶ 일반적인 경우
면세 농산물 등을 구입한 날이 속하는 예정신고기간 또는 과세기간

▶ 예외
면세 원재료인 농산물·축산물·수산물 또는 임산물을 직접 재배·사육 또는 양식을 하거나 타인이 재배·사육 또는 양식 중에 있는 농산물 등을 구입한 경우에는 해당 농산물 등을 생산·채취 또는 벌목 등을 하여 과세재화의 제조·가공 또는 과세용역의 창출에 사용하거나 사용할 수 있는 때(통칙42-84-5)

음식점 사업자의 의제매입세액공제

개인사업자인 음식점업자가 가공되지 아니한 농·축·수산물 등을 구입하고, 면세 계산서 또는 현금영수증을 수취하였거나 신용카드로 결제한 경우 그 금액에 대하여는 108분의 8(연매출 4억원 이하인 경우 109분의 9)을 면세농산물 등을 구입한 날이 속하는 신고기간에 공제받을 수 있습니다.

> **Q&A** 시장에서 해산물을 구입하고, 현금으로 결제하였으나 계산서를 받지 못한 경우 및 농민으로부터 직접 농산물을 매입한 경우 의제매입세액공제를 받을 수 있나요?

계산서를 수취하지 못한 경우 의제매입세액공제를 받을 수 없습니다. 또한 농민으로부터 직접 농산물을 구입한 경우 계산서 등을 받을 수 없으므로 공제를 받을 수 없습니다. 다만, 제조업은 농어민으로부터 직접 구입한 경우 공제를 받을 수 있습니다.

◉ 거래대금을 받을 수 없는 경우의 대손세액공제

거래상대방의 부도, 폐업, 파산 등의 사유로 자기가 공급한 재화 또는 용역과 관련한 매출채권을 회수할 수 없는 경우 부가가치세를 공급한 사업자가 부담하여야 하는 억울한 문제가 발생합니다. 따라서 매출자가 매입자로부터 받지 못한 부가가치세를 납부할 세액에서 공제하여 주는 것을 대손세액공제라고 합니다. (부가가치세법 제45조)

대손세액공제사유

대손세액공제는 공급받는 자가 다음의 어느 하나의 사유에 해당되어 공급자가 외상매출금 및 매출채권을 회수할 수 없는 경우에 적용받을 수 있습니다.

1. 상법에 의한 소멸시효(5년 → 민법에 의한 단기소멸시효 3년 적용)가 완성된 외상매출금 및 미수금(3년)
2. 어음법에 의한 소멸시효가 완성된 어음(3년)
3. 회생계획인가 결정에 따라 회수불능으로 확정된 채권
4. 사업의 폐지, 채무자의 파산 등으로 인하여 회수할 수 없는 채권
5. 부도발생일부터 6월 이상 경과한 수표 또는 어음상의 채권 및 외상매출금(중소기업의 외상매출금으로서 부도발생일이전의 것)
6. **중소기업의 외상매출금 및 미수금으로서 회수기일이 2년 이상 지난 외상매출금등**. 다만, 특수관계인과의 거래로 인하여 발생한 외상매출금등은 제외한다.

▶ 소멸시효에 의한 대손세액공제

매출채권을 회수할 수 없는 경우로서 최종 회수일부터 3년이 경과한 후 대손세액을 공제받을 수 있습니다.

▶ 거래처 폐업시 대손세액공제

거래처가 폐업한 경우 사업자가 외상매출금 채권을 회수하기 위하여 채무자에 대하여 제반법적 절차를 취하였으나 당해 채무자 등이 무재산 등으로 인하여 회수할 수 없음이 객관적으로 확인되는 경우 대손세액공제가 가능한 것이며, 단순히 폐업을 하였다는 사실만으로는 대손세액공제를 받을 수 없습니다.

▶ 부도어음의 대손세액공제

매출 대가로 받은 어음이 부도처리된 경우 당해 어음에 배서를 한 최종소지인이 부도확인을 받은 날로부터 6개월이 경과한 날(12. 31. 부도확인을 받은 경우 다음해 7. 1.이 6개월이 경과한 날임)이 속하는 과세기간 확정신고시 대손세액공제를 받을 수 있으며, 이 경우 부도발생일은 금융기관으로부터 실제로 부도확인을 받은 날을 말합니다.

대손세액공제 신청

대손세액을 공제받을 수 있는 시점의 부가세 확정신고시 대손세액공제신고서에 그 사실을 증명할 수 있는 서류를 첨부하여 매입세액을 공제받을 수 있으며, 사업자가 부가가치세가 과세하는 재화 또는 용역을 공급한 후 그 공급일로부터 **10년이 경과된 날이 속하는 과세기간에 대한 확정신고기한까지** 확정되는 대손세액으로 합니다.

◈ 대손세액공제 신청시 첨부서류
1. 어음의 부도발생일부터 6월 이상 경과사유에 해당하는 경우 매출세금계산서 (사본) 등 증빙서류와 부도어음 사본
2. 소멸시효의 경우 매출세금계산서(사본)와 관련장부 등 증빙서류, 소멸시효가 완성된 사실을 증명하는 서류

♣ 상세 내용 : 경영정보사 홈페이지 참조

재활용폐자원 등에 대한 매입세액공제 특례

폐자원 또는 중고자동차를 매입하여 판매하는 사업자가 개인 등으로부터 폐자원 또는 중고자동차를 매입하는 경우 세금계산서를 수취할 수 없으므로 매출세액에서 공제할 매입세액은 없음에도, 정책목적에 의하여 매입금액에 일정률을 곱한 금액을 매입세액으로 의제하여 매출세액에서 공제하여 주는 제도를 말합니다. [조특법 제108조]
(공제한도) 해당 과세기간의 부가가치세 과세표준 × 100분의 80

공제대상 사업자
① 폐기물재활용신고를 한 자
② 중고자동차매매업등록을 한 자, 중고자동차를 수출하는 자
③ 기타 재생자료수집 및 판매를 주된 사업으로 하는 자

공제대상 거래
국가, 지방자치단체, 면세사업자, 사업자가 아닌 개인, 간이과세자 중 세금계산서를 발행할 수 없는 자(신규사업자 및 직전연도 매출액 4800만원 미만인 경우)로부터 재활용폐자원 및 중고품을 취득하여 제조 또는 가공하거나 이를 공급하는 경우

매입세액공제를 받을 수 있는 재활용폐자원등
① 재활용폐자원 ~ 고철, 폐지, 폐유리, 폐합성수지, 폐합성고무, 폐금속캔, 폐건전지, 폐비철금속류, 폐타이어, 폐섬유, 폐유 등
② 중고품 ~ 「자동차관리법」에 따른 자동차(중고자동차에 한한다)

매입세액공제 금액
1. 재활용폐자원 : **취득가액에 103분의 3을 곱하여 계산한 금액**
2. 중고자동차 : **취득가액에 110분의 10을 곱하여 계산한 금액**

매입세액을 공제받을 수 없는 것

🅠 비영업용소형승용차 구입 및 유지 관련 매입세액

영업용소형승용차라 함은 운수사업자(택시운수업, 렌트카업체 등)가 소형승용차를 이용하여 직접 사업에 사용하는 경우를 말합니다. 따라서 운수사업자 등이 아닌 기타 사업자가 사업을 위하여 구입하는 승용차는 모두 비영업용소형승용차에 해당합니다.

매입세액을 공제받을 수 없는 승용자동차
① 정원 8인승 이하 승용자동차
② 지프형자동차 및 캠핑용 자동차(캠핑용 트레일러를 포함)
③ 이륜자동차로서 총배기량이 125cc를 초과하는 것

매입세액을 공제받을 수 있는 승용자동차
① 9인승 이상 자동차 및 승합차
② 배기량이 1,000cc 이하의 것으로서 길이가 3.6미터 이하이고 폭이 1.6미터 이하인 것(마티즈, 아토스 등)
③ 밴차량(운전석 앞자리에만 사람의 탑승이 가능하고, 뒷부분은 화물을 적재할 수 있는 구조의 차량)
④ 2륜자동차 중 총배기량이 125cc 이하인 것

🅠 접대비 및 이와 유사한 비용과 관련한 매입세액

접대비 및 이와 유사한 비용의 지출로서 교제비.기밀비.사례금 기타 명목여하에 불구하고, 접대비와 유사한 성질의 비용과 관련된 매입세액은 공제할 수 없습니다.

▣ 면세사업 및 토지 관련 매입세액

부가가치세 매입세액은 부가가치세 과세사업자에 한하여 매출세액에서 공제를 받을 수 있습니다. 따라서 면세 사업자의 면세 사업과 관련한 매입세액 및 면세 대상인 토지의 조성등을 위하여 비용을 지출하고 수취한 세금계산서의 매입세액은 공제받을 수 없습니다.

▣ 사업자등록을 하기 전의 매입세액

사업자등록을 신청하기 전의 매입세액은 공제받을 수 없습니다. 다만, 공급시기가 속하는 과세기간이 끝난 후 20일 이내에 사업자등록을 신청한 경우 사업개시일이 속하는 과세기간내의 매입세액은 공제받을 수 있습니다.

▣ 폐업자가 폐업일 이후 발급한 세금계산서의 매입세액

사업을 폐업한 자는 폐업일 이후에 세금계산서를 발급할 수 없습니다. 그럼에도 불구하고 세금계산서를 발급한 경우 매입자는 그 매입세액을 공제받을 수 없습니다. 따라서 국세청 홈택스에서 정상 사업자 여부를 조회하여 문제가 발생되지 않도록 유의하여야 합니다.

▣ 과세 및 면세 겸영 사업자의 면세분 매입세액

과세사업과 면세사업을 겸영하는 경우 매입세액 중 면세사업에 사용한 재화 또는 용역의 매입세액은 공제를 받을 수 없습니다. 한편, 공통으로 사용한 경우에는 일정한 산식에 의하여 계산한 매입세액을 불공제하여야 하며, 이에 대한 자세한 내용은 부가가치세법 제40조의 규정을 참고하시기 바랍니다.

SECTION 08

부가가치세 공제세액 등

> 부가가치세 신고시 경감 및 공제세액과 기타 신고서 작성과 관련한 유의사항은 다음과 같습니다.
>
> 1) 홈택스로 부가가치세를 전자신고하는 경우
>   전자신고세액공제 1만원
> 2) 소매, 음식점등 영수증발급사업자의 신용카드 등 매출전표 발행세액공제(공급대가의 1.3%, 연간 한도액 1천만원)

경감·공제세액

전자신고세액공제

납세자가 직접 홈택스 등에서 전자신고의 방법으로 부가가치세 신고(일반과세자의 경우 확정신고)를 하는 경우 해당 납부세액에서 1만원을 공제받을 수 있습니다. 단, 공제세액을 납부세액과 가감한 후의 금액을 초과할 때에는 그 초과하는 금액은 없는 것으로 합니다.

신용카드매출전표등 발행세액공제

Q 주로 소비자를 대상으로 하는 사업자가 매출대금을 신용카드로 결제받거나 현금영수증을 발급한 경우 어떤 혜택이 있나요?

음식·숙박업 및 소매업 등 영수증발급대상 개인사업자(직전 연도의 재화 또는 용역의 공급가액의 합계액이 10억원 이하 경우에 한함)로서 부가가치세가 과세되는 물품 또는 서비스를 공급하고, 그 대금으로 신용카드로 결제받거나 현금영수증을 발행한 경우 결제금액의 1.3%에 해당하는 금액을 매출세액에서 공제받을 수 있으며, 이 경우 부가가치세 신고시 '**신용카드매출전표등발행금액집계표**'를 제출하여야 합니다. 단, 연간 한도액은 1천만원이며, 신용카드매출전표등 발행세액공제로 인하여 환급이 발생하는 경우 그 초과하는 부분은 없는 것으로 합니다. [부가가치세법 제46조]

■ 신용카드 등 사용에 따른 세액공제 공제율 조정(부가법 §46①)

종 전			개 정	
□ 신용카드 등 매출 세액공제 ○ (공제율)			□ 일반·간이과세자 통합 적용 ○ 공제율 단일화	
	공제율	'21년까지	공제율	'26.12.31.까지
간이과세자 (음식숙박업)	2.0%	2.6%	1.0%	1.3%
기타 사업자	1.0%	1.3%		

<적용시기> '21.7.1. 이후 재화 또는 용역을 공급하는 분부터 적용

◈ 영수증 발급대상 사업자 [부가가치세법 시행령 제79조의2]
1. 소매업 및 음식점업(다과점업 포함)
2. 숙박업, 목욕·이발·미용업, 여객운송업, 입장권을 발행하는 사업
3. 주로 사업자가 아닌 소비자에게 재화 또는 용역을 공급하는 사업으로서 도정업, 제분업중 떡방아간, 양복점업·양장점업·양화점업, 주거용 건물공급업, 운수업 및 주차장운영업, 부동산중개업, 개인서비스업, 가사서비스업 등

보 충	신용카드매출전표등발행세액 공제대상 매출

- 신용카드 · 직불카드 매출
- 현금영수증 매출, 선불카드, 전자화폐에 의한 매출
- 결제대행업체(PG사)를 통한 신용카드 매출

Q&A 인터넷 쇼핑몰 등에서 물품 판매시 결제대행업체를 통하여 신용카드결제를 받은 경우에도 신용카드등 발행세액공제를 받을 수 있나요?

1) 결제대행업체(PG사, Payment Gateway)란 신용카드회사와의 계약에 따라, 신용카드회원에게 물품을 판매하거나 용역을 제공하는 자를 위하여 신용카드에 의한 거래를 대행하는 자를 말합니다

2) 여신전문금융업법에 의한 결제대행업체를 통한 신용카드매출전표에 해당하는 경우 매출자는 신용카드등매출에 대한 세액공제를 받을 수 있습니다.

▶ 여신전문금융업법에 의한 결제대행업체 조회
금융민원센터(https://www.fcsc.kr) → 등록·신고 → 전자금융업 등록현황

예정고지세액 및 과세표준명세 등

🇶 부가가치세 예정고지세액이란?

개인사업자의 경우 부가가치세 신고는 1년을 1기(1. 1 ~ 6. 30)와 2기(7. 1 ~ 12. 31)를 구분하여 6개월에 한 번씩 신고를 합니다만, 관할세무서에서 4월(1기 예정고지 납부기한 : 4월 25일) 및 10월(2기 예정고지 납부기한 : 10월 25일) 중 전기 납부세액의 2분의 1을 고지합니다. 예정고지에 의하여 납부한 예정고지세액은 부가가치세 1기 및 2기 신고시 납부할 세액에서 공제를 받습니다.

▶ 부가가치세 예정고지 면제 기준금액

예정고지세액이 50만원 미만인 경우 예정고지를 하지 않으며, 이 경우 확정신고시 일괄하여 납부하여야 합니다.

사 례 2024년 1기 예정고지세액 [홈택스, 국세청 홈페이지에서 확인]

- 2023년 2기 납부할 세액 3,000,000원
- 2024년 1기 예정고지 금액 1,500,000원 → 4월 25일 납부

항목	번호		기호	금액
예 정 신 고 미 환 급 세 액	(21)		㉧	
예 정 고 지 세 액	(22)		㉨	1,500,000
사업양수자의 대리납부 기납부세액	(23)		㉩	
매입자 납부특례 기납부세액	(24)		㉪	
신용카드업자의 대리납부 기납부세액	(25)		㉫	0
가 산 세 액 계	(26)		㉬	
차감·가감하여 납부할 세액(환급받을 세액) (㉣-㉤-㉥-㉦-㉧-㉨-㉩-㉪-㉫+㉬)	(27)			
총괄 납부 사업자가 납부할 세액(환급받을 세액)				

📑 부가가치세 신고서 과세표준명세서 작성방법

Q&A 차량 등 고정자산을 매각하였는데 부가가치세 신고서 ⑤과세표준명세란에 수입금액제외로 입력하여야 하나요?

1) 복식부기의무자가 사업용 차량 등 사업용 유형자산을 매각한 경우 수입금액에 포함하여야 하므로 수입금액제외란에 입력하지 않습니다. 단, 건물을 매각하고 세금계산서를 발급한 경우 건물양도는 양도소득세를 신고납부하므로 수입금액제외란에 기재를 하여야 합니다.

2) 복식부기의무자가 아닌 개인사업자의 경우 부가가치세 과세표준에 포함한 차량 매각대금은 부가가치세 과세표준 신고서의 '⑤ 과세표준명세 - (31) 수입금액 제외'란에 기재합니다.

⑤ 과세표준 명세			
업 태	종 목	업종 코드	금 액
(28)제조	의류		75,000,000
(29)			
(30)			
(31)수입금액제외			
(32)합 계			75,000,000

「위 내용을 충분히 검토하였고 신고인이 알고 있는 사실 그대로를 정확하게 적었음을 확인합니다.
202×년 7월 25일
신고인: (서명 또는 인)
세무대리인은 조세전문자격자로서 위 신고서를 성실하고 공정하게 작성하였음을 확인합니다.
세무대리인: (서명 또는 인)
세무서장 귀하
첨부서류 뒤쪽 참조

📑 면세사업수입금액 및 계산서 발급 및 수취금액

과세사업과 면세사업을 겸업하는 경우 부가가치세 신고시 면세사업과 관련한 수입금액은 부가가치세 신고서 뒷쪽 '면세사업수입금액란'에 기재하여야 하며, 계산서를 발급한 금액이 있는 경우 계산서 발급금액란에 기재하시고 '매출처별계산서합계표'를 첨부하여 제출하여야 합니다. 한편, 과세사업자가 면세 물품 등을 공급받고 계산서를 수취한 것이 있는 경우 계산서 수취금액란에 기재하시고 '매입처별계산서합계표'를 첨부하여 제출하여야 합니다.

❓ 부가가치세 신고서에서 일반매입과 고정자산매입은 왜 구분하나요?

매입세금계산서 중 차량운반구, 기계장치 등 고정자산의 매입과 관련한 세금계산서가 있는 경우 일반매입과 구분하여 고정자산매입에 기재하시고 '건물등감가상각자산취득명세서'를 제출하여야 하며, 매입세액란을 일반매입과 고정자산매입으로 구분한 것은 국세청이 사업자의 부가율을 계산하여 성실신고 여부를 판단하기 위한 것입니다.

부가율이 동종 업종에 비하여 낮다는 것은 동종 업종의 비슷한 매출과 비교하여 매입자료가 많은 것으로 실물 거래 없는 가짜매입세금계산서를 수취하였을 가능성이 높다는 것을 의미하며, 국세청이 세무조사대상자를 선정함에 있어 참고자료로 활용하기도 합니다.

따라서 사업자는 통상 1년을 기준으로 부가율이 동종업종 사업자의 평균 부가율보다 현저히 낮을 경우 그 원인을 분석하여 착오가 있는 것은 수정하고, 기타 사유가 있는 경우에는 세무조사를 받지 않도록 성실하게 신고하여야 할 것입니다. 과거에는 부가율이 세무조사 등을 선정하는데 있어 매우 중요한 고려사항이었습니다만, 현재는 참고자료 정도로 국세청 내부적으로 관리하며 부가율을 별도로 공시하고 있지는 않습니다.

보 충   **부가율 계산**

부가율이란 부가가치율이라고도 하며, 다음과 같이 계산합니다.

$$부가율 = \frac{매출\ 과세표준 - 매입\ 과세표준}{매출\ 과세표준}$$

* 매입 과세표준에는 고정자산 매입을 제외합니다.
[예제] 매입 4천만원 (고정자산 매입 1천만원 포함) 매출 7천 5백만원
부가율(60%) = [매출 (7천백만원) - 매입 (3천만원)] ÷ 매출 (7천백만원)

매입세액	세금계산서 수취분	일반매입	(10)	30,000,000		3,000,000
		수출기업 수입분 납부유예	(10-1)			
		고정자산 매입	(11)	10,000,000		1,000,000
	예 정 신 고 누 락 분		(12)			
	매입자발행 세금계산서		(13)			
	그 밖의 공제매입세액		(14)	5,000,000		500,000
	합 계 (10)-(10-1)+(11)+(12)+(13)+(14)		(15)	45,000,000		4,500,000
	공제받지 못할 매입세액		(16)			
	차 감 계 (15)-(16)		(17)	45,000,000	㉯	4,500,000

> **예 제** 고정자산(기계장치) 매입 및 건물등감가상각취득명세서 작성

• 종이세금계산서 수취분 : 공급가액 1천만원, 매입세액 1백만원

건물등 감가상각자산취득명세서
202×년 1기(1월 1일~ 6월 30일)

1. 신고자 인적사항

① 성 명 (법 인 명)		② 사업자등록번호	
③ 업 태		④ 종 목	

2. 감가상각자산 취득 명세 합계

감가상각자산 종류	건 수	공급가액	세 액	비 고
⑤ 합 계	1	10,000,000	1,000,000	
⑥ 건 물 · 구 축 물				
⑦ 기 계 장 치	1	10,000,000	1,000,000	
⑧ 차 량 운 반 구				
⑨ 그 밖의 감가상각자산				

🅠 세금 납부서 작성

① 세금을 납부하고자 하는 경우 납부서를 작성하여 금융기관등에 납부를 하여야 하며, **홈택스에서 신고하는 경우 자동으로 출력됩니다.**

② 납부서 양식 : 국세청 홈페이지 → **국세정책제도** → **통합자료실** → **세무서식** (검색어) 영수증서

▶ 납부서는 세목(세금의 종류)별로 각각 작성하여야 합니다.

■ 결정구분(4)

1	확정분 자납	소득·법인세 정기신고분, 부가세 확정신고
2	수시분 자납	수정신고, 정정신고 등 수시 자납
3	예정신고 및 중간예납	법인세 중간예납, 부가세 예정신고 등
4	원천분 자납	소득·법인세 원천분

■ 세목(14)

세 목	코드	세 목	코드	세 목	코드
종합소득세	10	퇴직소득세	21	개별소비세	42
이자소득세	11	양도소득세	22	주세	43
배당소득세	12	법인세	31	증권거래세	45
사업소득세	13	부가가치세	41	인지세	46
근로소득세	14	상속세	32	농어촌특별세(현년도)	55
기타소득세	16	증여세	33	농어촌특별세(과년도)	56

■ **부가가치세 신고서 작성 사례**

[국세청 홈페이지] → 국세신고안내 → 부가가치세 → 주요서식 작성요령/사례

■ 일반과세자의 부가가치세 신고서 작성방법
(부동산임대업, 도소매업, 화물운수업, 제조업, 건설업, 음식업)

■ 일반과세자의 부가가치세 신고서 작성방법
(건설업, 도소매업, 부동산임대업, 음식점업, 제조업, 화물운수업)

SECTION 09
부가세 일반·조기환급 경정청구·기한후 신고

일반환급 및 조기환급

환급이란 부가가치세 과세사업자로서 공제대상 매입세액이 매출세액 보다 많은 경우 관할세무서에서 그 세액을 사업자에게 돌려주는 것을 말하며, 일반환급과 조기환급이 있습니다.

일반환급이란 재고상품 일시 과다 매입 등의 사유로 공제를 받을 수 있는 매입세액이 매출세액보다 많은 경우 발생하는 환급액을 말합니다. 일반환급의 경우 환급세액은 각 과세기간별로 그 **확정신고기한 경과 후 30일내**에 사업자에게 환급합니다. 따라서 예정분 환급세액은 확정시 예정신고미환급분으로 공제를 받습니다.

조기환급이란 일반환급에 비하여 **빠른** 시일내에 환급을 해주는 것을 말합니다. 다음의 하나에 해당하는 경우로서 부가가치세 영세율 등 조기환급기간 종료일로부터 25일 내에 과세표준과 환급세액을 관할 세무서에 신고하면, 당해 **조기환급신고기한 경과 후 15일 이내**에 사업자에게 환급하여 줍니다. 조기환급의 경우 **매 월** 또는 **2개월**을 과세기간으로 다음 달 25일까지 신고할 수 있습니다.

1. 영세율의 규정이 적용되는 때
2. 사업설비를 신설·취득·확장 또는 증축하는 때

조기환급신고시 수출의 경우 당해 '영세율등조기환급신고서'에 대한 '수출실적명세서' 등의 서류를 사업설비투자의 경우 '건물등감가상각자산취득명세서'를 신고서에 첨부하여야 합니다.

Q&A 창업을 하다보니 매출은 별로 없는데 매입이 많습니다. 이 경우 매입세액공제는 어떻게 받나요?

1) 공제대상 매입세액이 매출세액보다 많은 경우 부가가치세 신고를 하면, 세무서로부터 환급(매입세액 - 매출세액)을 받을 수 있습니다. 따라서 개업한 날이 속하는 반기의 다음달 25일까지 신고하면, 세무서에서 확인한 후 30일 이내에 사업자 계좌로 송금을 하여 줍니다.

2) 단, 사업개시일 이후 고정자산(유형자산, 무형자산)을 신설 또는 취득함으로서 환급세액(매입세액 - 매출세액)이 발생한 경우 해당 자산의 취득월까지를 과세기간으로 하여(조기환급기간) 그 조기환급기간이 끝난 날부터 25일 이내에 환급세액을 관할 세무서장에게 신고하게 되면, 조기환급신고기한이 지난 후 15일 이내에 환급을 받을 수 있으며, 이를 조기환급이라 합니다. 조기환급신고 이후 과세기간은 조기환급신고월의 다음달부터 확정 과세기간까지로 합니다.
2022.7.10. 사업자등록 2022.8.5. 인테리어 비용 매입세액 2천만원 2022.9.25. 조기환급신고 → 과세기간 '22.7.10. ~ '22.8.31.
<부가가치세법 제59조 ②>

부가가치세 기한후 신고

Q 부가세 신고를 기한내 하지 못한 경우 어떻게 하나요?

법정신고기한내 신고 및 납부를 하지 못한 경우 기한 후 신고를 할 수 있으며, 기한 후 신고시 납부할 세액이 있는 경우 다음의 가산세를 추가로 부담하여야 합니다. 단, 기한후 신고를 하더라도 납부할 세액이 없거나 환급이 발생하는 경우 [1]매출세금계산서합계표미제출가산세만 부담을 하시면 됩니다.

▶ 부가가치세 기한 후 신고시 적용되는 가산세
[1] 매출세금계산서합계표미제출가산세 → 공급가액 × 5/1000
- 소매, 음식업 등 세금계산서 의무발급대상업종이 아닌 경우에는 적용하지 않습니다.

[2] 신고불성실가산세 → 납부할 세액 × 20/100
○ 신고기한일로부터 1개월 이내에 신고하는 경우에는 50% 감면
○ 신고기한일로부터 1 ~ 3개월 이내: 30% 감면
○ 신고기한일로부터 3 ~ 6개월 이내: 20% 감면

[3] 납부지연가산세 → 납부할 세액 × 2.2/10,000 × 미납일수(법정납부기한일의 다음날부터 납부일까지 기간일수)

[4] 부동산임대공급가액명세서 또는 현금매출명세서 미제출가산세
제출하지 아니한 수입금액 × 1% (1개월 이내 제출시 50% 감면)
- 부동산임대업자가 부동산임대공급가액명세서를 제출하지 않은 경우
- 현금매출명세서 제출대상사업자가 제출하지 않은 경우

경정청구

경정청구란 당초 과세표준신고서를 법정신고기한내에 제출한 자가 다음의 1에 해당하여 환급받아야 할 세액이 있는 경우 **법정신고기한 경과 후 5년 이내**에 국세의 과세표준 및 세액의 결정 또는 경정(환급)을 관할세무서장에게 청구하는 것을 말합니다. 경정청구시에는 별도의 가산세 부담이 없습니다.

1. 과세표준신고서에 기재된 과세표준 및 세액이 세법에 의하여 신고하여야 할 과세표준 및 세액을 초과하는 때
2. 과세표준신고서에 기재된 결손금액 또는 환급세액이 세법에 의하여 신고하여야 할 결손금액 또는 환급세액에 미달하는 때

Q 매입세금계산서를 누락한 경우 매입세액을 공제받을 수 있나요?

매입 세금계산서를 누락하여 수정신고하는 경우 매입세액을 세무서로부터 환급을 받을 수 있으며, 이 경우 가산세는 없습니다. 단, 수정신고에 의하여 환급이 발생하는 경우 경정청구서를 제출하여야 합니다.

[서식] 과세표준 및 세액의 결정(경정)청구서
국세청홈페이지 → 국세정책제도 → 통합자료실 → 세무서식

◆ 경정청구시 제출할 서류
① 과세표준 및 세액의 경정청구서
② 최초의 과세표준 및 세액신고서사본
③ 결정(경정)청구사유 입증자료

SECTION 10

간이과세자 부가가치세 신고방법 및 납부 특례

> 소규모 사업자의 경우 부가가치세 신고 및 납부의무에 예외규정을 두어 납세자가 세금신고업무를 간편하게 할 수 있도록 규정한 것이 간이과세자제도이며, 2021. 7. 이후 세법 개정이 있었으며, 그 내용은 다음과 같습니다.

간이과세자 적용대상 사업자는?

① 부가가치세 과세사업을 하면 일반과세자로 되는 것이 원칙이나 주로 사업자가 아닌 일반소비자를 대상으로 사업을 영위하는 소규모사업자의 부가가치세 신고편의 및 세부담 경감을 위하여 간이과세자 제도를 두고 있습니다.

② 간이과세자 적용 대상사업자는 연간 매출액(공급대가)이 8000만원 미만인 사업자로서, 간이과세적용이 배제되는 사업 또는 지역에 해당되지 않아야 하며, **다른 일반과세 사업장이 없어야 합니다.**

◆ 간이과세자가 될 수 없는 업종 (부법 시행령 제109조 ②)
- 광업, 건설업, 제조업, 도매업 및 상품중개업, 부동산매매업
- 과세유흥장소를 경영하는 사업으로서 기획재정부령으로 정하는 것
- 부동산임대업으로서 기획재정부령으로 정하는 것
- 변호사업, 법무사업, 공인회계사업, 세무사업 등 전문직종
- 의사업, 한의사업, 약사업,
- 전기 · 가스 · 증기 및 수도 사업
- 전문 · 과학 · 기술서비스업, 사업시설 관리 · 사업지원 및 임대 서비스업

③ 신규로 사업을 개시하는 개인사업자는 간이과세적용이 배제되는 사업 또는 지역에 해당되지 않는 경우 사업을 개시한 날이 속하는 연도의 매출 합계액이 8000만원에 미달될 것으로 예상되는 때에는 간이과세자로 등록할 수 있습니다.

④ 일반과세자이던 자가 지난 1년간의 공급대가가 8000만원에 미달하게 되는 경우 다음해 7월 1일 이후 간이과세자로 전환됩니다. 예를 들어 2023년 1년간의 매출이 공급대가를 기준으로 8000만원에 미달하는 경우 관할세무서에서 2024년 제1과세기간(1. 1.~ 6. 30.) 개시 20일전(2024. 6. 10.)까지 간이과세자로 전환됨을 통지하고 간이과세자용 사업자등록증을 발급합니다. 단, 신규로 사업을 개시한 자는 그 사업개시일의 월부터 12월까지 공급대가의 합계액을 1년으로 환산한 금액을 기준으로 간이과세 적용대상사업자를 결정합니다.

◆ 직전연도 공급대가 합계액이 4800만원 이상 8000만원 미만이더라도 간이과세자 적용이 될 수 없는 경우
1. 간이과세가 적용되지 아니하는 다른 사업장을 보유하고 있는 사업자
2 부동산임대업 또는 과세유흥장소를 경영하는 사업자로서 해당 업종의 직전 연도의 공급대가의 합계액이 4800만원 이상인 사업자

간이과세자도 세금계산서를 발급할 수 있는 경우가 있나요?

1) 새로 사업을 하면서 간이과제자로 등록하는 경우 세금계산서를 발급할 수 없습니다. 따라서 연간 예상 매출액이 8천만원에 미달할 것으로 예상되더라도 세금계산서를 발급하여야 하는 경우에는 일반과세사업자로 사업자등록을 하여야 합니다.

2) 창업 과세연도의 연간매출액(연간으로 환산한 금액)이 4800만원 이상 8000만원 미만인 간이과세자의 경우 다음해 7월 1일 이후 세금계산서를 발급할 수 있습니다.

◆ 연간 매출액 환산(부법 제61조 ②) 및 과세유형 전환
2023년 9월 10일 사업자등록, 9월 ~ 12월 매출 3천만원
1개월 미만은 1개월로 함 → 월수 4개월
환산매출액 3천만원 × 12/4 = 9천만원
2024.7.1.이후 → 일반과세사업자로 전환

[주의사항] 신규사업자의 간이과세자 등록 및 간이과세 포기
1. 세금계산서를 발급하여야 하는 경우 일반과세사업자로 등록을 하여야 합니다.
2. 최초 과세연도의 수입금액이 8천만원(신규로 사업을 개시한 자는 그 사업개시일의 월부터 12월까지 공급대가의 합계액을 1년으로 환산한 금액을 기준으로 함)에 미달하는 경우 다음해 7월 1일부로 간이과세자로 전환이 됩니다. 이 경우 4800만원 이상인 경우에는 세금계산서를 발급할 수 있으나 4800만원에 미달하는 경우 세금계산서를 발급할 수 없으므로 세금계산서를 계속 발급하여야 하는 경우 간이과세 포기를 하여 일반과세자로 유지를 하여야 세금계산서를 발급할 수 있습니다.

간이과세자 관련 주요 개정 세법

[1] 영수증 발급 대상 조정(제36조제1항 및 제36조의2 신설)

종전에는 모든 간이과세자는 영수증을 발급하여야 했던 것에서 앞으로는 직전 연도 공급대가 합계액이 4천800만원 미만인 간이과세자 등을 제외하고는 세금계산서를 발급하도록 영수증 발급 대상을 조정하고, 해당 영수증 발급의 적용기간을 정함.
<적용시기> 2021.7.1. 이후 재화 또는 용역을 공급하는 분부터 적용

[개정 세법] 직전연도 공급대가 합계액이 4,800만원 이상인 간이과세자에 대한 세금계산서 발급의무 부과(부가법 §36①)
ㅇ (원칙) 세금계산서 발급
ㅇ (예외) 영수증 발급
- 간이과세자 중 신규사업자 및 직전연도 공급대가 합계액이 4,800만원 미만인 사업자
- 주로 사업자가 아닌 자에게 재화·용역을 공급하는 사업자(부가가치세법 제73조 ① ② 업종) 다만, 소매업, 음식점업, 숙박업 등은 공급받는 자가 요구하는 경우 세금계산서 발급 의무
<적용시기> '21.7.1. 이후 재화 또는 용역을 공급하는 분부터 적용

[2] 간이과세 적용범위 확대(제61조제1항)

종전에는 직전 연도의 공급대가 합계액 4천800만원 미만이었던 것에서 8천만원 미만으로 상향하되, 부동산임대업 및 과세유흥장소를 경영하는 사업자에 대해서는 현행의 4천800만원 기준을 유지함.
<적용시기> 2021.1.1. 이후 개시하는 과세기간 분부터 적용

[3] 간이과세자에 대한 면세농산물 등 의제매입세액공제 적용 배제(현행 제65조 삭제)

간이과세자에게는 면세농산물 등을 공급받을 때 매입세액이 있는 것으로 보아 면세농산물 등의 가액에 업종별 공제율을 곱한 금액을 납부세액에서 공제하는 의제매입세액공제제도를 적용하지 아니함.
<적용시기> 22021.7.1. 이후 공급받거나 수입 신고하는 분부터 적용

[4] 간이과세자 납부의무 면제 기준금액 상향(제69조제1항)

부가가치세 납부의무가 면제되는 기준금액을 해당 과세기간의 공급대가 합계액 3천만원 미만이었던 것에서 4천800만원 미만으로 상향함.
<적용시기> 2021.1.1. 이후 개시하는 과세기간 분부터 적용

▶ 간이과세제도 관련 세법 개정 내용 요약

구 분	종 전	개 정
간이과세 기준금액	• 직전연도 공급대가 4,800만원 미만	• 직전연도 공급대가 8,000만원 미만 (부동산임대업 또는 과세유흥장소는 4,800만원 미만)
납부의무면제 기준금액	• 해당연도 공급대가 합계액 3,000만원 미만	• 해당연도 공급대가 합계액 4,800만원 미만
세금계산서 발급의무	• 영수증 발급 (세금계산서를 발급하지 아니함)	• (원칙) 세금계산서 발급 • (예외) 영수증 발급(신규사업자 및 직전연도 공급대가 4,800만원 미만)
영수증 발급 적용기간	• (신설)	• 1역년 공급대가의 합계액이 4,800만원 미달하는 해의 다음 해 7. 1.부터 1년간

구 분	종 전	개 정
		• 신규 개업한 간이과세자의 경우 최초로 사업 개시한 해의 다음 해 6. 30.까지
세액계산구조 (세금계산서 등 세액공제)	• (공급대가 × 업종별 부가율*×10%) - (매입세액 ×업종별부가율) - 기타공제세액 * 업종별부가율: 5~30%	• (공급대가×업종별 부가율×10%) - (공급대가 × 0.5%) -기타공제세액 * 업종별부가율: 15~40%
신용카드 등 매출세액공제	• 간이과세자 (음식·숙박업) : 2.6% • 기타사업자 : 1.3%	• 1.3% (신규사업자 및 직전연도 공급대가 4,800만원 미만 제외)
의제매입세액 공제	• 일반과세자 및 간이과세자	• 일반과세자 (간이과세자 적용 배제)
신고	• 과세기간(1.1.~ 12.31.) 다음해 1.25.까지 신고(연 1회)	• (추가) 세금계산서를 발행한 간이과세자 예정부과기간 신고의무
세금계산서 가산세	• (신설)	• (일반과세자 준용) • (미수취가산세 추가) 공급대가 × 0.5%

간이과세자의 납부할 부가가치세 세액 계산

과세표준 및 매출세액 계산

▶ **과세표준**

공급대가(공급가액 + 세액)를 과세표준으로 합니다.

▶ **매출세액 계산**

당해 과세기간의 공급대가 × 업종별 부가가치율 × 세율(10%)

■ 업종별 부가가치율 [부령 제111조 ②] (개정) '21.7.1. 이후

업 종	부가가치율
1. 소매업, 재생용 재료수집 및 판매업, 음식점업	15%
2. 제조업, 농업·임업 및 어업, 소화물 전문 운송업	20%
3. 숙박업	25%
4. 건설업, 그 밖의 운수업, 창고업, 정보통신업, 그 밖의 서비스업	30%
5. 금융 및 보험 관련 서비스업, 전문·과학 및 기술 서비스업, 사업시설관리·사업지원 및 임대 서비스업, 부동산 관련 서비스업, 부동산임대업	40%
6. 그 밖의 서비스업	30%

경감공제세액

▶ **매입세금계산서 공급대가(공급가액 + 세액) × 0.5%**

간이과세자가 일반 과세 사업자 또는 세금계산서 발급이 가능한 간이과세자로부터 세금계산서 또는 신용카드매출전표 등을 발급받아

'매입처별세금계산서합계표'또는'신용카드매출전표등수령명세서'를 관할 세무서장에게 제출하는 때에는 당해 과세기간에 발급받은 세금계산서등의 공급대가(공급가액 + 세액)의 0.5%를 곱하여 계산한 금액을 각 과세기간에 대한 납부세액에서 공제합니다.

◆ 간이과세자는 공제를 받을 수 있는 매입세액이 매출세액보다 많더라도 환급을 받을 수 없음 [부법 제63조 ⑤]
간이과세자의 경우 공제받을 수 있는 세금계산서의 매입세액 및 신용카드매출전표 발행세액공제액의 합계액이 각 과세기간의 납부세액을 초과하더라도 그 초과하는 부분은 없는 것으로 봅니다.

▶ **신용카드등 발행세액공제 [부법 제46조 ①]**
간이과세자가 부가가치세가 과세되는 재화 또는 용역을 공급하고 신용카드로 결제를 받거나 현금영수증을 발급한 경우 신용카드매출전표등 발행금액의 1.3%를 납부세액에서 공제받을 수 있습니다

단, 간이과세자가 영수증을 발급하여야 하는 기간(신규사업자 및 연간매출액이 4800만원에 미달하는 간이과세자)에 발급한 신용카드매출전표등은 신용카드등 발행세액공제를 받을 수 없습니다.
(부가가치세법 제46조 및 제36조의2)

간이과세자 부가가치세 신고 및 납부

간이과세자는 부가가치세 신고를 1년에 한 번으로 신고하며, 관할 세무서에서 7월 중 (7. 1. ~ 7. 10.) 예정고지를 합니다.

▶ **예정부과와 납부**
관할 세무서는 간이과세자에 대하여 직전 과세기간에 대한 납부세

액의 50퍼센트를 1월 1일부터 6월 30일(예정부과기간)까지의 납부세액으로 결정하여 예정부과기간이 끝난 후 25일 이내에 고지를 하며, 납세의무자는 별도의 신고없이 납부만을 하면 됩니다. 다만, 징수하여야 할 금액이 50만원 미만인 경우에는 고지하지 않습니다.

Q&A 간이과세자의 경우에도 예정고지를 하나요?

예정 고지는 직전연도에 납부한 세액의 2분의1을 7월 중 고지하며, 7월 25일.까지 납부를 하여야 합니다. 단, 고지할 금액이 50만원 미만인 경우 고지하지 않으므로 대부분의 간이과세자는 예정고지가 없습니다
<부법 제66조>

Q&A 간이과세자도 예정신고를 하여야 하는 경우가 있나요?

간이과세자는 예정신고의무가 없습니다. 다만, 1.1 ~ 6.30. 기간 중 세금계산서를 발급한 간이과세자 및 휴업·사업부진 등으로 예정부과기한의 공급가액·납부세액이 직전 과세기간의 공급가액·납부세액의 3분의 1에 미달하는 자는 7월 25일까지 예정신고를 할 수 있습니다.
<부법 제66조> <부령 제114조>

◆ 세금계산서를 발급한 간이과세자의 경우 예정신고 의무

직전연도 매출액이 4800만원을 초과하는 간이과세자로서 세금계산서를 발급한 경우 예정신고 및 납부를 하여야 합니다. [부법 제66조 ③]

Q&A 간이과세자가 예정신고하는 경우 납부의무가 면제되나요?

간이과세자가 예정신고하는 경우에는 납부의무 면제 규정이 적용되지 아니하며, 확정신고시 연간 매출액이 4800만원 미만인 경우 예정신고시 납부한 금액은 환급받을 수 있습니다
<부법 제69조>

◆ 신규 간이과세자 부가가치세 신고기한
사업을 개시한 과세연도의 다음해 1월 25일

▶ **확정신고 및 납부**
간이과세자는 1년간 과세기간의 과세표준과 납부세액을 그 과세기간(1.1. ~ 12.31.) 종료 후 25일(다음해 1월 25일) 이내에 사업장 관할 세무서장에게 신고 및 납부를 하여야 합니다.

▶ **간이과세자에 대한 납부의무 면제(부가가치세법 제69조)**
① 해당 과세기간에 대한 공급대가의 합계액이 4천800만원 미만이면 납부의무를 면제합니다.
③ 제1항을 적용할 때 다음 각 호의 경우에는 같은 호의 공급대가의 합계액을 12개월로 환산한 금액을 기준으로 하며, 이 경우 1개월 미만의 끝수가 있으면 1개월로 합니다.
1. 해당 과세기간에 신규로 사업을 시작한 간이과세자는 그 사업 개시일부터 그 과세기간 종료일까지의 공급대가의 합계액
2. 휴업자·폐업자 및 과세기간 중 과세유형을 전환한 간이과세자는 그 과세기간 개시일부터 휴업일·폐업일 및 과세유형 전환일까지의 공급대가의 합계액

Q&A 간이과세자의 경우 부가세 납부가 면제될 수 있나요?
연간 매출액이 4800만원 미만인 간이과세자는 부가가치세 신고는 하여야 하되, 납부할 의무는 없습니다. 단, 창업한 경우 12개월로 환산한 금액이 4800만원 미만인 경우 납부의무가 없습니다.
예를 들어 9월달에 창업한 경우 12월까지 매출이 1600만원 미만인 경우 납부의무가 없는 것입니다. (1600만원 ÷ 4 × 12 = 4800만원)
<부법 제69조>

🅠 일반과세자로서 연간매출이 8천만원 미달하여 간이과세자로 전환되는 경우 재고납부세액 납부

[1] 재고납부세액 신고 및 납부 (부법 시행령 제112조)

일반과세자가 간이과세자로 변경되는 경우에 해당 사업자는 다음 각 호의 방법에 따라 계산한 금액(재고납부세액)을 그 변경되는 날의 직전 과세기간에 대한 확정신고와 함께 간이과세 전환시의 재고품 등 신고서를 작성하여 각 납세지 관할 세무서장에게 신고하고(전년도 공급대가에 의하여 전환되는 경우 다음해 7월 25일), 간이과세자로 변경된 날이 속하는 과세기간에 대한 확정신고(다음해 1월 25일)를 할 때 납부할 세액에 더하여 납부하여야 합니다.

1) 상품 및 제품, 재공품, 재료

재고납부세액 = 재고금액 × 10/100 × (1- 0.5% × 110/10)

◆ 재고품등의 금액

장부 또는 세금계산서에 의하여 확인되는 해당 재고품등의 취득가액으로 합니다. 다만, 장부 또는 세금계산서가 없거나 장부에 기록이 누락된 경우 해당 재고품등의 가액은 시가에 따릅니다.

2) 건물 또는 구축물

재고납부세액 = 취득가액 × (1-5/100 × 경과된 과세기간의 수) × 10/100 × (1-0.5% × 110/10)

3) 기타의 감가상각자산

재고납부세액 = 취득가액 × (1-25/100 × 경과된 과세기간의 수) × 10/100 × (1-0.5% × 110/10)

◆ 경과된 과세기간 수 계산

과세기간의 개시일 후에 감가상각자산을 취득하거나 당해 재화가 공급된 것으로 보게 되는 경우에는 그 과세기간의 개시일에 당해 재화를 취득하거나 당해 재화가 공급된 것으로 보아 과세기간의 수를 계산합니다. 예를 들어 20×7. 07. 01 유형전환되는 경우 20×6. 7. 20 취득한 유형자산의 경과된 과세기간 수는 '2'(20×6년 2기, 20×7년 1기)입니다.

▶ 공급대가 기준 과세유형전환 시기 및 일정(일반 → 간이)

일 자	통지승인 및 신고
20×1. 06. 11.	관할세무서로부터 과세유형전환을 통지받음
20×1. 07. 25.	일반과세자 부가가치세 신고 및 간이과세전환시의 재고품등 신고서 제출
20×1. 10. 23.	세무서 재고납부세액 통보(간이과세자 변경 90일내)
20×1. 10. 25.	예정고지세액에 재고납부세액의 2분의 1 추가 고지
20×2. 01. 25.	간이과세자 부가가치세 신고 및 재고납부세액 납부

[2] 전년도 공급대가가 4800만원 미만인 경우로서 세금계산서를 발급하여야 하는 업종인 경우

전년도 공급대가가 4800만원 이상 8000만원 미만인 경우 간이과세자로 전환이 되더라도 세금계산서를 발급할 수 있으나 4800만원 미만인 경우 세금계산서를 발급할 수 없으므로 세금계산서를 발급하여야 하는 업종인 경우 간이과세 포기신고를 하여 일반과세자로 남아있어야 세금계산서를 발급할 수 있으므로 주의를 하여야 합니다.

◆ 일반과세자로서 전년도 공급대가 4800만원 이상 8000만원 미만
7월 1일 : 간이과세자 전환 → 세금계산서 발급가능

◆ 일반과세자로서 전년도 공급대가 4800만원 미만 → 7월 1일 간이과세자로 전환되는 경우 세금계산서 발급불가

이로 인하여 전년도 공급대가가 4800만원 이상 8000만원 미만인 경우 간이과세자로서 세금계산서를 발급할 수 있으나 4800만원 미만인 간이과세자는 간이과세 포기신고를 하고 일반과세자로 되어야 하는 불합리한 점이 있으므로 향후 제도정비가 필요한 사안입니다.

▣ 간이과세 포기 신고(부가가치세법 제70조)

1) 간이과세자에 관한 규정을 적용받게 되는 일반과세자가 간이과세자에 관한 규정의 적용을 포기하고 일반과세자에 관한 규정을 적용받으려는 경우에는 간이과세 적용을 받으려는 달의 전달 마지막 날까지 납세지 관할 세무서장에게 신고하여야 합니다. 이 경우 간이과세의 적용 포기의 신고일이 속하는 과세기간의 개시일로부터 그 신고일이 속하는 달의 마지막 날까지의 기간을 간이과세자의 과세기간으로 하여 다음달 25일까지 부가가치세를 신고 및 납부하여야 합니다.

2) 신규로 사업을 시작하는 개인사업자가 사업자등록을 신청할 때 간이과세자에 관한 규정의 적용을 포기하고 일반과세자에 관한 규정을 적용받으려고 신고한 경우에는 일반과세자 적용을 받을 수 있습니다.

3) 간이과세 포기신고를 한 개인사업자는 일반과세자가 된 날부터 3년이 되는 날이 속하는 과세기간까지는 간이과세자에 관한 규정을 적용받을 수 없습니다. 단, 2024.7.1. 이후 신고하는 분부터 3년 이내라도 포기신고의 철회가 가능합니다.

▣ 간이과세자 부가가치세 신고서 작성 사례

[국세청 홈페이지] → 국세신고안내 → 부가가치세 → 주요서식 작성요령/사례

■ 간이과세자의 부가가치세 신고서 작성방법

SECTION 11

부가가치세 전자신고방법

> 국세청 홈택스에서 각종 세금신고, 전자세금계산서 발급, 전자세금계산서 합계표 조회, 세무상담, 신청서 제출, 각종 조회 및 증명서 인터넷 발급, 현금영수증 사용내역 조회, 소득금액 증명 등의 업무를 처리할 수 있습니다.

1. 홈택스 접속

2. 로그인

3. 신고/납부

4. 부가가치세 → 정기신고

부가세 신고 내용 입력시 알아 두어야 할 사항

> 국세청 홈택스의 전면적인 개편[홈택스(세금신고). 국세청고객만족센터(세금상담) 등의 홈페이지를 통합함]으로 부가가치세 신고 내용 입력에 관한 방식은 일부 변경이 있을 수 있습니다.

1. 업종별 부가가치세 신고서식을 참고하여 작성하여야 할 신고서식을 선택하여야 합니다.

2. 좌측 메뉴바를 클릭한 다음 신고내용을 입력하여야 합니다.

3. 금액 및 세액란이 노란색으로 되어 있는 것은 작성 버튼을 눌러 해당 내용을 입력하시면 자동으로 계산됩니다.

4. 해당 서식 또는 자료의 입력완료 후 [다음>] 또는 [입력완료] 버튼을 클릭한 다음 다음단계로 이동합니다.

5. 신고서 내용을 모두 입력한 다음 [신고서작성완료] 버튼을 클릭합니다.

♣ 하단 메뉴바가 보이지 않은 경우 화면 크기를 줄여야 합니다.
  바탕화면에서 마우스 오른쪽 클릭 → 속성 → 설정

■ 업종별 부가가치세 신고시 제출 대상 서식

신 고 서 식	도매	소매	음식	숙박	제조	건설	운수	임대
일반과세자 부가가치세 신고서	●	●	●	●	●	●	●	●
매출처별세금계산서합계표	●				●	●	●	●
매입처별세금계산서합계표	●	●	●	●	●	●	●	●
신용카드매출전표등수취금액 합계표	●	●	●	●	●	●	●	●
건물등 감가상각자산 취득명세서	○	○	○	○	○	○	○	○
공제받지 못할 매입세액 명세서	○	○	○	○	○	○	○	○
신용카드매출전표등 발행금액 집계표		●	●	●				
의제매입세액공제신고서			○		○	○		
부동산임대공급가액명세서								●
전자세금계산서 발급세액공제신고서	○				○	○	○	
매입처별계산서합계표	○	○	○	○	○	○	○	○
사업장현황명세서[확정신고시 제출] (음식·숙박업, 미제출가산세 없음)			○	○				

신 고 서 식	제 출 대 상 사 업 자
부동산임대공급가액명세서	부동산을 임대하고 있는 사업자
대손세액공제(변제)신고서	부도등으로 매출세액을 공제받는 사업자
매출처별계산서합계표	면세물품을 공급한 사업자
현금매출명세서	변호사, 법무사, 세무사, 공인회계사 감정평가사 부동산중개업, 경영지도사, 기술사, 산후조리원 등
사업 양도양수 신고서	사업을 포괄양도하는 사업자
재활용폐자원 및 중고품 매입세액 공제신고서	중고자동차매매상사 및 재활용폐자원 및 중고품 수집 사업자
면세유류 공급명세서	면세유를 공급하는 주유소
과세사업전환 감가상각자산신고서	면세사업 사용품을 과세사업에 사용하는 경우
전자화폐결제명세서	매출대금을 전자화폐로 결제받은 사업자
석유판매업자의 면세유 감면세액 환급신청서	면세유 석유판매업자
일반(간이)과세전환시 재고품 및 감가상각자산 신고서	일반과세자에서 간이과세자로 전환한 자 간이과세자에서 일반과세자로 전환한 자
건물관리명세서	부동산관리업을 영위하는 사업자
사업장별 부가가치세 과세표준 및 납부세액 (환급세액) 신고명세서	총괄납부 사업자

01 기본사항

1. 해당 신고기간의 년 월 일을 선택합니다.
   [예 제] 202×년 1기
   신고기간 202×년 01월 01일 ~ 6월 30일
   `202×` 년 `01 ▼` 월 `01 ▼` 일 ~ `06 ▼` 월 `30 ▼` 일
2. 사업자등록번호를 입력한 다음 '사업자조회'를 클릭합니다.
3. 신고구분란에 자동으로 202×년 1기라고 표시가 됩니다.
4. 사업자 세부사항란은 자동으로 표시가 됩니다.
5. '다음'을 클릭합니다.

02 신고서식 및 항목 선택 (체크한 서식만 입력 가능)

[다음] 클릭

● 신고서 입력 도중 추가로 입력할 서식이 있는 경우

[02 신고서식 및 항목선택] 버튼을 클릭하여 해당 항목에 체크(☑)한 다음 좌측 메뉴를 선택하시면 추가로 입력을 할 수 있습니다.

```
03 매 출 세 액
04 매 입 세 액
05 경감·공제세액
06 예 정 고 지
07 금지금매입자 기납부세액
08 가산세
09 기타첨부서류 입력
```

● **신고내용 입력 도중 일시 종료하고자 하는 경우**

좌측 메뉴'종료'버튼을 누르고 아래 내용 중 선택하면 됩니다.

● **입력 도중 종료한 다음 다시 입력을 하는 경우**

1. 공인인증서로 로그인 합니다.
2. 부가가치세 신고 메뉴를 클릭하여 '신고서 작성하기'를 실행합니다.
3. 기본사항에 사업자등록번호를 입력한 다음 사업자조회 버튼을 클릭합니다.
4. 팝업창의'아니오'를 선택합니다.
5. 좌측 메뉴 최상단 [신고서 불러오기]를 클릭하여 실행합니다.

Q 매출세액

매출 및 매출세액 내용을 입력하는 메뉴입니다.

구 분	서 식	분 류	입 력 사 항
세금계산서 발급 분	매출처별세금계산서합계표	종이세금계산서	매출처별 개별 명세 입력
		전자세금계산서	매출처별 명세 입력없이 매출처수, 매수, 공급가액, 세액 합계만 입력
기타매출분	신 고 서 내 용	신용카드, 현금영수증 발행분	공급가액 및 세액 입력
		기타(정규영수증 외 매출분)금액	공급가액 및 세액 입력 (간이영수증 발행, 기타 소매매출)
과세표준 명 세	신 고 서 내 용		매출금액의 합계를 금액란에 입력하되, 2개 이상 업종이 있는 경우 구분하여 입력

● 세금계산서 발급분 → 작성 클릭

종이로 발행한 세금계산서는 해당 부가가치세 과세기간(작성일자 기준)의 거래처 사업자등록번호, 상호 및 세금계산서 매수 합계와 공급가액, 세액(자동 계산됨) 합계 금액을 입력합니다. 단, 건별로 입력하여도 됩니다.

공급가액 입력 후 엔터키를 두 번 누르면 자동으로 사업자등록번호 입력란으로 커서가 이동하며, 계속하여 같은 방법으로 입력을 하시면 됩니다.

● 전자세금계산서 발행분 입력 방법

마우스를 이용하여 화면을 내리시면 '전자세금계산서 발행분'을 입력하는 화면이 나타나며, 해당 과세기간 동안 매출에 대하여 전자세금계산서를 발급한 합계내용(매출처수, 매수, 과세분 공급가액, 세액)을「과세기간종료일 다음달 11일까지 전송된 전자세금계산서 사업자등록번호 발급분 합계」란에 입력합니다.

▶ 전자세금계산서 발행분은 거래처별 명세를 작성하지 않습니다.

전자세금계산서를 발행한 경우 전자세금계산서발행에 대한 세액공제를 받을 수 있습니다. 이 경우 [05 경감·공제세액] 메뉴에서 '전자세금계산서발급공제신고서'를 입력합니다.

입력 완료 후 '매출처별세금계산서합계표' 내용은 [신고서 출력] 메뉴에서 확인할 수 있습니다.

● **매출기타분 → 작성 클릭**

매출기타분에는 세금계산서를 발급하지 않은 매출을 입력하는 란으로 물품 등을 판매하고, 신용카드로 결제받은 금액(세금계산서를 발급하지 아니한 것) 및 현금영수증을 발행한 매출과
일반 매출(간이영수증 발행 분 등)을 구분하여 입력을 합니다.

음식.숙박업 및 소매업을 운영하는 개인사업자가 부가가치세가 과세되는 물품 또는 서비스를 공급하고, 그 대금으로 신용카드로 결제받거나 현금영수증을 발행한 경우 결제금액의 1.3%(음식점업 또는 숙박업을 하는 간이과세자의 경우 2.6%)에 해당하는 금액을 매출세액에서 공제받을 수 있으며, 이 경우 [경감.공제세액] 메뉴에서 '**신용카드매출전표발행공제**'를 작성하여야 합니다.

● **과세표준명세 → 작성 클릭**

과세표준명세란에는 부가가치세신고서의 과세표준 합계액을 업태, 종목별로 구분하여 입력하는 곳입니다.

기타(수입금액제외분)란은 소득세 수입금액에서 제외되는 금액을 입력하며, 과세표준명세의 합계액은 매출금액과 일치하여야 합니다.

▶ 복식부기의무자가 고정자산을 처분한 경우 해당 수입금액에 포함함

● **부동산임대공급가액명세서 → 작성 클릭**

부동산임대업자 및 다른 업종 사업자가 사업장의 일부를 임대하는 경우 '부동산임대공급가액명세서'를 작성하여 제출하여야 합니다.

🅠 매입세액

부가가치세 매입세액과 관련한 내용을 입력하는 메뉴입니다.

구 분	서 식	분 류	입 력 사 항
세금계산서 발급받은분	매입처별세금 계산서합계표	종이세금계산서	매입처별 개별 명세 입력
		전자세금계산서	매입처별 명세 입력없이 매입처수, 매수, 공급가액, 세액 합계만 입력
건물등감가 상각자산 취득명세서	건물 등 감가 상각자산취득 명 세 서	세 금 계 산 서	건물, 기계장치, 차량운반구 고가(건별 취득금액 100만원초과)의 비품 등 취득금액
기 타 공 제 매 입 세 액	신 용 카 드 매 출 전 표 등 수 령 명 세 서	신용카드매입분 및 현금영수증 수취 분	신용카드전표 및 현금영수증 수취 분 중 접대비 및 **승용자동차**의 유 지관련비용, 항공, KTX, 고속버스 요금 등을 제외한 것
공제받지못 할 매입세액 명 세 서	공제받지못할 매입세액명세서	세 금 계 산 서	세금계산서 수취분 중 **승용자동차** 취득 및 유지비용

● 세금계산서 발급받은분 → 작성 클릭

종이로 수취한 매입세금계산서는 해당 부가가치세 과세기간(작성일자 기준)의 거래처 사업자등록번호, 상호 및 세금계산서 매수 합계와 공급가액, 세액(자동 계산됨) 합계 금액을 입력합니다. 단, 건별로 입력하여도 됩니다.

공급가액 입력 후 엔터키를 두 번 누르면 자동으로 사업자등록번호 입력란으로 커서가 이동하며, 계속하여 같은 방법으로 입력을 하시면 됩니다.

▶ **매입전자세금계산서 입력 방법**
마우스를 이용하여 화면을 내리시면 '전자세금계산서 발급받은분'을 입력하는 화면이 나타나며, 해당 과세기간 동안 매입에 대하여 전자세금계산서로 발급받은 합계내용(매출처수, 매수, 과세분 공급가액, 세액)을 「홈택스」에서 확인하여 「과세기간종료일 다음달 11일까지 전송된 전자세금계산서 사업자등록번호 발급받은분 합계」란에 입력합니다.

입력 완료 후 '매입처별세금계산서합계표' 내용은 [신고서 출력] 메뉴에서 확인할 수 있습니다.

● 기타공제매입세액 → 작성

▶ 신용카드매출전표등 수령금액 → 작성 클릭

사업과 관련한 물품 등을 구입하거나 서비스를 제공받고 신용카드로 결제하거나 현금영수증을 수취한 경우로서 **일정한 요건**을 충족하는 경우 그 매입세액을 공제받을 수 있습니다.

일정한 요건을 충족하여 매입세액을 공제받고자 하는 경우 '신용카드매출전표등수령금액합계표'를 작성하여 제출하여야 하며, 거래처별로 거래 내용을 입력합니다.

매입세액을 공제받을 수 있는 신용카드매출전표 수취분(체크카드 포함)은 거래일자(또는 승인일자)를 기준으로 해당 과세기간별로 카드회원번호, 공급자 사업자등록번호, 거래건수, 공급가액, 세액의 합계액을 입력합니다. 단, 합계금액이 아닌 건별로 입력하여도 됩니다.
현금영수증 수취분 중 그 매입세액을 공제받을 수 있는 것의 거래건수, 공급가액, 세액의 합계액을 현금영수증란에 입력을 합니다.

현금영수증 수취분은 개별명세를 작성하지 않습니다. 따라서 현금영수증은 매입세액을 공제받을 수 있는 것과 공제받을 수 없는 것을 각각 구분하여 보관하거나 그 내용을 기록하여 두어야 합니다.

▶ **의제매입세액공제신고서 → 작성 클릭**

[02 신고서식 및 항목선택] 버튼을 클릭하여 의제매입세액공제신고서 항목에 체크(☑)한 다음 좌측 메뉴를 선택하시면 추가로 입력을 할 수 있습니다.

● **건물등감가상각명세서 → 작성 클릭**

매입 세금계산서 중 고정자산(건물, 기계장치, 차량운반구, 고가의 비품 등) 매입분은 취득금액 및 세액을 구분하여 신고하여야 하므로 감가상각자산 취득내역에 입력을 하여야 합니다.

● **공제받지못할 매입세액명세서 → 작성 클릭**

매입 세금계산서 수취분 중 그 매입세액을 공제받을 수 없는 승용자동차(배기량 1,000CC 이하 경승용차 제외) 취득 및 유지관련비용, 접대비 등이 있는 경우 '공제받지못할 매입세액명세서'를 제출하여야 하므로 해당 내용을 입력합니다.

> 공통매입세액안분계산내역 및 공통매입세액의 정산내역, 납부세액 또는 환급세액의 재계산내역은 과세사업 및 면세사업을 같이 하는 사업자의 경우에만 작성합니다.

■ **공제받지못할 매입세액 내역 → 작성 클릭**

불공제사유 선택
• 필요적 기재사항 누락 등
• 사업과 직접 관련없는 지출
• 비영업용 소형승용차 구입·유지 및 임차비용
• 접대비 및 이와 유사한 비용 관련
• 면세사업 관련
• 토지의 자본적 지출 관련
• 사업자등록전 매입세액
• 금거래계좌 미사용 관련 매입세액

경감·공제세액

부가가치세의 경감 및 공제세액을 입력하는 메뉴입니다.

구 분	서 식	분 류	내 용
신용카드 매출전표 발행공제	신용카드 매출전표발행세액공제	신용카드매출전표 현금영수증 발행	음식숙박업자 및 소매업자가 그 대금을 신용카드로 결제받거나 현금영수증을 발행한 경우 세액공제 (공급대가의 1.3%)

● **신용카드매출전표발행공제 → 작성 클릭**

직전연도 사업장 기준으로 공급가액의 합계액이 10억원 이하인 **음식·숙박업 및 소매업**을 운영하는 개인사업자가 부가가치세가 과세되는 물품 또는 서비스를 공급하고, 그 대금으로 신용카드로 결제받거나 현금영수증을 발행한 경우 결제금액의 1.3%에 해당하는 금액을 매출세액에서 공제받을 수 있으며, 이 경우 '**신용카드매출전표등발행금액집계표**'를 제출하여야 합니다. [연간 한도액 1천만원]

부가가치세 신고안내 매뉴얼 등

[국세청 홈페이지] → 국세신고안내 → 부가가치세

■ 주요서식 작성요령/사례

■ 주요해석사례

■ 참고자료실
부가가치세 신고안내 매뉴얼
(일반과세자) 간주임대료 계산

■ 동영상자료실

3

종합소득세 실무
사업자 지원제도

SECTION 01

종합소득세 개요

> 개인사업자는 1월 1일(신규사업자의 경우 개업일)부터 12월 31일까지의 사업과 관련한 소득에 대하여 사업소득금액을 계산한 다음 다음해 5월 31일까지 종합소득세 및 지방소득세를 자진 신고하여야 하며, (종합소득 합산대상 소득이 있는 경우 합산하여야 합니다.) 납부할 세금이 있는 경우 소득세 및 지방소득세를 납부하여야 합니다.

종합소득세는 거주자별로 신고합니다.

종합소득세는 연령, 성별 등에 불문하고 한 개인(거주자)의 소득을 기준으로 신고하여야 합니다. 예를 들어 사업자의 배우자가 별도의 사업을 하는 경우 사업자 및 그의 배우자가 각각 별도로 종합소득세를 계산하여 신고 및 납부를 하여야 하는 것입니다. 개인의 소득세를 종합소득세라 함은 사업과 관련한 소득이외의 다른 소득도 합산하여 신고하여야 하기 때문에 종합소득세라고 하는 것입니다.

종합소득세 신고시 합산하는 소득

🔲 종합과세 대상소득

[1] 사업소득자가 근로소득이 있는 경우
근로소득은 연말정산으로 납세의무가 종결되므로 별도의 종합소득세 신고는 하지 않습니다. 다만, 근로자가 사업소득 등 다른 종합과세 대상소득에 있는 경우 종합소득과 합산하여 종합소득세 신고를 하여야 합니다.

[2] 이자·배당소득 연간 합계액이 2천만원을 초과하는 경우
이자 및 배당소득의 연간 합계액이 2천만원 이하인 경우 종합소득에 합산하지 아니하나 2천만원을 초과하는 경우에는 종합소득에 합산하여 신고하여야 합니다.

[3] 공적연금 및 사적연금이 1200만원을 초과하는 경우
사적연금(금융기관 연금 등)이 1200만원을 초과하는 경우 종합소득세 신고를 하여야 합니다. 단 공적연금(국민연금, 공무원연금 등) 만이 있는 경우 근로소득과 같은 방법으로 연말정산에 의하여 납세의무가 종결되나 다른 종합소득 신고대상소득이 있는 경우 금액에 관계없이 종합소득에 합산을 하여야 합니다.

[개정 세법] 노후 연금소득에 대한 세부담 완화 (소득세법 제14조제3항)
분리과세하는 연금소득 기준금액을 연간 연금소득 합계액 '1천200만원 이하'에서 '1천500만원 이하'로 상향 조정함.
<적용시기> '24.1.1. 이후 발생하는 소득 분부터 적용

[4] 기타소득금액이 300만원을 초과하는 경우

사업소득, 근로소득, 이자소득, 배당소득, 연금소득에 해당하지 않는 소득을 기타소득이라 하며, 기타소득금액(기타소득 - 필요경비)이 연 300만원을 초과하는 경우 종합소득세 신고를 하여야 합니다.

Q&A 퇴직소득, 양도소득도 종합소득세 신고시 합산하여야 하나요?

퇴직소득은 퇴직소득세로 별도로 신고하며, 자산의 양도로 인하여 발생하는 양도소득은 양도소득세로 별도로 신고하여야 하는 것으로 종합소득세 신고시 합산하지 않습니다.

Q&A 상속으로 인하여 발생한 소득 또는 증여에 의한 소득은 어떻게 신고하나요?

상속 또는 증여에 의한 소득은 「상속세 및 증여세법」의 규정에 의하여 종합소득과는 별도의 소득으로 신고·납부하여야 합니다.

소득의 구분 및 종류

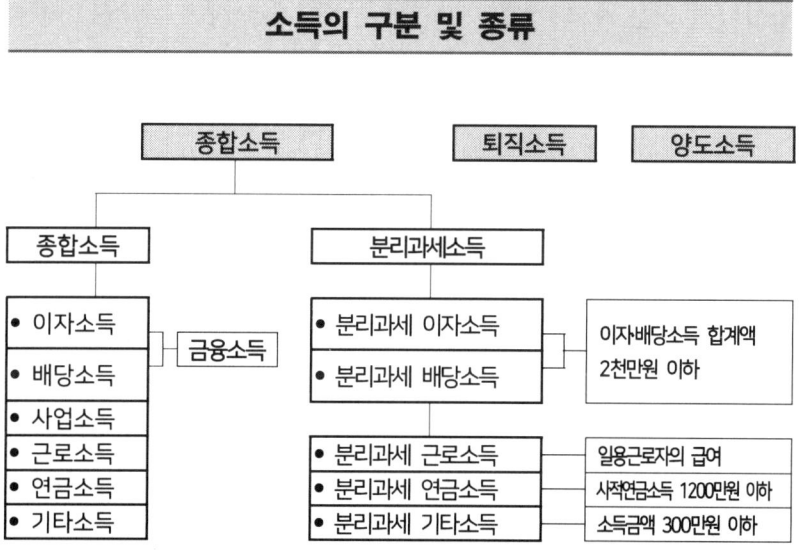

● 종합소득세 신고시 합산하지 않는 소득 (분리과세)

조세 정책 목적에 의하여 일부 소득은 종합소득에 합산하지 아니하고, 소득을 지급하는 자가 소득세를 원천징수하여 납부함으로서 소득을 지급받는 자의 납세의무가 종결되는 것을 분리과세라 하며, 분리과세 대상소득의 경우 종합소득에 합산하지 않습니다.

분리과세 대상소득
• 이자소득과 배당소득의 합계액이 2,000만원 이하의 경우
• 일용근로소득
• 기타소득금액(기타소득 - 필요경비)이 300만원 이하의 기타소득
• 사적연금(금융기관 연금 등)이 1200만원 이하인 경우

● 대가를 지급할 때 세금을 징수(원천징수)하는 소득

소득이 있는 모든 거주자에게 해당 소득에 대하여 신고.납부의무를 규정하는 경우 세법에 대한 지식이 부족한 국민에게 세무신고에 따른 불편을 초래하고, 국가의 세금징수비용이 과다하게 드는 문제점이 있습니다.

따라서 **근로소득, 퇴직소득, 이자소득, 배당소득, 기타소득** 등은 그 소득을 지급하는 자로 하여금 지급시에 세법에서 정한 세금을 징수하여 납부하게 하는 것을 원천징수제도라고 합니다. 원천징수대상소득을 지급하는 자는 그 지급시에 지급금액에서 소득세법에서 정한 세금을 차감하여 지급한 다음 그 지급일의 다음달 10일까지 원천징수에 대한 이행상황을 신고 및 납부하고, 지급에 관한 명세서는 다음해 2월 말일 또는 3월 10일(근로소득 및 퇴직소득)까지 세무서에 제출하여야 합니다.

종합소득세 과세표준과 세액계산 흐름

이자소득	배당소득	사업소득	근로소득	연금소득	기타소득
(-)	(-)	(-)	(-)	(-)	(-)
비과세소득 분리과세소득	비과세소득 분리과세소득	비과세소득	비과세소득 분리과세소득	비과세소득 분리과세소득	비과세소득 분리과세소득
(=)	(=)	(=)	(=)	(=)	(=)
총수입금액	총수입금액	총수입금액	총수입금액	총수입금액	총수입금액
	(+) 그로스업	(-) 필요경비	(-) 근로소득공제	(-) 연금소득공제	(-) 필요경비
(=)	(=)	(=)	(=)	(=)	(=)
이자소득금액	배당소득금액	사업소득금액	근로소득금액	연금소득금액	기타소득금액

소득금액 합산 ― 이월결손금 공제후의 금액

(-)

소득공제
- 기본공제, 추가공제
- 국민연금 본인부담금
- 고용유지중소기업소득공제
- 소상공인공제부금
- 개인연금저축소득공제

종합소득 과세표준

× 세율 (6 ~ 45)

산출세액

(-) 세액공제, 세액감면

가산세

(-) 기납부세액

납부할세액

Q&A 사업자의 경우 소득은 어떻게 계산하며, 세금을 어떤 방법으로 계산하나요? (사업소득만 있는 경우)

1) 사업자의 소득은 총수입금액(매출 등)에서 해당 사업과 관련하여 발생한 비용(소득세법에서는 필요경비라고 함)을 차감한 금액을 소득금액으로 합니다. [총수입금액 - 필요경비 = 사업소득금액]

2) 사업소득금액에 기본공제(본인 및 소득이 없는 배우자, 20세 이하 자녀 1인당 150만원)를 한 후 소득공제(국민연금, 소상공인 공제부금 등)를 차감하여 과세표준(세금을 부과하는 기준이 되는 금액)을 계산합니다.

3) 과세표준에 소득세 세율(과세표준 1200만원 이하 6%, 1200만원 초과 4600만원 이하 15%, 4600원 초과 8800원 이하 24%)을 곱한 금액을 산출세액으로 계산합니다.

4) 산출세액에서 다음의 감면세액 및 세액공제를 차감한 금액을 납부할 세액으로 결정하여 종합소득세 신고시 세무서에 신고납부하는 것입니다.

▶ 감면세액
- 창업중소기업 감면 : (특정 업종) 산출세액의 50%, 100%
- 중소기업특별세액 감면 : (특정 업종) 산출세액의 5% ~ 30%
- 고용증대세액공제 : 고용증대 인원 1인당 700만원 ~ 1300만원

▶ 세액공제
- 자녀세액공제 : 7세이상 20세 이하 자녀 1인당 15만원
- 연금계좌세액공제 : 연금불입액(400만원 한도)의 15%
- 표준세액공제 : 7만원

Q&A 창업자의 경우 종합소득세 신고를 언제까지 하여야 하나요?

창업한 연도의 다음연도 5월 중(5.1. ~ 5.30.) 사업과 관련한 소득 및 종합소득 합산대상소득이 있는 경우 합산하여 종합소득세 신고를 하여야 합니다.

종합소득금액 및 과세표준 계산

사업소득이 있거나 다음의 종합소득신고대상 소득이 있는 자는 해당 소득을 합산하여 종합소득세를 신고.납부하여야 합니다.

종합소득금액 계산

● 사업소득금액

사업소득금액이란 사업과 관련한 총수입금액에서 필요경비를 공제한 금액으로 합니다.

● 이자소득금액 및 배당소득금액

이자 및 배당소득의 연간 합계액이 2천만원을 초과하는 경우 종합소득에 합산하여야 합니다. 이자소득은 지급받은 금액 전액이 이자소득금액이 되며, 배당소득 또한 그 지급을 받은 금액이 배당소득금액이 됩니다. 다만, 이자 및 배당소득의 연간 합계액이 2천만원을 초과하는 경우 금융소득에서 2천만원을 차감한 잔액 중 배당소득이 있는 경우 그 금액의 11%를 가산한 금액이 배당소득금액이 됩니다.

▶ 배당소득이란?
법인기업의 경우 출자자(투자자)를 주주라 합니다. 주주는 기업의 이익이 발생하였을 때 그 이익에 대한 배당을 받을 목적으로 투자를 한 자입니다. 투자를 한 기업에서 배당을 하게 되면, 주주는 소득을 얻게 되며, 이 소득을 배당소득이라고 합니다.

● **근로소득금액**

근로소득이 있는 자로서 사업소득이 있거나 이자 및 배당소득이 연간 합계액이 2천만원을 초과하는 경우 종합소득에 합산하여 신고하여야 하며, 근로소득공제를 차감한 금액이 근로소득금액입니다.

● **기타소득금액**

① 기타소득이란 달리 분류할 수 없는 기타의 소득으로 고용관계 없이 다수인에게 강연을 하고 받는 강연료, 고용관계 없이 지급받는 수당, 원고료 등이 있습니다.
② 기타소득금액은 기타소득에서 필요경비를 공제한 후의 금액으로 계산합니다.
③ 기타소득에는 필요경비로 60%를 일괄 공제하여 주는 기타소득(강연료, 수당, 원고료 등)과 그 이외의 기타소득(실제 소요된 비용만 인정)으로 구분합니다.
④ 기타소득금액(기타소득 - 필요경비)이 300만원을 초과하는 경우 종합소득에 합산하여 신고를 하여야 하며, 300만원 이하인 경우 종합소득세 신고대상이 아닙니다. 예를 들어 근로소득만이 있는 대학교수가 기업체등에서 강의를 하고 받는 강의료가 연간 750만원 이하인 경우 종합소득세신고의무는 없는 것입니다.

■ 기타소득금액(300만원) = 기타소득(750만원) - 필요경비(450만원)

● **연금소득금액**

① 사적연금(퇴직연금, 보험연금 등)은 연간 1200만원 이하인 경우 종합소득에 합산하지 아니하나 연간 1200만원을 초과하면, 종합소득에 합산하여야 합니다.

[개정 세법] 노후 연금소득에 대한 세부담 완화 (소득세법 제14조제3항)
분리과세하는 연금소득 기준금액을 연간 연금소득 합계액 '1천200만원 이하'에서 '1천500만원 이하'로 상향 조정함.
<적용시기> '24.1.1. 이후 발생하는 소득 분부터 적용

② 공적연금(국민연금, 공무원연금, 군인연금, 교직원연금등)은 연금수령액 중 2002년 이후 연금으로 불입한 금액에 대하여만 과세하며, 사업소득, 근로소득 등 다른 종합소득 합산과세대상소득이 있는 경우 종합소득에 합산하여 신고를 하여야 합니다.
환산금액 = 총수령액 × (2002. 1. 1. 이후 불입월수 / 총 불입월수)

③ 연금소득금액은 과세대상 연금소득에서 다음 표의 공제액을 차감한 금액으로 합니다.

총연금액	공제액
350만원 이하	총연금액
350만원 초과 700만원 이하	350만원+(350만원을 초과하는 금액의 100분의 40)
700만원 초과 1400만원 이하	490만원+(700만원을 초과하는 금액의 100분의 20)
1400만원 초과	630만원+(1400만원을 초과하는 금액의 100분의 10)

과세표준 및 산출세액

① 과세표준이란 세금을 부과하기 위한 기준이 되는 금액으로 종합소득금액(수입금액 - 필요경비 -이월결손금)에서 각종 소득공제금액을 차감한 금액으로 계산합니다.
② 과세표준에 소득세율을 곱한 금액이 산출세액입니다. 산출세액에서 각종 공제 및 감면세액이 있는 경우 해당 공제감면세액을 공제한 후의 금액을 종합소득세로 납부하게 됩니다.

사업소득 신고 유형(복식, 간편, 추계)

사업소득이 있는 자는 1년 기간 동안 (1. 1 ~ 12. 31) 사업으로 벌어들인 소득(사업소득금액)에 대하여 종합소득세 신고를 하여야 합니다. 따라서 사업소득금액(수입금액 - 필요경비)을 계산하기 위하여 장부기장을 하여야 할 것입니다. 장부기장은 복식부기에 의한 기장을 원칙으로 하되, 소규모 자영업자를 위한 간편장부에 의한 기장 방법이 있습니다.

◘ 장부기장 유형 판단

사업자는 원칙적으로 사업소득금액을 계산하기 위하여 사업에 관한 모든 거래를 복식부기에 의하여 장부를 기록하여야 합니다. 복식부기 기장은 사업자 본인이 스스로 장부기장을 하는 것이 현실적으로 어려우므로 세무사사무소에 장부기장을 맡겨야 합니다.
다만, 전년도 수입금액이 일정규모 미만의 사업자 및 신규사업자는 간편장부에 의하여 소득금액을 계산하여 종합소득세를 신고 및 납부할 수 있습니다.

● 간편장부대상자

① 간편장부대상자란 당해 연도에 신규로 사업을 개시한 자와 전년도 수입금액의 합계액(연 환산하여 계산하지 않음)이 다음의 업종별 기준금액에 미달하는 사업자를 말합니다.
② 간편장부대상자는 사업자 본인이 직접 본서의 내용 및 국세청홈페이지를 참고하여 종합소득세 신고를 할 수 있으므로 세무사사무소에 장부를 맡기지 않아도 될 것입니다.

▶ **간편장부대상자** [아래 업종별 기준금액 미만인 자]

업 종 별	기준금액
가. 농업·임업 및 어업, 광업, 도매 및 소매업(상품중개업 제외), 부동산매매업, 그 밖에 나목 및 다목에 해당되지 아니하는 사업	3억원
나. 제조업, 숙박 및 음식점업, 전기·가스·증기 및 공기조절 공급업, 수도·하수·폐기물처리·원료재생업, 건설업(비주거용 건물 건설업은 제외), 부동산 개발 및 공급업(주거용 건물 개발 및 공급업에 한정), 운수업 및 창고업, 정보통신업, 금융 및 보험업, 상품중개업	1억5천만원
다. 부동산임대업, 부동산업(부동산매매업은 제외), 전문·과학 및 기술서비스업, 사업시설관리·사업지원 및 임대서비스업, 교육서비스업, 보건업 및 사회복지서비스업, 예술·스포츠 및 여가 관련 서비스업, 협회 및 단체, 수리 및 기타 개인서비스업, 가구내 고용활동	7천500만원

● **복식부기의무자**

전년도 수입금액이 간편장부대상자 기준금액 이상인 사업자

> **사 례**   다른 업종 사업장이 있는 경우 복식부기 기장의무 판단
> [예 제] A사업장 직전연도 수입금액 : 제조업   100,000,000원
>   B사업장 직전연도 수입금액 : 도매업   200,000,000원
> [풀 이] 주업종(제조업)으로 환산한 금액이 4억원으로 복식부기기장에 해당함
> 도매업[2억원] + 제조업[2억원](1억원 × 3억원 / 1.5억원)

◆ 기장의무 판단시 총수입금액에 포함하여야 하는 금액
- 매출금액 (부가가치세 매출세액 제외)
- 본사로부터 금전으로 받은 판매장려금
- 신용카드매출전표발행세액공제금액
- 고용노동부 보조금, 청년 고용장려금, 두루누리, 일자리안정자금 등
- 부가가치세 전자신고 세액공제 (20,000원)
- 복식부기기장사업자의 유형자산 양도가액

▶ **공동사업장 기장의무**

공동사업장의 소득세 기장의무는 직전연도 공동사업장의 수입금액으로 판단합니다. 예를 들어 공동사업장은 1곳이고, 나머지 2곳은 단독으로 영위하는 경우 공동사업장과 단독사업장에 대해 각각 기장의무를 판단합니다. 즉, 부동산임대업을 영위하는 공동사업장의 직전연도 수입금액이 7천 5백만원 미만인 경우 간편장부대상자에 해당하는 것이며, 단독사업장의 경우 2곳의 직전연도 수입금액을 합산하여 기장의무를 판단하는 것입니다.

▶ **신규사업자 기장의무**

신규사업자의 경우 장부기장을 하지 않고, 수입금액(매출액)에 국세청에서 정한 소득율을 곱한 금액으로 소득금액을 계산하여 종합소득세 신고(추계신고라 함)할 수 있습니다.

♣ 상세 내용 → 세금 절세 오해 및 가이드 (신규사업자 세금 절세) 참조

▶ **단순경비율에 의한 추계신고**

당해연도 신규사업자로서 복식부기기장의무자가 아닌 사업자 및 전년도 수입금액이 단순경비율 적용사업자는 추계로 신고할 수 있습니다.

▶ 단순경비율 적용대상자 [아래 업종별 기준금액 미만인 사업자]

업 종 별	기준금액
가. 농업·임업 및 어업, 광업, 도매 및 소매업(상품중개업 제외), 부동산매매업, 그 밖에 나목 및 다목에 해당되지 아니하는 사업	6천만원
나. 제조업, 숙박 및 음식점업, 전기·가스·증기 및 공기조절 공급업, 수도·하수·폐기물처리·원료재생업, 건설업(비주거용 건물 건설업은 제외), 부동산 개발 및 공급업(주거용 건물 개발 및 공급업에 한정), 운수업 및 창고업, 정보통신업, 금융 및 보험업, 상품중개업	3천6백만원
다. 부동산임대업, 부동산업(부동산매매업은 제외), 전문·과학 및 기술서비스업, 사업시설관리·사업지원 및 임대서비스업, 교육서비스업, 보건업 및 사회복지서비스업, 예술·스포츠 및 여가 관련 서비스업, 협회 및 단체, 수리 및 기타 개인서비스업, 가구내 고용활동	2천4백만원

| 사 례 | 단순경비율에 의한 소득금액 계산(202×년 귀속분) |

[예제] 소매 / 슈퍼, 업종 코드(521100), 신규사업자, 단순경비율 95.2%
기준경비율 4.1% 수입금액 2억원
[풀이] 소득금액 9,600,000원
수입금액(200,000,000원) - 단순경비율에 의한 경비(190,400,000원)

▶ 기준경비율에 의한 추계신고
'추계에 의한 신고서 작성'편 참고

◘ 추계에 의한 소득금액 계산 및 종합소득세 신고

① 추계란 장부기장에 의하지 아니하고 사업자의 수입금액에 국세청이 정한 업종별 경비율을 차감한 금액을 소득금액으로 하여 신고하는 방법을 말합니다. 추계로 신고하는 경우 복식부기의무자는 무신고가산세와 무기장가산세 중 큰 금액의 가산세가 적용되며, 간편장부대상자의 경우에는 무기장가산세가 적용됩니다.

■ 무신고가산세 : ㉠, ㉡ 중 큰 금액
㉠ 그 신고로 납부할 세액 × [무신고(추계신고)소득금액/종합소득금액] × 20%
㉡ 수입금액(추계신고한 수입금액)의 7/10,000

■ 무기장가산세
산출세액 × [무기장(추계신고)소득금액/종합소득금액] × 20%
<주의> 무기장가산세는 산출세액의 20%를 가산세로 부담하여야 하나 무신고가산세는 "그 신고로 납부하여야 할 세액"의 20%를 가산세로 부담하여야 하므로 복식부기기장의무가자 추계로 신고하는 경우 통상 무신

고가산세를 적용하나 무기장가산세가 더 많은 경우 무기장가산세를 가산세로 부담하여야 하므로 유의하여야 합니다.

② 직전연도 수입금액이 아래 기준금액 미만인 자 및 신규사업자는 **단순경비율**에 의하여 추계소득을 계상할 수 있습니다. 단, 의료업, 수의업, 약국, 변호사 등 전문직은 단순경비율 적용대상자에서 제외 [관련법령; 소득세법 시행령 제143조(추계결정및경정) 제7항]되므로 기준경비율을 적용하여야 합니다.

종합소득세 기장의무 구분 및 신고 유형 요약

기장의무	기장여부	대상자	신고유형	신고여부	혜택 또는 불이익
간편장부 대상자	기장	간편장부 대상자	복식부기기장	○	기장세액공제 산출세액의 20% 100만원 한도
			간편장부기장	○	
	추계	기준경비율 적용대상자	기준경비율	○	무기장가산세 산출세액의 20%
		단순경비율 적용대상자	단순경비율	○	무기장가산세 * 산출세액의 20%
복식부기 대상자	기장	복식부기대상자	복식부기기장	○	
			간편장부기장	×	
	추계		기준경비율	○	MAX ┌ 무신고가산세 └ 무기장가산세
			단순경비율	×	

▶ 추계신고시에도 아래 사업자는 무기장가산세가 적용되지 않습니다.
○ 당해 연도 신규사업자
○ 직전년도 수입금액이 4,800만원 미만인 소규모사업자
　(소득세법 시행령 제132조 ④)

Q&A 창업한 과세연도에도 장부기장을 하여 사업소득금액을 계산하여 종합소득세 신고를 하여야 하나요?

1) 사업자는 근로자와 달리 사업주 본인이 1년 동안 벌어들인 소득이 얼마가 되는 지를 알기 위해서는 매출(총수입금액) 및 관련 경비(필요경비)에 대하여 장부기장을 하여야 알 수 있을 것입니다. 따라서 소득세법에서는 사업자의 경우 장부기장을 의무적으로 규정하고 있습니다.
2) 단, 사업을 개시한 연도에는 매출액에 국세청에서 업종별도 정한 경비율(단순경비율)을 공제한 금액을 소득금액으로 종합소득세를 신고할 수 있도록 배려하고 있습니다.

▶ 소규모사업자 추계신고

신규사업자 및 전년도 수입금액이 아래 기준금액 미만인 사업자로서 다른 소득이 없는 경우 관할 세무서에서 추계소득[매출액 - (매출액 × 단순경비율)]으로 계산한 사업소득금액으로 신고서를 발송하며, 특별한 사항이 없는 경우 세무서에서 발송한 신고서 내용대로 5월 31일까지 신고서를 제출하시고, 종합소득세를 납부하시면 됩니다.

▶ 단순경비율 적용대상자 [아래 업종별 기준금액 미만인 사업자]

업 종 별	기준금액
가. 농업·임업 및 어업, 광업, 도매 및 소매업(상품중개업 제외), 부동산매매업, 그 밖에 나목 및 다목에 해당되지 아니하는 사업	6천만원
나. 제조업, 숙박 및 음식점업, 전기·가스·증기 및 공기조절 공급업, 수도·하수·폐기물처리·원료재생업, 건설업(비주거용 건물 건설업은 제외하고, 주거용 건물 개발 및 공급업을 포함한다), 운수업 및 창고업, 정보통신업, 금융 및 보험업, 상품중개업, 수리 및 기타 개인서비스업(인적용역만 해당)	3천6백만원
다. 법 제45조제2항에 따른 부동산 임대업, 부동산업(부동산매매업은 제외), 전문·과학 및 기술서비스업, 사업시설관리·사업지원 및 임대서비스업, 교육서비스업, 보건업 및 사회복지서비스업, 예술·스포츠 및 여가 관련 서비스업, 협회 및 단체, 수리 및 기타 개인서비스업(인적용역은 제외)	2천4백만원

종합소득세 신고 및 납부

◨ 해당 과세연도 다음해 5월 31일까지 신고, 납부

[1] 종합소득세 신고 및 납부

종합소득세를 신고하여야 하는 자는 다음해 5월 31일까지 **주소지** 관할 세무서에 종합소득세 신고 및 납부를 하여야 합니다.

[2] 지방소득세 신고 및 납부

또한 종합소득세의 10%에 해당하는 금액을 주소지 관할 지방자치단체(시.군.구)에 신고 및 납부를 하여야 합니다.

◨ 면세사업자 사업장현황신고 및 신고기간

면세사업자의 경우에는 당해 과세기간의 **다음 해 2월 10일**까지 사업장현황신고를 하여야 하며, **간편장부대상자로서 직전 과세기간 사업소득 수입금액이 4천8백만원에 미달하는 사업자가 아닌 경우** 매출계산서합계표 및 매입계산서합계표, 매입세금계산서합계표는 다음 해 2월 10일까지 제출하여야 합니다.

▶ **사업장 현황신고 불성실 가산세 [소득세법 제81조의3]**

1. 의료업, 수의업, 약사에 관한 업무를 행하는 사업자가 아닌 경우 사업장현황신고를 하지 않아도 가산세 적용은 없습니다.

2. **의료업, 수의업, 약사**에 관한 업무를 행하는 사업자가 사업장현황신고를 하지 아니한 경우 그 신고하지 아니한 수입금액의 **1천분의 5**에 상당하는 금액을 가산세로 부담하여야 합니다.

종합소득세 [홈택스] 전자신고

종합소득세 신고는 [홈택스]에서 전자적으로 신고를 할 수 있으며, 다음의 절차 및 홈택스 안내에 따라 종합소득세 신고서를 작성하여 제출하시면 됩니다.

1. 국세청 홈택스 접속
2. 신고/납부
3. 종합소득세
4. 비회원로그인 [성명, 주민등록번호, 본인인증 종류(공인인증서, 신용카드, 휴대폰 옵션 중) 선택]
▶ 주민등록번호로 회원 가입하였을 경우 주민등록번호로 발급한 개인용 공인인증서를 사용하여야 합니다,
5. 종합소득세 신고 → 일반신고서의 정기신고 작성 클릭
1) 일반신고서 : [사업소득(기준경비율, 간편장부, 복식부기), 근로소득, 금융소득, 기타소득, 연금소득]
2) 단순경비율 추계신고서(사업소득만 있는 경우)
6. 기본사항 입력 및 소득종류 선택(종합소득세 신고대상 소득 선택)
- 소득종류 선택 (예를 들어 사업소득 및 근로소득이 있는 경우 각각 선택) 부동산임대업의 사업소득, 부동산임대업외의 사업소득 근로소득, 기타소득, 연금소득, 이자소득, 배당소득
- 사업소득 사업장 명세 선택
- 사업소득 기본사항 → 사업자등록번호 입력 및 클릭
- 기장의무 및 신고유형 선택
7. 등록하기 클릭, 저장후 다음이동 클릭
8. 신고할 내용 입력

종합소득세에 대한 지방소득세 신고·납부

종합소득세에 대한 지방소득세 예정신고 및 납부
거주자가 종합소득세 신고를 하는 경우에는 해당 신고기한까지 종합소득세에 대한 개인지방소득세 과세표준과 세액을 납세지 관할 지방자치단체장에게 신고 및 납부하여야 합니다.

다만, 「지방세법」 부칙 <법률 제12153호, 2014.1.1.>에 의하여 2019년 12월 31일까지는 별도의 신고를 하지 않아도 되었으나 **2020년 1월 1일 이후 신고분부터는 반드시 신고**를 하여야 합니다.

종합소득세에 대한 지방소득세 확정신고 및 납부
거주자가 「소득세법」에 따라 종합소득 또는 퇴직소득에 대한 과세표준확정신고를 하는 경우에는 **해당 신고기한까지** 종합소득 또는 퇴직소득에 대한 개인지방소득세 과세표준과 세액을 납세지 관할 지방자치단체의 장에게 확정신고·납부하여야 합니다. 이 경우 거주자가 종합소득 또는 퇴직소득에 대한 개인지방소득세 과세표준과 세액을 납세지 관할 지방자치단체의 장 외의 지방자치단체의 장에게 신고한 경우에도 그 신고의 효력에는 영향이 없습니다.
[지방세법 제95조(과세표준 및 세액의 확정신고와 납부)]

종합소득세에 대한 지방소득세 신고를 하지 않는 경우 무신고 가산세
신고를 하지 않는 경우 지방세기본법 제53조제1항에 의하여 그 신고로 납부하여야 할 세액의 100분의 20에 상당하는 금액을 가산세로 부담하여야 합니다.

종합소득세 신고 관련 유의사항

● 소규모사업자 추계신고

전년도 수입금액이 아래 기준금액 미만인 사업자는 관할 세무서에서 추계소득[당해 연도 매출액 - (매출액 × 단순경비율)]으로 계산한 사업소득금액으로 신고서를 발송하며, 특별한 사항이 없는 경우 세무서에서 발송한 신고서 내용대로 5월 31일까지 신고서를 제출하시고, 종합소득세를 납부하시면 됩니다.

▶ 단순경비율 적용대상자 [아래 업종별 기준금액 미만인 사업자]

업 종 별	기준금액
가. 농업·임업 및 어업, 광업, 도매 및 소매업(상품중개업 제외), 부동산매매업, 그 밖에 나목 및 다목에 해당되지 아니하는 사업	6천만원
나. 제조업, 숙박 및 음식점업, 전기·가스·증기 및 공기조절 공급업, 수도·하수·폐기물처리·원료재생업, 건설업(비주거용 건물 건설업은 제외하고, 주거용 건물 개발 및 공급업을 포함한다), 운수업 및 창고업, 정보통신업, 금융 및 보험업, 상품중개업, 수리 및 기타 개인서비스업(인적용역만 해당)	3천6백만원
다. 법 제45조제2항에 따른 부동산 임대업, 부동산업(부동산매매업은 제외), 전문·과학 및 기술서비스업, 사업시설관리·사업지원 및 임대서비스업, 교육서비스업, 보건업 및 사회복지서비스업, 예술·스포츠 및 여가 관련 서비스업, 협회 및 단체, 수리 및 기타 개인서비스업(인적용역은 제외)	2천4백만원

● 추계신고시에도 '창업중소기업등에 대한 세액감면' 및 '중소기업특별세액감면'은 받을 수 있습니다.

간편장부대상자의 경우에는 추계신고시에도 창업중소기업등에 대한 감면 및 중소기업특별세액감면을 받을 수 있습니다. 단, 복식부기기장의무자의 경우에는 감면을 받을 수 없습니다.

● 음식점업 및 의원, 한의원은 중소기업에 대한 특별세액감면을 받을 수 없습니다.

음식점업 및 의원, 치과의원, 한의원은 감면 업종에 해당하지 아니하므로 중소기업에 대한 특별세액감면 대상에 해당하지 않습니다.

● 신고유형은 전년도 수입금액을 기준으로 판단합니다.

2023년도분 종합소득세 신고유형(복식부기대상자, 간편장부대상자) 및 추계신고시 기준경비율 또는 단순경비율 적용 여부는 2022년도 수입금액 기준으로 신고유형이 분류됩니다. 예를 들어 제조업으로 2022년 수입금액이 1억 5천만원 미만인 경우 2023년도 귀속분 종합소득세는 간편장부에 의하여 종합소득세 신고를 할 수 있습니다. 기준 수입금액은 **사업자별 수입금액의 합계액**을 기준으로 판단하되, 기준업종이 다른 복수사업장을 영위하는 경우 주업종을 기준으로 환산하며, 직전연도 단독 신규 사업자는 직전연도 수입금액만을 기준으로 판단합니다.(연으로 환산하지 않음)

● 필요경비가 총수입금액보다 많은 경우 손실이 발생하며, 손실금액은 이월결손금으로 다음연도 이후의 소득금액에서 공제를 받을 수 있습니다.

사업과 관련한 필요경비가 총수입금액 보다 많은 경우 손실이 발생하게 됩니다. 발생한 손실금액을 결손금이라고 하며, 이 결손금은 향후 10년 이내 ('20.1.1. 이후 결손금부터 적용 15년)에 소득이 발생한 사업연도의 소득금액에서 공제를 받을 수 있습니다. 손실이 발생한 경우에도 종합소득세 신고는 하여야 하나 종합소득세로 납부할 세금은 없습니다.

한편, 손실이 발생한 개인사업자가 전년도 11월 중 종합소득세 중간예납세금으로 납부한 금액이 있는 경우 중간예납세금은 환급을 받을 수 있습니다.

> **보 충** 종합소득세 환급금 신청 및 환급
> 환급금이 있는 경우 종합소득세 신고서의 환급금 계좌신고란에 계좌번호 및 금융기관명을 기재하여 신고를 하시면 됩니다.
> 환급금을 신고마감일(5월 31일)로부터 1개월 정도 이후에 입금이 됩니다.

사업소득 결손금은 타소득금액과 통산이 가능하나 부동산임대소득 결손금은 타소득금액과 통산할 수 없으므로 다른 소득에서 차감할 수 없습니다. 단, 사업소득에서 발생한 이월결손금은 부동산임대소득에서 공제를 받을 수 있습니다.

● 폐업한 경우에도 종합소득세신고를 하여야 합니다.

당해 연도 중 사업을 폐업한 경우에도 다음 해 5월 31일까지 종합소득세 신고를 하여야 합니다.

● 종합소득세 신고는 하였으나 납부하지 못한 경우

종합소득세 신고는 하였으나 납부를 하지 못한 경우 관할 세무서에서 고지를 하게 되며, 고지시 종합소득세 미납부에 대한 가산세를 포함하여 고지(본세)를 합니다. 종합소득세 미납부가산세는 연리 8.03%

이며, 미납부 가산세는 아래와 같이 적용됩니다. 다만, 고지서의 납부기한일 다음날 이후 납부하는 경우 고지금액의 3%를 가산금으로 추가 납부하여야 하므로 고지서의 납부기한은 넘기지 않도록 유의를 하여야 합니다.

사 례 종합소득세 미납부 가산세 계산

[예 제] 미납금액 1,000,000원, 고지일 7월 10일, 납부기한 7월 31일
미납부가산세(10,000원) : 1,000,000원 × 미납일수(40일) × 2.2/10,000

■ 납부지연가산세와 가산금제도 통합
(국세기본법 제47조의4, 국세징수법 제21조)

종 전	개 정
□ 세금미납에 대한 금전적 제재 ○ (납부고지 전 : 납부불성실가산세ⓐ) - 미납세액 × (납부기한의 다음날 ~ 자진납부일 또는 납부고지일) × 1일 0.03% ○ (납부고지 후 : 가산금) - (미납세액 × 3%)(ⓑ) + 매 1개월마다 월 1.2%(ⓒ)	□ 납부지연가산세(①+②)로 통합 ① 지연이자 성격(ⓐ+ⓒ)은 통합 - 미납세액 × (납부기한의 다음날 ~ 납부일) × 1일 0.025% ② 체납에 대한 제재(ⓑ)는 유지 - 납부고지 후 미납세액 × 3%

<적용시기> 2020.1.1. 이후 납세의무가 성립하는 분부터 적용

■ 납부지연가산세 세율 인하 (국세기본법 시행령 제27조의4)

종 전	개 정
□ 납부지연가산세 세율 ○ 1일 0.025%(연 9.125%)	□ 납부지연가산세 세율 인하 ○ 1일 0.022%(연 8.030%)

<적용시기>2022.2.15. 이후 가산세를 부과하는 분부터 적용

● 사업자등록이 없는 자도 종합소득세 신고를 하여야 하는 경우가 있습니다.

▶ **근로소득이 있고, 당해 과세기간 동안 이자 및 배당소득이 2천만원을 초과하는 자**

근로소득만이 있는 자의 경우에는 근로소득을 지급하는 자(회사)가 연말정산을 하여 소득세를 신고.납부하므로 원칙적으로 종합소득세 신고의무가 없습니다. 다만, 이자 및 배당소득의 연간 합계액이 2천만원을 초과하는 경우에는 반드시 근로소득 및 이자 및 소득을 합산하여 종합소득세 신고를 하여야 합니다.

▶ **근로자가 연말정산시 공제대상금액을 공제받지 못한 경우**

근로소득자가 연말정산시 공제받을 수 있는 공제금액을 공제받지 못한 경우 근로자가 근로자의 **주소지 관할 세무서**에 종합소득세 신고를 하여 공제를 받을 수 있으며, 추가 공제로 인하여 과다 납부한 근로소득세는 주소지 관할 세무서로부터 환급을 받을 수 있으며, 지방소득세는 해당 시.군.구청에 신청을 하여 환급을 받을 수 있습니다.

▶ **사업장 및 직원없이 순수한 인적용역을 제공하는 사업자**

전문적으로 강의만을 하거나 고용관계없이 자문용역을 제공하는 자, 보험모집인, 방문판매원 등은 별도의 사업자등록이 없어도 인적용역을 제공하고 그 대가를 받게 됩니다. 이 경우 사업자등록이 없어도 종합소득세 신고 및 납부를 하여야 하며, 인적용역에 대한 대가를 지급받을시 원천징수당한 세금은 기납부세액으로 납부할 세금에서 공제를 받습니다.

단, 강의 등의 인적용역등을 **일시적으로 제공하는 경우** 기타소득으로 분류하며, 기타소득에 해당하는 인적용역을 제공받고 그 대가를 지급하는 자는 기타소득세[(기타소득 - 필요경비) × 20%)]를 징수하여 납부하여야 합니다. 이 경우 기타소득을 지급하는 자는 다음과 같은 방법으로 기타소득세를 징수.납부하시면 됩니다. 참고로 기타소득금액(기타소득 - 필요경비)이 5만원 이하인 경우 과세최저한 규정에 의하여 기타소득세를 징수납부하지 않아도 됩니다.

보 충 사업소득 원천징수 및 납부

사업자등록이 없는 개인으로부터 인적용역을 제공받고 그 대가를 지급하는 자는 사업소득세(지급금액의 3%) 및 지방소득세(사업소득세의 10%)를 징수하여 세무서에 신고 및 납부를 하여야 하며, 그 지급에 관한 명세서를 다음해 3월 10일까지 세무서에 제출하여야 합니다.

사 례 기타소득 원천징수 및 납부[2019년 1월 1일 이후]

[예 제] 기타소득에 해당하는 번역료 1,000,000원 지급

기타소득세(80,000원) : 기타소득(1,000,000) - 필요경비(600,000) × 20%

지방소득세(8,000원) : 기타소득세(80,000원) × 10%

[세법 개정] 2018년 4월 1일 이후 인적용역 필요경비율 70% (종전 80%)
2019년 1월 1일 이후 인적용역 필요경비율 60%

보 충 기타소득자 중 종합소득세 신고의무가 있는 자

기타소득을 지급받는 자는 기타소득금액(기타소득 - 필요경비)이 300만원을 초과하는 경우에 한하여 종합소득세 신고 및 납부를 하여야 합니다. 예를 들어 인적용역 기타소득을 지급받는 자의 경우 연간 기타소득이 750만원[기타소득금액(300만원) = 기타소득(750만원) - 필요경비(450만원)]을 초과하는 경우에 종합소득세신고를 하여야 합니다만, 750만원 이하인 경우 종합소득세 신고를 하지 않아도 됩니다.

보 충 　기타소득 과세최저한 및 징수납부의무 면제

[예 제] 기타소득에 해당하는 강의료 250,000원 지급

기타소득금액(50,000원) : 기타소득(250,000원) - 필요경비(200,000원)

기타소득금액이 50,000원 이하이므로 기타소득세를 징수하지 않습니다. 다만, 이 경우에도 지급명세서는 제출하여야 합니다.

보 충 　보험모집인 및 방문판매원 연말정산 및 종합소득세 신고

사업소득에 대한 수입금액을 지급하는 원천징수의무자는 간편장부대상자(해당 과세기간에 신규로 사업을 개시 또는 직전 과세기간의 수입금액 7,500만원 미만)로서 다음에 해당하는 사업자에게 지급하는 해당 과세기간의 사업소득금액에 대하여 연말정산하여 소득세를 징수합니다.

다만 ②의 경우 해당 원천징수의무자가 사업장 관할 세무서장에게 연말정산 신청을 하는 경우만 해당합니다.

① 독립된 자격으로 보험가입자의 모집 및 이에 부수되는 용역을 제공하고 그 실적에 따라 모집수당 등을 받는 사업자(보험모집인)

② 「방문판매 등에 관한 법률」에 의하여 방문판매업자를 대신하여 방문판매업을 수행하고 그 실적에 따라 판매수당 등을 받는 사업자(방문판매업자로부터 사업장의 관리·운영의 위탁을 받은 사업자 포함)

● 개인사업자의 급여 및 가사 관련 비용 등은 사업자의 필요경비로 처리할 수 없습니다.

개인사업자의 사업과 관련한 지출만 필요경비로 처리할 수 있는 것으로 개인사업자의 개인적인 비용인 **사업주 본인 식대**, 사업주 주거용 아파트의 재산세, 관리비, 생활관련 비용, 병원비, 자녀 교육비 등은 사업과 관련한 필요경비에 계상할 수 없습니다. 또한 사업자는 사업과 관련한 소득에 대하여 소득세를 신고 및 납부하는 것으로 사업주 본인에게 급여를 지급한 것으로 처리 할 수는 없습니다.

▶ **종업원이 없는 1인 사업주의 식대 필요경비**

종업원이 없는 1인 개인사업주의 식대는 사업과 관련한 필요경비에 산입할 수 없습니다.

● **유형자산처분손실은 필요경비에 산입할 수 없습니다.**

개인사업자의 경우 차량, 기계장치 등 유형자산의 처분에 따른 손실금액은 소득세법에서 열거한 필요경비가 아니므로 필요경비로 처리할 수 없습니다. 단, 감가상각비는 필요경비에 해당하므로 유형자산을 처분하는 경우 유형자산 처분시까지 감가상각비는 계상하여야 소득금액을 줄일 수 있습니다. 그리고 유형자산처분이익이 발생한 경우 총수입금액에 포함하지 않습니다. 한편, 사업용으로 사용하던 토지, 건물 등 양도소득세 과세대상 물건을 처분하는 경우는 사업소득과는 별도로 양도소득세를 신고 및 납부하여야 합니다.

[개정 세법] 개인사업자의 사업용 유형고정자산 처분손익 과세 신설
(소득법 §19①, 소득령 §55①)

종 전	개 정
□ 사업소득의 범위 ○ 유형 고정자산 처분손익 중 복식부기의무자의 업무용 승용차 처분손익에 한정하여 과세 <추가>	□ 사업소득의 범위 확대 ○ 좌동 ○ 복식부기의무자의 사업용 유형 고정자산(부동산 제외) 처분소득

<적용시기> 2018.1.1. 이후 개시하는 과세기간 분부터 적용

Q 복식부기의무자가 사업용 고정자산(부동산 제외)을 처분한 경우 수입금액에 포함하여야 하나요?

복식부기의무자가 사업용 고정자산을 매각하는 경우 사업수입금액에 포함하여야 하며, 다음과 같이 회계처리 및 세무조정을 하시면 됩니다 다만, 부동산 처분의 경우 개인사업자는 양도소득세를 별도로 신고납부하여야 하는 것이므로 수입금액에서 제외를 하여야 합니다.

[예제] 기계장치 취득가액 4000 감가상각누계액 2000
처분가액 1000(부가세 별도)
보통예금   1100   /   부가세예수금   100
감가상각누계액   2000   기계장치   4000
유형자산처분손실 1000
<세무조정>
필요경비불산입(유형자산처분손실)   1000
총수입금액 산입(매각 금액)   1000
필요경비 산입(장부가액)   2000
- 장부가액 : 취득가액(4000) - 감가상각누계액(2000)

● 매출이 없는 경우 종합소득세 신고

수입금액이 없는 경우에도 무실적으로 신고를 하여야 합니다만, 신고를 하지 않아도 세무상 다른 문제는 없습니다.

● 공동사업자의 종합소득세 신고 관련 유의사항

▶ 공동사업을 해지하는 경우 종합소득세 신고
공동사업계약을 해지하는 경우에는 해지일까지의 공동사업장에서 발생한 수입금액에 대해 결산을 하여 손익분배비율에 따라 소득금액을 분배하며, 공동사업장 해지일까지 계산한 공동사업장에서 분배받은 소득금액과 그 이후 기간 동안 단독사업장에서 발생한 소득을 합산하여 종합소득세 신고를 하여야 합니다.

▶ 공동사업자 중소기업특별세액감면

공동사업자의 중소기업특별세액감면세액 계산은 종합소득금액에서 공동사업장 구성원의 손익분배비율로 배분된 공동사업장 소득금액의 비율에 따른 소득금액을 계산 후 공동사업자 각자의 종합소득세산출세액에 감면대상소득금액비율에 감면비율을 적용하여 계산하면 됩니다.

▶ 공동사업자 중 비대표자 종합소득세 신고

공동사업자 중 비대표자는 사업장 입력시 대표 공동사업자 및 특수관계자 명세를 입력하면, 비대표 공동사업자는 재무제표 제출없이 신고가 가능합니다.

공동사업에 있어서 과세기간 중 그 구성원이 탈퇴하면서 나머지 다른 공동사업자에게 자기지분을 양도하여 그 지분의 변동이 발생한 경우에는 변동시마다 공동사업자별 소득분배비율에 따라 해당 거주자별로 소득금액을 구분 계산하여야 합니다. 이 때 장부에 의하여 소득금액을 계산하는 경우 지분변동 기간별로 재무제표를 작성하여 제출하여야 하는 것입니다.

▶ 공동사업 구성원의 국민건강보험료 필요경비 산입

공동사업장 구성원이 지출한 사업자 본인의 지역가입 국민건강 보험료는 해당 공동사업장의 필요경비에 해당하는 것입니다.
(소득, 서면-2016-법령해석소득-5743, 2017.09.22.)

SECTION 02

간편장부대상자 종합소득세 신고

간편장부대상자는 사업자 본인이 간편장부에 의하여 사업소득을 계산하여 종합소득세를 신고할 수 있습니다.

간편장부대상자

1) 사업자가 사업소득금액을 계산하기 위해서는 장부기장을 하여야 하는데 장부기장은 원칙적으로 복식부기기장을 하여야 합니다.

2) 복식부기 기장은 회계에 대한 전문교육을 받은 경우 기장을 할 수 있으므로 일반인은 복식부기 기장을 하는 것이 현실적으로 어렵습니다.

3) 따라서 세무당국은 소규모 사업자가 회계에 대한 전문지식이 없더라도 현금출납부와 같은 형식의 간편장부를 만들어 본인의 소득을 계산하여 종합소득세를 신고할 수 있도록 간편장부대상자를 정하고 있습니다. <소득세법 제160조 ②>

4) 간편장부대상자가 아닌 경우 복식부기 기장의무자에 해당하며, 복식부기기장대상자는 세무사사무소에 장부기장 및 세무신고를 맡겨야 합니다.

5) 창업한 연도는 직전연도 수입금액이 없으므로 간편장부대상자에 해당합니다.

6) 창업한 연도의 다음연도는 장부기장은 창업연도의 수입금액 규모에 따라 간편장부대상자 또는 복식부기의무자가 됩니다.

7) 창업한 연도의 수입금액이 복식부기의무자 기준금액 이상이 되는 경우 창업한 연도의 다음해 6월 말일까지 반드시 사업용계좌를 신고하여야 합니다.

▶ 간편장부대상자 [직전연도 수입금액이 아래 금액 미만인 사업자]
▶ 복식부기대상자 [직전연도 수입금액이 아래 금액 이상인 사업자]
▶ 직전연도 수입금액은 연간으로 환산하지 않음

업 종 별	기준금액
가. 농업 · 임업 및 어업, 광업, 도매 및 소매업(상품중개업 제외), 부동산매매업, 그 밖에 나목 및 다목에 해당되지 아니하는 사업	3억원
나. 제조업, 숙박 및 음식점업, 전기 · 가스 · 증기 및 공기조절 공급업, 수도 · 하수 · 폐기물처리 · 원료재생업, 건설업(비주거용 건물 건설업은 제외), 부동산 개발 및 공급업(주거용 건물 개발 및 공급업에 한정), 운수업 및 창고업, 정보통신업, 금융 및 보험업, 상품중개업	1억5천만원
다. 부동산임대업, 부동산업(부동산매매업은 제외), 전문 · 과학 및 기술서비스업, 사업시설관리 · 사업지원 및 임대서비스업, 교육서비스업, 보건업 및 사회복지서비스업, 예술 · 스포츠 및 여가 관련 서비스업, 협회 및 단체, 수리 및 기타 개인서비스업, 가구내 고용활동	7천500만원

간편장부대상자의 경우 사업소득금액은 어떤 방법으로 계산하나요?

1) 간편장부는 소득세 신고서의 **총수입금액 및 필요경비명세서 및 소득금액계산서**를 작성하기 위한 것입니다.

□ 사업소득금액 = 총수입금액 - 필요경비

1. 매출은 창업일 이후 12월 31일까지 발급한 세금계산서, 신용카드로 결제받은 금액, 현금영수증 발급금액의 합계액으로 하시되, 현금매출이 있어 부가가치세 신고를 한 금액이 있으면, 해당 금액도 매출에 포함하여야 합니다.

2. 도,소매업의 경우 매출원가는 본서를 참고하여 입력(홈택스에서 종합소득세 신고를 하는 경우) 또는 기재를 하시면 됩니다.

3. 일반관리비용은 해당 항목별로 간편장부에 기장을 한 경우 항목별 합계액을 기재하시면 됩니다.

2) 다음 내용을 참고하여 적절한 방법으로 소득금액을 계산하여 홈택스에서 종합소득세 신고를 하시거나 그래도 어려우시면, 종합소득세 신고기한 전에 세무사사무소에 의뢰를 하시기 바랍니다.

총수입금액 및 필요경비명세서 작성

총수입금액

총수입금액이라 함은 소득세법상 소득을 발생시키는 원인이 되는 거래금액으로 개인사업자의 총수입금액은 대부분 매출이나 매출이외에 국가보조금 등 아래 수익도 포함합니다.

구 분	도매업	소매업
상품매출금액 (부가가치세 매출세액 제외)	○	○
본사로부터 금전으로 받은 판매장려금	○	○
고용노동부 보조금, 두루누리, 일자리안정자금 등	○	○
신용카드매출전표발행세액공제금액		○
소규모 개인사업자 부가가치세 감면 금액	○	○
부가가치세 전자신고 세액공제 (20,000원)	○	○

필요경비

필요경비란 사업자가 총수입금액을 얻기 위해 직접 소요된 제반 비용으로 소득세법에서는 필요경비라고 명칭하며, 법인세법에서는 손금이라고 합니다.

간편장부대상자의 경우 필요경비는 **매출원가**와 **일반관리비**로 구분하며, 필요경비 및 그 작성방법은 다음과 같습니다.

매출원가

매출원가란 판매한 상품의 원가를 말하는 것으로 해당 사업연도의 매출원가를 계상하기 위해서는 기초재고액, 당기상품매입액, 기말재고액을 구분하여 기재 또는 입력하여 매출원가를 계상합니다.

① 기초재고액이란 전년도에 판매하지 못하고 이월된 상품을 말하며, 기초상품재고액이 있는 경우 기초재고액란에 기재 또는 입력합니다.

② 당기 상품매입액이란 당기에 매입한 상품을 말하는 것으로 당기 상품매입액의 합계액을 기재 또는 입력합니다.

③ 기말재고액란에는 당해 연도에 판매하지 못하고 다음연도로 이월하는 상품재고액을 말하며, 기말상품재고액이 있는 경우 기말재고액란에 기재 또는 입력합니다.

예 제 20×6년(20×6.1.1 ~ 20×6.12.31) 매출원가 및 매출총이익 계산
- 20×6년 상품 총매출액　　　　　　280,000,000원
- 20×6년 상품 총매입액　　　　　　210,000,000원
- 20×6년 12월 31일 현재 기말상품재고액　10,000,000원

■ 총수입금액 및 필요경비명세서 [매출원가]

장부상 수입금액		⑪ 매　출　액	280,000,000		
		⑫ 기　　　　타			
		⑬ 수입금액 합계(⑪+⑫)	280,000,000		
필요경비	매출원가	⑭ 기초재고액			
		⑮ 당기 상품매입액 또는 제조비용(㉔)	210,000,000		
		⑯ 기말재고액	10,000,000		
		⑰ 매출원가(⑭+⑮-⑯)	200,000,000		

🅠 일반관리비

① 일반관리비는 다음과 같이 구분하여 기재 또는 입력하시고, 기타 경비는 합산하여 기타란에 기재 또는 입력합니다.

급료, 제세공과금, 임차료, 지급이자, 접대비, 기부금, 감가상각비
차량유지비, 지급수수료, 소모품비, 복리후생비, 운반비, 광고선전비
여비교통비

② 과세기간 동안에 지출한 금액(영수증 발행일자 기준)의 합계액을 기재 또는 입력하시되, 지급일을 기준으로 계산하여도 무방합니다.

🅠 & 🅐 과세기간이란 무엇을 말하는 지요?

과세기간이란 소득세 신고를 위한 사업소득금액의 계산 기간을 말합니다. 1월 1일부터 12월 31일까지의 기간으로 하되, 신규사업자의 경우 개업일부터 12월 31일까지를 말합니다.

③ 사업과 관련없는 가사 관련 지출금액은 필요경비에 포함하지 않습니다.

🅠 & 🅐 가사 관련 지출이란 무엇이며, 가사 관련 지출에는 어떤 것이 있는지요 ?

가사 관련 지출이란 사업과 관계없는 사업주의 개인적인 지출로 가사 관련 지출에는 사업주 본인 식대, 생활비, 자녀 교육비, 의료비, 가족의 개인보험료, 가족의 휴대폰사용료, 사업주 주택 재산세, 가족외식비 등이 있습니다.

> 간편장부대상자는 일반관리비등을 아래 내용과 같이 간단하게 필요경비 항목을 구분하여 '총수입금액 및 필요경비명세서'를 작성하시면 됩니다.

● 급료

① 직원을 채용하고 급여를 지급하는 경우 그 지급에 관한 내용을 세무서에 신고하여야 하며, 급여 지급에 관한 명세서인 지급명세서를 다음해 3월 10일까지 세무서에 제출하여야 하는 등 다소 까다로운 절차가 있습니다. 즉, 직원에 대한 급여를 일반관리비의 급료로 기재하여 필요경비로 인정을 받고자 하는 경우 그와 관련한 세무신고 내용은 '급여 지급'편을 참고하여야 합니다.

② 직원을 1인 이상 고용하는 사업자는 직원에 대하여 4대보험을 가입하여야 하고, 사업주 본인도 국민연금 및 건강보험료를 사업장에서 납부하여야 합니다.

③ 사업주 본인의 급여는 필요경비에 산입할 수 없습니다.

<지출증빙> 근로소득지급명세서

● 제세공과금

제세공과금에는 사업과 관련한 차량의 자동차세, 사업장 주민세 종업원의 국민연금 사업주 부담금등이 있습니다. 단, 국민연금 사업주 부담금은 복리후생비로 처리를 하여도 무방합니다.

<지출증빙> 국가기관 등에서 발급한 영수증

Q&A 종합소득세, 부가가치세, 근로소득세, 지방소득세 등으로 납부하는 세금도 제세공과금에 해당하나요?

종합소득세 및 종합소득세에 대하여 납부한 지방소득세, 근로소득세 및 근로소득세에 대한 지방소득세, 부가가치세는 '제세공과금'에 해당하지 않습니다.

● 임차료

임차대가로 건물주에게 지급하는 월세 및 관리비 등으로 과세기간 동안 지급한 임차료 및 관리비 합계금액을 기재 또는 입력합니다.

<지출증빙> 임대인(건물주)이 일반과세자인 경우 반드시 세금계산서를 받아야 하며, 세금계산서를 발행할 수 없는 간이과세자인 경우 간이영수증을 받아 두어야 합니다.

● 지급이자

사업과 관련하여 금융기관등에서 자금을 차입하고 그 이자로 지급한 금액의 합계액을 기재 또는 입력합니다.

<지출증빙> 금융기관이 발급한 영수증 등

Q&A 업무용에 사용할 승용차량을 할부로 구입하고 지급하는 이자는 이자비용에 해당하나요?

업무용으로 사용하는 차량(화물차, 승용차 등)의 할부이자는 이자비용에 해당합니다.

● 접대비(기업업무추진비)

거래처와 거래관계를 원활히 할 목적으로 지출하는 비용을 접대비라고 하며, 접대비 합계액을 기재 또는 입력하시면 됩니다.

<지출증빙> 신용카드로 결제하거나 현금영수증을 수취하여야 합니다.

♣ 상세 내용 → 기부금 세무조정

● 기부금

기부금이란 사업과 직접 관련없이 국가 및 지방자치단체에 대한 기부금, 교회 및 사찰기부금, 적십자회비, 기타 기부금으로 기부금 지출이 있는 경우 기부금란에 기재 또는 입력하시면 됩니다.

다만, 교회 및 사찰기부금의 경우 소득금액의 10% 한도내에서 공제를 받을 수 있으므로 교회 및 사찰기부금이 많은 경우 아래 내용을 참고하시어 기부금란에 기재 또는 입력하여야 합니다.

<지출증빙> 기부금영수증을 수취하여야 합니다.

♣ 상세 내용 → 기부금 세무조정

▶ 접대비, 기부금, 광고선전비 구분

종 류	구 분 기 준	
기 부 금	업무와 관련 없는 지출	
접 대 비	업무와 관련 있는 지출	특정고객을 위한 지출
광고선전비		불특정 다수인을 위한 지출

● 감가상각비

감가상각비란 사업과 관련하여 취득한 기계장치, 차량운반구 등의 당해 과세연도 가치 감소 상당액을 비용화하여 계상한 금액을 말하며, 감가상각비를 계상한 경우 감가상각과 관련한 다음의 서류를 종합소득세 신고서 제출시 추가로 제출하여야 합니다.

1. 내용연수신고서 및 감가상각방법신고서
2. 감가상각비조정명세서합계표
3. 다음 중 하나의 서식
 - 유형고정자산감가상각비 조정명세서(정률법)
 - 유형·무형고정자산감가상각비 조정명세서(정액법)

♣ 상세 내용 : 경영정보사 홈페이지 참조

● 차량유지비

회사의 업무를 위하여 운행하는 차량의 유지 및 관리비를 차량유지비라 하며, 유류대, 차량수리비, 통행료, 주차요금, 세차비, 검사비, 부품교환대, 오일교환대 등이 있습니다.

<지출증빙>
- 자동차세 : 시, 군, 구에서 발행한 자동차세영수증
- 고속도로통행료 : 한국도로공사가 발행하는 영수증
- 기타 비용 : 유류대, 수리비, 세차비, 주차비 등 차량 유지와 관련하여 지출하는 비용은 적격증빙 수취대상거래로 거래 건 당 3만원을 초과하는 경우 세금계산서 등 적격증빙을 수취하여야 합니다.

● 지급수수료

지급수수료란 주로 용역(서비스)을 제공받고 그 대가를 지급하는 경우 처리하는 계정과목으로 지급수수료 계정과목으로 처리하는 지출항목은 다음과 같습니다.

송금수수료, 각종 증명서발급수수료, 신용보증수수료, 전기가스점검수수료, 기장수수료, 세무조정수수료, 근저당 설정비용, 컨설팅수수료, 감정수수료, 수표발행수수료, 공증수수료, 컴퓨터유지보수비 및 소프트웨어유지비용, 비자발급수수료,전세권설정비용, 도매인 관련 등록비 및 수수료, 청소용역비, 품질검사수수료, Q마크 획득비용, 채권추심수수료, 카드연회비 등

(1) 금융기관 등에 지급하는 수수료 지출증빙
적격증빙수취대상이 아니므로 금융기관이 빌행하는 영수증 또는 계산서 등을 수취하시면 됩니다.

(2) 기타 지급수수료 지출증빙
청소용역비, 전산유지보수료, 시험검사수수료 등 부가가치세가 과세되는 용역을 제공받는 경우에는 세금계산서를 수취하여야 하며, 정화조청소용역, 일반폐기물처리용역 등 면세용역을 제공받는 경우에는 해당 사업자로부터 계산서를 수취하여야 합니다.

● 소모품비

청소용구 및 쓰레기봉투 등 각종 소모품 구입비, 사무 관련 소모품, 전기자재 및 철물, 전화기, 책상유리제작비, 랜카드 구입비, 기타 소

모품, 비품(소프트웨어 포함)으로 취득가액이 100만원 이하인 것으로 합니다.

<지출증빙> 적격증빙 수취대상거래로 거래 건 당 3만원을 초과하는 경우 세금계산서 등 정규영수증을 수취하여야 합니다.

● 복리후생비

종업원의 복리후생을 위하여 지출하는 비용으로 그 수혜자가 종업원이어야 합니다. 복리후생비에는 직원식대, 차류 및 음료수대, 생수구입비, 종업원 경조사비, 피복비, 회식비, 야유회경비, 산재보험료, 의료보험료, 고용보험료 중 회사가 부담하는 금액 등이 있습니다.

(1) 식대보조비
직원에게 식사를 별도로 제공하지 않는 경우 월 10만원 한도내의 금액은 회사의 비용으로 처리할 수 있습니다. 단, 월 식대비로 지급하는 금액이 10만원(**2023년 이후 20만원**)을 초과하는 경우 초과하는 식대보조비 및 직원 식대보조비를 지원하면서 별도로 해당 직원에게 식사를 제공하는 경우 현금으로 지원하는 식대보조비는 직원에 대한 급여(과세소득)로 처리하여야 합니다.

(2) 직원 경조사비
직원에게 지급하는 경조사비는 복리후생비로 처리할 수 있습니다.

(3) 직원에 대한 선물
명절에 종업원에게 지급하는 선물은 원칙적으로 과세대상 급여로 처리하여야 합니다.

● 운반비

기업이 판매활동을 영위하는 과정에서 발생하는 운송비용을 처리하는 계정으로 택배요금, 용달운임, 퀵서비스요금, 상차비, 하차비, 화물배송비, 선박 또는 항공운임요금 등이 있습니다.

▶ 매입과 관련한 운반비용

매입과 관련한 운반비용은 당해 자산(상품, 원재료 등)의 취득원가에 포함하여 처리하여야 합니다.

● 광고선전비

광고선전비란 상품이나 제품 등의 판매촉진이나 기업이미지 제고 등을 위하여 불특정다수를 상대로 각종 매체를 통하여 홍보하는 비용을 말하며, 인터넷, 신문, 잡지광고비, 전단지제작비 및 전단지 배포비, 카다로그 제작비용, 간판설치비, 마케팅대행비, 교차로 및 벼룩시장 광고비, 상품전시회 관련비용(부스설치비 등) 등이 있습니다.

▶ 광고선전비, 접대비, 기부금 구분

1. 광고선전 목적으로 불특정다수인에게 견본품, 달력, 수첩, 부채, 컵 등 이와 유사한 물품을 불특정다수인에게 기증하기 위하여 지출한 비용은 광고선전비에 해당합니다.
2. 사업과 관련하여 특정인에게 향응을 제공하거나 선물 등 물품을 제공하는 것은 접대비에 해당합니다.
3. 사업과 관련 없이 특정인에게 무상으로 기증하는 금품은 기부금에 해당합니다.

● 여비교통비

여비교통비란 직무수행과 관련하여 출장을 가는 경우 발생하는 제비용을 말합니다. 여비교통비의 내용은 업무출장과 관련하여 지출되는 제경비로 교통비, 식대, 일비, 주차비 등이 있습니다.

<지출증빙> 여비교통비는 그 지출성격상 증빙을 수취할 수 없는 경우가 많습니다. 따라서 회사에 여비교통비 지출에 대한 지급규정을 작성하여 운영하는 것이 바람직합니다. 다만, 지급규정이 있다하더라도 그 지출에 대하여 정규영수증을 수취하여 보관하여야 합니다.

○ 출장지 숙박요금, 음식점 등에 대하여 거래 건별로 그 금액이 3만원을 초과하는 경우 신용카드를 사용하여 결제하거나 세금계산서를 수취하여야 합니다.
○ 현실적으로 증빙을 수취하기 어려운 경우(시내버스요금, 택시요금 등)에는 회사 내부 품의서 또는 출장여비신청서 등을 지출증빙으로 사용할 수 있을 것이나 사회통념상 적정한 것으로 인정되는 범위내의 금액인 경우에 한하여 필요경비에 산입할 수 있습니다.

▶ 정액으로 지급하는 차량유지비

회사 실정에 따라 시내출장이 많은 직원의 경우 직원 소유차량을 직접 운전하여 업무수행에 이용할 시 시내출장비를 별도로 지급하는 대신 월정액을 시내출장비로 지급할 수 있습니다. 이 경우 월 20만원 이하의 출장여비는 증빙서류가 없어도 세법상 정당한 지출로 인정되며, 시내출장비를 월정액으로 지급받은 직원의 근로소득에도 합산하지 않습니다. (비과세소득)

● 기타 비용 항목

위에 열거되지 않은 지출의 경우 기타지출에 해당하며, 기타지출에는 직원 퇴직금, 통신비, 수도광열비(수도요금, 전력비, 난방비 등), 수선비, 보험료, 교육훈련비, 외주비 등이 있습니다.

<지출증빙> 기타경비 지출시에는 세금계산서 또는 현금영수증을 받거나 신용카드로 결제하여야 합니다. 다만, 이러한 증빙을 받을 수 없는 경우 간이영수증을 받아 두어야 합니다.

지 출 항 목	계 정 과 목
전화요금, 휴대폰요금, 우편요금 등	통 신 비
수도가스요금, 난방비용, 전력비	수 도 광 열 비
건물 화재보험료, 자동차 보험료 등	보 험 료
달리 분류되지 않는 기타 경비	잡 비

▷ 퇴직금 지출증빙 및 퇴직소득세 원천징수 신고 및 납부

직원에게 퇴직금을 지급하는 경우 퇴직소득세를 징수하여 그 지급일의 다음달 10일까지 신고(원천징수이행상황신고서) 및 납부하여야 하며, 그 지급 및 원천징수에 대한 내역서인 퇴직소득 지급명세서를 다음해 3월 10일까지 관할 세무서에 제출하여야 합니다.

◆ 사업주 본인의 지역 국민연금보험료(종업원이 없는 경우) 또는 사업장에서 납부하는 직장 국민연금보험료의 소득공제

국민연금 사업주 본인부담금은 필요경비로 처리하는 것이 아니라 소득공제를 받을 수 있으며, 소득공제편을 참고하시기 바랍니다.

총수입금액 및 필요경비명세서(202×년 귀속)

① 주소지				② 전화번호		
③ 성 명				④ 생년월일		

사업장	⑤ 소 재 지				
	⑥ 업 종	소매/페인트			
	⑦ 주업종코드	523421			
	⑧ 사업자등록번호				
	⑨ 과 세 기 간	202×.01.01부터 202×.12.31까지	부터 까지	부터 까지	
	⑩ 소 득 종 류	(30, 40)	(30, 40)	(30, 40)	

장부상 수입금액	⑪ 매 출 액	280,000,000
	⑫ 기 타	
	⑬ 수입금액 합계(⑪+⑫)	280,000,000

필요경비	매출원가	⑭ 기초 재고액	
		⑮ 당기 상품매입액 또는 제조비용(㉔)	210,000,000
		⑯ 기말 재고액	10,000,000
		⑰ 매출원가(⑭+⑮-⑯)	200,000,000
	제조비용	재료비 ⑱ 기초 재고액	
		⑲ 당기 매입액	
		⑳ 기말 재고액	
		㉑ 당기 재료비(⑱+⑲-⑳)	
		㉒ 노 무 비	
		㉓ 경 비	
		㉔ 당기제조비용(㉑+㉒+㉓)	
	일반관리비등	㉕ 급 료	15,000,000
		㉖ 제세공과금	1,600,000
		㉗ 임 차 료	6,000,000
		㉘ 지 급 이 자	2,000,000
		㉙ 접 대 비	3,400,000
		㉚ 기 부 금	
		㉛ 감 가 상 각 비	
		㉜ 차 량 유 지 비	8,000,000
		㉝ 지 급 수 수 료	600,000
		㉞ 소 모 품 비	2,000,000
		㉟ 복 리 후 생 비	2,500,000
		㊱ 운 반 비	
		㊲ 광 고 선 전 비	1,000,000
		㊳ 여 비 교 통 비	1,500,000
		㊴ 기 타	6,400,000
		㊵ 일반관리비등계(㉕~㊴ 합계)	50,000,000
	㊶ 필요경비 합계(⑰+㊵)		250,000,000

⑦ 주업종코드 : 국세청 홈페이지 → 알림소식 → 고시 → 기준경비율
⑩ 소득종류란 : 40:사업소득 30:부동산임대소득

간편장부대상자 종합소득세 신고서 작성절차

1 총수입금액을 확정합니다.
01 부가가치세 신고서 매출금액 [공통]
　　매출세액은 포함하지 않습니다.
02 신용카드매출전표발행세액공제 [소매, 음식·숙박업]
03 전자신고한 경우 공제받은 전자신고세액공제 [공통]
　　부가가치세 20,000원 (소득세 전자신고세액공제는 총수입금액에 산입하지 않습니다.)
04 본사로부터 금전으로 지급받은 판매장려금 [도, 소매업]
05 정부무상보조금 (고용관련 노동부지원금, 환경개선자금 등)
　　일자리안정자금, 두루누리 지원금 등
06 면세사업자는 매출금액을 확인합니다.
　　계산서 발행금액, 신용카드 및 현금영수증발행금액, 기타매출

2 필요경비를 계상합니다. (간편장부 집계)
01	급　　　　료	직원에게 지급한 급여 및 수당, 상여금 총액
02	제세공과금	자동차세, 면허세
03	임　차　료	사업장 임차료
04	지 급 이 자	사업과 관련한 차입금 이자비용
05	접　대　비	거래처 접대비 및 경조사비, 거래처 선물대금 등
06	기　부　금	교회 및 사찰기부금, 적십자회비,
08	복 리 후 생 비	직원 식대, 4대보험 사업주부담금, 산재보험료
09	차 량 유 지 비	유류대, 주차요금, 통행료, 자동차수리비
10	기　　　　타	위 경비의 이외의 모든 경비

3 종합소득세 신고서를 작성합니다.
01 총수입금액 및 필요경비명세서
02 간편장부소득금액계산서
03 종합소득금액 및 결손금·이월결손금공제명세서
04 사업소득명세서
05 소득공제명세서
06 종합소득세과세표준확정신고서
07 세액감면 및 세액공제명세서
08 세액공제신청서

Q&A 종합소득세 신고를 위하여 간편장부기장을 하여 소득금액을 계산하고자 하는데 어떤 문제들이 있나요?

1) 간편장부의 경우에도 간편장부를 원칙적으로 작성을 하고자 하는 경우 실제 쉽지가 않습니다.
2) 사소한 거래건수가 많은 경우 일일이 장부기장을 하여 1년 기간의 사업소득금액을 계산한다는 것이 간단한 문제가 아닙니다.
3) 고정자산의 경우 내용연수 기간 동안 안분하여 감가상각비로 계산하여야 하는 문제가 있습니다.
4) 도매 및 소매업의 경우 판매를 위하여 매입한 물품 중 실제 판매된 금액만을 계상하여 필요경비로 계산을 하여야 합니다.
5) 교회, 사찰 등 기부금은 기준소득금액(기부금을 제외한 소득금액)의 10%만 필요경비로 산입할 수 있습니다.
5) 제조업 및 건설업의 경우 제조원가 또는 공사원가를 계산하여야 하는 매우 복잡한 문제가 있으나 대부분 매출규모가 간편장부대상자에는 해당하지 않을 것이므로 따로 설명드리지 않겠습니다.

Q&A 차량, 비품, 인테리어 등 고정자산 취득가액은 필요경비를 어떻게 계산하여야 하나요?

사업소득금액은 1과세기간의 소득을 계산하여야 하는데 고정자산(차량, 비품, 인테리어비용 등)은 취득한 연도에 전부 사업과 관련한 비용이 되는 것이 아니라 상당기간(세법에서는 통상 5년으로 봄) 사업에 사용하게 되므로 취득금액(차량가액 + 취득세 + 기타 부대비용)을 60개월(음식점 인테리어 비용은 96개월)로 나눈 금액에 월수를 곱하여 감가상각비로 계산을 하시면 됩니다.

[사례] 차량 3천만원 취득, 창업일 2023년 9월
감가상각비로 계상할 수 있는 금액 2백만원(3천만원/60개월 × 4개월)

SECTION 03

소득세 추계신고

추계에 의한 종합소득세 신고

Q 장부기장을 하지 않는 경우 사업소득금액 계산 방법은?

장부기장을 하지 않은 경우 소득세를 추계의 방법(수입금액에 경비율을 곱한 금액을 필요경비로 하여 소득금액을 계산하는 방법)으로 종합소득세 신고를 할 수 있으나 추계로 신고하는 경우 가산세를 추가로 부담하여야 합니다.

종합소득세 확정신고시 추계신고를 하였더라도 간편장부대상자의 경우 창업중소기업에 대한 세액감면 및 중소기업에 대한 특별세액감면을 받을 수 있으나 복식부기기장의무자가 추계신고하는 경우 창업중소기업감면 및 중소기업특별세액 감면 등을 받을 수 없습니다.

따라서 간편장부대상자가 과거 종합소득세 확정신고를 추계에 의하여 신고를 하였으나 창업중소기업에 대한 세액감면이나 중소기업에 대한 특별세액감면을 적용받지 않았다면, **신고기한의 종료일로부터 5년 이내에 경정청구**를 하여 해당 세액을 감면받을 수 있습니다.

◆ 무신고 결정 및 기한 후 신고의 경우 감면을 받을 수 없음

「소득세법」 제80조제1항에 따라 결정을 하는 경우와 「국세기본법」 제45조의3에 따라 기한 후 신고를 하는 경우에는 조세특례제한법 제6조(창업중소기업 등에 대한 세액감면), 제7조(중소기업에 대한 특별세액감면)등의 감면을 적용하지 않습니다. [조세특례제한법 제128조(추계과세 시 등의 감면배제)]

☐ 소득세법 제80조(결정과 경정) ① 납세지 관할 세무서장 또는 지방국세청장은 제70조, 제70조의2, 제71조 및 제74조에 따른 과세표준확정신고를 하여야 할 자가 그 신고를 하지 아니한 경우에는 해당 거주자의 해당 과세기간 과세표준과 세액을 결정한다.

간편장부대상자 추계신고

간편장부대상자가 추계신고하는 경우에는 무신고가산세는 없으나 무기장가산세는 적용됩니다.

산출세액 × [무기장(추계신고)소득금액/종합소득금액] × 20%

▶ 추계신고시 무기장가산세가 적용되는 간편장부대상자

직전연도 수입금액이 4,800만원 이상인 간편장부대상자

▶ 추계신고시 무기장가산세가 적용되지 않는 간편장부대상자

신규 사업자 및 직전 과세기간의 사업소득 수입금액이 4천 8백만원에 미달하는 소규모사업자가 추계신고하는 경우

🅠 추계신고시 기준경비율 또는 단순경비율 적용방법

추계에 의하여 필요경비를 산정하여 소득금액을 계산하는 방법에는 단순경비율에 의한 방법과 기준경비율에 의한 방법이 있습니다만, 간편장부대상자 중 단순경비율로 필요경비를 계산할 수 있는 사업자는 다음에 해당하는 경우에만 적용할 수 있으며, 기타의 경우에는 추계신고시 기준경비율을 적용하여 추계신고를 하여야 합니다.

1. 신규사업자로서 개업연도의 수입금액이 복식부기기장의무자 기준금액 미만인 자
2. 단순경비율 적용대상 사업자 (아래 업종별 기준금액 미만인 자)

업 종 별	기준금액
가. 농업·임업 및 어업, 광업, 도매 및 소매업(상품중개업 제외), 부동산매매업, 그 밖에 나목 및 다목에 해당되지 아니하는 사업	6천만원
나. 제조업, 숙박 및 음식점업, 전기·가스·증기 및 공기조절 공급업, 수도·하수·폐기물처리·원료재생업, 건설업(비주거용 건물 건설업은 제외하고, 주거용 건물 개발 및 공급업을 포함한다), 운수업 및 창고업, 정보통신업, 금융 및 보험업, 상품중개업, 수리 및 기타 개인서비스업(인적용역만 해당)	3천6백만원
다. 법 제45조제2항에 따른 부동산 임대업, 부동산업(부동산매매업은 제외), 전문·과학 및 기술서비스업, 사업시설관리·사업지원 및 임대서비스업, 교육서비스업, 보건업 및 사회복지서비스업, 예술·스포츠 및 여가 관련 서비스업, 협회 및 단체, 수리 및 기타 개인서비스업(인적용역은 제외)	2천4백만원

소매업을 하는 사업자의 직전연도 수입금액이 5천만원인 경우 직전연도 업종별 단순경비율에 의한 기준수입금액이 6천만원 미만이므로 단순경비율을 적용하여 추계신고를 할 수 있습니다. 다만, 이 경우 직전연도 수입금액이 4천 8백만원 이상이므로 단순경비율에 의하여 추계신고를 하더라도 무기장가산세가 적용됩니다.

🅠 단순경비율에 의한 추계소득금액 계산

신규사업자로서 개업한 연도의 수입금액이 복식부기의무자 미만인 경우 최초 연도는 수입금액에 단순경비율을 곱하여 계산한 금액을 필요경비로 계상한 후 수입금액에서 필요경비를 차감한 금액을 소득금액으로 하여 사업자 본인이 소득세를 신고할 수 있습니다.

☐ 소득금액 = 총수입금액 - (총수입금액 × 단순경비율)

🅠 기준경비율에 의한 추계소득금액 계산

단순경비율적용대상 사업자가 아닌 경우로서 추계에 의하여 종합소득세를 신고하는 경우 기준경비율을 적용하여야 하며, 기준경비율에 의한 소득금액은 다음과 같이 계산합니다.

▶ **신규사업자이만, 사업 개시연도의 수입금액(연으로 환산하지 않음)이 복식부기기장의무자에 해당하는 경우**

기준경비율을 적용하여야 합니다. 단, 기준경비율 축소(기준경비율 × 1/2) 기준은 적용하지 아니하며, 무기장가산세 또한 없습니다. 그리고 신규로 사업을 개시한 사업자는 간편장부대상자에 해당하여 단순경비율로 신고하는 경우 적용배율은 2.8배로 합니다.

▣ **간편장부대상자 (①, ② 중 적은 금액)**
① 소득금액= [수입금액 - (수입금액 × 단순경비율)] × 2.8배
② 소득금액= 수입금액 - 주요경비 - (수입금액 × 기준경비율)

▶ 배율은 2023년 귀속분이며, 소득세법 시행규칙 제67조에서 규정하고 있음

> **보 충** 단순경비율 및 기준경비율
>
> ① 단순경비율이란 업종별로 평균경비율을 말합니다. 예를 들어 단순경비율이 90%이고, 수입금액이 1억원인 경우 단순경비율에 의한 필요경비는 9천만원으로 추정하는 것입니다.
> 소득금액(1천만원) = 수입금액(1억원) - 필요경비(9천만원)
> ② 기준경비율이란 업종별 평균 경비에서 주요경비(매입, 임차료, 인건비 등)를 제외한 기타의 경비를 국세청이 통계자료에 의하여 정한 비율을 말합니다. 즉, 주요경비를 먼저 경비로 인정한 다음 주요경비를 제외한 기타의 경비비율을 추정한 것이므로 기준경비율은 단순경비율에 비하여 그 비율이 낮은 것입니다.
> 예를 들어 수입금액이 1억원인 사업자의 주요경비가 7천만원으로 확인되고 기준경비율이 10%인 경우 필요경비는 8천만원으로 추정하는 것입니다.

▶ 추계신고하는 경우 적용하는 배율 [소득세법 시행규칙 제67조]
○ 간편장부대상자 : 2023년 귀속분 2.8배
○ 복식부기의무자 : 2023년 귀속분 3.4배

복식부기의무자 추계신고

무신고가산세와 무기장가산세 중 큰 금액의 가산세 적용

① 무신고가산세 : ㉠, ㉡ 중 큰 금액

㉠ 그 신고로 납부할 세액 × 100분의 20
㉡ 수입금액(추계신고한 수입금액)의 7/10,000

② 무기장가산세
산출세액 × [무기장(추계신고)소득금액/종합소득금액] × 20%

<주의> 무기장가산세는 "산출세액의 20%"를 가산세로 부담하여야 하나 무신고가산세는 "그 신고로 납부하여야 할 세액"의 20%를 가산세로 부담하여야 합니다. 따라서 복식부기기장의무자가 추계로 신고하는 경우 수입금액기준으로 계산한 가산세 금액이 무기장가산세 보다 적은 경우 무기장가산세를 부담하여야 합니다.

▶ **복식부기의무자 추계소득금액 (①, ② 중 적은 금액)**
① 소득금액= [수입금액 - (수입금액 × 단순경비율)] × 3.4배
② 소득금액= 수입금액 - 주요경비 - (수입금액 × 기준경비율× 1/2)

▶ **복식부기기장의무자 [아래 업종별 기준금액 이상인 사업자]**

업 종 별	기준금액
가. 농업·임업 및 어업, 광업, 도매 및 소매업(상품중개업 제외), 부동산매매업, 그 밖에 나목 및 다목에 해당되지 아니하는 사업	3억원
나. 제조업, 숙박 및 음식점업, 전기·가스·증기 및 공기조절 공급업, 수도·하수·폐기물처리·원료재생업, 건설업(비주거용 건물 건설업은 제외), 부동산 개발 및 공급업(주거용 건물 개발 및 공급업에 한정), 운수업 및 창고업, 정보통신업, 금융 및 보험업, 상품중개업	1억5천만원
다. 부동산임대업, 부동산업(부동산매매업은 제외), 전문·과학 및 기술서비스업, 사업시설관리·사업지원 및 임대서비스업, 교육서비스업, 보건업 및 사회복지서비스업, 예술·스포츠 및 여가 관련 서비스업, 협회 및 단체, 수리 및 기타 개인서비스업, 가구내 고용활동	7천500만원

단순경비율 및 기준경비율 적용 대상사업자 및 무기장가산세 여부

구 분	업 종		
업종별 기준금액 **직 전 연 도** 수입금액 기준	농업·임업 및 어업, 광업, 도매 및 소매업(상품중개업 제외), 부동산매매업, 그 밖에 나목 및 다목에 해당되지 아니하는 사업	제조업, 숙박 및 음식점업, 전기·가스·증기 및 공기조절 공급업, 수도·하수·폐기물처리·원료재생업, 건설업(비주거용 건물 건설업은 제외), 부동산 개발 및 공급업(주거용 건물 개발 및 공급업에 한정), 운수업 및 창고업, 정보통신업, 금융 및 보험업, 상품중개업	부동산임대업, 부동산업(부동산매매업은 제외), 전문·과학 및 기술서비스업, 사업시설관리·사업지원 및 임대서비스업, 교육서비스업, 보건업 및 사회복지서비스업, 예술·스포츠 및 여가 관련 서비스업, 협회 및 단체, 수리 및 기타 개인서비스업, 가구내 고용활동
추계단순경비율 기준금액 [미만]	6천만원	3천6백만원	2천4백만원
2천4백만원 미만	추계 단순경비율 무기장가산세[×]	추계 단순경비율 무기장가산세[×]	추계 단순경비율 무기장가산세[×]
2천4백만원 이상 3천6백만원 미만	추계 단순경비율 무기장가산세[×]	추계 단순경비율 무기장가산세[×]	**추계 기준경비율** 무기장가산세[×]
3천6백만원 이상 4천8백만원 미만	추계 단순경비율 무기장가산세[×]	**추계 기준경비율** 무기장가산세[×]	추계 기준경비율 무기장가산세[×]
4천8백만원 이상 6천만원 미만	추계 단순경비율 무기장가산세[O]	추계 기준경비율 무기장가산세[O]	추계 기준경비율 무기장가산세[O]
6천만원 이상 7천5백만원 미만	**추계 기준경비율** 무기장가산세[O]	추계 기준경비율 무기장가산세[O]	추계 기준경비율 무기장가산세[O]
7천5백만원 이상 1억5천만원 미만	추계 기준경비율 무기장가산세[O]	추계 기준경비율 무기장가산세[O]	추계 기준경비율 기준경비율의 1/2 무신고,무기장[MAX]
1억5천만원 이상 3억원 미만	추계 기준경비율 무기장가산세[O]	추계 기준경비율 기준경비율의 1/2 무신고,무기장[MAX]	
3억원 이상	추계 기준경비율 기준경비율의 1/2 무신고,무기장[MAX]		

기준경비율에 의한 추계소득금액계산서 작성

◘ 기준경비율에 의한 추계신고대상자

○ 복식부기기장의무자가 추계로 신고하는 경우
○ 의료업, 수의업, 약국업
○ 간편장부대상자로서 업종별 수입금액이 기준경비율 적용에 의한 추계신고대상자에 해당하는 사업자
○ 당해 연도 신규사업자로서 수입금액이 복식부기 수입금액 이상인 사업자 단, 기준경비율에 의하여 추계신고하는 경우 기준경비율 축소규정(1/2)은 적용하지 않으며, 무기장가산세는 없습니다.

업 종	장부 추계	복식부기 기장자 기준경비율 의 2분의 1	간편장부대상자 기준경비율 적용	간편장부대상자 단순경비율 적용
가. 농업·임업 및 어업, 광업, 도매 및 소매업(상품중개업 제외), 부동산매매업, 그 밖에 나목 및 다목에 해당하지 아니하는 사업		3억원 이상	6천만원 이상 3억원 미만	6천만원 미만
나. 제조업, 숙박 및 음식점업, 전기·가스·증기 및 공기조절 공급업, 수도·하수·폐기물처리·원료재생업, 건설업(비주거용 건물 건설업은 제외), 부동산 개발 및 공급업(주거용 건물 개발 및 공급업에 한정), 운수업 및 창고업, 정보통신업, 금융 및 보험업, 상품중개업		1억 5천만원 이상	3천 6백만원 이상 1억 5천만원 이하	3천6백만원 미만
다. 부동산임대업, 부동산업(부동산매매업은 제외), 전문·과학 및 기술서비스업, 사업시설관리·사업지원 및 임대서비스업, 교육서비스업, 보건업 및 사회복지서비스업, 예술·스포츠 및 여가 관련 서비스업, 협회 및 단체, 수리 및 기타 개인서비스업, 가구내 고용활동		7천5백만원 이상	2천 4백만원 이상 7천 5백만원 이하	2천4백만원 미만

🅠 기준경비율에 의한 소득금액 계산

● 복식부기기장의무자 (①, ② 중 적은 금액)

① 소득금액 = 수입금액 - 주요경비 - (수입금액 × 기준경비율 × 1/2)
② 소득금액= 수입금액 - (수입금액 × 단순경비율)] × 배율(3.4배)
○ 2023년 귀속분 배율 : 3.4배

[개정] 2024.12.31.까지 적용기한 연장 (소득세법 시행령 143조 제3항)

◆ 주요경비
1. 매입비용(사업용고정자산의 매입비용 제외)
2. 임차료로서 증빙서류에 의하여 지출하였거나 지출할 금액
3. 종업원의 급여와 임금으로서 증빙서류에 의하여 지급한 금액

| 보 충 | 기준경비율 적용시 매입비용의 범위 |

① 매입비용은 다음에 정하는 재화의 매입(사업용고정자산의 매입을 제외함)과 외주가공비 및 운송업의 운반비로 합니다
1. 재화의 매입은 재산적가치가 있는 유체물(상품·제품·소모품 등 유형적 물건)과 동력· 열등 관리할 수 있는 자연력의 매입으로 합니다.
2. 외주가공비는 사업자가 판매용 재화의 생산· 건설· 건축 또는 가공을 타인에게 위탁하거나 하도급하고 그 대가로 지출하였거나 지출할 금액으로 합니다.
3. 운송업의 운반비는 운수관련업을 영위하는 사업자가 사업과 관련하여 타인의 운송수단을 이용하고 그 대가로 지출한 금액으로 합니다.

② 매입비용에 포함되지 않는 용역을 예시하면 다음과 같습니다.
1. 음식료 및 숙박료, 창고료(보관료), 통신비
2. 보험료, 수수료, 광고선전비(광고선전용 재화의 매입은 매입비용임)
3. 수선비(수선 · 수리용 재화의 매입은 매입비용으로 함)
4. 사업, 교육 및 개인서비스, 기타 서비스를 제공받고 지급하는 금액 등

● 간편장부대상자 (①, ② 중 적은 금액)

① 소득금액= [수입금액 - (수입금액 × 단순경비율)] × 배율
② 소득금액= 수입금액 - 주요경비 - (수입금액 × 기준경비율)

♣ 경비율 조회 : 홈택스 → 조회/발급 → 기타조회 → 기준(단순)경비율

○ 2023년 귀속분 배율 : 2.8배 [소득세법 시행규칙 제67조]

◆ 주요경비
1. 매입비용(사업용고정자산의 매입비용 제외)
2. 임차료로서 증빙서류에 의하여 지출하였거나 지출할 금액
3. 종업원의 급여와 임금으로서 증빙서류에 의하여 지급한 금액

■ 추계과세 제도 합리화(소득세법 시행령 제68조·제143조)

종 전	현 행
□ 감가상각의 의제* 대상 * 사업자가 감가상각비를 미계상한 경우 감가상각비를 계상한 것으로 의제 ○ 소득세가 면제되거나 감면 받은 경우 <추 가> <단서 신설>	□ 추계과세 시 감가상각 의제 대상 추가 ○ (좌 동) ○ 추계신고·결정·경정한 경우 ○ 다만, 해당 과세기간 수입금액이 복식부기의무자 기준금액 이상인 경우 단순경비율 적용 배제(기준경비율 적용)

<적용시기> (감가상각 의제) 2018.2.13.이 속하는 과세기간 분부터

SECTION 4
복식부기기장자 종합소득세 신고

복식부기기장의무자에 해당하는 경우 다음 내용을 참고하여 종합소득세를 신고할 수 있습니다. 다만, 복식부기기장의무자는 사업자 본인이 복식부기기장을 하는 것이 현실적으로 어려우므로 세무사사무소에 장부기장을 대행하시는 것이 바람직합니다.

복식부기기장의무자

직전년도 수입금액을 기준으로 판단

직전년도 수입금액이 다음 기준금액 이상인 사업자는 복식부기 기장을 하여야 하며, 2023년도분 종합소득세 신고유형(복식부기대상자, 간편장부대상자) 및 추계신고시 기준경비율 또는 단순경비율 적용 여부는 2022년도 수입금액을 기준으로 신고유형이 분류됩니다.

예를 들어 도매업의 경우 2022년도 수입금액이 3억원 이상인 경우 2023년도에는 복식부기기장의무자에 해당합니다.

▶ 복식부기기장의무자 [아래 업종별 기준금액 이상인 사업자]

업 종 별	기준금액
가. 농업·임업 및 어업, 광업, 도매 및 소매업(상품중개업 제외), 부동산매매업, 그 밖에 나목 및 다목에 해당되지 아니하는 사업	3억원
나. 제조업, 숙박 및 음식점업, 전기·가스·증기 및 공기조절 공급업, 수도·하수·폐기물처리·원료재생업, 건설업(비주거용 건물 건설업은 제외), 부동산 개발 및 공급업(주거용 건물 개발 및 공급업에 한정), 운수업 및 창고업, 정보통신업, 금융 및 보험업, 상품중개업	1억5천만원
다. 부동산임대업, 부동산업(부동산매매업은 제외), 전문·과학 및 기술서비스업, 사업시설관리·사업지원 및 임대서비스업, 교육서비스업, 보건업 및 사회복지서비스업, 예술·스포츠 및 여가 관련 서비스업, 협회 및 단체, 수리 및 기타 개인서비스업, 가구내 고용활동	7천500만원

☐ **소득세법 집행기준 24-51-11【간이과세자의 총수입금액 계산】**
③ 부가가치세 간이과세자가 신용카드매출전표를 발행하거나 다른 사업자로부터 교부받은 세금계산서 등을 제출함으로 인하여 공제받은 부가가치세는 총수입금액에 산입하지 않는다. 다만, 추계결정·경정하는 간이과세자의 경우 신용카드사용에 따른 세액공제를 받은 부가가치세는 총수입금액에 산입한다.

▣ 간편장부대상자에서 복식부기의무자로 변경된 경우

① 과세연도 초일(1월 1일)의 재무상태표(자산 = 부채 + 자본)를 작성하여야 하며, 반드시 복식부기에 의하여 기장을 하여야 합니다.
② 세금계산서 합계표이외에 **면세 계산서합계표**를 다음해 **2월 10일**까지 관할 세무서에 제출하여야 하며, 제출하지 않는 경우 가산세(공급가액의 0.5%)가 적용됩니다.

🔲 사업용계좌 신고의무 및 미신고에 세무상 문제

● 개념

개인사업자는 예금 등의 이자소득에 대하여 사업소득에 합산을 하는 것이 아니라 이자소득으로 별도로 과세함으로써 예금의 입출금에 대하여 장부기장을 하지 아니하고 있으며, 이러한 사유로 사업과 관련한 지출에 대한 명확한 근거가 불분명하여 세원관리에 어려움이 있는 사유로 개인사업자의 사업과 관련한 수입 및 지출에 대한 투명성을 제고하기 위하여 특정한 거래에 대하여 사업용계좌를 개설하여 신고하도록 한 제도입니다.

● 사업용계좌개설 대상자 및 사업용계좌 의무사용

복식부기의무자는 사업장별로 해당 과세기간 중 사업용계좌를 사용하여야 할 거래금액, 실제 사용한 금액 및 미사용 금액을 구분하여 기록·관리하여야 하며, 사업용계좌는 사업장별로 사업장 관할세무서장에게 신고하여야 합니다. 단, 1개의 계좌를 2 이상의 사업장에 대한 사업용계좌로 신고할 수 있습니다.

● 사업용계좌를 의무적으로 사용하여야 하는 거래

사업과 관련하여 재화 또는 용역을 공급받거나 공급하는 거래의 경우로서 다음의 어느 하나에 해당하는 경우 사업용계좌를 사용하여야 합니다.

① 거래의 대금을 금융기관을 통하여 결제하거나 결제받는 때

② 인건비 및 임차료를 지급하거나 지급받는 때 다만, 인건비를 지급하거나 지급받는 거래 중에서 다음의 어느 하나에 해당하는 자와 한 거래는 제외합니다.
1. 금융거래와 관련하여 채무불이행 등의 사유로 집중관리 및 활용되는 자
2. 외국인 불법체류자

● 사업용계좌개설 신고기한

복식부기의무자에 해당하는 과세기간의 개시일(사업개시와 동시에 복식부기의무자에 해당되는 경우 **다음 과세기간 개시일**)부터 **6개월 이내**에 사업용계좌를 개설하여 관할 세무서에 신고하여야 합니다.

● 사업용계좌 미개설시 가산세 부과 및 중소기업특별 세액공제, 창업중소기업에 대한 감면 배제

복식부기기장의무자가 사업용계좌를 신고하지 않은 경우 중소기업특별세액공제, 창업중소기업에 대한 감면 등을 받을 수 없으며 사업용계좌 미개설 가산세 및 미사용 가산세가 적용됩니다.

① 사업용계좌를 개설·신고하지 아니한 때 : ㉠ 및 ㉡ 중 큰 금액
㉠ 과세기간 중 사업용계좌를 개설·신고하지 아니한 기간의 수입금액의 1천분의 2에 상당하는 금액
㉡ 사업용계좌개설대상 거래금액 합계액의 1천분의 2에 상당하는 금액

② 사업용계좌를 사용하지 아니한 때 : 사업용계좌를 사용하지 아니한 금액의 1천분의 2에 상당하는 금액

🔲 외부조정대상자(세무사 조정대상자)

외부조정대상자란 세무사가 작성한 조정계산서를 첨부하여야 하는 사업자를 말하며, 다음에 해당하는 사업자의 경우 종합소득세 신고시 세무사가 작성한 조정계산서를 첨부하여야 하므로 세무사사무소에 장부기장을 의뢰하여야 합니다. (국세청 고시번호 : 제2009-106호 작성일자 : 2009-10-14)

[1] 직전연도의 수입금액이 별표 업종별 기준수입금액 이상인 사업자

▶ 업종별 기준수입금액 【별표】

업 종 별	기준금액
가. 농업 · 임업 및 어업, 광업, 도매 및 소매업(상품중개업 제외), 부동산매매업, 그 밖에 나목 및 다목에 해당되지 아니하는 사업	6억원
나. 제조업, 숙박 및 음식점업, 전기 · 가스 · 증기 및 공기조절 공급업, 수도 · 하수 · 폐기물처리 · 원료재생업, 건설업(비주거용 건물 건설업은 제외), 부동산 개발 및 공급업(주거용 건물 개발 및 공급업에 한정), 운수업 및 창고업, 정보통신업, 금융 및 보험업, 상품중개업	3억원
다. 부동산임대업, 부동산업(부동산매매업은 제외), 전문 · 과학 및 기술서비스업, 사업시설관리 · 사업지원 및 임대서비스업, 교육서비스업, 보건업 및 사회복지서비스업, 예술 · 스포츠 및 여가 관련 서비스업, 협회 및 단체, 수리 및 기타 개인서비스업, 가구내 고용활동	1.5억원

제1호 내지 제3호의 업종을 겸영하거나 사업장이 2 이상인 경우에는 다음 산식에 의하여 계산한 수입금액에 의합니다.

주업종(수입금액이 가장 큰 업종을 말함)의 수입금액 + 주업종 외의 업종의 수입금액 × (주업종의 기준금액 / 주업종 외의 업종의 기준금액)

[2] 복식부기의무자로서 다음의 하나에 해당하는 사업자

1. 직전연도의 소득에 대한 소득세 과세표준과 세액을 추계결정 또는 추계경정 받은 자

2. 직전 과세연도 중에 사업을 개시한 사업자. 다만, 다음에 해당하는 사업자는 제외한다.

업 종 별	기준금액
가. 농업·임업 및 어업, 광업, 도매 및 소매업(상품중개업 제외), 부동산매매업, 그 밖에 나목 및 다목에 해당되지 아니하는 사업	3억원
나. 제조업, 숙박 및 음식점업, 전기·가스·증기 및 공기조절 공급업, 수도·하수·폐기물처리·원료재생업, 건설업(비주거용 건물 건설업은 제외), 부동산 개발 및 공급업(주거용 건물 개발 및 공급업에 한정), 운수업 및 창고업, 정보통신업, 금융 및 보험업, 상품중개업	1.5억원
다. 부동산임대업, 부동산업(부동산매매업은 제외), 전문·과학 및 기술서비스업, 사업시설관리·사업지원 및 임대서비스업, 교육서비스업, 보건업 및 사회복지서비스업, 예술·스포츠 및 여가 관련 서비스업, 협회 및 단체, 수리 및 기타 개인서비스업 , 가구내 고용활동	7천5백만원

3. 조세특례제한법의 규정에 의하여 소득세 과세표준과 세액에 대하여 세액공제, 세액감면 또는 소득공제를 받는 사업자. 다만, 조세특례제한법 제7조(중소기업에 대한 특별세액감면), 제86조(개인연금저축에 대한 소득공제 등), 제86조의2(연금저축에 대한 소득공제 등), 제86조의3(소기업·소상공인 공제부금 소득공제 등), 제104조의5(지급조서에 대한 세액공제), 제104조의8(전자신고에 대한 세액공제)의 규정에 해당하는 경우를 제외한다.

◆ 창업중소기업 등에 대한 세액감면의 경우 외부조정대상자에 해당함
조세특례제한법 제6조에 따른 창업중소기업 등에 대한 세액감면을 받는 경우 외부조정대상자에 해당합니다.

성실사업자, 성실신고확인대상 사업자

◧ 개요

사업자의 경우 보험료, 의료비, 교육비, 주택자금 등으로 지출한 금액에 대하여 세액공제를 받을 수 없습니다만, **성실사업자로서 일정한 요건을 모두 갖춘 사업자** 또는 **성실신고확인대상사업자**로서 종합소득세 확정신고시 성실신고확인서를 제출한 사업자의 한하여 의료비 및 교육비세액공제를 받을 수 있습니다.

◧ 성실사업자 교육비 및 의료비 세액공제

교육비 및 의료비세액공제를 받을 수 있는 성실사업자란 제①항 및 제②항의 조건을 모두 충족하여야 합니다.

① 다음의 요건을 모두 충족하는 성실사업자일 것(소득세법 제59조의4제9항)
1. 다음 각 목의 어느 하나에 해당하는 사업자일 것
가. 신용카드가맹점 및 현금영수증가맹점으로 모두 가입한 사업자.
나. 전사적(全社的) 기업자원 관리설비 또는「유통산업발전법」에 따라 판매시점정보관리시스템설비를 도입한 사업자 등
2. 복식부기에 의한 장부를 비치·기장하고, 그에 따라 소득금액을 계산하여 신고할 것
3. 사업용계좌를 신고하고, 해당 과세기간에 사업용계좌를 사용하여야 할 금액의 3분의2 이상을 사용할 것
② 다음의 각 호의 요건을 모두 충족할 것(조특법 제122조의3)
1. 해당 과세기간 개시일 현재 3년 이상 계속하여 사업을 경영할 것

2. 국세의 체납사실, 조세범처벌사실, 세금계산서·계산서 등의 발급 및 수령 의무위반, 소득금액 누락사실 등이 없을 것
3. 해당 과세기간의 수입금액으로 신고한 금액이 직전 3개 과세기간의 연평균수입금액의 100분의 90을 초과할 것. 다만, 사업장의 이전 또는 업종의 변경의 사유로 수입금액이 증가하는 경우는 제외함.

[개정 세법] 2018.1.1. 이후 개시하는 과세기간 분부터 적용
해당 과세기간의 수입금액 > 직전 3년 평균 수입금액 × 50%

▶ 성실사업자 및 성실신고확인대상사업자 표준세액공제

표준세액공제란 납세자의 산출세액에서 일률적으로 공제하여 주는 세액공제제도로서 사업자의 경우 표준공제세액은 7만원이나 성실사업자 또는 성실신고확인대상사업자로서 의료비. 교육비 세액공제를 신청하지 아니한 경우 표준공제세액은 **12만원**으로 합니다.

◎ 성실신고확인제도 및 성실신고확인대상사업자

▶ 성실신고확인제도

성실신고확인제도란 '성실사업자로서 일정요건을 갖춘 사업자의 의료비 및 교육비공제'와는 별개로 해당 과세기간의 수입금액이 일정 규모 이상인 사업자에 대해서 세무사 등에게 장부 기장내용의 정확성 여부를 확인받아 종합소득세 과세표준 확정신고의 특례를 받을 수 있는 제도를 말하며, 이 제도는 개인사업자의 성실신고를 장려하여 과세표준을 양성화하고, 세무조사에 따른 행정력의 낭비를 방지하려는데 그 취지가 있으며, 성실신고확인대상자의 선정기준 및 과세표준확정신고의 특례에 관한 내용은 다음과 같습니다.

▶ 성실신고확인대상사업자

해당 과세기간의 수입금액의 합계액(신규사업자의 경우 연으로 환산하지 않음)이 다음의 업종별로 정한 일정 규모 이상의 사업자를 성실신고확인대상사업자라고 하며, 성실신고확인대상사업자는 성실신고확인서를 제출하여야 합니다.

▣ 성실신고확인대상자 [2023년 수입금액이 다음 기준금액 이상인 자]

업 종 별	기준금액
가. 농업·임업 및 어업, 광업, 도매 및 소매업(상품중개업 제외), 부동산매매업, 그 밖에 나목 및 다목에 해당되지 아니하는 사업	15억원
나. 제조업, 숙박 및 음식점업, 전기·가스·증기 및 공기조절 공급업, 수도·하수·폐기물처리·원료재생업, 건설업(비주거용 건물 건설업은 제외), 부동산 개발 및 공급업(주거용 건물 개발 및 공급업에 한정), 운수업 및 창고업, 정보통신업, 금융 및 보험업, 상품중개업	7.5억원
다. 부동산임대업, 부동산업(부동산매매업은 제외), 전문·과학 및 기술서비스업, 사업시설관리·사업지원 및 임대서비스업, 교육서비스업, 보건업 및 사회복지서비스업, 예술·스포츠 및 여가 관련 서비스업, 협회 및 단체, 수리 및 기타 개인서비스업, 가구내 고용활동	5억원

> **사 례** 2개이상 사업장이 있는 경우 성실신고확인대상자 판단
>
> [예 제] A사업장 직전연도 수입금액 : 제조업   800,000,000원
>   B사업장 직전연도 수입금액 : 도매업   200,000,000원
> [풀 이] 주업종(제조업)으로 환산한 금액이 12억원으로 성실신고확인대상자에 해당
> 제조업[8억원] + 도매업[4억원] (2억원 × 15억원 / 7.5억원)

▣ 성실신고확인대상사업자의 종합소득세 신고 및 납부기한 연장

성실신고확인대상사업자가 성실신고확인서를 제출하는 경우에는 종합소득과세표준 확정신고를 그 과세기간의 다음 연도 5월 1일부터 6월 30일까지로 합니다.

[세법 개정] 성실신고확인자 선임신고 제도폐지(소득령 §133)

종 전	개 정
□ 성실신고확인자 선임신고서 제출 ㅇ 성실신고확인자를 선임하고 해당 과세기간 다음 연도 4.30까지 신고하여야 함	□ 선임신고서 제출 폐지 <삭 제>

<적용시기> 2020.2.11. 이후 성실신고 확인하는 분부터 적용

▣ 성실신고확인서 제출 및 성실신고확인서를 제출하지 않은 경우

1) 성실신고확인대상사업자는 종합소득세 신고기한이 연장된 6월 30일까지 종합소득세신고에 첨부하여 제출하여야 합니다.

2) 성실신고확인서를 6월 30일까지 제출하지 않는 경우 종합소득세 신고 및 납부기한은 5월 31일까지로 하며, 성실신고확인대상사업자가 성실신고확인대상 과세기간의 다음연도 5월 31일까지 종합소득세 신고는 하였으나 6월 30일까지 성실신고확인서를 관할 세무서장에게 제출하지 아니한 경우 사업소득금액이 종합소득금액에서 차지하는 비율을 종합소득산출세액에 곱하여 계산한 금액의 100분의 5를 가산세로 부담하여야 합니다. 단, 성실신고확인대상사업자가 6월 1일 이후 6월 30일까지 종합소득세를 신고하는 경우로서 성실신고확인서를 관할 세무서장에게 제출하지 아니한 경우에는 무신고로 보며, 이 경우 기한 후 신고에 해당하는 것으로 무신고가산세가 성실신고확인서 미제출가산세 중 큰 금액에 해당하는 가산세를 부담하여야 합니다.

[개정 세법] 2018.1.1. 이후 개시하는 과세기간 분부터 성실신고확인서 미제출 가산세 별도 적용(국세기본법 제47조의2 제6항)

▶ 추계신고자 등에 대한 성실신고확인서 미제출 가산세 별도 적용
ㅇ Max{①, ②} + ③
① 무신고 가산세, ② 무기장 가산세, ③ 성실신고확인서 미제출 가산세

▶ 성실신고 확인비용에 대한 세액공제[조특법 제126조의6]

1) 성실신고확인대상사업자이 성실신고확인서를 제출(둘 이상의 업종을 영위하는 소득세법 제70조의2제1항에 따른 성실신고확인대상사업자가 일부 업종에 대해서만 성실신고확인서를 제출한 경우를 포함)하는 경우에는 성실신고확인에 직접 사용한 비용의 100분의 60에 해당하는 금액을 해당 과세연도의 소득세[사업소득(부동산임대업에서 발생하는 소득 포함)]에서 공제를 받을 수 있습니다. 다만, 공제세액의 한도는 120만원으로 합니다.

2) 성실신고확인비용에 대한 세액공제는 농어촌특별세 비과세 대상으로 농어촌특별세 납부대상이 아닙니다.

[개정 세법] 성실신고확인대상자의 납세협력비용 경감

종 전	개 정
□ 2 이상의 사업장 보유자에 대한 성실신고확인비용 세액공제* 적용 * 성실신고확인에 직접 사용한 비용의 60% 세액공제 (한도100만원)	□ 적용범위 확대 성실신고확인에 직접 사용한 비용의 60% 세액공제(한도 120만원)
○ 모든 사업장에 대해 성실신고확인을 받은 경우에만 세액공제 적용	○ 일부 사업장만 성실신고 확인을 받은 경우에도 세액공제 적용

<적용시기> 2018.1.1. 이후 개시하는 과세기간 분부터 적용

▶ 의료비세액공제, 교육비 세액공제 [조특법 제122조의3]

1) 성실신고확인대상사업자로서 성실신고확인서를 제출한 자가 「소득세법」 제59조의4제2항과 제3항에 따른 의료비 및 교육비를 2023년 12월 31일이 속하는 과세연도까지 지출한 경우 그 지출한 금액의 100분의 15에 해당하는 금액을 해당 과세연도의 소득세에서 공제받을 수 있습니다.

2) 성실사업자 중 일정요건을 충족하는 자 또는 성실신고확인대상자가 교육비, 의료비, 대하여 세액공제를 적용받은 경우 또는 월세에 대한 소득공제를 받은 경우 감면받은 세액상당액의 20%를 농어촌특별세를 납부하여야 합니다.

🅠 성실신고확인대상 관련 유의 사항

▶ 성실신고확인대상 판단기준 수입금액의 의미

성실신고확인대상인지 판단의 기준이 되는 수입금액은 소득세법상 수입금액을 의미하는 것이므로, 일반적인 수입금액 뿐만 아니라 간주임대료, 판매장려금, 신용카드세액공제액 등을 포함하여야 합니다.

[개정 세법] 2020.2.11. 이후 성실신고확인서를 제출하는 분부터 수입금액에 사업용 유형자산 처분에 따른 수입금액은 제외함

▶ 공동사업장의 성실신고확인 대상 여부

공동사업장은 1 거주자로 보아 해당 사업장의 수입금액에 의해 확인여부를 판단하는 것이며, 구성원이 동일한 공동사업장이 2 이상인 경우 공동사업장 전체의 수입금액 합계액을 기준으로 대상 여부를 판단하여야 합니다.

▶ 단독사업장과 공동사업장이 있는 경우 성실신고확인대상

단독사업장과 공동사업장이 있는 경우 공동사업장은 공동사업장의 수입금액만으로 성실신고확인대상자 여부를 판단하여야 하며, 단독사업장은 단독사업장의 수입금액만을 기준으로 성실신고확인대상자 여부를 판단하되, 단독사업장이 여러 개인 경우 단독사업장 전체 수입금액을 기준으로 판단하여야 합니다.

사업소득금액 및 종합소득금액 확정

ⓠ 사업과 관련한 거래 복식부기 장부 기장

01 거래 발생
02 분개
03 총계정원장 작성
04 총계정원장 마감
   수익 및 비용 계정 집계 및 자산 및 부채 계정 잔액 마감
05 수정 전 합계잔액시산표 작성
06 결산 및 결산 분개
   매출원가, 감가상각비, 대손상각비, 선급비용 등 계상
07 수정 후 합계잔액시산표 작성
08 재무상태표, 손익계산서 작성
   단, 제조업, 건설업은 원가명세서 추가 작성

■ 거래의 기록과 장부 및 재무제표 작성 과정

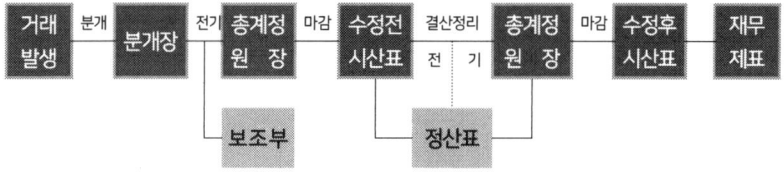

▣ 장부작성 및 복식부기 회계, 계정과목, 결산과정

복식부기기장은 전문직인 회계교육을 받아야만, 기장을 할 수 있으므로 이에 대한 자세한 내용은 경영정보사 홈페이지에 한글 및 PDF파일을 올려 두었습니다.

🅠 총수입금액 확정

총수입금액이란 해당 과세기간에 사업과 관련하여 수입하였거나 수입할 금액의 합계액으로 합니다.

보 충 총수입금액에 포함하여야 하는 수익

- 손익계산서 매출금액 및 영업외수익 포함
- 정부무상보조금 (고용노동부지원금, 환경개선자금 등)
- 두루누리 지원금, 일자리안정자금 지원금
- 다단계판매수입
- 본사로부터 금전으로 지급받은 판매장려금 [도, 소매업]
- 과세사업자인 경우 총수입금액에 포함하여야 하는 금액
- 신용카드매출전표발행세액공제 [소매, 음식·숙박업]
- 부가가치세 전자신고세액공제 20,000원(확정신고시 10,000원)
- [개정 세법] 2018년 이후 복식부기의무자의 사업용 유형 고정자산(부동산 제외) 처분소득은 사업소득에 포함 단, 건설기계(2018.1.1. 이후 취득한 경우)는 2020.1.1. 이후 양도분부터 포함

보 충 총수입금액에 포함하지 않는 수익

- 소득세 또는 지방소득세 환급액
- 소득세 전자신고세액공제금액 (20,000원)

◆ 예금등의 이자수익은 사업소득 총수입금액에 포함하지 않음

이자소득과 배당소득을 합하여 연간 2천만원을 이하인 경우에는 해당 소득을 지급받을 시 원천징수된 이자소득세(14%. 지방소득세 1.4% 별도) 또는 배당소득세로 납세의무가 종결되는 것이며, 2천만원을 초과하는 경우에는 사업소득과는 별도로 종합소득에 합산하므로 이자수익은 사업과 관련한 총수입금액에 포함하지 않습니다.

필요경비 및 필요경비 불산입

사업소득 필요경비

사업소득금액을 계산할 때 필요경비에 산입할 금액은 해당 과세기간의 총수입금액에 대응하는 비용으로서 일반적으로 용인되는 통상적인 것의 합계액으로 합니다.

◆ 사업소득금액(수입금액 + 필요경비불산입액 − 필요경비)
사업소득금액은 총수입금액에서 필요경비를 차감한 금액으로 계상을 하며, 필요경비불산입금액은 총수입금액에 합산하여야 합니다.

필요경비 불산입

일반적인 경우 사업과 관련한 비용은 필요경비에 해당합니다만, 가사와 관련한 비용 및 조세정책 목적에 의하여 사업자가 사업과 관련한 경비로 지출하였음에도 다음의 경우 필요경비로 인정하지 않는 경우가 있으며, 이러한 경비는 필요경비에 산입할 수 없습니다.
[소득세법 제33조]

1. 소득세 및 개인지방소득세
2. 벌금·과료와 과태료
3. 조세에 관한 법률에 따른 가산금과 납부의무 불이행으로 인하여 납부하는 가산세 등
4. 가사(家事)의 경비와 이에 관련되는 경비
5. 사업용 자산의 합계액이 부채의 합계액에 미달하는 경우(자본이 마이너스인 경우)에 그 미달하는 금액에 상당하는 부채의 지급이자

6. 각 과세기간에 계상한 감가상각자산의 감가상각비로서 소득세법의 규정에 의한 감가상각비 한도를 초과하는 금액
7. 자산의 평가차손. 다만, 파손·부패 등으로 정상가격에 판매할 수 없는 재고자산의 평가차손은 필요경비에 산입할 수 있습니다.
8. 부가가치세의 매입세액. 다만, 매입세액이 불공제되는 세액과 간이과세자가 부담한 매입세액은 필요경비에 산입할 수 있습니다. (승용차 등 자산의 취득과 관련한 매입세액 불공제금액은 해당 자산의 취득가액에 포함)
9. 차입금 중 건설자금에 충당한 금액의 이자(사업용 유형자산 및 무형자산의 매입·제작·건설에 소요된 차입금에 대한 지급이자로서 준공일 또는 대금청산일까지의 이자)
10. 법령에 따라 의무적으로 납부하는 것이 아닌 공과금이나 법령에 따른 의무의 불이행 또는 금지·제한 등의 위반에 대한 제재로서 부과되는 공과금
11. 각 과세기간에 지출한 경비 중 업무와 관련이 없는 금액
12. 선급비용(보험료 등을 지급하였으나 그 효익이 다음연도 이후의 기간에 해당하는 비용)

◆ 개인사업자 대표자 급여

개인사업자의 경우 대표자는 해당 사업에서 발생한 사업소득(총수입금액 - 필요경비)이 대표자 소득이 되는 것으로서 급여지급대상자가 아니며, 급여를 지급한 것으로 장부에서 비용처리를 한 경우 필요경비불산입하여야 합니다. 단, 지급시 인출금으로 처리하여 자본금의 반환으로 처리할 수 있습니다.

◆ 인출금

개인기업은 자본금의 입금 및 출금이 자유로우며 언제든지 자본금을 인출할 수 있고, 또 회수할 수 있습니다.

따라서 개인기업 대표자가 회사자금을 개인용도로 인출하는 것은 전부 인출금으로 처리하며, 반대로 대표자가 회사에 금전 등을 입금한 경우에는 인출금을 회수한 것으로 처리한 후 결산시 자본금과 대체처리합니다.

● 접대비(기업업무추진비) 한도초과액 필요경비불산입

[1] 개요

접대비란 접대비 및 교제비.사례금 기타 명목여하에 불문하고 이에 유사한 성질의 비용으로서 사업자의 업무와 관련하여 이해관계자인 거래처등에게 지출한 금전을 말합니다.

한편, 사업자가 지출하는 접대비를 과세당국이 제한없이 인정을 한다면, 납세자는 조세회피 수단으로 사용할 수 있고, 사회적으로는 불건전한 향락문화를 조성할 수 있는 폐단이 있으므로 정부는 사업자의 접대비 지출액 중 일정 한도액을 초과하는 금액은 필요경비로 인정하지 않습니다. 따라서 사업자가 필요경비로 계상한 접대비 중 한도액을 초과하는 금액은 세무조정에서 필요경비불산입하여야 합니다.

[2] 접대비(기업업무추진비) 정규영수증 수취 및 한도액

접대비 지출의 경우 반드시 정규영수증(세금계산서, 계산서, 현금영수증 또는 신용카드)을 수취하여 합니다. 단, 다음의 경우에는 정규영수증 수취의무가 없습니다.

◆ 접대비지출액 중 정규영수증을 수취하지 않아도 되는 경우
① 사업자가 생산한 제품 등으로 제공한 접대비
② 매출채권 임의포기금액
③ 거래처 경조사비로 20만원 이하의 금액

④ 농·어민으로부터 직접 재화를 공급받는 경우의 지출 금융회사등을 통하여 송금하고, 종합소득세 신고시 영수증수취명세서를 제출한 경우

[세법 개정] 적격증빙 없는 소액접대비 기준금액 인상(소득령 §83)
적격증빙이 없더라도 손금불산입하지 않는 소액접대비 기준금액
(종전) 경조금외 1만원 → (개정) 3만원
<적용시기> 2021.1.1. 이후 지출하는 분부터 적용

▶ 접대비, 기부금, 광고선전비 구분

종 류	구 분 기 준	
기 부 금	업무와 관련 없는 지출	
접 대 비	업무와 관련 있는 지출	특정고객을 위한 지출
광고선전비		불특정 다수인을 위한 지출

[개정 세법] 중소기업 접대비 한도액 상향조정 (소득세법 § 35)

종 전		개 정	
□ 접대비 한도액 1 + 2 1. 기본한도 1200만원 　(중소기업 2400만원) 2. 수입금액별 한도액		□ 접대비 한도액 1 + 2 1. 기본한도 1200만원 　(중소기업 3600만원) 2. 수입금액별 한도액	
수입금액	적 용 률	수입금액	적 용 률
100억원 이하	1만분의 20	100억원 이하	1만분의 30
100억원 초과 500억원 이하	2천만원+(100억원을 초과하는 금액의 1만분의 10)	100억원 초과 500억원 이하	3천만원 + [(수입금액 - 100억원) × 1만분의 20]
500억원 초과	6천만원+(500억원을 초과하는 금액의 1만분 의 3)	500억원 초과	1억1천만원 + [(수입금액 - 500억원) × 1만분의 3]

<적용시기> 2020.1.1. 이후 개시하는 사업연도(과세기간) 분부터 적용

◆ 접대비 한도액의 계산시 중소기업의 범위
소비성서비스업을 제외한 모든 업종 (「중소기업기본법 시행령」 별표 1)

● 기부금 한도초과액 필요경비불산입

[1] 개요

기부금이라 함은 사업자가 그 사업과 직접 관계가 없이 무상으로 지출하는 금전 또는 물품의 가액을 말하며, 사업자가 지출하는 기부금은 소득금액의 100% 한도 내에서 필요경비로 인정되는 법정기부금과 소득금액의 30% 또는 10% 한도(종교단체 기부금) 내에서 필요경비로 인정되는 지정기부금 및 기타 손금에 산입하지 않는 비지정기부금으로 구분하며, 법정기부금, 지정기부금 중 손금산입범위액을 초과하는 금액과 비지정기부금은 필요경비에 산입할 수 없습니다.
[소득세법 제34조]

[2] 기부금 한도액

(1) 법정기부금(특례기부금) 및 법정기부금 한도액
사업자가 해당 과세기간에 지출한 기부금 및 이월된 기부금 중 제1호에 따른 기부금(법정기부금)은 제2호에 따라 산출한 필요경비 산입한도액 내에서 해당 과세기간의 사업소득금액을 계산할 때 필요경비에 산입하고, 필요경비 산입한도액을 초과하는 금액은 필요경비에 산입하지 아니합니다.

1. 다음 각 목의 어느 하나에 해당하는 기부금
가. 「법인세법」 제24조제2항제1호에 따른 기부금
나. 특별재난지역을 복구하기 위하여 자원봉사를 한 경우 그 용역의 가액.

2. 필요경비 산입한도액: 다음 계산식에 따라 계산한 금액
필요경비 산입한도액 = A - B
A: 기준소득금액(기부금을 필요경비에 산입하기 전의 해당 과세기간의 소득금액)
B: 이월결손금

■ 지정기부금 단체 조회
홈택스 좌측 → 세금종류별 서비스 → 공익법인결산서류공시 → 기부금단체 간편조회

(2) 지정기부금(일반기부금) 및 지정기부금 한도액
사업자가 해당 과세기간에 지출한 기부금 및 이월된 기부금 중 제1호에 따른 기부금은 제2호에 따라 산출한 필요경비 산입한도액 내에서 해당 과세기간의 사업소득금액을 계산할 때 필요경비에 산입하고, 필요경비 산입한도액을 초과하는 금액은 필요경비에 산입하지 아니합니다.

1. 사회복지·문화·예술·교육·종교·자선·학술 등 공익성을 고려하여 소득세법 시행령 제80조에서 정하는 기부금

2. 필요경비 산입한도액: 다음 각 목의 구분에 따라 계산한 금액

가. 종교단체에 기부한 금액이 있는 경우
필요경비 산입한도액 = [{A - (B + C)} × 100분의 10] + [{A - (B + C)} × 100분의 20과 종교단체 외에 기부한 금액 중 적은 금액]
A: 기준소득금액
B: 법정기부금
C: 이월결손금

나. 종교단체에 기부한 금액이 없는 경우
필요경비 산입한도액 = [A - (B + C)] × 100분의 30
A: 기준소득금액
B: 법정기부금
C: 이월결손금

예 제	종교 기부금이 많은 경우 필요경비로 계산할 수 있는 기부금액	
• 총수입금액	280,000,000원	
• 필요경비	248,000,000원	
• 기준소득금액	32,000,000원	
기준소득금액은 기부금을 필요경비로 산입하기 전 금액입니다.		
• 교회 기부금	5,000,000원	
• 필요경비 기부금	3,200,000원 (기준소득금액 × 10%)	
• 기부금 공제후 소득금액	28,800,000원	

◆ 추계로 종합소득세 신고를 하는 경우 기부금 필요경비
(소득, 소득46011-2260 , 1998.08.11.)

거주자의 소득금액을 장부·증빙에 의하여 산정하는 경우에는 소득세법 제34조의 규정에 의하여 당해 연도에 지출한 기부금을 필요경비에 산입할 수 있는 것이나, 수입금액에 표준소득률을 곱하여 소득금액을 계산하는 때에는 필요경비에 산입할 수 없는 것입니다.

결손금 및 결손금 공제

① 사업소득금액은 해당 과세기간의 총수입금액에서 이에 사용된 필요경비를 공제한 금액으로 하며, 필요경비가 총수입금액을 초과하는 경우 그 초과하는 금액을 결손금이라 합니다.

② 사업자가 비치·기록한 장부에 의하여 해당 과세기간의 사업소득금액을 계산할 때 발생한 결손금은 그 과세기간의 종합소득과세표준을 계산할 때 근로소득금액·연금소득금액·기타소득금액·이자소득금액·배당소득금액에서 순서대로 공제를 합니다.

③ 부동산임대업에서 발생한 결손금은 종합소득 과세표준을 계산할 때 공제를 받을 수 없습니다. **(주거용 건물 임대업은 공제)**

④ 당해연도에 공제를 받지 못한 결손금은 이월하여 공제를 받을 수 있으며, 결손금이 발생한 과세기간의 종료일부터 10년 이내에 끝나는 과세기간의 소득금액을 계산할 때 먼저 발생한 과세기간의 이월결손금부터 순서대로 다음 각 호의 구분에 따라 공제를 받을 수 있습니다.
1. 이월결손금은 사업소득금액, 근로소득금액, 연금소득금액, 기타소득금액, 이자소득금액 및 배당소득금액에서 순서대로 공제함
2. 부동산임대업에서 발생한 이월결손금은 부동산임대업의 소득금액에서 공제함

[세법 개정] 결손금 이월공제기간 확대(소득세법 §45)
[종전] 공제기간 10년 → [개정] 공제기간 15년
<적용시기> 2020.1.1. 이후 개시한 과세기간에 발생한 결손금부터 적용

⑤ 해당 과세기간의 소득금액에 대해서 추계신고를 하는 경우 이월결손금 공제를 받을 수 없습니다.

종합소득금액 및 산출세액 확정

▶ 종합소득금액

사업소득금액과 사업소득외 종합소득합산대상 소득금액을 합산한 후 이월결손금을 차감한 후의 소득을 종합소득금액이라고 합니다.

▶ **과세표준**

종합소득금액에서 각종 소득공제(인적공제 + 기타공제)를 공제한 금액을 과세표준이라고 합니다.

▶ **산출세액**

과세표준에 소득세 기본세율을 곱한 금액이 산출세액이 됩니다.

♣ 소득공제, 과세표준, 산출세액, 세액공제 및 감면 → 해당 장 참조

```
01  사업소득명세서
    근로소득 · 연금소득 · 기타소득명세서
02  종합소득금액 및 결손금·이월결손금공제명세서
    이월결손금명세서
03  소득공제명세서
04  기부금명세서
05  종합소득세과세표준확정신고서
06  세액감면 및 세액공제명세서
07  세액공제신청서
    고용증대세액공제
    중소기업 고용증가 사회보험료 세액공제
08  세액감면신청서
```

SECTION 05
소득공제, 과세표준 산출세액, 세액공제

개인사업자의 경우 사업과 관련한 수익(총수입금액)에서 비용(필요경비)을 차감한 금액을 소득금액이라고 합니다. 소득금액에서 사업자 개인별로 부양가족 등을 고려하여 공제하여 주는 소득공제를 차감한 금액을 과세표준으로 하여 과세표준에 세율을 곱하여 세액을 산출하고, 산출세액에서 다시 공제감면세액등을 차감한 금액을 종합소득세로 신고 및 납부하며, 그 내용은 다음과 같습니다.

소득공제

구 분	계 산 방 법
소득금액	총수입금액 - 필요경비
이월결손금	소득별 소득금액 - 이월결손금
과세표준	종합소득금액 - 소득공제

🅠 사업소득금액에서 공제되는 인적공제

● 기본공제

구 분	공제한도	공제요건
본 인 공 제	150만원	모든 사업자
배 우 자 공 제	150만원	연간 소득금액이 100만원 이하인 배우자
부양가족공제	150만원 (1인당)	연간 소득금액이 100만원 이하인 부양가족으로 아래의 연령조건을 충족하는 자 부모 등 직계존속 : 60세 이상 자녀 등 직계비속 : 20세 이하 형제자매 : 60세 이상, 20세 이하 단, 형제자매는 주민등록이 같이 되어 있어야 함

▶ 직계존속의 경우 주민등록이 달리 되어 있더라도 근로자의 다른 형제자매가 근로소득세(근로자) 또는 종합소득세(사업자) 신고시 부양가족공제를 받지 않는 경우 부양가속 공제가 가능합니다.

● 추가공제

구 분	공제한도	공제요건
경 로 우 대	100만원	공제대상 부양가족 중 만70세 이상인 자
장 애 인 공 제	200만원	기본공제대상자인 경우 연령에 제한 없이 추가공제를 받을 수 있습니다. 단, 소득금액이 100만원을 초과하는 경우에는 공제대상에서 제외합니다.
한 부 모 공 제	100만원	배우자가 없는 사람으로서 기본공제대상자인 직계비속 또는 입양자가 있는 경우
부 녀 자 공 제	50만원	• **종합소득금액 3천만원 이하의 남편이 있는 여성** (남편의 소득이 있는 경우에도 공제됨) • **종합소득금액 3천만원 이하의 배우자가 없는 여성**으로서 부양가족이 있는 세대주

● 인적공제대상자의 소득금액과 공제대상 여부

기본공제대상자의 연간소득금액이 100만원을 초과하는 경우 배우자공제 및 부양가족공제 뿐만 아니라 추가공제도 받을 수 없습니다.

연간소득금액이란 종합(이자·배당·사업·근로·연금·기타소득금액)·퇴직·양도소득금액의 연간 합계액을 말합니다.

소 득 종 류	100만원 이하 소득금액 계산
근 로 소 득 자	연간근로소득의 합계금액이 5백만원 이하인 경우
일용직근로자	공제대상 부양가족이 일용근로자인 경우 소득액에 관계없이 기본공제대상자에 해당됩니다.
사업자 및 사업소득자 (인적용역사업자 등)	부양가족의 사업수입금액에 매 년 고시되는 단순경비율을 적용하여 소득금액이 100만원 이하인 경우 부양가족공제를 받을 수 있으며, 이하 다른 소득의 경우에도 동일하게 적용합니다.
기 타 소 득 자	기타소득에 해당하는 강의료, 원고료, 인세 등을 받는 기타소득자인 경우 수입금액에서 60%의 필요경비를 차감한 금액으로 연간 기타소득금액(기타소득 - 필요경비)이 100만원 이하인 자 [기타소득 250만원 이하] 단, 기타소득의 60%를 필요경비로 인정받을 수 있는 기타소득(소득세법 시행령 제87조)이 아닌 경우 실제 발생한 필요경비를 공제한 후의 금액을 기준으로 합니다.
퇴 직 소 득 자	퇴직금총액을 소득금액으로 봅니다. 따라서 퇴직금총액이 100만원을 초과하는 경우 부양가족공제대상이 아닙니다.
이 자 , 배 당 소 득 자	이자 및 배당소득의 합계액이 연간 2,000만원 이하인 경우로서 다른 소득이 없는 경우 기본공제대상자에 해당합니다.
연 금 소 득 자	분리과세되는 사적연금소득(총연금액이 연1,200만원 이하)과 공적연금 중 2001.12.31 이전 불입액을 기초로 수령하는 연금은 비과세소득이므로 연간소득금액 100만원에 포함되지 않습니다. (연금지급기관에 문의)
양 도 소 득 자	양도소득금액(양도가액 - 필요경비- 장기보유특별공제액)이 100만원을 초과하는 경우 부양가족공제대상이 아닙니다.

❓ 사업소득금액에서 공제되는 기타 소득공제

● 국민연금 소득공제

사업주 본인이 납부한 국민연금보험료 전액을 소득공제 받을 수 있습니다.

● 소기업·소상공인 공제부금 소득공제(노란우산공제)

거주자가 소기업·소상공인공제(노란우산 등)에 가입하여 납부하는 공제부금 중 500만원 이내의 금액을 종합소득금액에서 공제받을 수 있으며, 연금저축소득공제와 별도로 공제를 받을 수 있습니다.

▶ (공제한도) 소득수준별 차등공제

사업(근로)소득금액	공제한도
4천만원 이하	500만원
4천만원~1억원	300만원
1억원 초과	200만원

▶ 공제대상 소기업·소상공인의 범위

업 종	매출액
제조업(의료용 물질·의약품 등 15개) 전기·가스·수도사업	120억원 이하
제조업(펄프·종이·종이제품 등 9개), 광업, 건설업, 운수업 농업, 임업, 및 어업, 금융, 보험업	80억원 이하
출판·영상·정보서비스, 도·소매업	50억원 이하
전문·과학·기술서비스, 사업서비스, 하수·폐기물처리업, 예술·스포츠·여가서비스, 부동산임대업	30억원 이하
보건,사회복지플러스, 개인서비스업, 교육서비스업, 숙박·음식점업	10억원 이하

[개정 세법] 소기업·소상공인 공제부금 소득공제(노란우산공제) 합리화 (조세특례제한법 제86조의3 제1항)

종 전	개 정
□ 소기업·소상공인 공제부금 납부액 소득공제 ○ (공제대상) 사업소득금액* * '15년 이전 가입자는 종합소득금액, '16년 이후 가입한 총급여액 7천만원 이하 법인 대표자는 근로소득금액 ○ (공제한도)소득수준별 차등 | 사업(근로)소득금액	공제한도
4천만원 이하	500만원
4천만원~1억원	300만원
1억원 초과	200만원 | ○ (공제금액) - 공제한도 내의 부금 납부액	□ 부동산임대업 소득공제 배제 ○ (공제대상)부동산임대업 소득금액 제외 ○ (공제한도) 좌 동 ○ (공제금액) - 공제한도 내의 부금 납부액 × $(1 - \dfrac{\text{부동산임대업 소득금액}}{\text{사업소득금액}^*})$ * '16년 이후 가입한 총급여액 7천만원 이하 법인 대표자는 근로소득금액

<적용시기> 2019.1.1. 이후 소기업·소상공인 공제에 가입하는 경우부터 적용

종합소득세 과세표준 및 세율과 산출세액

소득금액에서 이월결손금 공제 후의 종합소득금액에서 소득공제를 공제한 금액을 과세표준(세금을 부과하는 기준이 되는 금액)이라 하며, 아래 세율을 곱한 금액이 산출세액입니다.

과세표준 = 소득금액 - 이월결손금 - 소득공제
산출세액 = 과세표준 × 기본세율

[세법 개정] 소득세 과세표준 구간 조정(소득법 §55 ①)

종 전		개 정	
□ 소득세 과세표준 및 세율		□ 과세표준 조정	
과 세 표 준	세율	과 세 표 준	세율
1,200만원 이하	6%	1,400만원 이히	6%
1,200만원 4,600만원 이하	15%	1,400만원 5,000만원 이하	15%
4,600만원 8,800만원 이하	24%	5,000만원 8,800만원 이하	24%
8,800만원 1.5억원 이하	35%	8,800만원 1.5억원 이하	35%
1.5억원 3억원 이하	38%	1.5억원 3억원 이하	38%
3억원 5억원 이하	40%	3억원 5억원 이하	40%
5억원 10억원 이하	42%	5억원 10억원 이하	42%
10억원 초과	45%	10억원 초과	45%

<적용시기> '23.1.1. 이후 발생하는 소득 분부터 적용

세액공제

◎ 자녀세액공제 및 출산·입양 세액공제

[개정 세법] 자녀세액공제 대상 연령조정(소득법 §59의2①)
(현행) 만 7세 이상
(개정) 만 8세 이상
<적용시기> '23.1.1. 이후 발생하는 소득 분부터 적용

[개정 세법] 자녀세액공제 확대(소득세법 § 59의2)

종 전	개 정
□ 자녀세액공제	□ 적용대상 및 공제세액 확대
○ 적용대상 : 기본공제대상자에 해당하는 자녀	○ 적용대상 : 기본공제대상자에 해당하는 자녀 및 손자녀
○ 공제세액(연간) - 1명 : 15만원 - 2명 : 30만원 - 3명 : 30만원 + 2명 초과 1명당 30만원	○ 공제세액(연간) - 1명 : 15만원 - 2명 : 35만원 - 3명 : 35만원 + 2명 초과 1명당 30만원

< 시행시기 > (적용대상) '24.1.1. 이후 신고하거나 연말정산하는 분부터 적용
(공제액) '24.1.1. 이후 개시하는 과세기간분부터 적용

▶ 출산 또는 입양자녀 세액공제

해당 과세기간에 출산하거나 입양 신고한 공제대상자녀가 있는 경우 다음의 구분에 따른 금액을 종합소득산출세액에서 공제합니다.
1. 출산하거나 입양 신고한 공제대상자녀가 첫째인 경우: 연 30만원
2. 출산하거나 입양 신고한 공제대상자녀가 둘째인 경우: 연 50만원
3. 출산·입양 신고한 공제대상자녀가 셋째 이상인 경우: 연 70만원

연금계좌세액공제 [소득세법 제59조의3 ①]

[1] 세제적격 연금저축

세제적격 연금저축이란 사업자 또는 근로자의 소득에서 소득공제를 받을 수 있는 연금저축을 말하며, 소득이 있는 거주자가 연금계좌(소득공제를 받을 수 있는 연금저축)에 납입한 연금저축으로 5년 이상 불입하고, 만55세 이후에 연금형태로 지급받을 수 있는 연금저축을 말합니다. 단, 세제적격 연금저축은 소득공제를 받을 수 있는 반면, 연금 수령시 보험차익을 연금소득세로 징수하고 있습니다.

종합소득이 있는 자가 연금계좌에 납입한 금액**[공제한도액 연400만원(종합소득금액 1억원 초과자 300만원)]**이 있는 경우 **해당 금액의 100분의 15** [종합소득금액이 4천만원을 초과하는 자 : 100분의 12]를 곱한 금액을 산출세액에서 공제합니다. [소득세법 제59조의3]

▶ 세액공제대상 퇴직연금 납입한도 확대

2015.1.1. 이후 납입하는 분부터 연금계좌세액공제 한도와는 별도로 근로자 개인이 퇴직연금에 납입하는 금액에 대하여 연 300만원을 한도로 추가공제가 가능합니다.

[2] 세제비적격 연금저축

세제비적격 연금보험이란 소득공제 요건을 충족하지 못하는 연금저축으로 보험차익에 대하여는 이자소득세(보험차익의 14%) 및 이자소득세(이자소득세의 14%)가 과세되나 연금을 수령하는 시점에서는 연금소득세가 과세되지 않습니다.

[개정 세법] 연금계좌 세제혜택 확대 (소득법 §59의3, §64의4 신설, 소득령 §40의2)

종 전	개 정
□ 연금계좌 세액공제 대상 납입한도 ○ 연금저축 + 퇴직연금	□ 세액공제 대상 납입한도 확대 및 종합소득금액 기준 합리화 ○ 연금저축 + 퇴직연금

총급여액 (종합소득금액)	세액공제 대상 납입한도 (연금저축 납입한도)		세액 공제 율
	50세미만	50세이상	
5,500만원 이하 (4,000만원)	700만원 (400만원)	900만원* (600만원*)	15%
1.2억원 이하 (1억원)			
1.2억원 초과 (1억원)	700만원 (300만원)		12%

총급여액 (종합소득금액)	세액공제 대상 납입한도(연금저축 납입한도)	세액 공제율
5,500만원 이하 (4,500만원)	900만원 (600만원)	15%
5,500만원 초과 (4,500만원)		12%

* '22.12.31.까지 적용

종 전	개 정

□ 연금계좌 납입한도
○ 연금저축 + 퇴직연금
: 연간 1,800만원
○ 추가납입 가능
  - ISA계좌* 만기 시 전환금액
    * 개인종합자산관리계좌
	□ 연금계좌 추가납입 확대
	○ (좌 동)
	
	○ 추가납입 항목 신설
	  - (좌 동)

<추 가>	- 1주택 고령가구*가 가격이 더 낮은 주택으로 이사한 경우 그 차액(1억원 한도) *부부 중 1인 60세 이상

□ 연금계좌에서 연금수령 시 과세방법
  ○ 1,200만원 이하 : 저율·분리과세* 또는 종합과세
   *(55세~69세) 5%
   (70~79세) 4%
   (80세~) 3%
   (종신수령) 4%
 	
  ○ 1,200만원 초과 : 종합과세
	□ 연금소득 1,200만원 초과 시에도 분리과세 선택 가능
	  ○ (좌 동)
	
	  ○ 종합과세 또는 15% 분리과세

<적용시기> (공제 대상 납입한도) '23.1.1. 이후 납입하는 분부터 적용
(추가납입) '23.1.1. 이후 주택을 양도하는 분부터 적용
(연금수령 시 분리과세 선택) '23.1.1. 이후 연금수령하는 분부터 적용

표준세액공제

근로소득이 없는 거주자로서 종합소득이 있는 경우 **연 7만원(성실사업자 12만원)**을 종합소득산출세액에서 공제를 받을 수 있습니다.

근로자가 아닌 사업자는 보험료, 의료비, 교육비, 주택자금공제 등과 관련한 특별세액공제를 받을 수 없습니다. 단, 성실사업자의 경우 의료비 및 교육비세액공제를 받을 수 있으며, 표준공제세액은 12만원 입니다.

SECTION 06
세금 절세의 핵심 소득세 감면제도

■ [상세 내용] 경영정보사 홈페이지

창업중소기업에 대한 소득세 감면

Q 개요

수도권과밀억제권역 외의 지역에서 다음의 업종을 창업한 중소기업은 해당 사업에서 최초로 소득이 발생한 과세연도(사업 개시일부터 5년이 되는 날이 속하는 과세연도까지 해당 사업에서 소득이 발생하지 아니하는 경우에는 5년이 되는 날이 속하는 과세연도)와 그 다음 과세연도의 개시일부터 4년 이내에 끝나는 과세연도까지 해당 사업에서 발생한 소득에 대한 소득세의 100분의 50에 상당하는 세액을 감면받을 수 있습니다. [조특법 제6조]

Q 감면대상 업종 [조세특례제한법 제6조 제3항]

• 제조업, 건설업

- 음식점업
- [2018. 5.29. 이후] 통신판매업
- 출판업, 광업
- 영상·오디오 기록물 제작 및 배급업(비디오물 감상실 운영업 제외)
- 방송업, 전기통신업, 컴퓨터 프로그래밍, 시스템통합 및 관리업
- 정보서비스업, 연구개발업, 광고업, 그 밖의 과학기술서비스업
- 전문디자인업, 전시 및 행사대행업, 창작 및 예술관련 서비스업(자영예술가 제외), 엔지니어링사업, 물류산업
- 직업기술 분야를 교습하는 학원을 운영하는 사업
- 직업능력개발훈련시설을 운영하는 사업(직업능력개발훈련을 주된 사업으로 하는 경우에 한함)
- 「관광진흥법」에 따른 관광숙박업, 국제회의업
- 유원시설업 및 관광객 이용시설업
- 노인복지시설을 운영하는 사업, 전시산업
- 인력공급 및 고용알선업, 건물 및 산업설비 청소업
- 경비 및 경호 서비스업, 시장조사 및 여론조사업
- 사회복지 서비스업
- [2016년 이후] 보안시스템 서비스업
- [2018. 5.29. 이후] 개인 및 소비용품 수리업, 이용 및 미용업

참 고   수도권과밀억제권역(수도권정비계획법 시행령 별표1)

- 서울특별시, 하남시, 고양시, 수원시, 성남시, 안양시, 부천시
- 광명시, 과천시, 의왕시, 군포시, 의정부시, 구리시
- 인천광역시(강화군, 옹진군, 서구 대곡동·불로동·마전동·금곡동·오류동·왕길동·당하동·원당동, 인천경제자유구역 및 남동 국가산업단지는 제외)
- 남양주시(호평동, 평내동, 금곡동, 일패동, 이패동, 삼패동, 가운동, 수석동, 지금동 및 도농동만 해당한다)
- 시흥시[반월특수지역(반월특수지역에서 해제된 지역 포함)은 제외한다]

▶ **중복감면 배제 및 최저한세 적용**

1) 창업중소기업에 대한 소득세 감면을 받는 경우 중소기업에 대한 특별세액감면은 공제를 받을 수 없습니다.
2) 창업중소기업에 대한 소득세 감면 및 중소기업에 대한 특별세액감면에 대하여는 농어촌특별세 납부의무가 없습니다. 농어촌특별세란 감면을 받는 경우 감면세액의 20%를 납부하여야 하는 세금입니다.
3) 개인사업자의 경우 창업중소기업 감면 등 후의 세액이 산출세액의 35%에 미달하는 경우 감면 전 산출세액의 35%(산출세액 3천만원 초과분은 45%)에 상당하는 금액은 최저한세로 납부하여야 합니다.

[개정 세법] 2017년 이후 청년 창업중소기업 세제지원 확대
청년 창업 중소기업에 대하여 감면율 상향 조정
3년간 75%, 이후 2년간 50% (적용기한 : 2018.12.31.)

[개정 세법] 청년창업기업의 청년 범위
개인사업자로 창업하는 경우: 창업자가 창업 당시
(종전) 15세 이상 ~ 29세 이하
(개정) 15세 이상 ~ 34세 이하
[병역이행시 해당 기간(최장 6년)을 빼고 연령 계산]
<적용시기> 2018년 5월 29일 이후 창업하는 분부터

[개정 세법] 청년창업 중소기업에 대한 세액 감면율 상향 조정
1) 청년의 창업에 대한 지원을 강화하기 위하여 청년창업 중소기업에 대한 세액감면율을 현행 3년간 75퍼센트, 그 이후 2년간 50퍼센트에서 5년간 100퍼센트로 상향 조정하고, 수도권과밀억제권역 내에서 창업한 청년창업 중소기업에 대해서도 5년간 50퍼센트의 세액감면을 적용하도록 함.

2) 창업의 활성화를 위하여 창업 중소기업 등에 대한 세액감면의 대상 업종에 **통신판매업**, 개인 및 소비용품 수리업, 이용 및 미용업을 추가함.
3) 생계형 창업에 대한 지원을 강화하기 위하여 최초 소득이 발생한 과세연도부터 5년간 수입금액이 4천800만원(**22년 이후 8천만원**) 이하인 경우 수도권과밀억제권 내에서 창업한 경우 50퍼센트, 수도권과밀억제권역 외 지역에서 창업한 경우에는 100퍼센트의 감면율을 적용함.
〈적용시기〉 2018.5.29. 이후 창업자

▶ 창업의 범위
창업이란 새로이 중소기업을 설립하는 것으로서 창업일은 법인설립 등기일을 개인은 사업자등록일을 말합니다.

▣ 창업으로 보지 않는 경우
1. 현물출자 또는 사업의 양수를 통하여 종전의 사업을 승계하거나 종전의 사업에 사용되던 자산을 인수 또는 매입하여 같은 종류의 사업을 영위하는 경우 다만, 종전의 사업에 사용되던 자산을 인수하거나 매입하여 같은 종류의 사업을 영위하는 경우 그 자산가액의 합계가 사업개시 당시 토지·건물 및 기계장치 등 감가상각자산의 총가액에서 차지하는 비율이 100분의 30 이상인 경우 제외합니다.
2. 거주자가 하던 사업을 법인으로 전환한 경우
3. 폐업후 사업을 다시 개시하여 폐업전의 사업과 같은 종류의 사업을 하는 경우
4. 사업을 확장하거나 다른 업종을 추가하는 경우 등 새로운 사업을 최초로 개시하는 것으로 보기 곤란한 경우

[주의] 소득세를 추계로 신고하는 경우 감면 여부
간편징부대상자가 추계신고하는 창업중소기업 감면 받을 수 있으나 복식부기의무자가 종합소득세를 추계신고하는 경우 창업중소기업세액감면 및 중소기업특별세액 감면을 적용받을 수 없습니다.

중소기업에 대한 특별세액감면

개요

중소기업 중 감면 업종을 경영하는 기업에 대해서는 2025년 12월 31일 이전에 끝나는 과세연도까지 해당 사업장에서 발생한 소득에 대한 소득세을 **업종별, 지역별, 기업규모**에 따른 감면 비율을 곱하여 계산한 세액상당액을 감면받을 수 있습니다. [조특법 제7조]

감면대상업종 및 감면율

[1] 제조업 등
- 제조업
- 건설업
- 출판업, 광업
- 운수업 중 여객운송업
- 작물재배업, 축산업, 어업
- 하수·폐기물 처리(재활용을 포함한다)
- 원료재생 및 환경복원업,영상·오디오 기록물 제작 및 배급업
- 방송업, 전기통신업, 광고업, 엔지니어링사업
- 물류산업, 선박관리업
- 컴퓨터프로그래밍, 시스템 통합 및 관리업, 정보서비스업, 연구개발업
- 그 밖의 과학기술서비스업, 포장 및 충전업, 전문디자인업
- 창작 및 예술관련 서비스업(자영예술가는 제외한다)
- 주문자상표부착방식에 따른 수탁생산업(受託生産業)
- 직업기술 분야를 교습하는 학원을 운영하는 사업

- 대통령령으로 정하는 자동차정비공장을 운영하는 사업
  조세특례제한법 시행령 제6조 ② 법 제7조제1항제1호터목에서 "대통령령으로 정하는 자동차정비공장" 이란 제54조제1항에 따른 자동차정비 공장을 말한다. 제54조(공장의 범위등) ①법 제60조 및 제63조에서 "공장"이란 각각 제조장 또는 기획재정부령이 정하는 자동차정비공장으로서 제조 또는 사업단위로 독립된 것을 말한다.
- 관광사업(카지노, 관광유흥음식점 및 외국인전용유흥음식점업 제외)
- 노인복지시설을 운영하는 사업,「전시산업발전법」에 따른 전시산업
- 인력공급 및 고용알선업, 콜센터 및 텔레마케팅 서비스업
- 에너지절약전문기업이 하는 사업
- [2013년 이후] 사회복지서비스업
- [2014년 이후] 무형재산권 임대업, 연구개발지원업, 개인 간병인, 사회교육시설, 직원훈련기관, 기타 기술 및 직업훈련 학원
- [2015년 이후] 주택임대관리업, 신·재생에너지 발전사업
- **[2016년 이후] 보안시스템 서비스업**

[개정 세법] 중소기업 특별세액감면 대상업종 추가 (조특법 §7)
- 통관 대리 및 관련 서비스업*
* 감면율은 물류산업의 50% 수준으로 설정
- 전기차 50% 이상 보유한 자동차 임대업*
* 현재 업종 외 별도로 규정된 사항을 업종에 반영
<적용시기> '21.1.1. 이후 개시하는 과세연도 분부터 적용

[2] 지식기반산업
- 엔지니어링사업, 전기통신업
- 연구개발업, 컴퓨터 프로그래밍, 시스템 통합 및 관리업
- 영화·비디오물 및 방송프로그램 제작업
- 전문디자인업, 오디오물 출판 및 원판 녹음업
- 광고업 중 광고물 작성업, 소프트웨어 개발 및 공급업. 방송업

- 정보서비스업, 서적, 잡지 및 기타 인쇄물출판업
- 창작 및 예술관련 서비스업(자영예술가는 제외한다)
- [2016년 이후] 보안시스템 서비스업

[3] 도·소매업, 의료업
- 도매업, 소매업
- 의료업 : 의료기관을 운영하는 사업(**의원·치과의원 및 한의원 제외**)

▶ **감면업종 구분**

감면 대상 업종 구분은 조세특례제한법 제2조 제3항 규정에 의거 세법에 특별한 규정이 있는 경우를 제외하고는 통계법 제22조의 규정에 의해 통계청장이 고시하는 한국표준산업분류에 따르는 것으로 정확한 업종분류는 통계청 홈페이지 상단 중간 통계분류포털 > 한국표준산업분류 > 검색 > 분류내용보기(해설서)를 참고하거나, 통계청 콜센터 (☎ 02-2012-9114)로 문의하여 확인할 수 있습니다

▣ 감면율

지 역	기업 규모	업 종	감면율
수도권	소기업	·도소매업, 의료업 등	10%
		·제조업 등	20%
	중기업	·지식기반산업	10%
		·기타업종	-
지 방	소기업	·도·소매, 의료업 등	10%
		·제조업 등	30%
	중기업	·도·소매, 의료업 등	5%
		·제조업 등	15%

▶ 수도권 (수도권정비계획법 제2조) 서울특별시, 인천광역시, 경기도
▶ 중소기업특별세액감면의 경우 농어촌특별세가 비과세됨
▶ 다음 감면 및 공제는 중복공제가 가능함. 단, 최저한세는 적용됨
  • 중소기업특별세액감면 + 고용증대세액공제 + 사회보험료세액공제

[세법 개정] 소기업 판단기준 매출액

업 종	매출액
제조업, 전기·가스·수도사업 등	120억원
농업, 광업, 건설업 등	80억원
도·소매업, 출판업 등	50억원
전문·과학·기술서비스업 등	30억원
숙박·음식점업 등	10억원

[개정 세법] 감면한도 및 중복공제
(감면한도) 1억원, 고용인원 감소시 1인당 500만원 한도 축소
(중복 여부) 고용증대세제, 사회보험료세액공제와 중복 적용 허용
2018.1.1. 이후 개시하는 과세연도 분부터

[개정 세법] 2017년 이후 중소기업 특별세액감면 지원 확대
① 중소기업 특별세액감면 지원업종 확대
의원·치과의원·한의원(수입금액에서 요양급여비용이 차지하는 비율이 80% 이상이고, 종합소득금액이 1억원 이하인 경우에 한함)
② 10년 이상 사업한 '장수 성실중소기업'의 중소기업 특별세액감면율 10% 추가

■ 신규 창업 사업자 중소기업특별세액감면
소기업 해당 여부를 판단함에 있어 매출액은 해당 과세연도의 매출액을 연간 매출액으로 환산한 금액으로 합니다.

보 충   추계로 종합소득세를 신고하는 경우 중소기업특별세액 감면

1. 복식부기의무자가 소득세를 추계신고하는 경우에는 무신고한 것으로 보는 것이므로 창업중소기업에 대한 세액감면, 중소기업에 대한 특별세액감면 등이 배제됩니다.
2. 간편장부대상자가 소득세를 추계신고하는 경우에는 창업중소기업에 대한 세액감면, 중소기업에 대한 특별세액감면 등을 받을 수 있습니다.

고용증대 세액공제

◘ 고용증대세액공제

내국인(소비성서비스업 등 일부 업종 제외)이 2024년 12월 31일이 속하는 과세연도까지의 기간 중 해당 과세연도의 상시근로자 수가 직전 과세연도의 상시근로자의 수보다 증가한 경우에는 다음에 따른 금액을 더한 금액을 해당 과세연도의 법인세 또는 소득세에서 공제를 받을 수 있습니다.

▶ 세액공제액

구 분		중소기업	중견기업	대기업
상시근로자	수도권내	700만원	450만원	-
	수도권밖	770만원		
청년정규직 장애인 등	수도권내	1,100만원	800만원	400만원
	수도권밖	1,200만원		

Q&A 창업한 연도에도 고용증대세액공제를 받을 수 있나요?

해당 과세연도에 창업한 경우 직전사업연도의 상시근로자수를 '0'명으로 보아 고용증대세액공제 적용이 가능한 것으로 판단됩니다.

[개정 세법] 고령자 고용증대세제 세액공제액 인상(조특법 §29의7)
(종전) 청년 정규직 근로자, 장애인 근로자
(개정) 청년 정규직 근로자, 장애인 근로자, 60세 이상인 근로자
<적용시기> '21.1.1. 이후 개시하는 과세연도부터 적용

[세법 개정] 고용증대세액공제 공제금액 한시 상향 및 적용기한 연장 (조특법 §29의7)

종 전	개 정
□ 고용증대 세액공제	□ 수도권 외 지역 취약계층 공제금액 한시 상향 및 적용기한 3년 연장
○ (대상) 모든 기업 (소비성 서비스업 제외) ○ (요건) 상시근로자 수 증가	○ (좌 동)
○ (공제금액) 상시근로자 증가 인원 × 1인당 공제금액	○ 청년·장애인·60세 이상 근로자 공제금액 100만원 한시 상향 ('21~'22년)

종전:

구 분	중소 수도권	중소 지방	중견	대
청년·장애인 등	1,100	1,200	800	400
기 타	700	770	450	-

개정:

구 분	중소 수도권	중소 지방	중견 수도권	중견 지방	대 수도권	대 지방
청년·장애인 등	1,100	1,300	800	900*	400	500*
기 타	700	770	450	450	-	-

* '21~'22년 고용증가분에 한시 적용

○ (공제기간) 중소·중견 3년 대기업 2년
○ (사후관리) 공제기간 동안 상시근로자 감소 시 잔여기간 공제 배제 및 공제세액 추징

○ (좌 동)

○ (적용기한) '21.12.31. ○ '24.12.31.

<적용시기> '21.12.31. 및 '22.12.31.이 속하는 과세연도의 상시근로자 증가 분에 대해 적용

[개정 세법] 고용증대세제 공제액 명확화 및 사후관리 기준 보완
(조특법 § 29의7①·②)
• 각 공제금액(청년/청년 외)은 전체 상시근로자 수 증가분을 한도로 함을 명시
• 상시근로자 수 감소 기준연도 변경
공제받은 직전 과세연도 → 공제받은 과세연도
〈적용시기〉(사후관리) 2020.1.1. 이후 신고하는 분부터 적용

[개정 세법] 고용증대세제 한시적 개편(§29의7)
2020년 고용이 감소한 경우 사후관리를 2020년은 적용하지 않고 1년 유예
<적용시기> '20. 12. 31.이 속하는 과세연도의 과세표준을 신고하는 분부터 적용

▶ **청년 정규직 근로자와 장애인 근로자 등**
1. 15세 이상 29세 이하인 사람[해당 근로자가 병역을 이행한 경우에는 그 기간(6년 한도)을 현재 연령에서 빼고 계산한 연령]
2. 「장애인복지법」의 적용을 받는 장애인과 「국가유공자 등 예우 및 지원에 관한 법률」에 따른 상이자

◆ 청년 정규직에서 제외하는 자
• 기간제근로자 및 단시간근로자
• 파견근로자 및 청소년

▶ **소비성서비스업 (공제대상에서 제외되는 업종)**
1. 호텔업 및 여관업(「관광진흥법」에 따른 관광숙박업은 제외)
2. 주점업(일반유흥주점업, 무도유흥주점업 및 단란주점 단, 외국인전용유흥음식점업 및 관광유흥음식점업은 제외)

▶ **상시근로자 수, 청년등 상시근로자 수의 계산(100분의 1 미만 절사)**

1. 상시근로자 수

$$\frac{해당\ 과세연도의\ 매월\ 말\ 현재\ 상시근로자\ 수의\ 합}{해당\ 과세연도의\ 개월\ 수}$$

2. 청년등 상시근로자 수

$$\frac{해당\ 과세연도의\ 매월\ 말\ 현재\ 청년등\ 상시근로자\ 수의\ 합}{해당\ 과세연도의\ 개월\ 수}$$

▶ **상시근로자에서 제외하는 근로자**

1. 근로계약기간이 1년 미만인 근로자
2. 단시간근로자. 다만, 1개월간의 소정근로시간이 60시간 이상인 근로자는 상시근로자로 봅니다.
3. 임원, 해당 기업의 최대주주 또는 최대출자자(개인사업자의 경우 대표자)와 그 배우자
4. 제3호에 해당하는 자의 직계존비속(그 배우자를 포함한다) 및 「국세기본법 시행령」제1조의2제1항에 따른 친족관계인 사람

▶ **단시간근로자의 근로자수 계산**

단시간근로자로서 1개월간의 소정근로시간이 60시간 이상인 근로자는 0.5명으로 하여 계산하되, 다음의 요건을 모두 충족하는 경우에는 0.75명으로 하여 계산합니다.

1. 해당 과세연도의 상시근로자 수가 직전 과세연도의 상시근로자 수보다 감소하지 아니하였을 것
2. 기간의 정함이 없는 근로계약을 체결하였을 것
3. 상시근로자와 시간당 임금, 그 밖에 근로조건과 복리후생 등에 관한 사항에서 차별적 처우가 없을 것

4. 시간당 임금이 「최저임금법」 제5조에 따른 최저임금액의 100분의 130(중소기업의 경우에는 100분의 120) 이상일 것

▶ **해당 과세연도에 창업을 한 내국인의 상시근로자수 계산**
해당 과세연도에 창업을 한 내국인의 경우 직전 과세연도의 상시근로자 수는 없는 것으로 합니다.

◆ 창업으로 보지 아니하는 경우
1. 현물출자 또는 사업의 양수를 통하여 종전의 사업을 승계하거나 종전의 사업에 사용되던 자산을 인수 또는 매입하여 같은 종류의 사업을 하는 경우
2. 거주자가 하던 사업을 법인으로 전환한 경우
3. 폐업 후 사업을 다시 개시하여 폐업 전의 사업과 같은 종류의 사업을 하는 경우

🅠 상시근로자가 감소하지 않은 경우 추가 공제

중소기업이 공제를 받은 과세연도의 종료일부터 2년이 되는 날이 속하는 과세연도의 종료일까지의 기간 중 전체 상시근로자의 수가 공제를 받은 과세연도의 전체 상시근로자 수보다 감소하지 아니한 경우에는 다음의 금액을 공제를 받은 과세연도의 종료일부터 2년이 되는 날이 속하는 과세연도의 소득세에서도 공제를 받을 수 있습니다.

구 분	중소기업		중견기업	대기업
	수도권 내	수도권 밖		
상시근로자	770만원	700만원	450만원	-
청년, 장애인등	1100만원	1200만원	800만원	400만원

🅠 2년내 근로자수가 감소한 경우 추가 납부

고용증대세액공제를 받은 내국인이 공제를 받은 과세연도의 종료일부터 2년이 되는 날이 속하는 과세연도의 종료일까지의 기간 중 각 과세연도의 청년 등 상시근로자 수 또는 전체 상시근로자 수가 공제를 받은 과세연도보다 감소한 경우에는 공제받은 세액에 상당하는 금액을 소득세 또는 법인세로 납부하여야 합니다. 단, 공제받은 과세연도의 종료일 현재 29세 이하인 사람(병역을 이행한 경우에는 그 기간을 현재 연령에서 빼고 계산)은 이후 과세연도에도 29세 이하인 것으로 봅니다.
1. 공제받은 과세연도(2개 과세연도 이상 연속으로 공제받은 경우에는 공제받은 마지막 과세연도로 함) 대비 해당 과세연도의 상시근로자 및 청년등 상시근로자 감소 인원에 공제받은 금액을 곱한 금액
2. 공제받은 과세연도 대비 직전 과세연도의 상시근로자 및 청년등 상시근로자 감소 인원에 공제받은 금액을 곱한 금액

🅠 세액 공제·감면과 농어촌특별세, 최저한세, 중복

▶ 중복공제
고용증대세액공제는 창업중소기업 등에 대한 세액감면 또는 중소기업에 대한 특별세액감면이 있는 경우에도 공제를 받을 수 있으며, 고용증대세액공제와 투자 관련 세액공제는 중복공제가 가능하며, 다음의 세액공제는 각각의 사유별로 세액공제를 받을 수 있습니다.

☐ 조세특례제한법
제29조의3(경력단절 여성 재고용 기업에 대한 세액공제)
제29조의7(고용을 증대시킨 기업에 대한 세액공제)
제30조의2(정규직 근로자로의 전환에 따른 세액공제)

[중복공제] 중소기업에 대한 특별세액감면이 있는 경우
중소기업에 대한 특별세액감면 + 고용 증대기업에 대한 세액

▶ **최저한세 적용**

'청년고용 증대기업에 대한 세액공제'는 최저한세 적용대상이 되며, 최저한세 적용으로 인하여 공제를 받지 못한 금액은 이월[5년 → (개정) 10년]하여 공제를 받을 수 있습니다. (조세특례제한법 제144조)

◆ **최저한세**

최저한세란 감면 등을 적용받은 후의 세액이 사업소득에 대한 산출세액에 100분의 45(산출세액이 3천만원 이하인 부분은 100분의 35)를 곱하여 계산한 세액에 미달하는 경우 그 미달하는 세액에 상당하는 부분에 대해서는 감면 등을 하지 아니하는 것으로 사업자가 공제 감면금액이 많더라도 최저한세는 부담하여야 합니다. (조세특례제한법 제132조)

▶ **농어촌특별세 적용**

'청년고용 증대기업에 대한 세액공제'는 농어촌특별세 적용대상이므로 감면받은 세액의 20%를 농어촌특별세로 납부하여야 합니다.

◆ **다수사업장을 영위하는 개인사업자의 고용증대 여부에 대한 판단**
(소득 사전-2018-법령해석소득-0428, 2018.07.02.)
「조세특례제한법」제29조의5 및 제30조의4 규정 적용 시 2이상의 사업장을 운영하는 개인사업자의 청년 정규직 근로자 수 또는 상시 근로자 수의 증대 여부는 해당 사업자의 전체 사업장을 기준으로 판단하는 것임
[답변내용] 귀 사전답변 신청의 경우, 2이상의 사업장을 운영하는 개인사업자의 경우「조세특례제한법」제29조의5 및 제30조의4를 적용함에 있어 청년 정규직 근로자의 수 및 상시 근로자의 수는 전체 사업장을 기준으로 계산하는 것입니다.

중소기업 고용증가 사회보험료 세액공제

중소기업에 대한 특별세액감면 또는 창업중소기업 등에 대한 세액감면을 받는 경우 중복하여 감면을 받을 수 없으므로 중소기업에 대한 특별세액감면 또는 창업중소기업 등에 대한 세액감면대상이 아닌 업종의 경우에만 고용증가 사회보험료세액공제를 받아 세금을 절세할 수 있습니다.

중소기업이 해당 과세연도의 상시근로자 수가 직전 과세연도의 상시근로자 수보다 증가한 경우에는 [1]과 [2]를 더한 금액을 해당 과세연도의 소득세에서 공제를 받을 수 있습니다. [조특법 제30조의4]

[1] 청년 상시근로자 고용증가 인원에 대하여 사용자가 부담하는 사회보험료 상당액

청년 상시근로자 고용증가인원 × 청년 상시근로자 고용증가인원에 대한 **사용자**의 사회보험료 부담금액 × 100분의 100

① 청년 상시근로자 고용증가인원이란 해당 과세연도에 직전 과세연도 대비 증가한 청년 상시근로자수를 말하며, 상시근로자는 근로계약을 체결한 내국인 근로자로 합니다. 다만, 다음 각 호의 어느 하나에 해당하는 사람은 제외합니다.
1. 근로계약기간이 1년 미만인 근로자
2. 단시간근로자. 다만, 1개월간의 소정근로시간이 60시간 이상인 근로자는 상시근로자로 보나 인원수는 0.5로 합니다.
3. 임원
4. 해당 기업의 최대주주와 그 배우자 및 직계존비속(그 배우자 포함)과 친족

② 청년 상시근로자는 15세 이상 29세 이하인 상시근로자(1개월간의 근로시간이 60시간 이상이 단시간근로자 포함)로 하고, 근로계약 체결일 현재 연령이 15세 이상 29세 이하인 사람을 말합니다. 다만, 병역을 이행한 경우에는 연령에서 병역복무기간(6년 한도)을 제외하고 계산합니다.

▶ **청년 상시근로자 고용증가 인원에 대한 세액공제액**

> 청년 상시근로자 고용증가인원 × 해당 과세연도에 청년 상시근로자에게 지급하는 과세대상 총급여액 ÷ 해당 과세연도의 청년 상시근로자 수 × 사회보험료율 × 100/100

[2] 청년 외 상시근로자 고용증가 인원에 대하여 사용자가 부담하는 사회보험료 상당액

청년 외 상시근로자 고용증가인원 × 청년 외 상시근로자 고용증가인원에 대한 사용자의 사회보험료 부담금액 × 100분의 50
다만, **단시간근로자**로서 1개월간의 소정근로시간이 60시간 이상인 근로자 1명은 0.5명으로 계산합니다.

[개정 세법] 2017년 이후
(신성장 서비스업) 고용증가인원 × 사회보험료 × 75%
(경력단절여성) 고용증가인원 × 사회보험료 × 100%

[개정 세법] 중소기업 고용증가 인원 사회보험료 세액공제 확대
(조특법 § 30의4)
(공제기간) 1년 → 2년
고용인원이 유지되는 경우 고용이 증가한 다음 해도 세액공제 적용
〈적용시기〉 2018.1.1. 이후 개시하는 과세연도 분부터 적용

연구 및 인력개발비 세액공제

🔍 세액공제 개요

내국인이 각 과세연도에 연구·인력개발비가 있는 경우에는 다음에 정하는 금액을 합한 금액을 해당 과세연도의 소득세에서 공제합니다. 단, 신성장동력분야 연구개발비 및 원천기술을 얻기 위한 연구개발비는 2024년 12월 31일까지 발생한 해당 연구·인력개발비에 대해서만 적용합니다. [상세내용] 조세특례제한법 제10조

한편, 연구 및 인력개발비세액공제는 조세특례제한법 제127조 규정에 의한 중복지원 배제 대상에 열거되어 있지 않아 다른 세액감면 또는 세액공제와 중복해서 적용받을 수 있으며, 또한 최저한세 적용대상이 아니므로 실질적인 의미의 세액공제제도로 기업의 입장에서는 세금 감면 효과가 가장 큰 공제제도입니다.

▶ **연구·인력개발비 세액공제대상 비용 [조특령 (별표 6)]**

1) 연구개발 또는 문화산업 진흥 등을 위한 연구소 또는 전담부서)에서 근무하는 직원(다만, 연구개발과제를 직접 수행하거나 보조하지 않고 행정 사무를 담당하는 자는 제외한다) 및 연구개발서비스업에 종사하는 전담요원의 인건비. 다만, 다음의 인건비를 제외합니다.
가) 퇴직소득에 해당하는 금액
나) 퇴직급여충당금
다) 성과급 등
2) 연구용으로 사용하는 견본품·부품·원재료와 시약류구입비
3) 전담부서등 및 연구개발서비스업자가 직접 사용하기 위한 연구·시험용 시설의 임차 또는 연구·시험용 시설의 이용에 필요한 비용

🅠 일반연구개발비 세액공제액

신성장동력분야의 연구개발비 및 원천기술을 얻기 위한 연구개발비에 해당하지 아니하거나 이를 선택하지 아니한 내국인의 연구·인력개발비[**조특령 별표6**]는 다음 중에서 선택하는 어느 하나에 해당하는 금액을 공제합니다. 다만, 해당 과세연도의 개시일부터 소급하여 4년간 일반연구·인력개발비가 발생하지 아니하거나 직전 과세연도에 발생한 일반연구·인력개발비가 해당 과세연도의 개시일부터 소급하여 4년간 발생한 일반연구·인력개발비의 연평균 발생액보다 적은 경우에는 ②에 해당하는 금액으로 합니다.

① 해당 과세연도에 발생한 일반연구·인력개발비가 **직전 과세연도에 발생한 일반연구·인력개발비를 초과하는** 경우 그 초과하는 금액의 100분의 40(중소기업의 경우에는 100분의 50)에 상당하는 금액

② 해당 과세연도에 발생한 일반연구·인력개발비에 다음의 구분에 따른 비율을 곱하여 계산한 금액
1) 중소기업인 경우: 100분의 25
2) 중소기업이 최초로 중소기업에 해당하지 아니하게 된 경우: 다음의 구분에 따른 비율
가) 최초로 중소기업에 해당하지 아니하게 된 과세연도의 개시일부터 3년 이내에 끝나는 과세연도까지: 100분의 15
나) 가)의 기간 이후 2년 이내에 끝나는 과세연도까지: 100분의 10
3) 1) 및 2)의 어느 하나에 해당하지 아니하는 경우: 다음 계산식에 따른 비율(100분의 4를 한도로 합니다)
100분의 3 + 해당 과세연도의 수입금액에서 일반연구·인력개발비가 차지하는 비율 × 2분의 1

♣ 상세 내용 → 경영정보사 홈페이지 참조

■ 통합고용세액공제 신설(조특법 §29의8 신설)

종 전	개 정
□ 고용지원 관련 세액공제 제도 ❶ 고용증대 세액공제(§29의7) 고용증가인원 × 1인당 세액공제액	○ (적용대상) 모든 기업* * (제외) 소비성 서비스업 ○ (기본공제) 고용증가인원 × 1인당 세액공제액

[종전]

구 분	공제액 (단위:만원)			
	중소 (3년 지원)		중견 (3년 지원)	대기업 (2년 지원)
	수도권	지방		
상시근로자	700	770	450	-
청년 정규직, 장애인, 60세 이상	1,100	1,200	800	400

* 청년 연령범위(시행령): 15~29세

❷ 사회보험료 세액공제(§30의4)
 : 고용증가인원 × 사용자분 사회보험료 × 공제율

구 분	중소 (공제율)
상시근로자 (2년 지원)	50%**
청년*, 경력단절여성 (2년 지원)	100%

* 청년 연령범위(시행령): 15~29세
** 전기통신업, 인쇄물 출판업 등의 서비스업종 영위기업은 75%

[개정]

구 분	공제액 (단위:만원)			
	중소 (3년 지원)		중견 (3년 지원)	대기업 (2년 지원)
	수도권	지방		
상시근로자	850	950	450	-
청년 정규직, 장애인, 60세 이상, 경력단절여성	1,450	1,550	800	400

- 우대공제 대상인 청년 연령범위* 확대
 경력단절여성을 우대공제 대상에 추가
  * 청년 연령범위(시행령): 15~34세
  ** 일부 서비스업종 우대는 폐지

- 공제 후 2년 이내 상시근로자 수가 감소하는 경우 공제금액 상당액을 추징

<적용시기> '23.1.1. 이후 개시하는 과세연도 분부터 적용
* '23년 및 '24년 과세연도 분에 대해서는 기업이 '통합고용세액공제'와 기존 '고용증대 및 사회보험료 세액공제' 중 선택하여 적용 가능(중복 적용 불가)

종 전	개 정
❸ 경력단절여성 세액공제(§29의3①) : 경력단절여성 채용자 인건비 × 공제율 | 구 분	공제율
	중소	중견
---	---	---
경력단절여성 (2년 지원)	30%	15%	 ❹ 정규직 전환 세액공제(§30의2) : 정규직 전환 인원 × 공제액 * 전체 상시근로자 수 미감소 시 	구 분	공제액 (단위:만원)
	중소	중견
---	---	---
정규직 전환자 (1년 지원)	1,000	700	 ❺ 육아휴직복귀자 세액공제(§29의3②) : 육아휴직 복귀자 인건비 × 공제율 * 전체 상시근로자 수 미감소 시 	구 분	공제율
	중소	중견
---	---	---
육아휴직 복귀자 (1년 지원)	30%	15%		ㅇ (추가공제) : 정규직 전환·육아휴직 복귀자 인원 × 공제액 * 전체 상시근로자 수 미감소 시 | 구 분	공제액 (단위:만원)
	중소	중견
---	---	---
정규직 전환자 (1년 지원)	1,300	900
육아휴직 복귀자 (1년 지원)			 - 전환일·복귀일로부터 2년 이내 해당 근로자와의 근로관계 종료 시 공제금액 상당액 추징

<적용시기> '23.1.1. 이후 개시하는 과세연도 분부터 적용
* '23년 및 '24년 과세연도 분에 대해서는 기업이 '통합고용세액공제'와 기존 '고용증대 및 사회보험료 세액공제' 중 선택하여 적용 가능(중복 적용 불가)

SECTION 07
업무용 승용차 비용한도 및 증빙

복식부기의무자의 업무용승용차 관련 비용 필요경비 산입

기업이 승용차를 구입하여 업무용으로 사용하는 경우 그와 관련한 모든 비용을 특별한 제한없이 기업의 비용으로 인정을 받을 수 있음으로 인하여 고급승용차를 취득하여 개인적으로 이용하는 경우에도 과세관청이 개인적 용도 사용에 대한 사실 관계를 확인하기가 현실적으로 어려워 납세자는 승용차 관련 비용을 손금(법인) 또는 필요경비로 산입하여 세금을 줄일 수가 있었습니다. 이러한 문제점으로 과세당국은 복식부기의무자의 경우 기업의 승용차 관련 비용에 대하여 일정한 기준을 마련하여 업무 관련성을 입증하지 못하는 경우 필요경비에 산입할 수 없도록 하는 법령을 신설하였습니다. (소득세법 제33조의2)

▶ 업무용승용차 관련비용 등에 관한 명세서 제출의무

업무용승용차 관련비용 등을 필요경비에 산입한 경우 업무용승용차 관련비용 등에 관한 명세서를 관할 세무서장에게 제출하여야 합니다.

♣ 업무용승용차 관련비용 등에 관한 명세서
국세법령정보시스템 → 법령서식

[세법 개정] 업무용 승용차 관련 비용 명세서 미제출 가산세 등 신설
(소득법 §81의14, 법인법 §74의2 신설)

종 전	개 정
<신 설>	□ 업무용 승용차 관련 비용 명세서 미제출·불성실 제출 가산세 신설 ㅇ (대상) 업무용 승용차 관련 비용을 손금산입하여 신고한 사업자가 해당 명세서 미제출·불성실 제출 ㅇ (가산세액) 미제출·불성실 제출로 구분 규정 　1. (미제출) 업무용 승용차 관련 비용 손금산입액(신고액) 전체 × 1% 　2. (불성실 제출) 업무용 승용차 관련 비용 손금산입액(신고액) 중 명세서 상 사실과 다르게 제출한 금액 × 1%

<적용시기> '22.1.1. 이후 개시하는 과세연도 분부터 적용

◆ 사업연도 중에 리스차량을 취득하는 경우 업무용승용차 관련비용 손금산입 한도 계산방법
(서면-2017-법령해석법인-0554 [법령해석과-3700] , 2017.12.26.)
업무전용자동차보험에 가입하였으나, 운행기록 등을 작성·비치하지 아니한 업무용승용차를 임차하여 사용하다가 임차기간의 만료로 사업연도 중에 취득하여 계속 사용하는 경우 업무용승용차 관련비용의 손금산입 한도액은 임차 또는 취득 구분 없이 하나의 업무용승용차로 계산

적용대상 차량 및 비용인정 범위

적용대상 차량 및 제외차량

[1] 적용대상 차량

「개별소비세법」 제1조제2항제3호에 해당하는 승용자동차(부가가치세법에 따른 부가가치세 매입세액공제가 적용되지 않는 승용자동차)

☐ 개별소비세법 제1조제2항제3호
3. 다음 각 목의 자동차에 대해서는 그 물품가격에 해당 세율을 적용한다.
가. 배기량이 2천씨씨를 초과하는 승용자동차와 캠핑용자동차: 100분의 5
나. 배기량이 2천씨씨 이하인 승용자동차(배기량이 1천씨씨 이하인 것으로서 대통령령으로 정하는 규격의 것은 제외한다)와 이륜자동차 : 100분의 5
다. 전기승용자동차 : 100분의 5

[2] 적용대상에서 제외되는 차량

1. 경차 (정원 8명 이하의 자동차로 한정하되, 배기량이 1,000씨씨 이하의 것으로서 길이가 3.6미터 이하이고 폭이 1.6미터 이하인 것)
2. 화물차, 승합차
3. 운수업, 자동차판매업 등에서 사업에 직접 사용하는 승용자동차

업무전용자동차보험 가입

복식부기기장의무자가 승용차(경차 제외)를 2대 이상 보유하고 사업에 사용하는 경우 1대를 제외한 승용차는 업무용자동차 전용보험에 가입을 하여야 하며, 업무용자동차 전용보험에 가입을 하지 않는 경우 일정 금액은 필요경비에 산입할 수 없다.

[1] 업무전용자동차보험에 가입하지 않은 경우

사업자별(공동사업장의 경우는 1사업자로 본다) 업무용승용차 수에 따른 다음 각 목의 금액

가. 1대 : 업무사용비율금액

나. 1대 초과분 : 업무사용비율금액의 100분의 0. 다만, 다음의 어느 하나에 해당하는 사업자를 제외한 사업자의 2024년 1월 1일부터 2025년 12월 31일까지 발생한 업무용승용차 관련비용에 대해서는 업무사용비율금액의 100분의 50으로 한다.

1) 법 제70조의2제1항에 따른 성실신고확인대상사업자(직전 과세기간의 성실신고확인대상사업자를 말한다)

2) 의료업, 수의업, 약사업 및 「부가가치세법 시행령」 제109조제2항 제7호에 따른 사업을 영위하는 사람

[2] 해당 사업자, 그 직원 등이 운전하는 경우만 보상하는 업무전용자동차보험에 가입한 경우

해당 과세기간의 전체 기간(임차한 승용차의 경우 해당 과세기간 중에 임차한 기간) 동안 업무용승용차 관련비용에 운행기록등에 따라 확인되는 총 주행거리 중 업무용 사용거리가 차지하는 비율(업무사용비율)을 곱한 금액

▶ 업무전용자동차보험에 가입한 것으로 보는 범위

1. 해당 과세기간의 전체 기간(임차한 승용차의 경우 해당 과세기간 중에 임차한 기간) 중 일부기간만 업무전용자동차보험에 가입한 경우

업무용승용차 관련 비용 × 업무 사용 비율 × 해당 과세기간에 실제로 업무전용 자동차보험에 가입한 일수 ÷ 해당 과세기간에 업무전용 자동차보험에 의무적으로 가입해야 할 일수

2. 임차승용차로서 해당 사업자, 그 직원 등을 운전자로 한정하는 임대차 특약을 체결한 경우에는 업무전용자동차보험에 가입한 것으로 본다.

▶ 공동사업장은 1사업자로 보아 1대만 제외

[개정 세법] 개인사업자의 업무용자동차 전용보험 가입의무 신설
(소득세법 시행령 제78조의3)
(종전) 개인사업자는 업무용자동차 전용보험 가입의무가 없음
(개정) 개인사업자 중 성실신고확인대상자(직전 과세기간의 성실신고확인대상사업자), 변호사 · 의사 등 전문직 종사자에 대하여 업무용자동차 전용보험 가입의무* 신설
* 사업자별 1대는 전용보험 가입대상에서 제외
- 미가입 시 비용의 50%만 인정
<시행시기> 2021.1.1. 이후 업무용승용차 관련 지출 분부터 적용

[개정 세법] 개인사업자의 업무전용 자동차보험 가입의무 강화(소득령 § 78의3)

현 행	개 정
□ 개인사업자의 업무전용 자동차보험 가입의무	□ 가입대상 확대 및 미가입시 관리 강화
○ (대상자) 성실신고확인대상자*, 전문직 업종** 사업자	○ 전체 복식부기의무자*
* 수입금액 기준 업종별 일정 규모 이상	* 복식부기에 따라 장부를 비치 · 기록해야 하는 업종별 수입금액이 일정 규모 이상인 사업자

(광업·도소매업 등) 15억원 (제조업·숙박음식업 등) 7.5억원 (부동산업·서비스업 등) 5억원 ** 의료업, 약국업, 변호사업, 세무사업 등	(광업·도소매업 등) 3억원 (제조업·숙박음식업 등) 1.5억원 (부동산업·서비스업 등) 7.5천만원 ** 전문직업종 사업자는 복식부기의무자임
○ (대상차량) 보유 업무용승용차 중 1대를 제외한 나머지 차량	○ (좌 동)
○ (전용특약) 사업자, 직원 등이 운전한 경우만 보장	○ (좌 동)
○ (미가입시 필요경비 불산입 비율) 업무용승용차 관련비용의 50%	○ 100% 불산입 * 다만, 성실신고확인대상자 또는 전문직 업종 사업자가 아닌 경우 2024, 2025년은 50% 불산입

〈적용시기〉
① (가입대상 확대) '24.1.1. 이후 발생하는 소득분부터 적용
② (미가입시 필요경비 **불산입 비율 상향**) '24.1.1. 이후 발생하는 소득분부터 적용
- 성실신고확인대상자·전문직이 아닌 경우 '26.1.1. 이후 발생하는 소득분부터 적용

🅠 차량 관련 비용 인정범위 및 운행기록 작성 비치

[1] 업무용 승용차 관련 비용의 범위

업무용승용차에 대한 감가상각비, 임차료, 유류비, 보험료, 수선비, 자

동차세, 통행료 및 금융리스부채에 대한 이자비용 등 업무용승용차의 취득·유지를 위하여 지출한 비용을 말합니다.

[2] 업무용 승용차 운행기록 작성 및 차량 비용 필요경비산입

업무용 승용차 관련하여 연간 비용으로 처리할 금액이 1천5백만원을 초과하는 경우로서 1천5백만원을 초과하는 금액을 필요경비에 산입하고자 하는 경우 업무용승용차별로 운행기록 등을 작성·비치하여야 하며, 관할 세무서장이 요구할 경우 제출하여야 합니다.

◆ 업무용승용차 관련비용 등에 관한 명세서
국세청 홈페이지 → 국세청책제도 → 세무서식

◆ 업무용승용차 운행기록부 [업무용승용차 운행기록 방법에 관한 고시]
국세청 홈페이지 → 알림소식 → 고시·공고·행정예고 → 고시
(검색) 업무용승용차

[3] 업무용 사용금액 한도내 필요경비 산입

업무용 사용금액이란 해당 과세연도 전체 기간(임차한 승용차의 경우 해당 과세연도 중에 임차한 기간) 동안 직원이 직접 운전한 경우로서 업무용승용차 관련비용에 업무사용비율을 곱한 금액으로 합니다.

▣ **업무용 사용금액**
업무용승용차 관련 비용 × 업무사용비율(업무용 사용거리/총 주행거리)

▣ **업무용 사용거리 [법인세법 시행규칙 제26조의3조 제4항]**
제조.판매시설 등 해당 사업장 방문, 거래처.대리점 방문, 회의 참석, 판촉 활동, **출.퇴근** 등 업무수행에 따라 주행한 거리를 말합니다.

[4] 운행기록을 작성하지 않은 경우 차량 비용 필요경비산입

1천5백만원까지 필요경비에 산입할 수 있습니다. 단, 1천5백만원 중 감가상각비는 최대 8백만원만 필요경비에 산입할 수 있습니다.

[세법 개정] 업무용승용차 운행기록부 작성의무 완화(소득령 § 78)
1천만원 → 1천5백만원 이하 : 운행기록부 작성 없이도 필요경비 인정
<적용시기> 2020.1.1. 이후 개시하는 사업연도·과세기간 분부터 적용

▶ 운행기록을 작성하지 않은 경우 업무 사용비율

1. 해당 과세연도 업무용승용차 관련비용이 1천5백만원(해당 과세연도가 1년 미만인 경우에는 1천5백만원에 해당 과세연도의 개월수를 곱하고 이를 12로 나누어 산출한 금액) 이하인 경우: 100분의 100
2. 해당 과세연도 업무용승용차 관련비용이 1천5백만원을 초과하는 경우: 1천5백만원을 업무용승용차 관련비용으로 나눈 비율

▶ 운행기록을 작성하지 않은 경우 감가상각비

운행기록을 작성하지 않는 경우 차량 감가상각비가 8백만원을 초과하더라도 8백만원을 감가상각비로 필요경비산입할 수 있는 것은 아닙니다. 예를 들어 차량의 감가상각비가 2천만원이고, 감가상각비를 제외한 차량관련 비용이 2천만원인 경우 업무사용비율은 37.5%[1천5백만원(운행일지를 작성하지 않은 경우 최대 필요경비산입액) ÷ 4천만원(차량유지비 총액)]로서 감가상각비는 750만원만 필요경비에 산입할 수 있는 것입니다.

감가상각비 한도액 및 한도초과액 사후관리

◎ 업무용승용차 감가상각비 계산 방법

[1] 감가상각 방법

▶ **2016년 12월 31일 이전 취득한 승용차의 감가상각비 계상**
2016.12.31. 이전(성실신고확인대상사업자는 경우 2015.12.31.) 취득한 승용차는 기존의 감가상각방법을 적용합니다.

▶ **2017년 1월 1일 이후 취득한 승용차의 감가상각비 계상**
정액법으로 5년간 상각을 하되, 감가상각비 중 **연 800만원**을 초과하는 금액은 이월하여 필요경비산입할 수 있습니다.

[2] 감가상각비 계상

감가상각비 × 업무사용비율(업무사용비율이란 총 사용거리 중 업무용 사용거리가 차지하는 비율을 말합니다.) 단, 800만원을 한도로 함

[3] 리스 또는 렌트 차량의 감가상각비 계상

▶ **시설대여업자로부터 임차한 승용차**
임차료에서 해당 임차료에 포함되어 있는 보험료, 자동차세, 수선유지비를 차감한 금액. 다만, 수선유지비를 별도로 구분하기 어려운 경우 임차료(보험료와 자동차세를 차감한 금액을 말합니다)의 100분의 7을 수선유지비로 계산할 수 있습니다.

▶ **자동차대여사업자로부터 임차한 승용차**
임차료의 100분의 70에 해당하는 금액

🇶 감가상각비 한도액 및 한도초과액 소득처분

[1] 감가상각 의무화
업무용 승용차에 대하여는 의무적으로 감가상각비를 계상하여야 합니다.

▶ 과세연도 중 취득한 업무용 승용차의 감가상각비 계상
사업에 사용한 날부터 당해 과세연도종료일까지의 월수에 따라 계산하며, 월수는 역에 따라 계산하되 1월 미만의 일수는 1월로 합니다.

[2] 리스 또는 렌트 차량
리스 또는 렌트 차량의 경우 임차료(보험료, 자동차세 등을 제외한 금액) 중 감가상각비 상당액에 대해서만 적용하되, 매 년 800만원까지만 필요경비로 인정이 되므로 감가상각비 상당액에 업무사용비율을 곱한 금액이 800만원을 초과하는 경우 해당 금액은 필요경비불산입하고, 유보로 처분한 후 다음 과세연도부터 해당 업무용승용차의 업무사용금액 중 감가상각비 상당액이 800만원에 미달하는 경우 그 미달하는 금액을 한도로 필요경비에 산입합니다. 단, 업무사용이 아닌 금액은 필요경비불산입하고, 인출로 처분하여야 합니다.

▶ 과세연도 중 임차하거나 임차가 종료된 경우 감가상각비 계상
해당 과세연도 중에 임차한 기간으로 계산하며, 월수에 의하여 계산

[3] 감가상각비 한도초과액 소득처분
감가상각비가 800만원을 초과하는 경우 초과금액은 필요경비불산입(유보) 처분한 이후 다음연도 이후의 감가상각비가 800만원에 미달하는 경우 그 미달하는 금액을 한도로 필요경비 추인(△유보)합니다.

업무용차량을 매각한 경우 세무회계

🇶 복식부기의무자 승용차 처분금액 총수입금액 산입

복식부기의무자가 업무용승용차를 매각하는 경우 매각금액은 총수입금액에 산입하여야 하며, 장부가액(취득가액- 감가상각누계액)을 필요경비에 산입하여야 합니다.

다만, 세무상 처분손실이 800만원을 초과하는 경우 처분연도의 과도한 필요경비산입을 방지하기 위하여 800만원만 필요경비산입할 수 있으며, 초과금액은 매 년 800만원을 한도로 필요경비에 산입합니다.

◆ 복식부기의무자 승용차 처분시 매각가액 총수입금액 산입(2016년 이전 취득한 차량 포함)
소득세법 제19소(사업소득) ① 사업소득은 해낭 과세기간에 발생한 다음 각 호의 소득으로 한다. 다만, 제21조제1항제8호의2에 따른 기타소득으로 원천징수하거나 과세표준확정신고를 한 경우에는 그러하지 아니하다.
20. 제160조제3항에 따른 복식부기의무자가 차량 및 운반구 등 대통령령으로 정하는 사업용 유형자산을 양도함으로써 발생하는 소득. 다만, 제94조제1항제1호에 따른 양도소득에 해당하는 경우는 제외한다.

🇶 업무용 승용차 처분손실 한도액 및 이월

매각연도 이전 감가상각비한도초과액이 있는 경우 처분연도에 전액 필요경비로 추인하며, 처분손실은 세무상 금액으로 하되, 800만원을 초과하는 금액은 다음연도 이후 매년 800만원을 한도로 필요경비로 추인한다.

[사례] 복식부기의무자 업무용 승용차매각과 총수입금액 산입 등
취득가액 5천만원, 감가상각누계액 3천만원
감가상각부인액 6백만원(연간 8백만원 초과액 : 2백만원 × 3년)
차량 매각금액 1천만원(부가세 별도),

차량 매각시 분개처리

보통예금   11,000,000 / 부가세예수금   1,000,000
감가상각누계액   30,000,000   차량운반구   50,000,000
유형자산처분손실   10,000,000

[사례] 업무용 승용차 처분손실 및 한도초과금액 필요경비불산입액 계산 (단위 천원)

회계		세무	
취득가액	50,000	취득가액	50,000
감가상각비누계액	30,000	감가상각비 누계액	30,000
		(세무상) 감가상각 누계액	24,000
		[세무조정] 한도초과액 이월	6,000
장부가액	20,000	(세무상) 장부가액	26,000
처분가액	10,000	처분가액	10,000
처분손실	10,000	(세무상) 처분손실	(16,000)
		[세무조정] 당기 필요경비	6,000
		[세무조정] 처분연도 필요경비	8,000
		한도초과 이월 필요경비	8,000

<세무조정>

(필요경비불산입) 유형자산처분손실   10,000,000원 (인출)

(총수입금액산입) 차량매각금액   10,000,000원 (인출)

(필요경비산입) 차량 장부가액   20,000,000원 (기타)

(필요경비산입) 감가상각부인액   6,000,000 (△유보)

(필요경비불산입) 유정자산처분손실 한도초과액 800만원 (유보)

(처분손실 1천6백만원 - 한도액 800만원)

SECTION 08

소득이 적은 사업자 지원제도 근로장려금

사업소득 또는 근로소득이 있으나 소득이 적어 생활이 어려운 가구를 지원하기 위하여 정부는 소득지원제도인 근로장려금을 지급하고 있으며, 국세청에 신청하면 심사후 지급하여 줍니다.

근로장려금 지원기준 및 금액

소득금액 기준

● **연간 총소득의 합계액이 다음의 기준금액 미만일 것**

거주자 및 배우자를 포함한 세대원(18세 미만 자녀 및 거주자 또는 그 배우자와 동일한 주소에 거주하는 직계존속과 직계비속))의 **연간 총소득의 합계액**이 총소득기준금액 미달하는 경우 근로장려금을 지급하며, 연간 총소득의 합계액에는 **사업소득**, 근로소득, 기타소득, 이자소득, 배당소득, 연금소득 등을 모두 포함한 금액으로 합니다.

■ 총소득기준금액

가구의 구성		총소득기준금액	최대지원금액
단독가구		2,200만원	150만원
가족가구	홀벌이	3,200만원	260만원
	맞벌이	3,800만원	300만원

▶ **단독가구**

배우자와 부양자녀가 없는 가구

▶ **홀벌이가구**

1. 배우자가 있는 경우로서 배우자의 소득이 연간 300만원 미만인 경우
2. 18세 이하 부양자녀가 있는 경우
3. 배우자가 없어도 70세 이상의 부모를 부양하는 경우(단, 주민등록표상 동거가족으로서 생계를 같이하고, 부모의 연소득 100만원 이하여야 함)

▶ **맞벌이가구**

맞벌이가구인 경우 배우자의 근로소득 총급여(비과세소득 제외) 및 사업소득의 연간 합계액이 **3백만원 이상**이어야 합니다.

● 소득종류별 소득금액 계산 방법

- 근로소득 = 총급여(비과세금액 제외)
- 사업소득 = 총수입금액 × <u>업종별 조정률</u>
- 이자·배당·연금소득 = 총수입금액
- 기타소득 = 총수입금액 - 필요경비

▶ **사업소득의 업종별 조정률**

1. 도매업 : 100분의 20
2. 농업·임업 및 어업, 광업, 자동차 및 부품 판매업, **소매업**, 부동산 매매업, 그 밖에 다른 목에 해당되지 아니하는 사업 : 100분의 30
3. 제조업, 음식점업, 건설업(비주거용 건물 건설업은 제외하고, 주거용 건물 개발 및 공급업을 포함한다): 100분의 45
4. 상품중개업, 숙박업, 하수·폐기물처리·원료재생 및 환경복원업, 운수업, 출판·영상·방송통신 및 정보서비스업, 금융 및 보험업 : 100분의 60
5. 부동산 관련 서비스업, 전문·과학 및 기술서비스업, 사업시설관리 및 사업지원서비스업, 교육서비스업, 보건업 및 사회복지서비스업, 예술·스포츠 및 여가 관련 서비스업, 수리 및 기타 개인 서비스업 : 100분의 75
6. 부동산임대업, 임대업(부동산 제외), 인적용역, 가구 내 고용활동: 100분의 90

부양가족 기준

▶ **배우자 또는 자녀가 있는 경우**

배우자가 있거나 18세 이하 자녀가 있는 경우 홀벌이 가구 또는 맞벌이 가구의 근로장려금을 신청할 수 있으며, 이 경우 세대구성원 전부의 소득 및 재산이 기준금액 미만이어야 합니다.

▶ **배우자 또는 부양자녀 여부**

배우자 및 부양자녀 여부는 **해당 연도의 과세기간 종료일(12월 31일) 현재**를 기준으로 하며, 부양자녀가 해당 연도의 과세기간 중에 18세 미만에 해당하는 날이 있는 경우 18세 미만으로 봅니다.

| 보 충 | 부양자녀 요건 : 다음 각 호의 요건을 모두 갖춘 사람 |

1. 거주자의 자녀이거나 동거입양자일 것. 다만, 부모가 없거나 부모가 자녀를 부양할 수 없는 경우 거주자의 손자·손녀 또는 형제자매를 포함합니다.
2. 18세 미만일 것. (장애인의 경우 연령 제한을 받지 않습니다.)
3. 연간 소득금액의 합계액이 100만원 이하일 것
4. 주민등록표상의 동거가족으로서 해당 거주자의 주소나 거소에서 현실적으로 생계를 같이 하는 사람일 것. 다만, 직계비속의 경우에는 그러하지 않음

재산 기준

거주자 및 배우자를 포함한 세대원(18세 미만 자녀 및 거주자 또는 그 배우자와 동일한 주소에 거주하는 직계존속과 직계비속)이 소유하고 있는 토지·건물·자동차·예금 등 재산 합계액(부채는 공제하지 않음)이 **직전연도 6월 1일 기준**으로 **2억원 미만**이어야 합니다. 단, 재산 합계액이 1.4억원 이상인 경우 근로장려금은 근로장려금 산정금액의 100분의 50에 해당하는 금액으로 합니다.

| 보 충 | 재산의 합계액에 포함하는 재산 |

1. 토지 및 건축물
2. 승용자동차. 다만, 영업용 승용자동차는 제외합니다.
3. 전세금(임차보증금 포함) : 시가표준액을 준용하여 평가한 금액의 100분의 60 이내에서 국세청장이 정하여 고시하는 금액(55%)
4. 이자소득을 발생시키는 예금·적금·부금·예탁금·저축성보험 등 다만, 금융재산의 개인별 합계금액이 5백만원 미만인 경우 제외
5. 유가증권 및 회원제 골프장을 이용할 수 있는 회원권
6. 부동산을 취득할 수 있는 권리

[개정 세법] 근로·자녀장려금 재산요건 완화(조특법 §100의3 · 5 · 28)

종 전	개 정
□ 근로·자녀장려금 지급대상자 재산요건 ○ 재산합계액 2억원 미만 - 1.4억원 이상 시 근로·자녀 장려금 50% 지급	□ 재산요건 완화 ○ 2억원 미만 → 2.4억원 미만 - 1.7억원 이상 시 근로·자녀 장려금 50% 지급

<적용시기> '23.1.1. 이후 신청하는 분부터 적용

근로장려금 지원금액

[1] 단독가구

총급여액 등	근로장려금	비고
400만원 미만	총급여액 등 × 150/400	
400만원 이상 900만원 미만	150만원	
900만원 이상 1,300만원 미만	150만원 - (총급여액 등 - 900만원) × 150/1100	

[2] 홀벌이 가족가구

총급여액 등	근로장려금	비고
700만원 미만	총급여액 등 × 260/700	
700만원 이상 1,400만원 미만	260만원	
1,400만원 이상 3,000만원 미만	260만원 - (총급여액 등 - 1,400만원) × 260/1600	

[3] 맞벌이 가족가구

총급여액 등	근로장려금	비고
800만원 미만	총급여액 등 × 300/800	
800만원 이상 1,700만원 미만	300만원	
1,700만원 이상 3,600만원 미만	300만원 - (총급여액 등 - 1,700만원) × 300/1,500	

근로장려금 신청 및 환급

① 근로장려금을 지원받으려는 근로자 및 사업자는 종합소득과세표준 확정신고 기간(5. 1. ~ 5. 31.)에 '근로장려금신청서'에 근로장려금 신청자격을 확인하기 위하여 필요한 증거자료를 첨부하여 관할 세무서장에게 근로장려금을 신청하여야 하며, 근로장려금의 신청을 한 경우에만 근로장려금을 지원받을 수 있습니다.

② 제1항에도 불구하고 반기(半期)동안 근로소득만 있는 거주자는 상반기 소득분에 대하여 8월 21일부터 9월 10일까지, 하반기 소득분에 대하여 다음 연도 2월 21일부터 3월 10일까지 근로장려금신청서에 근로장려금 신청자격을 확인하기 위하여 필요한 자료를 첨부하여 납세지 관할 세무서장에게 근로장려금을 신청할 수 있습니다.

[개정 세법] 근로·자녀장려금 기한 후 신청 시 지급금액 인상(조특법 §100의7)
근로 · 자녀장려금 기한 후 신청 시[정기 신청기한(5.31.) 다음날부터 6개월 이내] 감액지급
장려금 산정액의 90%를 지급
[개정] 2024.1.1. 이후 신청하는 분부터 장려금 산정액의 95%를 지급

■ (개정 세법) 근로장려금 지급액 인상(조특법 §100의5①)

종 전	개 정
□ 근로장려금 지급액	□ 지급액 인상
○ 단독 가구	○ 단독 가구

○ 단독 가구

총급여액등*	근로장려금
400만원 미만	총급여액등 × 400분의 150
400만원 이상 900만원 미만	150만원
900만원 이상 2,200만원 미만	150만원 - (총급여액등 - 900만원) × 1,300분의 150

* 근로소득 + 사업소득(총수입금액×업종별조정률)

총급여액등	근로장려금
400만원 미만	총급여액등 × 400분의 165
400만원 이상 900만원 미만	165만원
900만원 이상 2,200만원 미만	165만원 - (총급여액등 - 900만원) × 1,300분의 165

○ 홑벌이 가구

총급여액등	근로장려금
700만원 미만	총급여액등 × 700분의 260
700만원 이상 1,400만원 미만	260만원
1,400만원 이상 3,200만원 미만	260만원 - (총급여액등 - 1,400만원) × 1,800분의 260

총급여액등	근로장려금
700만원 미만	총급여액등 × 700분의 285
700만원 이상 1,400만원 미만	285만원
1,400만원 이상 3,200만원 미만	285만원 - (총급여액등 - 1,400만원) × 1,800분의 285

○ 맞벌이 가구

총급여액등	근로장려금
800만원 미만	총급여액등 × 800분의 300
800만원 이상 1,700만원 미만	300만원
1,700만원 이상 3,800만원 미만	300만원 - (총급여액등 - 1,700만원) × 2,100분의 300

총급여액등	근로장려금
800만원 미만	총급여액등 × 800분의 330
800만원 이상 1,700만원 미만	330만원
1,700만원 이상 3,800만원 미만	330만원 - (총급여액등 - 1,700만원) × 2,100분의 330

<적용시기> '23.1.1. 이후 신청하는 분부터 적용

자녀장려금 지원기준 및 지원금액

자녀장려금이란 사업소득 또는 근로소득이 있는 자로서 일정 소득기준 및 재산기준에 미달하는 경우 자녀양육비를 지원하기 위한 제도로서 해당 과세연도 12월 31일 현재 **18세 미만인 자녀**가 있고, 거주자와 그 배우자의 연간 총소득 합계액이 **4천만원 미만**이면서 가구원 **재산 합계액이 2억원 미만**인 경우 자녀 1인당 최대 70만원을 지원받을 수 있으며, 근로장려금과는 별도로 지급받을 수 있습니다.

■ 가구원 요건

가구명칭	가구 구분	가구원 구성
단독가구		배우자.부양자녀.부양부모가 없는 경우
홑벌이가구	배우자의 총급여액 등이 3백만원 미만인 가구	배우자·18세 미만 부양자녀·생계를 같이하는 70세 이상 부,모가 있는 경우
맞벌이가구	배우자의 총급여액 등이 3백만원 이상인 가구	

■ 총소득 요건
가구원 구성에 따라 거주자(배우자 포함)의 연간 총소득 기준금액이 다음표의 금액 미만이어야 합니다.

가구원 구성		단독 가구	홑벌이 가구	맞벌이 가구
총 소 득 기준금액	근로장려금	2,200만원	3,200만원	3,800만원
	자녀장려금	-	4,000만원	

■ 재산 요건
가구원 모두의 재산(토지.건물.자동차.예금.전세보증금 등)을 합산하여 2억원 미만이어야 하며, 부채는 차감하지 않습니다.

[개정 세법] 자녀장려금 대상 및 지급액 확대
(조특법 §100의28·§100의29)

현 행	개 정
□ 자녀장려금 소득요건 및 지급액	□ 소득요건 상향 및 지급액 인상
○ (소득요건)총소득기준금액 4,000만원 미만인 홑벌이·맞벌이 가구	○ 총소득기준금액 7,000만원 미만인 홑벌이·맞벌이 가구
○ (지급액) 자녀 1인당 최대 80만원	○ 자녀 1인당 최대 100만원
- 홑벌이 가구	- 홑벌이 가구

- 홑벌이 가구

총급여액등	자녀장려금	총급여액등	자녀장려금
2,100만원 미만	자녀 1인당 80만원	2,100만원 미만	자녀 1인당 100만원
2,100만원 이상 4,000만원 미만	80만원 - (총급여액등 - 2,100만원) × 1,900분의 30	2,100만원 이상 7,000만원 미만	100만원 - (총급여액등 - 2,100만원) × 4,900분의 50

- 맞벌이 가구

총급여액등	자녀장려금	총급여액등	자녀장려금
2,500만원 미만	자녀 1인당 80만원	2,500만원 미만	자녀 1인당 100만원
2,500만원 이상 4,000만원 미만	80만원 - (총급여액등 - 2,500만원) × 1,500분의 30	2,500만원 이상 7,000만원 미만	100만원 - (총급여액등 - 2,500만원) × 4,500분의 50

<적용시기> '24.1.1. 이후 신청하는 분부터 적용

4

지출증빙, 과세자료 세무조사, 가산세등

SECTION 01

정규영수증 제도

국세청은 사업자가 소득금액을 줄이기 위한 방법으로 매출을 누락하거나 실제 지출하지 않은 경비를 지출한 것처럼 계상하여 소득을 줄이는 편법을 방지하기 위하여 비용지출에 대하여 법에서 정하는 영수증을 수취하도록 규정하고 있으며, 이러한 영수증을 '정규영수증'이라고 합니다.

한편, 국세청은 사업자의 법인세 또는 소득세 신고내용을 분석하여 가짜 경비를 계상한 것으로 추정되는 경우 경비로 계상한 금액과 정규영수증 제출금액과의 차액을 분석하여 그 사유에 대한 소명을 요구하게 되며, 이에 대하여 정당한 소명을 하지 못하는 경우 세무조사 등을 통하여 소득세 또는 법인세 및 무거운 가산세를 부과하게 됩니다.

단, 실제 비용을 지출하였다하더라도 정규영수증을 수취하지 않는 경우 비용으로는 인정을 받을 수 있으나 거래금액의 100분의 2를 가산세로 추징당할 수 있습니다.

정규영수증 개요

❓ 국세청은 왜 사업자의 경비 지출시 정규영수증 수취를 의무화하고 있나요?

사업자의 사업소득금액은 수익에서 비용을 차감한 것으로 하며, 비용은 사업자의 이익을 감소시킵니다. 예를 들어 매출이 2억원이고 매출을 위하여 발생한 비용이 1억원인 경우 사업자의 사업소득금액은 1억원이 됩니다.

세법은 납세자가 자기의 소득을 스스로 계산하여 신고.납부하도록 규정하고 있습니다. 따라서 과세당국은 납세자가 자기의 소득을 세법의 규정에 따라 정확히 계산하여 성실하게 자진신고 및 납부하도록 법률에 규정하고 있으며, 이를 이행하지 않을 경우 가산세를 부과하거나 세무조사를 하여 공평과세를 구현하고 있습니다.

반면, 사업자는 어떻게든 세금을 적게 내기를 원할 것입니다. 사업자가 적법한 방법으로 세금을 절약하는 것은 정당하나 어떤 경우에는 탈법적인 방법으로 세금을 줄이기 위하여 매출을 누락하거나 실제 발생하지 않은 비용을 발생한 것으로 처리하여 이익을 줄여 신고하는 경우가 발생할 수 있을 것입니다.

예를 들어 매출과 관련하여 실제 발생한 비용은 1억원인데 실제 지출하지 않은 비용 5천만원을 비용처리하고 정규영수증이 아닌 간이영수증을 증빙으로 수취한 경우 소득을 5천만원 줄여서 신고할 수 있을 것입니다. 따라서 과세당국은 납세자가 가짜 영수증을 수취하여 실제 발생하지 않은 비용을 비용처리하는 것을 원천적으로 방지하기 위하여 가능한 모든 방법을 동원하고 있으며, 그 대표적인 수단이 정규영수증 제도입니다.

세법은 정규영수증을 수취하여야 하는 사업자(직전연도 수입금액이 4800만원 이상인 사업자)가 정규영수증 수취대상거래에 대하여 실제 비용으로 지출을 하였다 하더라도 정규영수증을 수취하지 않는 경우 경비로는 인정을 하여 주나 거래금액의 100분의 2를 가산세로 부과할 수 있는 가산세 규정을 두어 납세자가 정규영수증이 아닌 간이영수증 등을 수취하여 비용처리하는 것을 제재하고 있는 것입니다.

정규영수증이란 **세금계산서, 계산서, 신용카드매출전표, 현금영수증**을 말합니다. 정규영수증 발급내용은 전부 국세청 전산시스템으로 연계되어 매출자의 매출신고내용 및 매입자의 비용 정당성 여부를 동시에 통제할 수 있습니다.

즉, 매입자로 하여금 정규영수증을 수취하도록 하여 매출자의 매출신고 누락을 방지하고 매입자가 가짜로 비용처리하는 것을 철저히 관리하는 것입니다. 다만, 정규영수증을 수취할 수 없는 경우 및 납세자의 편의를 위하여 건당 거래금액이 3만원 이하[접대비 1만원(2021년 이후 3만원)]의 소액거래에 대하여는 예외규정을 두고 있습니다.

보 충 매출누락 방지 및 가짜 매입 방지방법

과세사업자가 물품등을 매입하고 매입세금계산서의 매입세액을 공제받고, 비용으로 인정받기 위하여 매입 세금계산서 수취내용을 신고하도록 하여 매입자가 세금계산서 수취내용을 신고하였으나 매출자가 이를 신고하지 않는 경우 사업자등록번호로 크로스 체크하여 매출누락에 대하여 세금을 추징하며, 매입자의 비용 중 정규영수증 수취비율을 분석하여 동종업종에 비하여 정규영수증 수취비율이 낮은 경우 조사선정을 하기도 합니다.

❓ 세법에서 인정하는 증빙에는 어떤 것이 있나요?

● 비용 지출 및 감가상각대상 자산 매입 증빙

구 분	수 취 대 상	제 출 기 한
세금계산서	과세대상 재화 또는 용역 매입	과세사업자 : 부가세신고시 면세사업자 : 다음해 1월말일
계 산 서	면세대상 재화 또는 용역 매입	과세사업자 : 부가세신고시 면세사업자 : 다음해 1월말일
신용카드 매출전표	과세 및 면세대상 재화, 용역 매입	매입세액공제분만'신용카드매출전표 등수취명세서 제출
현 금 영 수 증	현금을 지급하고 수취한 현금영수증	매입세액공제분만'신용카드매출전표 등수취명세서 제출

● 인건비 관련 및 기타 원천징수대상소득 지급 증빙

직원에 대한 급여를 지급하거나 퇴직금을 지급하는 경우 및 일용근로자에게 일당을 지급하는 경우 또는 사업자등록이 없는 개인으로부터 인적용역(외부강사료 또는 번역료 등)을 제공받고 그 대가를 지급하는 경우 그 지급사실에 대한 내역서인 지급명세서를 작성하여 제출기한내 세무서에 제출하여야 합니다. 또한 금융기관이 아닌 개인에게 이자를 지급하는 경우에도 이자지급에 대한 지급명세서를 제출하여야 합니다.

> **사 례** 금융기관에 지급하는 이자비용 지출증빙
> 금융기관에 지급하는 이자는 정규영수증 수취대상이 아닙니다. 따라서 이 경우 금융기관에 이자를 송금한 내용 및 금융기관이 발행한 이자영수증이 증빙이 되는 것입니다.

| 보 충 | 원천징수대상소득 및 지급명세서 제출기한 |

구 분	지 출 증 빙	제 출 기 한
계속근로자	근로소득지급명세서	다음해 3월 10일
일용근로자	일용근로소득 지급명세서	해당 분기의 다음달 말일 단, 4/4분기 지급액은 다음해 2월 말일
퇴 직 자	퇴직소득지급명세서	다음해 3월 10일

구 분	지 출 증 빙	제 출 기 한
이 자 비 용	이자소득지급명세서	다음해 2월 말일
기 타 소 득	기타소득지급명세서	다음해 2월 말일
사 업 소 득	사업소득지급명세서	다음해 3월 10일

[개정 세법] 지급명세서 등 제출주기 단축(소득세법 §164, §164의3)

종 전	개 정
□ 지급명세서 등 제출주기 ○ 일용근로소득에 대한 지급명세서 : 매 분기 지급일이 속하는 분기의 마지막 달의 다음 달 말일 ○ 원천징수대상 사업소득에 대한 간이지급명세서 : 매 반기 지급일이 속하는 반기의 마지막 달의 다음 달 말일	□ 지급명세서 등 제출주기 단축 ○ 일용근로소득에 대한 지급명세서 : **매월** 지급일이 속하는 달의 **다음 달 말일** ○ 원천징수대상 사업소득에 대한 간이지급명세서 : **매월** 지급일이 속하는 달의 **다음 달 말일**

<적용시기> '21.7.1. 이후 지급하는 소득분부터 적용

어떤 경우 정규영수증을 수취하여야 하나요?

기업은 사업과 관련한 각종 경비지출시 반드시 그 지출을 입증할 수 있는 증빙서류를 첨부하여 보관하여야 합니다. 지출에 대한 증빙서류에 대한 법적규제가 없는 경우 사업자가 임의의 영수증(간이영수증 등)을 수취하여 지출 금액을 조작하여 탈세의 수단으로 이용할 수 있으므로 세법은 지출에 대한 증빙서류의 종류를 엄격히 규정하고 있습니다.

사업자가 사업과 관련하여 사업자등으로부터 재화 또는 용역을 공급받고 건 당 거래금액이 **3만원(접대비는 1만원)**을 초과하여 그 대가를 지급하는 경우에 세금계산서, 계산서, 현금영수증, 신용카드매출전표 등 정규영수증을 수취하여 이를 보관하여야 합니다. 단, 세법에서 특정한 거래(정규영수증 수취예외거래)는 제외합니다.

경비 지출 거래에 대하여 정규영수증을 수취하지 않았으나 실제 거래를 한 경우 비용으로는 인정되나 그 거래금액의 100분의 2에 해당하는 금액을 가산세로 징수하도록 규정하고 있습니다. 실무에서 세법이 규정하고 있는 정규영수증을 원칙대로 수취하기란 현실적으로 어려운 점이 있으나 비용 지출시 가능한 정규영수증을 수취하되, 정규영수증 수취가 어려운 경우 증빙불비가산세 문제는 별개로 하더라도 그 지출에 대한 비용은 인정받아야 하므로 객관적으로 입증될 수 있는 증빙서류를 확보하여 보관하여야 할 것입니다.

[개정 세법] 적격증빙 없는 소액접대비 기준금액 인상(소득령 §83)
적격증빙이 없더라도 손금불산입하지 않는 소액접대비 기준금액
(종전) 경조금 20만원, 그 외 1만원
(개정) 경조금 20만원(현행유지), 그 외 1만원 → 3만원

🅠 사업자와의 거래

정규영수증 수취대상 거래는 사업자와의 거래로 사업자라 함은 다음 각 항의 어느 하나에 해당하는 사업자를 말합니다. 따라서 사업자가 아닌 개인과의 거래는 정규영수증 수취대상이 아니므로 해당 거래에 대한 지출을 증빙할 수 있는 서류(영수증)를 수취하여 보관하고 금융기관을 이용하여 송금하면 됩니다. 예를 들어 개인으로부터 중고자동차 등을 매입하는 경우에는 정규영수증 수취대상거래가 아닙니다.

① 영리법인 및 수익사업을 영위하는 비영리법인
② 부가가치세법의 규정에 의한 사업자. 다만, 읍·면지역에 소재하는 간이과세자로서 신용카드가맹점 또는 현금영수증가맹점이 아닌 사업자는 제외합니다.
③ 소득세법의 규정에 의한 사업자 및 비거주자. 다만, 동법 국내사업장이 없는 비기주자를 제외합니다.

🅠 건당 거래금액이 3만원을 초과하는 거래

거래 건 당 공급대가(부가세 포함)가 3만원[접대비 : 1만원(2021년 이후 3만원)]을 초과하는 거래인 경우 정규영수증을 수취하여야 합니다. 3만원 초과 거래여부의 판단은 거래 1건별 영수증금액(부가세 포함)을 기준으로 판단하며, 동일한 거래에 대하여 영수증을 분할하여 발급받은 경우에도 합산한 금액을 1건의 거래로 봅니다.

정규영수증 수취대상이 아닌 경우

🅠 정규영수증 수취대상 제외사업자와의 거래

■ 국가, 지방자치단체에 납부하는 세금 등

■ 국민연금, 건강보험료, 고용보험, 산재보험료 납부금액

■ 비영리단체에 지출하는 조합비, 협회비 등

■ 농·어민(법인 제외)으로부터 재화, 용역을 직접 공급받은 경우

■ 은행, 보험회사, 신용카드사에 지출한 각종 수수료
대출이자, 할부이자, 송금수수료, 보증보험료, 리스료, 어음할인료 환전수수료, 신용카드수수료, 보험료, 증권회사수수료 등

■ 읍·면지역에 소재하는 간이과세자로서 신용카드가맹점이 아닌 사업자
읍·면지역(도농복합 시지역의 읍면지역 포함)에 소재하는 간이과세자로 신용카드가맹점이 아닌 사업자인 경우 해당 사업자가 발행하는 간이영수증 등을 지출증빙으로 수취하면 됩니다.

🅠 정규영수증 수취하지 않아도 되는 거래

[1] 건당 거래금액이 3만원 이하인 거래
건당 거래금액이 3만원 이하인 경우 정규영수증 수취하여야 할 의

무는 없습니다. 다만, 정규영수증은 아니더라도 간이영수증 등은 수취하여 두어야 합니다. 3만원 초과 거래 여부의 판단은 거래 1건별 영수증금액(부가세 포함)을 기준으로 판단하며, 동일한 거래에 대하여 영수증을 분할하여 발급받은 경우에도 합산한 금액을 1건의 거래로 봅니다.

[2] 거래처 경조사비(20만원 이하) 및 종업원 경조사비

거래처에 대한 경조사비의 경우 적격증빙 수취가 현실적으로 불가능한 경우가 대부분이지만, 화환대 등 적격증빙 수취가 가능한 것은 계산서 등 적격증빙을 수취하여야 한다. 단, 축의금 및 조의금 등은 적격증빙을 수취할 수 없는 경우라도 **20만원 이하의 금액**은 접대비로 인정될 수 있다.

[3] 재화 또는 용역의 공급으로 보지 아니하는 거래
○ 조합 또는 협회에 지출하는 경상회비
○ 판매장려금(현금 지급) 또는 포상금 등 지급
○ 거래의 해약으로 인한 위약금, 손해배상금
○ 기부금

[4] 기타
○ 항공요금, 철도의 여객운송용역
○ 택시비, 입장권, 승차권, 승선권, 통행료 등
○ 연체이자를 지급하는 경우
○ 방송용역, 전기통신용역

> 다음의 하나에 해당하는 경우로서 공급받은 재화 또는 용역의 거래금액을 금융기관을 통하여 지급한 경우로서 법인사업자는 법인세과세표준신고서에 송금사실을 기재한 '경비 등의 송금명세서'를 개인사업자는 종합소득세 신고시 '영수증수취명세서'를 관할 세무서장에게 제출하는 경우

■ 간이과세자로부터 부동산임대용역을 제공받은 경우

■ 임가공용역을 제공받은 경우(법인과의 거래를 제외한다)

■ 간이과세자인 운수업자로부터 운송용역을 공급받은 경우

■ 간이과세자로부터 재활용폐자원 등을 공급받은 경우

■ 항공법에 의한 상업서류 송달용역을 제공받는 경우
DHL, UPS 등의 상업서류 송달용역은 부가가치세법상 세금계산서 발급의무를 면제하고 있는 것을 고려하여 경비등의 송금명세서를 제출하면 정규증빙 미수취가산세가 적용되지 않습니다.

■ 부동산중개업자(공인중개사)에게 수수료를 지급하는 경우

■ 통신판매에 따라 재화 또는 용역을 공급받은 경우

■ 기타 국세청장이 정하여 고시하는 경우
1. 인터넷, PC통신 및 TV홈쇼핑을 통하여 재화 또는 용역을 공급받는 경우
2. 우편송달에 의한 주문판매를 통하여 재화를 공급받는 경우

● 정규영수증외의 영수증 수취명세서 제출의무

[1] 영수증 수취명세서 제출의무

개인사업자가(소규모사업자 제외) 다른 사업자로부터 재화나 용역을 공급받고 적격증빙(세금계산서, 계산서, 신용카드매출전표, 현금영수증) 외의 것을(간이영수증 등) 수취한 경우에는 종합소득세 확정신고 시 '영수증수취명세서'를 제출하여야 합니다.

▶ 소규모사업자
1. 해당 과세기간에 신규로 사업을 개시한 사업자
2. 직전 과세기간의 사업소득의 수입금액이 4천800만원에 미달하는 사업자
3. 원천징수대상 사업소득만 있는 자

[2] 제출대상

거래건당 3만원을 초과하고 계산서·세금계산서·신용카드매출전표 및 현금영수증이 아닌 영수증을 기재한 것으로서 다음의 명세서제출 제외대상 거래가 아닌 것

영수증수취명세서(1)

1. 세금계산서·계산서·신용카드 등 미사용 내역

⑨구 분	3만원 초과 거래분		
	⑩총　　　계	⑪명세서제출제외대상	⑫명세서제출대상(⑩ - ⑪)
⑬건 수			
⑭금 액			

2. 3만원 초과 거래분 명세서제출 제외대상 내역

구 분	구 분
⑮읍·면지역소재	㉖부동산구입
⑯금융·보험용역	㉗주택임대용역
⑰비거주자와의 거래	㉘택시운송용역
⑱농어민과의 거래	㉙전산발매통합관리시스템 가입자와의 거래
⑲국가·지방자치단체 또는 지방자체단체조합과의 거래	㉚항공기항행용역
⑳비영리법인과의 거래	㉛간주임대료
㉑원천징수대상사업소득	㉜연체이자지급분
㉒사업의 양도	㉝송금명세서제출분
㉓전기통신·방송용역	㉞접대비필요경비부인분
㉔국외에서의 공급	㉟유료도로 통행료
㉕공매·경매·수용	㊱합 계

[3] 명세서 제출대상거래

영수증 수취명세서(2) 서식에 공급자 내역을 건별로 기재

		영수증수취명세서(2)					
		영수증수취명세 제출대상 거래내역					
⑤일련번호	⑥거래일자	공 급 자				⑪거래금액	⑫비고
		⑦상 호	⑧성 명	⑨사 업 장	⑩사업자등록번호		

[4] 경비등의 송금명세서

영수증 수취명세서 ㉝송금명세서제출분의 경우 경비등의 송금명세서를 별도로 작성하여 제출을 하여야 합니다. 다만, 경비등의 송금명세서를 제출하지 않는 경우 제출한 영수증 수취명세서가 불분명하다고 인정되어 가산세가 적용될 수 있습니다.

경비 등의 송금명세서								
3. 거래·송금명세 및 공급자									
⑤ 일련번호	⑥ 거래일	⑦ 상 호	⑨ 사업자 등록번호	⑩ 거래명세	⑪ 거래금액	⑫ 송금일	⑬ 은 행 명
		⑧ 성 명					⑭ 계좌번호

🅠 증빙수취와 관련하여 주의하여야 할 사항

[1] 간이과세자와 거래시 어떤 증빙을 받아야 하나요?

거래상대방이 간이과세자인 경우 세금계산서를 발급할 수 없기 때문에 현금영수증을 수취하거나 신용카드로 결제하여야 합니다. 다만, 직전연도 공급가액이 4800만원 초과 8000만원 이하인 세금계산서 발급대상 간이과세자로부터 재화 또는 용역을 공급받은 경우에는 세금계산서를 수취하여야 합니다. 한편, 면세되는 물품 또는 서비스를 공급하는 간이과세자는 면세계산서를 발행할 수 있습니다.

[2] 개인(미등록자)으로부터 과세재화를 공급받는 경우

사업자등록이 없는 개인으로부터 물품 등(중고자동차 취득 등)을 구입하는 경우 그 지급사실을 증명할 수 있는 영수증을 수취하고, 금융기관을 통하여 송금한 송금영수증을 보관하시면 됩니다.

[3] 간이사업자 또는 미등록사업자와의 거래시 대금지급은 금융기관을 이용하여 결제하여야 합니다.

금융기관을 통하여 지급하지 아니한 경우 가산세가 징수될 수 있으므로 금융기관을 통하여 지급을 하여야 합니다.

정규영수증 과소 수취에 대한 해명 요구

Q 사업과 관련한 비용(필요경비)에 대한 증빙이 부족한 경우 어떤 문제가 발생할 수 있나요?

국세청은 법인의 법인세신고 및 개인사업자의 종합소득세 신고내용에 대하여 손금 또는 필요경비로 계상한 금액과 정규영수증을 제출한 금액을 분석하여 손금 또는 필요경비 대비 정규영수증 제출비율이 상대적으로 낮은 사업자에 대하여 실제 경비를 지출하지 않았음에도 경비를 지출한 것처럼 허위로 법인세 또는 소득세를 신고한 혐의가 있는 것으로 보고, 손금산입한 금액과 정규영수증 제출금액에 중대한 차이가 있는 경우 그 사유를 사업자에게 소명요구를 하거나 수정신고를 하도록 하고 있습니다.

그리고 관할 세무서는 사업자가 지출에 대한 증빙을 제출하지 못한 금액에 대하여 사업자가 소득을 누락한 것으로 보고 법인세 또는 소득세를 추징함으로써 사업자가 소득을 정당하게 신고하지 않으면 안 되도록 시스템을 만들었습니다.

한편, 소규모 사업자의 경우 어려운 현실을 감안하여 소득세 신고시 비용처리란 금액과 정규영수증 제출 내용에 대하여 해명요구를 유보하여 왔지만, 최근 국세청은 소상공인에 대해서도 종합소득세 신고내용을 분석하여 사업자가 비용처리한 금액과 정규영수증 제출금액을 대비하여 정규영수증 제출비율이 상대적으로 낮은 업체로서 그 차이 금액이 중요한 경우 해명자료를 요구하고 있으며, 사업자가 이와 같이 정규영수증 없이 경비처리한 금액에 대한 해명자료를 받은 경우 정말 어려운 문제가 발생할 수 있습니다.

이 경우 사업자는 지출에 대한 증빙이 없다하여 이미 간편장부 또는 복식부기기장에 의하여 신고한 내용에 대하여 추계(사업과 관련한 수입금액에 국세청이 정한 소득율을 곱하여 소득금액을 계산하는 방법)에 의한 종합소득세 신고도 할 수 없고, 관할 세무서에서는 사업자가 장부 및 증빙이 부족하다하여 추계에 의한 결정을 하지 않음으로 사업자가 지출에 대한 명확한 증빙서류를 소명할 수 없는 경우 소명하지 못한 금액을 소득으로 추정하여 감당하기 어려운 세금을 부과할 수도 있다 보니 이러한 소명요구를 받은 사업자가 겪어야 하는 어려움은 매우 심각한 문제입니다.

뿐만 아니라 소상공인의 거래처가 소득세 또는 법인세를 줄이기 위하여 소상공인에게 실제 거래금액보다 세금계산서를 더 발행하여 줄 것을 요구하거나 압박하는 경우 소상공인은 거래처와의 거래에 생존권이 달려 있다 보니 부득이 실제 거래없이 세금계산서를 발행하는 경우가 있고, 이 경우 거래처는 소득을 줄여 세금을 줄일 수 있으나 소상공인 자신은 종합소득세신고를 함에 있어 가공 매출로 인하여 가공 매출분에 대한 경비가 부족하여 정규영수증 없이 실제 지출하지 않은 것을 지출한 것처럼 장부에 계상하여 소득세 신고를 하게 되는 경우가 있습니다.

그런데 국세청은 이제 소상공인의 경우에도 소득세 신고서의 경비금액과 정규영수증 제출비율을 분석하여 그 금액이 중요한 경우 해명자료를 요구함으로써 소상공인은 세금문제로 치명적인 어려움을 겪게 되는 것입니다. 이러한 국세청의 압박은 향후에도 계속될 것이므로 소규모 사업자라 하더라도 지출에 대한 증빙없이 필요경비로 계상하는 일은 없도록 종합소득세 신고시 유의를 하여야 하며, 경비영수증이 없는 금액이 중요한 경우 종합소득세를 추계로 신고를 하여야 할 것입니다.

과세자료 해명 요구에 대한 조치

위와 같은 사유 등에 의하여 관할 세무서로부터 과세자료 해명 요구를 받은 경우로서 정당하게 거래를 하였거나 세금을 탈루한 사실이 없는 경우 이를 입증하는 서류를 제출하여야 합니다. 납세자가 관할 세무서의 과세자료 해명 요구에 대하여 이를 입증하지 못하는 경우 세무서가 직권으로 세금 탈루금액을 결정할 수 있으며, 관할 세무서로부터 수정 신고할 것을 요구받은 경우 수정신고를 하여야 합니다. 납세자가 수정 신고를 하지 않는 경우 관할 세무서는 세금을 탈루한 내용에 대하여 고지결정을 하거나 필요한 경우 세무조사를 실시할 수 있습니다.

과세자료 해명 요구를 받은 경우 수정신고

납세자가 소득을 과소 신고한 내용에 대하여 스스로 수정신고를 하는 경우 과소신고 가산세에 대한 감면(해당 세목의 신고기한일 다음날부터 2년 이내에 수정 신고하는 경우)을 받을 수도 있고, 산출세액이 증가한 금액에 대하여 '중소기업특별세액 감면' 및 '창업중소기업등에 대한 세액 감면'을 추가로 감면을 받을 수 있습니다.

그러나 관할 세무서의 과세자료 해명 요구를 받고, 수정신고하는 경우 과소신고가산세 감면을 받을 수 없으며, 또한 산출세액이 증가한 금액에 대하여 '중소기업특별세액 감면' 및 '창업중소기업등에 대한 세액 감면'을 추가로 받을 수 없습니다.

SECTION 02

지출증빙 관리

부가가치세 신고와 관련한 세금계산서 및 매입세액을 공제 받을 수 있는 신용카드매출전표 및 현금영수증은 별도로 구분하여 보관하여야 하며, 기타 지출과 관련한 영수증은 A4 용지에 거래일순으로 붙여 보관하시면 됩니다.

세금계산서 관리 및 보관 방법

매출세금계산서

매출세금계산서는 작성일자순으로 제1기(1.1 ~ 6.30)와 제2기 (7.1 ~ 12.31)를 구분하여 별도로 철하여 보관하여야 합니다. 단, 매출세금계산서가 많은 경우 월별 또는 3개월 단위로 철하여도 됩니다만, 다른 과세기간의 세금계산서를 같이 철하여서는 안됩니다.

해당 과세기간(제1기 및 제2기)별로 매출세금계산서 전체금액을 집계하여 집계표를 작성하여 두시면 유용합니다.

매출 및 매입 집계표 (제   기)

업체명 :   과 세 기 간 : 202×년   월   일 ~ 202×년   월   일

구 분			거래처수	매 수	공급가액	세 액	비고
매출	① 전 자 세 금 계 산 서						
	② 종 이 세 금 계 산 서						
	면 세 계 산 서						
	③ 신 용 카 드						
	④ 현 금 영 수 증						
	⑤ 기 타 매 출						
	⑥ 합 계						
매입	⑦ 전자세금계산서	일 반					
		고 정					
	⑧ 종이세금계산서	일 반					
		고 정					
	⑨ 매입세금계산서 합 계	일 반					
		고 정					
		합 계					
	면 세 계 산 서						
	⑩ 기 타 공 제	신 용 카 드					
		현 금 영 수 증					
		의 제 매 입					
	⑪ 불공제매입세금계산서						
	⑫ 차가감계(③+④-⑤)						
납부(환급) 세액 (⑥ - ⑫)							

⑩ 기타공제란은 매입세액을 공제받을 수 있는 신용카드매출전표 및 현금영수증의 건수 및 공급가액, 세액만을 기재합니다.

⑦, ⑧의 고정이란 매입 중 고정자산(건물, 차량운반구, 기계장치) 매입이 있는 경우 고정자산 이외의 일반매입과 구분하여 기재하여야 합니다.

● 세금계산서 발행 및 월합계 세금계산서

세금계산서는 원칙적으로 매 번의 거래시 마다 발급하여야 합니다. 다만, 한 달 동안 두 번 이상의 거래가 있는 계속 거래처의 경우 매 번의 거래시에는 '**거래명세서**'를 교부하고 1개월간의 거래를 합한 '월합계 세금계산서'를 발급할 수 있으며, 이 경우 **작성일자는 해당 월의 말일로 하여 다음달 10일까지 발급**(전자세금계산서의 경우 전송)하여야 합니다.

● 거래명세서 관리 및 보관방법

거래명세서란 거래에 관한 내역서를 말하며, 거래시마다 건별로 세금계산서를 발급하는 경우 세금계산서가 거래명세서 역할을 같이 하므로 거래명세서는 발행하지 않아도 됩니다.

단, 월합계로 세금계산서를 발행하는 경우 매 번의 거래 시에는 거래명세서를 주고받아야 하며, 거래명세서는 해당 업체별로 월별로 별도 철하여 보관하여야 합니다.

◐ 매입세금계산서

매입세금계산서는 작성일자순으로 제1기(1.1 ~ 6.30)와 제2기 (7.1 ~ 12.31)를 구분하여 별도로 철하여 보관하여야 합니다.
단, 매입세금계산서가 많은 경우 월별 또는 3개월 단위로 철하여두시면 됩니다.

● 세금계산서 수취 및 월합계 세금계산서

세금계산서는 원칙적으로 매 번의 거래시마다 발급받아야 합니다. 다만, 한 달 동안 두 번 이상의 거래가 있는 계속 거래처의 경우 매 번의 거래시에는 '**거래명세서**'를 교부받고 1개월간의 거래를 합한 '**월합계세금계산서**'를 발급받을 수 있으며, 월합계로 세금계산서를 발급받는 경우 매 번의 거래에 관한 명세인 거래명세서를 수취하여야 합니다.

● 거래명세서 관리

계속적인 거래가 있는 업체의 경우 매 번의 거래 시에는 거래명세서를 받고 1개월간 거래를 합하여 해당 월의 말일자로 세금계산서를 발급받는 월합계 세금계산서를 수취할 수 있습니다.

● 전자세금계산서 관리

법인사업자 및 개인사업자로부터 매입과 관련하여 전자세금계산서를 발급받은 경우 별도의 종이세금계산서를 수취할 의무는 없습니다.
전자세금계산서로 발급받은 세금계산서는 국세청 '**홈택스**'에서 확인할 수 있습니다.

면세 계산서 관리 및 보관 방법

① 계산서란 면세 물품(쌀집, 정육점, 꽃집, 서점, 학원, 정화조사업자 등)등을 공급하는 사업자가 면세되는 물품 또는 서비스를 공급하고 발행하는 계산서로 세금계산서 양식에 세액란이 없는 것을 말합니다.

② 면세사업자가 면세 계산서를 발급한 경우 다음해 **2월 10일까지** 매출처별계산서 합계표를 작성하여 관할 세무서에 제출하여야 합니다.
면세사업자가 면세 계산서를 발급받은 경우 다음해 2월 10일까지 매입처별계산서 합계표를 작성하여 관할 세무서에 제출하여야 합니다.

③ 과세사업자의 경우에도 면세물품 등을 공급할 수 있으며, 면세 계산서를 발급한 경우 부가가치세 신고서 뒷장의 면세사업수입금액 및 계산서 발급 및 수취명세서에 기재한 다음 매출치별계산서 합계표를 작성하여 관할 세무서에 제출하여야 합니다.

④ 과세사업자가 면세 계산서를 발급받은 경우 부가가치세 신고서 뒷장의 계산서 발급 및 수취명세서에 기재한 다음 매입처별계산서 합계표를 작성하여 관할 세무서에 제출하여야 합니다.

④ 복식부기기장의무자가 면세 계산서를 발행 또는 수취하였으나 작성일자가 속하는 다음연도 2월 10일까지 계산서합계표를 제출하지 않는 경우 공급가액의 1000분의 5에 해당하는 금액을 가산세로 부담하여야 합니다. 단, 다음연도 2월 11일 이후 1개월 이내(3월 10일)에 제출하는 경우 가산세는 1000분의 3으로 합니다.

신용카드매출전표 관리 및 보관 방법

신용카드매출전표 중 매입세액을 공제받는 것(부가가치세 신고서 작성 편 참조)은 별도로 구분하여 거래일자별로 1기(1.1 ~ 6.30)와 2기(7.1 ~ 12.31)로 나누어 철합니다. 단. 신용카드매출전표가 많은 경우 1개월 또는 3개월 단위로 구분하여 철하여 두시면 됩니다.

한편, 매입세액을 공제받지 못하는 신용카드매출전표는 별도로 구분하여 보관하시면 됩니다만,'월별이용대금명세서'만 보관하시면 되므로 폐기하여도 무방합니다.

| 보 충 | 종업원 및 가족명의 신용카드를 사용한 경우 증빙처리 및 경비 인정 |

개인사업자가 **업무와 관련**하여 종업원 명의 또는 가족명의 신용카드를 사용하거나 현금영수증을 수취한 경우 **정규영수증**에 해당하며, 필요경비에 산입할 수 있습니다. 또한 과세사업자로서 불공제대상이 아닌 경우 매입세액을 공제받을 수 있습니다. 단, 법인의 경우 접대비를 개인명의카드로 사용한 경우 손금산입할 수 없습니다.

| 보 충 | 신용카드 사용내역을 쉽게 확인할 수 있는 방법 |

신용카드 사용에 대한 거래내역을 쉽게 확인하기 위해서는 국세청 홈택스에 업무와 관련하여 사용하는 신용카드를 등록하여 두시면 됩니다.

| 보 충 | 신용카드매출전표를 분실한 경우 처리방법 |

신용카드매출전표(체크카드 포함)를 분실했을 때'신용카드 월별이용대금명세서'를 보관하거나, 사본을 재발급받아 보관하고 있다면 경비로 인정을 받을 수 있으며, 또한 매입세액공제 요건을 충족하는 경우 매입세액 공제를 받을 수 있습니다.

현금영수증 관리 및 보관 방법

① 현금영수증 중 매입세액을 공제받는 것과 매입세액을 공제받지 못하는 것(신용카드매출전표와 동일함)을 구분하여야 하며,
매입세액을 공제받는 것은 별도로 A4용지에 첨부하여 보관하시고, 거래일자를 기준으로 제1기(1.1 ~ 6.30)와 제2기(7.1 ~ 12.31) 기간으로 구분하여 '현금영수증수취명세서'를 작성하여 두어야 합니다.

현금영수증 수령금액 명세서(매입세액공제분)							
기간 ; 20×7. 1.1 ~ 20×7. 6.30							
거래일자	적 요 (사용내역)	거래처 상호	공급가액	세액	합계 (공급대가)	비고	

국세청 홈택스에 사업자등록번호 등으로 등록하여 둔 현금영수증은 일괄하여 조회를 할 수 있습니다만, 그 내역을 알 수 없으므로 업무와 관련한 현금영수증은 위와 같은 방법으로 관리를 하여야 합니다.

서 식   경영정보사(경리업무닷컴) 홈페이지(www.ruddud.co.kr)

② 매입세액을 공제받지 못하는 것은 영수증으로 A4용지에 일반영수증과 같이 첨부하여 두시면 됩니다.

간이영수증, 기타영수증 관리 및 보관 방법

정규영수증(세금계산서, 면세 계산서, 신용카드매출전표, 현금영수증)외의 영수증인 간이영수증, 각종 수수료 납부영수증, 세금납부영수증, 금전등록기 영수증 등을 수취한 경우 지출일자별로 영수증의 종류나 규격, 형태에 상관없이 전표 또는 지출결의서 뒷면에 첨부하거나 A4 용지(이면지 활용)에 첨부하여 보관하여야 합니다.

정규영수증 중 매입세액을 공제받을 수 없는 신용카드매출전표는 별도로 철하여 보관하시고, 현금영수증은 기타영수증과 같이 철하여 보관하시면 됩니다.

사례 정규영수증을 수취하지 못한 경우 경비 인정

3만원 초과거래에 대하여 실제 사업을 위하여 지출하고 간이영수증을 수취한 다음 그 대금을 금융기관을 이용하여 결제한 경우 경비로 인정을 받을 수 있습니다. 다만, 거래금액의 2%가 가산세로 추징될 수는 있습니다.

사례 입금표 관리

입금표란 물품 등을 구입하고 그 대금을 현금으로 지급하는 경우 대금을 지급하였다는 사실을 증명하는 서류로 지출증빙은 아닙니다. 과거 현금거래시 대금 지급에 관한 확인서로 많이 사용하였으나 요즈음은 대부분 금융기관을 이용하여 결제하며, 금융기관에 의한 결제내용이 입금표에 해당하므로 이 경우 입금표를 발행하지는 않습니다. 단, 현금 지급을 하고 입금표를 수취한 경우에는 별도로 보관하시면 됩니다.

SECTION 03
세무조사 및 과세자료 해명

세무조사 개요

세무조사란 납세의무자가 세금을 세법이 정하는 바에 의하여 성실히 신고 및 납부를 하였는지 여부를 조사하기 위한 일체의 행위로 세무공무원이 납세의무자 등을 상대로 질문하거나 장부, 서류 등을 검사. 조사. 확인하는 행위를 말합니다.

세무조사의 가장 중요한 목적은 납세자가 세금을 탈세하였는 지 여부를 조사하는 것으로 탈세 유형은 여러 가지가 있을 수 있으나 가장 일반적인 방법으로는 고의적으로 장부상 수익(매출)을 누락하거나 실제 발생하지 않은 비용을 사업과 관련하여 지출한 것으로 처리하여 소득금액을 줄여 세금을 줄이는 것일 것입니다.

세무조사는 정기 세무조사와 수시 세무조사와 구분하며, 세무공무원은 다음의 어느 하나에 해당하는 경우에 정기적으로 신고의 적정성을 검증하기 위하여 대상을 선정하여 세무조사를 할 수 있습니다.

1. 국세청장이 납세자의 신고 내용에 대하여 정기적으로 성실도를 분석한 결과 불성실 혐의가 있습니다고 인정하는 경우
2. 최근 4과세기간 이상 같은 세목의 세무조사를 받지 아니한 납세자에 대하여 업종, 규모 경제력 집중 등을 고려하여 신고 내용이 적정한지를 검증할 필요가 있는 경우
3. 무작위 추출방식으로 표본조사를 하려는 경우

탈세 및 탈세 사례

소득을 적법하지 않는 방법으로 줄여 세금을 적게 내는 것을 탈세라고 하며, 탈세의 경우 국세청은 세무조사등을 통하여 납세의무를 성실히 이행하지 않은 책임을 물어 원래 부담하여야 할 세금외에 무거운 가산세 등을 추징하며, 그 금액이 중요한 경우 지방국세청장 또는 세무서장이 납세자를 검찰에 고발하여 형사처벌까지도 받게 합니다. 탈세의 대표적인 방법은 소득을 줄이는 것으로 그 구체적인 사례는 다음과 같습니다.

▶ 전형적인 세금 탈세 유형

○ 수입금액(매출, 장려금 등) 누락하여 소득금액을 줄이는 경우
○ 실제 매입하지 물품을 매입한 것으로 처리하여 비용을 과다계상하는 경우
○ 실제 지급하지 않은 임금을 지급한 것으로 처리하는 경우
○ 사업자의 개인적 지출비용을 사업과 관련한 비용으로 처리하는 경우
○ 자산을 비용으로 계상하여 소득을 줄이는 경우
○ 손익 귀속연도를 임의로 조작하여 세금 납부를 이연하는 경우

세무조사를 최소화하기 위한 방법

세무조사 리스크를 최소화하기 위한 최상의 방법은 수익 및 비용을 정당하게 처리하여 사업자의 소득금액을 정당하게 신고하여 세금을 성실히 납부하고, 세법의 규정에 의한 각종 신고 및 의무규정을 성실히 이행하는 것입니다.

소득금액을 정당하게 신고하고, 각종 신고 및 세법의 의무규정을 제대로 이행한 경우라면, 세무조사가 있더라도 두려워 할 아무런 이유가 없습니다. 세무조사가 두려운 것은 세법에서 신고납부하도록 한 세금을 탈세하였기 때문일 것입니다.

과거에는 조사공무원이 세금 추징 실적을 많이 내기 위하여 무리한 세무조사도 있으나 최근에는 실적 위주의 세금 추징은 하지 않으며, 합리적인 방법으로 조사하여 탈세 사실이 없는 경우 억지로 세금을 과세하지는 않기 때문입니다.

따라서 세금을 탈세하지 아니하고, 성실히 신고 및 납부를 하는 만큼 세무조사의 부담감은 줄어드는 것으로서 평소 세금을 적법하게 신고납부하는 사업자의 경우 본 장의 내용은 특별한 의미가 없을 수도 있습니다.

다만, 직접 탈세는 하지 않았으나 재무팀의 업무 착오로 인한 과실로 고액의 세금이 추징되는 중대한 문제가 발생할 수 있으므로 평소에 이러한 리스크를 관리하기 위한 충분한 노력은 하여야 합니다.

업무 착오에 의한 세금 추징의 문제는 세무조사가 아니더라도 신고한 내용이 국세청의 전산시스템에 의하여 잘못되었음이 적발되어 세금을 추징당하여 재무담당자가 어려운 상황에 처할 수도 있으므로 본서를 최대한 활용하여 이러한 상황에 직면하지 않도록 하여야 할 것입니다.

◎ 세무조사와 관련하여 알아 두어야 하는 사항

사업의 경영자가 사업으로 벌어들인 소득에 대하여 적법하게 세금을 내고자하는 마인드가 있는 경우 재무팀은 세무조사로 인한 직접적인 스트레스를 받을 이유가 없을 것입니다.

문제는 세법에서 정한 세금을 편법적인 방법을 이용하여 세금을 내지 않고, 세금을 어떻게든 적게 내기 위하여 매출을 누락하거나 실제 발생하지 않은 비용을 장부상 계상하여 소득을 줄이기 때문에 발생하는 것입니다.

고액의 세금을 탈세한 경우 세무조사가 두려운 것은 당연한 것이며, 경영자가 세금 탈세를 지시한 경우 경리실무자가 세무조사로 답답할 이유는 없습니다.

탈세한 사실을 감추기 위하여 편법적인 방법을 동원하다 보니 그 내용이 세무조사로 적발될까 불안한 것입니다. 따라서 사업자가 세무조사로부터 자유로워지기 위해서는 세금을 성실하게 신고납부하는 것 이외의 다른 특별한 방법은 없는 것이며, 책이나 정보를 통하여 세금을 줄일 수 있는 기법을 배울 수는 없는 것입니다.

세무조사 선정 기준

세무조사 대상을 선정하는 과정과 절차 등에 대한 일반적인 사항은 조사사무처리규정에 규정되어 있으나 조사선정에 관한 분명한 사유를 명시적으로 규정한 내용은 없습니다. 다만, 일반적인 조사선정기준을 살펴보면 각종 세금을 성실히 신고하는 사업자의 경우 세무조사를 받을 확률은 그만큼 줄어 듭니다.

최근의 조사방향은 경제적 여건이나 정책적인 배려에 의하여 조사선정을 하는 경향이 뚜렷합니다. 예를 들면, 최근 경기침체로 인하여 제조업 및 건설업의 경우에는 특별한 경우를 제외하고는 조사를 유보하고 있으며, 공평과세를 위하여 전문직 종사자, 사치성 소비향락업소, 상습적으로 매출을 누락하여 신고하는 입시학원, 요식업소, 사채업자 등에 대한 조사가 강화되고 있습니다.

그러나 불성실 신고사업자, 장기간 조사를 받지 아니한 업체에 대하여는 정기조사를 계속하여 실시하므로 사업자는 평소 세무조사를 염두에 두어 회계장부를 적법하고, 성실히 기록 및 기장하여 세무조사시 세법에 대한 이해 부족등으로 인하여 과세관청으로부터 불이익을 당하지 않도록 유의하여야 할 것입니다.

Q 세무조사선정시 성실신고기준은 무엇이며 성실도는 어떻게 분석되고 있는가요?

사업자가 그 사업과 관련한 소득을 적법하게 신고하였는지의 여부를 과세관청이 정확히 분석하기란 현실적으로 어렵습니다. 왜냐하면, 사업자는 자기의 사업과 관련한 1년간의 소득에 대하여 스스로 계산하여 관할 세무서에 신고하여야 하며, 신고시 같은 종류의 사업을 영위하는 사업자의 경우라 하더라도 개개인의 사업자가 가지고 있는 사업의 특성 및 기술력, 영업력 등 주어진 상황이 다르고 소기업의 경우 자기의 사업과 관련하여 1년 동안의 소득이 얼마인지를 실제 계산하기가 어려우므로 사업자 본인도 잘 알 수 없는 소득을 세법의 규정에 의하여 계산하여 신고하여야 하는 문제가 있는 것입니다.

그렇다 하더라도 과세관청은 차선책으로 중소사업자의 경우 세무대리인제도를 통하여 사업자의 소득을 일정 형식에 의하여 신고하도록 하고 있으나 사업자가 자기의 소득을 정확하게 신고하여 세금을 납부하기란 쉽지 않은 것입니다.

따라서 과세관청이 사업자의 소득신고에 대한 성실여부를 판단하기란 극히 어려운 문제이나 사업자 개개인의 사업특성을 먼저 고려한 다음(종업원 수, 차입금, 사업장 임차 여부, 특수관계자와의 거래 등) 동종 업종 사업자의 소득신고내용을 비교 분석하여 성실도 여부를 판단하는 것이며, 주요 신고사항을 분석하여 조사선정에 반영하고 있는 것입니다.

간편장부대상자도 세무조사를 받을 수 있나요?

1) 국세청이 간편장부대상자 등 소규모 사업자에 대하여 세무조사를 하는 일은 거의 없습니다.

2) 다만, 국세청이 파악하고 있는 매출(사업자의 세금계산서, 신용카드매출, 현금영수증 매출은 모두 국세청이 알고 있습니다.) 보다 사업자가 수입금액을 적게 신고한 경우 수정신고할 것을 요청합니다.

3) 한편, 국세청은 다양한 루트에 의하여 사업자가 현금 수입등을 누락한 금액이 매우 크다고 판단되는 경우 또는 사업자가 종합소득으로 신고한 금액은 적은데 본인 및 그 직계가족이 고가의 부동산 또는 외제차량등을 취득한 경우로서 세금을 포탈한 것으로 추정되면, 세무조사를 할 수 있습니다.

과세자료 해명 안내가 무엇인가요?

1) 사업자가 세법의 규정에 의하여 부가가치세, 종합소득세 등을 신고 및 납부하였으나 과세관청이 그 신고내용을 검토하여 매출을 누락하였거나 세금 계산 등의 오류를 포착 또는 발견하는 경우 해당 내용에 대하여 과세자료 해명안내를 하게 됩니다.

2) 과세관청의 해명안내에 대하여 사업자가 세금 신고를 잘못하여 추가로 납부할 세액이 있거나 정당성을 입증하지 못하는 경우 관련 세금을 부담하여야 하며, 이 때 신고 및 납부를 성실하게 하지 않음에 대한 가산세를 부담하여야 합니다.

3) 따라서 과세관청의 과세자료 해명요구, 세무조사 등에 의하여 어려운 일을 당하지 않도록 평소에 당해 업체와 관련한 세법내용을 철저히 이해하여 세무업무를 집행하기 전 충분한 검토를 하여야 합니다.

Q&A 부가가치세 신고한 내용에 대하여 어떤 경우에 과세자료 해명안내문을 받게 되나요?

개인사업자에 대한 부가가치세 관련 과세자료 해명 안내는 주로 다음과 같은 경우 발생하므로 부가가치세 신고시 각별히 주의를 하여야 합니다.

1. 국세청이 파악한 매출(세금계산서, 신용카드매출, 현금영수증 발급액)보다 매출을 적게 신고한 경우
2. 승용차 등 고정자산을 매각하였으나 세금계산서를 발급하지 않는 경우
3. 매입세액으로 공제받은 금액 중 공제를 받을 수 없는 매입세액(승용차 취득 및 유지비용, 접대비 등)을 공제받은 경우
4. 사업주의 개인 생활 관련물품 등을 구입하고 세금계산서 등을 수취하여 매입세액을 공제받은 것으로 추정이 되는 경우
5. 세금계산서를 발급할 수 있는 간이과세자로부터 세금계산서 또는 현금영수증을 수취하거나 신용카드로 결제한 금액을 공제받은 경우 단, 국세청 홈페이지에서 세금계산서를 발급할 수 있는 간이과세자로 확인된 경우에는 공제를 받을 수 있습니다.
6. 폐업한 사업자로부터 세금계산서를 수취받고 매입세액을 공제받은 경우
7. 매입세금계산서 중 실제 거래없이 세금계산서를 받은 것(가공세금계산서)으로 추정이 되는 경우
8. 세금계산서를 발급할 수 없는 업종을 영위하는 사업자에게 신용카드로 결제하고 매입세액을 공제받은 경우(항공요금, 고속철도요금 등에 대하여 신용카드매출전표에 의하여 매입세액를 공제를 받은 경우)
9. 부가가치세 환급신고시 세금계산서 작성얼지가 실제 공급시기가 다른 경우
10. 현금영수증 의무발급대상 사업자가 10만원 이상 거래에 대하여 현금영수증을 발급하지 않는 경우

Q&A 종합소득세 신고한 내용에 대하여 어떤 경우에 과세자료 해명안내문을 받게 되나요?

개인사업자에 대한 종합소득세 관련 과세자료 해명 안내는 주로 다음과 같은 경우 발생하므로 부가가치세 신고시 각별히 주의를 하여야 합니다.

1. 부가가치세 신고서와 종합소득세 수입금액을 대사하여 종합소득세 수입금액을 과소신고한 경우
2. 총수입금액에 포함하여야 하는 정부보조금, 판매장려금 등을 총수입금액에 포함하지 않은 경우
3. 신용카드발생세액공제액, 부가가치세 전자신고공제액을 총수입금액에 포함하지 않는 경우
4. 종합소득에 합산하여야 하는 소득(국민연금등 공적연금, 근로소득, 2천만원을 초과하는 이자소득 및 배당소득)이 있음에도 이를 합산하지 않는 경우
5. 배우자 또는 부양가족공제의 소득금액이 100만원을 넘는 경우 배우자 및 부양가족공제를 받을 수 없음에도 이를 공제한 경우
6. 창업중소기업 감면대상 업종 또는 중소가업특별세액감면대상 업종이 아님에도 감면을 받은 경우
7. 복식부기기장의무자가 사업용계좌를 신고하지 아니하고, 창업중소기업 감면 또는 중소가업특별세액감면 감면을 받은 경우
8. 현금영수증 가맹점 가입대상 사업자가 현금영수증 가맹점을 가입하고 아니하고 창업중소기업 감면 또는 중소가업특별세액감면 감면을 받은 경우
9. 필요경비로 계상한 금액 중 정규영수증(세금계산서, 현금영수증, 신용카드매출전표 등) 수취비율이 동종 업종에 비하여 현저히 낮은 경우
10. 급여 등 인건비를 필요경비로 계상하였음에도 지급명세서를 제출하지 않는 경우

당초 세금 신고를 잘못하여 수정신고를 하는 경우 가산세는 어떻게 되나요?

🅠 과소신고가산세 및 납부지연가산세

부가가치세 또는 종합소득세 신고서를 법정신고기한내에 제출한 자가 그 신고내용에 포함하지 못한 매출누락 또는 세액계산의 착오 등이 있는 경우 당초 신고내용을 수정하여 신고할 수 있으며 수정신고하는 경우 적용되는 가산세는 다음과 같습니다.

⬤ 과소신고가산세 (국세기본법 제47조의3)

1) 수정신고 등으로 인한 추가 납부하여할 세액의 10%(부정하게 과소신고한 경우 40%)를 과소신고가산세로 부담하여야 합니다.
2) 법정신고기한이 지나서 사업자가 스스로 신고내용의 오류, 탈루 등을 발견한 후 법정신고기한으로부터 2년 이내에 수정신고하는 경우 다음의 가산세 감면을 적용받을 수 있습니다.
3) 단, 관할 세무서장으로부터 과세자료 해명통지(수정신고 안내 등)를 받고 과세표준수정신고서를 제출한 경우에는 가산세 감면을 적용받을 수 없습니다.

◆ 수정신고시 과소신고가산세 감면율 (국세기본법 제48조 ②)
□ 법정신고기한 경과 후
- 1개월 이내 : 90% 감면
- 3개월 이내 : 75% 감면
- 3 ~ 6개월 이내 : 50% 감면

- 6개월 ~ 1년 이내 : 30% 감면
- 1년 ~ 1년 6개월 이내: 20% 감면
- 1년 6개월 ~ 2년 이내: 10% 감면

▶ 장부의 기록·보관 불성실가산세(소득세법 제81조의5)

무기장. 미달기장(소규모사업자제외) 산출세액× (무기장, 미달기장 소득금액/종합소득금액) × 20%

★ 무기장가산세와 일반과소신고가산세가 동시에 적용 되는 경우 둘 중 큰 가산세 적용

● 납부지연가산세 (국세기본법 제47조의4)

수정신고로 인하여 추가 납부할 세액에 법정신고기한일의 다음날부터 수정신고납부일 까지의 일수에 1만분의 2.2를 곱한 금액을 납부지연가산세로 추가 납부하여아 힙니다.

◆ 추가 납부할 세액 × 2.2/10,000 × 미납일수(법정납부기한일의 다음날부터 납부일까지 기간일수)
- 2019년 2월 11일 이전의 미납기간 : 1일 0.03%
- 2019년 2월 12일 이후의 미납기간 : 1일 0.025%
- 2022년 2월 15일 이후의 미납기간 : 1일 0.022%

Q 부가가치세 수정신고시 가산세

① 매출처별세금계산서합계표 불성실가산세 : 공급가액 × 5/1000

▶ 예정신고를 할 때 제출하지 못하여 해당 예정신고기간이 속하는 과세기간에

확정신고를 할 때 매출처별 세금계산서합계표를 제출하는 경우에는 그 공급가액의 0.3퍼센트

> 매출처별세금계산서합계표불성실가산세는 세금계산서 발급을 하여야 하는 업종에 한하여 적용하며, 세금계산서 발급대상이 아닌 소매매출, 신용카드매출등의 경우에는 매출처별세금계산서합계표가산세는 적용하지 않습니다.

▶ 매출세금계산서를 발급하지 아니한 경우
매출처별세금계산서합계표 가산세 적용대상이 아니며, 세금계산서 미발급 가산세(공급가액의 100분의2) 적용

◆ 부동산임대업자가 부동산임대공급가액명세서를 제출하지 아니하거나 과소제출한 경우
제출하지 아니한 수입금액 또는 과소제출한 수입금액의 100분의 1(1개월 이내 제출시 50% 감면)을 가산세로 추가 부담하여야 합니다.

◆ 현금매출명세서를 제출하여야 하는 사업자(본서 특정 업종의 현금매출명세서 제출의무 및 <부법 제55조 제1항>)가 제출하지 아니하거나 과소제출한 경우
제출하지 아니한 수입금액 또는 과소제출한 수입금액의 100분의 1(1개월 이내 제출시 50% 감면)을 가산세로 추가 부담하여야 합니다.

③ 납부지연가산세 : 매출세액 × 2.2/10,000 × 미납일수(법정납부기한일의 다음날부터 납부일까지 기간일수)

④ 과소신고가산세 : 미납세액 × 10/100 × [1- 감면율]

🅠 부가가치세 관련 가산세 [부가가치세법 제60조]

가산세종류	의무위반사항 및 가산세 등	가산세
미등록가산세	사업개시일부터 20일 이내에 사업자 등록을 신청하지 아니한 경우	공급가액 100분의 1
세금계산서 미발급 등 가산세	재화 또는 용역의 공급시기가 속하는 과세기간 (월합계세금계산서를 발급하는 경우 그 과세기간 말의 다음 달 10일)의 확정신고기한까지 세금계산서를 발급하지 아니한 경우	공급가액의 2%
	재화 또는 용역을 공급받지 아니하고 세금계산서를 발급받은 경우	공급가액의 3%
	재화 또는 용역을 공급하고 실제로 재화 또는 용역을 공급하는 자가 아닌 자 또는 실제로 재화 또는 용역을 공급받는 자가 아닌 자의 명의로 세금계산서를 발급한 경우	공급가액의 2%
	재화 또는 용역을 공급받고 실제로 재화 또는 용역을 공급하는 자가 아닌 자의 명의로 세금계산서를 발급받은 경우	공급가액의 2%
	재화 또는 용역을 공급하지 아니하고 세금계산서를 발급한 경우	공급가액의 3%
전자세금계산서 미발급 가산세	전자세금계산서 발급의무대상사업자(법인 및 전년도 매출액이 1억원 이상인 개인사업자)가 전자세금계산서를 발급하지 아니하거나 종이세금계산서를 발급한 경우: 공급가액의 1%	공급가액 100분의 2
전자세금계산서 발급명세 지연 전송 가산세	전자세금계산서 발급의무대상사업자(법인 및 전년도 매출액이 1억원 이상인 개인사업자)가 기한이 경과한 후 재화 또는 용역의 공급시기가 속하는 과세기간 말의 다음 달 11일까지 국세청장에게 세금계산서 발급명세를 전송하는 경우	공급가액의 0.3%

가산세종류	의무위반사항 및 가산세 등	가산세
세금계산서 지연발급 가산세	세금계산서의 발급시기를 경과한 후 해당 재화 또는 용역의 공급시기가 속하는 과세기간(월합계 세금계산서를 발급하는 경우에는 그 과세기간 말의 다음 달 10일)의 확정신고기한 내에 발급하는 경우	공급가액의 1% (공급받는 자의 경우 0.5%)
세금계산서 불성실가산세	세금계산서의 필요적 기재사항의 전부 또는 일부가 착오 또는 과실로 적혀 있지 아니하거나 사실과 다른 경우	공급가액의 1%
세금계산서 합계표불성실 가산세	매출처별 세금계산서합계표를 제출하지 아니한 경우	공급가액의 0.5%
	매출처별 세금계산서합계표의 기재사항 중 거래처별 등록번호 또는 공급가액의 전부 또는 일부가 적혀 있지 아니하거나 사실과 다르게 적혀 있는 경우 단, 착오 기재의 경우 제외함	공급가액의 0.5%
	예정신고누락분 매출처별 세금계산서합계표를 확정신고시 제출하는 경우	공급가액의 0.5%
	매입처별 세금계산서합계표의 기재사항 중 공급가액을 사실과 다르게 과다하게 적어 신고한 경우	공급가액의 1%
영세율과세표준 불성실가산세	영세율과세표준을 과소신고(신고하지 아니한 경우 포함)한 경우에는 부가가치세 과소신고한 납부세액의 100분의 10에 상당하는 금액과 그 과소신고분 영세율과세표준의 1천분의 5에 상당하는 금액을 합한 금액을 가산세로 한다.	공급가액의 0.5%
현금매출 명세서미제출 가산세	부동산업, 전문, 과학 및 기술서비스업, 보건업, 예식장업, 부동산중개업, 산후조리업 등을 영위하는 사업자가 현금매출명세서를 제출하지 아니한 경우	공급가액의 1%
부동산임대 공급가액명세서 미제출가산세	부동산임대사업을 하는 사업자가 부동산임대공급가액명세서를 제출하지 아니하거나 제출한 수입금액이 사실과 다르게 적혀 있는 경우	공급가액의 1%

[개정 세법] 세금계산서를 지연발급한 경우 세금계산서불성실 가산세
1) 공급시기 이후 해당 과세기간의 다음달 25일 이내에 발급하는 경우
- 공급자 : 공급가액의 1%
- 공급받는자 : 공급가액의 0.5% (매입세액은 공제됨)

2) 공급시기 이후 해당 과세기간의 다음달 26일 이후 1년 이내 발급하는 경우
- 공급자 : 공급가액의 2%
- 공급받는자 : 공급가액의 0.5% (매입세액은 공제됨)

[개정 세법] 세금계산서를 해당 과세기간의 확정신고기한 이후 6개월(2022.2.15. 이후 1년)이내에 발급한 경우 매입세액공제
(개정) 세금계산서를 발급받았으나, 실제 공급시기가 속하는 과세기간의 확정신고기한 다음날부터 6개월(2022.2.15. 이후 1년) 이내에 발급받은 것으로서 수정신고·경정청구하거나, 거래사실을 확인하여 결정·경정하는 경우 매입세액공제
<적용시기> 2019. 2. 11. 이후 공급받는 분부터 적용

[세법 개정] 수정세금계산서 발급기한 확대(부가령 §70①)

종 전	개 정
□ 필요적 기재사항(공급자, 공급받는자, 공급가액, 작성연월일 등)을 잘못 기재한 세금계산서에 대한 수정세금계산서 발급기한 ㅇ 재화·용역의 공급시기가 속하는 과세기간의 확정신고기한까지	□ 수정세금계산서 발급기한 확대 ㅇ 확정신고기한까지 → 확정신고기한 다음날부터 1년까지

<적용시기> '22.2. 15. 이후 재화·용역을 공급하는 분부터

소득세 가산세 [소득세법 제81조 ~ 제81조의12]

가산세 종류	의무위반 사항 및 가산세 등	가 산 세
무기장가산세	사업자가 장부를 비치·기록하여 소득금액을 계상하지 아니한 경우 단, 신규사업자 및 소규모사업자(전년도 수입금액 4800만원 이하)는 제외	산출세액의 20%
지급명세서 미제출가산세	원천세 지급에 대한 지급명세서를 다음해 2월 말일 또는 3월 10일까지 제출하지 아니한 경우 ▶ 3개월 이내 제출시 100분의 0.5%	지급금액의 1%
계산서미발급 가 산 세	계산서 발급대상업종에 해당하는 복식부기 의무자가 계산서를 발급하지 아니한 경우	공급가액의 2%
계산서지연발급 가 산 세	계산서 발급대상업종에 해당하는 복식부기 의무자가 계산서를 공급시기가 속하는 과세기간의 다음 연도 1월 25일까지 발급한 경우	공급가액의 1%
계산서합계표 미제출가산세	복식부기의무자가 매출·매입처별계산서합계표를 다음해 2월 10일까지 제출하지 아니한 경우 공급가액의 0.5%(1개월 내 지연제출 0.3%) - 2017년 이전 1%(지연제출 0.5%)	공급가액의 0.5%
세금계산서 합계표미제출 가 산 세	면세사업을 영위하는 복식부기의무자가 매입처별세금계산서합계표를 다음해 2월 10일까지 제출하지 아니한 경우 공급가액의 0.5%(1개월 내 지연제출 0.3%) - 2017년 이전 1%(지연제출 0.5%)	공급가액의 0.5%
정규영수증 미수취가산세	사업자(소규모사업자 및 추계과세자 제외)가 경비지출에 대하여 정규영수증(세금계산서, 계산서, 신용카드, 현금영수증 등)을 수취하지 아니한 경우	거래금액의 2%
영수증수취 명세서미제출 가 산 세	사업자(소규모사업자 및 추계과세자 제외)가 정규영수증 수취예외거래 중 특정거래에 대하여 영수증수취명세서를 제출하지 아니한 경우	거래금액의 1%

가산세 종류	의무위반 사항 및 가산세 등	가 산 세
사업장현황신고 불성실가산세	의료업, 수의업, 약사업을 영위하는 사업자가 다음 해 2월 10일까지 사업장현황신고를 하지 아니한 경우	수입금액의 0.5%
사업용계좌 미사용가산세	복식부기의무자가 주요거래(금융기관을 이용한 거래대금결제, 인건비, 임차료등)에 대하여 사업용 계좌를 사용하지 아니한 경우	미사용금액의 0.2%
현금영수증 미가맹가산세	현금영수증가맹점 가입대상사업자가 현금영수증 가맹점으로 가입하니 아니한 경우	수입금액의 1%
현금영수증 미발급가산세	현금영수증가맹점이 발급을 거부하였거나 사실과 다르게 발급한 경우	미발급액의 5%
현금영수증 의무발급업종 미발급가산세	학원, 병·의원, 전문서비스업 등 특정 현금영수증가맹업종(현금영수증 편 참조)이 10만원 이상 거래에 대하여 현금영수증을 발급하지 아니한 경우 그 금액의 100분의 20	
공동사업자 불성실가산세	1. 공동사업자가 사업자등록을 하지 아니하거나 공동사업자가 아닌 자가 공동사업자로 거짓으로 등록한 경우: 등록하지 아니하거나 거짓 등록에 해당하는 각 과세기간 총수입금액의 1천분의 5 2. 공동사업자가 신고하여야 할 내용을 신고하지 아니하거나 거짓으로 신고한 경우: 신고하지 아니하거나 거짓 신고에 해당하는 각 과세기간 총수입금액의 1천분의 1	

[개정 세법] 소득세법의 가산세 조문 변경

(소득세법 제81조) → 소득세법 제81조 ~ 제81조의 13

5

원천세 신고 및 납부
국세청 자료, 홈택스

SECTION 01

원천징수제도 및 원천세 신고·납부

1) 사업주는 매 월 종업원에게 급여 지급시 근로소득세 및 지방소득세를 징수 및 신고·납부하여야 하며, 퇴직하는 직원에게 퇴직금을 지급하는 경우 퇴직소득세 및 지방소득세를 징수 및 신고·납부하여야 합니다.

또한 이자, 배당, 기타, 인적용역 사업소득을 지급하는 경우 이자소득세, 배당소득세, 기타소득세, 사업소득세를 징수 및 납부하여야 합니다.

2) 원천징수에 관한 내용은 국세청에서 발간한 '원천세 신고안내'에 자세히 설명되어 있으므로 본서에서는 가장 기본이 되는 내용만 수록하였음을 참고하시기 바랍니다.

♣ 국세청 발간 '원천세 신고안내'
국세청 홈페이지 → 국세신고안내 → 원천세 → 참고자료실

원천징수제도

🇶 원천징수제도

모든 국민은 납세의 의무가 있으며, 소득이 있는 자는 원칙적으로 소득에 대하여 세법이 정하는 바에 따라 세금을 직접 납부하여야 합니다.

한편, 소득이 있는 모든 거주자에게 해당 소득에 대한 신고납부의무를 규정하는 경우 세법에 대한 지식이 부족한 국민에게 세무신고에 따른 불편을 초래하고, 국가의 세금 징수비용이 과다하게 드는 등 문제점이 있습니다.

따라서 특정한 소득(근로소득, 퇴직소득, 이자소득, 배당소득, 기타소득, 인적용역 사업소득 등)에 대하여 그 소득을 지급하는 자로 하여금 세법이 정하는 바에 의하여 세금을 징수하여 납부하게 함으로서 소득이 있는 거주자의 납세편의를 제공하고 있으며, 이와 같은 방법으로 세금을 징수하는 것을 원천징수라 하며, 원천징수대상소득을 지급하는 자를 원천징수의무자라고 합니다.

원천징수대상소득을 지급하는 자는 그 지급금액에서 세법에 정한 세금을 차감하여 지급하고, 차감한 금액은 다음 달 10일까지 관할 세무서에 신고 및 납부를 하여야 합니다.

단, 사업자 등이 금융기관에 이자를 지급하는 경우에는 세법의 규정에 의하여 이자소득세 및 지방소득세를 징수 및 납부하지 않습니다.

■ 원천징수대상소득

지급을 받는 자의 소득	지급을 하는 자의 비용 또는 이익 처분(배당)
• 근로소득	근로자에게 지급하는 급여
• 근로소득(일용근로)	일용근로자에게 지급하는 임금
• 퇴직소득	퇴직자에게 지급하는 퇴직금
• 이자소득	금전 등의 차입금에 대한 이자
• 배당소득	법인의 주주에 대한 배당금
• 사업소득(인적용역)	계속적으로 인적용역을 제공받고 지급하는 수수료
• 기타소득	기타의 지급액으로 소득세법에서 별도로 정한 것

♣ 원천세 신고안내

[국세청 홈페이지] → 국세신고안내 → 원천세 → 참고자료실

지급명세서 제출 [소득세법 제164조]

① 근로소득, 퇴직소득, 인적용역 사업소득을 지급하는 사업자는 그 지급 및 세금 징수에 관한 개인별 내역서인 **지급명세서**를 작성하여 다음해 3월 10일까지 제출하여야 합니다. 단, 근로소득은 연말정산에 관한 지급명세서를 제출하여야 합니다.

② 이자소득 및 배당소득, 기타소득을 지급하는 사업자는 그 지급 및 세금 징수에 관한 개인별 내역서인 **지급명세서**를 작성하여 다음해 2월 말일까지 제출하여야 합니다.

③ 지급명세서는 3부를 발행하여 소득자보관용은 그 지급을 받는자에게 교부하고, 발행자보고용은 제출 기한내에 관할세무서에 제출하여야 하며, 발행자보관용은 회사내에 증빙으로 보관합니다.

■ 원천징수대상소득의 원천징수세율 및 지급명세서 제출기한

소득 종류	원천징수세율	지급명세서 제출기한
• 이자소득	지급금액의 25%	다음해 2월 말일
• 배당소득	지급금액의 14%	다음해 2월 말일
• 사업소득(인적)	지급금액의 3%	다음해 3월 10일
사업소득(봉사료)	지급금액의 5%	다음해 3월 10일
• 근로소득	간이세액표	다음해 3월 10일
근로소득(일용)	150,000원 초과금액 × 2.7%	지급일의 다음달 말일
• 기타소득	(지급액 - 필요경비)× 20%	다음해 2월 말일
• 퇴직소득	퇴직소득원천징수 참고	다음해 3월 10일

♣ 국세청 홈페이지 → 국세신고안내 → 원천세 → 지급명세서 제출

간이지급명세서 제출 [소득세법 제164조의3]

[1] 근로소득 간이지급명세서 제출

소득세 납세의무가 있는 개인에게 다음 각 호의 어느 하나에 해당하는 소득을 국내에서 지급하는 자는 근로소득간이지급명세서를 그 **지급일이 속하는 반기의 마지막 달의 다음 달 말일**(휴업, 폐업 또는 해산한 경우에는 휴업일, 폐업일 또는 해산일이 속하는 달의 다음 달 말일)까지 원천징수 관할 세무서장에게 제출하여야 합니다.

1. 일용근로자가 아닌 근로자에게 지급하는 근로소득
2. 원천징수대상 사업소득

◆ 2023년 12월 근로소득 또는 원천징수대상 사업소득을 2024년 1월에 지급하는 경우 간이지급명세서 제출기한
해당 귀속연도의 근로소득 또는 원천징수대상 사업소득을 12월 말일까지 미지급한 경우에는 12월에 지급한 것으로 보아 작성한다.

(예시) '23년 12월분 근로·사업소득을 '24년 1월에 지급한 경우에 '23년 12월 지급분 간이지급명세서에 포함하여 제출하고, '24년 1월 지급분 간이지급명세서 제출시에는 제외함

[세법 개정] 근로소득 간이지급명세서 제출기한
(현행) 지급일이 속하는 반기의 마지막 달의 다음달 말일
(개정) 매월 지급일의 다음달 말일
(시행시기 유보) 2022.12.31. 세법 개정시 2024년 이후 매월 제출하도록 규정하였으나 2026년 이후로 시행시기를 유보함으로서 지급일이 속하는 반기의 마지막 달의 다음달 말일 제출

[세법 개정] 근로소득 간이지급명세서 제출대상 소득 범위 조정
(제출대상 소득 범위 조정)
(종전) 반기 근무분 소득 → (개정) 반기 동안 지급한 소득
<적용시기> 2020.1.1. 이후 제출하는 분부터 적용

[개정 세법] 근로소득 간이지급명세서 미제출 가산세 인하
(개정) 미제출 가산세 : 0.25%, 지연제출(3개월 내 제출) 0.125%
<적용시기> 2021.1.1. 이후 제출하는 분부터 적용

[2] 원천징수대상 사업소득 간이지급명세서 제출

원천징수대상 사업소득을 지급하는 경우 그 **소득 지급일이 속하는 달의 다음 달 말일**(휴업, 폐업 또는 해산한 경우에는 휴업일, 폐업일 또는 해산일이 속하는 달의 다음 달 말일) 간이지급명세서를 원천징수 관할 세무서장에게 제출하여야 합니다.

(예외) 소득세법 제144조의5(연말정산 사업소득의 원천징수시기에 대한 특례)를 적용받는 소득에 대해서는 해당 소득에 대한 과세기간 종료일이 속하는 달의 다음 달 말일 제출

[세법 개정] (원천징수대상) 사업소득 간이지급명세서 제출기한
(종전) 지급일이 속하는 반기의 마지막 달의 다음달 말일
(개정) 매월 지급일의 다음달 말일
<적용시기> 2021.7.1. 이후 지급하는 소득분부터 적용

[3] 인적용역 관련 기타소득 간이지급명세서 제출의무 신설

2024년 1월 1일 이후 인적용역 관련 기타소득을 지급하는 경우 그 **소득 지급일이 속하는 달의 다음 달 말일**(휴업, 폐업 또는 해산한 경우에는 휴업일, 폐업일 또는 해산일이 속하는 달의 다음 달 말일) 간이지급명세서를 원천징수 관할 세무서장에게 제출하여야 한다.

▶ 인적용역 관련 기타소득 (소득세법 제21조제1항제19호 기타소득)
19. 다음 각 목의 어느 하나에 해당하는 인적용역(제15호부터 제17호까지의 규정을 적용받는 용역은 제외한다)을 일시적으로 제공하고 받는 대가
가. 고용관계 없이 다수인에게 강연을 하고 강연료 등 대가를 받는 용역
나. 라디오·텔레비전방송 등을 통하여 해설·계몽 또는 연기의 심사 등을 하고 보수 또는 이와 유사한 성질의 대가를 받는 용역
다. 변호사, 공인회계사, 세무사, 건축사, 측량사, 변리사, 그 밖에 전문적 지식 또는 특별한 기능을 가진 자가 그 지식 또는 기능을 활용하여 보수 또는 그 밖의 대가를 받고 제공하는 용역
라. 그 밖에 고용관계 없이 수당 또는 이와 유사한 성질의 대가를 받고 제공하는 용역

[개정 세법] 인적용역 기타소득 간이지급명세서 제출의무 신설 (소득법 §164의3)
(종전) 제출의무 없음
(개정) 매월 지급일의 다음달 말일
<적용시기> '24.1.1. 이후 지급하는 소득분부터 적용

[개정 세법] 간이지급명세서 제출시 지급명세서 제출 면제(소득법 §164)

종 전	개 정
<신 설>	□ 간이지급명세서 제출 사업자에 대한 지급명세서 제출 특례 ㅇ (적용대상) 원천징수대상 사업소득, 인적용역 관련 기타소득 ㅇ (적용방법) 간이지급명세서(매월)를 모두 제출 시 지급명세서(연 1회) 제출 면제 ※ 다만, 연말정산 사업소득은 간이지급명세서와 지급명세서를 모두 제출하여야 함

<적용시기>
(원천징수대상 사업소득) '23.1.1. 이후 지급하는 소득분부터 적용
(인적용역 관련 기타소득) '24.1.1. 이후 지급하는 소득분부터 적용

근로소득세 등 징수 및 신고·납부

◎ 간이세액표에 의한 근로소득세 징수

직원에게 급여를 지급하는 경우 근로소득 간이세액표에 의하여 근로소득세 및 지방소득세(근로소득세의 10%)를 징수하여 둔 다음 급여지급일의 다음달 10일까지 「원천징수이행상황신고서」를 제출하고, 근로소득세 및 지방소득세를 납부하여야 합니다. 단, 반기 신고자의 경우 반기의 다음달 10일까지 신고 및 납부를 하시면 됩니다.

♣ 상세내용 → <국세청 발간> 간이세액표 참조 [매 년 변경됨]
국세청 홈페이지 → 국세신고안내 → 원천세 → 근로소득간이세액표

● 간이세액표의 월 급여액

급여총액에 대하여 해당란의 세액을 적용합니다. 간이세액표의 월급여액은 그 명칭에 관계없이 회사에서 지급하는 모든 급여를 말합니다. 다만, 다음의 비과세소득은 제외합니다.

● 근로소득세 징수에서 제외되는 주요 비과세소득

[1] 비과세 차량보조금(자가운전보조금)
종업원 소유차량을 종업원이 직접 운전하여 사용자의 업무수행에 이용하고 시내출장 등에 소요된 실제여비를 지급받는 대신에 그 소요경비를 당해 사업체의 규칙 등에 의하여 정하여진 지급기준에 따라 지급받는 금액 중 월 20만원 이내의 금액

[2] 근로자가 제공받는 식사 또는 기타 음식물

현물식사 및 일률적으로 식사대를 지급하고 야간근무등 시간외근무를 하는 경우에 별도로 제공받는 식사.기타 음식물은 비과세됨

[3] 식사를 제공받지 않는 근로자의 월 20만원 이하 식사대

회사가 종업원에게 별도의 식사를 제공하지 않는 경우 종업원에게 지급하는 매 월 20만원 이하의 식대
1. 식사대를 매월 23만원을 지급받는 경우 20만원은 비과세하고 3만원은 과세
2. 회사에서 식사를 제공하면서 별도로 식대를 지급하는 경우 식대는 과세됨

[세법 개정] 식대 비과세 한도 확대(소득령 §17의2)
(종전) 월 10만원
(개정) 월 20만원
<적용시기> '23.1.1. 이후 발생하는 소득 분부터 적용

[4] 출산·보육수당 [소득세법 제12조(비과세소득) 3 머]

근로자 또는 그 배우자의 출산이나 6세 이하의 자녀의 보육과 관련하여 사용자로부터 지급받는 급여로서 월 10만원 이내의 금액
1. 맞벌이부부가 6세 이하의 자녀 1인에 대하여 각 근무처로부터 보육수당을 수령하는 경우 각각 월10만원 이내의 금액을 비과세함
2. 근로자가 6세 이하의 자녀 2인을 둔 경우에는 자녀수에 상관없이 월10만원 이내의 금액을 비과세함
3. 근로자에게 지원하는 보육수당의 비과세 기준을 적용함에 있어서 만 6세 이하 기준의 적용은 해당 과세기간 개시일을 기준으로 판단

[개정 세법] 출산·보육수당 비과세 한도 상향(소득법 § 12)

현 행	개 정
□ 근로소득·종교인소득에서 비과세되는 출산·보육수당	□ 비과세 한도 상향
○ (대상) 근로자 본인 또는 배우자의 출산, 6세 이하 자녀의 보육과 관련하여 사용자로부터 지급받는 급여	○ (좌 동)
○ (한도) 월 10만원	○ 월 20만원

<적용시기> '24.1.1. 이후 지급받는 분부터 적용

[5] 보장성보험료 중 연 70만원 이하의 금액

종업원의 사망·상해 또는 질병을 보험금의 지급사유로 하고 종업원을 피보험자와 수익자로 하는 보험으로서 만기에 납입보험료를 환급하지 아니하는 보험(단체순수보장성보험)과 만기에 납입보험료를 초과하지 아니하는 범위안에서 환급하는 보험(단체환급부보장성보험)의 보험료중 연 70만원 이하의 금액

[6] 생산직근로자등의 야간근로수당 등 [소득령 제17조]

직전연도 총급여가 3천만원 이하인 생산직근로자로서 월정액급여가 210만원 이하인 경우 연장, 야간, 휴일근로를 제공하고 지급받는 연장, 야간, 휴일근로수당 및 동 연장·야간·휴일근로 가산금 중 연간 240만원 이내의 금액

[7] 비과세 학자금

다음 요건을 모두 갖춘 근로자 본인의 학자금으로서 초·중등교육법

및 고등교육법에 의한 학교(외국에 있는 이와 유사한 교육기관 포함) 및 「근로자직업능력개발법」에 의한 직업능력개발훈련시설의 입학금·수업료·수강료 기타 공납금 중 당해 연도에 납입할 금액

1. 근로자가 종사하는 사업체의 업무와 관련있는 교육·훈련을 위하여 지급받는 학자금으로서,
2. 당해 업체의 규칙 등에 정해진 지급기준에 의하여 지급되고,
3. 교육·훈련기간이 6월 이상인 경우에는 교육·훈련후 교육기간을 초과하여 근무하지 않는 경우 반환하는 조건일 것.

[실무] 과세대상 학자금
위의 요건을 충족하지 않는 학자금은 과세대상 근로소득에 해당하므로 학자금을 무상으로 지원하는 경우 근로소득에 합산하여야 합니다. 단, 학자금(자녀 학자금 포함)의 무상대여액에 대한 인정이자상당액은 근로소득으로 보지 아니합니다.

[8] 기타 비과세소득

[개정 세법(안)] 원양어선·외항선원 및 해외건설 근로자 비과세 확대
(소득령 §16①)

현 행	개 정 안
☐ 국외 근로소득 비과세 금액	☐ 비과세 한도 확대
ㅇ 일반 국외 근로자: 월 100만원	ㅇ (좌 동)
ㅇ 외항선·원양어선 선원 및 해외건설근로자: 월 300만원	ㅇ 월 500만원

<적용시기> '24.1.1. 이후 발생하는 소득 분부터 적용

[개정 세법] 직무발명보상금 비과세 한도 상향 등(소득법 § 12, 소득령 § 17의3, § 18)
(종전) 종업원에게 지급하는 직무발명보상금 연 500만원 이하
(개정) 종업원에게 지급하는 직무발명보상금 연 700만원 이하
[제외] 사용자가 개인사업자인 경우 : 해당 개인사업자 및 그와 친족관계에 있는 자
<적용시기> '24.1.1. 이후 발생하는 소득 분부터 적용

● 간이세액표의 공제대상 가족의 수

공제대상 가족의 수는 본인 및 기본공제대상자인 배우자, 부양가족을 각각 1인으로 보아 공제대상 가족수를 계산합니다. 다만, 만 8세 이상 20세 이하 자녀가 있는 경우 공제대상 가족수에 추가합니다.

[사례] 공제대상가족의 수가 3명(8세 이상 20세 이하 자녀가 1명)인 경우에는 "4명"의 세액을 적용함.

■ 근로자 본인 및 배우자(연간소득금액 100만원 이하인 자)

■ 공제대상가족
근로자(배우자 포함)와 생계를 같이 하는 부양가족으로서 연간소득금액이 100만원 이하자 중 다음의 요건을 갖춘 부양가족만 공제대상 가족수에 해당합니다.

◆ 직계비속(자녀), 입양자 : 20세 이하

◆ 직계존속(부모, 조부모 등) : 60세 이상
부모님을 실제 부양하시는 경우 부양가족공제는 부모님의 연령이

60세 이상이고, 연간소득금액이 100만원 이하인 경우에 부양가족공제를 적용받을 수 있습니다.

> **보 충** 생계를 같이하는 부양가족의 범위
>
> 직계비속(자녀)을 제외하고는 주민등록등본상 동거가족으로 근로자의 주소 또는 거소에서 현실적으로 생계를 같이하여야 합니다. 다만, 다음의 경우에는 생계를 같이하는 것으로 봅니다.
> - 직계비속(자녀)이 아닌 동거가족으로서 일시 퇴거자임을 증명하는 경우
> - 직계존속(부모)이 주거의 형편에 따라 별거하고 있는 경우로서 부모님을 실제로 부양하는 경우 부양가족 공제가 가능합니다.

◆ 직계존속의 소득금액에 포함하지 않는 소득
1. 기초연금
2. 이자 및 배당소득의 연간 합계액이 2천만원 이하인 경우
3. 공적연금소득(국민연금, 공무원연금, 군인연금) 수령액 중 2001년 이선 불입액에 대한 연금수령액(비과세소득)
4. 사적연금의 연간합계액이 1200만원 이하(분리과세소득)인 경우
5. 일용근로소득

◆ 직계존속이 연금소득이 있는 경우 연금소득금액 계산
부모님께서 연금소득이 있는 경우 공적연금(국민연금, 공무원연금)의 경우 연금수령액 중 2002년 이후 불입액의 연간 연금소득금액(연금소득 - 연금소득공제)이 100만원을 초과하는 경우 부양가족공제를 받을 수 없는 것이므로 2002년 이후 불입액에 대한 연간 총연금액이 5,166,666원 이하인 경우 연간 연금소득금액(과세대상 연금액 5,166,666원 - 연금소득공제 4,166,666원)이 100만원 이하에 해당되는 것이며, 사적연금일 경우에는 총 연금액이 1200만원 이하인 경우(분리과세되므로 연간소득금액에서 제외함)에 연간 소득금액이 100만원 이하에 해당되는 것입니다.

인적공제대상자의 소득금액과 공제 대상 여부

기본공제대상자의 <u>연간소득금액</u>의 합계액이 100만원을 초과하는 경우 및 금융소득(이자소득 + 배당소득)의 연간 합계액이 2,000만원을 초과하는 경우에는 배우자공제 및 부양가족공제 뿐만 아니라 추가공제도 받을 수 없습니다. 단, 기본공제대상자가 <u>일용근로자</u>인 경우 소득금액에 관계없이 연령조건을 충족하는 경우 부양가족공제를 받을 수 있습니다.

- 근로소득 : 연간 과세대상 근로소득이 5,000,000원 초과하는 경우
- 연금소득 : 연간 과세대상 연금액이 5,166,666원을 초과하는 경우
 - 연금소득금액 100만원 (연금 5,166,666원 - 연금소득공제 4,166,666원)
- 퇴직소득 : 퇴직금이 100만원을 초과하는 경우
- 금융소득 : 이자 및 배당소득 연간합계액이 2,000원을 초과하는 경우

▶ 소득종류별 소득 및 소득금액

소득종류	공제금액	소득금액
근로소득	근로소득공제 • 급여액 500만원 이하 : 70% 부양가족이 근로소득이 있는 경우 예외적으로 500만원 이하인 경우 공제대상에 해당	근로소득 - 근로소득공제
사업소득	필요경비 • 총수입금액 × 단순경비율	사업소득 - 필요경비
기타소득	필요경비 • 기타소득(인적용역) × 60%	기타소득 - 필요경비
연금소득	연금소득공제 • 총연금액 350만원 이하 : 전액 • 총연금액 350만원 초과 700만원 이하 350만원 + 350만원 초과금액의 40%	연금소득 - 연금소득공제
양도소득	필요경비 및 장기보유특별공제액	양도소득 - 필요경비 등

🔲 원천징수이행상황신고서 신고 및 세금납부

근로소득은 **지급일의 다음달** 10일까지 「원천징수이행상황신고서」를 작성하여 신고하고, 근로소득세 및 지방소득세를 납부하여야 합니다. 단, 반기 신고자의 경우 반기의 다음달 10일까지 신고 및 납부를 하시면 됩니다.

근로소득이외에 퇴직소득 등 다른 원천징수대상소득이 있는 경우 이를 「원천징수이행상황신고서」의 해당란에 기재하여 제출하고, 소득종류별로 납부서를 작성하여 금융기관에 납부하여야 합니다.

단, 급여 및 퇴직금을 지급하지 못한 경우 지급의제일에 지급한 것으로 보아 지급의제일의 다음달 10일까지 신고.납부하여야 합니다.

▶ 원천징수대상소득의 지급의제일

소 득 종 류	귀속 월	지급의제일	귀속 월	지급의제일
• 근로소득	1월 ~ 11월	12월	12월	다음해 2월
• 퇴직소득	1월 ~ 11월	12월	12월	다음해 2월

사 례 중도퇴사자 원천징수이행상황신고서 작성방법

① 원천징수이행상황신고서 기재시 중도퇴사자가 있는 경우 A01(간이세액)에는 중도퇴사자의 당월 분 급여를 포함하여 기재하고, A02 (중도퇴사자)에는 중도퇴사자의 당해연도 총지급액을 기재합니다.
② 계속근무자의 경우 연말정산을 하고 원천징수이행상황신고서 작성시에는 기신고한 중도퇴사자를 제외하고 신고하는 것이며, 이때 1년 동안 중도퇴사란에 기재된 금액과 연말정산란에 기재된 금액이 지급명세서 제출금액과 일치하여야 합니다.
③ 계속근로자가 납부세액이 있고, 중도퇴사자에 대하여는 환급세액이 발생한 경우 A01(간이세액)에는 납부할 금액을, A02 (중도퇴사자)에는 환급세액(△ 표기)을 기재한 다음 이를 차가감하여 총합계(A99)에는 납부할 세액을 기재합니다.

사 례 중도퇴사자 연말정산 및 유의사항

① 중도퇴사자의 경우 퇴사월의 급여를 지급하는 날까지 연말정산을 하여 추가 납부할 근로소득세가 있는 경우 징수하여야 하며, 기납부한 세액이 연말정산에 의하여 확정된 근로소득세(결정세액)보다 많은 경우 환급을 하여야 합니다.
② 퇴사자에게 퇴사일까지 근로소득지급명세서를 교부하여야 하며, 다음 해 3월 10일까지 세무서에 제출하여야 합니다.
③ 퇴사일까지의 건강보험료 및 고용보험료 종업원부담금을 정산하여 추가 징수할 금액이 있는 경우 징수하였다가 건강보험공단에 납부하여야 하며, 과다 징수한 경우 환급을 하여 주어야 합니다.
④ 퇴사자는 퇴사한 연도 중 다른 회사에 입사한 경우 전 근무지 근로소득지급명세서를 원천징수의무자(경리부서)에게 반드시 제출을 하여야 합니다.

■ 원천세 수정신고 및 수정신고서 작성방법

원천세를 신고하였으나 그 신고한 내용에 누락 또는 오류가 있는 경우 수정신고를 할 수 있으며, 수정신고서는 다음과 같은 방법으로 작성하여 제출합니다.

① 수정신고서는 별지로 작성하여 제출하며, 귀속연월과 지급연월은 반드시 당초 신고서와 동일하게 기재합니다.

② 당초의 모든 숫자는 상단에 빨강색으로, 수정 후 모든 숫자는 하단에 검정색으로 기재합니다.

③ 수정신고로 인한 납부세액 또는 환급세액은 **당월분 원천징수이행상황신고서의 수정신고(A90)란에 옮겨 적어 조정 환급하여야 합니다.** 즉, 수정신고서의 수정신고(세액) A90란은 기재하지 않는 것이며 수정신고서의 총합계(A99)란의 차액은 수정신고 월의 정기신고서 '수정신고(A90)'란에 옮겨 기재합니다.

따라서 수정신고는 수정신고용 원천징수이행상황신고서와 함께 당월분(또는 반기분)신고서를 같이 제출하여야 합니다.

④ 별지 작성한 수정 신고서의 총합계(A99)의 납부세액 차액(수정신고 납부할 세액 - 당초신고.납부세액)은 당월 신고서 수정신고(A90)란의 징수세액란에 옮겨 적고, 신고 및 납부하여야 합니다.

🔲 원천세 가산세

● 원천세 미납부가산세 (1 + 2) 미납금액 10% 한도

1. 미납부금액의 3%
2. 미납부금액 × 미납일수 × 2.2/10,000

[개정 세법] 2019년 이후 납부지연가산세 이자율 인하
[국세기본법 시행령 제27조의4]
- 2019년 2월 11일 이전의 미납기간 : 1일 0.03%
- 2019년 2월 12일 이후의 미납기간 : 1일 0.025%
- 2022년 2월 15일 이후의 미납기간 : 1일 0.022%

[개정 세법] 납부지연가산세 세율 인하(국기령 §27의4)
(종전) 1일 0.025% (연 9.125%)
(개정) 1일 0.022%(연 8.030%)
<적용시기> 2022.2.15. 이후 가산세를 부과하는 분부터 적용. 다만, 영 시행 전 기간에 대한 부과 분은 종전규정 적용

● 원천세 신고불성실가산세(없음)

신고불성실가산세는 없습니다.

● 원천세 지급명세서 미제출가산세

근로소득 연말정산에 대한 지급명세서 및 기타 원천세 지급명세서를 그 지급일이 속하는 연도의 다음해 2월 말일 또는 3월 10일까지 관할

세무서에 제출하지 아니한 경우 지급금액의 1%(2017년 이전 제출분 2%)를 가산세로 부담하여야 합니다. 단, 제출기한일로부터 **3개월 이내**에 제출하는 경우 가산세의 50%를 감면받을 수 있습니다.

원천세(특별징수분) 지방소득세 미납부가산세

지방소득세를 기한내에 납부하지 아니한 세액 또는 미달하게 납부한 세액의 100분의 3에 상당하는 금액과 미납일수에 1만분의 2.2를 곱한 금액을 가산세로 부담하여야 합니다.(한도액 10%)

4대보험료 징수 및 납부

급여 해당 월의 다음달 10일까지 4대보험료를 납부하여야 합니다. 매월 공단에서 고지하는 4대보험료는 전년도 과세대상 급여총액을 12로 나눈 금액에 4대보험료율을 적용하여 고지합니다.

건강보험 및 고용보험은 당해 연도에 실제 지급한 임금을 기준으로 내년도 2월 말일까지 확정 정산하여야 하므로 지급하는 급여를 기준으로 징수한 다음 납부한 금액과의 차액은 보관하여 두었다가 확정정산에 의한 추가 납부 금액을 납부하시는 것이 적절합니다.

■ 4대보험료 고지 및 납부

1. 매 월 급여 지급시 근로소득세 및 지방소득세, 4대보험료 직원부담금을 차감하고 지급합니다.(예수금) 공단에서 부과하는 금액은 전년도 급여를 기준으로 부과한 것이므로 실제 지급할 급여를 기준으로 보험료율을 곱한 금액을 급여에서 차감하고 지급하시면 됩니다.

2. 4대보험료 납부시에는 공단에서 부과한 금액(직원부담금 + 회사부담금)을 납부합니다.
3. 급여 지급시 직원으로부터 징수하여 둔 금액과 공단에 납부한 직원부담금의 차액(865,000원)은 다음해 정산시 추가 납부하시면 됩니다.

Q&A 급여가 매월 달라지는 경우 4대보험료 공제는 어떻게 하나요?

건강보험 및 고용보험료 종업원부담금은 실제 지급한 급여를 기준으로 정산을 하여 추가 납부하여야 하므로 실제 지급한 급여를 기준으로 징수하시고, 국민연금은 별도의 정산절차가 없으므로 고지한 금액을 기준으로 징수를 하시면 됩니다.

회사 부담금은 고지한 금액만 복리후생비 등 경비로 처리를 하시면 됩니다.

Q&A 근로소득세 및 지방소득세, 4대보험료 중 종업원부담금을 회사가 모두 부담하기로 한 경우에는 어떻게 처리하나요?

근로소득세 및 지방소득세, 4대보험료 종업원부담금액에 상당하는 금액을 급여에 추가한 다음 정상적인 방법으로 처리하여야 합니다. 예를 들어 급여 실지급액을 100만원으로 하고 근로소득세 및 지방소득세, 4대보험료 종업원부담금의 합계액이 10만원 상당인 경우 급여를 110만원으로 책정한 다음 급여지급시 10만원을 공제하고 100만원을 지급하여야 하는 것입니다.

🇶 상여금 지급과 원천징수

● 지급대상기간이 있는 상여금

상여금을 일정 기간마다 정기적으로 지급하는 경우

▶ 상여 등에 대한 산출세액 = (① × ②) − ③

① 상여금 및 상여금 지급대상기간의 급여를 합한 금액을 지급대상기간의 월수로 나누어 매 월 평균 총급여액(상여금 포함급여)에 대한 간이세액표 해당 세액

$$월\ 평균\ 총급여액 = \frac{상여금 + 지급대상기간의\ 상여금\ 이외의\ 급여}{지급대상기간의\ 월수}$$

② 지급대상기간의 월수
③ 지급대상기간의 상여외의 급여에 대한 기 원천징수세액

● 지급대상기간이 없는 상여금

① 상여금을 받은 연도의 1월 1일부터 지급일이 속하는 월까지를 그 지급대상기간으로 하여 지급대상기간이 있는 상여금의 계산방법으로 계산
② 같은 해에 2회 이상 지급받을 때에는 직전에 상여를 지급받은 날이 속하는 달의 다음달부터 그 후에 지급받은 날이 속하는 달까지를 지급대상기간으로 하여 지급대상기간이 있는 상여금의 계산방법으로 계산

청년 등 취업자에 대한 소득세 감면

◎ 중소기업 청년 등 취업자에 대한 소득세 감면

[1] 개요

근로계약 체결일 현재 연령이 15세 이상 34세 이하인 청년(2018년 1월 1일 이후 29세 → 34세), 60세 이상인 사람·장애인(2014년 1월 1일 이후) 경력단절여성(2017년 1월 1일 이후)이 특정한 업종의 중소기업체(비영리기업 포함)에 2026년 12월 31일까지 취업하는 경우 그 중소기업체로부터 받는 근로소득으로서 **취업일부터 3년(2018년 이후 청년의 경우 5년)이 되는 날**이 속하는 달까지 발생한 소득에 대해서 일정비율에 상당하는 금액을 감면받을 수 있습니다. 이 경우 소득세 감면기간은 소득세를 감면받은 사람이 다른 중소기업체에 취업하거나 해당 중소기업체에 재취업하는 경우에 관계없이 소득세를 감면받은 최초 취업일부터 계산합니다. [조세특례제한법 제30조]

[2] 취업 연도별 감면율 [감면한도액 : 150만원]

2012.1.1. ~ 2013.12.31. 기간 취업시 : 100분의 100
2014.1.1. ~ 2015.12.31. 기간 취업시 : 100분의 50
2016.1.1. ~ 2017.12.31. 기간 : 100분의 70(감면한도액 150만원)
2018.1.1. 이후 : 100분의 70(청년의 경우 100분의 90)

[3] 2018년 개정 → 감면기간 및 감면율

청년 중소기업 취업자 소득세 감면기간은 취업일부터 5년이 되는 날이 속하는 달까지입니다. 예를 들어 2017년 6월 10일 입사한 경우 감면기간은 2017년 6월부터 2022년 6월 30일까지이며, **2017년 6월 10일부터 2017년 12월까지는 70%의 감면율이 적용되고, 2018년 1월**

부터 2022년 6월 30일까지 적용되는 감면율은 90%입니다. (취업일부터 감면기간을 계산하는 것으로 신청일이 아님)

[4] 2018년 이후 취업하고, 종전 근무지에서 감면을 받은 사실이 없는 경우

취업일(근로계약체결일) 현재 연령이 15세이상 34세 이하인 경우 취업월부터 5년간 근로소득세의 90%를 감면받을 수 있습니다.

[5] 감면대상 연령

1. 감면대상 근로자 연령은 만34세 이하입니다. 예를 들어 2018년 9월 17일 입사자의 경우 1983년 9월 18일 이후 출생한 경우 만34세 이하로 감면을 받을 수 있습니다.
2. 취업시 연령요건을 충족하면 취업일부터 5년이 되는 날까지 감면 적용을 받을 수 있는 것으로 감면 기간 중 연령을 초과하는 경우에도 감면을 받을 수 있습니다.

[6] 종전 법령에 의하여 취업 당시 29세 이하로 감면기간(3년)이 종료되었으나 개정 법령으로 감면기간이 남아 있는 경우

종전 법령에 의하여 감면기간이 종료된 경우 그 종료월부터 2017년 12월까지는 감면을 받을 수 없으나 2018년 이후 개정 법령에 의한 감면기간 연장으로 2018년 이후 감면기간이 남아 있는 경우 종료월까지 근로소득의 90%를 감면받을 수 있습니다.

[7] 2017. 12. 31. 이전 입사시 만30세 ~ 만34세 이하인 경우

취업 당시 만34세 이하인 경우로서 5년이 경과되지 않는 경우 2017년 이전 소득에 대하여는 감면을 받을 수 없으나 2018년 이후 잔여기간에 대하여는 90% 감면을 받을 수 있습니다.

감면대상 청년 근로자 등

[1] 청년
근로계약 체결일 현재 연령이 15세 이상 34세 이하인 사람(외국인 포함). 다만, 다음의 어느 하나에 해당하는 병역을 이행한 경우에는 그 기간(6년을 한도)을 근로계약 체결일 현재 연령에서 빼고 계산한 연령이 34세 이하인 사람을 포함합니다.
① 현역병(상근예비역 및 경비교도·전투경찰순경·의무소방원을 포함)
② 공익근무요원
③ 현역에 복무하는 장교, 준사관 및 부사관

[2] 60세 이상의 사람
근로계약 체결일 현재 연령이 60세 이상인 사람

[3] 장애인
「장애인복지법」의 적용을 받는 장애인 및 상이자

[4] 다음의 요건을 모두 충족하는 경력단절여성
1. 해당 기업에서 1년 이상 근무하였을 것
2. 임신·출산·육아의 사유로 해당 기업에서 퇴직하였을 것
3. 해당 기업에서 퇴직한 날부터 3년 이상 10년 미만의 기간이 지났을 것

◆ 감면대상에서 제외되는 근로자
1. 법인의 임원
2. 법인의 최대주주 또는 최대출자자와 그 배우자
3. 제2호에 해당하는 자의 직계존속·비속 및 친족관계인 사람
4. 일용근로자
5. 국민연금, 건강보험료 등의 납부사실이 확인되지 아니하는 사람

📋 감면대상 업종

- 제조업, 건설업, 도매 및 소매업
- 운수업, 숙박 및 음식점업(주점 및 비알콜 음료점업은 제외한다)
- 부동산업 및 임대업, 기타 전문·과학 및 기술 서비스업
- 건축기술·엔지니어링 및 기타 과학기술서비스업,
- 출판·영상·방송통신 및 정보서비스업(비디오물 감상실 운영업 제외)
- 농업, 임업 및 어업, 광업, 전기·가스·증기 및 수도사업
- 하수·폐기물처리·원료재생 및 환경복원업, 연구개발업, 광고업
- 시장조사 및 여론조사사업, 사업시설관리 및 사업지원 서비스업
- 기술 및 직업훈련 학원, 사회복지 서비스업
- 수리업을 주된 사업으로 영위하는 기업

[개정 세법(안)] 중소기업 취업자 소득세 감면 적용기한 연장 및 대상 확대(조특법 § 30, 조특령 § 27)

현 행	개 정 안
□ 중소기업 취업자에 대한 소득세 감면	□ 적용기한 연장 및 대상 확대
○ (대상) 청년·노인·장애인·경력단절여성	○ (좌 동)
○ (감면율) 70% (청년은 90%) ※ 과세기간별 200만원 한도 ○ (감면기간) 3년 (청년은 5년) ○ (대상업종) 농어업, 제조업, 도매업 등 〈추 가〉	○ (좌 동) – 컴퓨터학원 등
○ (적용기한) '23.12.31.	○ '26.12.31.

〈적용시기〉 2024.1.1. 이후 개시하는 과세연도 분부터 적용

▶ **제외 업종 예시**
- 법무관련, 회계.세무관련 서비스업 등
- 보건업(병원, 의원 등), 금융 및 보험업
- 예술, 스포츠 및 여가관련 서비스업
- 교육서비스업(기술 및 직업훈련 학원 제외), 기타 개인 서비스업
- 국가, 지방자치단체, 공공기관 및 지방공기업

감면신청 및 감면세액

감면 신청

[1] 근로자 및 원천징수의무자

1) 근로자는 '중소기업 취업자 소득세 감면신청서'를 취업일이 속하는 달의 다음 달 말일까지 원천징수의무자에게 제출하여야 합니다.

2) 근로자로부터 감면 신청을 받은 경우 그 신청을 한 근로자의 명단을 신청을 받은 날이 속하는 달의 다음 달 10일까지 원천징수 관할 세무서장에게 제출하여야 합니다. 이 경우 원천징수의무자는 감면신청서를 제출받은 달의 다음 달부터 매월분의 근로소득에 대한 소득세 중 감면급여비율 상당액을 원천징수하지 않습니다.

[2] 감면세액

중소기업체로부터 받는 근로소득(감면소득)과 그 외의 종합소득이 있는 경우 해당 과세기간의 감면세액은 다음 계산식에 따라 계산한 금액으로 하되, 연간 감면한도액은 200만원으로 합니다.

$$\frac{\text{종합소득}}{\text{산출세액}} \times \frac{\text{근로소득금액}}{\text{종합소득금액}} \times \frac{\text{감면대상 중소기업체로부터 받는 총급여액}}{\text{해당 근로자의 총급여액}} \times \text{감면율}$$

퇴직소득세 신고 및 납부

🅠 퇴직연금제도를 시행하고 있지 않는 회사

① 직원이 퇴직하여 퇴직금을 지급하는 경우 퇴직소득세를 계산하여 퇴직소득세 및 지방소득세를 차감한 금액을 퇴직일로부터 20일이내에 지급을 하여야 합니다.

② 퇴직금 지급액 및 퇴직소득세 징수내역은 퇴직금 지급일의 다음달 10일까지 (반기 신고자의 경우 해당 반기의 다음달 10일)「원천징수이행상황신고서」에 기재하여 신고하여야 하며, 퇴직소득세 및 지방소득세를 납부하여야 합니다.

③ 퇴직소득세로 납부할 세액이 없는 경우에도 그 지급에 관한 내용을 「원천징수이행상황신고서」에 기재하여 신고를 하여야 하며, 다음해 3월 10일까지 퇴직소득지급명세서를 제출하여야 합니다.

④ 퇴직연금제도를 시행하고 있지 않는 사업자이나 근로자가 퇴직으로 인하여 지급받는 퇴직급여액(명예퇴직수당과 단체퇴직보험금 포함)을 퇴직한 날부터 60일 이내에 개인형퇴직연금계정(IRP)으로 이전하는 경우 퇴직소득세 중 개인형퇴직연금으로의 이전비율에 상당하는 금액(퇴직소득세 × 이전한 퇴직소득금액/퇴직소득금액)은 과세이연됩니다. 이 경우 사업자는 '퇴직소득지급명세서'를 작성하여 개인형퇴직연금계좌를 취급하는 퇴직연금사업자에게 즉시 통보하여야 하며, 또한 다음연도 3월 10일까지 관할세무서에 '퇴직소득지급명세서'를 제출하여야 합니다.

🅠 확정기여형 퇴직연금의 퇴직소득세 원천징수

확정기여형퇴직연금제도에서 가입자는 퇴직할 때에 받을 급여를 갈음하여 그 운용 중인 자산을 가입자가 설정한 개인형퇴직연금제도의 계정으로 이전해 줄 것을 해당 퇴직연금사업자에게 요청할 수 있으며, 가입자의 요청이 있는 경우 퇴직연금사업자는 그 운용 중인 자산을 가입자의 개인형퇴직연금제도 계정으로 이전하여야 합니다.

한편, 거주자가 퇴직으로 인하여 지급받는 퇴직급여액(명예퇴직수당과 단체퇴직보험금)에 해당하는 금액[2013년 이후 비율 제한 없음] 을 퇴직한 날로부터 **60일 이내**에 개인형퇴직연금제도의 계정으로 이체 또는 입금하거나 과세이연계좌를 다른 금융회사의 과세이연계좌로 이체를 통하여 이전하는 경우 당해 퇴직급여액 중 퇴직연금계좌로 이전한 금액은 퇴직소득으로 보지 않으며, 이 경우 퇴직소득세는 연금 지급시 연금소득세로 과세이연되어 퇴직소득세를 징수 및 납부하지 않습니다. (소득세법 제146조) 단, 개인형퇴직연금불입 이후 근로자는 개인형퇴직연금을 해지할 수는 있으며, 이 경우 퇴직연금사업자가 퇴직소득세를 계산하여 징수 및 납부합니다.

● 확정기여형퇴직연금의 원천징수의무자

확정기여형퇴직연금의 경우 원천징수의무자는 퇴직연금운용사업자이므로 회사는 별도로 원천징수이행상황신고서를 제출할 필요가 없습니다. 다만, 퇴직연금제도 시행전 퇴직금을 지급하거나 추가로 퇴직금을 직접 지급하는 경우에는 사용자가 지급하는 금액을 기준으로 퇴직소득세를 원천징수 및 납부하고, 원천징수내역을 퇴직연금사업자에게 통보하여야 하며, 다음해 3월 10일까지 지급명세서를 관할 세무서에 제출하여야 합니다.

● 퇴직연금 추가 불입금 세액공제

법정 퇴직연금외에 근로자가 본인의 노후 생활을 위하여 개인형퇴직연금을 추가로 연간 1800만원 이내의 금액을 불입할 수 있습니다.

개인형퇴직연금 불입액은 퇴직연금 이외의 연금저축불입액과 합산하여 연간 700만원을 한도로 퇴직연금불입액의 **100분의 12**[해당 과세기간에 종합소득과세표준을 계산할 때 합산하는 종합소득금액이 4천만원 이하(근로소득만 있는 경우에는 총급여액 5천 500만원 이하)인 거주자에 대해서는 100분의 15]에 해당하는 금액을 세액공제받을 수 있습니다.

[개정 세법] 연금계좌 세제혜택 확대 (소득법 §59의3, §64의4 신설, 소득령 §40의2)

종 전				개 정		
□ 연금계좌 세액공제 대상 납입한도 ○ 연금저축 + 퇴직연금				□ 세액공제 대상 납입한도 확대 및 종합소득금액 기준 합리화 ○ 연금저축 + 퇴직연금		
총급여액 (종합소득금액)	세액공제 대상 납입한도 (연금저축 납입한도)		세액 공제 율	총급여액 (종합소득금액)	세액공제 대상 납입한도(연금저축 납입한도)	세액 공제율
	50세미만	50세이상				
5,500만원 이하 (4,000만원) 1.2억원 이하 (1억원)	700만원 (400만원)	900만원* (600만원*)	15%	5,500만원 이하 (4,500만원)	900만원 (600만원)	15%
1.2억원 초과 (1억원)	700만원 (300만원)		12%	5,500만원 초과 (4,500만원)		12%

<적용시기> (공제 대상 납입한도) '23.1.1. 이후 납입하는 분부터 적용

🅠 확정급여형 퇴직연금의 퇴직소득세 원천징수

확정급여형의 경우 사용자가 근로자 퇴직금 지급에 대한 퇴직소득세 원천징수 및 납부, 지급명세서등의 원천징수업무를 처리하였으나 법개정으로 퇴직연금을 전액 개인형퇴직연금계좌로 이전하여야 하며, 퇴직금상당액을 개인형퇴직연금에 이전하는 경우 정책목적으로 퇴직소득세 납부를 일단 보류(과세이연이라 한다.)하고, 나중에 연금을 지급받는 시점에서 연금소득세를 징수하고 합니다.

예를 들어 개인형퇴직연금을 해지하는 경우 해지시에 퇴직연금사업자가 퇴직소득세를 계산하여 신고 및 납부하며, 연금으로 지급받는 경우에는 연금소득에 대하여 연금소득세[2015년 이후 이연퇴직소득세 × 연금수령액 ÷ 이연퇴직소득 × 70%]를 징수하여 납부하도록 하고 있습니다.

단, 퇴직소득세를 원천징수하지 않는 경우에도 사용자는 '퇴직소득지급명세서'를 작성하여 과세이연계좌를 취급하는 퇴직연금사업자에게 즉시 통보하고, 또한 다음연도 3월 10일까지 관할세무서에 '퇴직소득지급명세서'를 제출하여야 합니다.

◆ 퇴직금 지급에 대한 '원천징수이행상황신고서' 작성방법
퇴직소득세를 개인퇴직연금계좌에 입금하여 퇴직소득세를 과세이연한 경우 원천징수이행상황신고서상 퇴직소득란의 인원과 총지급액란에 해당 퇴직소득 지급금액을 기재하고 징수세액의 소득세 등란에는 '0'원으로 기재하는 것이며, 퇴직소득 원천징수의무자가 회사인 회사지급분 및 확정급여형퇴직연금을 지급하는 경우에는 'A22'란에 기재합니다.

[원천징수이행상황신고서 일부]

소득자 소득구분		코드	원 천 징 수 명 세				
			소 득 지 급 (과세 미달, 일부 비과세 포함)		징수세액		
			④인원	⑤총지급액	⑥소득세등	⑦농어촌 특별세	⑧가산세
퇴직소득	연금계좌	A21					
	그 외	A22	1	10,000,000	0		
	가감계	A20					

퇴직소득 및 퇴직소득세 계산

퇴직소득

퇴직소득은 거주자·비거주자 또는 법인의 종업원이 현실적으로 퇴직함으로 인하여 받는 퇴직소득으로 당해 연도에 발생한 다음 소득의 합계액을 말한다.

① 사용자 부담금을 기초로 하여 현실적인 퇴직을 원인으로 지급받는 소득
② 퇴직소득의 일부 또는 전부를 지연하여 지급하면서 지연지급에 대한 이자를 함께 지급하는 경우 해당 이자
③ 「건설근로자의 고용개선 등에 관한 법률」 제14조에 따라 지급받는 퇴직공제금
④ 기타 퇴직소득에 포함되는 것
1. 불특정다수의 퇴직자에게 적용되는 퇴직급여지급규정·취업규칙 또는 노사합의에 의하여 지급 받는 퇴직수당·퇴직위로금 기타 이와 유사한 성질의 급여

2. 퇴직급여지급규정·취업규칙의 개정 등으로 퇴직금지급제도가 변경됨에 따라 퇴직금정산액을 지급하면서 퇴직금지급제도 변경에 따른 손실보상을 위하여 지급되는 금액
3. 명예퇴직수당, 해고예고수당

▶ 해고예고수당은 퇴직금에 해당하는 것임
[소득세법기본통칙 22-2] 사용자가 30일전에 예고를 하지 아니하고 근로자를 해고하는 경우 근로자에게 지급하는 근로기준법 제32조의 규정에 의한 해고예고수당은 퇴직소득으로 본다.

> **보충 퇴직소득 지급시기 의제**
> ① 퇴직소득을 지급하여야 할 원천징수의무자가 1월부터 11월까지의 사이에 퇴직한 자의 퇴직급여액을 당해 연도의 12월 31일까지 지급하지 아니한 때에는 그 퇴직급여액은 12월 31일에 지급한 것으로 봅니다.
> ② 12월에 퇴직한 자의 퇴직급여액을 다음 연도 1월 31일까지 지급하지 아니한 때에는 **2월 말일**에 지급한 것으로 봅니다.

▣ 퇴직소득세 계산
홈택스 → 세무 업무별 서비스 → 모의계산(좌측 하단)

◉ 퇴직소득 지급명세서 작성 및 제출

퇴사한 연도의 다음해 3월 10일까지 제출하여야 하며, 12월 중 퇴사한 직원의 퇴직금을 다음해 지급하더라도 '지급일'을「과세기간 종료일」로 하므로 다음해 3월 10일까지 제출하여야 합니다.

퇴직소득세 과세이연 및 지급명세서 제출

퇴직소득세 과세이연

2012년 7월 26일 이후 확정급여형퇴직연금제도 및 확정기여형퇴직연금제도를 운용하는 사용자의 경우 근로자에 대한 퇴직금 지급시 일단 사용자 또는 퇴직연금사업자는 개인형퇴직연금계좌(IRP)로 이전하여야 하며, 이 경우 퇴직소득세는 과세이연되어 징수하지 않습니다. 과세이연이란 세금납부를 연기하여 주는 것을 말합니다. 연기된 퇴직소득세는 나중에 연금 수령시 연금소득세를 납부하게 됩니다. 단, 퇴직금 중 일부 금액만 과세이연계좌로 이체한 경우 그 금액에 상당하는 퇴직소득세(퇴직소득세 × 과세이연계좌로 이체한 퇴직소득금액/퇴직소득금액)만 과세이연됩니다.

한편, 퇴직금을 개인형퇴직연금으로 이전한 이후 근로자는 개인형퇴직연금을 해지할 수는 있으며, 해지시 퇴직연금사업자가 퇴직소득세를 계산하여 징수 및 납부합니다.

확정급여형퇴직연금제도의 지급명세서 제출

개인형퇴직연금계좌(IRP)으로 이전하여 퇴직소득세를 원천징수하지 않는 경우에도 사업자는 '퇴직소득지급명세서'를 작성하여 과세이연계좌를 취급하는 퇴직연금사업자에게 즉시 통보하여야 하며, 또한 다음연도 3월 10일까지 관할세무서에 '퇴직소득지급명세서'를 제출하여야 하며, 제출하지 않는 경우 지급명세서 미제출가산세(지급금액의 2%)가 적용됩니다.

● 확정기여형퇴직연금제도의 지급명세서 제출

확정기여형퇴직연금제도를 채택하고 있는 사업자의 경우 퇴직소득세 원천징수와 관련한 모든 업무를 퇴직연금사업자가 부담하므로 사용자는 근로자 퇴사시 별도로 처리할 업무는 없습니다. 다만, 추가적으로 지급하는 퇴직금이 있는 경우 그 지급금액에 대하여 퇴직소득세를 징수 및 납부하고, 퇴직연금사업자에게 통보를 하여야 하며, 다음해 3월 10일까지 관할세무서에 퇴직소득지급명세서를 제출하여야 합니다.

한편, 회사가 퇴직연금 외에 추가로 지급하는 퇴직금을 개인형퇴직연금계좌(IRP)로 이전하는 경우 퇴직소득세는 과세이연되나 퇴직소득지급명세서를 작성하여 다음해 3월 10일까지 관할 세무서에 제출하여야 합니다.

● 퇴직연금제도를 도입하지 않는 사업자

거주자가 퇴직으로 인하여 지급받는 퇴직급여액을 퇴직한 날로부터 **60일 이내**에 확정기여형퇴직연금제도 또는 개인형퇴직연금제도의 계정으로 이체 또는 입금하거나 과세이연계좌를 다른 금융회사의 과세이연계좌로 이체를 통하여 이전하는 경우 당해 퇴직급여액은 실제로 지급받기 전까지 퇴직소득으로 보지 않습니다. 이 경우 퇴직소득세는 연금지급시 연금소득세로 과세이연되어 퇴직소득세를 징수 및 납부하지 않습니다.

퇴사자 4대보험 정산 등

❓ 퇴사자 4대보험 자격상실신고

퇴사자가 있는 경우 사용자는 퇴사일로부터 14일 이내에 자격상실신고서를 작성하여 국민연금관리공단, 건강보험공단, 근로복지공단 중 1곳에만 신고서를 제출하면 됩니다.

[1] 퇴사자 국민연금

직원이 중도에 퇴사한 경우 상실한 달(**상실한 달 전 날**을 기준)까지 보험료를 납부하여야 합니다. 국민연금은 전년도 급여를 기준으로 당해 연도에 납부함으로서 확정되며, 별도의 정산은 하지 않습니다.

[2] 퇴사자 건강보험료 정산

중도 퇴사한 경우 상실한 달(상실한 달 전 날을 기준)까지 보험료를 납부하여야 합니다. 당해 연도에 납부한 건강보험료는 전년도 급여를 기준으로 납부한 금액이므로 당해 연도에 실제 지급한 급여를 기준으로 정산하여 과소 징수한 금액이 있는 경우 추가로 징수하여야 하며, 과다 납부한 금액은 환급을 하여야 합니다.

[3] 퇴사자 고용보험료 정산

퇴사일까지 지급한 임금총액에 대하여 종업원 부담금을 정산하여 과다 징수한 금액은 돌려주고 과소 징수한 금액이 있는 경우에는 추가 징수하여야 합니다.

반기(6개월)별 근로소득세 신고 및 납부

◘ 반기별 신고대상자

근로소득 등을 지급하는 사업자는 매 월 근로소득세를 신고하고 납부하여야 하나 소규모 사업자의 납세편의를 제공하기 위하여 직전년도 상시고용인원이 20인 이하인 사업장의 경우 6개월에 한 번씩 신고 및 납부를 할 수 있습니다.

▶ 반기별 신고·납부기한

구 분	급여지급기간	신고 및 납부기한	비 고
상반기	1월 ~ 6월	7월 10일	전년도 연말정산과 같이 신고
하반기	7월 ~ 12월	다음해 1월 10일	

◘ 반기별 신고·납부 승인 신청

반기별로 신고 및 납부하고자 하는 사업자는 사업장 관할세무서장으로부터 원천징수세액을 매 반기별로 신고 및 납부할 수 있도록 승인을 받아야 하며, 반기별 신고·납부승인을 얻고자 하는 경우 해당 반기 직전 월의 1일부터 말일까지 사업장 관할세무서장에게 반기별 신고납부신청을 하여야 합니다.

단, 신규사업장의 경우 신청일이 속하는 반기의 상시고용인원 20명 이하인 경우 반기별 신고·납부를 신청할 수 있습니다.

▶ 반기별 승인신청기한

승인신청기한	승인통지기한	적용기간	신고기한
12월 1일 ~ 31일	1월 31일	상반기(1월 ~ 6월)	7월 10일
6월 1일 ~ 30일	7월 31일	하반기(7월 ~ 12월)	다음해 1월 10일

▶ 반기별 납부승인을 받은 경우 원천징수이행상신고서 제출기한

반기별 납부 승인을 얻은 자는 지급일을 기준으로 상반기분은 7월 10일까지, 하반기분은 다음연도 1월 10일까지, 6개월 동안의 근로소득세 등 원천징수내역을 기재한「원천징수이행상황신고서」를 관할세무서에 제출하고 징수한 세액은 은행에 납부하여야 합니다.

지방소득세 납부

급여지급시 근로소득세를 징수할 경우 원천징수의무자(사업자)는 원천징수하는 근로소득세의 10%를 지방소득세로 징수하여 두었다가 그 징수일이 속하는 달의 다음 달 10일까지 관할 시·군·구에 납부하여야 하며, 별도의 신고는 하지 않습니다.

반기별 신고대상자 지급명세서 제출

① 반기별 신고납부자는 다음해 7월 10일까지「원천징수이행상황신고서」를 관할세무서에 제출합니다만, 연말정산에 대한 '근로소득지급명세서'는 다음연도 3월 10일까지 사업장 소재지 관할 세무서장에게 제출하여야 합니다.

② 퇴직금을 지급하는 경우 퇴직금 지급에 대한 내역서인 '퇴직소득 지급명세서'를 다음연도 3월 10일까지 사업장 소재지 관할 세무서장에게 제출하여야 합니다.

🆀 반기별 신고·납부자 연말정산

● 연말정산 절차 및 신고기한

① 2024년 2월 말일까지 ~ 내부적인 연말정산 완료
근로자의 근로소득세 결정에 관한 내역서인 지급명세서 작성

② 2024년 3월 10일까지 ~ 근로소득 지급명세서 제출
「홈택스」에 입력하여 제출하시면 됩니다.

③ 2024년 7월 10일까지
1. 연말정산분에 대한 원천징수이행상황신고 및 납부
2. 2024. 1. 1. ~ 2024. 6. 30. 기간 동안 지급한 근로소득, 퇴직소득, 기타소득 등 원천징수대상소득에 대한 반기별 신고

🆀 반기별 신고·납부자 연말정산 환급신청

① 연말정산에 의한 환급세액이 많은 경우로서 세무서로부터 환급을 받고자 하는 경우 환급신청을 하여 환급을 받을 수 있으며, 이 경우 3월 10일까지 원천징수이행상황신고서를 신고하여야 합니다.

예를 들어 2023년도 근로소득세로 결정된 금액이 100,000원이고

간이세액표에 의하여 납부한 근로소득세(기납부세액)가 500,000원인 경우로서 과다 납부한 근로소득세 400,000원을 환급받고자 하는 경우에는 2024년 3월 10일까지 「원천징수이행상황신고서」를 제출하여야 합니다. 이 경우 2024년 1월 및 2월분 원천세 지급 및 징수에 관한 내용과 연말정산분을 같이 신고하여야 합니다.

원천징수이행상황신고서의 「원천징수세액환급신청서」에 "☑" 표시하고 「㉑ 환급신청액」란에 환급신청액을 기재(원천징수세액환급신청서 부표 반드시 작성)하여 관할세무서장에게 제출합니다.

② 연말정산 환급에 따른 지방소득세 특별징수를 환급 받으시려면 아래의 서류를 구비하여 기 납입한 구청에 환급 신청하시면 됩니다.

1. 지방소득세 특별징수 환급청구서(별첨)
2. 지방소득세 특별징수 개인별 납부 내역서(별첨)
3. 소득세 환급결정통지서 사본 또는 소득세 환급 입금된 통장사본
4. 원천징수이행상황신고서(연말정산분)

③ 2024년 7월 10일 상반기 신고시에는 3월부터 6월 기간 동안 지급한 근로소득 등 원천징수소득만 신고하고 납부하여야 합니다.

연말정산

🅠 연말정산이란?

매 월 간이세액표에 의하여 납부한 근로소득세는 급여총액이 확정되기 전 미리 납부한 금액으로 당해 연도가 종료된 후 실제 지급한 급여총액을 기준으로 소득세법의 규정에 의하여 납부할 근로소득세를 확정한 다음(결정세액) 미리 납부한 근로소득세(기납부세액)를 차가감하여 납부 또는 환급할 근로소득세를 확정하는 것을 말합니다.

♣ 연말정산에 관한 내용 → 국세청 홈페이지 참조

연말정산 관련 국세청 자료 [국세청 홈페이지]
■ 국세청 홈페이지 : 안내 책자 및 책자 파일
■ 연말정산 자동 계산 : 조회·계산 → 연말정산 자동 계산
■ 연말정산간소화 서비스
■ 무료상담 : 국번없이 126

🅠 연말정산의무자

근로소득을 지급하는 자(개인, 법인, 국가 등 모두 포함) 단, 근로소득 중 일용근로소득을 지급한 경우 일용근로소득은 분리과세되는 소득으로 그 지급시 원천징수함으로서 납세의무가 종결되는 것이므로 별도의 연말정산을 하지 않습니다.

◼ 연말정산에 의한 환급금 발생시 회계처리
♣ 상세 내용 → 경영정보사 홈페이지 참조

이자소득세 원천징수

■ 이자소득 원천징수 개요

① 금전 등을 차입하고 그에 대한 대가로 이자를 지급하는 자는 소득세법의 규정에 이자소득세 및 이자소득세의 10%를 지방소득세로 징수하여 신고 및 납부를 하여야 합니다.

법인으로부터 자금을 차입하고, 그 이자를 지급하는 자는 이자소득세에 상당하는 세액을 법인세(이자소득세)로 징수하여 납부하되, 지방소득세는 징수하지 않았습니다만, 2015년 1월 이후 법인에게 이자를 지급하는 경우에도 지방소득세(법인세의 10%)를 징수 및 납부하여야 합니다.

② 금융기관으로부터 금전을 차입한 자가 금융기관에 이자를 지급하는 경우에는 이자소득세를 징수납부하지 않습니다.

■ 이자소득으로 보지 아니하는 소득

① 물품을 매입할 때 대금의 결제방법에 따라 에누리되는 금액
② 외상매입금을 약정기일 전에 지급함으로써 받는 할인액
③ 물품을 판매하고 대금 결제방법에 따라 추가로 지급받는 금액
④ 외상매출금의 지급기일을 연장하여 주고 추가로 지급받는 금액
⑤ 장기할부조건으로 판매함으로써 현금거래 또는 통상적인 대금의 결제방법에 의한 거래의 경우보다 추가로 지급받는 금액

이자소득세 및 지방소득세 원천징수

● 금융기관 등이 예금이자소득을 지급하는 경우

☐ 이자소득세 원천징수세액 = 총지급액 × 14%

이자로 지급하는 금액의 14%를 이자소득세로 이자소득세의 10%를 지방소득세로 징수하여 납부합니다.

법인의 경우 예금이자 수입에 대하여 원천징수당한 이자소득세는 선납세금으로 처리한 다음 납부할 법인세에서 공제를 받을 수 있습니다.

● 개인사채에 대한 이자 지급 및 원천징수

기업이 개인 또는 법인으로부터 차입한 차입금에 대한 이자를 지급하여야 하는 경우 그 지급금액의 25%(금융업을 영위하지 아니하는 자가 개인 등에게 금전을 차입하고 이자를 지급하는 경우 이자소득 원천징수세율) 및 지방소득세(이자소득세의 10%)를 원천징수하여 징수일의 다음달 10일까지 관할세무서에 납부하여야 합니다.

이자소득 지급명세서 제출

이자를 지급하는 자는 이자소득 지급에 관한 명세서인 지급명세서를 작성하여 그 지급일의 다음연도 2월 말일까지 사업장 관할 세무서에 제출하여야 합니다.

기타소득세 원천징수

기타소득이란 이자소득·배당소득·사업소득·근로소득·연금소득·퇴직소득·양도소득 외의 소득으로 일시적이고, 우발적으로 발생하는 소득을 말합니다.

근로소득, 기타소득, 사업소득 구분

소득구분은 대가를 지급하는 지급자의 입장이 아닌 용역을 제공하고 그 대가를 받는 자 기준으로 판단합니다. 따라서 동일회사에 여러 번 또는 여러 회사나 용역공급의뢰처에 개인인적용역을 제공하는 경우라면, 계속 반복적인 용역제공으로 보아 사업소득으로 구분하여야 합니다.

사업소득

사업소득이란 개인이 물적 시설없이 근로자를 고용하지 아니하고 독립적으로 일의 성과에 따라 수당 또는 이와 유사한 성질의 대가를 받는 용역으로 원천징수대상이 되는 사업소득은 용역을 제공하는 자가 독립된 자격으로 인적용역 또는 의료보건용역을 계속·반복적으로 제공하고 지급받는 대가를 말합니다.

□ 사업소득세 원천징수세액 = 총지급액 × 3%

● 기타소득

기타소득이란 이자소득·배당소득·사업소득·근로소득·연금소득·퇴직소득·양도소득외의 소득으로 일시적이고, 우발적으로 발생하는 소득을 말합니다.

☐ 기타소득세 원천징수세액 = (총지급액 - 필요경비) × 20%

사업소득과 기타소득 여부는 그 일에 대해 상대방이 계속성이 있느냐, 없느냐에 따라 적용이 달라집니다. 즉 그 지급을 받는 자가 일시적으로 용역을 제공하는 것이라면, 기타소득으로 보아 그 지급금액의 60% 또는 80%를 필요경비로 공제한 금액에 대하여 20%(지방소득세 별도)의 세율을 적용하여 기타소득세를 원천징수하여야 합니다만,

소득을 지급받는 자가 계속적으로 용역을 제공한다면, 사업소득으로 보아 지급받는 금액에 대하여 3%(지방소득세 별도 : 사업소득세의 10%)의 세율을 적용하여 사업소득세를 원천징수하여야 합니다.

● 근로소득

근로소득이란 고용관계에 의하여 근로를 제공하고 그 대가로서 지급받는 급여로 근로자가 종속적인 지위에서 근로를 제공하고 받는 대가를 말하며, 고용관계가 있는지 여부의 판단은 근로제공자가 업무 내지 작업에 대한 거부를 할 수 있는지, 시간적·장소적인 제약을 받는지, 업무수행과정에 있어서 구체적인 지시를 받는지, 복무규정의 준수의무 등에 의하여 종합적으로 판단할 사항입니다.

■ 기타소득세 원천징수 대상소득

① 다음의 1에 해당하는 인적용역을 일시적으로 제공하고 지급받는 대가
1. 고용관계 없이 다수인에게 강연을 하고 강연료 등의 대가를 받는 용역
2. 라디오·텔레비전방송 등을 통하여 해설·계몽 또는 연기의 심사 등을 하고 보수 또는 이와 유사한 성질의 대가를 받는 용역
3. 변호사·공인회계사·세무사·건축사·측량사·변리사 기타 전문적 지식 또는 특별한 기능을 가진 자가 당해 지식 또는 기능을 활용하여 보수 또는 기타 대가를 받고 제공하는 용역
4. 기타의 용역으로서 고용관계 없이 수당 또는 이와 유사한 성질의 대가를 받고 제공하는 용역

② 문예·학술·미술·음악 또는 사진에 속하는 창작품에 대한 원작자로서 받는 소득으로서 다음의 1에 해당하는 것
1. 원고료 및 저작권사용료인 인세
2. 미술·음악 또는 사진에 속하는 창작품에 대하여 받는 대가

③ 저작자 또는 실연자·음반제작자·방송사업자외의 자가 저작권 또는 저작인접권의 양도 또는 사용의 대가로 받는 금품

④ 광업권·어업권·산업재산권 및 산업정보, 산업상 비밀, 상표권·영업권(점포임차권 포함), 토사석의 채취허가에 따른 권리, 지하수의 개발·이용권 그 밖에 이와 유사한 자산이나 권리를 양도하거나 대여하고 그 대가로 받는 금품

⑤ 물품(유가증권 포함) 또는 장소를 일시적으로 대여하고 사용료로서 받는 금품

⑥ 계약의 위약 또는 해약으로 인하여 받는 위약금과 배상금

⑦ 재산권에 관한 알선수수료 및 사례금

🅠 기타소득세 원천징수

기타소득을 지급하는 때는 기타소득총지급액에서 필요경비를 공제한 기타소득금액에 원천징수세율 20%(지방소득세 별도)를 적용하여 소득세를 원천징수하여 다음달 10일까지 기타소득세를 납부하여야 합니다.

다만, 기타소득금액(기타소득 - 필요경비)이 5만원 이하인 경우에는 기타소득 과세 최저한 규정에 의하여 원천징수하지 않습니다.

원천징수세액이 1천원 미만인 경우에는 징수하지 아니합니다.

● 기타소득으로 원천징수할 금액

① 기타소득금액 = 기타소득 총수입금액 - 필요경비
② 원천징수세액 = 기타소득금액 × 원천징수 세율(20/100)
○ 지방소득세 10% 별도 징수

사 례 기타소득세 원천징수

[예제] 기타소득에 해당하는 강의료 지급금액이 300,000원인 경우
- 과세표준(120,000원) = 지급금액(300,000원) - 필요경비(180,000원)
- 기타소득세(24,000원) = 과세표준(120,000원) × 기타소득세율(20%)
- 지방소득세(2,400원) = 기타소득세(24,000원) × 10%
▶ 기타소득금액(기타소득 - 필요경비) 5만원 이하인 경우 기타소득세를 징수하지 않습니다.

🅠 기타소득 필요경비

기타소득금액은 당해 연도의 총수입금액에서 이에 소요된 필요경비를 공제한 금액으로 합니다.

● 지급액의 80%를 필요경비 공제할 수 있는 기타소득

① 공익법인이 주무관청의 승인을 얻어 시상하는 상금과 부상
② 다수가 순위 경쟁하는 대회에서 입상자가 받는 상금 및 부상
③ 지역권 또는 지상권을 대여하고 받는 금품
④ 계약의 위약 또는 해약으로 인하여 받는 위약금과 배상금 중 주택입주 지체상금

● 지급액의 60%를 필요경비 공제할 수 있는 기타소득

① 다음에 해당하는 인적용역을 일시적으로 제공하고 지급받는 대가
1. 고용관계없이 다수인에게 강연을 하고 강연료 등의 대가를 받는 용역
2. 라디오·텔레비전방송 등을 통하여 해설·계몽 또는 연기의 심사 등을 하고 보수 또는 이와 유사한 성질의 대가를 받는 용역
3. 변호사·공인회계사·세무사·건축사·측량사·변리사기타 전문적 지식 또는 특별한 기능을 가진 자가 당해 지식 또는 기능을 활용하여 보수 또는 기타 대가를 받고 제공하는 용역
4. 기타의 용역으로서 고용관계없이 수당 또는 이와 유사한 성질의 대가를 받고 제공하는 용역
5. 계약의 위약 또는 해약으로 인하여 받는 위약금과 배상금 중 주택입주 지체상금계약의 위약 또는 해약으로 인하여 받는 위약금과

배상금 중 주택입주자가 주택건설업자로부터 받은 주택입주 지체상금을 말한다.

② 문예·학술·미술·음악 또는 사진에 속하는 창작품에 대한 원작자로서 받는 소득으로서 다음의 하나에 해당하는 것
1. 원고료
2. 저작권사용료인 인세
3. 미술·음악 또는 사진에 속하는 창작품에 대하여 받는 대가

③ 광업권·어업권·산업재산권 및 산업정보, 산업상 비밀, 상표권·영업권(점포임차권 포함), 토사석의 채취허가에 따른 권리, 지하수의 개발·이용권 그 밖에 이와 유사한 자산이나 권리를 양도하거나 대여하고 그 대가로 받는 금품으로서 필요경비가 확인되지 아니하거나 수입금액의 100분의 80에 미달하는 것

[개정 세법] 원고료, 인세, 일시적 강연료 등 필요경비율 조정 등
1. 2018. 4. 1. ~ 2018.12.31. 지급분 : 필요경비율 70%
2. 2019. 1. 1. 이후 지급분 : 필요경비율 60%

▶ 증빙서류 확인되는 경우만 필요경비 인정되는 기타소득

지급금액의 80% 또는 60%를 필요경비로 공제받을 수 있는 기타소득외의 기타소득(사례금 등)은 증빙서류에 의하여 확인되는 실제 필요경비만을 공제받을 수 있다.

Q 기타소득자의 종합소득세 신고

기타소득금액(기타소득 - 필요경비)이 300만원을 초과하는 경우에는 종합소득세 확정신고를 하여야 하며, 기타소득금액이 300만원 이하인 경우에는 분리과세와 종합과세 중 선택할 수 있습니다.

원천징수대상 사업소득 원천징수

원천징수대상 사업소득이란 개인이 물적 시설 없이 근로자를 고용하지 아니하고 독립적으로 일의 성과에 따라 수당 또는 이와 유사한 성질의 대가를 받는 용역으로 용역을 제공하는 자가 독립된 자격으로 인적용역 또는 의료보건용역을 계속·반복적으로 제공하고 지급받는 대가를 말합니다.

■ 사업소득세 원천징수 대상소득

원천징수대상 사업소득은 아래에 열거하는 사업소득을 지급하는 경우에 한하는 것으로 소득세법에서 통칭하는 사업소득과 구분되며, 법인에게 아래에 열거하는 사업소득을 지급하는 경우에는 계산서 등 정규영수증을 수취하여야 합니다.

① 개인이 물적 시설 없이 근로자를 고용하지 아니하고 독립된 자격으로 용역을 공급하고 대가를 받는 다음에 규정하는 인적용역
1. 저술·서화·도안·조각·작곡·음악·무용·만화·배우·성우·가수 이와 유사한 용역
2. 연예에 관한 감독·출·촬영·녹음·장치·조명과 이와 유사한 용역
3. 건축감독·학술용역·기술용역과 이와 유사한 용역
4. 직업운동가·역사·기수·운동지도가(심판을 포함합니다)와 이와 유사한 용역
5. 저작자가 저작권에 의하여 사용료를 받는 용역
6. 보험가입자의 모집, 저축의 장려 또는 집금 등을 하고 실적에 따라 보험회사 등으로부터 받는 모집수당·장려수당·집금수당

7. 교정.번역.고증.속기.필경.타자.음반취입과 이와 유사한 용역
8. 고용관계 없는 자가 강연을 하고 강연료.강사료 등의 대가를 받는 용역
9. 개인이 일의 성과에 따라 수당 또는 이와 유사한 성질의 대가를 받는 용역

② 개인.법인 또는 법인격 없는 사단.재단 기타 단체가 독립된 자격으로 용역을 공급하고 대가를 받는 인적용역

● 원천징수대상 사업소득자의 사업자등록

인적용역소득에 대해서는 소득을 지급하는 자가 3% 원천징수(지방소득세 별도)를 하여야 하며, 부가가치세가 면세되는 인적용역을 제공하는 자유직업소득자의 경우 부가가치세법에 의한 사업자등록은 필요하지 않으나 소득세법에 의한 면세사업자등록은 할 수 있습니다.

다만, 면세사업자등록을 하지 않은 경우에도 사업소득을 지급하는 자가 사업소득세 및 지방소득세를 원천징수하여 신고 및 납부하므로 특별한 불이익은 없습니다. 이 경우에도 사업소득자는 자신의 수입에 대하여 종합소득세 신고를 하여야 합니다.

◆ 보험모집인, 방문판매원의 연말정산

보험모집인, 방문판매원이 지급받는 소득은 사업소득으로 원칙적으로 다음 해 5월 중에 종합소득세 확정신고를 하여야 합니다만, 해당 과세기간에 신규로 사업을 개시 또는 직전 과세기간의 수입금액 7,500만원 미만인 경우 해당 사업자에게 사업소득을 지급하는 원천징수의무자가 해당 과세기간의 사업소득금액에 대하여 연말정산하여 소득세를 징수·납부함으로서 납세의무를 종결시킬 수 있습니다.

🅠 사업소득세 원천징수

원천징수하여야 하는 사업소득은 통상의 사업소득과 다른 개념(원천징수대상이 아닌 경우 세금계산서, 계산서 등을 수취하여야 함)으로 원천징수대상 사업소득을 지급하는 경우 사업소득세를 원천징수하여 그 징수일의 다음달 10일까지 납부하여야 합니다.

▶ **사업소득에 대한 원천징수세율**
1. 사업소득의 100분의 3 및 지방소득세(사업소득세의 10%)
2. 봉사료의 경우 100분의 5 및 지방소득세

▶ **원천징수대상 사업소득 간이지급명세서 제출**
원천징수대상 사업소득을 지급하는 자는 매월 지급일이 속하는 달의 다음 달 말일까지 간이지급명세서를 제출하여야 합니다. 단, 12월분 사업소득을 다음해 1월에 지급한 경우에는 12월 지급분 간이지급명세서에 포함하여 제출하고, 다음해 1월 지급분 간이지급명세서 제출시에는 제외합니다

🅠 사업소득을 지급받는 자의 종합소득세 신고

당해 연도에 사업소득이 있는 거주자는 사업소득금액에 관계없이 반드시 당해 연도의 다음연도 5월 1일부터 5월 31일까지 주소지 관할세무서에 종합소득세 확정신고를 하여야 합니다.

종합소득세 신고시 납부할 세액에서 사업소득을 지급하는 자로부터 원천징수당한 사업소득세는 기납부세액으로 공제받을 수 있습니다.

SECTION 02

일용근로자 원천징수 세무실무와 4대보험

일용직 근로자 및 법정수당 등

🅠 일용직 근로자란?

일용근로자란 근로를 제공한 날 또는 시간에 따라 급여를 계산하거나 근로를 제공한 날 또는 시간의 근로성과에 따라 급여를 계산하여 지급받는 자로 다음에 해당되지 아니하는 자를 말합니다.

○ 건설공사 종사자, 하역(항만)작업 종사자가 아닌 자 : 근로자로서 근로계약에 따라 일정한 고용주에게 3월 이상 계속하여 고용되는 자

○ 하역(항만)작업 종사자 : 통상 근로를 제공한 날에 급여를 지급받지 아니하고 정기적으로 근로대가를 받는 자

○ 건설공사 종사자 : 동일한 고용주에게 계속하여 1년 이상 고용된 자

> **보충** 건설공사에 종사하는 자의 일용근로자 해당 요건

◎ 건설공사에 종사하는 자로서 다음에 해당하지 아니하는 자
① 동일한 고용주에게 계속하여 1년 이상 고용된 자
② 다음의 업무에 종사하기 위하여 통상 동일한 고용주에게 계속 고용되는 자
1. 작업준비를 하고 노무에 종사하는 자를 직접 지휘·감독하는 업무
2. 작업현장에서 필요한 기술적인 업무, 사무, 취사, 경비 등의 업무
3. 건설기계의 운전 또는 정비업무

일용직 근로자의 법정수당 및 퇴직금

일용직 근로자의 주휴일 및 주휴수당

근로기준법상 1주간의 소정근로일수를 개근한 근로자에게는 1일의 유급휴가를 주어야 하는데 1일단위로 근로계약을 체결하는 일용근로자의 경우 1주간의 소정근로일수를 산정할 수 없으므로 유급 주휴일을 부여하지 않습니다.

다만, 일용근로자가 계속적으로 근로를 제공하는 경우에는 실제 근로일수를 기준으로 1주일에 소정근로일수를 개근한 경우 주휴일을 부여하여야 합니다.

이 경우 주휴수당을 포함하여 임금을 지급하기로 사전에 약정한 경우에는 무급으로 주휴일을 부여하는 것이나 약정이 없는 경우 유급으로 주휴일을 부여하여야 합니다.

● 일용직 근로자의 연장·야간·휴일근로 가산수당

① 일용근로자의 경우도 연장근로 및 야간근로에 대하여 가산수당을 지급하여야 합니다.

② 휴일근로의 경우 주휴수당을 포함하여 임금을 지급하기로 사전에 약정하지 아니한 계속근로자는 휴일근로에 대하여 가산수당을 지급하여야 합니다.

③ 일용근로자를 포함하여 상시 근로자 수가 5인 미만인 경우에는 가산수당 지급의무가 없습니다.

> **보 충** 일용근로자의 주휴수당 및 통상임금
>
> 일급계약인 경우, 주휴수당은 1주간의 소정근로에 대해 개근하는 경우 지급되는 조건부 임금으로 통상임금에 포함되지 않습니다만, 월급 계약인 경우에는 급여액에 주휴수당이 포함되어 있는데, 이러한 경우 주휴수당은 '소정근로시간외에 유급으로 처리되는 시간'을 말하므로 통상임금에 포함합니다.

● 일용직근로자 퇴직금

① 일용근로자의 경우에도 근로기간이 1년 이상인 경우 퇴직금을 지급하여야 합니다.

② 퇴직금 산정의 기준이 되는 일용직근로자의 평균임금은 통상근로자와 동일하게 퇴사일로부터 역산하여 3개월 동안의 임금을 기준으로 계산합니다. 다만, 근로일수가 통상의 근로와 달리 현저히 적을 때에는 통상근로계수(0.73)를 적용하여 평균임금을 산정할 수 있습니다. (1일 임금 × 통상근로계수)

일용직 근로자 4대보험 가입 및 신고

일용직 근로자의 경우 다음의 가입제외자가 아닌 경우 4대보험에 가입을 하여야 합니다.

🅠 일용직근로자 4대보험 가입대상 및 제외자

[1] 국민연금 가입대상자 및 제외되는 자
(1) 가입대상자

사업장에서 종사하는 18세 이상 60세 미만의 근로자로서, 사업장에 고용된 날부터 1개월간 8일 이상이고, 근로시간이 월60시간 이상인 근로자는 사업장에 고용된 날부터 사업장가입자로 적용하여야 합니다. 한편, 일용직 근로자로서 채용 당시에는 가입 요건에 해당하지 아니하여 제외되었으나 그 후 요건에 해당되는 때에는 취득신고를 하여야 하며, 이 경우 자격취득일은 최초고용일로 합니다. (2015.5.6. 국민연금 일용근로자 사업장 가입기준 지침 개정)

1. 명시적인 근로(고용)계약서가 있는 경우, 실제 근로를 제공한 기간·일수 불문하고 계약내용이 1개월 이상(기간의 정함이 없는 경우 포함)이고, 1개월 간 8일 이상인 경우 사업장가입자로 적용
2. 명시적인 근로(고용)계약서가 없는 경우(계약내용이 1개월 미만 포함), 사업장에 고용된 날 또는 기산일부터 1개월간 8일 이상 근로한 경우, 사업장에 고용된 날 또는 기산일부터 사업장가입자로 적용

(2) 가입제외자

1월 미만의 기한부로 사용되는 근로자로서 1개월의 근로시간이 월 60시간 미만이거나 근로일수가 8일 미만인 자

[2] 건강보험 가입대상자 및 제외되는 자

1월 미만의 기한부로 사용되는 근로자 및 1개월 동안의 소정(所定)근로시간이 60시간 미만인 단시간근로자는 건강보험가입대상에 해당하지 않습니다. 다만, 1월 이상 계속 사용되는 경우에는 자격 취득 신고 대상입니다.

[3] 고용보험 가입대상자 및 제외되는 자

1개월간 소정근로시간이 60시간 미만인 자(1주간의 소정근로시간이 15시간 미만인 자 포함)는 고용보험가입대상이 아닙니다. 다만, 생업을 목적으로 근로를 제공하는 자 중 3개월 이상 계속하여 근로를 제공하는 자와 일용근로자(1개월 미만 동안 고용되는 자)는 1개월간 소정근로시간이 60시간 미만이더라도 가입대상에 해당합니다.

[개정] 가입대상자 → (2023.7.1. 이후) 모든 일용근로자

[4] 산재보험 가입대상근로자에서 제외되는 자

근무일수와 시간에 관계없이 모든 근로자에 대하여 가입을 하여야 합니다.

▶ 일용직 근로자 고용보험 및 산재보험 가입 요약표

구 분	가입대상
국민연금	18세 이상 60세 미만인 근로자로서 일반 근로자는 1개월간 근로시간이 60시간 이상인 단시간근로자 * 건설업의 경우 1개월간 8일 이상 근로자
건강보험	1개월 이상 근로하는 일용 근로자 * 건설업의 경우 1개월간 8일 이상 근로자
고용보험	모든 일용근로자 (2023.7.1. 이후)
산재보험	모든 일용근로자

🔲 일용직 근로자의 '근로내용확인신고서' 제출

일용직근로자의 경우 고용보험 및 산재보험 신고시 근로내역확인서를 작성하여 채용일의 다음달 15일까지 고용노동부에 제출하여야 하며, 제출하지 않는 경우 고용노동부로부터 300만원 이하의 과태료가 부과될 수 있습니다.

1. 근로내역확인서 서식은 1일 단위로 근로계약을 체결하거나 1개월 미만 동안 고용되는 일용근로자를 위한 서식입니다.
2. 건설업(건설장비운영업 제외) 사업장은 고용보험 근로자 근로내용 확인신고서만 작성하고, 산재보험 근로자 근로내용 확인신고서를 작성하지 않습니다.
3. 건설업(건설장비운영업 제외) 사업장 소속 일용근로자의 경우 임금총액만 적고, 그 밖의 업종의 사업장 소속 일용근로자는 보수총액(과세소득)과 임금종액(과세소득 및 비과세소득)을 모두 적습니다.

▶ 근로내용확인신고서 제출시 일용근로자 지급명세서 제출 의무 면제

일용근로자의 임금 지급내역에 대한 지급명세서를 지급일이 속하는 분기 마지막달의 다음달 말일까지 제출하여야 합니다. 단, 4/4분기 지급금액은 다음해 1월말일까지 지급명세서를 제출할 수 있으며, 미제출시 '지급명세서보고불성실가산세'(지급금액의 1%)가 부과됩니다. (제출기한일로부터 3개월 이내 제출시 가산세 0.5%)

단, '근로내용확인신고서'에 국세청 신고항목 일용근로 소득신고가 추가되어 고용노동부에 신고한 내용은 국세청에 일용근로소득 지급명세서를 별도 제출하지 않아도 되나 지급명세서를 제출하여도 무방합니다.

일용직 근로자 세무실무

🅠 일용직 근로자 근로소득세 원천징수

다음의 산식에 의하여 계상한 근로소득세를 원천징수하여 지급일의 다음달 10일까지 관할 세무서에 신고 및 납부하여야 합니다.

① 과세대상급여 = 일급여액 - 비과세급여
② 근로소득과세표준 = 과세대상급여 - 근로소득공제(150,000원)
③ 근로소득산출세액 = 근로소득과세표준 × 원천징수세율(6%)
④ 원천징수세액 = 산출세액 - 근로소득세액공제(산출세액의 55%)

▶ 일용근로자와 일반근로자의 세무신고

구 분	일용근로자	일반근로자
대 상 자	근로일수나 시간에 따라 일당 계산	월급으로 지급
원천징수	일당에서 근로소득공제 후 세율적용	간이세액표 적용
연말정산	하지 않음	연말정산(종합과세)
지급명세서	지급일의 다음달 말일	다음해 3월 10일

사 례 일용직근로자 근로소득세 계산

[예제] 일당 200,000원인 일용근로자가 10일을 근로한 경우 원천징수할 금액
① 과세표준(500,000원) = [일당 (200,000원) - 근로소득공제(15만원)]× 10일
② 산출세액(30,000원) = 과세대상급여 (500,000원) × 세율(0.06)
③ 납부할 세액(13,500) = 산출세액(30,000) - 세액공제 (16,500)

[개정 세법] 일용근로소득 원천징수세액 [소득세법 제47조 ②]
(일용근로소득 - 150,000원) × 2.7%

보충　일용직근로자 근로소득세 소액부징수

① 지급시점에서 소득자별로 원천징수할 세액의 합계액을 기준으로 근로소득세가 1,000원 미만인 경우 근로소득세를 징수하지 아니합니다.
② 지방세는 소득분(원천납부하는 세액 제외)의 세액이 2,000원미만인 때에는 소득분을 징수하지 아니합니다.

보충　일용직근로자의 연장, 야간근로수당 과세 여부

생산직 일용근로자의 경우 월정액급여에 관계없이 연장근로, 야간근로로 인하여 통상임금에 가산하여 받는 급여(한도 없음)는 비과세됩니다.
단, 건설업을 영위하는 업체의 건설현장에서 근로를 제공하는 일용근로자는 "공장 또는 광산에서 근로를 제공하는 자"에 해당하지 아니하므로 연장. 야간 또는 휴일근로로 인하여 받는 급여는 과세대상 근로소득에 해당합니다.

보충　일용근로자로서 3개월 이상 근무시 원천징수방법 예시

1. 20×7년 1월 일용근로자로 고용 : 1월 ~ 3월 일용근로자로 원천징수
2. 20×7년 4월부터 : 상용근로자로 간이세액표에 의거 원천징수
3. 20×8년 2월 연말정산 : 20×7년 1월 ~ 12월 급여 합산하여 연말정산
   * 일용근로기간 동안의 원천징수세액은 기납부액에 포함하여 차감함

보충　일용근로자의 연말정산 및 종합소득세 신고

일용직근로자는 임금 지급시 임금을 지급하는 자가 근로소득세를 징수하여 납부함으로서 납세의무가 종결되므로 별도의 연말정산을 하지 아니하며, 다른 소득이 있어 종합소득세 신고를 하는 경우에도 종합소득에 합산하지 아니합니다.

보충　배우자가 일용근로자인 경우 배우자공제를 받을 수 있나요?

근로자의 배우자가 일용직근로자로서 다른 소득이 없는 경우 배우자공제를 받을 수 있습니다.

🅠 일용직근로자 세무신고 및 증빙

● 원천징수이행상황신고서 기재방법

근로소득 일용근로자란(A03)에 인원수, 총지급액 등 해당 내역을 기재한 후 원천세 신고를 합니다. 단, 일용근로자를 3개월 이상(건설업은 1년 이상) 계속하여 고용시는 일반급여소득자와 마찬가지로 매월 급여를 지급하는 때에 근로소득간이세액표에 의하여 계산한 세액을 근로소득세로 원천징수하여야 합니다.

● 일용직근로자에 대한 임금 지급과 증빙서류

일용근로자 임금지급대장에 급여를 지급받는 자의 서명 및 날인은 받아두고 일용근로자의 신원을 확인할 수 있는 주민등록등본이나 주민등록증 앞·뒤 사본을 첨부하여 두어야 하며, 지급사실을 확인할 수 있는 서류 (무통장입금표 등 금융기관을 통한 지급증빙서류)를 보관하여야 합니다.

서 식 경영정보사(경리업무닷컴) 홈페이지(www.coskt.co.kr)

상호	일용노무비 지급명세서		기간	년 월 일부터 년 월 일까지		일간	공사장명	
							공정명	
직종 직책	성명	주민 등록 번호	주소지 거소지	출역상황 1 2 3 4 5 6 7 8 9 10 11 12 13 14 15 16 17 18 19 20 21 22 23 24 25 26 27 28 29 30 31	출역 일수	단가 총액	세액합계 근로 지방 소득세 소득세	차감 지급액	영 수 인

● 일용근로자 지급명세서 제출

일용근로자의 임금 지급내역에 대한 지급명세서는 지급일이 속하는 달의 다음달 말일까지 제출하여야 합니다.

지급명세서를 제출하지 않은 경우 '지급명세서보고불성실가산세'(지급금액의 0.25%)가 부과됩니다. (단, 제출기한일로부터 1개월 이내 제출 시 가산세 0.125%)

◆ 일용근로자가 유급휴일에 대하여 지급받는 유급휴일수당
일용근로자가 유급휴일에 대하여 지급받는 유급휴일수당은 당해 법령에서 정한 기간의 근로일수에 배분하여 원천징수하여야 한다.

[세법 개정] 일용근로소득 지급명세서 제출(소득세법 제164조)
일용근로소득 지급명세서 : 매 분기 → 매월 지급일의 다음달 말일
<적용시기> 2021.7.1. 이후 지급하는 소득분부터 적용

[개정 세법] 2021.7.1. 이후 일용근로 지급명세서 가산세 인하
해당 지급명세서를 그 기한까지 제출하지 아니한 경우 : 제출하지 아니한 분의 지급금액의 100분의 1 → 100분의 0.25(제출기한이 지난 후 1개월 이내에 제출하는 경우 지급금액의 0.125)

▷ 근로내역확인신고서 제출시 일용근로자 지급명세서 제출의무 면제
고용노동부의 '근로내용확인신고서'에 국세청 신고항목 일용근로소득 신고가 추가됨에 따라 고용노동부에 이미 신고한 내용은 국세청에 일용근로소득지급명세서를 별도 제출하지 않아도 됩니다.

국세청 홈페이지 살펴보기

국세청 홈페이지에는 사업자의 세무신고 지원을 위하여 세무신고안내, 각종 계산 프로그램, 국세청 발간 도서 등을 제공하고 있습니다.

국세청 홈페이지는 수시로 변경되며, 아래 내용은 2024년 1월 기준으로 변경된 홈페이지 내용입니다.

알림 소식

고시 · 공고 · 행정예고	
– 고시	건물 기준시가 계산방법 고시
	업무용승용차 운행기록 방법에 관한 고시(소득세법)
	현금영수증사업자가 지켜야 할 사항 고시
공지사항	기준경비율 적용 검토표 작성요령 안내

국민 소통

국세청100배 활용하기 가이드맵	서면질의 · 사전답변
규제혁신	
적극행정	

국세신고안내

개인신고안내	
- 종합소득세	
장부기장의무 안내	
경비율적용 방법 안내	
성실신고확인제도 안내	
중간예납 안내	
참고자료실	업무용승용차 관련비용의 세무처리 안내
- 주택임대소득	
- 종교인소득	
- 부가가치세	
- 사업장현황신고	
- 원천세	
- 연말정산	
- 양도소득세	
- 주택세금 100문100답	
- 상속세	
- 증여세	
- 종합부동산세	
- 세금납부 안내	
법인신고안내	
- 법인세	
- 공익법인	
- 부가가치세	
- 원친세	근로소득간이세액표
- 종교인소득	
- 세금납부안내	

국세정책/제도

사업자등록안내	
근로·자녀장려금	
전자(세금)계산서/현금영수증	
신용카드	
신종업종 세무 안내	SNS 마켓 사업자
중소기업 세무컨설팅 제도	
국제조세정보	
세법해석 질의 안내	
세무서식	
통합자료실	
- 세무용어사전	
- 국세청 프로그램	
- 국세청 발간책자	
개정세법해설	
분야별해설 책자	
기타참고 책자	
- 세무일정	

국세청 홈택스

> 국세청 홈택스에서 각종 세금신고, 전자세금계산서 발급, 전자세금계산서 합계표 조회, 세무상담, 신청서 제출, 각종 조회 및 증명서 인터넷 발급, 현금영수증 사용내역 조회, 소득금액 증명 등의 업무를 처리할 수 있습니다.

전자(세금)계산서, 현금영수증, 신용카드

☐ 전자(세금)계산서
전자(세금)계산서 발급
전자(세금)계산서 수정발급
전자(세금)계산서 발급 목록조회
전자(세금)계산서 건별 상세조회

☐ 현금영수증
현금영수증 조회
현금영수증 수정
현금영수증 발급

☐ 신용 카드
사업용 신용카드 등록 및 조회
사업용 신용카드 매입세액 공제금액 조회
사업용 신용카드 부가가치세 공제대상 여부 조회

국세증명 · 사업자등록, 세금관련 신청/신고

□ 국세증명
[많이 찾는 민원증명]
납세증명서 (국세완납증명)
부가가치세 과세표준증명
사업자등록 증명
사업자등록증재발급
소득금액 증명
[하단]
부가가치세 면세사업자 수입금액증명

□ 사업자등록 신청 · 정정 · 휴폐업
[개인사업자]
개인 사업자등록 신청
포괄적 양도·양수에 의한 사업자등록
개인 사업자등록 정정 신고
휴·폐업 신고
[법인사업자]
사업자등록신청
법인 사업자등록 신청
휴·폐업 신고

□ 세금관련 신청/신고 공통분야
사업용계좌 개설/조회

□ 사업장현황 신고

☐ 세금 종류별 신청/신고
[부가가치세] 주사업장 총괄납부 승인 신청, 변경 신청
[소득법인세 관련] 연구·인력개발비 세액공제 사전심사 신청
[원천세] 원천징수세액 반기별 납부 승인 신청
[종합부동산세] 종합부동산세 합산배제신고(제외신고)

세금신고

☐ 법인세
☐ 부가가치세
☐ 상속세
☐ 양도소득세
☐ 원천세
☐ 인지세
☐ 종합부동산세
☐ 종합소득세
☐ 증권거래세
☐ 증여세

납부 · 고지 · 환급

☐ 세금납부
납부할 세액 조회/납부, 자진납부
원천세 관련 지방소득세 납부

☐ 국세환급
국세 환급금찾기

▣ 지급명세서 제출 · 과세자료 제출

☐ (일용 · 간이 · 용역) 소득자료 제출
근로소득, 원천징수대상 사업소득, 기타소득 간이지급명세서 제출
고용부 제출 일용근로소득지급명세 조회

☐ (근로 · 사업 등) 지급명세서 제출

☐ 과세자료 제출

▣ 근로(자녀)장려금 · 연말정산 간소화

☐ 근로장려금 · 자녀장려금
근로 · 자녀장려금 정기 신청
근로장려금 반기 신청
소득자료 조회

▣ 상담 · 불복 · 고충 · 제보 · 기타

☐ 상담하기

☐ 기타
[사업자상태]
사업자상태 조회(사업자등록번호)
사업자상태 조회(주민등록번호)
[기준시가 조회]

세무 업무별 서비스

□ 모의계산
양도소득세 자동계산
연말정산 자동계산
퇴직소득 세액계산

기존 홈택스 메뉴 보기

기준·단순 경비율(업종코드)

국세법령정보시스템

국세법령정보시스템에서는 조세법령, 조세조약, 기본통칙, 세법집행기준, 판례 및 질의회신 사례, 세무서식 등을 제공하고 있습니다.

▶ 전화 세무상담 : 국번없이 126

6

장부기장
재무제표

SECTION 01 개인기업 장부기장

개인사업자는 소득을 계산하여 종합소득세를 신고 및 납부를 하여야 하는데 과세연도 기간의 소득을 알기 위해서는 반드시 장부기장을 하여야 합니다. 장부기장은 회계원칙에 의한 복식부기기장을 원칙으로 하되, 소규모 사업자는 세법이 정하는 바에 따라 간편장부로 기장할 수 있습니다.

개인사업자의 장부기장

사업소득이 있는 자는 과세기간 동안 (1. 1 ~ 12. 31) 사업으로 벌어들인 사업소득금액(수입금액 - 필요경비)을 계산하기 위하여 반드시 장부기장을 하여야 합니다. 장부기장은 복식부기에 의한 기장을 원칙으로 하되, 소규모 자영업자의 경우 간편장부에 의한 기장방법이 있습니다.

🔲 복식부기의무자 장부기장

개인사업자 중 **전년도 수입금액**이 다음의 업종별 기준금액 이상인 경우 복식부기기장을 하여야 하며, 복식부기기장대상자에 해당하는 경우 세무사사무소에 장부기장 및 세무신고를 맡겨야 할 것입니다.

▶ 복식부기기장대상자 [전년도 수입금액이 아래 기준금액 이상인 사업자]

업 종 별	기준금액
1. 농업·임업 및 어업, 광업, 도매 및 소매업, 부동산매매업 그 밖에 제2호 및 제3호에 해당하지 아니하는 사업	3억원
2. 제조업, 숙박 및 음식점업, 전기·가스·증기 및 수도사업, 하수·폐기물처리·원료재생 및 환경복원업, 건설업(비주거용 건물 건설업은 제외하고, 주거용 건물 개발 및 공급업을 포함한다), 운수업, 출판·영상·방송통신 및 정보서비스업, 금융 및 보험업	1억5천만원
3. 부동산 임대업, 전문·과학 및 기술 서비스업, 사업시설관리 및 사업지원서비스업, 교육서비스업, 보건업 및 사회복지 서비스업, 예술·스포츠 및 여가관련 서비스업, 수리 및 기타 개인 서비스업, 가구내 고용활동	7천500만원

TIP 복식부기 기초 개념

예를 들어 직원들이 식사를 하고 현금 100,000원을 지급한 경우 이를 복식부기 방식으로 기록하여 보면 다음과 같습니다.

감소한 자산의 종류는 현금이고, 그 원인은 식대를 지불한 것입니다.

① 감소한 자산의 종류는 무엇인가? ~ '현금'이다. (자산 종류)

② 왜 인출되었는가? ~ '식대'를 지급하였다. (원인)

현금이 인출된 원인은 식대를 지급한 것이고, 감소한 자산의 종류는 현금으로 이 거래를 복식부기에 의한 분개 형식으로 기록할 수 있으며, 분개시 왼쪽 면을 회계용어로 '**차변**'이라고 하며, 오른쪽 면을 '**대변**'이라고 합니다.

| (차변) 복리후생비 | 100,000 / (대변) 현금 | 100,000 |

직원들 식대는 회계관습에 의하여 '**복리후생비**'라는 용어를 사용하여야 하며, 유사한 지출 항목의 통일된 명칭을 '**계정과목**'이라고 합니다.

복식부기 기장에 의한 결산과 사업소득 계산

복식부기기장은 전문직인 회계교육을 받아야만, 기장을 할 수 있습니다만, 이에 대한 자세한 내용은 경영정보사 홈페이지에 한글파일 및 PDF로 올려 두었으므로 참고하시기 바라며, 본서에서는 손익계산서 및 재무상태표에 대한 기초적인 내용만 살펴 보도록 하겠습니다.

간편장부대상자 및 간편장부기장

간편장부대상자

간편장부대상자란 당해 연도에 **신규로 사업을 개시한 자**와 **직전연도** 수입금액(매출액)의 합계액이 복식부기 업종별 기준금액에 미달하는 사업자를 말합니다.

예를 들어 2021년 10월에 신규로 음식점 사업을 개시한 사업자의 수입금액이 1억 5천만원 미만이면, 2022년도는 간편장부대상자에 해당하는 것입니다. (연간으로 환산하지 않음)

간편장부대상자는 사업자 본인이 본서를 참고하여 국세청 홈택스에서 종합소득세 신고를 할 수 있으므로 세무사사무소에 장부를 맡기지 않아도 될 것입니다.

♣ 간편장부 상세내용 → 간편장부대상자 소득세 신고 참고

SECTION 02

사업자 소득계산
손익계산서 이해
재무상태표 이해

> 수익(매출)이 발생하면 회사내로 자산(돈)이 유입되고, 비용이 발생하면 회사 밖으로 돈이 유출됩니다.
> 비용지출이 있는 경우 반드시 그 지출에 대한 증빙(지출증빙 편 참고)을 갖추어 두어야 합니다.

수익과 비용은 무엇을 의미하는가요?

사업상 물품 등을 계속반복적으로 판매하거나 서비스를 제공하고 그에 대한 대가를 받는 것을 주업으로 하는 자를 사업자라고 하며, 사업자의 가장 중요한 수익은 매출입니다. 예를 들어 음식점의 경우 식사를 제공하고 그 대가로 받은 금액 또는 도매업 및 소매업의 경우 상품을 제공하고 그 대가로 받은 금액을 '매출'이라고 하며, 매출이 발생하면 돈이 들어옵니다.

그 대금을 나중에 받기로 하는 외상매출의 경우에도 결국 돈이 들어오게 됩니다. 즉, 수익이 있다는 말은 돈이 들어오는 것을 의미하며, 돈을 벌이기 위해서는 물품을 판매하거나 서비스 제공이 있어야 합니다.

한편, 매출을 위해서는 반드시 그에 따른 여러 가지 비용이 들어가게 될 것입니다. 음식점의 경우 식재료구입비, 임차료, 종업원 인건비, 주류 및 음료구입비, 광고비용, 전기요금 등 공과금이 발생하게 됩니다. 이와 같이 매출을 위해서는 여러 가지 경비가 발생하게 되며, 이러한 경비를 일반적으로 '비용'이라고 하며, 개인사업자의 경우 '필요경비'라고 명칭합니다. 비용이 발생하면, 반드시 돈이 지출되게 됩니다. 예를 들어 재료구입비, 임차료, 종업원 인건비, 주류 및 음료구입비, 광고비용, 전기요금 등 비용이 발생하게 되는 경우 돈이 지출되게 되는 것이며, 외상 거래의 경우에도 결국 돈이 지출되게 되는 것입니다.

위의 내용을 요약하면, 수익(매출)이 발생하면 돈이 유입되고, 필요경비가 발생하면, 돈이 유출되는 것입니다. 따라서 사업과 관련한 소득은 수익에서 필요경비(비용)를 차감한 금액으로 계상하는 것입니다. (소득 = 수익 - 필요경비)

결론적으로 수익이 비용보다 많으면 이익이 발생하는 것이며, 이익이 발생한다는 구체적인 의미는 이익이 난 만큼 돈을 벌인다는 뜻입니다. 그러나 수익보다 비용이 많이 발생하면, 손실이 나는 것이며, 손실이 발생하면, 손실이 발생한 만큼 돈이 없어지게 되는 것입니다. 손실이 계속하여 나게 되면 유출되는 돈이 유입되는 돈보다 많아 돈이 부족하게 될 것이며, 부족한 자금을 보충하기 위하여 돈을 빌리게 되는 것입니다. 따라서 손실이 계속 누적되면 결국 빚만 남게 되는 것입니다.

사업자의 소득은 어떻게 계산하나요?

페인트 소매업을 하는 사업자의 경우 페인트를 판매하기 위하여 먼저 페인트 제조회사등으로부터 페인트를 구입한 다음 구입한 금액 보다 높은 가격으로 판매하는 경우 이익이 발생할 것입니다. 예를 들어 20×6년 동안 페인트 2억 1천만원 어치를 구입하여 그 전부를 2억 8천만원에 판매하였다면, 7천만원의 이익이 발생합니다.

그런데 페인트를 판매하기 위해서는 사업장 임차료, 직원 급여 및 식대, 광고비용, 판매를 위한 접대비, 출장비용, 전화비, 차량의 운행과 관련한 기름값, 보험료 등 여러 가지 비용이 들 것입니다.

예를 들어 판매 및 관리를 위한 비용(사업장 임차료, 직원 급여 및 식대, 광고비용, 판매를 위한 접대비, 출장비용, 전화비, 차량의 운행과 관련한 기름값, 보험료 등)이 4천 4백만원이고,
사업과 관련한 은행 차입금에 대한 이자가 2백만원이라고 가정하면, 사업자의 소득은 2천 4백만원[매출(2억 8천만원) - 매출원가(2억1천만원) - 경비(4천 6백만원)]이 되며, 이 결과 회사의 자산은 사업개시 시점보다 2천 4백만원이 증가하게 되는 것입니다.

이를 정리하여 보면 페인트를 판매하고 그 대가로 받은 금액을 '**상품매출**'이라고 합니다. 상품을 판매하면 반드시 회사에 돈이 들어 올 것입니다. 매출대금은 매출과 동시에 대금을 결제받는 경우도 있지만, 외상으로 판매한 다음 나중에 받는 경우라도 결과적으로 회사에 돈이 들어오는 것입니다.

한편, 상품 매출시 2억 8천만원을 받는 대가로 2억 1천만원 어치의 상품을 인도하여 주었다고 가정합시다. 이 인도한 상품의 원가를

'**매출원가**'라고 합니다. 상품을 매입한 경우 그 대금을 지급하였을 것입니다. 상품매입과 동시에 지급하는 경우도 있지만 외상으로 거래할 수도 있습니다. 외상의 경우에도 나중에 반드시 돈을 지급하여야 하므로 결과적으로 회사의 돈이 유출되게 됩니다. 다른 비용들도 마찬가지입니다. 비용이 발생하면 반드시 회사의 돈이 유출되게 되는 것입니다.

다시 말하면, 수익이 발생하면 회사에 돈이 유입되고, 반면, 비용이 발생하면, 회사의 돈이 유출되게 되는 것입니다.

따라서 사업과 관련한 소득은 수익(매출)에서 비용(매출원가, 인건비, 기타 경비)을 차감한 금액으로 계상합니다. 소득이 있으면 소득에 상당하는 금액만큼 회사의 자산은 늘어나게 됩니다.

■ 판매비와관리비 지출내역 예시

계 정 과 목	금 액	계 정 과 목	금 액
급 여	15,000,000	보 험 료	1,000,000
복 리 후 생 비	2,500,000	차 량 유 지 비	4,000,000
여 비 교 통 비	1,500,000	사 무 용 품 비	1,000,000
접 대 비	3,400,000	소 모 품 비	1,000,000
통 신 비	3,000,000	지 급 수 수 료	600,000
수 도 광 열 비	1,200,000	광 고 선 전 비	1,000,000
세 금 과 공 과 금	1,600,000	잡 비	1,200,000
지 급 임 차 료	6,000,000	소 계	9,800,000
소 계	34,200,000	합 계	44,000,000

1월 1일부터 12월 31일 기간의 수익 및 경비를 요약한 표를 손익계산서라고 하며, 손익계산서 형식은 다음과 같습니다.

◼ 손익계산서

손 익 계 산 서
제1기 20×6년 01월 01일부터 20×6년 12월 31일까지

과 목	금	액
Ⅰ 상 품 매 출		280,000,000
Ⅱ 매 출 원 가		210,000,000
1 기 초 상 품 재 고 액		
2 당 기 상 품 매 입 액	210,000,000	
3 기 말 상 품 재 고 액		
Ⅲ 매 출 총 이 익		70,000,000
Ⅳ 판 매 비 와 관 리 비		44,000,000
01 급　　　　　여	15,000,000	
02 복 리 후 생 비	2,500,000	
03 여 비 교 통 비	1,500,000	
04 접　　대　　비	3,400,000	
05 통　　신　　비	3,000,000	
06 수 도 광 열 비	1,200,000	
07 세 금 과 공 과 금	1,600,000	
08 감 가 상 각 비		
09 지 급 임 차 료	6,000,000	
10 보　　험　　료	1,000,000	
11 차 량 유 지 비	4,000,000	
12 사 무 용 품 비	1,000,000	
13 소 모 품 비	1,000,000	
14 지 급 수 수 료	600,000	
15 광 고 선 전 비	1,000,000	
16 잡　　　　　비	1,200,000	
Ⅴ 영 업 이 익		26,000,000
Ⅵ 영 업 외 비 용		2,000,000
01 이 자 비 용	2,000,000	
Ⅵ 당 기 순 이 익		24,000,000

🅠 매출원가 및 기말상품재고액

그런데 위의 손익계산서에는 몇 가지 문제가 있습니다. 위 사례는 상품 2억 1천만원 어치를 구입하여 구입한 상품 전부를 2억 8천만원에 판매를 한 경우입니다. 손익계산기간은 1월 1일(신규사업자의 경우 개업일)부터 12월 31일 기간 동안으로 하며, 이 기간(과세기간이라고 합니다.) 동안 총수입금액에서 총비용(필요경비)을 차감한 금액을 소득으로 계산하여 사업소득을 계산합니다.

과세기간(1월 1일부터 12월 31일까지) 동안 구입한 상품을 모두 판매한 경우에는 구입한 상품의 취득원가가 전액 매출원가가 되는 것입니다만, 손익계산기간 동안 구입한 상품 중 일부는 판매를 위하여 사용.소비하고 일부는 12월 31일 현재 회사에 남아 있는 경우를 살펴보기로 하겠습니다.

과세기간 동안 판매용 페인트를 2억 1천만원 어치 구입한 다음 이 중 2억원 어치를 2억 8천만원에 판매를 한 경우입니다.
이 경우 상품 1천만원 어치는 12월 31일 시점에 회사의 재고창고에 남아 있을 것이고, 2억원 어치만 페인트를 매입한 자에게 넘겨 준 것이므로 매출을 위하여 사용소비된 매출원가는 2억원이 되고, 매출총이익은 8천만원이 되는 것입니다.

한편, 12월 31일 현재 판매하지 못하고 남아 있는 상품 1천만원 어치는 다음해 이후에 판매할 것이므로 이월상품으로 다음해의 기초상품재고액이 되고, 다음해의 상품매입액과 합하여 판매가능한 상품이 되는 것이며, 다음해의 기말상품재고액을 차감한 금액이 다음해의 매출원가가 되는 것입니다.

예 제 20×6년(20×6.1.1 ~ 20×6.12.31) 매출원가 및 매출총이익 계산

- 20×6년 상품 매출총액   280,000,000원
- 20×6년 상품 총매입액   210,000,000원
- 20×6년 12월 31일 현재 기말상품재고액   10,000,000원

상 품	구 분	손 익 계 산 서	
상품 총매입액 (210,000,000원)		상품매출	280,000,000
	매 출 원 가 (판매 상품원가) 200,000,000원	매출원가	200,000,000
	기말상품재고액 10,000,000원		
		매출총이익	80,000,000

1. 20×6년 12월 31일 기말 현재 판매되지 않고 남아 있는 상품(기말상품 재고액)은 매출원가에 해당하지 않으므로 총상품매입액에서 차감한 금액을 매출원가로 하는 것입니다.

2. 20×6년에 매입한 상품 중 20×6년에 판매하지 못하고 20×7년으로 이월되는 상품 1천만원('기말상품재고액'이라고 합니다.)은 20×7년도에 판매를 할 수 있으므로 20×7년의 매출원가는 20×6년도로부터 이월된 상품 1천만원('기초상품재고액'이라고 합니다.)과 20×7년도 총매입액을 합한 금액이 20×7년도의 판매가능한 상품이 됩니다.

3. 판매가능한 상품 중 20×7년 12월 31일 현재 판매하지 못한 재고상품은 다시 20×8년으로 이월하게 됩니다.

■ 기말상품재고액을 반영한 손익계산서

손 익 계 산 서
(제1기) 20×6년 01월 01일부터
20×6년 12월 31일까지

과 목	금	액
I 상 품 매 출		280,000,000
II 매 출 원 가		200,000,000
1 기 초 상 품 재 고 액	0	
2 당 기 상 품 매 입 액	210,000,000	
3 기 말 상 품 재 고 액	10,000,000	
III 매 출 총 이 익		80,000,000
IV 판 매 비 와 관 리 비		44,000,000
01 급 여	15,000,000	
02 복 리 후 생 비	2,500,000	
03 여 비 교 통 비	1,500,000	
04 접 대 비	3,400,000	
05 통 신 비	3,000,000	
06 수 도 광 열 비	1,200,000	
07 세 금 과 공 과 금	1,600,000	
08 감 가 상 각 비		
09 지 급 임 차 료	6,000,000	
10 보 험 료	1,000,000	
11 차 량 유 지 비	4,000,000	
12 사 무 용 품 비	1,000,000	
13 소 모 품 비	1,000,000	
14 지 급 수 수 료	600,000	
15 광 고 선 전 비	1,000,000	
16 잡 비	1,200,000	
V 영 업 이 익		36,000,000
VI 영 업 외 비 용		2,000,000
01 이 자 비 용	2,000,000	
VI 당 기 순 이 익		34,000,000

🅠 자산인 상품과 비용인 매출원가

사업을 위하여 취득하거나 발생하는 경비는 대부분 과세기간 중에 **사용.소비**함으로서 비용이 되는 것이나 어떤 경우에는 과세기간의 비용으로 처리할 수 없는 것들이 있습니다.

예를 들어 판매를 위하여 매입한 상품이 상품창고에 입고된 경우 그 자체는 '**상품**'이라는 자산입니다. 이 상품이라는 자산을 판매하여 매입자에게 인도하여 준 상품은 사업을 위하여 사용.소비된 것이므로 비용(매출원가)이 되는 것이나 기말(12월 31일) 현재 판매하지 못하고 남아 있는 상품은 다음해 이후에 판매할 것이므로 당해 연도의 비용이 아니며, 12월 31일 현재 시점에서는 회사의 자산(상품)인 것입니다.

🅠 자산인 차량운반구와 비용인 감가상각비

사업에 사용하기 위하여 차량 또는 기계장치 등의 자산을 취득한 경우 취득시점에 즉시 비용으로 처리할 수 있느냐 하는 문제입니다. 차량 및 기계장치 등은 돈을 주고 구입을 하였으나 그 자체로 금전적 가치가 있는 자산이므로 즉시 비용처리하는 것은 적절하지 않다는 사실은 이해할 수 있을 것입니다.

즉, 돈(현금, 예금이체 등)이라는 자산을 건네주고 새로운 자산(차량운반구)을 취득한 것으로서 1년 동안 사업을 위하여 모두 사용.소비된 것이 아니므로 비용으로 처리할 수는 없다는 뜻입니다.

한편, 자산 중에는 사업에 사용함으로서 그 가치가 감소하는 자산이 있고, 가치가 감소하지 않는 자산이 있습니다. 토지 등의 자산은 사업에 사용한다하더라도 그 가치가 감소하지 않으나 차량운반구 또는 기계장치등은 사업에 사용하면 그 가치가 감소할 것입니다. 사업에 사용함으로서 감소된 가치분을 측정하여 비용처리하는 것을 '감가상각비'라고 합니다.

예를 들어 사업에 사용하기 위하여 포터를 2천만원에 구입하였습니다. 포터는 향후 5년간 사업에 사용할 수 있다고 보고 그 가치가 매 년 동일하게 감소한다고 가정하면 매 년 감가상각비로 계상할 금액은 4백만원(2천만원 ÷ 5년)이 될 것이며, 이 가치감소분을 손익계산서의 감가상각비로 계상하시면 되는 것입니다만, 가치가 감소하는 자산의 매 년 가치감소분을 사업자가 측정하여 정확히 계상하는 것은 현실적으로 불가능할 것입니다. 따라서 세법에서는 자산의 종류별로 감가상각비로 계상할 금액에 대하여 구체적인 방법(정액법, 정률법, 내용연수등)을 정하고 있으나 간편장부대상자의 경우 5년 동안 매 년 동일한 금액을 감가상각비로 계상하여도 무방할 것입니다.

● 헷갈리는 자산과 비용

선풍기, 냉장고, 사무용비품(의자, 책상, 캐비넷), 컴퓨터 및 주변기기(프린트기, 마우스, 키보드 등), 공구 등은 통상 취득하여 1년 이내에 전부 사업에 사용소비되는 것이 아니므로 자산으로 판단하여 자산으로 처리한 다음 감가상각비를 계상하여 비용처리하여야 할 것으로 생각할 수 있습니다.

그러나 금액적으로 중요하지 않은 이들 자산을 모두 자산으로 처리한 다음 감가상각비를 계상하여 비용화한다면 장부정리가 매우 복잡하여 질 것입니다. 따라서 자산으로 판단되는 것 중 **사업에 사용함으로서 그 가치가 감소되는 것으로서 취득금액이 100만원 이하인**

경우 감가상각이라는 별도의 절차없이 구입 즉시 전부 필요경비(소모품비)로 처리하는 것을 세무당국에서 인정하고 있으므로 필요경비로 처리하시면 됩니다.

▶ **자산의 취득과 관련한 비용 계정과목**

① 상품 또는 원재료의 매입과 관련하여 운반비를 지급한 경우 운반비는 '상품' 또는 '원재료' 계정으로 처리합니다.
② 토지, 건물, 차량 등의 취득과 관련한 제비용(토지의 정지비용, 등록세, 취득세, 법무사수수료 등)은 해당 자산(토지, 건물, 차량운반구)의 취득가액에 포함하여 처리합니다.
③ 수입물품의 취득과 관련한 제비용(관세, 보험료, 운반비 등)은 수입물품의 취득가액으로 처리합니다.

Q 계정과목은 어떻게 정하며, 법적 근거가 있나요?

사업과 관련하여 여러 가지 비용이 발생하며, 이러한 비용은 사업소득 계산시 필요경비로 계상하여 총수입금액에서 차감하여 사업소득금액을 계상하며, 필요경비의 명칭을 유사한 항목끼리 구분한 것을 계정과목이라고 합니다. 계정과목은 수익 또는 비용의 명칭을 통일.요약한 것으로 각각의 회사마다 지출 또는 수입에 대하여 요약하는 명칭이 다르면 금융기관, 세무서, 기타 회사의 이해관계자에게 많은 혼란이 초래되므로 필요경비 항목은 그 성격별로 적절히 구분하여야 합니다.

단, 계정과목은 법적근거를 가지거나 강제성을 가지는 것이 아니므로 회사의 사정이나 그 중요도에 따라 언제든지 계정을 통합하거나, 보다 세분화하기 위하여 특정한 명칭이 없는 경우 계정과목을 새로 설정하여 처리할 수도 있으므로 계정과목의 명칭에 대하여 지나치게 신경을 쓰실 필요는 없습니다.

■ 판매비와 관리비 계정과목

계 정 과 목	내 용
급 료	직원에게 지급하는 급여 및 제수당, 상여금 등
퇴 직 급 여	직원의 퇴직시 지급하는 퇴직급여
복 리 후 생 비	식대, 4대보험 회사부담금, 직원경조사비, 회식비, 피복비
여 비 교 통 비	직무와 관련한 각종 출장비 및 여비
접 대 비	거래처 접대비 및 선물대, 거래처 경조사비 등
통 신 비	전화요금, 휴대폰요금, 정보통신요금, 우편요금 등
수 도 광 열 비	수도가스요금, 난방비용, 전력비
세금과공과금	자동차세, 면허세, 재산세
감 가 상 각 비	건물, 기계장치, 차량운반구 감가상각비
지 급 임 차 료	사무실 임차료
수 선 비	각종 수리비, 비품 수리비 등
보 험 료	건물 화재보험료, 승용자동차 보험료 등
차 량 유 지 비	유류대, 주차요금, 통행료, 자동차수리비, 검사비 등
도 서 인 쇄 비	신문대, 도서구입비, 서식인쇄비, 복사요금 등
사 무 용 품 비	문구류 구입대금, 서식구입비 등
소 모 품 비	각종 위생용 소모품, 철물 및 전기용품, 기타 소모품
지 급 수 수 료	기장수수료, 송금, 추심, 신용보증, 보증보험수수료 등
광 고 선 전 비	광고선전과 관련한 광고비용
잡 비	달리 분류되지 않는 기타 경비

■ 영업외비용 계정과목

계 정 과 목	내 용
이 자 비 용	이자비용, 어음할인료 등
기 부 금	교회사찰헌금, 학교기부금, 불우이웃돕기 성금 등
잡 손 실	손해배상금, 분실금, 기타 분류되지 않는 영업외비용

◆ 잡비 및 잡손실

계정과목에서 따로 분류되지 않는 비용으로 영업활동과 관련한 비용은 잡비로 처리하고, 영업활동과 관련없이 발생하는 비용은 잡손실로 처리합니다.

◨ 기말상품재고액 및 감가상각비를 반영한 손익계산서

손 익 계 산 서
제1기 20×6년 01월 01일부터   20×6년 12월 31일까지

과 목	금 액	
Ⅰ 상 품 매 출		280,000,000
Ⅱ 매 출 원 가		200,000,000
1 기 초 상 품 재 고 액	0	
2 당 기 상 품 매 입 액	210,000,000	
3 기 말 상 품 재 고 액	10,000,000	
Ⅲ 매 출 총 이 익		80,000,000
Ⅳ 판 매 비 와 관 리 비		48,000,000
01 급 여	15,000,000	
02 복 리 후 생 비	2,500,000	
03 여 비 교 통 비	1,500,000	
04 접 대 비	3,400,000	
05 통 신 비	3,000,000	
06 수 도 광 열 비	1,200,000	
07 세 금 과 공 과 금	1,600,000	
08 감 가 상 각 비	4,000,000	
09 지 급 임 차 료	6,000,000	
10 보 험 료	1,000,000	
11 차 량 유 지 비	4,000,000	
12 사 무 용 품 비	1,000,000	
13 소 모 품 비	1,000,000	
14 지 급 수 수 료	600,000	
15 광 고 선 전 비	1,000,000	
16 잡 비	1,200,000	
Ⅴ 영 업 이 익		32,000,000
Ⅵ 영 업 외 비 용		2,000,000
01 이 자 비 용	2,000,000	
Ⅵ 당 기 순 이 익		30,000,000

♣ 표준 손익계산서

국세청 홈페이지 → 국세청책제도 → 통합자료실 → 세무서식

■ 소득세법 시행규칙 [별지 제40호의7서식] <개정 2014.3.14> (앞쪽)

표준손익계산서

단위: 원

상 호		사업자등록번호			과세기간	. . . 부터 . . . 까지	
계 정 과 목	코드	금 액		계 정 과 목		코드	금 액
Ⅰ. 매출액	01			9. 가스·수도비		30	
1. 상품매출	02			10. 유류비		31	
2. 제품매출	03			11. 보험료		32	
3. 공사수입	04			12. 리스료		33	
4. 분양수입	05			13. 세금과공과		34	
5. 임대수입	06			14. 감가상각비		35	
6. 서비스수입	07			15. 무형자산상각비		36	
7. 기타	08			16. 수선비		37	
Ⅱ. 매출원가	09			17. 건물관리비		38	
1. 상품매출원가	10			18. 접대비 (①+②)		39	
① 기초재고액	11			① 해외접대비		40	
② 당기매입액	12			② 국내접대비		41	
③ 기말재고액	13			19. 광고선전비		42	
④ 타계정대체액	14			20. 도서인쇄비		43	
2. 제조·공사·분양원가	15			21. 운반비		44	
① 기초재고액	16			22. 차량유지비		45	
② 당기총원가	17			23. 교육훈련비		46	
③ 기말재고액	18			24. 지급수수료		47	
④ 타계정대체액	19			25. 판매수수료		48	
Ⅲ. 매출총이익(Ⅰ-Ⅱ)	20			26. 대손상각비		49	
Ⅳ. 판매비와 관리비	21			27. 경상개발비		50	
1. 급여, 임금·제수당	22			28. 소모품비		51	
2. 일용급여	23			29. 의약품비		52	
3. 퇴직급여	24			30. 의료소모품비		53	
4. 복리후생비	25			31. 경영위탁수수료		54	
5. 여비교통비	26			32. 외주용역비		55	
6. 임차료	27			33. 인적용역비		56	
7. 통신비	28			34. 기타 소계		57	
8. 전력비	29					58	

• 상품매출원가(①+②-③-④)
① 기초재고액 + ② 당기매입액 - ③ 기말재고액- ④ 타계정대체액

(뒤쪽)

표준손익계산서

단위: 원

상 호		사업자등록번호		과세기간	. . 부터 . . 까지		
계 정 과 목	코드	금 액		계 정 과 목		코드	금 액
②	59			7. 투자자산 처분손실		88	
③	60			8. 유·무형자산 처분손실		89	
④ 기타	61			9. 재고자산 감모손실		90	
Ⅴ. 영업손익(Ⅲ - Ⅳ)	62			10. 재해손실		91	
Ⅵ. 영업외수익	63			11. 충당금·준비금 전입액		92	
1. 이자수익	64			12. 전기오류수정손실		93	
2. 배당금수익	65			13. 기타 소계 (①+②+③+④)		94	
3. 외환차익	66			①		95	
4. 외화환산이익	67			②		96	
5. 단기투자자산 처분이익	68			③		97	
6. 투자자산 처분이익	69			④ 기타		98	
7. 유·무형자산 처분이익	70			Ⅷ. 당기순손익(Ⅴ + Ⅵ - Ⅶ)		99	
8. 판매장려금	71			작 성 방 법			
9. 국고보조금	72						
10. 보험차익	73						
11. 충당금·준비금 환입액	74						
12. 전기오류수정이익	75						
13. 기타 소계	76						
①	77						
②	78						
③	79						
④ 기타	80						
Ⅶ. 영업외비용	81						
1. 이자비용	82						
2. 외환차손	83						
3. 외화환산손실	84						
4. 기타 대손상각비	85						
5. 기부금	86						
6. 단기투자자산 처분손실	87						

작 성 방 법

□ 표준손익계산서는 기업회계기준을 준용하여 다음과 같이 작성해야 합니다.

1. 손익계산서의 계정과목과 같은 계정과목이 없는 경우에는 유사한 계정과목 란에 적습니다.
2. 단체퇴직보험료 등은 퇴직급여(코드번호:24)란에 적습니다.
3. 유류비(코드번호:31)란은 차량유지관련 이외의 유류비를 적습니다.
4. 지급수수료(코드번호:47)는 외주용역비(코드번호:55) 및 인적용역비(코드번호:56) 이외의 수수료를 적습니다.
5. 의약품비(코드번호:52) 및 의료소모품비(코드번호:53)란은 의료업자만 적습니다.
6. 외주용역비(코드번호:55)란은 특정업무나 기능을 외부 전문업체 등에 위탁하고 지급하는 비용을 적습니다.(치과에서 지출하는 기공료 포함)
7. 인적용역비(코드번호:56)란은 원천징수 대상 사업소득자에게 영업실적에 따라 지급한 수당(수수료)을 적습니다.(학원 강사, 외판원, 음료품 배달원 등)
8. Ⅳ. 판매비와 관리비, Ⅵ. 영업외수익, Ⅶ. 영업외비용 항목에 동일한 계정과목 등이 없는 경우 합계금액을 항목별로 분류하여 Ⅳ.34. 기타 소계, Ⅵ.13. 기타 소계, Ⅶ.13. 기타 소계 란에 각각 적고, 항목 란 아래 칸의 ①, ②, ③ 란에 금액이 큰 계정과목부터 순차적으로 계정과목을 적고 관련 금액을 적습니다.
9. Ⅱ. 2. ② 당기총원가란은 표준원가명세서의 당기제품제조원가(1.제조원가명세서의 Ⅸ), 당기공사원가(2.공사원가명세서의 Ⅺ), 당기완성주택 등 공사비(3.분양원가명세서의 Ⅺ), 당기총원가(4.기타원가명세서의 Ⅸ)의 합계액과 일치해야 합니다.
10. 그 밖의 사항은 표준재무상태표 작성요령을 준용합니다.

🅠 손익계산서에서 이익이 발생하거나 손실이 발생하면, 재무상태표에 어떤 영향을 미치나요?

사업자가 1년 동안 사업을 하여 이익이 발생하게 되면, 이익이 발생한 만큼 순자산이 증가하게 됩니다. 순자산이란 자산에서 부채(빚)을 차감한 금액으로 사업으로 실제 벌어들인 자산의 크기를 말합니다.
예를 들어 1월 1일(회계기초)에 자산이 5억원이고 부채가 3억원인 경우 순자산은 2억원(자산 5억원 - 부채 2억원)입니다.

그런데 사업으로 1년 동안 2억원의 돈을 벌었고, 그 중 1억원을 빚을 갚는데 사용한 경우 12월 31일(회계기말) 현재 자산은 6억원(5억원 + 2억원 - 1억원)이 될 것이고, 부채는 2억원(3억원 - 1억원)이 되어 순자산은 4억원이 되어 순자산이 2억원 증가하게 되는 것입니다.

1월 1일		증가	감소	12월 31일	
자 산	5억원	2억원	1억원	자 산	6억원
부 채	3억원		1억원	부 채	2억원
자본금	2억원			자본금	4억원

반면, 1년동안 사업을 하여 1억원의 손실이 발생하여 부채를 상환하지 못한 경우 자산은 1억원이 감소되어 4억원이 되고, 부채는 2억원으로 회계기말 순자산은 2억원이 되어 1월 1일 순자산보다 1억원이 감소하데 되는 것입니다.

1월 1일		증가	감소	12월 31일	
자 산	5억원		1억원	자 산	4억원
부 채	3억원			부 채	3억원
자본금	2억원			자본금	1억원

따라서 손익계산서의 이익이 발생하면, 이익만큼 순자산이 증가하게 되며, 손실이 발생하면, 순자산이 감소하게 되는 것입니다.

한편, 기업의 경우 자산 및 부채의 형태는 여러 가지 종류가 있으며, 12월 31일(회계기말) 자산 및 부채를 종류별로 구분하여 표시한 양식을 재무상태표(과거에는 대차대조표라고 하였음)라고 합니다.

개인기업의 경우 법인과 달리 사업으로 벌어 들인 소득에 대하여 종합소득세 신고 및 납부를 함으로서 납세의무가 종결되고, 다른 제재가 없으므로 사업자는 특별한 절차없이 자기가 벌어 들인 돈을 언제든지 인출하여 갈 수 있으며, 또한 회사에 본인 돈을 입금하거나 다른 자산 등을 출자를 할 수 있습니다.

따라서 개인기업의 자본금은 들쑥날쑥하게 되며, 자본금이 마이너스가 될 수도 있는 것입니다.

위 사례의 경우 1월 1일 현재 자산이 5억원이고, 부채가 3억인 경우 자본금은 2억원입니다. 그런데 2억원의 이익이 나서 1억원은 빚을 갚는데 사용하고 1억원은 사업주가 가져간 경우 12월 31일 현재 자산은 5억원(기초 5억원 + 이익으로 인하여 증가한 자산 2억원 -부채상환 1억원 - 자본금 인출 1억원), 부채는 2억원으로 순자산은 3억원이 되며, 순자산은 재무상태표에서 자본금으로 표시가 됩니다.

1월 1일		증가	감소	12월 31일	
자 산	5억원	2억원	2억원	자 산	5억원
부 채	3억원		1억원	부 채	2억원
자본금	2억원			자본금	3억원

- 자산 감소 2억원 : 부채상환 1억원 + 대표자 인출 1억원

◑ 인출금과 자본금

개인기업은 자본금의 입금 및 출금이 자유로우며 언제든지 자본금을 인출할 수 있고, 또 회수할 수 있습니다. 따라서 개인기업 대표자가 회사자금을 개인용도로 인출하는 것은 전부 인출금으로 처리하며, 반대로 대표자가 회사에 금전 등을 입금한 경우에는 인출금을 회수한 것으로 처리한 다음 결산시 자본금과 대체처리합니다.

■ 인출금 분개처리 사례

① 5. 10 사업주가 회사 보통예금 통장에 1천만월을 입금하다.

| 보통예금 | 20,000,000 / 인출금 | 20,000,000 |

② 5. 31 개인 사업주 종합소득세 및 지방소득세 5,000,000원을 회사자금으로 보통예금에서 인출하여 납부하다.

| 인출금 | 5,000,000 / 보통예금 | 5,000,000 |

③ 7. 31 개인 사업주의 재산세 2,000,000원을 회사 보통예금 통장에서 인출하여 납부하다.

| 인출금 | 2,000,000 / 보통예금 | 2,000,000 |

④ 10. 20 사업주가 5,000,000원을 보통예금에서 인출하여 가다.

| 인출금 | 10,000,000 / 보통예금 | 10,000,000 |

⑤ 12.31. 인출금 잔액 8,000,000원을 자본금과 대체하다.

| 자본금 | 8,000,000 / 인출금 | 8,000,000 |

Q 자본금이 마이너스가 되는 경우 어떤 문제가 있나요?

앞에서 살펴본 바와 같이 개인사업자가 사업을 하여 벌어 들인 돈보다 많이 인출하여 가져가는 경우 자본금이 마이너스가 될 수 있으며, 이 경우 세무상 특별한 문제는 발생하지 않습니다.

다만, 초과인출금(마이너스 자본금)이 발생한 경우로서 차입금이자가 있는 경우 차입금이자 중 다음의 계산식에 의한 금액은 필요경비에 산입할 수 없습니다.

◆ 초과인출금에 대한 지급이자 = 지급이자 × (해당 과세기간 중 초과인출금의 적수 / 해당 과세기간 중 차입금의 적수)

한편, 자본금이 미이너스가 되는 경우 은행 대출 유지에 문제가 생길 수 있으며, 신규 대출을 받기도 어려운 점이 있으므로 이러한 점을 감안하여 회사 자금을 인출하여야 할 것입니다.

재무상태표 구성항목인 자산, 부채, 자본

🅠 자산

자산이란 금전적 가치가 있는 유형, 무형의 물건 및 권리로서 회사에는 많은 형태의 자산이 있으며, 그 내용을 살펴보면 다음과 같습니다.

● 유동자산

■ 당좌자산

계 정 과 목	내 용
현 금	통화, 자기앞수표, 타인발행 당좌수표, 가계수표
당 좌 예 금	어음, 수표 등을 발행하기 위하여 별도 예치하여 둔 예금
보 통 예 금	통상의 보통예금
정 기 예 금	이자수익을 목적으로 일정 기간 예치하여 두는 예금
정 기 적 금	목돈마련 및 이자수익을 목적으로 일정액을 적립하는 예금
유 가 증 권	투자목적으로 취득한 주식 등을 통칭한 것
외 상 매 출 금	상품 또는 제품을 매출하고 그 대금을 외상으로 한 금액
받 을 어 음	매출대금등을 어음으로 수취한 것
단 기 대 여 금	금전을 타인에게 단기(결산일부터 1년 이내)로 대여한 것
미 수 금	비유동자산(고정자산)을 매각하고 그 대금을 외상으로 한 금액
선 급 금	상품 등을 공급받기 전에 계약금 등으로 미리 결제하여 준 금액

■ 재고자산

계정과목	내용
상 품	도·소매업종이 판매를 목적으로 취득한 상품
제 품	제조업의 완성제품
원 재 료	제조업이 제품제조를 위하여 취득한 원료 및 재료
저 장 품	소모공구기구비품, 수선용부분품 및 기타 저장품
미 착 품	수입시 발생하는 수입비용 및 수입대금을 일시 처리하는 계정
재 공 품	일정 시점 생산과정에 있는 미완성된 제품의 평가액

● 비유동자산

비유동자산이란 유동자산에 해당하지 않는 자산으로 장기투자를 목적으로 취득한 투자자산, 사업에 사용할 목적으로 취득하는 토지, 건물, 기계장치, 차량 등의 유형자산, 물리적 형체는 없지만 금전적 가치가 인정되는 특허권, 영업권 등의 무형자산, 기타 달리 분류할 수 없는 기타비유동자산으로 구분합니다.

■ 투자자산

장기성예금	만기가 결산일로부터 1년 이후의 장기예금
투자부동산	투자를 목적으로 취득한 부동산

■ 유형자산

토 지	토지
건 물	사무실, 공장, 창고 등 회사소유 건물
기계장치	각종 기계장치
차량운반구	화물자동차, 승용자동차, 지게차, 중기 등
비 품	에어컨, 컴퓨터, 복사기 등
건설중인자산	건설중인 자산의 가액

■ 무형자산

영업권	영업상의 권리로서 유상으로 취득한 것
특허권	특허 취득과 관련하여 지출 중 무형자산 요건을 충족하는 것
개발비	개발과 관련하여 발생한 비용으로 개발비로 계상한 것

■ 기타비유동자산

임차보증금	사무실, 공장 등의 임차보증금
부도어음과수표	어음 또는 수표가 부도처리된 경우 사용하는 계정

◆ 유동자산과 비유동자산 구분 사유

기업이 즉시 상환하여야 할 부채(단기부채)가 많음에도 기업의 자산구조가 주로 비유동자산으로 구성된 경우 그 처분이 용이하지 않고, 현금화하는 데 어려움이 있으므로 자산(비유동자산)이 많음에도 부채를 상환하지 못하여 부도가 발생하는 경우가 있을 수 있으므로, (이러한 위험을 유동성위기라 한다.) 기업의 이해관계자에게 유용한 재무정보를 제공하기 위하여 구분합니다.

부채

부채란 일반적으로 빚이라고 합니다. 기업의 부채는 주로 상품(도소매업) 또는 원재료(제조업, 건설업 등)를 구입하거나 각종 비용 대금을 나중에 지급하기로 한 경우 구입 또는 발생시점부터 지급할 때까지 일시적으로 존재하며,(외상 → 대금결제) 부채를 상환하는 경우 부채는 없어지고, 회사의 자산은 유출되게 됩니다. 따라서 상품, 원재료 등을 구입하면서 그 대금을 구입일에 바로 지급한 경우에는 부채가 발생하지 않습니다.

그리고 화사 자금이 부족한 경우 금융기관 등으로부터 돈을 빌리게 될 것이며, 이 경우에도 빌린 돈을 갚는 시점에 부채는 없어지고, 회사의 자산이 유출될 것입니다.

한편, 부채는 당해 회사가 아닌 자나 다른 회사로부터 일시 받아 둔 경우에도 발생하기도 합니다. 예를 들어 근로자가 부담하여야 하는 근로소득세 및 4대보험료 종업원 부담금을 급여를 지급하면서 공제한 경우 그 공제한 금액은 나중에 당해 회사가 은행에 납부를 하여야 하므로 부채(예수금)로 장부정리를 한 후 납부시 부채(예수금)가 없어진 것으로 장부정리를 하는 것입니다.

▶ 가수금, 선수금

원인을 알 수 없는 돈이 회사 통상에 입금이 된 경우 나중에 반환하여 주어야 하므로 가수금으로 잡은 후 반환시 가수금을 반제한 것으로 처리하며, 상품 등을 인도하기 전에 미리 입금된 금액은 부채 항목인 선수금으로 처리합니다. 이는 선수금으로 들어 온 돈에 대하여 나중에 기업의 자산인 상품 등을 인도하여 주어야 하므로 선수금은 부채로 처리하는 것입니다.

기업에서는 사업을 하는 과정에서 다양한 종류의 부채가 발생하게 되며, 부채 종류는 다음과 같습니다.

■ 유동부채

계 정 과 목	내 용
외 상 매 입 금	물품을 구입하고 그 대금을 나중에 지급하기로 한 것
지 급 어 음	물품대금결제를 위하여 어음을 발행하여 지급한 것
미 지 급 금	비유동자산 등을 구입하고 그 대금을 나중에 지급하기로 한 것
예 수 금	근로소득세 등을 근로자로부터 일시 받아둔 금전
부 가 세 예 수 금	매출시 매입자로부터 받아 둔 부가가치세
가 수 금	원인불명의 입금금액 등을 일시적으로 처리하는 계정
선 수 금	상품 등을 인도하기 전 그 대금을 미리 받은 것
단 기 차 입 금	1년 이내에 상환하여야 하는 차입금

■ 비유동부채

계 정 과 목	내 용
장 기 차 입 금	상환기간이 1년을 초과하는 차입금
임 대 보 증 금	건물 등을 임대하여 주고받아 둔 보증금

Q 자본금

개인사업자의 경우 자본금은 자산에서 부채를 차감한 금액(순자산)이 자본금이 됩니다.

■ 소득세법 시행규칙 [별지 제40호의6서식] <개정 2014.3.14> (앞쪽)

표준재무상태표

단위: 원

상 호		사업자등록번호		대상 과세기간		. . 부터 . . 까지	
계 정 과 목	코드	금	액	계 정 과 목	코드	금	액
Ⅰ. 유동자산	01			(2) 장기투자증권	32		
1. 당좌자산	02			(3) 장기대여금	33		
(1) 현금 및 현금성자산	03			① 관계회사	34		
(2) 단기금융상품	04			② 임원 및 종업원	35		
(3) 단기투자증권	05			③ 기타	36		
(4) 단기대여금	06			(4) 기타	37		
① 관계회사	07			2. 유형자산	38		
② 임원 및 종업원	08			(1) 토지	39		
③ 기타	09			(2) 건물	40		
(5) 매출채권	10			(3) 구축물	41		
(6) 선급금	11			(4) 기계장치	42		
(7) 미수금	12			(5) 선박	43		
① 공사미수금	13			(6) 건설용 장비	44		
② 분양미수금	14			(7) 차량운반구	45		
③ 기타	15			(8) 공구 및 기구	46		
(8) 선급비용	16			(9) 비품	47		
(9) 기타	17			(10) 건설 중인 자산	48		
2. 재고자산	18			(11) 기타	49		
(1) 상품	19			3. 무형자산	50		
(2) 제품	20			(1) 영업권	51		
(3) 반제품 및 재공품	21			(2) 산업재산권	52		
(4) 원재료	22			(3) 개발비	53		
(5) 부재료	23			(4) 기타	54		
(6) 미착상품	24			4. 기타 비유동자산	55		
(7) 건설용지	25			(1) 장기매출채권	56		
(8) 완성건물	26			(2) 장기선급금	57		
(9) 미성공사	27			(3) 장기미수금	58		
(10) 기타	28			(4) 임차보증금	59		
Ⅱ. 비유동자산	29			(5) 기타보증금	60		
1. 투자자산	30			(6) 기타	61		
(1) 장기금융상품	31			자산 총계(Ⅰ+Ⅱ)	62		

• 구축물 (시설장치 포함)
• 산업재산권 (특허권, 상표권 등)

(뒤쪽)

표준재무상태표

단위: 원

상 호		사업자등록번호		대상 과세기간	. . 부터 . . 까지

계 정 과 목	코드	금 액	작 성 방 법
I. 유동부채	63		☐ 표준재무상태표는 기업회계기준을 준용하여 다음과 같이 작성해야 합니다. 1. 소득별(사업, 부동산)로 각각 별지로 작성해야 합니다. 2. 공동사업자는 공동사업장별로 작성해야 합니다. 3. 재무상태표의 계정과목과 같은 계정과목이 없는 경우에는 유사한 계정과목 란에 적습니다. 4. 계정과목에 적을 금액이 없는 때에는 금액란에 "0"으로 적습니디. 5. 단기투자증권(코드번호:05)은 단기매매증권 및 유동자산으로 분류되는 매도가능증권과 만기보유증권을 적습니다. 6. 완성건물(코드번호:26)은 판매용 주거용건물 및 비주거용건물을 적습니다. 7. 의료업자의 의료기구 또는 의료시설은 공구 및 기구(코드번호:46)란에 적습니다.
1. 단기차입금	64		
2. 매입채무	65		
3. 선수금	66		
4. 미지급금	67		
5. 예수금	68		
6. 미지급비용	69		
7. 유동성장기부채	70		
8. 유동성충당부채	71		
9. 기타	72		
II. 비유동부채	73		
1. 장기차입금	74		
① 관계회사	75		
② 임원 및 종업원	76		
③ 기타	77		
2. 장기매입채무	78		
3. 장기선수금	79		
4. 장기미지급금	80		
5. 임대보증금	81		
6. 기타보증금	82		
7. 퇴직급여충당부채	83		
8. 기타충당부채	84		
9. 제준비금	85		
10. 기타	86		
부채총계(I+II)	87		
III. 자본금	88		
IV. 당기순손익	89		
자본 총계(III+IV)	90		
부채 및 자본총계 (I+II+III+IV)	91		

직원채용 및 정부지원, 법정수당, 연차휴가, 퇴직금

급여, 임금, 퇴직연금, 연차수당
채용 정부지원금, 건강보험료 절약

이진규 지음

- ▶ 채용, 임금, 법정수당, 휴가
- ▶ 퇴직, 퇴직금, 퇴직연금
- ▶ 4대보험 실무
- ▶ 인건비 관련 세무실무

"근로자 관리를 위한 지침서."

▣ 저자 이진규 (약력)
(현)삼일인포마인 세무상담위원
(현)비즈폼, 이지분개 세무상담위원
　20여년간 세무상담
(현)경영정보사 도서 집필 및 발간
(전)국세청 세무조사관

▣ 저자 저서
법인관리 및 법인세무 컨설팅
법인기업의 세무회계실무
세법의 가산세 및 세무회계실무
부가가치세 및 원천세 실무
세금개요 및 절세

급여, 임금, 퇴직연금, 연차수당
채용 정부지원금, 건강보험료 절약

2024. 03. 15. 개정판 발행
저　　　자 : 이　진　규
발　행　인 : 이　진　규
발　행　처 : 경영정보문화사
신고번호 : 제2022-000018호

주　　　소 : 경상북도 경산시 하남로 10
전　　　화 : 080 - 250 - 5771
홈페이지 : www.ruddud.co.kr
이　메　일 : lee24171@gmail.com

정　　가　　21,000원

머리말

이 책은 중소기업의 경리담당자를 위한 실무서로 근로자 관리를 위한 근로기준법 규정과 4대보험 실무 및 세무회계사무소에 장부기장을 맡기고 있는 기업의 세금계산서 등 증빙관리 등에 대한 구체적인 방법을 제시하고 있습니다.

노동 관련 법령의 경우 근로기준법 등에서 규정하고 있으나 그 내용이 매우 포괄적이고, 용어의 적용 등에 있어 법리판단을 요하는 내용이 많아 실무처리를 함에 있어 여러 가지 어려움이 있을 수 있습니다. 따라서 특정 사안이 발생하는 경우 법령만을 보고 적용할 수 없는 내용들이 많다 보니 주로 고용노동부의 행정해석 사례, 판례 등을 참고하여 업무처리를 하고 있는 실정입니다. 이와 같은 사유로 이 책은 중소기업의 인사 및 노무업무 담당 직원을 위한 기본적인 내용 및 중요 실무 사례를 수록하였습니다.

예를 들어 월급제 근로자의 시급 계산, 월 중 입사자 및 퇴사자의 임금, 결근시 일당 공제액, 연장·야간·휴일근로수당의 계산방법, 통상임금과 평균임금의 구체적 적용 사례, 연차유급휴가 일수 계산, 퇴직금 계산방법 등에 대한 내용 등입니다.

끝으로 중소기업의 경리관련 업무에 종사하시는 분들에게 본 서가 업무에 유익한 도서가 되기를 바랍니다.

2024년 3월
저자 이 진 규

근로기준법, 인사노무, 퇴직연금 임금 및 4대보험 핵심 실무서

[제1부] 채용, 임금, 퇴직금 및 퇴직연금제도

채용 관련 업무, 취업규칙 작성, 근로시간, 통상임금 및 평균임금 계산방법, 식대 및 차량유지비의 통상임금 및 평균임금 산입여부, 주휴수당, 연차일수 및 연차수당, 연장·야간·휴일근로수당 계산, 결근·조퇴시 임금계산방법, 최저임금제도, 근로자 해고시 유의할 사항, 퇴직금제도, 퇴직금 계산, 확정기여형 퇴직연금 및 확정급여형퇴직연금제도 비교 및 회계처리 등 노무관리 전반에 대한 실무내용을 수록하였으며, 개정 근로기준법 내용을 반영하였습니다.

[제2부] 4대보험 핵심 실무

신규입사자 4대보험 신고 및 퇴사자의 4대보험 정산, 4대보험료 정산 및 회계처리, 임금 인상과 관련한 4대보험 처리방법, 4대보험 관련 실무 유의사항, 사업주 4대보험 가입, 4대보험료 납부에 대한 혜택, 의료비 본인부담금 환급제도 등 핵심 실무내용을 수록하였습니다.

[제3부] 고용창출 지원제도, 저소득자 지원제도

기업의 고용창출과 관련하여 국가가 지원하는 지원금인 청년 추가 고용 지원금, 청년 및 재직자 내일채움공제제도, 두루누리, 일자리 안정자금 및 고용증대세액공제, 사회보험료 세액공제 등 세금혜택에 대한 내용과 저소득자에 대한 정부지원제도인 근로장려금제도에 대하여 수록하였습니다.

목 차

근로기준법, 인사노무, 퇴직연금 임금 및 4대보험 핵심 실무서

CONTENTS •••••

임금, 법정수당, 퇴직연금

section 01 직원 채용과 근로계약 체결

① **근로계약 체결**	3
② **근로계약기간**	5
계약기간을 정하지 않은 근로계약(정규직)	5
기간의 정함이 있는 근로계약(계약직)	5
일정한 사업완료에 필요한 기간을 정한 근로계약	6

③ 채용내정, 시용기간, 수습기간	8
수습기간	9
인턴사원	10

④ 근로계약서 작성 및 근로조건 명시	11
근로계약시 서면으로 근로자에게 교부하여야 하는 내용	12
근로조건 명시의무 위반과 구제	12
표준 근로계약서	13

⑤ 근로계약 체결시 사용자 금지사항 등	15
강제 근로, 중간착취의 배제 등	15
임금 등 금전과 관련한 금지 사항	16

⑥ 직원채용시 처리하여야 할 업무 등	19
채용 관련 구비서류	19
급여 지급과 관련한 업무	19
4대보험 자격 취득신고	20

section 02 근로기준법의 임금 휴가, 연차, 법정수당

① 근로계약 및 임금	22
임금 지급 및 임금대장 작성	23
상여금 지급과 근로기준법	24
임금 지급시 임금명세서 교부 의무	26

② 근로시간	28
법정근로시간, 연장근로	28
탄력적 근로시간제	29
탄력적 근로시간제 개정 근로기준법 주요 내용	32
주52시간 근로제도	35

③ 휴일 및 휴가	38
법정휴일 및 법정외 휴일	38
연차 유급휴가	39

4 법정수당 — 45
연장근로수당 — 45
시급 계산 — 46
야간근로수당 — 46
주휴수당 — 47
일용직 근로자의 주휴수당 — 48
휴일근로수당 — 50
휴업수당 — 50

5 결근·조퇴·지각시 임금공제 — 51
결근시 임금 공제액 계산 사례 — 51

6 평균임금 및 통상임금 — 53
차량유지비의 평균임금 포함 여부 — 53
식대의 평균임금 포함 여부 — 54
평균임금 산정방법 — 57
식대의 통상임금 포함 여부 — 57
차량유지비의 통상임금 포함 여부 — 57
통상임금 산정방법 (시간급 산정) — 58
통상임금 계산 사례 — 58
통상임금 및 평균임금 등의 판단기준 예시 — 59

7 최저임금 — 62

8 근로자 해고 — 65

9 수습기간 근로기준법 — 66
수습기간 연차휴가 — 66

10 근로자 4인 이하 사업장의 근로기준법 — 68
근로기준법 적용 인원 기준 — 68
4인 이하 사업장 근로기준법 예외 내용 등 — 68
5인 미만, 5인 이상 변동시 연차휴가 — 71

▣ 급여 압류 제한 — 72
압류금지 최저금액(월급여 185만원) — 72

■ 근로기준법 및 고용노동부 홈페이지 자료

근로기준법 및 시행령, 시행규칙	74
10인 이상 사업장 취업규칙 작성 비치 의무	75
표준 취업규칙	75
취업규칙에 관한 근로기준법 규정	76
근로기준법 관련 고용노동부 자료	78
[질의회시집] → 근로자퇴직급여보장법 질의회시집	79
고용노동부의 사업주 및 근로자 지원제도	80

section 03 법정 퇴직금 및 실직 근로자 지원제도

1 퇴직금 계산

법정 퇴직금	82
계속 근로연수에 포함하여야 하는 기간	83
입사기준일과 퇴사기준일	83
평균임금 계산	84
평균임금에 포함하는 임금 및 제외하여야 하는 것	84
퇴직금 계산 사례	85
퇴직자 연차수당 및 퇴직금 계산시 포함하는 연차수당	86
법정외 퇴직금	88
퇴직금 지급대상자	88
외국인 근로자 퇴직금 지급 여부	88
퇴직금 지급기한 및 지연이자	89

2 근로자 4인 이하 사업장 퇴직금

상시근로자 4인 이하 사업장 기준	90
4인 이하 사업장 퇴직급여 적용 및 적용시기	91

3 실직근로자 지원제도

실업급여 개요	92
구직급여 (실업급여)	93
실업급여 가입기간별·연령별 지급일수	93
실업급여 인상	93

section 04 퇴직금, 확정기여, 확정급여형 퇴직연금

1 퇴직연금 도입 배경 및 개요 — 95
근로자 수에 따른 퇴직연금 의무가입 연도 — 98
퇴직연금 시행전 근무기간의 퇴직금 지급 — 98

2 퇴직급여제도의 설정 — 99
퇴직급여제도를 설정하지 않아도 되는 근로자 — 99
퇴직급여제도 요약표 — 100

3 퇴직금제도 종류 — 101
기존의 퇴직금제도 설정 — 101
퇴직연금제도 미설정에 따른 처리 — 101
확정기여형퇴직연금제도(DC) — 101
확정기여형퇴직연금의 가입기간 — 102
확정급여형 퇴직연금제도(DB) — 103
퇴직금제도과 퇴직연금제도 비교 — 105
확정급여형퇴직연금과 확정기여형퇴직연금 비교 — 106
개인형 퇴직연금제도(IRP) — 107
두 종류 이상 퇴직연금제도 설정 — 108

4 퇴직금 지급 — 109
기존의 퇴직금 제도를 운용하는 회사 — 109
확정급여형퇴직연금제도를 운용하는 회사 — 111
확정기여형퇴직연금제도를 운용하는 회사 — 111

section 05 퇴직연금 세무회계, 퇴직소득세 과세이연

1 퇴직연금 비용처리 및 원천징수 개요 — 112
퇴직연금부담금의 비용처리 — 112
퇴직금 추가 지급시 퇴직소득세 원천징수 — 114
퇴직금 중간정산 — 115

② 확정기여형 퇴직연금제도(DC)   118
퇴직연금 및 수수료 납부 회계처리   118
퇴직금제도에서 퇴직연금제도로 변경시 회계처리   119
퇴직급여충당부채 및 퇴직급여충당금   120
퇴직연금외 퇴직금 추가 지급액이 있는 경우   121
퇴직금 추가 지급액에 대한 원천징수방법   122

③ 확정급여형퇴직연금제도(DB)   124
당해 연도 퇴직금 발생액의 비용계상   124
확정급여형퇴직연금의 손금(필요경비)산입   124
확정급여형퇴직연금 손금(필요경비)산입 방법   127
결산조정에 의한 손금산입   127
신고조정에 의한 손금산입   127
퇴직연금적립금의 운용수익에 대한 회계처리   129

④ 임원 퇴직금   130
임원의 퇴직소득 중 근로소득에 해당하는 금액 계산   131
임원의 퇴직금 중간정산   131
법인 임원에게 퇴직금중간정산을 할 수 있는 경우   131

⑤ 퇴직소득세 신고 및 납부   132
퇴직연금제도를 시행하고 있지 않는 회사   132
확정기여형 퇴직연금의 퇴직소득세 징수   133
퇴직급여를 연금으로 받는 경우 원천징수세율   134
확정급여형 퇴직연금의 퇴직소득세 징수   135
퇴직소득세 계산   136
해고예고수당은 퇴직금에 해당함   137
개정 규정에 의한 퇴직소득세 계산 방법   137
퇴직소득세 자동계산 프로그램   137
근속연수별 소득공제   138
소득세 기본세율   139

⑥ 퇴사자 4대보험 정산 등   140
퇴사자 4대보험 자격상실신고   140
퇴사자 건강보험료 및 고용보험료 정산   140
퇴사자 근로소득세 및 4대보험료 정산 회계처리   141

4대 사회보험료 핵심 실무

section 01 4대보험료 고지 및 징수·납부·정산

① **4대보험 가입대상 사업장 및 가입신고** 145

② **4대보험 가입신고 및 절차** 147

③ **4대보험 가입대상 근로자 및 가입신고** 148

④ **4대보험료 고지 및 정산 [근로자]** 158

⑤ **4대보험 관련 기타 실무 유의사항** 163

section 02 건강보험료 부과기준 등

① **직장가입자 건강보험료** **164**
건강보험료율 등 164
근로소득 외 소득이 있을 시 건강보험료 납부 165

② **자녀등의 피부양자로 될 수 없는 경우** **166**
건강보험 피부양자 대상 여부 판단시 포함하는 소득 172
건강보험료 부과시에 적용되는 소득 176

③ **건강보험료 절약, 부모님 건강보험료 줄여 주기** **177**
지역가입자에서 직장가입자로 전환 178
지역건강보험료 부과 체계 183
실업자, 퇴직자에 대한 건강보험료 납부 특례 187

section 03 개인기업 사업주 4대보험가입 및 보험료

1	개인기업 사업주의 4대보험료	189
2	자영업자의 지역 건강보험료 부과기준	193
3	자영업자 본인 고용보험 가입 및 실업급여	194
4	자영업자 본인 산재보험 가입	195

section 04 4대보험료 납부에 따른 혜택 등

1	국민연금 불입에 따른 혜택	196
2	고용보험료 납부에 따른 혜택	201
3	의료비 본인부담금 환급제도	202

section 05 일용근로자 근로기준법·4대보험·원천징수

1 일용직근로자 및 법정수당 등 **206**
일용직근로자의 법정수당 및 퇴직금　　　　　　　207
일용직근로자의 연장·야간·휴일근로 가산수당　　　208

2 일용직근로자 4대보험 가입 및 신고 **209**
일용직 근로자 고용보험 및 산재보험 가입 요약표　210
일용직 근로자의 '근로내용확인신고서' 제출　　　　212

3 일용직근로자 세무실무 **213**

고용창출 및 저소득근로자 지원제도

section 01 고용창출 정부지원 및 세금 감면

① **청년일자리 도약 장려금 사업**   **219**

② **고용촉진과 관련한 지원금 등**   **224**
고용촉진장려금   224
고령자 계속고용장려금   225

③ **두루누리 사회보험**   **226**

section 02 고용창출 관련 세금 감면

① **고용증대 세액공제**   **228**
상시근로자가 감소하지 않은 경우 추가 공제   231
2년내 근로자수가 감소한 경우 추가 납부   231
농어촌특별세, 최저한세 적용 및 중복공제   232
통합고용세액공제 신설   235

② **고용증가 인원에 대한 사회보험료 세액공제**   **237**

③ **근로소득을 증대시킨 기업의 세액공제 등**   **240**

④ **청년 등 취업자에 대한 소득세 감면**   **244**
중소기업 청년 등 취업자에 대한 소득세 감면   244
감면대상 청년 근로자 등   246
감면대상 업종   247

section 03 근로장려금 지원제도

① **근로장려금 지원기준 및 금액**	**249**
소득금액 기준	249
소득종류별 소득금액 계산 방법	250
사업소득의 업종별 조정률	251
부양가족 기준	251
재산 기준	252
근로장려금 지원금액	253
단독가구	254
홀벌이 가족가구	253
맞벌이 가족가구	253
근로장려금 신청 및 환급	254
② **자녀장려금**	**256**

경영정보사 홈페이지 무료 이용

[아이디] aa11
[비밀번호] aa1111

〈경영정보사 홈페이지〉
2024년도 시행 개정 세법 등

[1] 도서 내용 중 수정 사항 및 개정세법 등은 경영정보사 홈페이지를 통하여(공지사항 및 최신 개정세법) 확인할 수 있으며,

홈페이지에 수정 내용 등을 수록하여 두었음에도 이를 확인하지 아니하는 경우 중대한 세무적 문제가 발생할 수도 있으므로 경영정보사 홈페이지 내용을 확인하여 주시기를 간곡히 당부드립니다.

[2] 세법은 정부의 정책에 따라 수시로 개정이 됩니다. 따라서 이러한 개정내용을 경영정보사 홈페이지에 게재하여 두었으며. 또한 지면 관계상 책에 수록하지 못한 내용은 홈페이지에 올려 두었습니다.

[3] 경영정보사에서 발간한 도서를 구입하신 분은 경영정보사 홈페이지의 다양한 자료를 무료로 사용할 수 있습니다.

▶ 경영정보사 홈페이지 무료 이용 방법
(네이버 검색창) 경영정보사 또는 www.ruddud.co.kr 입력
[지정 아이디] aa11
[지정 비밀번호] aa1111

CHAPTER 1

직원채용과 근로계약
임금, 근로시간, 휴가
퇴직금, 퇴직연금제도

2025년 근로기준법 등 개정 내용

■ **최저임금** → (2025년) 10,030원 (2024년) 9,860원

□ 월급제의 최저임금

연도	시간급 × 월근로시간	월급	비고
2025년	10,030원 × 209	2,096,270원	유급 휴일
2024년	9,860원 × 209	2,060,740원	근로시간 포함

■ **2025년 국민연금료율**

20대 : 9.25% 30대 : 9.33% 40대 : 9.50% 50대 : 10.0%

○ 2025년부터 2040년까지 나이별로 차등 인상됨

■ **실업급여 지원금액**

1) 2025년 최저임금이 시간당 10,030원으로 인상에 따라, 실업급여 하한액 조정
일일 하한액은 64,192원(월 기준 약 192만 5,760원)

2) 2025년 기준 최대 지급액 1일 70,000원

■ **반복 수급자에 대한 급여 감액**

실업급여를 반복적으로 수급하는 사례를 줄이기 위해, 5년간 3회 이상 실업급여를 받은 경우 세 번째 수급부터 지급액이 감액됨

3회째는 10%, 4회째는 25%, 5회째는 40%, 6회째부터는 최대 50%까지 감액

■ **국세 및 지방세 압류금지**

국세 및 지방세(지방세징수법 제42조, 지방세징수법 시행령 제47조)의 경우 **월 250만원 이하**인 경우 급여채권 등에 대하여 압류를 금지하고 있습니다.

□ 국세징수법 시행령 제32조(급여의 압류 범위)

① 법 제42조제2항제1호에서 "대통령령으로 정하는 금액"이란 각각 월 250만원을 말한다. <개정 2024. 2. 29.>

SECTION 01

직원채용과 근로계약 체결 및 근로계약서 작성시 유의할 사항

① 근로계약 체결

Q 근로계약

근로계약은 근로자가 사용자에게 근로를 제공하고 사용자는 이에 대하여 임금을 지급함을 목적으로 체결하는 계약으로 근로자가 회사(사용자)의 지시에 따라 일을 하고 이에 대한 대가로 회사가 임금을 지급하기로 한 계약을 말합니다. 대부분의 회사는 분쟁을 예방하기 위해 일정한 서면형식으로 체결하고 있으며, 근로계약서를 교부하지 않을 경우 500만원 이하의 벌금에 처하게 될 수 있습니다.

Q 근로기준법을 위반한 근로계약(제15조)

① 근로기준법에서 정하는 기준에 미치지 못하는 근로조건을 정한 근로계약은 그 부분에 한하여 무효로 합니다.
② 제1항에 따라 무효로 된 부분은 근로기준법에서 정한 기준에 따릅니다.

◘ 미성년자의 근로계약체결 방법

미성년자는 스스로가 친권자나 후견인의 동의를 얻어 근로계약을 체결하여야 하며 친권자 등의 대리행위는 인정되지 않습니다. 미성년자의 근로계약 해제권자는 미성년자 자신이 되나 근로기준법은 미성년자의 판단능력을 감안하여 근로계약이 미성년자에게 불리하다고 인정하는 경우에는 친권자, 후견인, 노동부장관에게 그 해지권을 인정하고 있습니다. (근로기준법 제67조)

다만, 15세미만인 자는 근로계약을 체결할 수 없으나 노동부장관의 인허증을 받은 경우에는 취업할 수 있습니다.

◘ 근로기준법을 위반한 근로계약(제15조)

① 근로기준법에서 정하는 기준에 미치지 못하는 근로조건을 정한 근로계약은 그 부분에 한하여 무효로 합니다.
② 제1항에 따라 무효로 된 부분은 근로기준법에서 정한 기준에 따릅니다.

2 근로계약기간

개요

근로자가 사용자에게 노동을 제공하고 사용자는 이에 대하여 임금을 지급함을 목적으로 체결되는 근로계약이 존속하는 기간을 근로계약 기간이라고 합니다. 「근로기준법」에서는 근로계약 기간에 대해 별도의 규정을 두지 있지 않습니다.

다만, 「기간제 및 단시간근로자 보호 등에 관한 법률」은 당사자가 근로계약기간을 어떻게 정하든 간에 계속근로기간이 2년을 초과하면 그 계약을 '기간의 정함이 없는 근로계약'으로 봅니다.

계약기간을 정하지 않은 근로계약(정규직)

[1] 정규직 근로자의 근로계약
근로계약기간을 근로자와 사용자 사이에 약정하지 않은 경우를 말하는데, 이 경우 근로자는 언제든지 근로계약을 해지할 수 있으나 사용자는 근로기준법 제30조에 의거 정당한 이유없이 근로계약을 해지할 수 없습니다. 따라서 통상 기간을 정하지 않은 근로계약은 정년제 근로계약으로 해당합니다.

[2] 계약의 효력
사용자는 근로기준법 제23조에 의하여 정당한 이유없이 근로자를 해고하지 못하며, 따라서 사용자의 근로계약 해지권은 제한됩니다.

[3] 계약의 해지

근로자에게는 언제든지 근로관계를 종료시킬 수 있는 계약해지권이 있으며, 사용자가 사표를 수리하지 않거나 수리를 지연할 경우 민법에 의거 사표를 제출한 날부터 1월이 경과하면 근로계약 해지의 효력이 발생하고, 기간으로 보수를 정한 때에는 민법에 의하여 계약해지 통고를 한 후 당기후의 1기를 경과함으로써 해지의 효력이 생깁니다. (민법 제660조)

▶ 연봉제와 근로계약기간

연봉제는 임금결정 및 지급형태이며 근로계약기간을 정한 것은 아니기 때문에 따로 근로계약 기간을 정하지 아니하는 경우 근로계약은 계속됩니다.

기간의 정함이 있는 근로계약(계약직)

근로계약 기간을 정하는 근로 계약으로서 계약직이라고 합니다. 근로계약기간을 정한 경우에 있어 당사자 사이의 근로관계는 특별한 사정이 없는 한 그 기간이 만료함에 따라 사용자의 해고 등 별도의 조처를 기다릴 것 없이 당연히 종료됩니다. 한편, 대법원은 노동자는 1년이 지난 후에 언제든지 근로계약을 해지할 수 있는 퇴직의 자유가 보장된다고 판시하였습니다. (1996.8.29, 대법 95다 5783)

일정한 사업완료에 필요한 기간을 정한 근로계약

일정한 사업완료에 필요한 기간을 정하여 근로계약을 체결할 수 있습니다. 이 경우 사업이 완료되면 해고예고 등 별도의 조치없이 자동적으로 근로관계가 종료됩니다. 다만, 그 기간 중에 행한 사용자의 일방적 계약해지는 근로기준법의 부당해고가 됩니다.

근로계약의 반복갱신

[1] 근로계약의 반복갱신의 의미

① 묵시의 계약 갱신 : 근로계약기간 만료 후에 노무를 계속 제공하고 사용자가 상당기간 이의를 제기하지 않으면 근로계약이 동일조건으로 갱신된 것입니다. (2000.12.21, 서울고법 2000누8846)
② 합의에 의한 갱신 : 1년 이하의 근로계약기간이 종료되는 경우, 연장계약을 새로이 체결하거나, 미리 자동갱신계약을 체결해 놓은 경우에는 그 계약은 유효합니다.

[2] 계약기간 반복갱신의 효과

단기의 근로계약이 장기간에 걸쳐서 반복하여 갱신됨으로써 그 정한 기간이 단지 형식에 불과하게 된 예외적인 경우에 한하여 비록 기간을 정하여 채용된 근로자일지라도 사실상 기간의 정함이 없는 근로자와 다를 바가 없게 됩니다.(대판 1998.1.23, 97다 42489)

[3] 계약기간 갱신의 거절

1년 초과계약기간 금지는 근로자에게 근로조건을 1년마다 재검토할 수 있는 기회를 보장함으로써 장기근로계약으로 인한 피해를 방지하려는데 그 근본취지가 있는 것이므로 계약기간 갱신에 있어서 사용자는 사업의 만료 등 정당한 이유가 있어야 갱신거절이 가능하고 근로자는 언제나 갱신거절이 가능합니다.

③ 채용내정, 시용기간, 수습기간

◎ 채용내정

[1] 개요

채용내정이란 회사가 정한 전형절차에 의해 합격이 결정되어 정식으로 입사하기 전의 상태를 말합니다. 회사가 필요로 하는 노동력을 미리 확보하기 위해 학교졸업예정자에 대하여 일정한 기간이 경과한 후 `졸업`이라는 일정한 요건이 충족되면 채용할 것을 약정하는 것과 같은 불확정적인 고용계약입니다.

[2] 채용내정과 임금청구권

채용내정은 정식 입사하기 전의 상태로서 노무제공이 이루어지고 있지 않는 상태이기 때문에 임금을 지급할 의무가 있는 것은 아닙니다. 그러나 채용내정에서 해제조건으로 규정한 일자가 도래한 이후에는 종업원의 지위를 취득하기 때문에 임금청구권을 가집니다.

[3] 채용내정의 취소

채용내정의 취소는 해고에 해당하고 객관적으로 합리적이라고 인정할 만한 사회통념상 상당성이 있는 경우에 한하여 정당성을 인정받을 수 있습니다.

◎ 시용기간

시용기간이란 본채용 또는 확정적 근로계약을 체결하기 전에, 일정기간을 설정하여 그 기간내의 근무상황 등을 고려하여 근로자의 직업적성과 업무능력 등을 판단하려는 일정한 기간을 말하며, 시용기간제도는 당사자가 근로계약에서 이를 명시적으로 약정한 경우에만 인정됩니다. 판례는 시용기간부 근로관계에 대하여 시용기간 만료시 본계약의 체결을 거부하는 것은 사용자에게 유보된 해약권의 행사로 보아 근로기준법 제30조의 정당한 이유를 보통의 해고보다 넓게 인정하고 있습니다.

▶ **시용기간과 채용내정의 차이**

확정적인 근로계약을 체결하기 전의 고용관계라는 점에서는 채용내정과 같으나 시용기간 중에는 현실적으로 사용종속관계 아래서 근로가 이루어진다는 점에서 채용내정과 차이가 있습니다.

수습기간

[1] 개요

수습기간이라 함은 근로계약 체결 후에 근로자의 직업능력이나 사업장에서의 적응능력을 키우기 위하여 직업능력 등의 양성 또는 교육을 목적으로 일정기간을 수습케 하는 것을 말합니다.

[2] 수습기간과 시용기간의 근로기준법 적용

수습 또는 시용기간 중의 근로자라 할지라도 정식근로자와 마찬가지로 수습 또는 시용기간을 근속연수에 포함하는 등 법상의 근로조건에 관한 규정이 그대로 적용됩니다. 다만, 3개월 이내의 수습 또는 시용근로자는 근로기준법상 해고예고 관련규정(1개월 전에 해고예고를 하는 것)이 적용되지 않으며, 동 기간 중의 임금은 근로계약이나 취업규칙에 의해 최저임금의 90%를 적용할 수 있습니다.

수습 또는 시용기간 중에도 연장근로수당, 야간근로수당, 휴일근로수당, 생리휴가, 산재보험 등의 제반 근로조건은 정식근로자와 동일하게 적용이 됩니다.

▶ **시용기간과 수습기간의 차이**

수습기간은 **정식채용 후**에 근로자의 직무교육을 목적으로 하는 것이므로 시용기간과는 구별됩니다. 따라서 수습기간 중의 근로관계에는 근로기준법 제30조의 해고의 제한이 적용됩니다.

■ **인턴사원**

정식 직원이 아닌, 일정기간 일을 시켜보고 그 사람의 업무능력을 평가하여 채용 여부를 결정하는 방식으로서 근로기준법상 1년 미만의 기간을 정한 계약직 근로자에 해당합니다. 단, '인턴'이라는 표현은 근로기준법 등에서 따로 정해진 용어는 아닙니다.

4 근로계약서 작성 및 근로조건 명시

개요

사용자는 근로계약을 체결할 때에는 근로자에게 임금, 소정근로시간, 휴일, 연차유급휴가, 그 밖에 근로조건을 명시하여야 합니다. 이 경우 임금의 구성항목, 계산방법 및 지불방법, 소정근로시간, 휴일, 연차유급휴가에 관한 사항에 대하여는 서면으로 명시하여야 합니다. (근로기준법 제17조, 시행령 제8조) 이는 사용자가 근로자를 모집할 때 유리한 조건을 제시하고 실제로는 불리한 조건으로 근로를 시키는 폐단을 방지하기 위하여 근로기준법에서는 근로조건 명시에 대한 의무규정을 두고 있는 것입니다.

근로조건 명시

[1] 근로계약시 명시할 내용

근로조건의 명시	비 고
1. 임금	
2. 소정근로시간	
3. 휴일	
4. 연차유급휴가	
5. 취업장소와 종사업무	
6. 취업규칙의 필요적 기재사항	
7. 기숙사규칙에 관한 사항	사업자의 부속기숙사에 근로자를 기숙하게 하는 경우

▶ 근로계약시 서면으로 근로자에게 교부하여야 하는 내용

임금의 구성항목·계산방법·지급방법 및 소정근로시간, 휴일, 연차유급휴가등에 관한 내용은 근로자에게 서면으로 하여야 합니다. 다만, 단체협약 또는 취업규칙 등이 변경되는 경우 근로자 요구가 있으면 그 근로자에게 교부하여야 합니다.

[2] 근로조건 명시 방법

근로조건의 명시는 구두로 하여도 무방하지만, 서면으로 하는 것이 분쟁을 줄일 수 있습니다. 일반적으로 미리 작성되어 있는 취업규칙을 제시하고 특별한 사항에 대하여는 계약서에 명시하는 방법을 택합니다. 근로조건 중 임금, 소정근로시간, 휴일, 연차유급휴가에 관한 사항은 중요사항이므로 서면으로 명시하여야 합니다.

[3] 근로조건 명시의 효과

근로계약 체결시에 근로조건을 명시한 경우 그 내용대로 근로계약은 성립되며, 근로자가 실제로 그 내용을 몰랐더라도 근로계약의 무효를 주장할 수 없습니다.

❓ 근로조건 명시의무 위반과 구제

[1] 근로조건 위반

근로조건위반이란 근로계약의 체결시에 사용자가 명시한 근로조건이 사실과 다른 경우를 의미하는 것이므로, 사용자가 처음에 제시한 근로조건과 다른 경우를 말합니다. 어느 정도 근로관계가 계속된 이후 근로기준법이나 단체협약 또는 취업규칙에 정해진 근로조건을 사용자가 어기는 것은 채무불이행이 됩니다.

[2] 근로조건이 명시되지 아니한 경우 법률 효력

근로조건이 명시되지 아니하더라도 당해 근로자의 근로조건은 현실적으로는 단체협약 또는 취업규칙의 정하는 바에 의하여 정해지는 것이므로 근로계약 자체는 유효하게 성립됩니다.

[3] 의무위반시 구제

① 명시된 근로조건이 사실과 다를 경우에 근로자는 근로조건 위반을 이유로 손해의 배상을 청구할 수 있으며 즉시 근로계약을 해제할 수 있습니다.
② 제1항에 따라 근로자가 손해배상을 청구할 경우에는 노동위원회에 신청할 수 있으며, 근로계약이 해제되었을 경우에는 사용자는 취업을 목적으로 거주를 변경하는 근로자에게 귀향 여비를 지급하여야 합니다.

□ 근로기준법 제17조(근로조건의 명시) ① 사용자는 근로계약을 체결할 때에 근로자에게 다음 각 호의 사항을 명시하여야 한다. 근로계약 체결 후 다음 각 호의 사항을 변경하는 경우에도 또한 같다.
1. 임금
2. 소정근로시간
3. 제55조에 따른 휴일
4. 제60조에 따른 연차 유급휴가
5. 그 밖에 대통령령으로 정하는 근로조건

[근로계약서 서식] 고용노동부 홈페이지 → 정보공개 → 기타정보 → 자주찾는 자료실 '근로계약서' 검색

표준 근로계약서

_____(이하 "사업주"라 함)과(와) _____(이하 "근로자"라 함)은 다음과 같이 근로계약을 체결합니다.

1. 근로계약기간 :   년   월   일부터   년   월   일까지
  ※ 근로계약기간을 정하지 않는 경우에는 "근로개시일"만 기재
2. 근 무 장 소 :
3. 업무의 내용 :
4. 소정근로시간 : ___시___분부터 ___시___분까지

  (휴게시간 : 시 분~ 시 분)
5. 근무일/휴일 : 매주 __일(또는 매일단위)근무, 주휴일 매주 __요일
6. 임 금
  - 월(일, 시간)급 : _____원
  - 상여금 : 있음 (   ) _____원, 없음 (   )
  - 기타급여(제수당 등) : 있음 (   ), 없음 (   )
     _____원, _____원
  - 임금지급일 : 매월(매주 또는 매일) _____일(휴일의 경우는 전일 지급)
  - 지급방법 : 근로자에게 직접지급(   ), 근로자 명의 예금통장에 입금(   )
7. 연차유급휴가
  - 연차유급휴가는 근로기준법에서 정하는 바에 따라 부여함
8. 근로계약서 교부
  - 사업주는 근로계약을 체결함과 동시에 본 계약서를 사본하여 근로자의 교부요구와 관계없이 근로자에게 교부함(근로기준법 제17조 이행)
9. 기 타
  - 이 계약에 정함이 없는 사항은 근로기준법령에 의함

                        년   월   일

(사업주) 사업체명 :   (전화 :   )
         주   소 :
         대 표 자 :   (서명)
(근로자) 주   소 :
         성   명 :   (서명)

5 근로계약 체결시 사용자 금지사항 등

강제 근로, 중간착취의 배제 등

[1] 강제 근로의 금지(제7조)

사용자는 폭행, 협박, 감금, 그 밖에 정신상 또는 신체상의 자유를 부당하게 구속하는 수단으로써 근로자의 자유의사에 어긋나는 근로를 강요하지 못합니다.

[2] 폭행의 금지(제8조)

사용자는 사고의 발생이나 그 밖의 어떠한 이유로도 근로자에게 폭행을 하지 못합니다.

[3] 중간착취의 배제(제9조)

누구든지 법률에 따르지 아니하고는 영리로 다른 사람의 취업에 개입하거나 중간인으로서 이익을 취득하지 못합니다.

[4] 취업 방해의 금지(제40조)

누구든지 근로자의 취업을 방해할 목적으로 비밀 기호 또는 명부를 작성·사용하거나 통신을 하여서는 아니 됩니다.

[5] 사용 금지(제65조)

① 사용자는 임신 중이거나 산후 1년이 지나지 아니한 여성(이하 "임산부"라 합니다)과 18세 미만자를 도덕상 또는 보건상 유해·위험한 사업에 사용하지 못합니다.

② 사용자는 임산부가 아닌 18세 이상의 여성을 제1항에 따른 보건상 유해·위험한 사업 중 임신 또는 출산에 관한 기능에 유해·위험한 사업에 사용하지 못합니다.
③ 제1항 및 제2항에 따른 금지 직종은 대통령령[근로기준법 시행령 [별표4] 으로 정합니다.

임금 등 금전과 관련한 금지 사항

[1] 위약금(손해배상금)예정 금지

사용자는 근로계약 불이행에 대한 위약금 또는 손해배상액을 예정하는 계약을 체결하지 못합니다.(근로기준법 제20조) 근로자가 근무도중에 사용자에게 피해를 입힐 것을 대비하여 실제 발생된 손해액과 관계없이 일정액을 미리 정하여 근로자에게 배상케 하는 근로계약을 체결하거나 동 배상액을 사용자가 일방적으로 임금 또는 퇴직금과 상계하는 것을 금지하고 있으며, 이는 근로자가 자유의사에 반하는 강제근로를 하는 것을 방지할 목적으로 한 규정입니다.

▶ 위약금의 예정

위약금은 채무불이행의 경우 채무자가 채권자에게 일정액을 지불할 것을 미리 약정하는 금액으로서 부당한 근로계약을 근로자가 해지할 수 없기 때문에 금지됩니다.

[2] 손해배상액의 예정

손해배상액의 예정은 채무불이행의 경우에 채무자가 지급해야 할 것을 손해배상의 액을 실제 손해와 관계없이 당사자 사이에서 미리 계약으로 정하는 것을 말합니다. 따라서 근로자의 불법행위 등으로 사용자에게 손해를 발생시킨 경우 실손해액의 일부를 청구할 수 있도록 노·사가 합의하여 단체협약에 정한 것은 위약예정의 금지에 위반되지 않습니다. (1993.06.04, 근기 01254-1160)

[3] 신원보증계약과 위약예정금지

① 신원보증계약은 근로자가 근무중에 고의, 과실 또는 의무불이행으로 인하여 사용자에게 손해를 발생케 할 경우에 대비하여 사용자가 신원보증인과 단독으로 또는 신원보증인과 근로자를 연대채무자로 하여 체결하는 계약입니다

② 신원보증계약은 위약예정금지 위반이 아닙니다. 근로기준법 제20조의 위약예정금지는 사용자가 근로자와의 사이에서 근로계약 불이행에 대한 위약금 또는 손해배상액을 예정하는 계약을 체결하는 것을 금지하는데 그치므로 근로자에 대한 신원보증계약 자체를 금지시키는 것은 아닙니다.(1985.12.24, 대법 84다카 1221)

[4] 전차금 등 상쇄의 금지

① 사용자는 전차금 기타 근로할 것을 조건으로 하는 전대채권과 임금을 상쇄하지 못합니다.(근로기준법 제21조) 전차금이라 함은 취업한 후에 임금에서 변제할 것을 예정하여 근로계약체결 시에 사용자가 근로자 또는 채권자에게 대부하는 금전을 말합니다. `근로할 것을 조건으로 하는 전대채권`이란 전차금 이외에 전차금에 추가해서 근로자 또는 그 친권자 등에게 지급되는 금전으로서 전차금과 동일한 목적을 가지는 것입니다.

② 전차금 등은 근로자를 사용자에게 신분적으로 장기간 구속하게 하여 근로자에게 사실상 강제근로를 강요하는 폐단을 발생시킬 수가 있으며 근로자에게 불리한 근로조건을 감수케 하는 수단으로 이용될

수 있기에, 근로기준법은 사용자는 근로자가 앞으로 받을 임금에서 갚을 것을 조건으로 사용자로부터 빌린 돈(전차금)이 있더라도, 이것을 임금에서 제한다는 계약을 체결할 수 없도록 규정하고 있습니다.

[5] 강제저축의 금지

① 사용자는 근로계약에 부수하여 강제저축 또는 저축금의 관리를 규정하는 계약을 체결하지 못합니다. 근로자의 위탁으로 저축을 관리하는 경우에도 법규정의 일정사항을 준수하여야 합니다.(근로기준법 제22조) 강제저축이란 근로자의 임금 중 일부를 근로자의 의사에 반하여 저축하도록 강요하는 것이고, 저축금의 관리란 사용자 스스로가 근로자의 저축금을 관리하거나 은행 기타 금융기관에 예금시키고 그 통장과 인감을 사용자가 보관하는 경우를 말합니다.

② 사용자가 근로자로 하여금 그의 임금의 일정액을 사업장 또는 사용자가 지시하는 은행에 강제로 저금케 하고 그 반환을 어렵게 하는 경우 근로자를 사업장에 구속시키는 결과를 가져옵니다. 또한 사용자가 저축금을 사업자금에 유용하고 사업경영이 악화될 경우에는 그 반환이 어렵게 될 우려가 있기 때문에 근로기준법은 사용자로 하여금 근로계약에 부수하여 강제저축 또는 저축금의 관리를 규정하는 계약을 체결하지 못하도록 하고 있는 것입니다.

6 직원 채용시 처리하여야 할 업무 등

채용 관련 구비서류

통상 아래의 서류를 구비하여 두어야 하나 업체 실정에 따라 제외하거나 추가 서류제출을 요구할 수 있습니다.

① 이력서 및 자기소개서
② 서약서 또는 각서
③ 경력증명서 및 자격증 사본
④ 신원보증서 또는 재정보증서
⑤ 인사기록카드
⑥ 최종학교 졸업증명서 1통
⑦ 서약서, 확인서
⑧ 통장사본 : 급여 지급 등에 사용할 목적으로 받아 둠
⑨ 주민등록등본 또는 가족관계증명서 : 건강보험 피보험자 확인 및 근로소득과 관련한 부양가족 확인
⑩ 전근무지 근로소득원천징수영수증 : 입사 당해 연도에 전 근무지 근로소득이있는 경우 합산하여 연말정산을 하여야 하므로 전근무지 근로소득원천징수영수증을 받아 두어야 합니다.

급여 지급과 관련한 업무

① 급여대장 등재
② 소득자별근로소득원천징수부 작성
③ 공제대상 부양가족 파악

4대보험 자격 취득신고

신규입사자가 있는 경우 사용자는 입사일로부터 14일 이내에 자격취득신고서를 작성하여 국민연금관리공단, 건강보험공단, 근로복지공단 중 1곳에만 신고서를 제출하면 됩니다.

자격취득신고서 작성시 보수월액, 소득월액, 월평균보수란에는 급여로 지급하기로 한 금액 중 소득세법상 비과세소득을 제외한 과세대상 소득을 기재하시면 됩니다.

- 보수월액 : 건강보험법에 의한 보험료 부과기준이 되는 급여의 명칭
- 소득월액 : 국민연금법에 의한 보험료 부과기준이 되는 급여의 명칭
- 월평균보수 : 고용연금법에 의한 보험료 부과기준이 되는 급여 명칭

▶ 입사 월의 국민연금 납부

가입자가 자격을 취득한 날이 그 속하는 달의 **초일**인 경우에는 반드시 국민연금보험료를 납부하여야 합니다. 다만, 2일 이후에 입사한 경우에는 가입자가 희망하거나 임의계속가입자의 자격을 취득한 경우에 한하여 입사 월의 보험료를 납부합니다.

▶ 입사 월의 건강보험료 납부

원칙적으로 건강보험료 부과시점은 매월 1일이 기준일이므로 예를 들어 7월 1일 입사한 경우 그달부터 공제를 하여야 하는 것이나 2일에 입사한 경우에는 입사 월의 보험료는 공제하지 않습니다.

▶ 입사 월의 고용보험료 납부

과세대상급여에 고용보험료율을 곱하여 공제를 하시면 됩니다.

퇴직연금가입자의 채용과 퇴직급여 통산

다른 사업장에서 퇴직연금에 가입하였던 직원을 채용하는 경우 당해 사업장이 확정급여형퇴직연금 또는 확정기여형퇴직연금에 따라 합산 가능 여부를 판단하여야 하며, 그 내용은 아래와 같습니다.

계약 이전 가능	계약 이전 불가능
확정급여형 → 확정급여형	확정급여형 → 퇴직금
확정급여형 → 확정기여형	확정기여형 → 퇴직금
확정기여형 → 확정기여형	확정기여형 → 확정급여형

질문	직장을 옮기는 경우 퇴직연금을 계속 불입하는 방법이 있나?
답변	현행 퇴직금 제도에서는 근로자가 퇴사할 경우 14일 이내에 퇴직 일시금을 근로자에게 지급하도록 하고 있습니다. 따라서 이직이 잦은 근로자나 일정 기간 실직을 한 근로자의 입장에서는 퇴직금 재원이 노후 생활 자금으로 활용되지 못하고 중간에 생활 자금 등으로 소진되고 있습니다. 개인퇴직연금제도(IRP)는 이러한 근로자의 직장 이동 시에도 퇴직급여 재원이 계속 적립되어 노후 소득 보장 기능을 할 수 있도록 통산 기능을 하는 역할을 합니다.

SECTION 02

근로기준법의 임금 휴가, 연차, 법정수당

근로자를 고용하고 있는 사업주는 임금, 근로시간, 휴가, 해고 등에 대하여 근로기준법을 준수하여야 하며, 근로자퇴직급여보장법에 의하여 1년 이상 계속 근로한 근로자에게 퇴직금을 지급하거나 퇴직연금을 불입하여야 합니다. 또한 4대보험에 가입을 하여야 합니다.

1 근로계약 및 임금

근로계약 체결

① 사용자는 근로자 채용시 근로계약을 체결하여야 하며, **근로계약은 기간을 정하지 아니한 것**과 일정한 사업의 완료에 필요한 기간을 정한 것 외에는 그 기간은 1년을 초과하지 못합니다.

② 사용자는 근로계약을 체결할 때에 근로자에게 다음 각 호의 사항을 명시하여야 하며, 근로계약 체결 후 다음 각 호의 사항을 변경하는 경우에도 또한 같습니다.

1. 임금
2. 소정근로시간
3. 휴일
4. 연차 유급휴가
5. 취업의 장소와 종사하여야 할 업무에 관한 사항

Q 임금 지급 및 임금대장 작성

① 근로제공의 대가로 지급하는 금액을 급여, 급료, 봉급, 보수, 임금 등으로 명칭하며, 실무상 구분은 다음과 같습니다. 다만, 근로기준법에서는 별도의 구분없이 임금이라고 합니다. 따라서 이후 근로기준법과 관련한 내용은 임금으로 통칭합니다.

명 칭	구 분
급 여	관리직 근로자에 대한 임금
임 금	생산직 근로자에 대한 임금, 근로기준법
보 수	건강보험, 국민연금, 고용보험료의 산정기준이 되는 임금
잡 급	일용직근로자에 대한 임금

② 계약자유의 원칙에 의하여 사용자와 근로자간의 계약에 의하여 임금은 자유롭게 책정할 수 있습니다. 다만, 최저임금법에서 정하는 최저임금 이상의 금액으로 근로계약을 체결하여야 합니다.

③ 임금은 매월 1회 이상 일정한 날짜를 정하여 지급하여야 합니다. 다만, 임시로 지급하는 임금, 수당, 그 밖에 이에 준하는 것에 대하여는 그러하지 아니합니다.

> **보 충** 신규입사자(정액 임금 근로자)의 입사 월 임금 계산
> 월 급여 × 입사일 이후 일수 ÷ 해당 월의 일수

④ 사용자는 임금대장을 작성하고 임금과 가족수당 계산의 기초가 되는 사항, 임금액, 다음 각 호의 사항을 근로자 개인별로 임금을 지급할 때마다 적어야 합니다.
1. 성명
2. 주민등록번호
3. 고용 연월일
4. 종사하는 업무
5. 임금 및 가족수당의 계산기초가 되는 사항
6. 근로일수
7. 근로시간수
8. 연장근로, 야간근로 또는 휴일근로를 시킨 경우에는 그 시간수
9. 기본급, 수당, 그 밖의 임금의 내역별 금액(통화 외의 것으로 지급된 임금이 있는 경우에는 그 품명 및 수량과 평가총액)
10. 임금의 일부를 공제한 경우에는 그 금액

▶ 상여금 지급과 근로기준법

① 상여금이란 사업성과 또는 명절이나 휴가 때에 지급하는 기본급 외의 수당을 말하며, 근로기준법에서는 규정한 바가 없으므로 사용자가 근로자에게 의무적으로 지급하여야 하는 것은 아닙니다.

② 상여금이 취업규칙 기타 근로계약 등에 미리 지급조건 등이 명시되어 있거나 관례로서 계속 지급하여 온 경우에는 상여금의 지급이 법적인 의무로서 구속력을 가지게 됩니다. 예를 들어 근로자 채용시 연간 상여금으로 기본급의 400%를 지급하기로 한 경우 사용자는 근로자에게 상여금을 지급하여야 합니다.

③ 관례적으로 지급한 사례가 없고, 기업의 이윤에 따라 일시적으로 지급하는 변동 상여금은 사용자의 지급의무가 강제되는 것은 아니며, 퇴직금 임금기준이 되는 평균임금에 포함하지 않습니다.

임 금 대 장

관리번호 :

성 명	생년월일	기능 및 자격	고 용 연월일	종사업무	임금계산기초사항			가족수당계산기초사항	
					기본 시간급	기본 일급	기본 월급	1인당 지급액	계산시간

구분 월별	근로일수	근로시간수	연장근로시간수	휴일근로시간수	야간근로시간수	기본급	여 러 가 지 수 당				총액	공제액	영수액	영수인
							가족수당	연장근로수당	휴일근로수당	야간근로수당				
01														
02														
03														
04														
05														
06														
07														
08														
09														
10														
11														
12														
합계														

서 식 경영정보사 홈페이지(www.ruddud.co.kr)

❓ 임금 지급시 임금명세서 교부 의무

[1] 2021.11.19.부터 사용자(5인미만 사업장 포함)는 근로자에게 임금을 지급할 때 임금명세서를 교부하여야 하며, 임금명세서에는 임금의 구성항목 및 계산방법, 법령이나 단체협약에 따른 임금의 공제 내역 등을 기재해야 합니다.

[2] 임금명세서는 서면이나 전자문서로 교부할 수 있습니다.
○ 임금명세서 교부 위반시 500만원 이하의 과태료 부과

[임금명세서 작성] 구글, 네이버 (검색어) 고용노동부 임금명세서

☐ 근로기준법
제48조(임금대장 및 임금명세서) ① 사용자는 각 사업장별로 임금대장을 작성하고 임금과 가족수당 계산의 기초가 되는 사항, 임금액, 그 밖에 대통령령으로 정하는 사항을 임금을 지급할 때마다 적어야 한다. <개정 2021. 5. 18.>

☐ 근로기준법 시행령
제27조(임금대장의 기재사항) ①사용자는 법 제48조제1항에 따른 임금대장에 다음 각 호의 사항을 근로자 개인별로 적어야 한다.
<개정 2021. 10. 14., 2021. 11. 19.>
1. 성명
2. 생년월일, 사원번호 등 근로자를 특정할 수 있는 정보
3. 고용 연월일
4. 종사하는 업무
5. 임금 및 가족수당의 계산기초가 되는 사항
6. 근로일수

7. 근로시간수
8. 연장근로, 야간근로 또는 휴일근로를 시킨 경우에는 그 시간수
9. 기본급, 수당, 그 밖의 임금의 내역별 금액(통화 외의 것으로 지급된 임금이 있는 경우에는 그 품명 및 수량과 평가총액)
10. 법 제43조제1항 단서에 따라 임금의 일부를 공제한 경우에는 그 금액

②사용기간이 30일 미만인 일용근로자에 대해서는 제1항제2호 및 제5호의 사항을 적지 않을 수 있다. <개정 2021. 10. 14.>

③다음 각 호의 어느 하나에 해당하는 근로자에 대해서는 제1항제7호 및 제8호의 사항을 적지 않을 수 있다. <개정 2021. 10. 14.>
1. 법 제11조제2항에 따른 상시 4명 이하의 근로자를 사용하는 사업 또는 사업장의 근로자
2. 법 제63조 각 호의 어느 하나에 해당하는 근로자

제27조의2(임금명세서의 기재사항) 사용자는 법 제48조제2항에 따른 임금명세서에 다음 각 호의 사항을 적어야 한다.
1. 근로자의 성명, 생년월일, 사원번호 등 근로자를 특정할 수 있는 정보
2. 임금지급일
3. 임금 총액
4. 기본급, 각종 수당, 상여금, 성과금, 그 밖의 임금의 구성항목별 금액(통화 이외의 것으로 지급된 임금이 있는 경우에는 그 품명 및 수량과 평가총액을 말한다)
5. 임금의 구성항목별 금액이 출근일수·시간 등에 따라 달라지는 경우에는 임금의 구성항목별 금액의 계산방법(연장근로, 야간근로 또는 휴일근로의 경우에는 그 시간 수를 포함한다)
6. 법 제43조제1항 단서에 따라 임금의 일부를 공제한 경우에는 임금의 공제 항목별 금액과 총액 등 공제내역 [본조신설 2021. 11. 19.]

② 근로시간

◎ 법정근로시간(근로기준법 제50조)

▶ 일주간의 근로시간(40시간)

1주간의 근로시간은 휴게시간을 제외하고 40시간을 초과할 수 없습니다.

▶ 1일의 근로시간

1일의 근로시간은 휴게시간을 제외하고 8시간을 초과할 수 없습니다. 1일이란 오전 00:00부터 오후 12:00까지를 말합니다.

▶ 휴게시간

사용자는 근로시간이 4시간인 경우에는 30분 이상, 8시간인 경우에는 1시간 이상의 휴게시간을 근로시간 도중에 주어야 합니다.

◎ 연장근로(근로기준법 제53조)

사용자와 근로자가 간에 합의를 하는 경우 1주간에 12시간을 한도로 근로기준법 제50조의 근로시간을 연장할 수 있으며, 이 경우 사용자는 연장근로에 따른 임금외에 연장근로시간에 대하여 연장근로수당(통상임금이 50%)을 추가로 지급을 하여야 합니다.

탄력적 근로시간제

개요

탄력적 근로시간제란 어떤 근로일의 근로시간을 연장시키는 대신에 다른 근로일의 근로시간을 단축시킴으로써, 일정 기간의 평균 근로시간을 기준근로시간 내로 맞추는 변형근로시간제를 의미합니다.

근로기준법 제51조에 따라 2주 단위 또는 3개월 단위의 탄력적 근로시간제를 실시할 수 있으며, 이 경우 일정한 기간(2주 이내 또는 3월 이내)을 평균하여 1일간 또는 1주간의 근로시간이 기준근로시간을 초과하지 않으면, 특정일 또는 특정주에 기준근로시간을 초과하더라도 근로시간 위반이 아님은 물론 초과시간에 대한 할증 임금을 지급하지 않아도 됩니다. 단, 탄력적 근로시간제는 연소근로자(15세 이상 18세 미만) 및 임신 중인 여성 근로자에게는 적용할 수 없습니다.

2주 단위 탄력적 근로시간제

▶ **2주간의 근로시간 합계[80시간(40시간 × 2)]**
2주 단위 탄력적 근로시간제란 2주 이내의 일정한 단위기간을 정한 후 1주 평균근로시간이 40시간을 초과하지 않는 상태에서 특정일에 8시간, 특정주에 40시간을 초과하더라도 연장근로로 보지 않는 제도를 말합니다. 이 경우 특정주의 근로시간은 **48시간**을 초과할 수 없으므로, 1주간 근로 가능한 법정최고한도는 48시간 + 연장근로최대시간 12시간(근로기준법 제53조 제2항에 따른 합의 연장근로) = 총 60시간이 됩니다.

다만, 탄력적 근로시간제의 실시에도 불구하고 연장근로 12시간에 대하여 가산임금(통상임금의 50%)은 별도로 지급하여야 합니다. 예를 들어 2주 단위의 경우 첫째 주의 근로시간이 48시간이면 둘째 주가 32시간을 초과하는 시간이 연장근로에 포함됩니다.

[사례] 2주단위 탄력적 근로시간제
1주차 32시간
2주차 48시간 → 연장근로수당 지급의무 없음
2주간 총근로시간 80시간

연장근로 12시간 → 연장근로수당 지급의무
1주 최대근로시간 60시간 : 48시간 + 연장근로 12시간

▶ **탄력적 근로시간제 취업규칙 규정**

2주 단위 탄력적 근로시간제를 실시하기 위하여는 취업규칙 또는 이에 준하는 규정으로 정하여야 합니다. 따라서 상시 10명 이상의 근로자를 사용하는 사용자는 취업규칙의 작성 및 변경을 통하여 이를 도입할 수 있습니다. 단, 취업규칙의 작성의무가 없는 상시 9명 이하의 근로자를 사용하는 사용자는 취업규칙이 없는 경우 '취업규칙에 준하는 것'으로 규정하여야 합니다. '취업규칙에 준하는 것'은 특별한 형식을 요하지는 않지만, 최소한 서면으로 작성하여 동 제도의 도입을 해당 근로자에게 주지시켜야 합니다.

▷ **3개월 단위내 탄력적 근로시간제**

3월 단위 탄력적 근로시간제란 3월 이내의 일정한 단위기간을 정한 후 1주 평균근로시간이 40시간을 초과하지 않는 상태에서 특정일에

8시간, 특정주에 40시간을 초과하더라도 연장근로로 보지 않는 제도를 말합니다. 3월 단위 탄력적 근로시간제는 근로자 대표와의 서면합의에 따라 실시하여야 하며, 이 경우에도 특정한 주의 근로시간은 **52시간**, 특정한 날의 근로시간은 12시간을 초과할 수 없습니다.

따라서 1주간 근로 가능한 법정최고한도는 52시간 + 연장 12시간 = 총 64시간이 됩니다.

[사례] 3개월 단위 탄력적 근로시간제
주 근로시간 40시간 준수
특정 주 최대 52시간 근로 가능
특정 주 → 연장근로수당 지급의무 없음

◆ 연장근로시 1주 최대근로시간 64시간
52시간 + 연장근로 12시간(연장근로수당 지급의무)

▶ **3개월 단위내 탄력적 근로시간제 서면 합의**
3월 단위 탄력적 근로시간제는 근로자 대표(근로자의 과반수로 조직된 노동조합, 과반노조가 없는 경우에는 근로자 과반수를 대표하는 자)와의 서면합의에 따라 도입해야 합니다.

◆ 개별적 서면 동의만을 받는 경우에는 실시할 수 없음
3월 단위 탄력적 근로 시간제를 도입하면서 근로자 대표와의 서면합의가 아닌 근로자 과반수의 개별적 서면 동의만을 받는 경우에는 이를 실시할 수 없음을 유의해야 합니다.(근로조건 지도과-1167, 2008.4.29.)

▶ **서면합의할 내용**
① 대상근로자의 범위
② 단위기간
③ 단위 기간 근로일
④ 근로일별 근로시간
⑤ 서면합의의 유효기간

▶ **대상근로자의 범위 및 단위기간**
대상근로자의 범위는 반드시 전체 근로자일 필요는 없고, 일정 사업 부문·직종 등에 따라서 그에 종사하는 일부 근로자에 한하여 적용할 수 있습니다. 단위기간은 3개월 단위, 2개월 단위, 1개월 단위, 3주 단위 등 일정한 단위기간으로 실시가 가능하며, 노사가 합의하는 서면합의 유효기간의 길이에 대해서는 특별한 제한이 없습니다.

■ **개정 근로기준법 주요 내용 (2021.1.5. 공포 → 4.6. 시행)**

[1] 탄력적 근로시간제
[단위기간] 단위기간이 3개월을 초과하고 6개월 이내인 별도의 탄력적 근로시간제도 신설

[도입·운영 요건] 근로자대표와의 서면 합의로 도입
(근로시간 사전 확정) 3개월 초과 탄력근로제 도입 시 단위기간의 근로시간은 서면 합의로 주별 근로시간을 사전에 확정하되, 근로일별 근로시간은 각 주의 개시 2주 전까지 근로자에게 통보
(근로시간 중도 변경) 서면 합의 당시 예측하지 못한 천재지변, 기계고장, 업무량 급증 등의 불가피한 사유 발생시, 근로자대표협의를 거쳐 주별 근로시간 변경이 가능하며, 이 경우 변경된 근로일별 근로시간은 근로일 개시 전에 해당 근로자에게 통보

[건강보호] 3개월 초과 탄력근로제 도입 시, 근로일 간 11시간 이상의 연속 휴식시간제 의무화
다만, 천재지변 등 대통령령으로 정하는 불가피한 경우 근로자대표와의 서면 합의가 있으면 이에 따름

[임금보전] 3개월 초과 탄력근로제 도입 시, 사용자는 임금보전 방안을 마련하여 고용노동부장관에게 신고하여야 하며, 미신고 시 과태료 부과
다만, 서면 합의에 임금보전 방안을 포함한 경우에는 신고의무 면제

[단위기간 중단시 임금산정] 탄력적 근로시간제 단위기간보다 실제 근로한 기간이 짧은 경우 단위기간 중 실제 근로한 기간을 평균하여, 1주 40시간을 초과하여 근로한 시간 전부에 대해 가산임금 지급

[2] 선택적 근로시간제
[정산기간] 신상품 또는 신기술의 연구개발 업무의 경우 현행 1개월 이내인 정산기간을 최대 3개월 이내로 확대

[건강보호) 1개월을 초과하는 정산기간을 정한 경우 근로일 간 11시간 이상의 연속휴식시간제를 의무화하되, 천재지변 등 대통령령으로 정하는 불가피한 경우 근로자대표와의 서면 합의가 있으면 이에 따름

[임금보전] 1개월을 초과하는 정산기간을 정한 경우 매 1개월마다 평균하여 1주간 근로시간이 40시간을 초과한 시간에 대해서는 가산임금 지급

[3] 특별연장근로 인가제도
[건강보호] 근로기준법 제53조제4항에 따른 특별연장근로를 하는 근로자의 건강 보호를 위해 사용자는 건강검진 실시 또는 휴식시간 부여 등 고용노동부 장관이 정하는 적절한 조치를 하여야 함

[4] 부칙 : 시행시기 및 준비행위
[시행시기] 탄력적 근로시간제 및 선택적 근로시간제는 주 최대 52시간제 시행 시기에 맞춰 단계적 적용
○ 50인 이상 및 국가·지자체 등 : 공포 후 3개월
○ 5~50인 미만: '21.7.1
- 특별연장근로 인가제도 건강보호 조치 의무는 공포 후 3개월이 경과된 날부터 시행

♣ [상세 내용] 고용노동부 홈페이지 → 정책자료 → 정책자료실
(제목) 근로기준법상 근로시간 규정 주요 내용 (등록일) 2021.03.23

□ 근로기준법 제51조(3개월 이내의 탄력적 근로시간제)
① 사용자는 취업규칙(취업규칙에 준하는 것을 포함한다)에서 정하는 바에 따라 2주 이내의 일정한 단위기간을 평균하여 1주 간의 근로시간이 제50조제1항의 근로시간을 초과하지 아니하는 범위에서 특정한 주에 제50조제1항의 근로시간을, 특정한 날에 제50조제2항의 근로시간을 초과하여 근로하게 할 수 있다. 다만, 특정한 주의 근로시간은 48시간을 초과할 수 없다.

② 사용자는 근로자대표와의 서면 합의에 따라 다음 각 호의 사항을 정하면 3개월 이내의 단위기간을 평균하여 1주 간의 근로시간이 제50조제1항의 근로시간을 초과하지 아니하는 범위에서 특정한 주에 제50조제1항의 근로시간을, 특정한 날에 제50조제2항의 근로시간을 초과하여 근로하게 할 수 있다. 다만, 특정한 주의 근로시간은 52시간을, 특정한 날의 근로시간은 12시간을 초과할 수 없다.
1. 대상 근로자의 범위
2. 단위기간(3개월 이내의 일정한 기간으로 정하여야 한다)
3. 단위기간의 근로일과 그 근로일별 근로시간
4. 그 밖에 대통령령으로 정하는 사항

③ 제1항과 제2항은 15세 이상 18세 미만의 근로자와 임신 중인 여성 근로자에 대하여는 적용하지 아니한다.
④ 사용자는 제1항 및 제2항에 따라 근로자를 근로시킬 경우에는 기존의 임금 수준이 낮아지지 아니하도록 임금보전방안(賃金補塡方案)을 강구하여야 한다.
[제목개정 2021. 1. 5.]

주52시간 근로제도

개요

개정 전 근로기준법에서도 하루 근로시간을 8시간씩 40시간으로 정하되, 연장근로를 한 주에 12시간씩 하도록 허용하고 있습니다. 따라서 명목상으로는 '주 52시간 근무'를 규정하고 있는 것입니다. 다만, 고용노동부는 행정해석을 통해 휴일을 '근로일'에서 제외함으로서 토요일 및 일요일 각각 8시간씩 총 16시간의 초과근무가 가능하여 사실상 최장 허용 근로시간은 주 68시간이었습니다.

개정 근로기준법에서는 **"1주"란 휴일을 포함한 7일을 말한다.**"라고 규정함으로서 토요일 및 일요일을 포함한 주 7일을 모두 '근로일'로 정의하여 주 근로시간의 허용치를 52시간으로 정하였습니다.

☐ (개정) 근로기준법
제2조(정의) ① 이 법에서 사용하는 용어의 뜻은 다음과 같다. <개정 2018.3.20.>
7. "1주"란 휴일을 포함한 7일을 말한다.

▶ 주52시간 근로제 경과조치

개정 근로기준법으로 인한 중소기업의 충격(최대근로시간 주 68시간 → 주52시간)을 완화하기 위해 기업 규모별로 적용 시기를 차등 적용하기로 하였으며, 그 시행시기는 다음과 같습니다.

- 300명 이상 기업 : 2018년 7월 1일 이후 시행
- 50명 ~299명 기업 : 2020년 1월 1일 이후 시행
- **5명 ~ 49명 기업 : 2021년 7월 1일 이후 시행**

▶ 30인 미만 기업의 근로시간 예외

30인 미만의 기업의 경우 2021년 7월 1일 이후 주52시간 근로제를 시행하되, **2021년 7월 1일 이후 2022년 12월 31일까지는** 특별연장 근로시간 8시간이 추가로 허용됩니다.

▶ 주52시간제의 휴일근로수당

고용노동부의 행정해석에 따라 8시간 이하의 휴일근로에 대하여는 근로시간에 대한 임금과 휴일근로에 따른 주휴수당 50%를 지급하여야 하며, 휴일에 8시간 이상 근로를 하는 경우에 한하여 연장근로수당 50%를 추가로 지급하여야 합니다. 이는 '연장근로시간에는 휴일근로시간이 포함되지 않는다.'라고 규정하여 연장근로와 휴일근로를 별개로 보고 있기 때문입니다.

따라서 근로자가 1주일 중 근무일에 40시간을 근무한 뒤 휴일에 근로(8시간 이내)를 하는 경우 휴일근로에 따른 임금 및 휴일근로가산수당 50%만 추가로 지급을 받을 수 있는 것입니다.

▶ 주12시간 초과 연장근로를 할 수 있는 업종

1주간의 연장근로시간 최대허용시간은 12시간이나 업무 특성으로 인하여 12시간을 초과하는 근로가 불가피한 업종의 경우 근로기준법 제59조에서 예외 규정을 두고 있으며, 이러한 업종은 근로일 종료 후 다음 근로일 개시 전까지 근로자에게 연속하여 11시간 이상의 휴식 시간을 주어야 합니다.

개정 근로기준법에서는 이러한 특수업종의 범위를 대폭 축소하였으며, 시행일은 2018년 9월 1일부터입니다.

■ 연장근로 특례 대상 업종

연장근로 특례 대상 업종(현행)	개정
보관·창고업, 자동차 부품판매업, 도매 및 상품중개업, 소매업, 금융업, 보험 및 연금업, 금융 및 보험 관련 서비스업, 우편업, 교육서비스업, 연구개발업, 시장조사 및 여론조사업, 광고업, 숙박업, 음식점 및 주점업, 건물·산업설비 청소 및 방제서비스업, 미용·욕탕업 및 유사서비스업, 육상운송 및 파이프라인 운송업, 수상운송업, 항공운수업, 기타 운송 관련 서비스업, 영상·오디오 기록물 제작 및 배급업, 방송업, 전기통신업, 보건업, 하수·폐수 및 분뇨처리업, 사회복지서비스업	육상운송업(운송업의 하위업종인 노선버스업은 특례업종에서 제외) 수상운송업 항공운송업 기타운송서비스업 보건업

<시행시기> 2018년 9월 1일 이후

3 휴일 및 휴가

법정휴일 및 법정외 휴일

▶ 법정휴일

① 근로기준법에 규정한 주 1일의 휴일
② 근로자의 날(매 년 5월 1일)

▶ 법정공휴일

그동안 근로기준법 상의 공휴일은 일주일(7일) 중 주휴일(통상 토요일 및 일요일) 및 근로자의 날로 법정공휴일(명절, 광복절, 삼일절 등 달력의 빨간 날)은 근로기준법상의 휴일이 아니었습니다. (기업이 법정공휴일을 연차 등으로 대체하지 아니하고, 휴일로 한 것은 관행 또는 사용자의 재량에 의한 것임)

그러나 2020년 1월 1일부터는 민간기업에도 공무원과 같이 동일하게 법정공휴일을 **유급 휴일**로 부여[법정 공휴일이 무급 휴일(통상 일요일)과 중복되는 경우에는 무급휴일로 함]하여야 하며, 법정공휴일을 연차로 대체하는 것은 불법행위가 됩니다. 다만, 부칙에서 기업 규모별로 시행시기를 다음과 같이 정하고 있습니다.

<시행시기>
○ 300인 이상 기업 : 2020년 1월 1일
○ 30~300인 미만 기업 : 2021년 1월 1일
○ 5~30인 미만 기업 : 2022년 1월 1일

▶ 법정외 휴일(임의휴일)

법정휴일 외에 노사간 합의에 의하여 휴무하는 날로 법정외 휴일의 경우 유급휴일로 할 것인지 무급휴일로 할 것인지는 노사간의 합의에 따라 취업규칙 등에서 정할 수 있습니다. 따라서 명절, 국경일, 여름휴가일 등은 법정공휴일이 아니므로 취업규칙에 이와 같은 임의휴일을 연차휴가로 대체한다. 라고 규정하여도 무방합니다.

연차 유급휴가

▶ 신규입사자 유급휴가 일수 및 연차수당 지급의무

▶ 입사 1년차의 유급휴가 사용기간 및 미사용수당 지급

사용자는 계속하여 근로한 기간이 1년 미만인 근로자 또는 1년간 80퍼센트 미만 출근한 근로자에게 **1개월 개근 시** 1일의 유급휴가를 주어야 하며, 1년이내의 근무기간에 대하여는 매월 1일씩 발생한 유급휴가는 각 발생월로부터 1년간 사용 가능합니다.

단, 연차유급휴가는 사용자의 귀책사유로 사용하지 못한 경우를 제외하고 1년간 행사하지 아니하면 소멸하게 됩니다.,

한편, 사용차가 연차사용촉진을 하지 않은 경우로서 1년이 경과하여 연차휴가를 사용할 수 있는 기간이 종료된 경우 사용자는 사용기간이 종료된 다음날에(임금지급일) 미사용수당을 지급하여야 하며, 신규입사자의 경우에도 2020.4.1. 이후 사용촉진대상이 됩니다.
(근로기준법 제60조 제2항)

> (예시) 2021.4.1.에 1일 휴가 발생 → 2022.3.31.까지 사용가능 → 미사용 시 2022.4.1.(4월 급여)에 수당 지급

◆ 다음 각 호의 어느 하나에 해당하는 기간은 출근한 것으로 봄
1. 근로자가 업무상의 부상 또는 질병으로 휴업한 기간
2. 임신 중의 여성이 제74조제1항부터 제3항까지의 규정에 따른 휴가로 휴업한 기간
3. 「남녀고용평등과 일·가정 양립 지원에 관한 법률」 제19조제1항에 따른 육아휴직으로 휴업한 기간

▶ **신규입사자의 유급휴가일수**

입사 후 1년간의 출근율이 80% 이상인 경우 2년 차에 쓸 수 있는 유급휴가일수는 1년 차에 1개월 개근 시 1일씩 발생한 유급휴가와 별도로 15일이 됨 → 입사일로부터 2년 동안 최대 26일의 연차유급휴가 부여 가능

□ 근로기준법
제60조(연차 유급휴가) ① 사용자는 1년간 80퍼센트 이상 출근한 근로자에게 15일의 유급휴가를 주어야 한다. <개정 2012. 2. 1.>
② 사용자는 계속하여 근로한 기간이 1년 미만인 근로자 또는 1년간 80퍼센트 미만 출근한 근로자에게 1개월 개근 시 1일의 유급휴가를 주어야 한다. <개정 2012. 2. 1.>
⑦ 제1항·제2항 및 제4항에 따른 휴가는 1년간(계속하여 근로한 기간이 1년 미만인 근로자의 제2항에 따른 유급휴가는 최초 1년의 근로가 끝날 때까지의 기간을 말한다) 행사하지 아니하면 소멸된다. 다만, 사용자의 귀책사유로 사용하지 못한 경우에는 그러하지 아니하다.
<개정 2020. 3. 31.>

▶ **근로계약기간이 1년인 기간제근로자 연차휴가 및 보상**

① 판례는 근로계약기간을 1년으로 한 기간제노동자의 1년간의 출근율이 80% 이상이면 계약기간 만료 시 15일분의 연차휴가보상청구권이 발생한다는 입장입니다.
② 법 개정에 따라 1년차 때 1개월 개근시 1일씩 발생하는 유급휴가도 별도로 인정되는 만큼, 1년 기간제노동자의 계약기간이 만료되는 경우 최대 26일분의 미사용수당을 지급하여야 합니다.

◪ **연차휴가일수 가산 및 제한(최대 25일)**

① 사용자는 3년 이상 계속하여 근로한 근로자에게는 제1항에 따른 휴가에 최초 1년을 초과하는 계속 근로연수 매 2년에 대하여 1일을 가산한 유급휴가를 주어야 합니다. 이 경우 가산휴가를 포함한 **총 휴가 일수는 25일을 한도**로 합니다.

② 사용자는 위의 규정에 따른 연차휴가를 근로자가 청구한 시기에 주어야 하고, 그 기간에 대하여는 취업규칙 등에서 정하는 통상임금 또는 평균임금을 지급하여야 합니다.

사 례 연차유급일수 계산

구 분	1년	2년	3년	4년	5년	6년	7년	8년	9년	10년	11년	12년
주40시간	15	15	16	16	17	17	18	18	19	19	20	20

* 연차유급휴가 최대일수 → 주40시간 : 25일

▶ **신규입사자의 회계연도 기준 연차휴가일수**

회계연도 기준으로 연차휴가일수를 산정하는 경우로서 근로자가 연중에 입사한 경우, 다음해 1월 1일에 입사한 것으로 가정하여 그 때를 기준으로 연차휴가를 산정할 수 있습니다. 이 때 입사한 시점부터 그 해가 끝나는 시점까지는 일할로 연차일수를 계산하여야 합니다. 예를 들어 근로자가 2022년 5월 10일에 입사한 경우 2022년 12월 31일까지의 연차휴가일수를 일수로 계산하고, 2023년 1월 1일을 입사 기준일로 가정하여 근로기준법에 의하여 부여하되, 입사연도의 휴가일수는 회계연도 기준에 의한 연차일수(10일)를 보장하여야 합니다.

◼ **신규입사자의 2022년 1년 미만 근로에 대한 연차 발생일수 : 7일**

▶ 회계연도 기준에 의한 연차일수 (입사일 2022.5.1.)
2022.5.1. ~ 2022.12.31.
- 1개월 근로 이후 매월 1개 연차발생 [7개]
2023.1.1. ~ 2023.04.30.
- 1년이 되는 날까지의 월수에 대하여 매월 1개의 연차발생 [4개]
2023.5.1. ~ 2023.12.31.
- 기본 연차일수(15일) × 1년이 경과한 이후의 일수(235일)/365일 = 9.65일 → 10일(소수점 이하 올림)

한편, 회계연도 기준으로 연차를 적용하는 경우에도 1년 미만인 근로자의 1개월 개근 시 발생하는 연차휴가에 대하여 사용촉진을 하지 않은 경우 미사용연차일수에 대하여 연차수당을 지급하여야 합니다.

▣ 사용자의 연차휴가 사용 촉진의무 및 연차수당

사용자가 연차 유급휴가의 사용을 촉진하기 위하여 **다음 각 호의 조치**를 하였음에도 불구하고 근로자가 휴가를 1년간 사용하지 아니하여 소멸된 경우에는 사용자는 **그 사용하지 아니한 휴가에 대하여 보상할 의무가 없습니다.** (근로기준법 제61조 제1항)

다만, 사용자가 근로자의 연차사용에 대하여 다음에 정하는 방법으로 사용촉진을 하지 아니하였거나, 사규 또는 취업규칙 등에서 미사용연차일수에 대하여 연차수당을 지급하기로 한 경우 미사용연차에 대하여 연차수당을 지급하여야 합니다.

1. 휴가기간(휴가발생일로부터 1년)이 끝나기 6개월 전을 기준으로 10일 이내에 사용자가 근로자별로 사용하지 아니한 휴가 일수를 알려주고, 근로자가 그 사용 시기를 정하여 사용자에게 통보하도록 서면으로 촉구할 것
2. 제1호에 따른 촉구에도 불구하고 근로자가 촉구를 받은 때부터 10일 이내에 사용하지 아니한 휴가의 전부 또는 일부의 사용 시기를 정하여 사용자에게 통보하지 아니하면 휴가기간(휴가발생일로부터 1년) 기간이 끝나기 2개월 전까지 사용자가 사용하지 아니한 휴가의 사용 시기를 정하여 근로자에게 서면으로 통보할 것

▶ **계속 근로기간 1년 미만 신규입사자의 사용촉진기간 단축**

1. 최초 1년의 근로기간이 끝나기 3개월 전을 기준으로 10일 이내에 사용자가 근로자별로 사용하지 아니한 휴가 일수를 알려주고, 근로자가 그 사용 시기를 정하여 사용자에게 통보하도록 서면으로 촉구할 것. 다만, 사용자가 서면 촉구한 후 발생한 휴가에 대해서는 최초 1년의 근로기간이 끝나기 1개월 전을 기준으로 5일 이내에 촉구하여야 합니다.
2. 제1호에 따른 촉구에도 불구하고 근로자가 촉구를 받은 때부터 10일 이내에 사용하지 아니한 휴가의 전부 또는 일부의 사용 시기를 정하여 사용자에게 통보하지 아니하면 최초 1년의 근로기간이 끝나기 1개월 전까지 사용자가 사용하지 아니한 휴가의 사용 시기를 정하여 근로자에게 서면으로 통보할 것. 다만, 제1호 단서에 따라 촉구한 휴가에 대해서는 최초 1년의 근로기간이 끝나기 10일 전까지 서면으로 통보하여야 합니다. (근로기준법 제61조 제2항)

▶ 유급휴가의 대체 및 기타 휴무

① 사용자는 근로자대표와의 서면 합의에 따라 연차 유급휴가일을 갈음하여 특정한 근로일에 근로자를 휴무시킬 수 있습니다.
② 기타 병가, 경조사휴가(결혼, 회갑, 사망), 업무공로휴가, 명절휴가, 여름휴가 등은 취업규칙에서 별도로 정합니다.

▶ 퇴사자의 연차휴가 및 연차수당

▶ 1년 미만 근무자 퇴사시 미사용 연차일수 보상의무

1년 미만 근무자의 경우 매월 1개의 연차가 발생하며, 이 경우 1년이 되기 전에 퇴사하더라도 매월 1개씩 부여된 연차휴가는 이미 발생한 연차휴가가 되며, 퇴사로 인해 사용하지 못하고 남은 잔여 연차휴가가 있을 경우 이는 수당으로 지급하여야 합니다.
예를 들어 6월 1일부터 11월 30일까지 만근하고, 퇴사하는 경우 6개의 연차가 발생하며, 2개를 사용한 경우 잔여 연차일수 4개는 금전으로 보상하여야 합니다.

▶ 1년 이상 근무자 퇴사연도 연차휴가

근무기간이 1년 이상인 근로자의 경우 1년 중 잔여월수에 대한 월단위 연차휴가는 발생하지 않으며, 1년이 지난 후부터는 1년의 근로를 마쳐야만 연차휴가 산정을 위한 조건을 채우게 되는 것으로 퇴사연도의 연차휴가는 발생하지 않습니다. 단, 퇴사일 이전에 이미 발생한 연차를 사용하지 못한 경우 미사용연차일수에 통상임금을 곱한 금액을 금전으로 보상하여야 합니다.

4 법정수당

> 계약에 의한 임금 이외에 사용자는 근로기준법에 의하여 다음의 수당을 지급하여야 합니다.

◎ 연장근로수당

연장근로수당이란 근로자가 근로기준법에 의한 규정근무시간(통상 8시간)을 초과하여 근무하는 경우 지급하는 수당으로 연장근로란 규정근무시간 이후부터 22:00 이전까지의 근무를 말합니다.

예를 들어 시간 당 임금이 10,000원인 근로자가 4시간의 연장근로를 제공하는 경우, 연장근로시간에 대한 임금은 40,000원이고, 연장근로에 따른 연장근로가산수당 50%(20,000원)를 추가 지급하여야 합니다.

사 례 연장근로수당 계산

정상근무시간	휴게	정상근무시간	연장근무시간
3 시간	1시간	5 시간	4 시간
9:00 ~ 12:00	12~13	13:00 ~ 18:00	18:00 ~ 22:00

- 통상임금(09:00~ 18:00)　　　80,000원(10,000원 × 8시간)
- 연장근로수당(18:00 ~ 22:00)　40,000원(10,000원 × 4시간)
- 연장근로가산수당(18:00 ~ 22:00) 20,000원(40,000원 × 50%)
  개정 근로기준법에 의하여 1주간의 근로시간을 40시간으로 하는 경우 주40시간근로제 시행일로부터 3년간은 연장근로수당을 가산함에 있어 최초의 4시간에 대하여는 '100분의 50'을'100분의 25'로 합니다.

▶ 시급 계산

연장.야간.휴일근로수당을 계산할 시에는 시간급을 계산하여야 하는데, 연장.야간.휴일근로수당 계산시 시간급 기준이 되는 월 임금은 근로기준법의 통상임금으로 "시급 = 월간 통상임금 ÷ 209"의 방식으로 계산합니다.

| 사 례 | 시급 계산 (주40시간 근무제 회사) |

기본급 200만원, 생산수당 20만원(매 월 일정금액 지급), 차량유지비 20만원, 식대보조비 10만원인 직원의 시급 → 11,962원

시급(11,962원) = 통상임금 [기본급(200만원) + 생산수당(20만원) + 차량유지비 (20만원) + 식대보조비(10만원)] ÷ 209

- 차량유지비 및 식대 : 전직원에게 일률적으로 지급하는 금액인 경우 통상임금에 포함함

◎ 야간근로수당

야간근로란 22:00 ~ 06:00 사이의 근로를 말하며, 야간근로시에는 통상임금의 50%를 가산하여 지급하여야 합니다. 예를 들어 연장근로가 계속하여 02:00 까지 근로를 제공한 경우 연장근로에 따른 통상임금에 연장근무수당 50% 및 야간근로수당 50%를 추가 지급하여야 합니다.

- 연장근로수당(22:00~ 02:00)　　40,000원(10,000원 × 4시간)
- 연장근로가산수당(22:00~ 02:00) 20,000원(40,000원 × 50%)
- 야간근로가산수당(22:00~ 02:00) 20,000원(40,000원 × 50%)

주휴수당

① 근로자가 1주 동안 소정근로일수를 근로한 경우 1일의 유급휴일을 부여하여야 하며, 1주일 중 소정근로일수가 5일(통상 월요일 ~ 금요일)인 경우 법정 유급휴일은 1일(통상 일요일)이고, 나머지 1일은 노사가 별도로 유급휴일로 정하지 않는 이상 무급휴무일이 됩니다.

소정근로일수란 1주 동안 근로자가 근로를 제공하기로 약정한 근로제공일수를 의미하며, 일반적으로 1주 소정근로일수는 월요일부터 금요일까지로 근로계약서에 명시하여야 합니다.

② 주휴수당이란 주휴일에 근로를 제공하지 않더라도 지급하여야 하는 수당을 말합니다. 즉, 근로자가 일주일 동안 규정된 근무일수를 개근하면 그 주중 하루는 일을 하지 않아도 급여를 지급하여야 한다는 뜻입니다. 주 5일 근무제 사업장의 경우에는 일주일에 5일을 근로한 경우 1일은 임금 지급 의무가 없는 무급휴일, 다른 1일은 주휴일(유급휴일)이 됩니다.

통상적으로 일요일을 주휴일(유급휴일)로 정한 기업들이 많습니다. 그러나 주휴일이 꼭 일요일일 필요는 없고 일주일 중에 한 날을 근로자와 정하면 됩니다.

▶ **주휴수당 발생요건**
1) 1주일 간 소정근로시간이 15시간 이상일 것
2) 1주일 간 소정근로일수를 개근할 것 (결근이 없어야 함)
3) 주휴수당이 발생한 주 이후에 계속 근로할 것

▶ 퇴사자의 주휴수당

주휴수당은 근로자가 다음주에도 계속 근로를 제공할 것을 전제로 하여 지급되는 것입니다. 따라서 퇴사할 경우 마지막 주는 주휴수당이 발생하지 않으며, 퇴사일이 금요일인 경우에도 주휴수당을 지급하지 않습니다. 이는 "퇴직일은 취업규칙이나 단체협약에 특별한 정함이 없다면 근로를 제공한 다음날(예: 금요일까지 근무하고 퇴사하는 경우 토요일이 퇴사일)"이 되므로 회사는 주휴수당을 지급해야 할 의무가 없는 것입니다.

- 지각이나 조퇴는 결근이 아니므로 주휴수당을 받을 수 있습니다. 다만, 무노동 무임금의 원칙에 따라 조퇴나 지각한 시간만큼 시간급으로 계산하여 공제하는 것은 문제가 되지 않습니다.

- 법정공휴일을 해당 사업장에서 약정 휴일로 규정하고 있다면 소정근로일이 아닙니다. 이 경우 만일 주중에 법정공휴일이 끼어있다면 나머지 근로일의 개근을 기준으로 주휴수당을 지급해야 합니다.

▶ 주휴수당을 지급하지 않아도 되는 경우

1. 주중 입사한 경우 그 주는 주휴수당이 발생하지 않습니다. 예를 들어, 소정근로일이 월~금이고 수요일에 입사를 했다면 해당 주의 주휴수당은 발생하지 않습니다.
2. 1개월의 근로시간이 60시간 미만이고, 1주의 근로시간이 15시간 미만인 초단시간 근로자는 주휴수당을 지급할 의무가 없습니다.

▶ 일용직 근로자의 주휴수당

근로계약이 1일 단위로 체결되는 일용근로자에겐 주휴수당을 지급할 의무가 없습니다. 단, 일용근로자가 계속적 근로를 하는 경우로서 주휴수당을 임금에 포함한다는 약정이 없다면 비록 일용근로자라

해도 주휴수당을 지급해야 한다는 견해가 다수의견입니다. 한편, 일용근로자에 대해 주휴수당을 미리 임금에 포함할 수 있는지에 대해서는 1일 단위로 근로관계가 단절되어 계속고용이 보장되지 않는 순수 일용근로자의 경우에는 주휴수당을 미리 임금에 포함할 수 없을 것이나, 일정기간 사용이 예정된 경우라면 근로기간 중 사용자가 소정근로일의 근무를 전제로 지급되는 주휴수당을 미리 임금에 포함하여 지급하는 것은 가능한 만큼 사용자가 서면으로 근로계약을 통해 일급에 주휴수당을 포함하여 지급했다면 별도의 주휴수당 지급의무는 없는 것으로 판단이 됩니다.

▶ 주중 결근한 경우 주휴수당

주휴일은 근로기준법에서 정한바와 같이 주간 소정 근로일수를 개근한 자에 한하여 부여받을 수 있는 것이므로, 당해 주에 1일 이상 결근한 경우 유급 주휴일을 부여하지 않아도 됩니다.

사 례 | 휴일근로와 수당 지급 [시급 10,000원 8시간 근무]

- 무급휴무일에 근로를 제공하는 경우
  휴일근로에 대한 임금(80,000원) + 휴일근로가산수당(40,000원)
- 유급휴무일에 근로를 제공하는 경우
  주휴수당(80,000원) + 휴일근로에 대한 임금(80,000원)
  + 휴일근로가산수당(40,000원)

▶ 주중 연차 휴가가 있는 경우 주휴수당

연차유급휴가를 1주간 소정 근로일에 전부 사용한 경우에는 해당 주에는 근로제공의무가 면제되어 소정 근로일에 해당되지 않아 무급 주휴일에 해당되어 주휴수당 지급의무가 없습니다만, 1일 이상 출근한 경우에는 주휴수당을 지급하여야 합니다.

휴일근로수당

사용자가 휴일에 근로를 제공하는 경우 휴일근로시간에 대하여는 통상임금의 100분의 50 이상을 가산하여 지급하여야 합니다.

- 휴일근로시간 : 취업규칙에 정한 공휴일 근로
- 휴일근로수당 : 휴일근로수당 + 가산수당(휴일근로수당 × 50%)

사 례 | 휴일근로와 수당 지급 [시급 10,000원 8시간 근무]
- 무급휴무일에 근로를 제공하는 경우
  휴일근로에 대한 임금(80,000원) + 휴일근로가산수당(40,000원)
- 유급휴무일에 근로를 제공하는 경우
  주휴수당(80,000원) + 휴일근로에 대한 임금(80,000원) + 휴일근로가산수당(40,000원)

▶ **연장·야간·휴일근로가 각각 중복되는 경우 가산 임금 계산**

연장·야간·휴일근로가 각각 중복되는 경우 예를 들어 휴일 근로가 8시간을 초과하여 연장근로를 하거나 오후 10시 이후 야간근로가 계속되는 경우 가산임금을 각각 계산하여 지급하여야 합니다.

휴업수당

사용자의 귀책사유로 휴업하는 경우에 사용자는 휴업기간 동안 그 근로자에게 평균임금의 100분의 70 이상의 수당을 지급하여야 합니다. 다만, 평균임금의 100분의 70에 해당하는 금액이 통상임금을 초과하는 경우에는 통상임금을 휴업수당으로 지급할 수 있습니다.

5 결근, 조퇴, 지각시 임금공제

근로자가 결근, 조퇴, 지각 등으로 근로를 제공하지 못한 시간에 대하여 사용자는 임금지급 의무가 없으며, 결근 등으로 근로하지 못한 시간에 대한 임금공제 방법은 다음과 같습니다.

아래 예시는 월급에서 결근한 일수에 해당하는 금액을 공제하는 원칙적인 방법이며, 취업규칙 등에 따로 정할 수 있습니다.

▶ 일반적인 월급제의 시간 당 급여 계산

① 시간급 = 월급여 ÷ 1개월 근로시간 (209 시간)
② 1주일 소정근로시간 : 48시간
   법정근로시간 (40시간) + 유급휴일 근로시간 (8시간)
 - 1주 만근(통상 월요일 ~ 금요일)시 1일 유급 주휴 수당(일요일 휴무) 지급
• 1개월 근로시간 : 209시간
   1주일 소정근로시간(48) × 1개월 평균 주(週) 수(4.346)

사 례 | 결근시 임금 공제액 계산

[예제] 임금 2,000,000원 직책수당 200,000원인 근로자가 1일 결근한 경우
• 시급 : 임금총액(2,200,000원) ÷ 1개월 근로시간(209시간) = 10,527원
• 일 급여(84,216원) = 시급(10,527원) × 8시간
• 주휴수당 1일 공제액 : 84,216원
- 주휴수당은 1주간 만근시 지급하는 수당으로 결근시에는 지급하지 않습니다.
• 공제액 계 168,432원 = 결근 공제(84,216원) + 주휴수당(84,216원)

▶ 주중 결근한 경우 주휴수당

주휴일은 근로기준법에서 정한바와 같이 주간 소정 근로일수를 개근한 자에 한하여 부여받을 수 있는 것이므로, 당해 주에 1일 이상 결근한 경우 유급 주휴일을 부여하지 않아도 됩니다.

사 례 | 휴일근로와 수당 지급 [시급 10,000원 8시간 근무]

- 무급휴무일에 근로를 제공하는 경우
  휴일근로에 대한 임금(80,000원) + 휴일근로가산수당(40,000원)
- 유급휴무일에 근로를 제공하는 경우
  주휴수당(80,000원) + 휴일근로에 대한 임금(80,000원)
  + 휴일근로가산수당(40,000원)

▶ 지각, 조퇴시 급여 차감

- 지각이나 조퇴는 결근이 아니므로 주휴수당을 받을 수 있습니다. 다만, 무노동 무임금의 원칙에 따라 조퇴나 지각한 시간만큼 시간급으로 계산하여 공제하는 것은 문제가 되지 않습니다.

6 평균임금 및 통상임금

근로기준법에는 법정수당, 퇴직금 계산 등의 기준이 되는 임금의 범위를 정하고 있으며, 그 기준이 되는 평균임금 및 통상임금의 적용 사례는 다음과 같습니다.

통상임금	평균임금
연장, 야간, 휴일근로수당	퇴직금 계산
산전후 휴가급여	재해보상금
해고 예고수당	감봉(감급)제한의 기준

평균임금

평균임금이란?

평균임금이란 그 명칭에 불문하고 근로자에게 지급되는 모든 급여를 말하며, 연장·야간·휴일근로수당, 월 10만원 한도 내의 식대 등도 포함합니다. 단, 비정기적으로 지급하는 상여금, 실비변상정도의 차량유지비 등은 포함하지 않습니다.

▶ **차량유지비의 평균임금 포함 여부**

차량유지비의 경우 그것이 차량 보유를 조건으로 지급되었거나 직원들 개인 소유의 차량을 업무용으로 사용하는 데 필요한 비용을 보조하기 위해 지급된 것이라면 실비변상적인 것으로서 근로의 대상으로 지급된 임금이라고 볼 수 없으나, 전 직원에 대하여 또는 일정한 직급을 기준으로 일률적으로 지급되었다면, 이는 근로의 대상으로 지급된 임금이라고 볼 수 있습니다. 따라서 차량유지비에 대한 규정과 달리 실제로는 일정한 직급 이상의 직원들에게 개인의 차량 보유 여부나 업무용 사용 여부와 무관하게 일정액을 일률적으로 지급한 경우에는 근로의 대가인 임금에 해당하므로, 퇴직금 산정시의 평균임금에 포함된다고 할 것입니다.
(대법원 2002. 5. 31. 선고 2000다18127 판결 참조)

▶ 식대의 평균임금 포함 여부

근로자에게 매월 고정적인 식대가 지급되고 있다면 이는 평균임금에 해당합니다. 노동부의 행정해석에서도 노조와 체결된 단체협약이나 회사가 정한 취업규칙 및 사규 또는 당사자간의 근로계약 등에 규정(지급조건, 지급방법 등)되어진 급식비(식대보조금, 잔업식사대금, 조식식사대금)로써 전 근로자에게 일률적으로 지급하는 경우에는 평균임금에 포함되도록 정하고 있습니다.

그러나 단순히 후생적으로 지급되는 '현물급식'은 그것을 따로 돈으로 환가할 장치가 마련되지 않았다면 임금으로 보지 않아 평균임금에 포함하지 않습니다.

☐ 근기 01254-13715, 1987.08.25.
모든 근로자에게 정규적·일률적으로 지급되는 급식비는 단체협약, 취업규칙 또는 근로계약 등에 정하여 있지 않더라도 관례적으로 지급한 것이 사실이라면 이는 평균임금 산정기초에 포함되어야 하는 것임.

▶ 평균임금 산정상의 상여금 취급요령

(노동부예규 제39호, 1981.6.5.)
① 상여금이 단체협약, 취업규칙, 기타 근로계약에 미리 지급조건 등이 명시되어 있거나 관례로서 계속 지급하여온 사실이 인정되는

경우에는 그 상여금의 지급이 법적인 의무로서 구속력을 가지게 되어 이때에는 근로의 대상성이 확정되는 것이므로 이는 임금으로 취급하여야 할 것입니다. 그러므로 지급되는 상여금은 지급횟수(연 1회 또는 4회 등)를 불문하고 평균임금 산정기초에 산입하여야 합니다.
② 상여금은 이를 지급받았을 때(월)만의 임금으로 취급하여 일시에 전액을 평균임금에 산입할 것이 아니고 평균임금을 산정하여야 할 사유가 발생한 때(퇴직한 때) 이전 12개월 중에 지급받은 상여금 전액을 그 기간동안의 근로월수(3개월)로 분할 계산하여 평균임금산정에 산입하여야 합니다.

▶ 평균임금 계산

① 평균임금은 이를 산정하여야 할 사유가 발생한 날 이전 3개월 동안에 그 근로자에게 **지급된 임금의 총액**을 그 기간의 총일수로 나눈 1일의 평균임금을 말합니다.
② 근로자가 취업한 후 3개월 미만인 경우도 이에 준합니다.
③ **평균임금 계산시 사유가 발생한 날은 산입하지 않습니다.**
④ 평균임금 산정기간 중에 다음의 하나에 해당하는 기간이 있는 경우에는 그 기간과 그 기간 중에 지불된 임금은 평균임금 산정기준이 되는 기간과 임금의 총액에서 각각 공제합니다.
1. 수습사용중의 기간
2. 사용자의 귀책사유로 인하여 휴업한 기간
3. 산전후휴가기간 및 육아휴직기간
4. 업무수행으로 인한 부상 또는 질병의 요양을 위하여 휴업한 기간
5. 쟁의행위기간
6. 업무외 부상·질병 기타의 사유로 인하여 사용자의 승인을 얻어 휴업한 기간

▶ 평균임금 산정방법

① 3개월간의 임금에는 산정기준일 직전 1년간 지급한 상여금 합계액에 12분의 3을 곱한 금액을 합산합니다.

② 평균임금의 계산방법에 따라 산출된 금액이 그 근로자의 통상임금보다 적으면 그 통상임금액을 평균임금으로 합니다. 이는 3개월간의 임금총액은 근로일수가 아니라 그 기간의 총일수 나누어 계산하기 때문에 당해 3개월간에 결근일수가 많은 경우 평균임금이 통상임금보다 적은 금액이 될 수 있으므로 근로기준법은 이와 같은 경우 통상임금으로 대신하도록 규정하고 있습니다.

③ 퇴직의 경우 기산일은 퇴직일로 하며, 근로자가 사직서를 제출하여 퇴직하는 경우에는 사표 수리를 한 날 퇴직일로 합니다. 단, 근로자의 퇴직의사 표시에 대하여 사용자가 이를 승낙하지 않는 경우 근로자로부터 퇴직 의사표시를 통고받은 날로부터 1월이 경과한 날 퇴직의 효력이 발생합니다.

◎ 통상임금

▶ 통상임금이란?

① 통상임금이란 근로자에게 정기적·일률적으로 소정근로 또는 총근로에 대하여 **지급하기로 정하여진** 시간급금액·일급금액·주급금액·월급금액 또는 도급금액을 말합니다. 즉, 정기적으로 지급되는 **'정기성'**, 사전에 금액이 확정되어야 한다는 **'고정성'**, 모든 근로자에게 지급되는 **'일률성'** 등 3가지 성격을 모두 충족하여야 통상임금에 해당하는 것입니다.

② 매월 정기적으로 지급되는 기본급, 직무수당, 직책수당 등은 통상임금에 포함하나 연장근로.휴일근로.야간근로수당, 월차수당, 연차수당, 상여금등은 통상임금에 포함하지 아니합니다. 다만, 재직자에 한하여 지급하던 상여금을 매월 정기적으로 지급하되 퇴직자에게 일할 계산하여 지급한다면 통상임금에 포함하여야 합니다.

▶ 식대의 통상임금 포함 여부

일정액의 식대를 전 근로자에게 일률적으로 지급하는 경우에는 행정해석, 판례 모두 통상임금으로 인정하고 있습니다. 즉, 복리후생적으로 지급하는 임금이라고 하더라도 다른 조건 없이 정기적, 일률적으로 지급되고 있다면 통상임금의 범위에 산입하는 것이 적절할 것으로 판단됩니다. (대법 2016.2.18. 2012다62899)

▶ 차량유지비의 통상임금 포함 여부

차량유지비의 경우 자기 소유의 차량을 업무수행에 제공함으로써 소요되는 경비를 변상하기 위하여 지급되는 실비변상직 성격의 차량유지비는 임금자체에 해당하지 않기 때문에 통상임금에서 제외됩니다. 그러나 전 직원에 대하여 또는 일정한 직급을 기준으로 일률적으로 지급되었다면 근로의 대상으로 지급된 것으로 볼 수 있으며 통상임금에 포함하여야 할 것입니다.
(대법99다10806, 2000.12.22)

◪ 통상임금 산정원칙

① 통상임금의 지급기준은 되는 연장근로.휴일근로.야간근로수당은 시급으로 계상하므로 통상임금은 시급으로 계산합니다.
② 통상임금산정기준시간을 정함에 있어 주급이나 월급의 경우 소정근로시간과 유급휴일 근로시간을 포함한 시간으로 합니다.

③ 법정기준근로시간을 초과하는 총 근로시간을 전제로 일급금액, 주급금액, 월급금액으로 정하여진 경우에는 초과근로에 대한 법정수당분을 제외한 금액으로 계산합니다.

▶ 통상임금 산정방법 (시간급 산정)

① 시간급금액으로 정하여진 임금 ~ 그 금액
② 일급금액으로 정하여진 임금 ~ 그 금액을 1일 소정근로시간수(통상 8시간)로 나눈 금액
③ 주급금액으로 정하여진 임금 ~ 그 금액을 주의 통상임금 산정 기준시간수(주의 소정근로시간과 유급 처리되는 시간을 합산한 시간)로 나눈 금액
④ 월급금액으로 정하여진 임금 ~ 그 금액을 월의 통상임금 산정 기준시간수로 나눈 금액 (주의 통상임금 산정 기준시간에 1년간의 평균 주수를 곱한 시간을 12로 나눈 시간)

평균임금은 지급된 임금을 기준으로 계상하나 **통상임금**은 정하여진 임금을 기준으로 산정합니다.

| 사 례 | 통상임금 계산 |

[예제] 기본급 1,500,000원, 직책수당 200,000원 차량유지비 200,000원 식대100,000원
(차량유지비 및 식대는 전 직원에게 조건없이 일률적으로 지급함)
통상임금 계산 대상 임금 : 2,000,000원
(기본급 + 직책수당 + 차량유지비 + 식대)
• 시급(9,570원) = 2,000,000 ÷ 209
• 일급(76,560원) = 시급(9,570원) × 8시간
[풀이] 전직원에게 조건없이 지급하는 차량유지비 및 식대는 통상임금에 포함하여야 합니다.

■ **통상임금 및 평균임금 등의 판단기준 예시**

판 단 기 준 예 시	통상임금	평균임금
1. 소정근로시간 또는 법정근로시간에 대하여 지급하기로 정하여진 기본급 임금	○	○
2. 일·주·월 기타 1임금산정기간내의 소정근로시간 또는 법정근로시간에 대하여 일급·주급·월급 등의 형태로 정기적·일률적으로 지급하기로 정하여진 고정급임금		
① 담당업무나 직책의 경중 등에 따라 미리 정하여진 지급조건에 의해 지급하는 수당 ● 직무수당(금융, 출납수당),직책수당(반장,소장수당)등	○	○
② 물가변동이나 직급간의 임금격차 등을 조정하기 위하여 지급하는 수당 ● 물가수당, 조정수당 등	○	○
③ 기술이나 자격·면허증소지자, 특수작업종사자 등에게 지급하는 수당 ● 기술수당, 자격수당, 면허수당, 특수작업수당, 위험수당 등	○	○
④ 특수지역에 근무하는 근로자에게 정기적·일률적으로 지급하는 수당 ● 벽지수당, 한냉지근무수당 등	○	○
⑤ 버스, 택시, 화물자동차, 선박, 항공기 등에 승무하여 운행·조종·항해·항공 등의 업무에 종사하는 자에게 근무일수와 관계없이 일정한 금액을 일률적으로 지급하는 수당 ● 승무수당, 운항수당, 항해수당 등	○	○
⑥ 생산기술과 능률을 향상시킬 목적으로 근무성적에 관계없이 매월 일정한 금액을 일률적으로 지급하는 수당 ● 생산장려수당, 능률수당 등	○	○
⑦ 그 밖에 제①부터 제⑥까지에 준하는 임금 또는 수당	○	○

항목		
3. 실제 근로여부에 따라 지급금액이 변동되는 금품과 1임금 산정기간 이외에 지급되는 금품		
① 「근로기준법」과 「근로자의 날 제정에 관한법률」 등에 의하여 지급되는 연장근로수당, 야간근로수당, 휴일근로수당, 월차유급휴가근로수당, 연차유급휴가근로수당, 생리휴가보전수당 및 취업규칙 등에 의하여 정하여진 휴일에 근로한 대가로 지급되는 휴일근로수당 등		○
② 근무일에 따라 일정금액을 지급하는 수당 • 승무수당, 운항수당, 항해수당, 입갱수당 등		○
③ 생산기술과 능률을 향상시킬 목적으로 근무성적 등에 따라 정기적으로 지급하는 수당 • 생산장려수당, 능률수당 등		○
④ 장기근속자의 우대 또는 개근을 촉진하기 위한 수당 • 개근수당, 근속수당, 정근수당 등		○
⑤ 취업규칙 등에 미리 지급금액을 정하여 지급하는 일·숙직수당		○
⑥ 상여금		
가. 취업규칙 등에 지급조건, 금액, 지급시기가 정해져 있거나 전 근로자에게 관례적으로 지급하여 사회통념상 근로자가 당연히 지급 받을 수 있다는 기대를 갖게 되는 경우 • 정기상여금, 체력단련비 등	○	○
나. 관례적으로 지급한 사례가 없고, 기업이윤에 따라 일시적· 불확정적으로 사용자의 재량이나 호의에 의해 지급하는 것 • 경영성과 배분금, 격려금, 생산장려금, 포상금, 인센티브 등		
⑦ 봉사료(팁)로서 사용자가 일괄관리 배분하는 경우		○

4. 근로시간과 관계없이 근로자에게 생활보조적·복리후생적으로 지급되는 금품 ① 통근수당, 차량유지비 　가. 전 근로자에게 정기적·일률적으로 지급하는 경우 　나. 출근일수에 따라 변동적으로 지급하거나 　　　일부 근로자에게 지급하는 경우 ② 사택수당, 월동연료수당, 김장수당 　가. 전 근로자에게 정기적·일률적으로 지급하는 경우 　나. 일시적으로 지급하거나 일부 근로자에게 지급하는 경우 ③ 가족수당, 교육수당 　가. 전 근로자에게 일률적으로 지급하는 경우 　나. 가족 수에 따라 차등 지급되거나 일부 근로자에게만 지급하는 학자보조금, 교육비 지원 등의 명칭으로 지급 ④ 급식 및 급식비 　가. 근로계약, 취업규칙 등에 규정된 급식비로써 근무일수에 관계없이 전 근로자에게 일률적으로 지급하는 경우 　나. 출근일수에 따라 차등 지급하는 경우	○ ○ ○ ○
5. 임금의 대상에서 제외되는 금품 ① 휴업수당, 퇴직금, 해고예고수당 ② 단순히 생활보조적, 복리후생적으로 보조하거나 혜택을 부여하는 금품 ● 결혼축의금, 조의금, 의료비, 재해위로금, 교육관·체육시설이용비, 피복비, 통근차·기숙사·주택제공 등 ③ 사회보장성 및 손해보험성 보험료부담금 ● 고용보험료, 의료보험료, 국민연금, 운전자보험 등 ④ 실비변상으로 지급되는 금품 ● 출장비, 정보활동비, 업무추진비, 작업용품 구입비 등 ⑤ 돌발적인 사유에 따라 지급되거나 지급조건이 규정되어 있어도 사유 발생이 불확정으로 나타나는 금품 ● 결혼수당 등 ⑥ 기업의 시설이나 그 보수비 : 기구손실금 등	

7 최저임금

Q 최저임금 적용 [최저임금법]

① 근로자에 대하여 임금의 최저수준을 보장하여 근로자의 생활안정을 꾀하기 위하여 최저임금액보다 적은 임금을 지급하거나 최저임금을 이유로 종전의 임금을 낮춘 자는 3년 이하의 징역 또는 2천만원 이하의 벌금에 처한다. 라고 규정하고 있는바 사용자는 반드시 최저임금 이상의 금액을 지급하여야 하며, 근로자 4인 이하 사업장의 경우에도 최저임금은 지급을 하여야 합니다.
② 최저임금은 근로자를 사용하는 모든 사업 또는 사업장에 적용하며, 최저임금은 정규직 직원뿐만 아니라 임시직, 계약직, 일용직, 아르바이트 등 고용형태에 관계없이 근로를 제공하는 모든 근로자에게 적용하여야 합니다.

■ 최저임금 → (2024년) 9,860원 (2023년) 9,620원

Q 최저임금 계산

▶ **일 또는 월단위 임금의 최저임금**
① 일(日) 단위로 정해진 임금 ~ 그 금액을 1일의 소정근로시간 수(일에 따라 소정근로시간 수가 다른 경우에는 1주간의 1일 평균 소정근로시간 수)로 나눈 금액으로 합니다.
② 월(月) 단위로 정해진 임금 ~ 그 금액을 1개월의 소정근로시간 수(월에 따라 소정근로시간 수가 다른 경우에는 1년간의 1개월 평균 소정근로시간 수)로 나눈 금액으로 계산합니다.

▣ 월급제의 최저임금

연도	시간급 × 월근로시간	월급	비고
2023년	9,620원 × 209	2,010,580원	유급 휴일
2024년	9,860원 × 209	2,060,740원	근로시간 포함

- 월근로시간 (주40시간) : 209시간

[40시간 + 8시간(유급휴일근로시간)] × 월평균주수 4.345(365 ÷ 7 ÷ 12)

▶ 수습 중에 있는 근로자에 대한 최저임금액

1년 이상의 기간을 정하여 근로계약을 체결하고 수습 중에 있는 근로자로서 수습을 시작한 날부터 3개월 이내인 사람에 대해서는 시간급 최저임금액(최저임금으로 정한 금액)에서 100분의 10을 뺀 금액을 그 근로자의 시간급 최저임금액으로 합니다.

▶ 최저임금에 산입되는 임금

매월 1회 이상 정기적·일률적으로 지급하는 임금(기본급, 직무수당, 직책수당, 기술수당, 면허수당,특수작업수당, 벽지수당, 승무수딩, 항공수당, 항해수당, 생산장려수당 등)

▶ 최저임금에 산입되지 않는 임금

① 매월 1회 이상 정기적으로 지급하는 임금외의 임금(1개월을 초과하는 기간에 걸친 사유에 따라 지급하는 상여금, 정근수당, 근속수당, 결혼수당 등)
② 연차휴가 근로수당, 유급휴가 근로수당, 유급휴일 근로수당, 연장시간근로·휴일근로에 대한 임금 및 가산임금, 야간근로 가산임금, 일·숙직 수당, 가족수당, 급식수당, 주택수당, 통근수당 등

[개정] 아래 임금은 최저임금에 산입하지 않음 (2019.1.1 시행)

① 상여금, 그 밖에 이에 준하는 것으로서 1개월을 초과하는 기간에 걸친 해당 사유에 따라 산정하는 상여금, 장려가급, 능률수당 또는 근속수당의 월 지급액 중 해당연도 시간급 최저임금액을 기준으로 산정된 월 환산액의 25%(정기 상여금 연300%)에 해당하는 부분 단, 상여금을 매월 단위로 지급하는 경우 최저임금에 포함함
② **식비**, 숙박비, 교통비 등 근로자의 생활보조 또는 복리후생을 위한 성질의 임금으로서 다음 중 어느 하나에 해당하는 것
1. 통화 이외의 것(현물)으로 지급하는 임금
2. 통화로 지급하는 임금의 월 지급액 중 해당연도 시간급 최저임금액을 기준으로 산정된 월 환산액의 7%에 해당하는 부분

이에 따라, 매월 1회 이상 정기적으로 지급하는 상여금과 현금으로 지급하는 복리후생비의 경우 해당 연도 시간급 최저임금액을 기준으로 산정된 월 환산액의 25%(정기상여금 연 300%)와 7%를 초과하는 부분은 최저임금에 산입

■ 정기상여금, 현금성 복리후생비의 최저임금 미산입 비율
▶ 해당 연도 시간급 최저임금액을 월 단위로 환산한 금액의 아래 비율

구 분	2019	2020	2021	2022년	2023	2024
정기상여금	25%	20%	15%	10%	5%	0%
현금성 복리후생비	7%	5%	3%	2%	1%	0%

사용자가 개정법에 따라 산입되는 임금을 포함시키기 위해 1개월을 초과하는 주기로 지급하는 임금을 총액의 변동 없이 매월 지급하는 것으로 취업규칙을 변경할 경우에는, 근로기준법 제94조제1항에도 불구하고 과반수 노동조합 또는 과반수 근로자의 의견을 들어야 한다는 취업규칙 변경절차의 특례를 규정(취업규칙 변경 시에 의견을 듣지 않으면 500만원 이하의 벌금)

8 근로자 해고

해고 등의 제한 (근로기준법 제23조)

사용자는 근로자가 업무상 부상 또는 질병의 요양을 위하여 휴업한 기간과 그 후 30일 동안 또는 산전(산전)·산후(산후)의 여성이 휴업한 기간과 그 후 30일 동안은 해고하지 못합니다.

해고의 예고 및 서면통지 (근로기준법 제26조)

사용자는 근로자를 해고(경영상 이유에 의한 해고 포함)하려면 적어도 30일 전에 해고예고를 하여야 하고, 이 경우 해고사유와 해고시기를 서면으로 통지하여야 효력이 있습니다. 단, 30일 전에 해고예고를 하지 아니하였을 때에는 30일분 이상의 통상임금을 지급하여야 하며, 이와 관련한 수당은 퇴직금으로 처리하여야 합니다. 한편, 해고 예고를 하지 아니하고, 해고를 한 경우 근로자가 고용노동부에 민원을 제기하여 고용노동부의 명령에 의하여 해고예고수당을 지급하여야 하는 경우가 종종 발생하므로 유의를 하여야 합니다.

□ 근로기준법 제26조(해고의 예고) 사용자는 근로자를 해고(경영상 이유에 의한 해고를 포함한다)하려면 적어도 30일 전에 예고를 하여야 하고, 30일 전에 예고를 하지 아니하였을 때에는 30일분 이상의 통상임금을 지급하여야 한다. 다만, 다음 각 호의 어느 하나에 해당하는 경우에는 그러하지 아니하다. <개정 2010. 6. 4., 2019. 1. 15.>
1. 근로자가 계속 근로한 기간이 3개월 미만인 경우
2. 천재·사변, 그 밖의 부득이한 사유로 사업을 계속하는 것이 불가능한 경우
3. 근로자가 고의로 사업에 막대한 지장을 초래하거나 재산상 손해를 끼친 경우로서 고용노동부령으로 정하는 사유에 해당하는 경우

9 수습기간 근로기준법

Q 수습기간 및 최저임금

수습기간은 근로기준법 등 노동관계법령상 달리 정한 바가 없으므로 근로계약시 당사자간이 결정할 수 있는 사항이나, 최저임금법 제5조 제2항에 의거, 수습사용 3개월 이내인 자는 최저임금의 90%를 적용할 수 있습니다. 다만 1년 미만의 기간을 정하여 근로계약을 체결한 근로자 또는 단순노무직은 제외됩니다.

Q 수습기간 연장

수습기간 연장은 가능하지만, 회사가 '임의로' 혹은 '일방적으로' 통보하는 경우 근로조건 위반에 해당합니다. 이는 근로기준법 제4조에 따르면 '근로조건은 근로자와 사용자가 동등한 지위에서 자유의사에 따라 결정하여야 한다'고 되어 있으므로, 사전 동의가 있어야 연장이 가능합니다.

Q 수습기간 실업급여

근무 기간이 3개월 이내 권고사직이나 해고된 경우로서 고용보험가입기간이 180일 이상(종전 근무기간이 있고 종전 근무기간 중 고용보험에 가입한 경우)인 경우 실업급여 수급이 가능합니다. 즉, 수습기간을 포함하여 180일 이상 되는 경우에 한하여 실업급여를 수급할 수 있는 것입니다.

❓ 수습기간내 해고

근로자를 해고할 때는 최소 30일전에 서면(5인 미만 사업장의 경우에는 서면 통보를 요하지 않음)으로 해고예고를 하여야 하나 수습기간 3개월 이내의 근로자를 해고할 때는 해고 예고 의무가 없으며, 해고 예고를 하지 아니한 경우에도 30일분 이상의 해고예고수당을 지급할 의무가 없습니다. [근로기준법 제26조 및 제27조]

❓ 수습기간 연차휴가

상시 근로자 5인 이상 사업장인 경우 수습기간과 관계없이 근로기준법 제60조제2항에 따라 근무한 기간이 1년 미만인 근로자에게도 1개월 개근 시 1일의 유급휴가를 주어야 합니다. 따라서 수습기간이 3개월이고 만근한 경우 총 3일의 휴가가 발생하게 됩니다. 한편, 입사 1년 미만자의 연차유급휴가 사용기간은 입사일로부터 1년 내에 (최초 1년의 근로가 끝날 때까지의 기간) 사용하여야 합니다.

☐ 근로기준법 제60조(연차 유급휴가)
② 사용자는 계속하여 근로한 기간이 1년 미만인 근로자 또는 1년간 80퍼센트 미만 출근한 근로자에게 1개월 개근 시 1일의 유급휴가를 주어야 한다. <개정 2012. 2. 1.>
⑦ 제1항·제2항 및 제4항에 따른 휴가는 1년간(계속하여 근로한 기간이 1년 미만인 근로자의 제2항에 따른 유급휴가는 최초 1년의 근로가 끝날 때까지의 기간을 말한다) 행사하지 아니하면 소멸된다. 다만, 사용자의 귀책사유로 사용하지 못한 경우에는 그러하지 아니하다.
<개정 2020. 3. 31.>

10 근로자 4인 이하 사업장의 근로기준법

Q 개요

근로자 4인 이하 사업장의 경우 연장·야간·휴일근로에 대한 가산임금, 연차휴가 등은 적용하지 않습니다. 단, 최저임금은 보장하여야 하며, 1주 만근 근무시 주휴수당을 지급하여야 합니다. [근로기준법 제11조, 근로기준법 시행령 제7조 및 별표1]

Q 근로기준법 적용 인원 기준

상시근로자수 5인 미만 사업장의 경우 근로기준법의 일부 규정들은 적용되지 아니하며, 근로자 연인원수에는 임시직, 일용직, 아르바이트, 외국인 등을 모두 포함한 인원입니다. 단, 사용주(대표자), 파견근로자, 용역근로자는 제외합니다.

$$\text{상시근로자수} = \frac{\text{사유발생일 전 1개월 내 사용한 근로자의 연인원수}}{\text{사유발생일 전 1개월 내 사업장 가동 일수}}$$

[상시근로자수 계산] 구글, 네이버 (검색어) 근로자수 자동계산 노동OK

Q 4인 이하 기업의 근로기준법 적용 제외 규정

▶ **근로시간**

5인미만 사업장은 근로시간을 제한하는 근로기준법 조항의 적용을 받지 않기 때문에 근로시간에 제한이 없습니다.

▶ **가산임금**

근로기준법 제56조의 연장, 야간 및 휴일근로에 대한 규정이 적용되지 않습니다. 따라서 5인 미만 사업장의 경우 근로자가 연장근로, 야간근로, 휴일근로를 하는 경우 그 시간에 상응하는 통상임금을 지급할 의무는 있으나 통상임금의 50%를 가산하여 임금을 지급하지 않아도 됩니다.

▶ **연차휴가**

근로기준법 제60조의 연차유급휴가 규정은 적용되지 않습니다. 단, 근로기준법은 최저기준을 정하는 법규이기 때문에 이를 상회하는 경조휴가나 특별휴가 등을 부여하는 것은 사용자의 재량입니다.

▶ **퇴직금**

퇴직금은 5인 미만 기업에 적용 제외되었으나 근로기준법 개정으로 평균 15시간 이상, 1년 이상 근무한 경우 5인 미만 기업이라도 2010년 12월 1일 ~ 2012년 12월 31일는 50%가 적용되고, 2013년 1월 1일부터는 100%가 적용하게 됩니다.

▶ **해고**

근로기준법 제23조에는 "사용자는 근로자를 정당한 이유없이 해고할 수 없다" 라고 규정하고 있으며, 정당한 사유없이 근로자를 일방적으로 해고시켰을 경우에는 근로기준법에 따라 해당 근로자에게 1~3개월 분의 월급을 보상해야 합니다.

단, 5인미만 사업장에는 근로기준법 제23조가 적용되지 않기 때문에 5인미만 사업장은 근로자를 정당한 사유가 없어도 해고할 수 있습니다. 또한 정당한 사유없이 해고를 했다고 하더라도 근로자에게 보상금을 지급하지 않아도 문제가 되지 않습니다.

▶ **해고 30일전 통지**

사용자는 근로자를 해고(경영상 이유에 의한 해고를 포함한다)하려면 적어도 30일 전에 예고를 하여야 하고, 해고예고를 하지 않는 경우 30일분 이상의 통상임금을 지급하여야 합니다. 5인 미만 사업장의 경우에도 해고예고(근로기준법 제26조)는 적용되기 때문에 근로자를 해고하려면, 30일전에 통지를 하여야 하며, 통지를 하지 않은 경우 30일분 이상의 통상임금을 지급하여야 합니다.

■ 근로기준법 시행령 [별표 1] <개정 2018. 6. 29.>
상시 4명 이하의 근로자를 사용하는 사업 또는 사업장에 적용하는 법규정(제7조 관련)

구분	적용법 규정
제1장 총칙	제1조부터 제13조까지의 규정
제2장 근로계약	제15조, 제17조, 제18조, 제19조제1항, 제20조부터 제22조까지의 규정, 제23조제2항, 제26조, 제35조부터 제42조까지의 규정
제3장 임금	제43조부터 제45조까지의 규정, 제47조부터 제49조까지의 규정
제4장 근로시간과 휴식	제54조, 제55조제1항, 제63조
제5장 여성과 소년	제64조, 제65조제1항·제3항(임산부와 18세 미만인 자로 한정한다), 제66조부터 제69조까지의 규정, 제70조제2항·제3항, 제71조, 제72조, 제74조
제6장 안전과 보건	제76조
제8장 재해보상	제78조부터 제92조까지의 규정
제11장 근로감독관 등	제101조부터 제106조까지의 규정
제12장 벌칙	제107조부터 제116조까지의 규정(제1장부터 제6장까지, 제8장, 제11장의 규정 중 상시 4명 이하 근로자를 사용하는 사업 또는 사업장에 적용되는 규정을 위반한 경우로 한정한다)

5인 미만, 5인 이상 변동시 연차휴가

[1] 5인 이상에서 미만으로 변경된 경우

「근로기준법」 시행령 제7조의2(상시 사용하는 근로자 수의 산정 방법)에 따라 산정한 결과 상시근로자 5인 이상이 된 때부터 제60조(연차유급휴가)가 적용되는 시점으로 보아야 한다.
(근로기준정책과-7714, 2016.12.41)

(예) 1년 미만 월단위 연차 산정기준 입사일(2019.1.1.) 5인 이상이 된 때(2019.5.1.)
변경 전: (입사일 기준) : 2019.1.1.
변경 후: (5인 이상이 된 때부터) : 2019. 5.1 ~

[2] 5인 이상에서 미만으로 변경된 경우

상시근로로자수 5인 이상 사업장일 때 연차휴가가 발생하였으나 5인 미만으로 변경된 경우에도 이미 발생한 연차휴가는 소멸되지 않는다.

급여 압류 제한

Q 개요

근로자가 채권자로부터 금전 등을 차입하고 그 채무이행을 하지 않은 경우 채권자는 법원의 결정에 의하여 채무자의 급여를 압류할 수 있으며, 급여 압류통지서를 받은 경우 해당 근로자의 임금 지급시 압류금액을 징수하여두었다가 압류권자에게 지급하여야 합니다.
다만, 월급여가 185만원 이하인 경우 채권자가 압류를 할 수 없으므로 신용불량자 등의 경우에도 급여가 185만원 이하인 경우 급여 신고 및 4대보험 가입을 하여도 무방합니다.

▶ 신용불량자 본인 명의 예금통장 압류
월급여가 185만원 이하인 경우 급여 자체는 압류할 수 없으나 신용불량자의 예금 통장은 예금 잔고금액에 관계없이 압류를 할 수 있으므로 본인 명의 통장으로 이체를 하지 않는 것이 안전합니다.

Q 압류 금지 급여채권

▶ 압류금지 최저금액(월급여 185만원)
월급여가 185만원 이하인 경우에는 전액 압류할 수 없습니다.

▶ 급여채권의 2분의 1 상당액
① 급료·연금·봉급·상여금·퇴직연금, 그 밖에 이와 비슷한 성질을 가진 급여채권의 2분의 1에 해당하는 금액은 압류하지 못합니다.

② 월급여가 185만원을 초과하는 경우로서 월급여의 2분의 1이 185만원을 초과하는 경우 2분의 1을 압류할 수 있습니다. 예를 들어 월급여가 500만원인 경우 250만원을 압류할 수 있습니다.

구 분	압류 금액
185만원 이하	압류 금지
185만원 초과 370만원 이하	급여 - 185만원
370만원 초과 600만원 이하	급여의 1/2
600만원 초과	월 300만원 + [{(월급여채권액×1/2) - 월 300만원}×1/2]

- 압류가능금액 (검색) [대법원 압류금지채권] 「민사집행법 시행령」 제3조

▶ 국세 및 지방세

국세 및 지방세의 경우에도 위 내용과 같은 정도의 급여채권 등에 대하여 압류를 금지하고 있습니다.

○ 국세징수법 제33조(급여채권의 압류 제한)
○ 지방세징수법 제42조(급여채권의 압류 제한)

▶ 퇴직금 등 압류제한금액

퇴직금 그 밖에 이와 비슷한 성질을 가진 급여채권의 2분의 1에 해당하는 금액은 압류가 금지됩니다. 예를 들어 퇴직위로금 또는 명예퇴직수당은 그 재직 중 직무집행의 대가로 지급하는 것이므로 퇴직금과 유사하다고 볼 수 있으므로 그 금액의 2분의 1에 해당하는 금액은 압류가 금지됩니다.

▶ 전액 압류금지

건설업자가 도급받은 건설공사의 도급금액 중 당해 공사의 근로자에게 지급하여야 할 노임에 상당하는 금액에 대하여는 이를 압류할 수 없습니다.

근로기준법 및 고용노동부 홈페이지 자료

고용노동부 상담센터

☎ 국번없이 1350

근로기준법 및 시행령, 시행규칙

[1] 법제처 홈페이지 접속 (http://www.moleg.go.kr)

[2] 법령명('근로기준법') 입력 후 검색 클릭

[3] 저장 버튼 클릭 후 저장

[4] 내용 검색

❶ 편집 → 찾아바꾸기 [단축키 : Ctrl + F2]
❷ 찾을 내용 (예 : 취업규칙) 입력 → 다음찾기 클릭

[5] 법령자료 이용시 주의할 사항

해당 법령의 '부칙' 에서 반드시 시행일을 확인하여야 합니다.

🅠 10인 이상 사업장 취업규칙 작성 비치 의무

➡ 표준 취업규칙

고용노동부 홈페이지 → 정보공개 → 기타정보

■ 자주 찾는 자료실

제 목
근로기준법 질의회시집 게시(2013.1-2015.12)
표준취업규칙(안) 게시
직장내 성희롱 예방교육 표준 가이드라인 매뉴얼 동영상
장애인 고용계획 및 실시상황 보고서
직장 내 성희롱 및 성차별 없는 행복한 직장
상반기 장애인 고용계획 실시상황 보고서
직장 내 성희롱 예방교육 지정 기관
표준취업규칙안_음식점업
표준취업규칙안_숙박업
표준취업규칙안
표준근로계약서(모음)
퇴직연금규약신고서

🅠 고용노동 관련 법령 및 예규, 고시 등

고용노동부 홈페이지 → 정보공개 → 법령정보

고용노동 관련 법령 및 고시 내용 등을 확인할 수 있습니다.

취업규칙에 관한 근로기준법 규정

☐ 근로기준법 제93조(취업규칙의 작성·신고) 상시 10명 이상의 근로자를 사용하는 사용자는 다음 각 호의 사항에 관한 취업규칙을 작성하여 고용노동부장관에게 신고하여야 한다. 이를 변경하는 경우에도 또한 같다. <개정 2010. 6. 4., 2012. 2. 1., 2019. 1. 15.>
1. 업무의 시작과 종료 시각, 휴게시간, 휴일, 휴가 및 교대 근로에 관한 사항
2. 임금의 결정·계산·지급 방법, 임금의 산정기간·지급시기 및 승급(昇給)에 관한 사항
3. 가족수당의 계산·지급 방법에 관한 사항
4. 퇴직에 관한 사항
5. 「근로자퇴직급여 보장법」 제4조에 따라 설정된 퇴직급여, 상여 및 최저임금에 관한 사항
6. 근로자의 식비, 작업 용품 등의 부담에 관한 사항
7. 근로자를 위한 교육시설에 관한 사항
8. 출산전후휴가·육아휴직 등 근로자의 모성 보호 및 일·가정 양립 지원에 관한 사항
9. 안전과 보건에 관한 사항
9의2. 근로자의 성별·연령 또는 신체적 조건 등의 특성에 따른 사업장 환경의 개선에 관한 사항
10. 업무상과 업무 외의 재해부조(災害扶助)에 관한 사항
11. 직장 내 괴롭힘의 예방 및 발생 시 조치 등에 관한 사항
12. 표창과 제재에 관한 사항
13. 그 밖에 해당 사업 또는 사업장의 근로자 전체에 적용될 사항

제94조(규칙의 작성, 변경 절차) ① 사용자는 취업규칙의 작성 또는 변경에 관하여 해당 사업 또는 사업장에 근로자의 과반수로 조직된 노동조합이 있

는 경우에는 그 노동조합, 근로자의 과반수로 조직된 노동조합이 없는 경우에는 근로자의 과반수의 의견을 들어야 한다. 다만, 취업규칙을 근로자에게 불리하게 변경하는 경우에는 그 동의를 받아야 한다.
② 사용자는 제93조에 따라 취업규칙을 신고할 때에는 제1항의 의견을 적은 서면을 첨부하여야 한다.

제95조(제재 규정의 제한) 취업규칙에서 근로자에 대하여 감급(減給)의 제재를 정할 경우에 그 감액은 1회의 금액이 평균임금의 1일분의 2분의 1을, 총액이 1임금지급기의 임금 총액의 10분의 1을 초과하지 못한다.

> 참 고   취업규칙을 작성하지 아니한 경우 무슨 문제가 있나요?
> 근로기준법 제116조의 규정에 의하여 500만원 이하의 과태료가 부과될 수 있습니다.

□ 근로기준법 제116조(과태료) ① 사용자(사용자의 「민법」 제767조에 따른 친족 중 대통령령으로 정하는 사람이 해당 사업 또는 사업장의 근로자인 경우를 포함한다)가 제76조의2를 위반하여 직장 내 괴롭힘을 한 경우에는 1천만원 이하의 과태료를 부과한다. <신설 2021. 4. 13.>
② 다음 각 호의 어느 하나에 해당하는 자에게는 500만원 이하의 과태료를 부과한다. <개정 2021. 1. 5., 2021. 4. 13., 2021. 5. 18.>
1. 제13조에 따른 고용노동부장관, 노동위원회 또는 근로감독관의 요구가 있는 경우에 보고 또는 출석을 하지 아니하거나 거짓된 보고를 한 자
2. 제14조, 제39조, 제41조, 제42조, 제48조, 제66조, 제74조제7항·제9항, 제76조의3제2항·제4항·제5항·제7항, 제91조, **제93조**, 제98조제2항 및 제99조를 위반한 자
3. 제51조의2제5항에 따른 임금보전방안을 신고하지 아니한 자

■ 과태료 부과기준 자료 찾기
법제처 홈페이지 → 근로기준법시행령 → [별표7] 과태료 부과기준

🅠 근로기준법 관련 고용노동부 자료

▶ **고용노동부 홈페이지 → 정보공개 → 공공데이터 개방 주요 발간자료**

[질의회시집] → 근로기준법 질의회시집

> 근로기준법과 관련한 고용노동부의 모든 해석 사례를 찾아 볼 수 있는 매우 유용한 자료이므로 다운로드 받아 실무에서 참고하시기 바랍니다.
> ○ 근로계약, 임금, 근로시간과 휴식
> ○ 여성과 소년, 재해보상, 취업규칙, 근로감독관

번호	제목	담당부서	등록일	첨부파일	조회
59	근로기준법 질의회시집 게시(2013.1~2015.12)	근로기준정책과	2017.10.30		25541
58	고용보험 질의회시집(피보험자)	고용지원실업급여과	2015.04.27		84649
57	2013년판 노사협의회 질의회시 모음집	노사관계법제과	2014.12.19		88193
56	기간제법 질의회시집	고용차별개선과	2014.10.07		102329
55	근로기준법 질의회시집(2011.1~2012.12)	근로개선정책과	2014.03.13		109579
54	노동조합 및 노동관계조정법 질의회시 모음집	노사관계법제과	2013.07.23		110590
53	복수노조 및 근로시간면제제도 질의회시 모음집	노사관계법제과	2013.07.22		107496
52	건설업 기초안전보건교육에 관해 자주하는 질문과 답변	건설산재예방과	2013.07.02		103888
51	복수노조제도 시행 이후 노사협의회 운영관련 질의회시(참고)	노사협력정책과	2013.05.22		100225
50	산업안전보건법 질의회시집(2013.2)	산재예방정책과	2013.04.23		117002

[질의회시집] → 근로자퇴직급여보장법 질의회시집

퇴직금 및 퇴직연금제도에 대한 고용노동부의 모든 해석 사례를 찾아 볼 수 있는 매우 유용한 자료이므로 다운로드 받아 실무에서 참고하시기 바랍니다.

정보공개 → 공공데이터 개방 → 주요발간자료 → 질의회시집

제 목
노사협의회 질의회시100문100답
건설업 산업안전보건관리비 해설집
4인 이하 사업장 퇴직급여제도 문답풀이
근로자퇴직급여 보장법 질의회시집
근로기준법 질의회시집(2007.1월~2010.12월)
기간제.단시간.파견근로자를 위한「차별시정제도」
2010년도 기간제법 및 파견법 질의회시집
근로시간면제제도 질의회시집
2009 직업능력개발사업 질의회시집
우리사주 질의회시('02~'09년)
비정규직법 질의회시집
2009년도판 노동조합 및 노동관계조정법 질의회시 모음집
직업안정법 질의회신모음집(2008.12발간)
비정규직법 질의회시집[e-book]
직업능력개발사업 질의회시 모음집_2008년판
공무원 교원 노동조합 관련 질의회시집
사내근로복지기금법 질의회시집
비정규직법령 문답풀이집 Ⅱ
비정규직법령 문답풀이집 Ⅰ
노동조합 및 노동관계조정법 질의회시집_2
임금채권보장법 행정해석모음집
근로자퇴직급여보장법 행정해석모음집 발간

제 목
고용평등 및 모성보호 질의회시집_2007년
근로기준법 질의회시집
퇴직연금 질의회시(2006.8~11)
연차유급휴가청구권·수당·미사용수당과 관련된 지침
퇴직연금 질의회시집(2006년7월)
퇴직금 질의회시집(2006년7월)
퇴직연금제 질의회시집(05.11~06.6)
개정근로기준법 해설과 주요질의회시주40시간제 강의자료(1)
산업안전보건법 질의회시집_2006년판
근로자퇴직급여보장법 질의회시집
고용보험법 질의회시집(1995-2005)

고용노동부의 사업주 및 근로자 지원제도

고용보험 인터넷사이트에서 고용노동부에서 고용보험료를 재원으로 사업주 및 근로자에게 지원하는 모든 제도를 확인할 수 있습니다.

검색 : "고용보험" http://www.ei.go.kr

고용유지 지원금
매출액 감소 등으로 고용조정이 불가피하게 된 사업주가 고용유지 조치(휴업, 훈련, 휴직, 인력재배치 등)를 취하여 당 해 피보험자를 계속 고용하는 경우

지원내용
고용유지를 한 조치기간동안 사업주가 근로자에게 지급한 휴업, 휴직수당 또는 임금액의 일부를 지원

고용창출장려금
근로자를 신규로 고용한 사업주를 지원하는 제도

지원대상
- 장시간 근로자를 개선하여 빈 일자리에 신규로 근로자를 고용한 경우
- 시간선택제 근로자를 신규로 고용한 경우
- 성장유망업종, 지역특화산업, 국내복귀기업(제조업)에 해당하는 기업이 근로자를 신규로 고용한 경우
- 석,박사 등 전문인력을 신규로 고용한 경우

- 취업이 어려운 중증장애인, 여성가장, 취업지원 프로그램 이수자 등을 신규로 고용한 경우

▣ 고용안정장려금
재직 근로자의 일자리 질을 높인 사업주를 지원하는 제도

▶ 지원대상
- 비정규직 근로자를 정규직으로 전환한 경우
- 전일제 근로자를 시간선택제 근로자로 전환한 경우
- 시차출퇴근제, 재택근무제 등 유연근무제를 도입하여 활요한 경우
- 출산육아기 근로자의 고용 안정을 위한 조치를 하여 기존근로자의 고용을 안정시킨 경우

▣ 직장어린이집 지원금(인건비)
사업주가 단독 또는 공동으로 근로자를 위하여 어린이집(보육시설)을 설치/운영하는 보육교사등의 인건비를 지원

▶ 지원내용
- 보육교사, 보육시설의 장 및 취사부에 대해 1인당 월 80만원 지원 (조건을 만족하는 시간제근로자 포함)
- 우선지원대상기업이 운영하는 직장보육시설에 대하여 운영비 일부를 보육아동 수에 따라 차등지원(아래 내용 참조)

▣ 직장어린이집 지원금(운영비)
우선지원대상기업이 운영하는 직장보육시설에 대해 기존의 보육교사등 인건비 지원이외에 운영비 일부를 추가로 지원

SECTION 03
근로자퇴직급여보장법에 의한 법정 퇴직금 및 실직 근로자 지원제도

직원이 퇴사하는 경우 퇴직금을 지급(1년 이상 근로한 자) 하여야 하며, 퇴직금 지급시 퇴직금에 대한 퇴직소득세 및 지방소득세를 계상하여 징수 및 납부하여야 하고, 4대보험료를 정산하여야 합니다.

1 퇴직금 계산

법정 퇴직금

① 근로자퇴직급여보장법에 의하여 상시근로자수 5인 이상을 고용하고 있는 사업주는 근로자가 1년 이상 계속 근로하고 퇴사하는 경우 1년에 **30일분 이상의 평균임금**을 지급하여야 합니다.

단, 4인 이하 사업장의 경우 2010년 12월 1일부터 2012년 12월 31일까지는 법정퇴직금의 2분의 1을, 2013년 이후에는 법정퇴직금 전액을 지급하여야 합니다.

> 법정퇴직금 = 계속근로기간(재직일수/365) × 30일분의 평균임금

② 계속근로기간이란 입사일부터 퇴사 전일까지의 일수를 말합니다. 근로자의 퇴직은 근로계약의 종료를 의미하는 것으로 퇴사일은 계속근로기간에 포함하지 않습니다.

보충 계속 근로연수에 포함하여야 하는 기간

1. 근로자가 재직 중 사적(私的)사유로 인한 휴직기간이 있는 경우 그 기간도 퇴직금 산정을 위한 계속 근로연수에 포함합니다.
2. 육아휴직기간도 계속 근로연수에 포함합니다.
3. 근로자가 재직 중 병가 기간이 있는 경우에도 근로관계가 종료된 경우가 아닌 한 계속 근로연수에 포함하여야 합니다.
4. 근로자가 업무와 관련하여 해외유학을 간 경우 그 기간도 계속 근로연수에 포함합니다.
5. 본사에서 계열사로의 전출, 계열사에서 본사로의 전출은 근로관계가 단절된 것이 아니므로 계속 근로연수에 포함합니다.

보충 입사기준일과 퇴사기준일

① 계속근로기간의 기산일은 입사일로 하되, 퇴사일은 포함하지 않습니다.
② 근로자가 퇴직의 의사표시(사표 제출)를 행하여 사용자가 이를 수리한 경우에는 수리한 때를 퇴직일로 봅니다.
③ 근로자가 사직서를 제출하였으나 사용자가 이를 수락하지 아니한 경우 1임금 지급기(그 다음 달로 통상 1개월)가 경과한 날을 퇴직일로 봅니다.

▶ 임금을 삭감한 경우 퇴직금 산정

임금 삭감분은 근로자의 임금채권에 해당하지 않으므로, 퇴직금 산정을 위한 평균임금 산정 시 임금총액에 포함되지 않습니다. 다만, 삭감전 임금으로 평균임금을 산정하기로 사용자와 근로자간 별도의 약정이 있는 경우 삭감전 금액으로 퇴직금을 산정하여야 합니다.

▶ 평균임금 계산

① 평균임금이라 함은 퇴직한 날 이전 3개월간에 퇴직근로자에 대하여 지급한 임금의 총액을 그 기간의 총일수로 나눈 금액을 말합니다.
② 평균임금은 퇴직금계산 기준이 되는 임금으로 평균임금은 근로자가 일한 대가로 지급받는 일체의 금품으로 근로자에게 계속적, 정기적으로 지급되는 것은 그 명칭이 어떠하든 모두 포함됩니다. 따라서 전 직원을 대상으로 회사의 내부방침으로 일정기준에 의하여 매 월 또는 매 년 정기적. 계속적으로 지급하는 식대, 차량유지비, 전직원에게 일률적으로 지급하는 가족수당등은 평균임금에 포함됩니다.

▶ 평균임금에 포함하는 임금 및 제외하여야 하는 것

① 상여금은 퇴직한 연도의 직전연도 1년간 정기 상여금총액을 계산한 다음 3개월분에 해당하는 금액을 평균임금에 산입합니다. 다만, 비정기적인 상여금 및 특별상여금 등은 포함하지 않습니다.
② 차량의 소유여부에 관계없이 전직원에 대하여 일률적으로 지급하는 차량유지비는 평균임금에 포함하여야 하나 차량을 소유한 직원에게만 지급하는 실비정도의 차량유지비는 평균임금 산정시 포함하지 않습니다.
③ 평균임금 계산시 소숫점 이하는 올림합니다.

▶ 퇴직금 계산 사례

사 례 퇴직금 계산 [주40시간 근무제 회사]

- 근무기간 20×1. 10. 10 ~ 20×8. 3. 5 (근무연수 6년 146일)
- 최근 3개월 임금지급내역 (차량유지비는 차량을 소유한 직원에게만 지급)

구 분	20×7년 11월	20×7년 12월	20×8년 1월	20×8년 2월
기 본 급	1,500,000	1,500,000	1,700,000	1,700,000
직 책 수 당	300,000	300,000	300,000	300,000
연장근로수당	250,000	400,000	180,000	330,000
차 량 유 지 비	200,000	200,000	200,000	200,000

- 20×7. 3. 5 ~ 20×8. 3. 4 기간 상여금 지급액 : 6,000,000원
- 20×7. 3. 5 ~ 20×8. 3. 4 기간 연장근로수당 :   53,090원
- 평균임금 산정기간 : 20×7. 12. 5 ~ 20×8. 3. 4 (90일)
- 3개월 간 평균임금의 계산 기간 (퇴직한 날 이전 3개월 간)
  20×8. 03. 01 ~ 20×8. 03. 04 / 20×8. 02. 01 ~ 20×8. 02. 28
  20×8. 01. 01 ~ 20×8. 01. 31 / 20×7. 12. 05 ~ 20×7. 12. 31

임금산정 기 간	20×7.12. 5 20×7.12.31	20×8.1. 1 20×8.1.31	20×8.2. 1 20×8.2.28	20×8.3. 1 20×8.3. 4	합 계
① 일 수	27	31	28	4	90
② 기 본 급	1,306,450	1,700,000	1,700,000	219,350	4,925,800
③ 직책수당	261,290	300,000	300,000	38,710	900,000
④연장근로수당	250,000	400,000	300,000	50,000	1,000,000

[연차수당 및 상여금 계산]

⑤ 상 여 금	6,000,000원(퇴직전 1년간 상여금총액) × 3/12	1,500,000
⑥ 합 계	② + ③ + ④ + ⑤	8,325,800
⑦ 평균임금	⑥합계(8,325,800) ÷ ① 일수(90) = 93,881	92,509

- 평균임금계산시 소숫점 이하는 올림합니다.
- 퇴직금 계산금액(㉠ + ㉡) 17,761,728원
㉠평균임금(92,509) × 근속연수(6년) × 30일 = 16,651,620
㉡평균임금(92,509) × 1년 미만 일수(146/365) × 30일 = 1,110,108

▶ 퇴직자에 대한 연차수당 및 퇴직금 계산시 포함하여야 하는 연차수당

근로자가 퇴직하는 경우 미사용연차에 대하여 연차수당을 지급하여야 하며, 퇴직전 1년이내에 지급한 연차수당은 평균임금에 포함되어 퇴직금을 계산할 때 반영하여 주어야 합니다.

▶ 고용노동부 지침 ; 연차유급휴가청구권·수당·미사용수당과 관련된 지침(임금근로시간정책팀-3295, 2007.11.5)

(1) 퇴직하기 전 이미 발생한 연차유급휴가 미사용수당
퇴직 전전년도 출근율에 의하여 퇴직 전년도에 발생한 연차유급휴가 중 미사용하고 근로한 일수에 대한 연차유급휴가미사용 수당액의 3/12을 퇴직금 산정을 위한 평균임금 산정 기준 임금에 포함.

(2) 퇴직으로 인해 비로소 지급사유가 발생한 연차유급미사용수당
퇴직전년도 출근율에 의하여 퇴직년도에 발생한 연차유급휴가를 미사용하고 퇴직함으로써 비로소 지급사유가 발생한 연차유급휴가미사용수당은 평균임금의 정의상 산정사유 발생일 이전에 그 근로자에 대하여 지급된 임금이 아니므로 퇴직금 산정을 위한 평균임금 산정 기준임금에 포함되지 아니함.

[사례] 20×4년 4월 1일 입사자가 20×7년 11월 30일자 퇴직을 할 경우 퇴직금 계산시 반영해야할 연차미사용수당은?
(1) 퇴직 시 평균임금으로 반영해주어야 할 연차미사용수당과 금액
① 20×5.4.1. ~ 20×6.3.31까지 80퍼센트 이상 근무를 한 경우 발생 연차 휴가일수는 15일입니다.

② 발생한 15일의 연차휴가를 20×6.4.1. ~ 20×7.3.31까지 5일의 연차휴가를 사용한 경우 미사용한 연차휴가 10일에 대해서는 휴가청구권이 소멸되는 마지막 월의 통상임금을 기준으로 익월에 미사용수당으로 지급하여야 하며, 통상 급여지급일에 지급합니다. 따라서 20×7년 4월 급여지급일에 10일의 연차수당을 지급하여야 하며, 이때 지급한 10일의 연차수당은 근로자가 20×7.11.30일 퇴직시 퇴직금산정을 위한 평균임금에 해당되어 반영해주어야 합니다. 즉, 10일의 연차미사용수당금액/12개월×3개월분의 연차수당금액은 평균임금으로 퇴직금계산시 반영을 하여야 합니다.

(2) 퇴직 시 평균임금으로 반영이 안 되는 연차미사용수당과 금액
① 해당 근로자는 20×6.4.1~20×7.3.31.까지 80퍼센트 이상 근무한 경우 15일의 연차가 발생합니다.
② 15일의 연차는 20×7.4.1~20×8.3.31.까지 사용할 수 있으나 근로자가 20×7.11.30. 퇴직을 하게 되어 20×7.4.1~20×7.11.30.까지 사용한 연차를 공제한 후 잔여 미사용연차에 대해서는 퇴직일로부터 14일 이내에 지급해야 합니다.

예를 들어 20×7.4.1~20×7.11.30.까지 사용한 연차가 2일이면 13일의 미사용한 연차가 발생하게 되므로 13일에 해당하는 연차미사용수당을 퇴직일로부터 14일 이내에 지급하여야 합니다.
이때 지급하는 연차수당은 단지 지급의무가 발생할 뿐 해당 수당금액을 퇴직금 산정을 위한 평균임금에는 포함하지 않습니다.
한편, 연차미사용수당의 경우 평균임금 산정하여야 할 사유가 발생한 때로부터 이전 12개월 내에 지급한 금액(퇴직 전전년도 출근율에 의하여 퇴직 전년도에 발생한 연차유급휴가 중 미사용하고 근로한 일수에 대해 지급한 연차유급미사용수당액)의 3/12을 평균임금 산정기준 임금에 포함시켜야 합니다.

퇴직금 지급대상자

① 1년 이상 근로를 제공한 정규직 근로자 및 비정규직, 일용직, 임시직 및 외국인근로자 등 단, 4주간을 평균하여 1주간의 소정근로시간이 15시간 미만인 근로자에 대하여는 퇴직금을 지급할 의무가 없습니다.

② 1년 미만 근로한 근로자의 경우 퇴직금 지급의무는 없으나 회사의 퇴직금지급규정으로 지급할 수 있습니다.

③ 일용근로자의 경우에도 근로기간이 1년 이상인 경우 퇴직급여를 지급하여야 합니다.

보 충 외국인 근로자 퇴직금 지급 여부

외국인취업자도 근로기준법상 임금을 목적으로 근로를 제공하는 근로자로 판단하는 것이 대법원 판례의 입장이고 이는 외국인근로자나 불법체류외국인을 불문하므로 사용자는 퇴직금 지급의 의무가 발생할 수 있으나 외국인 산업연수생의 경우에는 계약기간 동안 퇴직금지급의무가 없다는 것이 중소기업협동중앙회의 견해입니다.

퇴직금 지급기한 및 지연이자

① 사용자는 근로자가 퇴직한 경우 그 지급사유가 발생한 날부터 14일 이내에 퇴직금을 지급하여야 합니다. 다만, 그 다음 날부터 지급하는 날까지의 지연일수에 대하여 근로기준법 제37조의 규정에 의하여 연리 100분의 20의 지연이자를 지급하여야 합니다.

② 확정기여형퇴직연금에 가입한 경우로서 직원에게 지급할 퇴직금이 전액 퇴직연금으로 불입된 경우 퇴직금을 지급할 의무가 없으나 퇴직연금불입기관에 퇴사사실을 통보하여야 합니다.

③ 확정급여형퇴직연금에 가입한 경우 퇴직금을 지급할 사유가 발생한 날부터 14일 이내에 사용자는 퇴직연금사업자로 하여금 적립금의 범위에서 지급의무가 있는 급여 전액을 지급하도록 하여야 합니다. 단, 퇴직연금사업자가 지급한 급여수준이 퇴직금으로 지급하여야 할 금액에 미치지 못할 때에는 급여를 지급할 사유가 발생한 날부터 14일 이내에 그 부족한 금액을 해당 근로자에게 지급하여야 하며, 급여의 지급은 가입자가 지정한 개인형퇴직연금제도의 계정으로 이전하는 방법으로 합니다.

> **보 충**   10인 미만 사업장 퇴직금 개인퇴직계좌 설정
> 근로자퇴직급여보장법 제26조(10인 미만 사업에 대한 특례) ① 상시 근로자 10인 미만을 사용하는 사업의 경우 사용자가 근로자 대표의 동의를 얻어 근로자 전원으로 하여금 제25조의 규정에 의한 개인퇴직계좌를 설정하게 한 경우에는 퇴직급여제도를 설정한 것으로 본다.

2 근로자 4인 이하 사업장 퇴직금

상시근로자수가 4인 이하인 사업장의 경우 퇴직금 지급의무가 없었으나 2010년 12월 1일 이후부터 퇴직금을 지급하여야 하며, 그 내용은 다음과 같습니다.

상시근로자 4인 이하 사업장 기준

① 상시 근로자수는 일정한 사업기간내의 근로자 연인원수를 동 기간의 사업장 가동 일수로 나누어 산정합니다.
근로자수가 때때로 4인 이하가 되더라도 상태적으로 보아 5인 이상이 되면 상시 5인 이상으로 판단합니다.

② 상시근로자수가 5인 이상. 미만을 반복하는 사업장에 있어 퇴직금 규정 관련 해석은 다음의 기준에 의합니다.
1. 퇴직금의 지급청구권의 발생, 평균임금의 산정, 지급청구권의 소멸시효의 기산은 모두 근로자가 퇴직하는 날
   (즉 사례의 "G")을 기준으로 합니다.
2. 계속근로년수는 전체 재직기간중에서 상시근로자수가 5인 미만인 기간, 기타 병역법에 의한 군복무기간 등을 제외한 기간(사례의 ①, ③, ⑤을 합산한 기간)으로 합니다.

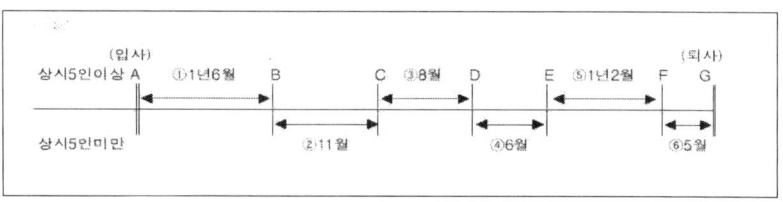

❓ 4인 이하 사업장 퇴직급여 적용 및 적용시기

① 2010년 12월 1일 이후부터 시행합니다. 단, 현재 고용 중인 계속근로자의 경우 2010년 12월 1일 이후부터 퇴직급여 산정을 위한 계속근로기간, 1년 이상 근로여부를 판단합니다.

2010년 12월 1일 부터 2012년 12월 31일 기간에 대하여는 퇴직금상당액의 100분의 50을 적용하되,
2013년 1월 1일 이후부터는 100분의 100을 적용합니다.

기 간	퇴직금으로 지급하여야 하는 금액	비고
2010.11.30 이전	퇴직금 지급의무 없음	
2010.12.01 ~ 2012.12.31	퇴직금상당액의 50%	
2013.01.01 이후	퇴직금상당액 전액	

▶ 근로자퇴직급여보장법에 의한 퇴직금상당액이란 1년 이상 계속 근로하고 퇴사하는 경우 1년에 30일분의 평균임금을 말합니다.

② 2010년 12월 1일부터 4인 이하 사업장에서 근로한 종사자가 2013년 12월 1일 퇴직할 경우 2010년 12월 1일부터 2012년 12월 31일 기간에 대하여는 퇴직금상당액의 100분의 50을, 2013년 1월 1일 이후 기간에 대하여는 100분의 100 적용합니다.

③ 실직근로자 지원제도

실업급여 개요

① 실업급여는 실직 전 18개월 중 180일 이상 고용보험에 가입한 근로자가 회사의 폐업.도산, 경영상 해고, 권고사직, 계약만료, 정년 퇴직 등을 당하거나 기타 부득이한 사유로 이직한 경우에는 실업급여가 지급됩니다.

② 직장을 정당한 사유 없이 전직, 자영업 등을 위하여 스스로 그만 두었거나 중대한 잘못으로 형법이나, 직무관련 법규위반 등으로 금고이상의 형을 받아 해고된 경우 등에는 실업급여를 받을 수 없습니다.

③ 실업급여는 이직한 다음날로부터 12개월이 지나면 지급되지 아니하므로 실직 시에는 지체 없이 거주지 관할 고용지원센터를 방문하여 수급자격인정 신청 및 구직등록을 하여야 합니다.

④ 실업급여는 수급자격자가 지정된 실업인정일에 고용지원센터에 출석하여 실업상태에서 적극적인 재취업노력 사실을 신고하여 실업인정을 받을 경우 지급됩니다.

다만, 지정된 실업인정 일에 정당한 이유 없이 출석하지 않을 경우에는 받을 수 있는 소정급여일수(90 ~ 240일)에서 자동적으로 소멸되므로 반드시 지정된 실업인정일에 출석하여야 합니다.

구직급여 (실업급여)

[개정] 실업급여(구직급여) 수급기간(소정급여일수)

피보험기간 연 령	6개월이상 1년 미만	1~3년	3~5년	5~10년	10년 이상
50세미만	120일	150일	180일	210일	240일
50세이상 및 장애인	120일	180일	210일	240일	270일

[개정] 소정급여일수

(종전) 퇴직 전 평균임금의 50% × 소정급여일수
(개정) 퇴직 전 평균임금의 60% × 소정급여일수

[개정] 실업급여 (2024년)

구직급여 지급액 = 퇴직전 평균임금의 60% × 소정급여일수
- 상한액 : 1일 상한액 66,000원
- 하한액 : 1일 하한액 60,120원

[상세 내용] 고용보험 홈페이지 (네이버에서 '고용보험' 검색)
고용보험제도 → 개인혜택 → 실업급여안내

SECTION 04

퇴직금 및 퇴직연금제도
확정기여형 퇴직연금(DB)
확정급여형 퇴직연금(DC)

퇴직연금제도는 회사가 근로자의 퇴직급여를 퇴직연금사업자인 금융기관등에 위탁하여 운용한 뒤 근로자가 퇴직할 때, 연금이나 일시금으로 주는 제도로 2005년부터 사업장에 도입하도록 하였습니다. 단, 현재 퇴직연금제도는 2012년 7월 26일 이후 신설사업장을 제외하고는 임의가입제도로 기존의 퇴직금제도를(퇴직연금 불입 없이 퇴직시 계속근무연수에 30일분의 평균임금을 곱하여 계상한 금액을 퇴직금으로 지급하는 제도) 유지하여도 법적으로 문제될 점은 없습니다.

2012년 7월 26일 이후 새로 성립(합병·분할 제외)된 사업의 사용자는 근로자대표의 의견을 들어 사업의 성립 후 1년 이내에 확정급여형퇴직연금제도나 확정기여형퇴직연금제도를 설정하여야 합니다. 다만, 새로 성립한 사업장이 퇴직연금제도를 설정하지 않아도 법적 제재는 없습니다.

1 퇴직연금 도입 배경 및 개요

사업에 성공하여 재산이 많은 사람이나 공무원연금, 군인연금, 교직원연금 등의 안정적인 연금을 받을 수 있는 사람을 제외한 대다수의 서민은 근로를 할 수 없는 노후에 노후생활을 위한 충분한 자금이 없는 관계로 생계문제, 각종 질병으로 인한 병원비 부담, 주거비 부담 등의 돈 문제로 심각한 위기에 직면하게 될 것입니다. 따라서 국가는 국민들이 노후에 경제적 곤란을 겪지 않도록 제도적 장치를 마련하기 위하여 많은 노력을 기울여 왔습니다.

그 대표적인 예로 1988년 국민연금제도를 시행하여 근로자가 근로의 대가로 받는 임금에서 일정 금액을 국민연금으로 불입하도록 하고 일정 연령에 달하였을 때부터 연금형태로 받는 제도를 만든 것입니다. 지금에 와서 생각하여 보면 참으로 천만다행한 일이 아닐 수 없습니다. 국민연금세노라도 없다고 가정하면 대다수 근로자의 노후생활은 더더욱 막막할 것입니다.

다른 한편으로는 과거 근로기준법에서 규정한 퇴직금은 근로자가 직장을 그만두거나 정년퇴직을 할 때 지급하여야 하는 일종의 노후생활자금임에도 근로기준법에서 중간정산제도라는 것을 제정함으로 인하여 생활이 넉넉하지 못한 근로자가 생계비 등에 충당하기 위하여 근로기준법의 규정에 의하여 퇴직금 중간정산을 요구하게 되었고, 사업주는 퇴직금에 상당하는 금액을 미리 정산하여 주게 되면, 퇴직 시 퇴직금으로 지급하여야 하는 금액 부담이 줄어들게 되어 대부분 회사의 경우 중간정산을 실시하여 근로자에게 지급을 함으로서 근로자가 퇴직을 하더라도 퇴직금을 받을 수 있는 금액이 얼마되지 않아 노후자금을 마련하는데 상당한 문제가 발생한 것입니다. 물론 중간정산을 받아 주택을 마련하거나 중간정산 자금으로 투자를 잘하여 자금을 증식한 경우 또는 회사가 부도가 나거나 폐업하여 중간정산을 받지 않았더라면 그나마 퇴직금까지 받을 수도 없었던 예외적인 경우를 제외하고는 퇴직금중간정산제도의 제정은 참으로 잘못된 법이 아닐 수 없습니다.

이제 베이비 붐 시대(전후에 태어난 사람을 뜻하며, 나라에 따라 연령대가 다르나 우리나라의 경우 55년에서 64년 사이에 태어난 약 900만명이 해당됨)에 출생한 많은 사람들이 직장을 은퇴하는 시점이 되다보니 정부는 많은 고민을 하게 된 것입니다. 이러한 이유로 근로자의 퇴직금상당액을 연금제도로 전환하기 위하여 제정한 법이 「근로자퇴직급여보장법」입니다.

이 법의 제정이 많이 늦은 감이 있으나 그래도 국민들의 노후생활 보장을 위하여 제도적 장치를 마련한 점은 다행한 일입니다. 국민연금만으로는 노후생활자금으로 충분하지 않으므로 근로자 여러분은 사용자로 하여금 사업장이 퇴직연금에 가입하도록 요구하여야 할 것입니다.

질문	퇴직연금제도 도입으로 인하여 근로자에게 실질적인 도움이 되는 점은 무엇인가요?
답변	중소사업장에서 빈번하게 직장을 옮기는 근로자에게는 사업주가 퇴직금상당액을 퇴직연금으로 불입함으로 이러한 근로자에게는 그 도입 효과가 크게 나타날 것으로 예상됩니다. 다만, 사업주의 퇴직금 지급 능력이 충분한 대기업, 공기업에서 장기 근속하는 근로자의 경우에는 비교적 효과가 크지 않을 수도 있습니다.

질문	퇴직연금제도가 기존의 퇴직금제도보다 근로자나 사업주에게 좋은 점은 무엇인지요?
답변	퇴직연금제도는 기존의 퇴직금제도와 비교해 많은 장점을 가지고 있습니다. 첫째, 퇴직연금사업자와의 자산관리 계약을 통해 적립금을 사외에 불입함으로서 퇴직금이 보장됩니다. 둘째, 근로자 입장에서 이직, 퇴직, 중간정산 등으로 지급받은 퇴직금을 생활비, 자녀 교육비, 부채 상환 등으로 소진하는 경우가 많았습니다만, 개인퇴직연금으로 적립하여 두는 경우 노후 생활 자금으로 활용할 수 있습니다. 셋째, 부담금의 적립단계, 운용단계, 퇴직급여의 지급단계 중 지급단계에서만 세금이 부담(연금소득으로 과세)되기 때문에 노후 생활 자금을 마련하는데 유리하며, 사용자가 퇴직연금으로 부담 또는 불입하는 금액이외에 근로자 본인이 노후에 보다 더 많은 연금을 지급받기 위하여 추가적으로 개인형퇴직연금(연간 한도액 1800만원)에 가입하여 불입할 수 있으며, 이 경우 다른 연금저축과 합산하여 연간 400만원까지 소득공제를 받을 수 있습니다. 결론적으로 퇴직연금제가 도입되면 근로자 측면에서는 퇴직금 확보 및 노후 소득보장이 되는 것이며, 사업주 측면에서는 근로자가 퇴직시 퇴직금을 일시에 지급하여야 하는 부담이 감소됩니다.

질문	퇴직연금제도가 도입되면 현행 퇴직금제도는 없어지나요?
답변	퇴직연금제도가 도입되더라도 퇴직금 제도가 없어지는 것은 아닙니다. 현행 퇴직금제도를 그대로 두고, 퇴직연금제도를 도입하여 둘 중 하나를 선택하도록 하고 사업장별로 실시 여부를 사업장별로 노사가 합의해서 결정할 수 있습니다. 노조가 있는 경우에는 노조의 동의, 노조가 없는 경우에는 근로자 과반수의 동의가 필요합니다. 따라서 퇴직금제도는 계속 존속하는 것이며, 노사가 합의하는 경우에만 퇴직금제도 대신에 퇴직연금제도를 시행할 수 있는 것입니다.

질문	퇴직보험제도와 퇴직연금제도의 차이점은 무엇인가요?
답변	근로자퇴직급여보장법 시행 이전에는 퇴직금의 사외적립(퇴직금에 상당하는 금액의 자금 확보를 위하여 예금 또는 보험으로 적립하는 것)은 퇴직보험 또는 퇴직신탁제도에 의하여 적립을 하였습니다만, 퇴직금의 연금화를 위하여 근로자퇴직급여보장법을 제정하였으며, 2005년 이후 퇴직연금에의 가입을 제도화하고 있습니다.

질문	퇴직연금 시행전 근무기간의 퇴직금은 어떻게 지급하여야 하나요?
답변	퇴직연금제도 시행 이전에 근무한 기간에 대해서는 노사가 사업장 실정에 맞추어 규약에 자율적으로 정할 수 있습니다. 첫째, 과거 근무기간도 퇴직연금 제도에서 근속연수로 인정하여 소급 적용하는 방안이 있습니다. 이 경우 퇴직급여제도가 퇴직연금제도로 일원화되고, 근로자의 퇴직급여에 대한 수급권이 확보된다는 장점이 있으나, 사용자에게는 퇴직연금 시행전 발생한퇴직금의 일시 불입에 따른 자금부담 문제가 있을 수 있습니다. 둘째, 퇴직연금제도 도입 이후의 근속연수만을 인정하며 근로자 퇴직시에 퇴직연금과 퇴직금을 이원화하여 지급하는 방안이 있습니다. 이 경우 퇴직급여를 퇴직연금제도시행시 일시에 불입하여야 하는 부담을 줄이는 효과가 있는 반면에, 퇴직연금제도와 퇴직금제도의 이원화된 퇴직급여제도를 유지해야 하는 부담 및 퇴직연금제도 시행전의 퇴직금 상당액이 100% 보장되지 않는다는 단점이 있습니다. 셋째, 과거 근무 기간에 대한 퇴직급여는 중간 정산 등의 방법으로 일시금으로 지급하고 새롭게 퇴직연금 제도를 실시하는 방법입니다.

▶ 근로자 수에 따른 퇴직연금 의무가입 연도
- 2016년 근로자 300인 이상 사업장
- 2017년 근로자 300~100인 사업장
- 2018년 근로자 100~30인 사업장
- 2019년 근로자 30~10인 사업장
- 2022년 근로자 10인 미만 사업장

② 퇴직급여제도의 설정

사용자는 퇴직하는 근로자에게 급여를 지급하기 위하여 다음의 **퇴직급여제도** 중 하나 이상의 제도를 설정하여야 하며, 퇴직급여제도를 설정하는 경우에 하나의 사업에서 급여 및 부담금 산정방법의 적용 등에 관하여 차등을 두어서는 안됩니다.

- 확정급여형퇴직연금제도
- 확정기여형퇴직연금제도
- 개인형퇴직연금제도(근로자 10인 이하 사업장의 경우 선택 가입)
- 기존의 퇴직금제도(근로자 퇴직시 퇴직금 지급)

▶ 퇴직급여제도를 설정하지 않아도 되는 근로자

1. 계속근로기간이 1년 미만인 근로자
2. 1주간의 소정근로시간이 15시간 미만인 근로자

질문	직장을 옮기는 경우 퇴직연금을 계속 불입하는 방법이 있나요?
답변	현행 퇴직금 제도에서는 근로자가 퇴사할 경우 14일 이내에 퇴직일시금을 근로자에게 지급하도록 하고 있습니다. 따라서 이직이 잦은 근로자나 일정 기간 실직을 한 근로자의 입장에서는 퇴직금 재원이 노후 생활 자금으로 활용되지 못하고 중간에 생활자금 등으로 소진되고 있습니다. 개인퇴직연금제도(IRP)는 이러한 근로자의 직장 이동시에도 퇴직급여 재원이 계속 적립되어 노후 소득 보장 기능을 할 수 있도록 통산 기능을 하는 역할을 합니다.

■ 퇴직급여제도 요약표

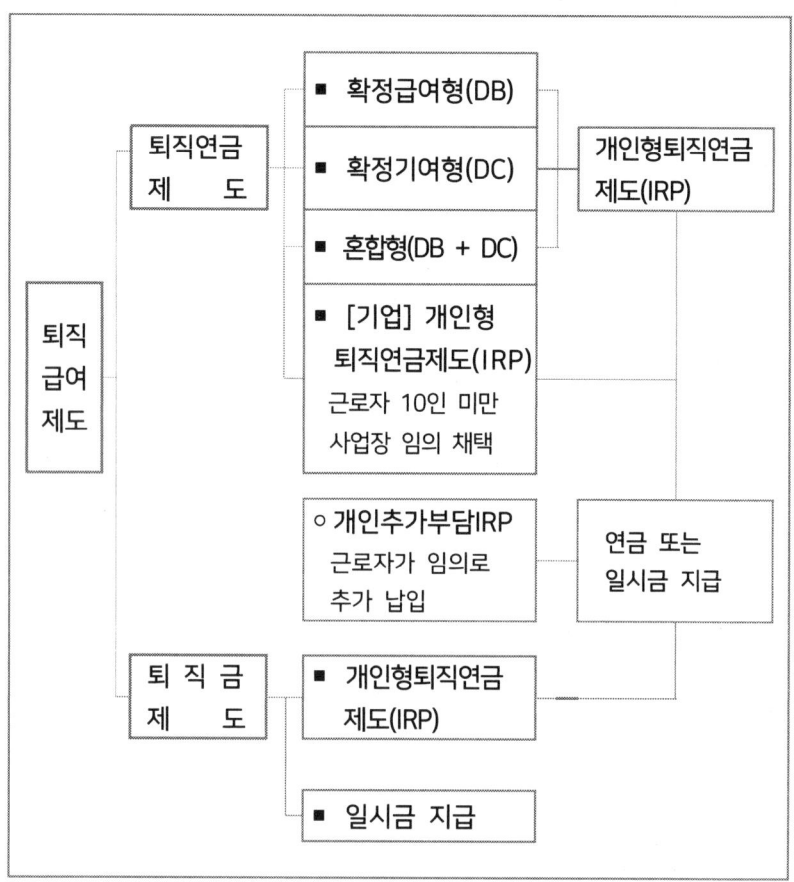

▶ 퇴직금제도 : 기존의 퇴직금 지급제도를 말하며, 근로자가 퇴사시 본인의 선택에 따라 퇴직금을 일시불로 지급하거나 개인형퇴직연금으로 이전할 수 있습니다. 개인형퇴직연금으로 이전한 경우 퇴직소득세는 징수 및 납부하지 않습니다.

▶ 퇴직금 이전 : 퇴직연금제도를 실시하고 있는 회사는 직원이 퇴사하는 경우 사용자는 퇴직금상당액을 개인형퇴직연금으로 이전하여야 하며, 퇴사한 근로자는 연금으로 지급받거나 일시금으로 수령할 수 있습니다.

③ 퇴직금제도 종류

◘ 기존의 퇴직금제도 설정(법 제8조 ①)

퇴직연금에 가입하지 아니한 사용자는 계속근로기간 1년에 대하여 30일분 이상의 평균임금을 퇴직금으로 퇴직 근로자에게 지급할 수 있는 제도를 설정하여야 합니다.

▶ 퇴직연금제도 미설정에 따른 처리

사용자가 확정급여형퇴직급여제도나 확정기여형퇴직급여제도 또는 개인형퇴직연금제도를 설정하지 아니한 경우에는 기존의 퇴직금제도를 설정한 것으로 봅니다.

◘ 확정기여형퇴직연금제도(DC)

확정기여형(Defined Contribution) 퇴직연금제도는 퇴직급여의 지급을 위하여 사용자가 부담하여야 할 부담금의 수준이 사전에 결정되어 있는 퇴직연금으로 사용자는 연간 임금총액의 12분의 1에 상당하는 금액 이상을 퇴직연금사업자에게 확정기여형퇴직연금으로 불입을 하여야 합니다.

확정기여형퇴직연금제도에서는 사용자가 부담한 퇴직연금적립금에 대하여 근로자가 그 운용에 대한 책임을 지며, 근로자는 퇴직연금사업자가 제시하는 운용방법 가운데서 선택하여 운용하면서 그 결과에 대해서 전적으로 근로자 본인이 책임을 져야 합니다. 따라서 근로자 본인은 퇴직연금으로 불입되는 적립액을 잘 운용하여 수익을 높여야 퇴직 후 연금이 증가하므로 퇴직연금사업자가 제시하는 금융상품에 대하여 충분한 이해가 필요하며, 재테크에 대하여 적극적인 관심을 가져야 합니다. 확정기여형퇴직연금제도에서는 퇴직금상당액 전액이 적립금으로 적립되므로 근로자 입장에서는 기업이 도산해도 수급권이 100% 보장됩니다.

확정기여형은 사용자가 매 년 임금의 12분의 1 이상을 정산하여 연금으로 불입함으로서 사실상 중간정산(기존의 중간정산은 근로자에게 정산금을 직접 지급하나 퇴직연금제도의 경우 적립된 금액을 근로자가 퇴사하기 전에는 인출할 수 없는 것만 다름)에 해당하므로 임금이 계속 상승하는 근로자 입장에서는 확정급여형보다 불리할 수도 있으나 중간정산 형태로 지급받은 퇴직금의 투자수익이 임금상승률보다 높을 경우에는 확정기여형퇴직연금제도가 유리할 수도 있습니다.

기업 입장에서 매 년의 임금을 기준으로 퇴직금상당액을 정산하여 근로자 명의의 퇴직연금에 불입함으로서 임금이 상승하는 경우 확정급여형퇴직연금보다는 근로자에 대한 퇴직금부담이 줄어드는 결과가 됩니다.

▶ 확정기여형퇴직연금의 가입기간

확정기여형퇴직연금의 가입기간은 퇴직연금제도의 설정 이후 해당 사업에서 근로를 제공하는 기간으로 하며, 해당 퇴직연금제도의 설정 전에 해당 사업에서 제공한 근로기간에 대하여도 가입기간으로 할 수 있습니다. 단, 퇴직금을 미리 정산한 기간은 제외합니다.

▶ 퇴직급여수준

연간 임금총액의 12분의 1에 상당하는 금액 이상을 퇴직금으로 적립을 하여야 합니다. "임금"이란 사용자가 근로의 대가로 근로자에게 임금, 봉급, 그 밖에 어떠한 명칭으로든지 지급하는 일체의 금품을 말합니다. 그러나 회사의 경영성과에 따라 지급여부 및 지급액이 결정되는 소위 경영성과금은 근로자에게 직접 지급하더라도 특별한 사정이 없는 한 임금총액에는 포함하지 않습니다.

단, 정기적으로 납부해야하는 부담금 이외에 별도로 경영성과금 등을 부담금으로 추가 납부할 수 있다는 사항을 퇴직연금규약에 명시한 경우에는 임금총액에 포함하여야 합니다.

◨ 확정급여형 퇴직연금제도(DB)

확정급여형(Defined Benefit)퇴직금연금제도는 근로자가 지급받을 급여 수준이 사전에 결정(기존의 퇴직금과 같이 계속근로연수 1년에 대하여 퇴직전 평균임금의 30일분 이상 지급)되어 있는 퇴직연금을 말하며, 사용자가 퇴직급여와 관련하여 부담한 적립금의 운용을 책임지는 형태입니다. 따라서 적립금의 운용실적이 좋지 않은 경우 손실이 발생할 수 있으며, 원금 손실의 경우에도 사용자가 지급하여야 하는 퇴직금은 퇴직전 평균임금을 기준으로 지급을 하여야 합니다.

즉. 확정급여형은 사용자가 적립금의 운용에 대하여 전적으로 책임을 지므로 운용수익의 좋고 나쁨에 관계없이 퇴사하는 근로자에게 퇴직전 평균임금을 기준으로 퇴직금을 지급하게 되므로 근로자는 퇴직 후 일정한 금액을 받을 수 있어서 안정적입니다.

■ 과거근로기간에 대한 확정급여형퇴직연금제도의 최소적립비율 고시
<기간: 2022년 1월 1일 이후의 기간>

과거근로기간 연수 가입 후 연차	1년 미만	1년 이상 3년 미만	3년 이상 6년 미만	6년 이상 10년 미만	10년 이상
1차 년도	100분의 60	100분의 30	100분의 20	100분의 15	100분의 12
2차 년도	100분의 70	100분의 60	100분의 40	100분의 30	100분의 24
3차 년도	100분의 80	100분의 70	100분의 60	100분의 45	100분의 36
4차 년도	100분의 90	100분의 80	100분의 70	100분의 60	100분의 48
5차 년도	100%	100분의 90	100분의 80	100분의 70	100분의 60
6차 년도	-	100%	100분의 90	100분의 80	100분의 70
7차 년도	-	-	100%	100분의 90	100분의 80
8차 년도	-	-	-	100%	100분의 90
9차 년도	-	-	-	-	100%

▶ 가입기간

확정급여형퇴직연금의 가입기간은 퇴직연금제도의 설정 이후 해당 사업에서 근로를 제공하는 기간으로 하며, 해당 퇴직연금제도의 설정 전에 해당 사업에서 제공한 근로기간에 대하여도 가입기간으로 할 수 있습니다. 단, 퇴직금을 미리 정산한 기간은 제외합니다.

▶ 퇴직급여수준

확정급여형퇴직연금제도를 시행하고 있는 사용자는 근로자가 1년 이상 계속 근로하고 퇴사하는 경우 1년에 30일분 이상의 평균임금을 지급하여야 합니다. 계속근로연수란 입사일부터 퇴사일까지의 일수를 말하며, 입사일을 포함합니다. 평균임금이란 퇴사한 날 이전 3개월 동안에 그 근로자에게 지급된 임금의 총액을 그 기간의 총일수로 나눈 금액으로 정기적, 계속적, 반복적으로 지급하는 수당등을 포함합니다.

■ 퇴직금제도과 퇴직연금제도 비교

구 분	퇴직금	확정급여형	확정기여형
비용부담주체	사용자	사용자	사용자
퇴직급여 형태와 수준	일시금	연금 또는 일시금 (기존의 퇴직금과 같음)	연금 또는 일시금 (퇴직연금불입금의 운용실적에 따라 기존의 퇴직금보다 많거나 적을 수 있음)
퇴직금 수준	퇴직금 확정	퇴직금 확정	적립금 운용결과에 따라 변동됨
비용부담 수준	근속기간 1년 30일분 평균임금	1년 30일분 평균임금	매년 임금 총액의 1/12
운용주체	해당 없음	사용자	근로자
수수료부담	없음	사용자	사용자
담보대출	가능(전액 가능)	50% 한도 가능	50% 한도 가능
중간정산	주택구입등 특정한 사유시 가능	할 수 없음	특정한 사유가 있는 경우 중도인출 가능
적립방식과 수급권보장	사내적립, 불안정	부분사외적립(100분의 60 이상)	전액사외 적립, 보장
개인형퇴직 연금이전	선택	의무이전	의무이전
퇴직소득 지급명세서	사용자가 제출	사용자	퇴직연금사업자
퇴직소득세 원천징수	사용자 단, IRP이전시 과세이연	IRP이전으로 과세이연	IRP이전으로 과세이연

확정급여형퇴직연금과 확정기여형퇴직연금 비교

구 분	확정기여형(DC)	확정급여형(DB)
개 념	• 노사가 사전에 부담할 기여금을 확정 • 근로자가 일정한 연령(55세)에 달한 때에 그 운용결과에 기초하여 퇴직연금사업자가 연금형태 지급	• 노사가 사전에 급여 수준·내용을 약정 • 근로자가 일정한 연령(55세)에 달한 때에 예치된 퇴직연금을 기초로 퇴직연금사업자가 연금형태로 급여 지급
기 여 금	확정(연간 임금총액 1/12 이상)	1년당 30일분 평균임금 이상
급 부	운영실적에 따름	퇴직금 지급액 확정
적 립 금 운 용	적립금 운용에 대한 권한과 책임이 근로자에게 있음	적립금 운용에 대한 권한과 책임이 사용자에게 있음
운 영 주 체	근로자	사업주
적 립 금 수 익 자	근로자	사업주
수 수 료 부 담 자	사업주	사업주
위 험 부 담	물가, 이자율변동 근로자 부담	물가, 이자율변동 회사 부담
지 급 보 장	운용방법 원금보장상품 60% 이상 포함 및 동 제도시행 초기에는 안정적 운영지도[주식 직접투자금지, 간접투자상품(수익증권)의 주식 등 위험자산 편입비율 40%로 제한]	책임준비금제도 건정성감독 지급보장장치 마련 등
기 업 부 담	축소 불가	수익률이 높을 경우 축소 가능
선 호 계 층	단기근속자 및 젊은 층	장기근속자
주 요 대 상 (예 상)	연봉제, 중·소기업	대기업, 기존 사외적립기업

개인형 퇴직연금제도(IRP)

과거 퇴직연금제도에서는 근로자가 퇴사하는 경우 일시불로 퇴직금을 지급하였으나, 2022년 4월 14일 이후에는 만55세 이상이거나 퇴직급여가 300만원 이하인 특정한 경우 이외에는 퇴직금을 지급하는 경우 퇴직금전액을 개인형퇴직연금계좌로 이전하여야 합니다.

▶ **근로자 본인 퇴직연금 추가 납입제도**

근로자 본인이 연간 1800만원 한도내에서 별도로 퇴직연금을 불입할 수 있으며, 이 경우 국민연금외의 다른 연금저축과 합하여 연간 900만원을 한도로 불입금액의 12% 또는 15%를 근로소득 연말정산시 세액공제 받을 수 있습니다.

[개정 세법] 연금계좌 세제혜택 확대 (소득법 §59의3, §64의4 신설,)

종 전				개 정		
□ 연금계좌 세액공제 대상 납입한도 ○ 연금저축 + 퇴직연금				□ 세액공제 대상 납입한도 확대 및 종합소득금액 기준 합리화 ○ 연금저축 + 퇴직연금		
총급여액 (종합소득금액)	세액공제 대상 납입한도 (연금저축 납입한도)		세액 공제	총급여액 (종합소득금액)	세액공제 대상 납입한도(연금저축 납입한도)	세액 공제율
	50세미만	50세이상				
5,500만원이하 (4,000만원)	700만원 (400만원)	900만원* (600만원*)	15%	5,500만원 이하 (4,500만원)	900만원 (600만원)	15%
1.2억원 이하 (1억원)						
1.2억원 초과 (1억원)	700만원 (300만원)		12%	5,500만원 초과 (4,500만원)		12%

<적용시기> (공제 대상 납입한도) '23.1.1. 이후 납입하는 분부터 적용

□ 연금계좌 납입한도 　○ 추가납입 가능 　- ISA계좌* 만기 시 전환금액 　　* 개인종합자산관리계좌 　<추 가>	□ 연금계좌 추가납입 확대 　○ 추가납입 항목 신설 　- (좌 동) - 1주택 고령가구*가 가격이 더 낮은 주택으로 이사한 경우 그 차액(1억원 한도) * 부부 중 1인 60세 이상
□ 연금계좌에서 연금수령 시 과세방법 　○ 1,200만원 이하 : 저율·분리과세 또는 종합과세 　○ 1,200만원 초과 : 종합과세	□ 연금소득 1,200만원 초과 시에도 분리과세 선택 가능 　○ (좌 동) 　○ 종합과세 또는 15% 분리과세

(추가납입) '23.1.1. 이후 주택을 양도하는 분부터 적용
(연금수령 시 분리과세 선택) '23.1.1. 이후 연금수령하는 분부터 적용

◐ 두 종류 이상 퇴직연금제도 설정

사용자는 한 사업장에서 확정급여형 및 확정기여형퇴직금제도를 병행하여 설정할 수 있으며, 부담금 수준은 다음 각 호에 따릅니다.

1. 확정급여형퇴직연금제도의 급여: 급여(계속근로기간 1년에 대하여 30일분의 평균임금)에 확정급여형퇴직연금규약으로 정하는 설정비율을 곱한 금액
2. 확정기여형퇴직연금제도의 부담금: 연간 임금총액의 12분의 1 이상에 확정기여형퇴직연금규약으로 정하는 설정비율을 곱한 금액

4 퇴직금 지급

◉ 기존의 퇴직금 제도를 운용하는 회사

2022년 4월 14일부터 퇴직연금에 가입하지 않은 근로자가 퇴직하는 경우 회사는 퇴직금 지급사유가 발생한 날로부터 14일 이내(주말 및 공휴일을 포함하여 14일 이내)에 개인형IRP 계좌로 퇴직금을 이전해야 합니다. 다만, 55세 이상 나이에 퇴직하거나, 퇴직금이 300만원 이하인 경우 개인형IRP에 이전하지 않아도 됩니다.

▶ 퇴직금 개인형퇴직연금(IRP) 이전 의무

2022. 4. 14. 근로자퇴직급여보장법 시행령이 개정되어 퇴직연금에 가입하지 않은 근로자가 퇴직 시 근로자가 지정한 개인형 퇴직연금계좌로 퇴직금을 지급하여야 합니다. 사용자는 근로자에게 퇴직금 수령을 위한 개인형 퇴직연금계좌를 개설하도록 안내하고, 기한 내에 퇴직금을 세전 금액으로 IRP계좌로 입금해야 합니다.

[Q1] 언제부터 IRP계정으로 이전해야 하나요? 소규모 개인 사업장에도 적용되는지요? 계도기간은 언제까지인지요?
법 시행일인 2022. 4. 14. 이후 퇴직한 근로자부터 IRP계정으로 이전하는 방식으로 퇴직금을 지급해야 합니다. 5인 미만 소규모 사업장에도 적용되며 계도기간 없이 바로 시행됩니다.

[Q2] 퇴직금을 IRP계정으로 이전 시 퇴직소득세를 원천징수하나요?
퇴직금 전액을 IRP계정으로 이전하는 경우, 퇴직소득세를 원천징수하지

않고 퇴직금 전액을 지급합니다. 퇴직소득세는 IRP운용기관에서 가입자에게 연금 또는 일시금을 지급하는 시점까지 이연됩니다.

[Q3] 재직자도 IRP계정은 개설할 수 있나요?
IRP계좌는 근로자의 퇴직금을 계좌에 적립해 연금 등 노후 생활자금으로 활용할 수 있도록 하는 제도로, 퇴직하지 않더라도 근로자는 언제든지 퇴직연금을 취급하는 은행, 증권사, 보험사 등에서 개설할 수 있습니다.

[Q4] 중간정산한 퇴직금도 반드시 IRP계정으로 지급해야 하나요?
퇴직금 중간정산은 주택구입 등 법에서 열거한 사유에 한하여 긴급한 생활자금이 필요한 근로자에게 퇴직금을 미리 정산하여 지급하는 것으로 퇴직금 중간정산제도의 취지상 IRP계정으로 지급하지 않아도 무방합니다.

[Q5] 퇴사하는 모든 근로자의 퇴직금을 IRP계정으로 지급해야 하나요?
다음에 해당하는 경우 IRP계정으로 지급하지 않아도 됩니다.
1. 만 55세 이후 퇴직하는 경우
2. 퇴직급여액이 300만원 이하인 경우
3. 근로자가 사망한 경우
4. 외국인 근로자가 국외 출국한 경우
5. 타 법령에서 퇴직소득을 공제할 수 있도록 한 경우(타 법령에서 퇴직소득을 공제할 수 있도록 한 경우란 취업 후 학자금 상환 특별법 제26조에 따라 학자금을 공제하는 경우를 말합니다.)

[Q6] 퇴직자가 신용불량 등의 사유를 들어 퇴직금을 본인에게 직접 지급을 요구하면서 IRP계좌를 개설하지 않았습니다. 이 경우 퇴사자에게 퇴직금을 직접 지급해도 되는지요?
사용자는 퇴직금의 IRP계정으로 지급의무를 성실히 이행하여야 하며,

퇴직금을 근로자의 월급 통장 등 일반 계좌로 납입하는 것은 허용되지 않습니다. 예외 사유에 해당하지 않는 한, 가입자의 신용불량 등을 이유로 하여 IRP계정으로 지급하는 것을 거부할 수 없습니다. 다만, 아직까지 IRP계정으로 이전하지 않고, 직접 근로자에게 퇴직금을 지급하는 것에 대한 벌칙규정은 없습니다.

확정급여형퇴직연금제도를 운용하는 회사

확정급여형퇴직연금제도에서 직원이 퇴사하는 경우 퇴직금상당액을 가입자가 지정한 개인형퇴직연금으로 이전하여야 합니다. 개인형퇴직연금으로 이전하는 경우 퇴직소득세는 연금지급시 연금소득세로 과세이연되어 퇴직소득세를 징수 및 납부하지 않습니다.

한편, 퇴사한 근로자는 사용자가 개인형퇴직연금으로 이전한 퇴직금을 해지하여 일시금으로 수령할 수 있습니다다만, 일시금으로 수령하는 경우 과세이연된 퇴직소득세는 퇴직연금사업자가 징수·납부합니다.

확정기여형퇴직연금제도를 운용하는 회사

확정기여형퇴직연금제도에서 가입자는 퇴직할 때에 받을 급여를 갈음하여 그 운용 중인 자산을 가입자가 설정한 개인형퇴직연금제도의 계정으로 이전해 줄 것을 해당 퇴직연금사업자에게 요청할 수 있으며, 가입자의 요청이 있는 경우 퇴직연금사업자는 그 운용 중인 자산을 가입자의 개인형퇴직연금제도 계정으로 이전하여야 합니다.

SECTION 05

퇴직연금의 세무회계
퇴직소득세 과세이연

확정기여형퇴직연금에 불입하는 경우 불입하는 시점에 비용으로 처리할 수 있으며, 직원 퇴사시 퇴직소득에 관한 신고업무는 퇴직연금운용사업자가 처리하게 됩니다.
확정급여형퇴직연금에 불입하는 경우 직원 퇴사시 퇴직금상당액을 계산하여 개인형퇴직연금계좌로 이전하여야 합니다.

1 퇴직연금 비용처리 및 원천징수 개요

Q 퇴직연금부담금의 비용처리

퇴직연금에 가입하는 경우 기존의 퇴직금제도를 유지하는 경우보다 세금을 절약할 수 있는 효과가 있으며, 그 내용은 다음과 같습니다.

퇴직금의 경우 예를 들어 살펴보면, 기업은 종사직원이 퇴사할 경우 통상 1년 근속에 1개월 정도의 급여에 해당하는 금액을 퇴직금으로 지급하여야 하는데 직원이 모두 퇴직을 하지 않고 계속 근무하다가 회사의 구조조정 등으로 일정 시점에 많은 직원이 퇴사할 경우 그 해의 퇴직금 비용이 과다하게 계상되며, 이러한 경우 1년 단위로 손익을 계산하는 재무보고에서 매우 불합리한 손익계산이 될 것입니다.

따라서 당해 연도의 퇴직금 발생 상당액을 실제 지급하지는 않았으나 당해 연도의 비용으로 계상하여야 적절한 손익계산이 될 것입니다. 따라서 기업회계기준에서는 이러한 방법으로 당해 연도에 발생한 퇴직금상당액을 퇴직금으로 계상하여 반영하도록 하고 있습니다.

한편, 세법은 근로자의 퇴직금 보호라는 정책 목적으로 퇴직금상당액을 사외에 적립하는 경우에 한하여 퇴직급여로 비용처리할 수 있도록 규정하고 있으므로 기존의 퇴직금제도를 채택하는 기업으로서 퇴직연금에 가입하지 않은 경우 매 년 발생한 퇴직금 상당액에 대하여 비용처리를 할 수 없으며, 퇴직금을 실제 지급하는 연도에 손금산입(법인) 또는 필요경비(개인사업자)에 산입할 수 있습니다.

반면, 퇴직연금제도를 도입하고 퇴직연금을 불입하는 경우에는 세법의 규정에 의하여 불입액 전액을 비용처리할 수 있으므로 기존의 퇴직금제도를 채택하고 있는 기업에 비하여 법인세 또는 종합소득세(개인사업자)를 적게 낼 수 있는 것입니다.

◼ 퇴직금 추가 지급시 퇴직소득세 원천징수

① 확정기여형 퇴직연금(DC)을 설정한 경우로서 사용자가 직접 별도로 추가 지급하는 퇴직금이 있는 경우 **그 지급분**에 대하여는 회사가 퇴직소득세를 원천징수하고 '퇴직소득지급명세서'를 퇴직연금사업자에게 통보하고, 다음연도 3월 10일까지 관할세무서에 해당 '퇴직소득지급명세서'를 제출하여야 합니다.

한편, 퇴사자가 퇴직연금을 해지하는 경우 퇴직연금사업자는 퇴직연금으로 지급하는 퇴직금과 사용자가 지급한 퇴직금을 합산하여 퇴직소득세를 원천징수합니다.

② 근로자가 퇴사하는 때에 퇴직연금일시금을 지급한 이후 추가로 퇴직금을 직접 지급하는 경우에는 퇴직연금사업자로부터 퇴직소득원천징수영수증을 통보받아 퇴직연금일시금과 추가 지급되는 퇴직금을 합산하여 퇴직소득세를 재계산하여야 합니다.

이 경우 원천징수이행상황신고서의 지급액란에는 추가 지급 퇴직금을 기재하고, 세액란에는 퇴직소득세 재계산액을 기재하는 것이며, 퇴직소득원천징수영수증 작성시 퇴직연금사업자가 지급한 분은 종(전)근무지란에 기재하고 회사의 지급분은 주(현)근무지란에 기재합니다.

③ 확정급여형퇴직연금(DB)제도에서 퇴직연금일시금을 지급하는 경우에는 퇴직연금제도를 설정한 사용자가 소득세를 원천징수하는 것입니다. 따라서 회사가 추가 지불하는 퇴직금이 있는 경우 회사가 원천징수의무를 지는 것이며, 이 경우 퇴직소득을 합산하여 퇴직소득세를 신고 및 납부하여야 합니다.

🅠 퇴직금 중간정산

근로자가 「근로자퇴직급여 보장법」 제8조 제2항에 따라 주택구입 등의 사유(근로자퇴직급여 보장법 시행령 제3조의 각 호의 어느 하나에 해당하는 사유)로 퇴직급여를 중간정산을 요구하는 경우에만 현실적인 퇴직에 해당하여 퇴직급여에 대하여 손금산입할 수 있는 것입니다.

따라서 퇴직급여를 중간정산에 해당하지 않는 사유로 중간정산하여 지급하는 경우 개인사업자의 경우 필요경비에 산입할 수 없으며, 법인은 업무무관 가지급금으로 보아 손금불산입하고, 현실적인 퇴직시점까지 인정이자를 계상하여 법인의 익금에 산입하고 근로자에 대한 상여로 처분을 하여야 합니다.

▶ 퇴직금중간정산을 할 수 있는 사유

1. 무주택자인 근로자가 본인 명의로 주택을 구입하는 경우
2. 무주택자인 근로자가 주거를 목적으로 전세금 또는 보증금을 부담하는 경우. 이 경우 근로자가 하나의 사업에 근로하는 동안 1회로 한정한다.
3. 근로자가 6개월 이상 요양을 필요로 하는 다음 각 목의 어느 하나에 해당하는 사람의 질병이나 부상에 대한 의료비를 해당 근로자가 본인 연간 임금총액의 1천분의 125를 초과하여 부담하는 경우
   가. 근로자 본인
   나. 근로자의 배우자
   다. 근로자 또는 그 배우자의 부양가족
4. 퇴직금 중간정산을 신청하는 날부터 거꾸로 계산하여 5년 이내에 근로자가 파산선고를 받은 경우

5. 퇴직금 중간정산을 신청하는 날부터 거꾸로 계산하여 5년 이내에 근로자가 「채무자 회생 및 파산에 관한 법률」에 따라 개인회생절차개시 결정을 받은 경우
6. 사용자가 기존의 정년을 연장하거나 보장하는 조건으로 단체협약 및 취업규칙 등을 통하여 일정나이, 근속시점 또는 임금액을 기준으로 임금을 줄이는 제도를 시행하는 경우
7. 사용자가 근로자와의 합의에 따라 소정근로시간을 1일 1시간 또는 1주 5시간 이상 변경하여 그 변경된 소정근로시간에 따라 근로자가 3개월 이상 계속 근로하기로 한 경우
8. 법률 제15513호 근로기준법 일부개정법률의 시행에 따른 근로시간의 단축으로 근로자의 퇴직금이 감소되는 경우
9. 재난으로 피해를 입은 경우로서 고용노동부장관이 정하여 고시하는 사유에 해당하는 경우

▶ **퇴직금중간정산 사유에 해당하지 아니함에도 퇴직금을 지급한 경우**

1) 법인의 경우 퇴직금을 손금산입할 수 없으며, 퇴직금을 중간정산하여 지급한 날부터 현실적인 퇴사일까지 근로자에게 회사자금을 무상으로 빌려준 것으로 보아 퇴사일까지 매년 인정이자상당액(연리 4.6%)을 세무조정으로 익금산입하고, 해당 근로자에 대한 상여로 처분을 하여야 합니다.

2) 개인사업자의 경우 퇴직금 중간정산 사유에 해당하지 아니함에도 퇴직금을 중간정산하여 지급한 경우 필요경비에 산입할 수 없으며, 이 경우 퇴직금을 중간정산하여 지급한 날부터 현실적인 퇴사일까지 근로자에게 회사자금을 무상으로 빌려준 것으로 보아야 합니다. 다만, 개인사업자의 경우 법인과 같이 인정이자를 계상하지는 않습니다.

▶ **퇴직소득에 대한 세액정산 등 (소득세법 제148조)**

① 퇴직자가 퇴직소득을 지급받을 때 이미 지급받은 다음 각 호의 퇴직소득에 대한 원천징수영수증을 원천징수의무자에게 제출하는 경우 원천징수의무자는 퇴직자에게 이미 지급된 퇴직소득과 자기가 지급할 퇴직소득을 합계한 금액에 대하여 정산한 소득세를 원천징수하여야 한다.
1. 해당 과세기간에 이미 지급받은 퇴직소득
2. 근로계약에서 이미 지급받은 퇴직소득

② 제1항에 따라 퇴직소득세를 정산하는 경우의 근속연수는 이미 지급된 퇴직소득에 대한 근속연수와 지급할 퇴직소득의 근속연수를 합산한 월수에서 중복되는 기간의 월수를 뺀 월수에 따라 계산한다.

③ 근로계약이란 근로제공을 위하여 사용자와 체결하는 계약으로서 사용자가 같은 하나의 계약을 말한다.

▶ **퇴직판정의 특례(소득세법 시행령 제43조)**

다음 각 호의 어느 하나에 해당하는 사유가 발생한 경우 퇴직금을 지급하여야 하나 퇴직급여를 실제로 받지 않은 경우는 퇴직으로 보지 않을 수 있다.
1. 종업원이 임원이 된 경우
2. 합병·분할 등 조직변경, 사업양도, 직·간접으로 출자관계에 있는 법인으로의 전출 또는 동일한 사업자가 경영하는 다른 사업장으로의 전출이 이루어진 경우
3. 법인의 상근임원이 비상근임원이 된 경우
4. 비정규직 근로자가 정규직 근로자로 전환된 경우

2 확정기여형 퇴직연금제도(DC)

◎ 퇴직연금 및 수수료 납부 회계처리

확정기여형 퇴직연금제도를 설정한 경우 당해 회계기간에 대하여 회사가 납부하는 부담금을 전액 퇴직급여(비용)로 처리하고, 퇴직연금운용자산, 퇴직급여충당부채는 인식하지 않습니다.

즉, 확정기여형 퇴직연금은 퇴직금에 상당하는 금액의 100%를 퇴직연금사업자에게 불입하는 시점에 전액 비용으로 처리하는 것입니다.

또한 퇴직연금의 운용과 관련하여 사용자가 퇴직연금사업자에게 지급하는 수수료(운용관리수수료와 자산관리수수료로 구분하여 납부함)도 전액 비용으로 인정이 됩니다.

[예제] 직원의 퇴직금상당액 1천만원을 보통예금에서 퇴직연금계좌로 이체하다.

| 퇴직급여 | 10,000,000 | / | 보통예금 | 10,000,000 |

[예제] 퇴직연금 누적적립금에 대한 운용관리수수료 200,000원(0.4% 가정) 및 자산관리수수료 150,000원(0.3% 가정)를 보통예금에서 이체하여 결제하다.

| 지급수수료 | 350,000 | / | 보통예금 | 350,000 |

▶ 운용관리수수료 : 퇴직연금사업자에게 지급하는 수수료
▶ 자산관리수수료 : 퇴직연금자산을 관리하는 금융기관에 지급하는 수수료

퇴직금제도에서 퇴직연금제도로 변경시 회계처리

퇴직금제도에서 확정기여형 퇴직연금제도로 변경하는 경우 회계처리 방법은 다음과 같습니다.

[예제1] 퇴직연금제도로 변경하면서 변경전 발생한 퇴직금상당액을 퇴직연금으로 불입하는 경우로서 퇴직급여충당부채가 없는 경우

퇴직금	*****	/	현금및현금성자산	*****

[예제2] 퇴직연금제도로 변경하면서 변경전 발생한 퇴직금상당액을 퇴직연금으로 불입하는 경우로서 퇴직급여충당부채가 있는 경우

퇴직급여충당부채	*****	/	현금및현금성자산	*****

[예제3] 확정기여형퇴직연금제도가 장래근무기간에 대하여 설정되어 과거근무기간에 대하여는 기존 퇴직금제도가 유지되는 경우로서 임금수준의 변동으로 퇴직급여추계액이 증가한 경우

퇴직급여	*****	/	퇴직급여충당부채	*****

▶ 세무상 한도액을 초과하는 금액은 손금불산입 하여야 합니다.

사 례   퇴직금제도에서 확정기여형퇴직연금제도로 변경

① A회사는 2012년 12월 31일까지 퇴직금제도를 유지해왔으나 2013년 1월 1일부터 확정기여형퇴직연금제도를 도입하기로 결정하였다. 2013년 1월 1일 이후에는 연간 임금총액의 1/12에 해당하는 금액을 확정기여형퇴직연금제도의 부담금으로 납부하기로 하고, 기존 퇴직급여충당부채와 2013년에 발생한 퇴직급여(비용) 전액을 부담금으로 납부한 경우의 회계처리

퇴직급여충당부채	*****	/	현금및현금성자산	*****
퇴직급여	*****			

② 퇴직금제도와 관련된 퇴직급여충당부채 상당액은 확정기여형퇴직연금으로 불입하지 않기로 결정하였으나 퇴직연금불입전 퇴직금에 대한 추계액의 증가에 따른 회계처리

| 퇴직급여 | ***** / 퇴직급여충당부채 | ***** |

보 충 퇴직급여충당부채 및 퇴직급여충당금

퇴직급여충당금이란 용어는 기업회계기준서에서는 '퇴직급여충당부채'로 변경하였으나 세법에서는 현재 퇴직급여충당금으로 명칭하고 있으나 그 개념은 같은 의미입니다.

충당금이란 지급의무 등이 확정되지는 않았지만 당기의 수익에 대응하는 비용으로서 장래에 지출할 것이 확실하고 당기의 수익에서 차감하는 것이 합리적인 것에 대하여 적절한 기간 손익 계산을 위하여 합리적인 금액을 추정하여 비용으로 계상하는 금액을 말합니다.

예를 들어 퇴직금의 경우 기업은 종사 직원이 퇴사할 경우 통상 1년 근속에 1개월 정도의 급여에 해당하는 금액을 퇴직금으로 지급하여야 하는데 종사 직원이 모두 퇴직을 하지 않고 계속 근무하다가 회사의 구조조정 등으로 일정 시점에 많은 직원이 퇴사할 경우 그 해의 퇴직금 비용이 과다하게 계상되며, 이러한 경우 퇴사연도에 퇴직금이 과다 계상되어 불합리한 손익계산이 될 것입니다.

따라서 매 회계연도의 손익을 계산함에 있어 직원이 퇴사는 하지 않더라도 당해 회계연도에 발생한 퇴직금상당액을 산출하여 비용으로 계산하는 것이 보다 정확한 기간 손익이 될 것입니다.

즉, 당해 연도에 발생하는 퇴직금상당액을 퇴직금으로 비용 계산한 경우 실제 퇴직금을 지급하지는 않았으나 비용으로 계산한 바 그 금액은 장차 지급하여야 할 채무로서 일종의 미지급채무인 퇴직급여충당금(비용이 발생하였으나 아직 지급하지 않은 금액으로 일종의 미지급금입니다.)이란 부채계정을 설정하였다가 실제 퇴직금을 지급하는 때에 퇴직급여충당금이란 미지급금을 변제한 것으로 처리하는 것입니다.

퇴직시 퇴직연금의 개인형퇴직연금 이전

퇴직연금에 불입하여 두었던 금액으로 퇴직금을 지급하는 경우 그 지급은 가입자가 지정한 개인형퇴직연금제도의 계정으로 이전하는 방법으로 하여야 합니다. 다만, 다음에 정하는 사유가 있는 경우에는 이전하지 않아도 됩니다.

▶ 개인형퇴직연금제도 이전 예외 사유
1. 가입자가 55세 이후에 퇴직하여 급여를 받는 경우
2. 급여를 담보로 대출받은 금액 등을 상환하기 위한 경우. 이 경우 가입자가 지정한 개인형퇴직연금제도의 계정으로 이전하지 아니하는 금액은 담보대출 채무상환 금액을 초과할 수 없다.
3. 퇴직급여액이 3백만원 이하인 경우

가입자가 개인형퇴직연금제도의 계정을 지정하지 아니하는 경우에는 해당 퇴직연금사업자가 운영하는 계정으로 이전하여야 하며, 이 경우 가입자가 해당 퇴직연금사업자에게 개인형퇴직연금제도를 설정한 것으로 봅니다.

퇴직연금외 퇴직금 추가 지급액이 있는 경우

퇴직금 추가 지급액을 퇴직연금계좌로 이전하는 경우

퇴직금 추가 지급액을 퇴직연금계좌로 이전하는 경우 퇴직소득세는 과세이연되나 '퇴직소득지급명세서'를 작성하여 퇴직연금사업자에게 통보하여야 하며, 사용자는 다음연도 3월 10일까지 관할세무서에 해당 '퇴직소득지급명세서'를 제출하여야 합니다.

▶ 확정기여형퇴직연금외 퇴직금 추가 지급

확정기여형퇴직연금제도를 채택하고 있는 사업자의 경우 퇴직소득세 원천징수와 관련한 모든 업무를 퇴직연금사업자가 부담하므로 사용자는 근로자 퇴사기 별도로 처리할 업무는 없으나 추가 지급액이 있는 경우에는 다음과 같이 처리하여야 합니다.

▶ 퇴직금 추가 지급액을 퇴직연금계좌로 이전하는 경우

퇴직금 추가 지급액을 퇴직연금계좌로 이전하는 경우 과세이연되며, 이 경우 사용자는 퇴직소득지급명세서를 퇴직연금사업자에게 통보하여야 하며, 다음연도 3월 10일까지 관할 세무서에 퇴직소득지급명세서를 제출하여야 합니다.

▶ 퇴직금 추가 지급액을 회사가 직접 지급하는 경우

근로자 퇴사시 사용자가 추가로 퇴직금을 지급하는 경우, **회사 지급분**에 대하여 회사가 별도로 퇴직소득세 및 지방소득세를 원천징수하고 '퇴직소득지급명세서'를 퇴직연금사업자에게 통보하여야 하며, 사용자는 다음연도 3월 10일까지 관할 세무서에 '퇴직소득지급명세서'를 제출하여야 합니다.

▶ 퇴직금 지급 이후 퇴직금을 회사가 직접 지급하는 경우

퇴직금 지급 이후 추가 지급하는 퇴직금이 있는 경우에는 퇴직연금 일시금과 추가 지급하는 금액을 합산하여 퇴직소득세를 정산하여 원천세 신고.납부 및 퇴직소득지급명세서를 제출하여야 합니다. 따라서 이 경우 회사가 퇴직연금사업자로부터 퇴직소득원천징수내역을 통보받아 이를 회사에서 지급한 퇴직금과 합산하여 원천징수세액을 계산해야 할 것이며, 퇴직소득원천징수영수증 작성시 퇴직연금사업자

지급분은 종(전)근무지란에 기재하고 회사 지급분은 주(현)근무지란에 기재합니다.

▶ 퇴직금 추가 지급액에 대한 원천징수방법

이미 퇴직연금사업자가 지급한 퇴직소득과 회사에서 지급하는 퇴직소득을 합한 퇴직급여액에서 퇴직소득공제를 차감한 후 퇴직소득 과세표준을 계산하고 원천징수세율을 적용하여 산출세액, 결정세액을 구한 후 이미 지급한 퇴직소득에 대하여 원천징수된 세액을 공제하여 계산합니다.

▶ 퇴직금 추가 지급에 대한 회계처리

[예제] 근로자 고둘리의 퇴직(만55세 이후 퇴직)에 따라 퇴직금 2천만원을 계상하다. 2천만원은 퇴직연금사업자가 고둘리에게 직접 지급하였으며, 퇴직금 추가 지급분 5백만원은 회사에서 지급하다. 단, 퇴직연금으로 불입한 금액은 이미 손금산입(퇴직연금충당부채를 설정하여 손금산입함)하였으며, 퇴직연금 불입액이외의 추가 퇴직금 상당액 또한 퇴직급여충당부채를 설정하여 이미 손금산입하였다.
회사의 추가 지급분에 대하여 퇴직소득세 및 지방소득세 550,000원을 원천징수하고 잔액을 지급하다.

퇴직연금충당부채	20,000,000	/	퇴직연금운용자산	20,000,000
퇴직급여충당부채	5,000,000		현금및현금성자산	4,450,000
			예수금	550,000

③ 확정급여형퇴직연금제도(DB)

◎ 퇴직연금 손금산입

▶ 당해 연도 퇴직금 발생액의 비용계상

당해 연도의 수익에 대응하는 비용을 보다 정확하게 계상하기 위하여 당해 연도에 실제 퇴직금을 지급하지는 않았으나 당해 연도에 발생한 것으로 추정되는 퇴직금상당액을 비용으로 처리하기 위하여 재무상태표일 현재 퇴직급여추계액에서 기 설정한 퇴직급여충당부채를 차감한 금액을 퇴직급여충당부채로 계상할 수 있습니다.

다만, 세법에서는 퇴직연금에 불입한 금액은 전액 비용으로 인정을 하여 주나 퇴직금상당액을 사외에 불입하지 아니하고, 퇴직급여충당부채를 계상하여 비용처리한 금액은 일정 한도액 범위내의 금액만을 비용으로 인정을 하여 주고 있으므로 기업회계에 의하여 계상한 퇴직급여충당부채 중 세무상 한도액을 초과하는 금액은 세무조정에서 손금불산입하여야 하는 등 실무적으로 다소 까다로운 조정절차가 필요하기도 합니다. 따라서 외부감사대상법인이 아닌 기업의 경우 세무상 한도내의 금액만을 충당부채로 설정을 하기도 합니다.

▶ 확정급여형퇴직연금의 손금(필요경비)산입

① 사용자가 확정급여형퇴직연금제도에 가입한 경우로서 퇴직금상당액 전액을 퇴직연금으로 불입하는 경우에는 퇴직급여충당부채의 비용처리에 대한 절차없이 퇴직급여 및 퇴직연금충당부채로 계상할 수

있습니다만, 근로자퇴직급여보장법에서는 가입자별 예상 퇴직급여를 합하는 방법에 따라 산정한 금액(기준책임준비금)에 100분의 60 이상을 곱하여 산출한 금액(최소적립금) 이상을 적립금으로 적립할 수 있도록 규정하고 있습니다.

이 경우 퇴직연금으로 적립하는 금액외의 금액에 대하여는 퇴직급여충당부채를 설정하여 비용처리를 하는 것이 수익비용대응의 원칙에 부합할 것입니다. 다만, 세무상 한도액을 초과하는 금액은 세무조정에서 손금불산입하는 절차가 필요합니다.

② 확정급여형 퇴직연금의 부담금은 제1호 및 제2호의 금액 중 큰 금액에서 제3호의 금액을 뺀 금액을 한도로 손금에 산입하며, 둘 이상의 부담금이 있는 경우에는 먼저 계약이 체결된 퇴직연금등의 부담금부터 손금에 산입합니다.

1. 해당 사업연도종료일 현재 재직하는 임원 또는 사용인(확정기여형 퇴직연금이 설정된 사람 제외)의 전원이 퇴직할 경우에 퇴직급여로 지급되어야 할 금액의 추계액에서 해당 사업연도종료일 현재의 퇴직급여충당금을 공제한 금액에 상당하는 연금에 대한 부담금

2. 매 사업연도 말일 현재를 기준으로 산정한 가입자의 예상 퇴직시점까지의 가입기간에 대한 급여에 드는 비용 예상액의 현재가치에서 장래 근무기간분에 대하여 발생하는 부담금 수입 예상액의 현재가치를 뺀 금액으로서 고용노동부령으로 정하는 방법에 따라 산정한 금액에서 해당 사업연도 종료일 현재의 퇴직급여충당금을 공제한 금액에 상당하는 연금에 대한 부담금

3. 직전 사업연도종료일까지 지급한 부담금

```
┌─────────────┐   ┌─────────────┐   ┌─────────────┐
│ 사업연도 종료일 │   │ 사업연도 종료일 현재 │   │ 퇴직연금 손금산입 │
│ 현재        │ - │ 퇴직급여충당금 잔액  │ = │ 누적한도액(A)   │
│ 퇴직급여 추계액 │   │             │   │             │
└─────────────┘   └─────────────┘   └─────────────┘

┌─────────────┐   ┌─────────────┐   ┌─────────────┐
│ 사업연도 종료일 │   │ 신고조정 또는 결산조정│   │ 손금산입대상   │
│ 현재        │ - │ 에 의해 이미 손금산입한│ = │ 퇴직연금(C)   │
│ 퇴직연금 잔액  │   │ 금액(B)       │   │             │
└─────────────┘   └─────────────┘   └─────────────┘
```

손금산입한도액 = (A - B)와 (C)중 적은 금액

◎ 퇴직금제도에서 퇴직연금제도로 변경시 회계처리

기존의 퇴직금제도에서 과거근무기간을 포함하여 확정급여형퇴직연금제도로 변경하는 경우, 기존의 퇴직급여충당부채에 상당하는 금액을 퇴직연금으로 불입하는 경우 사내에 충당부채로 유보한 금액을 사외에 적립하는 것이므로 별도의 추가적인 부채로 인식하지 아니하고 납부하는 시점에 퇴직연금운용자산으로 처리하시면 됩니다.

| 퇴직연금운용자산 | ***** / 현금및현금성자산 | ***** |

퇴직연금에 가입한 기업은 퇴직연금사업자에게 퇴직연금의 운용과 관련하여 운영관리수수료(적립금의 0.2% ~ 0.5%)와 자산관리수수료(0.3% 내외)가 퇴직연금적립금에서 차감되며, 이 경우 퇴직연금운용자산에서 차감하고, 비용처리합니다.

| 지급수수료 | ***** / 퇴직연금운용자산 | ***** |

◎ 확정급여형퇴직연금 손금(필요경비)산입 방법

퇴직연금운용자산으로 불입한 금액은 결산조정 또는 신고조정에 의하여 손금산입할 수 있으나 손금산입하지 않는 경우 퇴직금 지급시 퇴직금으로 손금산입하여야 합니다.

[1] 결산조정에 의한 손금산입

[예제1] 20×5년 확정급여형퇴직연금제도를 도입하고 퇴직급여추계액에 해당하는 100,000,000원을 보통예금에서 인출하여 퇴직연금으로 불입하다.

| 퇴직연금운용자산 | 100,000,000 | / | 보통예금 | 100,000,000 |

[예제2] 20×5년 회계기말에 확정급여형퇴직연금으로 불입한 금액에 대하여 퇴직급여로 비용계상하다.

| 퇴직급여 | 100,000,000 | / | 퇴직연금충당부채 | 100,000,000 |

[예제3] 20×6년 종업원 퇴직금 1천만원을 퇴직연금사업자가 종업원의 개인형퇴직연금으로 이전하다. 단, 퇴직연금으로 불입한 금액은 이미 손금산입(퇴직연금충당부채를 설정하여 손금산입함)하였다.

| 퇴직연금충당부채 | 10,000,000 | / | 퇴직연금운용자산 | 10,000,000 |

[2] 신고조정에 의한 손금산입

[예제1] 확정급여형퇴직연금제도를 도입하고 퇴직급여추계액에 해당하는 1억원을 보통예금에서 인출하여 퇴직연금으로 불입하다.

| 퇴직연금운용자산 | 100,000,000 | / | 보통예금 | 100,000,000 |

[예제2] 20×5년 회계기말에 확정급여형퇴직연금으로 불입한 금액에 대하여 세무조정으로 손금산입하다.

20×5년 세무조정

손금산입

퇴직금   100,000,000 (△유보)

[예제3] 20×6년 종업원 퇴직금 1천만원을 퇴직연금사업자가 종업원의 개인형퇴직연금으로 이전하다. 단, 퇴직연금으로 불입한 금액은 이미 손금산입(세무조정으로 손금산입함)하였다.

| 퇴직금 | 10,000,000 / 퇴직연금운용자산 | 10,000,000 |

20×6년 세무조정

손금불산입

퇴직금   10,000,000 (유보)

[3] 퇴직연금불입액에 대하여 손금산입하지 않은 경우

[예제1] 20×5년 확정급여형퇴직연금제도를 도입하고 퇴직급여추계액에 해당하는 100,000,000원을 보통예금에서 인출하여 퇴직연금으로 불입하다.

| 퇴직연금운용자산 100,000,000 / 보통예금 | 100,000,000 |

◆ 20×5년 회계기말에 별도의 비용계상을 하지 아니함

[예제2] 20×6년 종업원 퇴직금 1천만원을 퇴직연금사업자가 종업원의 개인형퇴직연금으로 이전하다. (이 경우 별도의 세무조정 없음)

| 퇴직금 | 10,000,000 / 퇴직연금운용자산 | 10,000,000 |

퇴직연금적립금의 운용수익에 대한 회계처리

확정급여형퇴직연금의 운용과 관련하여 수익 또는 손실이 발생할 수 있으며, 그 결과는 회계기말에 재정검증을 통하여 이를 확인할 수 있습니다. 수익이 발생한 경우 영업외수익으로 손실이 발생한 경우 영업외비용으로 처리를 하여야 합니다.

운용수익은 예금이자, 채권, 주식, 펀드상품 투자 등에 의하여 발생하며, 주식투자로 인하여 수익이 발생하는 경우에는 세금을 원천징수 하지 않습니다.

[예제1] 회계기말에 퇴직연금적립금의 운용수익을 확인한 바 1천만원의 이익이 발생하였다.

퇴직연금운용자산	10,000,000	/	퇴직연금운용수익	10,000,000

[예제2] 회계기말에 퇴직연금적립금의 운용수익을 확인한 바 1천만원의 손실이 발생하였다.

퇴직연금운용손실	10,000,000	/	퇴직연금운용자산	10,000,000

4 임원 퇴직금 [법인]

법인의 임원(법인의 회장, 사장, 부사장, 이사장, 대표이사, 전무이사 및 상무이사 등 이사회의 구성원 전원과 청산인 및 감사)으로서 근로기준법상의 근로자에 해당하지 않는 경우 근로자퇴직급여보장법에 의한 퇴직금 지급의무는 없습니다.

다만, 현실적인 퇴직을 하는 경우 퇴직금을 지급할 수 있으나 법인이 임원에게 지급한 퇴직급여 중 다음 각 호의 어느 하나에 해당하는 금액을 초과하는 금액은 손금에 산입할 수 없습니다.

1. 정관에 퇴직급여(퇴직위로금 등을 포함합니다)로 지급할 금액이 정하여진 경우에는 정관에 정하여진 금액. 단, 정관에서 위임된 퇴직급여지급규정이 따로 있는 경우에는 해당 규정에 의한 금액에 의합니다.
2. 제1호 외의 경우에는 그 임원이 퇴직하는 날부터 소급하여 1년 동안 해당 임원에게 지급한 총급여액의 10분의 1에 상당하는 금액에 근속연수(1년 미만의 기간은 월수로 계산하되, 1개월 미만의 기간은 이를 산입하지 아니합니다.)를 곱한 금액

한편, 2012년 1월 1일 이후에는 정관에 임원의 퇴직금 지급규정이 정하여져있더라도 아래 금액의 합계액을 초과하는 경우에는 그 초과하는 금액은 근로소득으로 봅니다.

1. 입사일부터 2011년 12월 31일 기간에 대하여 정관의 규정(배수 제한 없음)에 의한 퇴직소득(2011년 12월 31일에 퇴직하였다고 가정할 때 지급받을 퇴직소득)

2. 퇴직한 날부터 소급하여 3년 동안 지급받은 총급여의 연평균환산액 × 1/10 × 2012년 1월 1일 이후의 근속연수(월수로 계산, 1개월 미만 올림) × 3배(2020년 이후분 2배)

근속연수의 3배수(2020년 이후분 2배) 규정은 정관에 규정한 퇴직금이 3배(2020년 이후분 2배)를 초과하는 경우 근로소득으로 과세한다는 의미이며, 손금불산입한다는 의미는 아닙니다. 따라서 정관에서 2배를 초과하여 퇴직금 지급에 관한 규정을 둘 수 있으며, 이 경우 2배를 초과하는 금액은 근로소득으로 과세하는 것입니다.

[개정 세법] 임원 퇴직소득 한도 축소(소득세법 제22조 ③)
2020년 1월 1일 이후 적립분에 해당하는 임원의 퇴직소득에 대해서 지급배수를 급여의 연평균환산액을 기초로 산정한 기준금액의 3배에서 2배로 하향 조정하여 임원 퇴직소득 한도를 축소함

임원의 퇴직금 중간정산

근로기준법에 의한 근로자가 아닌 임원의 경우 근로자퇴직급여보장법의 적용을 받는 것은 아니므로 아래 요건(법인세법 시행규칙 제22조)을 충족하는 경우 퇴직금 중간정산을 할 수 있습니다. 따라서 아래에 정하는 사유 외에 퇴직금을 중간정산하는 경우에는 손금불산입하고 상여처분하거나 가지급금으로 처리를 하여야 합니다.

▶ 법인 임원에게 퇴직금중간정산을 할 수 있는 경우
1. 중간정산일 현재 1년 이상 주택을 소유하지 아니한 세대의 세대주인 임원이 주택을 구입하려는 경우
2. 임원(임원의 배우자 및 생계를 같이 하는 부양가족 포함)이 3개월 이상의 질병 치료 또는 요양을 필요로 하는 경우

5 퇴직소득세 신고 및 납부

🅠 퇴직연금제도를 시행하고 있지 않는 회사

① 2022년 4월 14일부터 퇴직연금에 가입하지 않은 근로자가 퇴직하는 경우 회사는 퇴직금 지급사유가 발생한 날로부터 14일 이내에 개인형IRP 계좌로 퇴직금을 이전해야 합니다. 다만, 55세 이상 나이에 퇴직하거나, 퇴직금이 300만원 이하인 경우 개인형IRP에 이전하지 않아도 됩니다.

② 퇴직금을 개인형IRP에 이전하지 아니하고, 퇴사자에게 퇴직금을 직접 지급하는 경우 퇴직소득세를 계산하여 퇴직소득세 및 지방소득세를 신고 및 납부하여야 합니다.

③ 퇴직금을 개인형IRP로 이전하거나 직접 지급하는 경우 원천징수이행상황신고서를 작성하여 퇴직금 지급일의 다음달 10일까지 관할 세무서에 제출하여야 합니다.

④ 퇴직연금제도를 시행하고 있지 않는 사업자이나 근로자가 퇴직으로 인하여 지급받는 퇴직급여액(명예퇴직수당과 단체퇴직보험금 포함)을 퇴직한 날부터 60일 이내에 개인형퇴직연금계정(IRP)으로 이전하는 경우 퇴직소득세 중 개인형퇴직연금으로의 이전비율에 상당하는 금액(퇴직소득세 × 이전한 퇴직소득금액/퇴직소득금액)은 과세이연됩니다. 이 경우 사업자는 '퇴직소득지급명세서'를 작성하여 개인형퇴직연금계좌를 취급하는 퇴직연금사업자에게 즉시 통보하여야 하며, 또한 다음연도 3월 10일까지 관할세무서에 '퇴직소득지급명세서'를 제출하여야 합니다.

◆ **퇴직금 지급에 대한 '원천징수이행상황신고서' 작성방법**

퇴직소득세를 개인퇴직연금계좌에 입금하여 퇴직소득세를 과세이연한 경우 원천징수이행상황신고서상 퇴직소득란의 인원과 총지급액란에 해당 퇴직소득 지급금액을 기재하고 징수세액의 소득세 등란에는 '0'원으로 기재하는 것이며, 퇴직소득 원천징수의무자가 회사인 회사지급분 및 확정급여형퇴직연금을 지급하는 경우에는 'A22'란에 기재합니다.

[원천징수이행상황신고서 일부]

소득자 소득구분		코드	원 천 징 수 명 세				
			소 득 지 급 (과세미달, 일부 비과세 포함)		징수세액		
			④인원	⑤총지급액	⑥소득세등	⑦농어촌특별세	⑧가산세
퇴직소득	연금계좌	A21					
	그 외	A22	1	10,000,000	0		
	가감계	A20					

확정기여형 퇴직연금의 퇴직소득세 징수

확정기여형퇴직연금제도에서 가입자는 퇴직할 때에 받을 급여를 갈음하여 그 운용 중인 자산을 가입자가 설정한 개인형퇴직연금제도의 계정으로 이전해 줄 것을 해당 퇴직연금사업자에게 요청할 수 있으며, 가입자의 요청이 있는 경우 퇴직연금사업자는 그 운용 중인 자산을 가입자의 개인형퇴직연금제도 계정으로 이전하여야 합니다.

한편, 거주자가 퇴직으로 인하여 지급받는 퇴직급여액(명예퇴직수당과 단체퇴직보험금)에 해당하는 금액[2013년 이후 비율 제한 없음]을 퇴직한 날로부터 **60일 이내**에 개인형퇴직연금제도의 계정으로 이체 또는 입금하거나 과세이연계좌를 다른 금융회사의 과세이연계좌로 이체를 통하여 이전하는 경우 당해 퇴직급여액 중 퇴직연금계좌로 이전한 금액은 퇴직소득으로 보지 않으며, 이 경우 퇴직소득세는 연금지급시 연금소득세로 과세이연되어 퇴직소득세를 징수 및 납부하지 않습니다. (소득세법 제146조) 단, 개인형퇴직연금불입 이후 근로자는 개인형퇴직연금을 해지할 수는 있으며, 이 경우 퇴직연금사업자가 퇴직소득세를 계산하여 징수 및 납부합니다.

▶ 확정기여형퇴직연금의 원천징수의무자

확정기여형퇴직연금의 경우 원천징수의무자는 퇴직연금운용사업자이므로 회사는 별도로 원천징수이행상황신고서를 제출할 필요가 없습니다. 다만, 퇴직연금제도 시행전 퇴직금을 지급하거나 추가로 퇴직금을 직접 지급하는 경우에는 사용자가 지급하는 금액을 기준으로 퇴직소득세를 원천징수 및 납부하고, 원천징수내역을 퇴직연금사업자에게 통보하여야 하며, 다음해 3월 10일까지 지급명세서를 관할 세무서에 제출하여야 합니다.

▶ 퇴직급여를 연금으로 받는 경우 원천징수세율

연금수령액은 연금소득에 해당하며, 연금수령시 퇴직연금사업자가 연금소득세(이연퇴직소득세 × 연금수령액 ÷ 이연퇴직소득 × 70%, 60%)를 징수합니다.

[개정 세법] 이연퇴직소득 장기 연금수령시 원천징수세율 인하(소득법 §129)
 ο 연금수령시점 10년 이하 : 퇴직소득세의 70%
 ο 연금수령시점 10년 초과 : 퇴직소득세의 60%
<적용시기> 2020.1.1. 이후 연금수령하는 분부터 적용

연금소득은 원칙적으로 종합소득세 신고대상입니다. 다만, 연금액이 연간 1200만원 이하인 경우 당해 연금소득은 분리과세(종합소득에 합산하지 아니함)할 수 있으나 당해 소득이 있는 거주자가 종합소득 과세표준의 계산에 있어서 이를 합산하고자 하는 경우에는 합산할 수 있습니다.

확정급여형 퇴직연금의 퇴직소득세 징수

확정급여형의 경우 사용자가 근로자 퇴직금 지급에 대한 퇴직소득세 원천징수 및 납부, 지급명세서등의 원천징수업무를 처리하였으나 법 개정으로 퇴직연금을 전액 개인형퇴직연금계좌로 이전하여야 하며,

퇴직금상당액을 개인형퇴직연금에 이전하는 경우 정책목적으로 퇴직소득세 납부를 일단 보류(과세이연이라 합니다.)하고, 나중에 연금을 시급받는 시점에 연금소득세를 원천징수하게 됩니다.

예를 들어 개인형퇴직연금을 해지하는 경우 해지시에 퇴직연금사업자가 퇴직소득세를 계산하여 신고 및 납부하며, 연금으로 지급받는 경우 연금소득에 대하여 연금소득세[이연퇴직소득세 × 연금수령액 ÷ 이연퇴직소득 × 70%(60%)]를 징수하여 납부하도록 하고 있습니다.

단, 퇴직소득세를 원천징수하지 않는 경우에도 사용자는 '퇴직소득지급명세서'를 작성하여 과세이연계좌를 취급하는 퇴직연금사업자에게 즉시 통보하고, 또한 다음연도 3월 10일까지 관할세무서에 '퇴직소득지급명세서'를 제출하여야 합니다.

🔲 퇴직소득세 계산

▶ 퇴직소득

퇴직소득은 거주자·비거주자 또는 법인의 종업원이 현실적으로 퇴직함으로 인하여 받는 퇴직소득으로 당해 연도에 발생한 다음 소득의 합계액을 말한다.

① 사용자 부담금을 기초로 하여 현실적인 퇴직을 원인으로 지급받는 소득
② 퇴직소득의 일부 또는 전부를 지연하여 지급하면서 지연지급에 대한 이자를 함께 지급하는 경우 해당 이자
③ 「건설근로자의 고용개선 등에 관한 법률」 제14조에 따라 지급받는 퇴직공제금
④ 기타 퇴직소득에 포함되는 것
1. 불특정다수의 퇴직자에게 적용되는 퇴직급여지급규정·취업규칙 또는 노사합의에 의하여 지급 받는 퇴직수당·퇴직위로금 기타 이와 유사한 성질의 급여
2. 퇴직급여지급규정·취업규칙의 개정 등으로 퇴직금지급제도가 변경됨에 따라 퇴직금정산액을 지급하면서 퇴직금지급제도 변경에 따른 손실보상을 위하여 지급되는 금액
3. 명예퇴직수당, 해고예고수당

▶ 퇴직소득 해당 여부
① 정리해고시 급여에 가산하여 추가로 지급하는 퇴직위로금은 퇴직소득이다.
② 명칭 여하에 관계없이 퇴직을 원인으로 받는 소득인 퇴직공로금, 퇴직위로금 기타 이와 유사한 성질의 급여는 퇴직소득에 해당한다.

③ 임원의 퇴직금으로서 2012년 이후 분 중 정관의 규정이 있더라도 3년간 평균급여의 10분의 1에 상당하는 금액의 3배(2020.1.1. 이후 2배)를 초과하는 금액은 근로소득으로 본다.
④ 법인이 임원 또는 사용인에게 지급하는 퇴직급여는 임원 또는 사용인이 현실적으로 퇴직하는 경우에 지급하는 것에 한하여 이를 손금에 산입한다.
⑤ 현실적인 퇴직이 아님에도 퇴직금을 지급한 경우 지급일부터 현실적인 퇴직시까지 해당 임직원에 대한 무상 대여금으로 보아 법인의 경우 가지급금인정이자를 계상하여 익금에 산입하고 해당 임직원에 대한 상여로 처분을 하여야 한다.

◆ 해고예고수당은 퇴직금에 해당함 [소득세법기본통칙 22- 2]
사용자가 30일전에 예고를 하지 아니하고 근로자를 해고하는 경우 근로자에게 지급하는 근로기준법 제32조의 규정에 의한 해고예고수당은 퇴직소득으로 본다.

개정 규정에 의한 퇴직소득세 계산 방법

① 퇴직소득 - 근속공제
② (연분) ① × 12 ÷ 근속연수
③ (② - 환산급여공제) × 기본세율(6~45%)
④ (연승) ③ × 근속연수 ÷ 12

■ 퇴직소득세 자동계산
홈택스 → 세금종류별 서비스 → 모의계산(좌측 하단)
「퇴직소득 세액계산」

[1] 근속연수별 소득공제 (소득법 § 48①)

현 행		개 정	
□ 퇴직소득 근속연수공제액		□ 근속연수공제액 확대	
근속연수	공 제 액	근속연수	공 제 액
5년 이하	30만원 × 근속연수	5년 이하	100만원 × 근속연수
6~10년	150만원 + 50만원 × (근속연수-5년)	6~10년	500만원 + 200만원×(근속연수-5년)
11~20년	400만원 + 80만원 × (근속연수-10년)	11~20년	1,500만 원+ 250만원 × (근속연수-10년)
20년 초과	1,200만원 + 120만원 × (근속연수-20년)	20년 초과	4,000만원 + 300만원 × (근속연수-20년)

<적용시기> '23.1.1. 이후 퇴직하는 분부터 적용

▶ 근속연수별 소득공제시 근속연수 계산

취업한 날의 익일부터 기산하여 퇴직한 날까지의 기간을 연수에 의하여 계산하고 근속기간이 1년 미만인 때에는 1년으로 한다.

[2] 환산급여공제

환산급여	공제액
8백만원 이하	환산급여의 100%
8백만원 초과 7천만원 이하	8백만원+(8백만원 초과분의 60%)
7천만원 초과 1억원 이하	4천520만원+(7천만원 초과분의 55%)
1억원 초과 3억원 이하	6천170만원+(1억원 초과분의 45%)
3억원 초과	1억5천170만원+(3억원 초과분의 35%)

[3] 소득세 기본세율 [소득법 § 55 ①)]

2022년 귀속분			2023년 귀속분		
과세표준 구간	세율	누진공제액	과세표준 구간	세율	누진공제액
1,200만원 이하	6%		1,400만원 이하	6%	
1,200만원 초과 4,600만원 이하	15%	108만원	1,400만원 초과 5,000만원 이하	15%	126만원
4,600만원 초과 8,800만원 이하	24%	522만원	5,000만원 초과 8,800만원 이하	24%	576만원
8,800만원 초과 1억5천만원 이하	35%	1,490만원	8,800만원 초과 1억5천만원이하	35%	1,544만원
1억5천만원 초과 3억원 이하	38%	1,940만원	1억5천만원 초과 3억원 이하	38%	1,994만원
3억원 초과 5억원 이하	40%	2,540만원	3억원 초과 5억원 이하	40%	2,594만원
5억원 초과 10억원 이하	42%	3,540만원	5억원 초과 10억원 이하	42%	3,594만원
10억원 초과	45%	6,540만원	10억원 초과	45%	6,594만원

<적용시기> '23.1.1. 이후 발생하는 소득 분부터 적용

6 퇴사자 4대보험 정산 등

퇴사자 4대보험 자격상실신고

퇴사자가 있는 경우 사용자는 퇴사일로부터 14일 이내에 자격상실신고서를 작성하여 국민연금관리공단, 건강보험공단, 근로복지공단 중 1곳에만 신고서를 제출하면 됩니다.

[1] 퇴사자 국민연금

직원이 중도에 퇴사한 경우 상실한 달(**상실한 달 전 날**을 기준)까지 보험료를 납부하여야 합니다. 한편, 국민연금은 전년도 급여를 기준으로 당해 연도에 고지된 금액을 납부함으로서 확정되므로 별도의 정산은 하지 않습니다.

[2] 퇴사자 건강보험료 정산

중도 퇴사한 경우 상실한 달(상실한 달 전 날을 기준)까지 보험료를 납부하여야 합니다. 당해 연도에 납부한 건강보험료는 전년도 급여를 기준으로 납부한 금액이므로 당해 연도에 실제 지급한 급여를 기준으로 정산하여 과소 징수한 금액이 있는 경우 추가로 징수하여야 하며, 과다 납부한 금액은 환급을 하여야 합니다.

[3] 퇴사자 고용보험료 정산

퇴사일까지 지급한 임금총액에 대하여 종업원 부담금을 정산하여 과다 징수한 금액은 돌려주고 과소 징수한 금액이 있는 경우에는 추가 징수하여야 합니다.

퇴사자 근로소득세 및 4대보험료 정산 회계처리

근로자가 퇴사하는 경우 근로소득세 연말정산, 4대보험료를 정산하여 과소 납부한 금액은 추가 납부하고, 과다 납부한 금액은 해당 근로자에게 환급을 하여야 하며, 이에 대한 회계처리는 다음과 같습니다.

① 《퇴사자 연말정산 환급세액 발생》 4. 10. 직원이 퇴사하여 1. 1. 부터 퇴사 일까지의 급여를 중도 정산한 결과 환급세액이 110,000원 (근로소득세 100,000원, 지방소득세 10,000원)이 발생하였다.

미수금(세무서)	100,000	/ 미지급금	110,000
미수금(구청)	10,000		

- 미수금 : 중도퇴사자 근로소득세 정산환급금은 근로소득세 과다납부금액으로 세무서로부터 돌려받을 금액으로 계속 근로자의 납부할 세액과 상계처리합니다.
- 미지급금 : 퇴사자의 근로소득세 과다납부금액으로 세무서에서 돌려받아 퇴사자에게 지급하여야 하는 금액입니다. 단, 계속 근로자의 납부할 금액에서 상계처리할 수 있으므로 계속 근로자로부터 징수한 금액으로 지급하거나 징수 전 회사가 미리 지급합니다.
▶ 환급세액을 계속 근로직원의 근로소득세 원천징수 전 지급하는 경우에는 가지급금으로 처리한 다음 계속 근로직원 근로소득세 납부시 가지급금을 공제한 잔액을 납부합니다.

② 《건강보험료 과다납부 금액 발생》 퇴사자에 대한 건강보험료 정산결과 건강보험료 과다납부 금액 80,000원을 건강보험공단에 대한 미수금으로 계상하고 직원부담금 40,000원을 퇴사한 직원에 대한 미지급금으로 계상하다.

미수금(공단)	80,000	/ 미지급금	40,000
		복리후생비	40,000

▶ 미수금 : 건강보험료 과다납부 금액

- 미지급금 : 건강보험료 환급금 중 종업원부담금은 종업원에게 돌려주어야 하는 채무로 미지급금으로 처리합니다.
- 복리후생비 : 과오납 금액 중 회사부담금은 당해 연도 복리후생비에서 차감합니다.

③ 《고용보험료 과다납부 금액 발생》 퇴사자에 대한 고용보험료 정산결과 과다납부한 금액 30,000원을 근로복지공단에 대한 미수금으로 계상하고 직원부담금 12,580원을 퇴사한 직원에 대한 미지급금으로 계상하다.

미수금(공단)	30,000 /	미지급금	12,580
		복리후생비	17,420

- 미지급금 : 고용보험료 과다납부금액 중 종업원부담금은 종업원에게 돌려주어야 하는 부채로 퇴사한 직원에 대한 미지급금으로 처리합니다.
- 복리후생비 : 퇴직자 고용보험료 회사부담금은 회계처리시 복리후생비로 처리하였으므로 과다납부한 금액 중 회사부담금은 당해 연도 복리후생비에서 차감합니다.

④ 《퇴직금 및 근로소득세 환급금 지급》 4. 30. 퇴직금 1천만원에서 퇴직소득세 210,000 및 지방소득세 21,000원을 차감한 9,769,000원 및 근로소득세 환급금 100,000원, 지방소득세 환급금 10,000원, 건강보험료 과다납부 금액 40,000원, 고용보험료 과다납부 금액 12,580원을 더한 9,931,580원을 보통예금에서 인출하여 지급하다. 단, 퇴직급여는 전액 퇴직급여충당금과 상계처리하다.

퇴직급여충당금	10,000,000 /	예수금(퇴직소득세)	210,000
미지급금	162,580	예수금(지방소득세)	21,000
		보통예금	9,931,580

- 퇴직급여충당금 : 퇴직급여충당금이 부족한 경우 퇴직금으로 처리하여 비용처리합니다.

CHAPTER 2

4대보험료 고지 및 징수

4대보험료 정산

4대보험료 납부혜택

일용근로자 세무실무

SECTION 01

4대보험료 고지 및 징수
4대보험료 납부 및 정산

근로자를 1인 이상 고용하고 있는 사업주는 사업주 본인 및 근로자에 대하여 국민연금 및 건강보험을 사업장가입자로 가입하여야 하며, 근로자는 고용보험 및 산재보험에 가입을 하여야 합니다.

1 4대보험 가입대상 사업장 및 가입신고

◎ 국민연금 및 건강보험 가입대상 사업장

■ 직원 유무에 따른 4대보험 가입

구 분	직원이 없는 경우	직원이 1인 이상 있는 경우	
	사업주	사업주	종업원
국민연금·건강보험	×	○	○
고용보험	×	×	○
산재보험	×	×	○

고용보험 및 산재보험 가입대상 사업장

1인 이상 종업원을 고용하는 사업자는 종업원에 대하여 고용보험 및 산재보험에 가입을 하여 주어야 합니다. 단, 다음 적용제외 사업장은 가입의무가 없습니다.

■ 고용보험 적용제외 사업자 [고용보험법 시행령 제2조]
① 농업·임업·어업 및 수렵업 중 법인이 아닌 자가 상시 4명 이하의 근로자를 사용하는 사업
② 가사서비스업
③ 「건설산업기본법」에 따른 건설업자, 「주택법」에 따른 주택건설사업자, 「전기공사업법」에 따른 공사업자, 「정보통신공사업법」에 따른 정보통신공사업자, 「소방시설공사업법」에 따른 소방시설업자 또는 「문화재수리등에 관한 법률」에 따른 문화재수리업자가 아닌 자가 시공하는 공사로 다음 각 호에 해당하는 공사
가. 「고용보험 및 산업재해보상보험의 보험료 징수 등에 관한 법률 시행령」 제2조제1항제2호에 따른 총공사 금액이 2천만원 미만인 공사
나. 연면적이 100제곱미터 이하인 건축물의 건축 또는 연면적이 200제곱미터 이하인 건축물의 대수선에 관한 공사

■ 산재보험 적용제외 사업자 [산업재해보상보험법 시행령 제2조]
1. 「선원법」, 「어선원 및 어선 재해보상보험법」 또는 「사립학교교직원 연금법」에 따라 재해보상이 되는 사업
2. 가구내 고용활동
3. 농업, 임업(벌목업은 제외한다), 어업 및 수렵업 중 법인이 아닌 자의 사업으로서 상시근로자 수가 5명 미만인 사업

2 4대보험 가입신고 및 절차

4대보험 관리공단에 직접 신고

적용대상 사업장이 된 날로부터 14일 이내(국민연금은 15일)이내 사업장 적용신고서(통합신고서로 1장에 작성)를 국민연금공단, 국민건강보험공단, 근로복지공단 중 1곳에만 사업장적용신고서를 제출하시면 됩니다.

서 식	국민연금공단, 국민건강보험공단, 근로복지공단 홈페이지

4대보험 전자신고

사업장 관할 4대보험 관리공단에 사업장으로 가입(사업장 적용신고서 팩스 전송)을 한 이후에 4대보험 포탈사이트에서 회원가입하여 4대보험과 관련한 모든 업무를 전자적으로 처리할 수 있습니다.

① 사업장 관할 세무서에 사업자등록
② 사업장적용신고서를 사업장 관할 건강보험공단등에 팩스 제출
③ 4대보험 포탈사이트(www.4insure.or.kr) 접속
④ 회원가입
⑤ 가입 신청내용 입력

③ 4대보험 가입대상 근로자 및 가입신고

🅠 4대보험 가입대상 근로자

▷ 국민연금

[1] 국민연금 가입대상 근로자 [국민연금법 제6조, 제13조]
① 18세 이상 60세 미만인 근로자로서 1개월 이상의 근로를 제공하는 근로자
③ 다음 각 호의 어느 하나에 해당하는 자는 65세가 될 때까지 국민연금공단에 가입을 신청하면 임의계속가입자가 될 수 있다.
1. 국민연금 가입자 또는 가입자였던 자로서 60세가 된 자
2. 전체 국민연금 가입기간의 5분의 3 이상을 광업, 어선에서의 어업 직종의 근로자로 국민연금에 가입하거나 가입하였던 사람

[2] 국민연금 가입대상이 아닌 자 [국민연금법 시행령 제2조]
1. 일용근로자나 1개월 미만의 기한을 정하여 근로를 제공하는 사람. 다만, 1개월 이상 계속하여 근로를 제공하는 사람으로서 다음 각 목의 어느 하나에 해당하는 사람은 근로자에 포함된다.
　가. 건설공사의 사업장 등에서 근로를 제공하는 경우: 1개월 동안의 근로일수가 8일 이상이거나 1개월 동안의 소득)이 보건복지부장관이 정하여 고시하는 금액(220만원) 이상인 사람
　나. 가목 외의 사업장에서 근로를 제공하는 경우: 1개월 동안의 근로일수가 8일 이상 또는 1개월 동안의 근로시간이 60시간 이상이거나 1개월 동안의 소득이 보건복지부장관이 정하여 고시하는 금액(220만원) 이상인 사람

2. 법인의 이사 중 소득이 없는 사람
3. 1개월 동안의 소정근로시간이 60시간 미만인 단시간근로자. 다만, 해당 단시간근로자 중 다음 각 목의 어느 하나에 해당하는 사람은 근로자에 포함된다.
  가. 3개월 이상 계속하여 근로를 제공하는 사람으로서 「고등교육법」 제14조제2항에 따른 강사
  나. 3개월 이상 계속하여 근로를 제공하는 사람으로서 사용자의 동의를 받아 근로자로 적용되기를 희망하는 사람
  다. 1개월 이상 계속하여 근로를 제공하는 사람으로서 1개월 동안의 소득이 보건복지부장관이 정하여 고시하는 금액(200만원) 이상인 사람

☐ 국민연금법 제3조(정의 등) -요약-
① 이 법에서 사용하는 용어의 뜻은 다음과 같다.
〈개정 2011. 6. 7., 2015. 1. 28., 2016. 5. 29., 2023. 3. 28.〉
1. "근로자"란 직업의 종류가 무엇이든 사업장에서 노무를 제공하고 그 대가로 임금을 받아 생활하는 자(법인의 이사와 그 밖의 임원을 포함한다)를 말한다. 다만, 대통령령으로 정하는 자는 제외한다.

☐ 국민연금법 시행령 제2조(근로자에서 제외되는 사람) -요약-
「국민연금법」 제3조제1항제1호 단서에 따라 근로자에서 제외되는 사람은 다음 각 호와 같다. 〈개정 2020. 7. 1., 2021. 6. 29.〉

1. 일용근로자나 1개월 미만의 기한을 정하여 근로를 제공하는 사람. 다만, 1개월 이상 계속하여 근로를 제공하는 사람으로서 다음 각 목의 어느 하나에 해당하는 사람은 근로자에 포함된다.

가. 「건설산업기본법」 제2조제4호 각 목 외의 부분 본문에 따른 건설공사의 사업장 등 보건복지부장관이 정하여 고시하는 사업장에서 근로를 제공하는 경우
- 1개월 동안의 근로일수가 8일 이상이거나 1개월 동안의 소득(제3조제1항제2호에 따른 소득만 해당한다.)이 보건복지부장관이 정하여 고시하는 금액 이상인 사람

> 제3조제1항제2호
> 2. 근로자의 경우: 「소득세법」 제20조제1항에 따른 근로소득에서 같은 법 제12조제3호에 따른 비과세 근로소득(원양어업 선박이나 국외등을 항행하는 선박에서 근로를 제공하고 받는 월 300만원 이내의 금액은 제외한다)을 뺀 소득

나. 가목 외의 사업장에서 근로를 제공하는 경우: 1개월 동안의 근로일수가 8일 이상 또는 1개월 동안의 근로시간이 60시간 이상이거나 1개월 동안의 소득이 보건복지부장관이 정하여 고시하는 금액 이상인 사람

2. 소재지가 일정하지 아니한 사업장에 종사하는 근로자

3. 법인의 이사 중 소득이 없는 사람

4. 1개월 동안의 소정근로시간이 60시간 미만인 단시간근로자. 다만, 해당 단시간근로자 중 다음 각 목의 어느 하나에 해당하는 사람은 근로자에 포함된다.
가. 3개월 이상 계속하여 근로를 제공하는 사람으로서 「고등교육법」 제14조제2항에 따른 강사

나. 3개월 이상 계속하여 근로를 제공하는 사람으로서 사용자의 동의를 받아 근로자로 적용되기를 희망하는 사람

다. 둘 이상 사업장에 근로를 제공하면서 각 사업장의 1개월 소정근로시간의 합이 60시간 이상인 사람으로서 1개월 소정근로시간이 60시간 미만인 사업장에서 근로자로 적용되기를 희망하는 사람

라. 1개월 이상 계속하여 근로를 제공하는 사람으로서 1개월 동안의 소득이 보건복지부장관이 정하여 고시하는 금액 이상인 사람

☐ 보건복지부고시 제2021-296호
[국민연금 사업장 가입대상이 되는 일용근로자 및 단시간근로자의 소득 기준에 관한 고시]
제2조(소득 기준) 「국민연금법 시행령」 제2조제1호 및 제4호라목에서 "보건복지부장관이 정하여 고시하는 금액"은 220만원으로 한다.
〈부 칙〉 이 고시는 2022년 1월 1일부터 시행한다.

▶ 건강보험

[1] 건강보험 가입대상 근로자

모든 사업장의 근로자 및 사용자원은 직장가입자가 된다. 다만, 고용기간이 1개월 미만인 일용근로자는 제외한다.

[2] 건강보험 가입대상이 아닌 자

1. 비상근 근로자 또는 1개월 동안의 소정(所定)근로시간이 60시간 미만인 단시간근로자
2. 비상근 교직원 또는 1개월 동안의 소정근로시간이 60시간 미만인 시간제공무원 및 교직원
3. 소재지가 일정하지 아니한 사업장의 근로자 및 사용자

4. 근로자가 없거나 제1호에 해당하는 근로자만을 고용하고 있는 사업장의 사업주

☐ 건강보험법 제6조(가입자의 종류)
② 모든 사업장의 근로자 및 사용자와 공무원 및 교직원은 직장가입자가 된다. 다만, 다음 각 호의 어느 하나에 해당하는 사람은 제외한다. 〈개정 2016. 5. 29.〉
1. 고용 기간이 1개월 미만인 일용근로자
4. 그 밖에 사업장의 특성, 고용 형태 및 사업의 종류 등을 고려하여 대통령령으로 정하는 사업장의 근로자 및 사용자와 공무원 및 교직원

☐ 건강보험법 시행령 제9조(직장가입자에서 제외되는 사람)
법 제6조제2항제4호에서 "대통령령으로 정하는 사업장의 근로자 및 사용자와 공무원 및 교직원"이란 다음 각 호의 어느 하나에 해당하는 사람을 말한다.
1. 비상근 근로자 또는 1개월 동안의 소정(所定)근로시간이 60시간 미만인 단시간근로자
4. 근로자가 없거나 제1호에 해당하는 근로자만을 고용하고 있는 사업장의 사업주

▶ 고용보험

[1] 고용보험 가입대상 근로자
① 1개월간 소정근로시간이 60시간 이상인 자
② 생업을 목적으로 근로를 제공하는 자 중 3개월 이상 계속하여 근로를 제공하는 자
③ 일용근로자

[2] 고용보험 가입대상이 아닌 자 [고용보험법 시행령 제3조]
① 사업주 본인
② 65세 이상인 자 단, 고용안정·직업능력개발 사업에 관하여는 고용보험에 가입하여야 합니다. (실업급여만 가입대상 아님)
③ 소정근로시간이 60시간 미만인 자

□ 고용보험법 시행령 제3조(적용 제외 근로자)
① 법 제10조제1항제2호에서 "해당 사업에서 소정(所定)근로시간이 대통령령으로 정하는 시간 미만인 근로자"란 해당 사업에서 1개월간 소정근로시간이 60시간 미만이거나 1주간의 소정근로시간이 15시간 미만인 근로자를 말한다. 〈개정 2023. 6. 27.〉
② 제1항에도 불구하고 다음 각 호의 어느 하나에 해당하는 근로자는 법 적용 대상으로 한다. 〈신설 2023. 6. 27.〉
1. 해당 사업에서 3개월 이상 계속하여 근로를 제공하는 근로자
2. 일용근로자

▶ 산업재해보상보험

① 모든 근로자는 산재보험에 가입하는 것을 원칙으로 합니다.
② 사업주 본인은 원칙적으로 산재보험가입대상이 아닙니다. 다만, 50인 미만의 근로자를 고용하는 사업주는 산재보험에 임의 가입할 수 있습니다.

■ 4대보험 고객센터 전화번호

구 분	주관기관	고객센터	실무 관련 책자
국민연금	국민연금공단	1355	국민연금 사업장 실무안내
건강보험	건강보험공단	1577-1000	건강보험 사업장 업무편람
고용보험	근로복지공단	1588-0075	산재·고용보험 실무편람
산재보험	근로복지공단	1588-0075	산재·고용보험 실무편람

🔍 4대보험 가입 및 제외 근로자 요약

■ 연령 조건

구 분	가입제외 근로자	비 고
국민연금	18세 미만인자, 60세 이상인자	
건강보험	해당 없음	
고용보험	65세 이후 새로 채용한 근로자	
산재보험	해당 없음	

■ 근무 기간 및 근무 시간 조건

구 분	가입 대상 근로자
국민연금	1. 1개월 이상 일용직 + 월 8일 이상 근로자 2. 1개월 동안의 소득이 220만원 이상인 근로자 3. 1개월 동안의 근로시간이 60시간 이상 (건설 일용근로자) 1 또는 2 (기타 일용 근로자) 1 또는 2 또는 3
건강보험	1개월 이상 일용직 + 월 8일 이상 근로자
고용보험	근로조건에 관계없이 가입
산재보험	근로조건에 관계없이 가입

🔍 휴직자(무급) 4대보험 납부

■ 휴직자 4대보험 면제

구 분	납부 여부
국민연금	면제
건강보험	납부 유예 복직 후 납부 단, 육아휴직의 경우 60% 감면
고용보험	면제
산재보험	면제

외국인 4대보험 가입

국민연금(상호주의)

「국민연금법」에 따른 국민연금은 상호주의 원칙에 따라 대한민국의 국민연금에 상응하는 연금에 대해 그 외국인근로자의 본국법이 대한민국 국민에게 적용되는 경우에만 적용됩니다.

◆ 국민연금 적용 대상국
중국, 키르기즈스탄, 태국, 몽골, 우즈베키스탄, 필리핀, 스리랑카, 인도네시아

◆ 국민연금 적용 대상국이 아닌 국가
베트남, 파키스탄, 캄보디아, 방글라데시, 네팔, 미얀마

국민건강보험(당연 적용)

「출입국관리법」에 따라 외국인 등록을 한 비전문취업(E-9) 또는 방문취업(H-2) 체류자격을 가진 외국인근로자는 「국민건강보험법」의 적용을 받는 직장가입자입니다.

고용보험(당연 적용)

비전문취업(E-9) 또는 방문취업(H-2) 체류자격을 가진 외국인근로자는 신청에 의해 「고용보험법」에 따른 피보험자격을 취득하게 되므로, 사용자는 자신이 고용하고 있는 외국인근로자가 고용보험에 가입하려는 경우 외국인 고용보험 가입 신청을 해야 합니다.

▶ 산업재해보상보험(당연 적용)

산업재해보상보험은 내·외국인근로자를 구분하지 않고 근로자를 사용하는 모든 사업 또는 사업장에 적용되지만, 다음의 어느 하나에 해당하는 사업에는 적용되지 않습니다.

1. 가구내 고용활동
2. 농업·임업(벌목업은 제외)·어업·수렵업 중 법인이 아닌 자의 사업으로서 상시근로자수가 5명 미만인 사업

◉ 4대보험 가입신고

최초로 사업장 적용신고를 할 시 4대보험 가입대상 근로자가 있는 경우 국민연금공단 또는 건강보험관리공단에 전화하여 신고서 양식을 팩스로 받아 직접 신고를 하여야 합니다.

다만, 최초 신고일 이후 근로자를 채용하거나 근로자가 퇴직하는 등 가입대상 근로자의 변동이 있는 경우 4대보험 포탈사이트를 이용하여 신규입사자는 추가로 자격취득신고를 하여야 하고, 퇴사자는 자격상실신고를 하여야 합니다.

■ 2024년도 사업종류별 산재보험료율 단위: 천분율(‰)

사 업 종 류	요율	사 업 종 류	요율
1. 광업		4. 건 설 업	35
석탄광업 및 채석업	185	5. 운수·창고·통신업	
석회석·금속·비금속·기타광업	57	철도·항공·창고·운수관련서비스업	8
2. 제조업		육상 및 수상운수업	18
식료품 제조업	16	통신업	9
섬유 및 섬유제품 제조업	11	6. 임　　업	58
목재 및 종이제품 제조업	20	7. 어　　업	27
출판·인쇄·제본업	9	8. 농　　업	20
화학 및 고무제품 제조업	13	9. 기타의 사업	
의약품·화장품·연탄·석유제품 제조업	7	시설관리 및 사업지원 서비스업	8
기계기구·금속·비금속광물제품 제조업	13	기타의 각종사업	8
금속제련업	10	전문·보건·교육·여가관련 서비스업	6
전기기계기구·정밀기구·전자제품 제조업	6	도소매·음식·숙박업	8
선박건조 및 수리업	24	부동산 및 임대업	7
수제품 및 기타제품 제조업	12	국가 및 지방자치단체의 사업	9
3. 전기·가스·증기·수도사업	7	0. 금융 및 보험업	5

2. 2024년도 통상적인 경로와 방법으로 출퇴근하는 중 발생한 재해에 관한 산재보험료율: 전 업종 0.6/1,000 동일

* 사업종류의 세목과 내용예시 및 총칙을 규정한 사업종류 예시표는 고용노동부 누리집 (www.moel.go.kr) 정보공개-법령정보-훈령·예규·고시란과 근로복지공단 누리집(www.comwel.or.kr) 사업안내-가입납부-보험료 신고 및 납부-보험료율에 게재

④ 4대보험료 고지 및 정산 [근로자]

건강보험공단이 국민연금공단 및 근로복지공단으로부터 부과자료(고지확정자료)를 받아 통합하여 매 월 고지합니다.

▶ 4대보험료 요율 [종업원 및 사업주 부담금 비율] 2024년 기준

구 분		회사분	종업원분	합계	비 고
국민연금		4.50%	4.50%	9.00%	
건강보험요율(합계)		4.004%	4.004%	8.008%	
국민건강보험료		3.545%	3.545%	7.090%	
노인성장기요양보험		0.459%	0.459%	0.918%	2023년 0.908%
고 용 보험료	실업급여	0.90%	0.90%	1.8%	
	고용안정 직업능력 개발사업	0.25%	-	0.25%	150명 미만 사업장
		0.45%	-	0.45%	150명 이상(특정업종)
		0.65%	-	0.65%	150명 ~ 1,000명
		0.85%	-	0.85%	1000명 이상
산재보험료		회사부담	없음		업종별로 다름
임금채권부담금		0.06%	없음		

4대보험 고지 및 정산

▶ 국민연금 고지 및 정산

① 국민연금은 전년도에 지급한 소득세법상 과세대상소득을 12로 나누어 매월 고지하며, 사업장은 고지한 국민연금을 납부함으로서 별도의 정산없이 납부의무가 종결됩니다.
② 국세청에서 소득자료를 국민연금관리공단으로 통보하므로 별도의 소득총액신고서를 제출하지 않습니다.

◨ 건강보험료 고지 및 정산

① 건강보험료는 전년도 과세대상 급여총액(건강보험료 부과기준이 되는 보수총액)에 보험요율을 곱한 금액을 12로 나누어 매 월 고지하며, 사업자는 고지된 금액을 해당 월의 다음달 10일까지 납부를 하여야 합니다.

② 건강보험료는 실제 지급한 보수총액에 건강보험료율을 곱한 금액을 납부하여야 합니다.

당해 연도에 납부한 보험료는 전년도 보수총액을 기준으로 납부한 것이므로 건강보험료의 확정 정산을 위해 **다음해 3월 10일**까지 『**직장가입자보수총액통보서**』작성(보수총액, 근무월수 등 기재)하여 제출하여야 합니다.

당해 연도 실제 지급한 보수총액을 기준으로 계산한 확정보험료(당해 연도 보수총액 × 보험료율)에서 1년 동안 기 납부한 건강보험료의 합계가 확정보험료보다 적은 경우 추가 납부하여야 하며, 납부한 건강보험료가 많은 경우 다음 연도에 납부할 금액에서 상계하거나 환급을 받습니다.

▶ 차가감 납부 또는 환급발생 보험료 (1 - 2)
1. 해당 연도에 실제 지급한 보수를 기준으로 계산한 보험료
2. 전년도 보수를 기준으로 매 월 납부한 보험료의 합계액

③ 정산 결과 추가 납부 또는 환급 발생한 보험료는 **4월분 고지**시 반영하여 고지합니다. 다만, 추가 납부할 보험료가 월보험료의 100분의 30을 초과하는 경우 신청에 의하여 분납할 수 있습니다.

◨ 건강보험 연말정산 절차 (근로자)

구 분	기 한	연말정산 업무절차
공 단	1월 말일	○ 연말정산 안내 및 전년도『직장가입자보수총액통보서』발송
사업장	3월 10일	○『직장가입자보수총액통보서』작성 (전년도보수총액,근무월수 기재) 제출
공 단	3월 말일	○ 전년도보수총액 및 근무월수에 의해 결정된 『정산보험료 산출내역서』 및『분할납부 안내문』발송
사업장	4월 15일	○ 정산보험료 산출내역 결과에 따른 『분할납부신청서』(분할납부 대상 사업장일 경우) 제출
공 단		○ 정산보험료 고지 : 매년 4월분 보험료

▶ 고용보험료 및 산재보험료 고지 및 정산

[1] 일반 업종(건설업종 외)

① 고용보험료, 산재보험료는 전년도 임금(신규사업자의 경우 사업개시연도의 예상임금)을 기준으로 공단에서 매 월 고지하고, 당해 연도가 경과한 후 당해 연도에 실제 지급한 임금총액을 기준으로 다시 확정 정산합니다.

② 보험료 확정을 위하여 **사업주는 전년도에 근로자에게 지급한 보수총액 등을 매년 3월 15까지 공단에 신고하여야 합니다.**

③ 공단은 전년도 보험료를 확정하여 확정보험료를 계산한 다음 전년도에 매 월 납부한 보험료 합계금액이 적은 경우 추가 고지하며, 전년도에 납부한 개산보험료가 확정보험료 보다 많은 경우 당해 연도에 납부할 보험료에서 공제한 금액을 고지합니다.

[2] 건설업 고용보험료 및 산재보험료 고지와 정산

(1) 개산보험료의 신고 및 납부

건설업의 경우 추정임금(통상 전년도 임금)에 보험료율을 곱한 금액을 해당 연도 3월 31일(보험연도 중에 보험관계가 성립한 경우 그 성립일 부터 70일 이내에)까지 신고 및 납부하여야 하며, 대략의 임금을 기준으로 보험료를 납부한다하여 개산(概算)보험료하며, 개산보험료를 일시에 납부하는 경우에는 **보험료의 3%**를 경감받을 수 있습니다.

계속사업장 또는 6월말 이전에 성립된 사업장은 사업주의 신청(반드시 개산보험료 신고 시 신청)에 의해 분할납부가 가능하며, 분할 납부 기한은 다음과 같습니다.

◨ 분할납부시 납부기한(연간 적용사업장)

기 별	납부기한	기 별	납부기한
제 1 기	3.31	제 3 기	8.15
제 2 기	5.15	제 4 기	11.15

(2) 확정보험료

확정보험료라 함은 매 보험연도의 초일부터 연도 말일 또는 보험관계가 소멸한 날의 전날까지 지급한 보수총액에 보험료율을 곱하여 산정한 금액을 말합니다.

추정 임금에 의하여 선납한 개산보험료가 확정보험료보다 적은 경우 그 차액은 추가 납부하여야 하며, 개산보험료가 확정보험료보다 많은 경우 초과금액은 반환받거나 충당 신청할 수 있습니다.

◪ 4대보험료 고지 기준금액 (과세대상소득)

4대보험료는 건강보험공단이 국민연금관리공단, 근로복지공단(고용보험 및 산재보험)으로부터 보험료 부과자료를 통보받아 건강보험료를 포함하여 매월 통합하여 고지하며, 사업주는 해당 월의 다음달 10일까지 납부한 후 다음해에 실제 지급한 임금을 기준으로 정산하여 납부하게 됩니다. (국민연금은 별도의 정산을 하지 않음)

■ 4대보험료 부과기준이 되는 임금 범위

급여 항목 (소득세 과세대상총액)	부과기준 금액 포함 여부
○ 봉급, 급료, 보수, 세비 ○ 임금, 정기적·일률적 상여금 등	포 함
○ 일시적으로 지급하는 성과 상여금	포 함
○ 국외 근로소득	비과세 제외 단, 건강보험료에는 포함
○ 생산직근로자로서 전년도 임금이 3천만원 이하이고, 월액 210만원 이하자의 연장·야간·휴일근로수당 등	연240만원 한도 비과세 제외
○ (개정) 월 20만원 이하의 식대 (종전) 월 10만원 이하의 식대	제 외
○ 월 20만원 이하 자가운전보조금	제 외
○ 근로자 또는 그 배우자의 출산이나 6세 이하 자녀 보육과 관련하여 지급받는 월10만원 이하의 금액	제 외

▶ 법인대표자 인정상여
법인대표자 인정상여로 처분된 소득은 보수총액에 포함하지 않음

5 4대보험 관련 기타 실무 유의사항

Q 연도 중 급여가 인상된 경우

「직장가입자보수월액변경신청서」를 제출하여 실제 임금을 기준으로 보험료를 징수하여 납부하거나 변경신청을 하지 않는 경우 실제 지급한 임금을 기준으로 근로자가 부담하여야 할 보험료를 징수하여 두었다가 건강보험료 연말정산 후 다음해 4월 추가 고지금액을 납부하여야 합니다.

Q 직원이 1명인 경우 4대보험 가입, 보험료 절약

직원이 1명인 경우에도 4대보험 가입을 하여야 합니다. 이 경우 최초 가입시 직원에게 지급할 급여를 책정하여 신고하여야 하며, 대표자 본인의 국민연금 및 건강보험료는 직원과 같은 금액으로 고지되므로 직원에 대한 비과세소득(식대, 차량유지비 등)을 최대한 계상하여 신고를 하시면 4대보험료를 절약할 수 있습니다.

Q 휴직자(무급) 4대보험 납부

구 분	납부 여부
국민연금	면제
건강보험	납부 유예 복직 후 납부 단, 육아휴직의 경우 60% 감면
고용보험	면제
산재보험	면제

SECTION 02

건강보험료 부과기준 및 부모님 보험료 줄여주기

1 직장가입자 건강보험료

1. 건강보험료율 등

건강보험료는 직장가입자와 지역가입자로 구분이 됩니다. 직장가입자는 전년도 소득세법에서 정하는 과세대상 급여총액을 12로 나눈 금액에 **8.008%(2024년)**를 곱한 금액을 매 월 건강보험료로 부과하며, 사용자와 근로자가 반반씩(회사 4.004%, 근로자 4.004%) 부담하여 납부하는 것입니다.

따라서 당해 연도에 납부한 건강보험료는 전년도 급여총액을 기준으로 납부한 것으로서 당해 연도 급여가 인상된 경우 그 차액(당해 연도 급여총액 - 전년도 급여총액)에 8.008%를 곱한 금액을 추가로 고지하며, 추가 금액은 4월분 건강보험료에 합산이 되어 고지가 되므로 급여가 전년도에 비하여 인상된 경우 4월분 보험료가 많아져서 근로자에게 많은 부담이 되는 것입니다.

2. 근로소득 외 소득이 있을 시 건강보험료 납부

근로자인 건강보험 직장가입자가 근로소득을 제외한 다른 소득(이자소득, 배당소득, 사업소득, 연금소득)의 연간 합계액이 **2,000만원을 초과**하는 경우 건강보험료를 추가로 납부하게 됩니다.

이 경우 근로소득 이외의 **소득월액에 4.004%를 곱하여 계산한 금액**을 매 월 추가로 납부하게 됩니다. 다만, 근로자가 별도의 사업을 운영하는 사업장에 근로자가 있고, 해당 사업장의 직장가입자로 가입된 경우 사업소득에 대한 금액은 제외합니다.

근로자가 회사에 근무하면서 근로자 본인 명의로 별도의 사업자등록이 있고, 해당 사업장에 종업원이 있는 경우

현재 근무하는 회사에서 건강보험료를 납부하여야 하며, 본인 명의 사업장에 종업원이 있는 경우 사업자등록이 있는 사업상에서도 본인 및 종업원은 해당 사업장의 직장가입자로 건강보험료를 각각 납부하여야 합니다.

근로자가 회사에 근무하면서 근로자 본인 명의로 별도의 사업자등록이 있고, 해당 사업장에 종업원이 없는 경우

현재 근무하는 회사에서 건강보험료를 납부하여야 하나 종업원이 없는 사업장이 있는 경우에는 종업원이 없는 사업장에 대한 건강보험료를 신고 및 납부하지 않습니다. 따라서 근로자 본인은 직장 건강보험료만을 납부하시면 됩니다. 다만, 보수(근로소득)를 제외한 다른 소득(이자소득, 배당소득, 사업소득, 연금소득)의 연간 합계액이 2천만원을 초과하는 경우 소득을 기준으로 계산한 건강보험료를 추가로 납부하여야 합니다.

② 자녀등의 피부양자로 될 수 없는 경우

1. 개요

[1] 건강보험 피부양자란

건강보험은 직장을 다니는 근로자의 경우 부담하는 직장가입자와 직장가입자에 해당하지 않는 경우 소득 및 재산의 정도에 따라 납부하는 지역가입자로 구분됩니다.

한편, 직장가입자 또는 지역가입자로서 건강보험료를 납부하는 경우 건강보험 가입자의 소득에 의하여 생계를 의존하는 사람으로서 소득 및 재산이 일정 기준 이하에 해당하는 사람은 건강보험료 가입자의 피부양자가 되어 별도의 보험료를 납부하지 않아도 됩니다. 즉, 피부양자란 건강보험 가입자의 소득에 의하여 생계를 의존하는 가족 구성원으로서 건강보험료를 별도로 납부하지 않아도 되는 사람을 말합니다.

[2] 건강보험 피부양자가 될 수 있는 경우

건강보험료 직장가입자 또는 지역가입자 건강보험료를 납부하는 본인의 배우자, 직계 비속(자녀), 동거하거나 동거하지 않더라도 동거하고 있는 형제자매가 없는 직계존비속(부모등)등으로서 일정 금액 이상의 재산 또는 소득이 없는 경우 본인의 피부양자로서 별도의 건강보험료 납부없이 건강보험 혜택을 누릴 수 있습니다.

따라서 은퇴자, 은퇴예정자의 경우 자녀의 건강보험료 피부양자 요건(재산 또는 소득이 일정한 금액에 미달하는 경우)에 해당하는지 여부를 미리 꼼꼼히 살펴보고, 납부하지 않아도 될 건강보험료를 납부하는 일이 없도록 하여야 할 것입니다.

2. 자녀 등의 피부양자가 될 수 없는 경우

[1] 근로소득이 있는 경우

본인, 배우자, 부모, 자녀가 각각 직장에 근무하는 경우에는 본인 및 배우자, 부모, 자녀는 직장가입자로 각각 건강보험료를 납부하여야 합니다.

다만, 근로소득이 있더라도 1개월 동안의 근로시간이 60시간 미만인 단시간근로자는 건강보험료 가입대상이 아니므로 피부양자가 될 수 있습니다.

달리 말하면, 재산이 많거나 금융소득(이자소득, 배당소득)이 많아 자녀의 피부양자가 될 수 없어 지역 건강보험료 가입자에 해당하여 매월 납부하는 건강보험료가 부담이 되는 경우 월 60기간 이상을 근무하는 사업장 근로자가 될 수 있다면, 직장 근로자로서 직장 건강보험료만 납부를 하게 되어 지역 건강보험료 부담에서 벗어날 수 있습니다.

▶ 건강보험 가입대상이 아닌 자

1. 비상근 근로자 또는 1개월 동안의 소정근로시간이 60시간 미만인 단시간근로자
2. 근로자가 없거나 제1호에 해당하는 근로자만을 고용하고 있는 사업장의 사업주

□ 건강보험법 제6조(가입자의 종류)
② 모든 사업장의 근로자 및 사용자와 공무원 및 교직원은 직장가입자가 된다. 다만, 다음 각 호의 어느 하나에 해당하는 사람은 제외한다.

1. 고용 기간이 1개월 미만인 일용근로자
4. 그 밖에 사업장의 특성, 고용 형태 및 사업의 종류 등을 고려하여 대통령령으로 정하는 사업장의 근로자 및 사용자와 공무원 및 교직원

□ 건강보험법 시행령 제9조(직장가입자에서 제외되는 사람)
법 제6조제2항제4호에서 "대통령령으로 정하는 사업장의 근로자 및 사용자와 공무원 및 교직원"이란 다음 각 호의 어느 하나에 해당하는 사람을 말한다.
1. 비상근 근로자 또는 1개월 동안의 소정(所定)근로시간이 60시간 미만인 단시간근로자
4. 근로자가 없거나 제1호에 해당하는 근로자만을 고용하고 있는 사업장의 사업주

[2] 근로자의 배우자, 부모, 자녀가 사업자등록이 있는 경우
세대구성원이라 하더라도 배우자, 부모, 자녀가 사업소득이 있는 경우에는 배우자, 부모, 자녀는 근로자 본인의 피부양자가 될 수 없으며, 직장가입자(해당 사업장에 근로자가 있는 경우) 또는 지역가입자로 건강보험료를 별도로 납부하여야 합니다. 단, 소득이 없던 배우자, 부모, 자녀가 새로 사업자등록을 하였으나 종업원이 없는 경우 그 소득이 국세청의 통보에 의하여 건강보험공단에서 확인되기 전까지는 근로자 본인의 피부양자이므로 별도의 지역가입자에 해당하지 않습니다.

[3] 부양가족이 사업자등록 여부에 관계없이 주택임대소득이 있는 경우
부양가족이 사업자등록 여부에 관계없이 주택임대소득이 있는 경우 피부양자에서 제외됩니다.

[4] 사업자등록이 되어 있지 않더라도 사업소득(보험모집인 등), 기타소득 등의 연간 합계액이 500만원을 초과하는 자
사업자등록이 되어 있지 않더라도 사업소득(보험모집인 등), 기타소득금액(기타소득 - 필요경비) 등의 연간 합계액이 500만원을 초과하는 자는 피부양자가 될 수 없습니다.

[5] 부양가족이 소유한 재산의 재산세 과세표준이 9억원을 초과하는 자(부부의 경우 각각 판단)
부양가족이 소유한 재산의 재산세 과세표준이 9억원을 초과하는 자는 피부양자가 될 수 없습니다. 단, 부부의 경우 각각의 재산을 기준으로 9억원 초과 여부를 판정하게 됩니다.

따라서 본인의 재산세 과세표준이 9억원을 초과하는 경우 본인은 피부양자가 될 수 없으나 배우자 재산이 9억원 이하인 경우 배우자는 피부양자가 될 수 없는 다른 소득 요건등이 없는 경우 피부양자가 될 수 있으나 배우자의 재산도 9억원을 초과하는 경우 부부 각자가 별도로 건강보험료를 부담하여야 합니다.

[6] 부양가족이 소유한 재산이 재산세 과세표준이 5.4억원 초과 9억원 이하이나 연간소득이 1천만원을 초과하는 자
부양가족이 소유한 재산이 재산세 과세표준이 5.4억원 초과 9억원 이하이나 **연간소득(아래 내용 참조)** 합계액이 1천만원을 초과하는 경우 피부양자가 될 수 없습니다.

[7] 소득의 합계액이 연간 2,000만원을 초과하는 경우
부양가족의 소득(공적연금소득, 이자소득 및 배당소득의 합계액이 1천만원을 초과하는 경우 전체금액, 사업소득 등)이 2천만원을 초과하는 경우 피부양자가 될 수 없으며, 부부의 경우 부부 중 한 명이라도

소득요건을 초과하면, 피부양자 자격이 박탈되며, 소득이 없는 배우자도 피부양자 자격이 박탈됩니다.

▶ 공적연금
국민연금, 공무원연금, 사립학교교직원연금, 군인연금, 별정우체국연금

[보험료 경감고시] 지역가입자로 전환되는 피부양자 보험료 일부 경감
경제 상황을 고려해 피부양자 인정기준 강화에 따라 지역가입자로 전환되는 피부양자의 보험료를 2026년 8월까지 일부 경감

1. 경감대상자 : 부부합산소득이 2000만원 초과 3400만원 미만인 경우
2. 경감률 : 1년차 80%→ 2년차 60% → 3년차 40% → 4년차 20%
○ 2024년 60% 감면 기준 : '23년 탈락자, '24년 탈락자
○ 2025년 40% 감면 기준 : '23년 탈락자, '24년 탈락자, '25년 탈락자

■ 부양가족 중 건강보험료 피부양자가 될 수 없는 경우
□ 국민건강보험법 시행규칙 [별표 1의2]
1. 부양가족이 사업자등록이 있는 경우로서 사업소득이 발생한 사업연도 이후
2. 부양가족이 사업자등록 여부에 관계없이 주택임대소득이 있는 경우
3. 사업자등록이 되어 있지 않더라도 사업소득(보험모집인 등), 기타소득 등의 연간 합계액이 500만원을 초과하는 자
4. 부양가족이 소유한 재산의 재산세 과세표준이 9억원을 초과하는 자
5. 부양가족이 소유한 재산이 재산세 과세표준이 5.4억원 초과 9억원 이하이나 연간소득이 1천만원을 초과하는 자
6. 영 제41조제1항 각 호에 따른 소득의 합계액이 연간 2,000만원을 초과하는 경우

□ 건강보험법 시행령 제41조(소득월액) -요약 정리-
① 법 제71조제1항에 따른 소득월액 산정에 포함되는 소득은 다음 각 호와 같다. 이 경우「소득세법」에 따른 비과세소득은 제외한다. <개정 2020. 10. 7., 2022. 6. 30.>

1. 이자소득:「소득세법」제16조에 따른 소득
2. 배당소득:「소득세법」제17조에 따른 소득
3. 사업소득:「소득세법」제19조에 따른 소득
4. 근로소득:「소득세법」제20조에 따른 소득
5. 연금소득:「소득세법」제20조의3에 따른 소득. 다만, 같은 조 제1항 제1호의 공적연금소득의 경우에는 같은 조 제2항을 적용하지 않고 해당 과세기간에 발생한 연금소득 전부를 연금소득으로 한다.
6. 기타소득:「소득세법」제21조에 따른 소득

② 제1항 각 호의 소득의 구체적인 산정방법은 보건복지부령으로 정한다. <신설 2020. 10. 7.>

□ 건강보험법 시행규칙 제44조(소득 산정방법 및 평가기준) -요약-
① 영 제41조제2항에 따라 법 제71조제1항에 따른 소득월액 산정에 포함되는 소득은 다음 각 호의 구분에 따른 금액을 합산한 금액으로 한다. 다만, 제1호 및 제2호에도 불구하고 「소득세법」 제14조제3항제6호에 따른 소득이 1천만원 이하인 경우에는 해당 이자소득과 배당소득은 합산하지 않는다. 〈신설 2020. 10. 30., 2022. 7. 1.〉

1. 영 제41조제1항제1호의 이자소득: 이자소득금액
2. 영 제41조제1항제2호의 배당소득: 배당소득금액
3. 영 제41조제1항제3호의 사업소득: 사업소득금액. 다만, 분리과세 주택임대소득에 대한 사업소득금액은 같은 법 제64조의2제2항에 따라 산정한다.

3. 건강보험 피부양자 대상 여부 판단시 포함하는 소득

소득월액 산정에 포함되는 소득은 다음 각 호의 구분에 따른 금액을 합산한 금액으로 합니다.

다만, 이자소득과 배당소득의 연간합계액이 1천만원 이하인 경우 해당 이자소득과 배당소득은 합산하지 않습니다만, 1천만원을 초과하는 경우 아자소득과 배당소득 전액이 소득에 합산됩니다. (건강보험법 시행규칙 제44조)

1. 이자소득
통상의 금융이자(은행이자 등)는 이자소득에 포함하나 비과세되는 이자는 건강보험료 부과기준산정이 되는 이자소득에 포함하지 않습니다.

따라서 이자소득과 배당소득의 연간합계액이 1천만원을 초과할 것으로 예상되는 경우 비과세 금융상품에 가입하여 건강보험료 부담을 줄일 수 있도록 하시면 될 것입니다.

▶ 이자소득에서 제외되는 이자소득
○ 장기 저축성 보험 : 10년 이상 + 1억원 이하 저축성보험
[소득세법 제16조 ① 9] [소득세법 시행령 제25조]

○ 비과세되는 조합원예탁금(농협 등 3천만원 이하 예탁금 이자)
[조세특례제한법 제89조의3]

○ 65세 이상자등에 대한 비과세 종합저축(저축 원금 5천만원 이하)
[조세특례제한법 제88조의2]

○ ISA(개인종합자산관리계좌) 이자소득

[조세특례제한법 제91조의18]

[세법 개정(안)] 개인종합자산관리계좌 세제지원 확대(조특법 §91의18, §129의2)

[세법 개정(안)] 개인종합자산관리계좌 세제지원 확대(조특법 §91의18, §129의2)

현 행	개 정 안
□ 개인종합자산관리계좌(ISA)에 대한 과세특례	□ 납입한도 및 비과세한도 확대
○ (가입대상) 15세 이상 거주자 (금융소득종합과세자* 제외) * 이자·배당소득 합계액 2천만원 초과자 ○ (운용자산) 예·적금, 펀드, 국내상장주식, 채권 등	○ (좌 동)
○ (납입한도) 1억원(연 2천만원)	○ 2억원(연 4천만원)
○ (비과세한도*) 200만원 (서민·농어민 400만원) * 한도 초과분은 분리과세(9%)	○ 500만원(서민·농어민 1천만원)
	□ 국내투자형 ISA 신설* * 일반 ISA와 국내투자형 중 1계좌 가입

<신 설>	○ (가입대상) 일반 ISA와 동일(단, 금융소득종합과세자 가입 허용) ○ (운용자산) 국내상장주식, 국내주식형 펀드* * 국내주식에 일정비율(대통령령) 이상 투자 ○ (납입한도) 2억원(연 4천만원) ○ (비과세한도) 1천만원 (서민·농어민 2천만원) - 단, 금융소득종합과세자는 비과세 없이 14% 분리과세

<적용시기> 법 시행 전 가입자에 대하여도 적용

2. 배당소득

주식등에 투자하여 투자의 대가로 법인으로부터 지급받는 배당금등의 수익을 말합니다.

3. 연금소득

공적연금(국민연금, 공무원연금, 사립학교직원연금, 군인연금 등) 소득 전액으로 합니다.

단, 건강보험료 산정대상 소득 중 연금소득은 현재 공적연금만을 대상으로 하고 있으며, 사적연금은 국민건강보험공단 정관 규정에 의하여 소득에 포함하지 않습니다.

4. 사업소득

사업소득은 사업소득에서 사업소득과 관련한 필요경비를 차감한 금액으로 합니다.

■ 분리과세 주택임대소득에 대한 사업소득금액 계산

주택임대소득 분리과세(분리과세 주택임대소득)

1) 수입금액(월세 + 간주임대료)
2) 주택임대소득을 분리과세하는 경우 필요경비

구 분	필요경비율
등록 임대주택	수입금액의 60%
미등록 임대주택	수입금액의 50%

3) 기본공제

구 분	기본공제*
등록 임대주택	4백만원
미등록 임대주택	2백만원

* 분리과세 주택임대소득을 제외한 종합소득금액이 2천만원 이하인 경우 공제

4) 건강보험료 부과기준에 되는 주택임대 소득금액   1) - 2) -3)

5. 기타소득

기타소득에서 필요경비를 제외한 금액으로 합니다. 예를 들어 일시적으로 제공하는 자문료 등의 경우 소득세법에서는 해당 자문료에서 자문료의 60%를 필요경비로 공제받을 수 있도록 규정하고 있으므로 자문료의 60%를 필요경비로 공제한 금액이 기타소득이 되는 것입니다.

6. 근로소득

사업장 근로자의 경우 해당 사업장에서 건강보험 직장가입자로 가입되므로 통상 피부양자에 해당하지 않습니다.

4. 건강보험료 부과시에 적용되는 소득

건강보험 피부양자 대상 여부 판단시 포함하는 소득은 소득 전액을 기준으로 하나 건강보험료 부과시 소득월액 산정에 포함되는 소득은 다르게 적용됩니다.

예를 들어 공무원연금, 국민연금 등이 월 167만원을 넘는 경우 연간 소득은 2천만원을 초과하게 되어 피부양자에서는 탈락하게 되나 이 경우 건강보험료 부과시에는 공무원연금, 국민연금액의 50%만을 소득으로 하여 건강보험료를 부과하게 됩니다.

◆ **건강보험료 부과기준대상 소득에 포함하는 금액**
○ 이자소득과 배당소득의 합계액이 1천만원을 초과하는 경우 전액
○ 사업소득 : 사업소득에서 필요경비를 차감한 금액
○ 공적연금소득 : **공적연금소득의 50%**
- 총 연금액을 연금소득으로 보며, 연금소득공제를 차감하기 전의 연금
○ 근로소득 : 근로소득 전액의 **50%**
- 비과세 급여[월 20만원 이하 식대, 월 20만원 이하 차량유지비 등]는 제외하며, 근로소득공제를 차감하기 전의 총급여를 말함
○ 기타소득 : 기타소득에서 필요경비를 차감한 금액
○ 사적연금소득 : 연금소득은 현재 공적연금만을 대상으로 하고 있으며, 사적연금은 포함하지 않습니다.

③ 건강보험료 절약, 부모님 건강보험료 줄여 주기

1. 개요

건강보험료 직장가입자의 경우 근로소득인 급여에 의하여 건강보험료가 결정되므로 건강보험료를 절약할 수 있는 특별한 방법은 없습니다.

그러나 지역가입자의 경우 소득, 재산 자동차 등에 의하여 산정된 부과점수에 점수당 금액(**208.4원**)을 곱한 금액으로 계산하게 됩니다.

따라서 재산이나 금융소득 등이 많아 건강보험료가 부담이 되는 경우 지인이나 가족 사업장등에 **월 60시간 이상 근로**를 하게 되면, 직장가입자로 전환이 되어 월급여를 기준으로 건강보험료가 부과되어 건강보험료가 현저히 줄어늘게 될 것입니다.

□ 건강보험법 시행령 제44조(보험료율 및 보험료부과점수당 금액)
① 법 제73조제1항에 따른 직장가입자의 보험료율은 1만분의 709로 한다. <개정 2022. 12. 27.>
② 법 제73조제3항에 따른 지역가입자의 보험료부과점수당 금액은 208.4원으로 한다. <개정 2022. 12. 27.>

■ 장기요양위원회 결정 장기요양보험료율
2024년도 장기요양보험료율 0.9182%
- 건강보험료의 12.95%(건강보험료 7.09% × 12.95%)

■ 장기요양보험료 = 건강보험료 × 장기요양보험료율(0.9182%)

[보험료 경감고시] 65세 이상 노인세대 등 세대경감

제6조(65세 이상 노인세대 등 세대경감)
① 규칙 제46조제4호 및 제6호에 따라 공단은 지역가입자 세대의 구성요건이 다음 각 호의 어느 하나에 해당하는 경우에는 별표 2의 보험료 경감기준에 따라 그 세대별 보험료액의 일부를 경감할 수 있다.
1. 가입자 중 65세 이상 노인이 있는 세대
2. 70세 이상 노인 가입자만 있는 세대

[별표 2] 보험료 경감기준(제6조 관련) <개정 2019.7.1>

구분	경감비율 (%)	적용요건 소득금액	적용요건 과표재산
제6조제1항제1호에 해당하는 세대	30	360만원 이하	6,000만원 이하
	20		6,000만원 초과 9,000만원 이하
	10		9,000만원 초과 13,500만원 이하
제6조제1항제2호에 해당하는 세대	30	360만원 이하	13,500만원 이하

2. 지역가입자에서 직장가입자로 전환

[사례] A씨는 재산이 7억원(재산세 과세표준금액)이고, 국민연금 1백만원을 매월 받고 있어 매월 고지되는 지역 건강보험료[부과점수 × 보험료 부과점수당 금액 208.4원]는 219,000원(장기요양보험료 28,360원 별도)이다.

▶ 재산세 과세표준
1. 토지 및 건축물 : 시가표준액의 100분의 70
2. 주택: 시가표준액의 100분의 60.

■ 직장가입자로 전환하는 경우 건강보험료 절약 핵심

1) 건강보험료 직장가입자가 되는 경우 재산이 아무리 많더라도 재산에 대하여 건강보험료가 별도로 추가되지 않습니다. 따라서 재산이 많아 건강보험료 부담이 된 경우 직장가입자로 전환하게 되면, 건강보험료가 현저히 줄어들 수 있습니다.

2) 다만, 직장 가입자가 되더라도 해당 사업장의 근로소득이외에 다른 소득이 2천만원을 초과하는 경우 2천만원 초과금액에 대하여 4%의 건강보험료가 추가 고지됩니다.

■ 지역 건강보험료 부과금액 : 매월 219,030원

[소득 부과 점수(170점) + 재산 부과 점수(881점)] × 208.4원

1. 소득에 부과되는 점수 : 170점

1) 95.26 + 2) 74.84(264 × 0.2835)

연간 국민연금 12,000,000원 × 50%(소늑인성률)

■ 부과점수 계산

1) 95.26

2) 74.85[2,640,000원(3,360,000원 초과금액 ÷ 10,000) × 0.2835]

연간 소득금액	점수
336만원 초과 ~ 7억1,776만원 이하	95.25911708 + (336만원을 초과하는 소득 1만원당 1만분의 2,835.0928)
7억1,776만원 초과	20,348.90

2. 재산에 부과되는 점수 : 881점

6억 5천만원(재산세 과세표준 7억원 - 공제액 5천만원)

[개정] 2024년 2월 후 재산에서 1억원 공제

○ 재산등급별 점수 881점

등급	재산금액(만원)	점수
35	59,700 초과 ~ 66,500 이하	881

A씨는 지역 건강보험료를 납부하던 중 조카인 B씨 건물을 관리하기로 하고, 월 60시간 근무에 월급여 60만원을 받기로 한 후, 취업을 하였다.

이후 고지되는 건강보험료는 매월 48,000원(본인부담금 24,000원 + 회사 부담금 24,000원)으로 건강보험료가 대폭 줄어 들어 부담을 들게 되었다.

■ 국민연금
한편, A씨는 만62세로 국민연금 가입대상이 아니며, 회사는 고용보험 및 산재보험만 추가로 부담하면 됩니다.

□ 국민연금법 제6조(가입 대상) 국내에 거주하는 국민으로서 18세 이상 60세 미만인 자는 국민연금 가입 대상이 된다.

■ 고용보험
근로자의 경우 고용보험료를 부담하여야 하며, 부과되는 금액은 다음과 같습니다.

○ 고용보험료 12,300원(월급여 600,000원 × 2.05%)
단, 만65세 이상인 경우 실업급여 관련 고용보험료는 없으며, 이 경우 보험료는 1,500원(600,000원 × 0.25%)입니다.
[고용보험법 제10조(적용 제외)]

📌 **사업장 4대보험료 요율 [종업원 및 사업주 부담금 비율] 2024년 기준**

구 분		회사분	종업원분	합계	비 고
국민연금		4.50%	4.50%	9.00%	
건강보험요율(합계)		4.004%	4.004%	8.008%	
국민건강보험료		3.545%	3.545%	7.090%	
노인성장기요양보험		0.459%	0.459%	0.918%	2023년 0.908%
고 용 보험료	실업급여	0.90%	0.90%	1.8%	
	고용안정 직업능력 개발사업	0.25%	-	0.25%	150명 미만 사업장
		0.45%	-	0.45%	150명 이상(특정업종)
		0.65%	-	0.65%	150명 ~ 1,000명
		0.85%	-	0.85%	1000명 이상
산재보험료		회사부담	없음		업종별로 다름
임금채권부담금		0.06%	없음		

■ 산재보험

산재보험은 사업장별로 요율이 다르며, 부동산임대업의 경우 산재보험료율은 0.7%(출퇴근 산재보험료율 0.006% 별도)입니다.

○ 산재보험료 4,230원

■ 최저임금

월 60시간 근로에 시급 1만원을 받는 경우 최저임금법(2024년 최저임금 시급 9860원)에도 저촉이 되지 않습니다.

▶ 새로 취업하는 사업장에 직원이 없는 경우

건강보험료 직장가입 대상 사업장은 직원이 1명 이상 있어야 하며, 직원이 없는 사업장의 경우 대표자는 지역 건강보험료 가입자로서 건강보험료를 납부하고 있을 것입니다.

따라서 사업장에 직원을 새로 고용하는 경우 사업주 본인 및 직원은 건강보험료 직장가입자가 됩니다. 이 경우 사업주 본인 건강보험료는 지역 가입자에서 직장 가입자로 전환되게 되며, 직장가입자 건강보험료는 해당 사업장 사업소득을 기준으로 납부하게 되므로 대부분의 경우 지역 건강보험료에 비하여 줄어들게 될 것입니다.

한편, 개인 사업장 대표자 본인은 고용보험 및 산재보험 가입의무가 없으므로 추가 부담은 없습니다.

■ (신규 가입 근로자 지원) 두루누리 사회보험

1. 지원대상
근로자 수가 10명 미만인 사업에 고용된 근로자 중 월평균보수가 260만원 미만인 신규가입 근로자와 그 사업주
- 2021년부터는 신규가입자에 대해서만 지원

2. 지원수준 및 지원기간
(지원수준) 신규가입 근로자 및 사업주가 부담하는 고용보험과 국민연금 보험료의 80%
(지원기간) 36개월간

3: 지원제외자 (다음 하나 이상에 해당하는 자)
지원 대상에 해당하는 근로자가 아래의 어느 하나라도 해당되는 경우 지원 제외됩니다.
1. 지원신청일이 속한 보험연도의 전년도 재산의 과세표준액 합계가 6억원 이상인 자
2. 지원신청일이 속한 보험연도의 전년도(소득자료 입수 시기에 따라 보험연도 전전년도) 종합소득이 4,300만원 이상인 자

3. 지역건강보험료 부과 체계

[1] 개요

지역가입자의 월별 보험료액은 세대 단위로 산정하며, 보험료부과점수는 지역가입자가 속한 세대의 보험료 부담능력을 표시하는 점수로서 가구별 소득, 재산에 부과하는 등급별 점수의 합계액에 보험료 부과 점수당 금액(2024년 208.4원)을 곱한 금액으로 산정합니다.

[2] 소득에 부과되는 점수

소득에 부과하는 점수는 **1천만원을 초과하는 경우의 금융소득 전액** (이자소득 + 배당소득의 합계액이 1천만원 이하인 경우 제외), **사업소득, 기타소득, 근로소득 및 연금소득의 100분의 50**을 소득으로 평가하여 합산한 소득금액을 등급별로 구분하여 산정합니다.

◆ 소득월액(연간 소득 ÷ 12)
○ 이자소득 및 배당소득 : 1천만원을 초과하는 경우 전액
○ 사업소득 : 총수입금액에서 필요경비를 차감한 소득
○ 근로소득 : 근로소득의 50%
- 소득세법의 비과세소득은 제외, 근로소득공제를 차감하지 않은 금액
○ 연금소득 : 공적연금 전액의 50%
○ 기타소득 : 기타소득에서 필요경비를 차감한 금액

> ■ 건강보험료 절약을 위한 핵심
>
> 이자소득 및 배당소득의 연간 합계액이 1천만원을 초과하는 경우 이자소득 및 배당소득 전액이 건강보험료 부과기준이 되는 소득에 포함하므로 1천만원을 넘지 않도록 하는 것이 건강보험료 절약의 핵심이므로 건강보험료 부과기준이 되는 소득에 포함하지 않는 비과세 이자소득(ISA 등)을 최대한 활용하여야 합니다.

[3] 재산에 부과되는 점수

재산(자동차는 제외)에 부과하는 점수는 1)과 2)의 금액을 합산한 금액에서 다음 표에 따른 5천만원**[2024년 2월 이후 1억원 공제]**을 뺀 금액을 등급별로 구분하여 산정합니다.

1) 토지, 건축물, 주택, 선박의 재산세 과세표준금액
2) 임차주택에 대한 보증금 및 월세금액을 보건복지부령으로 정하는 기준에 따라 평가한 금액
[보증금 + (월세금액을 1000분의 25로 나눈 금액)] × 100분의 30

▶ **주택 담보대출금 또는 전세보증금 대출금 공제**

1) 지역가입자로서 무주택자(전·월세) 또는 1주택자(자가)가 실거주 목적으로 주택을 구입·임차하기 위하여 빌린 부채는 건강보험료 부과 대상에서 제외됩니다.

2) 대상이 되는 주택은 공시가격 5억원(재산과표 3억, 시가 7~8억 상당) 이하(전·월세의 경우 보증금 5억원 이하)이며, 주택담보대출·전세담보대출 등으로서 취득일·전입일 등으로부터 전후 3개월 이내에 발생한 대출이어야 합니다.

3) 대출액에 30%(임차), 60%(자가)를 곱하여 평가한 금액*을 건강보험료 재산과표에서 공제하되,
자가 세대는 과표 5,000만원(대출원금 8,300만원 상당)**까지,
임차 세대는 보증금의 범위에서 1.5억원 (대출원금 5억원)까지 공제받을 수 있습니다.
* 보험료부과 시 재산의 30%(임차), 60%(자가)를 곱하여 부과하고 있음
** 60% 평가된 뒤 5천만원이므로 대출원금 기준으로는 8,300만원 상당

■ 국민건강보험법 시행령 [별표 4] <개정 2024. 2. 13.>

보험료부과점수의 산정방법(제42조제1항 관련)

1. 제42조제1항에 따른 보험료부과점수는 지역가입자가 속한 세대의 보험료 부담능력을 표시하는 점수로서, 가목 및 나목에 따른 소득 및 재산에 부과하는 점수를 합하여 산정한다. 다만, 가목에 따른 소득금액이 연 336만원 이하인 경우에는 가목에 따른 소득에 부과하는 점수가 아닌 제32조제2호나목에 따른 지역가입자의 월별 보험료액의 하한액을 제44조제2항에 따른 보험료부과점수당 금액으로 나누어 얻은 값에 나목에 따른 재산에 부과하는 점수를 합하여 산정한다.

가. 소득에 부과하는 점수는 제42조제2항에 따른 소득을 보건복지부령으로 정하는 바에 따라 평가하여 합산한 소득금액을 다음 표의 구분에 따라 산정한다.

소득금액	점수
336만원 초과 ~ 7억1,776만원 이하	95.25911708 + (336만원을 초과하는 소득 1만원당 1만분의 2,835.0928)
7억1,776만원 초과	20,348.90

나. 재산에 부과하는 점수는 다음의 금액을 합산한 금액에서 1억원 및 제42조의2제3항 각 호의 구분에 따른 금액을 뺀 금액을 등급별로 구분하여 산정한다. 이 경우 재산의 등급별 점수는 제3호의 표와 같다.
  1) 제42조제3항제1호에 따른 토지, 건축물, 주택, 선박 및 항공기의 재산세 과세표준금액
  2) 제42조제3항제2호에 따른 임차주택에 대한 보증금 및 월세금액을 보건복지부령으로 정하는 기준에 따라 평가한 금액

다. 삭제 <2024. 2. 13.>

2. 삭제 <2022. 8. 31.>

3. 재산등급별 점수

등급	재산금액(만원)	점수	등급	재산금액(만원)	점수
1	450 이하	22	31	38,800 초과 ~ 43,200 이하	757
2	450 초과 ~ 900 이하	44	32	43,200 초과 ~ 48,100 이하	785
3	900 초과 ~ 1,350 이하	66	33	48,100 초과 ~ 53,600 이하	812
4	1,350 초과 ~ 1,800 이하	97	34	53,600 초과 ~ 59,700 이하	841
5	1,800 초과 ~ 2,250 이하	122	35	59,700 초과 ~ 66,500 이하	881
6	2,250 초과 ~ 2,700 이하	146	36	66,500 초과 ~ 74,000 이하	921
7	2,700 초과 ~ 3,150 이하	171	37	74,000 초과 ~ 82,400 이하	961
8	3,150 초과 ~ 3,600 이하	195	38	82,400 초과 ~ 91,800 이하	1,001
9	3,600 초과 ~ 4,050 이하	219	39	91,800 초과 ~ 103,000 이하	1,041
10	4,050 초과 ~ 4,500 이하	244	40	103,000 초과 ~ 114,000 이하	1,091
11	4,500 초과 ~ 5,020 이하	268	41	114,000 초과 ~ 127,000 이하	1,141
12	5,020 초과 ~ 5,590 이하	294	42	127,000 초과 ~ 142,000 이하	1,191
13	5,590 초과 ~ 6,220 이하	320	43	142,000 초과 ~ 158,000 이하	1,241
14	6,220 초과 ~ 6,930 이하	344	44	158,000 초과 ~ 176,000 이하	1,291
15	6,930 초과 ~ 7,710 이하	365	45	176,000 초과 ~ 196,000 이하	1,341
16	7,710 초과 ~ 8,590 이하	386	46	196,000 초과 ~ 218,000 이하	1,391
17	8,590 초과 ~ 9,570 이하	412	47	218,000 초과 ~ 242,000 이하	1,451
18	9,570 초과 ~ 10,700 이하	439	48	242,000 초과 ~ 270,000 이하	1,511
19	10,700 초과 ~ 11,900 이하	465	49	270,000 초과 ~ 300,000 이하	1,571
20	11,900 초과 ~ 13,300 이하	490	50	300,000 초과 ~ 330,000 이하	1,641
21	13,300 초과 ~ 14,800 이하	516	51	330,000 초과 ~ 363,000 이하	1,711
22	14,800 초과 ~ 16,400 이하	535	52	363,000 초과 ~ 399,300 이하	1,781
23	16,400 초과 ~ 18,300 이하	559	53	399,300 초과 ~ 439,230 이하	1,851
24	18,300 초과 ~ 20,400 이하	586	54	439,230 초과 ~ 483,153 이하	1,921
25	20,400 초과 ~ 22,700 이하	611	55	483,153 초과 ~ 531,468 이하	1,991
26	22,700 초과 ~ 25,300 이하	637	56	531,468 초과 ~ 584,615 이하	2,061
27	25,300 초과 ~ 28,100 이하	659	57	584,615 초과 ~ 643,077 이하	2,131
28	28,100 초과 ~ 31,300 이하	681	58	643,077 초과 ~ 707,385 이하	2,201
29	31,300 초과 ~ 34,900 이하	706	59	707,385 초과 ~ 778,124 이하	2,271
30	34,900 초과 ~ 38,800 이하	731	60	778,124 초과	2,341

4. 삭제 <2024. 2. 13.>

[개정] 2024년 2월 이후 자동차에 부과되는 점수 폐지

4. 실업자, 퇴직자에 대한 건강보험료 납부 특례

[1] 임의계속가입 제도란?

임의계속가입 제도는 실업자에 대한 건강보험료의 경제적 부담을 완화하기 위해 운영하고 있는 제도입니다.

지역보험료보다 임의계속가입자 보험료가 적은 경우 임의계속보험료로 건강보험료를 납부할 수 있으며, 퇴직 전 18개월간 직장가입자의 자격을 유지한 기간이 통산 1년 이상인 사람만 신청이 가능합니다.

재취업한 경우에도 최종 사용관계가 끝난 날을 기준으로 18개월 동안 통산 1년 이상 직장가입자 자격을 유지한 사람만 임의계속 재가입이 가능합니다.

[2] 임의계속가입자 신청 및 적용기간은?

임의계속가입자는 퇴직 후 최초로 지역가입자 보험료를 고지 받은 납부기한에서 2개월이 지나기 전 국민건강보험공단(1577-1000)에 신청해야 하며, 보험료는 퇴직 전 산정된 최근 12개월간의 보수월액을 평균한 금액이며, 퇴직일 다음 날부터 36개월간 적용 가능합니다.

- 개인사업장 대표자 제외(법인대표자, 재외국민, 외국인 대상자는 신청 가능)

[3] 신청 방법

임의계속가입자를 원할 경우 가입자 본인이 임의계속(가입/탈퇴) 신청서를 공단에 제출해야 합니다. 본인이 지사에 방문해 신청하거나 팩스, 우편, 유선 등으로 신청할 수 있습니다. 가입자 본인 신청이 원칙이나 본인에게 국외출국, 군입대, 시설수용, 병원입원 등 부득이한 사유가 있는 경우 그 가족이 신청할 수 있습니다. 다만, 추후 가입자가 사실을 거부할 경우 취소될 수 있습니다.

▶ **유의사항**
재산, 소득 등에 따라 지역보험료가 달라질 수 있으며 가족 중 사업소득 등이 있거나 주소지가 다른 피부양자가 있는 경우 지역보험료와 임의계속보험료가 각각 고지될 수 있으므로 반드시 확인 후 신청해야 합니다.

SECTION 03

개인기업 사업주의 4대보험가입 및 보험료

> 근로자를 1인 이상 고용하고 있는 사업주는 국민연금 및 건강보험료를 사업장 가입자로 납부하여야 합니다. 단, 근로자가 없는 경우 국민연금 및 건강보험을 지역가입자로 보험료를 납부하여야 합니다.
> 사업주 본인은 고용보험 및 산재보험에 가입할 의무가 없으나 신청에 의하여 임의 가입할 수 있습니다.

1 개인기업 사업주의 4대보험료

Q 국민연금

사업자의 경우 사업 소득금액을 기준으로 국민연금을 고지하며, 별도의 정산은 필요하지 않습니다.

건강보험료

▶ 종업원이 있고, 사업장으로 가입이 되어 있는 경우

① 대표자는 사업장 가입자로 건강보험료를 납부하여야 하며, 건강보험공단은 전년도 사업소득을 12로 나눈 금액에 보험료율을 곱한 금액을 매월 고지합니다.

② 개인 사업자가 건강보험공단의 고지에 의하여 납부한 건강보험료는 전년도 사업소득을 기준으로 납부한 금액이므로 당해 연도의 사업소득으로 확정하여 정산을 하게 됩니다. 따라서 개인 사업자 본인은 매년 5월 15일까지 공단에서 사업장으로 송부하는 '직장가입자 보수총액통보서'에 보수총액을 기재하여 **5월 31일**(성실신고확인대상 사업자는 6월 30일) 까지 제출하여야 하며, 건강보험공단은 6월분 (성실신고확인사업자는 7월분) 고지시 정산금액을 같이 고지합니다.

▶ 대표자의 보수총액

개인 사업자는 급여를 받는 것이 아니라 사업을 운영하여 1년간의 총수입금액(매출 등)에서 필요경비(매출을 위하여 사용소비된 경비)를 차감한 금액이 소득이 되는 것이므로 개인 사업자 본인은 당해 연도 중 사업장에서 발생한 사업소득(총수입금액 - 필요경비)을 보수총액으로 합니다. 단, 사업소득이 없거나 사업소득으로 산정한 보수월액이 당해 사업장 근로자의 최고월액보다 낮은 경우에는 당해 사업장 근로자의 최고월액에 해당하는 보수월액을 개인 사업자의 보수월액으로 합니다.

③ 사업장이 두 군데 이상인 경우 각 사업장별로 건강보험료를 납부하여야 합니다.

④ 사업소득 이외에 근로소득이 있는 경우 사업소득 및 근로소득을 제공하는 사업장에서 각각 건강보험료를 납부하여야 합니다.

▣ 종업원이 없는 경우

① 사업장에 종업원이 없거나 종업원이 있어도 사업장 가입자로 신고를 하지 않는 경우 지역 건강보험료가 부과됩니다.

② **사업장에 종업원이 없는 경우 지역 건강보험료를 납부하여야 합니다만, 사업자가 다른 사업장의 근로자로서 직장가입자가 되는 경우 해당 사업장의 직장가입자가 되며, 이 경우 지역건강보험료는 납부하지 않아도 됩니다.**

③ 재산이 많아 지역건강보험료가 부담이 되는 경우로서 배우자가 사업장 업무에 종사한다면, 사업장 적용 신고를 하여 본인 및 배우자가 직장가입자로서 본인은 사업소득을 기준으로 배우자는 급여를 기준으로 건강보험료를 각각 납부할 수 있습니다.

사업장 적용을 받는 경우 국민연금도 직장가입자로 가입하여 각각 납부를 하여야 합니다만, 배우자의 급여가 260만원 이하인 경우 배우자의 국민연금불입액 중 80%를 국가로부터 보조를 받을 수 있습니다. (두루누리 제도 참조)

▶ 사업장 대표자가 지역가입자인 경우 건강보험료 정산
1. 2023년도 소득 발생
2. 2024년도 5월 종합소득세 신고 (소득자 → 국세청)
3. 2024년도 10월 소득 자료 전송 (국세청 → 건강보험공단)
4. 2024년도 11월 건강보험료 정산 및 고지 (건강보험공단 → 소득자)

고용보험 및 산재보험

종업원이 1인 이상인 사업장의 사업주는 건강보험 및 국민연금은 가입하여야 하나 고용보험 및 산재보험은 가입대상이 아닙니다만, 사업주가 신청하는 경우 임의 가입할 수는 있습니다.

배우자, 직계존비속의 직원채용과 4대보험 가입

▶ **급여 책정**

배우자 또는 직계존비속을 근로자로 채용하는 경우로서 배우자 또는 직계존비속외의 다른 근로자가 없는 경우 근로기준법의 적용을 받지 아니하므로 최저임금 미만으로 급여를 책정하더라도 특별히 문제가 될 점은 없으므로 국민연금, 건강보험료 부담을 줄이고자 하는 경우 최저임금 미만으로 급여를 책정하여도 무방합니다.

▶ **국민연금 및 건강보험**

가족을 직원으로 채용하는 경우 가족 개인의 소득이 발생하므로 국민연금 및 건강보험 직장가입자로 가입을 하여야 하며, '사업장적용신고서' 및 '사업장가입자 자격취득 신고서'를 국민연금공단 또는 건강보험공단에 제출을 하여야 하며, 가족의 경우에도 두루누리 혜택(국민연금 일부 국가지원제도)을 받을 수 있으므로 '사업장적용신고서'에 연금(고용)보험료 지원 신청란에 체크 표시를 하시면 됩니다.

한편, 가족만으로 구성된 회사의 경우에는 고용보험 및 산재보험은 가입할 수 없습니다.

② 자영업자의 지역 건강보험료 부과기준

> 건강보험료는 대출시 소득금액 증빙, 자녀의 학비지원, 의료비환급 등 국가 복지지원정책의 기준금액이 되는 기본자료이므로 건강보험료 부과기준 금액을 알아 두시면 매우 유용합니다.

건강보험료 직장가입자가 아닌 경우(근로자가 없는 개인 사업자인 세대주 또는 직업이 없는 세대주 등)에는 지역가입자로 건강보험료를 납부하여야 합니다.

지역가입자의 경우 **소득, 재산 보유현황, 자동차의 종류** 등을 기준으로 건강보험료를 계산하여 건강보험공단에서 매 월 보험료를 고지합니다. 따라서 재산을 취득하거나 자동차를 구입할 시 건강보험료 추가 부담액을 미리 계산하여 본 다음 재산 취득 또는 자동차 구입을 하는 것이 도움이 될 것입니다.

▶ 피부양자 대상 여부 판정시 소득기준

피부양자의 소득[공적연금소득, 이자소득, 배당소득, 기타소득금액)]이 연간 2천만원을 초과하는 경우 피부양자에서 제외되며, 이 경우 소득의 합계액으로 하되, 비과세소득 및 이자소득, 배당소득의 합계액이 1천만원 이하인 금액은 포함하지 않습니다.

[상세 내용] SECTION 02 건강보험료 부과기준 및 부모님 보험료 줄여주기

③ 자영업자 본인 고용보험 및 산재보험 가입

◎ 자영업자 고용보험 가입

사업주 본인은 고용보험의무가입대상자는 아닙니다만, 사업부진 등의 사유로 폐업하는 경우 근로자와 같이 일정기간 동안의 실업급여를 지원하여 주기 위하여 근로자를 사용하지 아니하거나, 50인 미만 근로자를 사용하는 자영업주(개인사업장은 사업주, 법인은 대표이사)로서 아래 요건을 모두 갖춘 사업자 본인은 고용보험에 임의가입을 할 수 있으며, 자세한 내용은 근로복지공단에 문의를 하시면 됩니다.

1. 사업자등록증을 갖춘 자
2. 사업자등록일로부터 6개월 이내인 자
3. 실업급여 수급 종료일로부터 2년 이내인 자
4. 임금근로자로 피보험자격이 취득되어 있지 않은 자

▶ **실업급여 관련 고용보험 가입을 할 수 없는 사업자**
① 다음 각 호의 어느 하나에 해당하는 사업
1. 농업·임업·어업 또는 수렵업 중 법인이 아닌 자가 상시 4명 이하의 근로자를 사용하는 사업
2. 다음 각 목의 어느 하나에 해당하는 공사
가. 총공사금액이 2천만원 미만인 공사
나. 연면적이 100제곱미터 이하인 건축물의 건축 또는 연면적이 200제곱미터 이하인 건축물의 대수선에 관한 공사
3. 가사서비스업

② 부동산임대업

▶ **자영업자 고용보험요율 = 기준보수액 × 보험요율**

보험요율 : 2.25% (실업급여 2% + 고용안정.직업능력개발사업 0.25%)

자영업자 산재보험 가입

[1] 종업원 50명 미만 자영업자 본인 산재보험 가입

사업주 본인은 산재보험의무가입 대상자는 아닙니다만, 보험가입자로서 **50명 미만의 근로자를 사용하는 사업주**의 경우 근로복지공단의 승인을 얻어 자기 또는 유족을 보험급여를 받을 수 있는 자로 하여 보험에 가입할 수 있습니다.

[2] 자영업자 산재보험 가입 신청 및 승인

중.소기업 사업주가 보험에 가입하고자 하는『중.소기업 사업주 산재보험 가입신청서』를 작성하여 공단에 제출하여야 하며, 신청 및 가입절차는 근로복지공단(☎1588-0075)에 문의하시면 자세한 안내를 받을 수 있습니다.

① 중.소기업 사업주에 대한 보험료 및 보험급여의 산정기준이 되는 보수액 및 평균임금은 고용노동부장관이 고시하는 금액으로 하고 보험료율은 당해 사업이 적용받는 보험료율로 합니다.

■ 월 보험료 = 월단위 보수액 × 당해 사업장 산재보험료율

② 보험에 가입된 중.소기업 사업주는 보험연도마다 고용노동부장관이 고시하는 월 단위 보수액의 등급 중 하나를 선택하여 해당 보험연도의 전년도 12월 말일까지 다음 보험연도 월보수를 공단에 신고하여야 합니다.

SECTION 03

4대보험료 납부에 따른 혜택 등

> 4대보험료를 납부하는 경우 근로자 본인 및 사업주에 대하여 여러 가지 혜택이 있으며, 그 내용을 살펴보면 다음과 같습니다.

1 국민연금 불입에 따른 혜택

◎ 국민연금 수급

국민연금은 기간에 관계없이 120회 이상 불입을 하여야 연금형태를 지급을 받을 수 있으며, 120회 미만 불입한 경우 연금수령 시점에 원금에 대한 이자를 포함하여 일시불로 지급을 받게 됩니다.

♣ 보건복지부 → 정책 → 연금 → 국민연금정책 → 국민연금급여

▶ 노령연금

[1] 노령연금 수급 개시 연령

노령연금이란 통상의 국민연금으로 가입자가 일정 연령 이상이 되는 월부터 지급하는 연금을 말합니다. 노령연금의 수급 개시 연령은 만 60세이나, 그 지급연령이 높아져 2013년부터는 5년마다 1세씩 연장하여 2033년부터는 65세부터 지급받을 수 있으며, 출생연도별 수급 개시연령은 다음과 같습니다.

■ 연령별 국민연금 수급연도

출생연도	노령연금수급연령	조기연금수급연령
1953 ~ 1956년생	61세	56세
1957 ~ 1960년생	62세	57세
1961 ~ 1964년생	63세	58세
1965 ~ 1968년생	64세	59세
1969년생 이후	65세	60세

[2] 노령연금 수령액

연금액은 본인의 가입기간 및 가입 중 평균소득액, 전체 가입자의 평균소득액을 기초로 계산됩니다. 수령액 산식은 다소 복잡하기 때문에 자세한 사항은 국민연금 홈페이지(내 연금 알아보기)에서 예상연금액을 조회하시어 향후 받게 될 금액을 확인(공인인증서 필요)하시기 바라며, 나중에 받게 될 예상연금액과 그동안 납부한 내역을 국민연금 홈페이지에서 확인할 수 있습니다.

예상연금액은 '국민연금 홈페이지 → 내연금노후설계 → 국민연금 예상연금 조회'에서 현재까지 납부한 보험료를 기준으로 만 60세 또는 연금수급가능 시까지 계속 납부하는 것을 가정한 예상연금액을 알아볼 수 있습니다.

Q&A 부양가족이 많은 경우 국민연금을 더 받을 수 있나요?

부양가족이 있을 경우 국민연금을 더 받을 수 있습니다. 부양가족연금은 연금을 받는 분의(유족연금의 경우에는 사망한 가입자 또는 가입자였던 분의)배우자, 자녀(18세 미만 또는 장애2급 이상), 부모(60세 이상 또는 장애2급 이상, 배우자의 부모 포함)로서 연금을 받으시는 분에 의해 생계를 유지하는 경우에 지급되며, 가입기간 등에 관계없이 정액으로 지급됩니다. 유족연금의 경우에는 지급사유 발생 당시 가입자 또는 가입자이었던 분에 의하여 생계를 유지하고 있던 분이 부양가족연금 대상입니다.

▶ 조기노령연금

① 국민연금 가입기간이 10년 이상되는 분은 소득이 일정 금액에 미달하거나 **소득이 있는 업무**에 종사하지 않는 경우 연령별 수급시기 전이라도 연금지급을 청구할 수 있으며, 이를 '조기노령연금'이라 합니다.

② '소득이 있는 업무'라 함은 최근 3년간의 국민연금 전체가입자의 평균소득월액의 평균액'(2022도 기준 월평균 2,681,724원)이며, 이 금액은 매년 변동됩니다.

③ 월 평균소득금액이란 사업소득금액(총수입금액 - 필요경비) 및 근로소득금액(근로소득 - 근로소득공제)을 합산한 금액을 당해연도 근무 종사월수로 나눈 금액을 말합니다. 조기노령연금은 연금을 지급받기 시작하는 연령에 따라 지급률(노령연금대비 지급비율)이 달라지며, 그 내용은 다음과 같습니다.

■ 연령별 조기노령연금 수령 비율

출생연도 조기연금	1953년~ 1956년생	1957년~ 1960년생	1961년~ 1964년생	1565년~ 1968년생	1969년생 이후
만56세	70%				
만57세	76%	70%			
만58세	82%	76%	70%		
만59세	88%	82%	76%	70%	
만60세	94%	88%	82%	76%	70%
만61세		94%	88%	82%	76%
만62세			94%	88%	82%
만63세				94%	88%
만64세					94%

▶ 재직자 노령연금

재직자 노령연금이란 가입기간이 10년 이상이고 국민연금 수급연령에 도달하였으나 소득이 있는 업무에 종사하고 있는 경우 60세 이상 65세 미만의 기간 동안 일정금액을 감액하여 지급하는 연금입니다. 단, 연금을 받을 당시 소득이 있는 업무에 종사하여 재직자노령연금을 받았다 하더라도 65세 이전에 소득이 있는 업무에 종사하지 않게 되면, 가입기간에 따라 완전노령연금이나 감액노령연금으로 변경하여 지급을 받게 됩니다.

▶ 장애연금

장애연금은 가입자의 가입중에 발생한 질병 또는 부상이 완치(진행중인 때는 초진일로부터 1년 6개월 경과시)되었으나 신체적 또는 정신적 장애가 남았을 때 이에 따른 소득 감소부분을 보전함으로써 자신과 가족의 안정된 생활을 보장하기 위한 급여로서 장애정도(1급~4급)에 따라 일정한 급여를 지급합니다.

▶ 유족연금

① 유족연금은 국민연금에 가입하고 있는 사람 또는 연금을 받던 사람이 사망하면 그에 의하여 생계를 유지하던 유족에게 가입기간에 따라 기본연금액의 일정률(40~60%)을 지급하여 남아있는 가족들이 안정된 삶을 살아갈 수 있도록 하기 위한 연금입니다.

가입기간	연금액
10년 미만	기본연금액 40% + 부양가족연금액
10년 이상 20년 미만	기본연금액 50% + 부양가족연금액
20년 이상	기본연금액 60% + 부양가족연금액

② 유족연금은 가입자 또는 가입자였던 분이 사망하거나, 노령연금 수급권자 또는 장애등급 2급 이상의 장애연금 수급권자가 사망하여 수급요건을 충족하는 경우에 그 유족의 생활을 보장하기 위하여 지급하는 연금입니다.

③ 유족연금은 사망 당시 수급자에 의하여 생계를 유지하고 있던 분 중 배우자, 자녀(만 19세미만이거나 장애등급 2급 이상), 부모(만 60세 이상이거나 장애등급 2급 이상), 손자녀(만 19세미만 또는 장애등급 2급 이상) 순으로 최우선 순위자에게 지급되며, 이를 충족하게 되면 우선순위에 의해 유족연금을 지급받을 수 있습니다.

▶ 부부가 모두 국민연금에 가입한 경우 유족연금

부부가 국민연금을 수령하던 중 배우자가 사망하는 경우 유족연금(40% ~ 60%)의 100분의 30에 상당하는 금액만 추가로 지급받게 되므로 배우자가 국민연금에 임의 가입하고자 하는 경우 이 점을 유의하여야 합니다.

2 고용보험료 납부에 따른 혜택

> 사업주 및 근로자가 납부하는 고용보험료를 재원으로 정부는 사업주와 근로자를 위하여 지원사업을 실시하며, 자세한 내용은 고용노동부에서 운영하는 '**고용보험**' 홈페이지를 참고하시기 바랍니다.

◘ 근로자 지원제도

- 재직근로자 훈련지원
- 근로자 수강 지원금 지원
- 실업자 훈련지원
- 실입자 재취입 훈련지원
- 실업급여
- 육아휴직급여
- 산전후휴가급여

◘ 사업주 지원제도

- 고용유지 지원금
- 무급휴업·휴직 고용유지 지원금
- 정년연장 지원금
- 출산육아기 고용안정 지원금

♣ 상세 내용 : 고용보험(홈페이지) → 기업혜택안내

③ 의료비 본인부담금 환급제도

Q 개요

본인, 부모님 또는 가족의 질병으로 수술, 장기입원 등으로 인하여 병원비 부담이 많아지는 경우 경제적으로 어려워 질 수가 있습니다. 따라서 국가는 병원비 부담액 중 비급여(보험이 되지 않는 의료비)를 제외한 **연간(1월 1일 ~ 12월 31일) 의료비**가 건강보험료 부담 수준에 따라 121만원부터 506만원을 초과하는 경우 그 초과되는 금액을 전액 돌려주며, 이 제도가 의료비 환급제도입니다.

예를 들어 암으로 인하여 의료보험이 적용되는 의료비를 1천만원이 지출한 경우로서 소득수준(건강보험료 납부금액 기준)이 중위 4단계에 해당하는 경우 747만원을 환급을 받을 수 있으므로 가족의 경제적인 부담이 현저히 줄어들게 됩니다.

단, 의료보험이 되지 않는 특진비, 2인실 또는 1인실 등의 비용과 비급여 적용대상 진단비용 등은 환급대상이 아닌 점을 유의하여 특수검사의 경우 검사 전 검사비용 및 의료보험 여부를 확인하여 검사 여부를 결정하여야 할 것입니다.

> **참 고** 의료비 환급적용 제외 및 환수대상
> MRI일부금액, 선택진료비, 상급병실료 차액, 비급여항목은 제외되며, 보험료체납 후 진료, 기타 부당한 방법, 고의·중대한 과실에 의한 진료, 교통사고, 업무상 부상으로 인한 진료, 제3자 가해행위로 인한 진료 등으로 확인 되었을 시 환급액의 전부 또는 일부가 환수될 수 있다.

■ 종합병원 인실별 본인부담률

구분		1인실	2인실	3인실	4인실	5인실 이상
상급종합	비급여		50%	40%	30%	20%
종합병원			40%	30%	20%	20%

▶ **요양급여비용 중 본인이 부담하는 상한액**

매년 산정.적용되는 소득수준별 본인부담상한액은 국민건강보험공단 홈페이지에서 확인할 수 있다.

의료비 본인부담상한액 및 환급

■ 2024년 본인부담상한액 [국민건강보험법 시행령 별표 3]

연도	연평균 보험료 분위						
	저소득 → 고소득						
	1분위	2~3분위	4~5분위	6~7분위	8분위	9분위	10분위
2024년	87만원	108만원	167만원	313만원	428만원	514만원	808만원
•요양병원 입원일수 120일 초과	138만원	174만원	235만원	388만원	557만원	669만원	1,050만원

▶ **의료비 본인부담금 환급절차**

(1) 사전 적용

같은 병원에서 계속 입원진료 중 건강보험 본인부담금(선택진료비 등 비급여 부분 제외)이 연간 580만원을 초과할 경우, 병원은 5만원까지만 청구하고 그 초과액은 공단에 청구하는 것을 말한다.

(2) 사후 적용

가입자가 여러 병원(약국 포함)에서 진료하고 부담한 건강보험 본인

부담금 (선택진료비 등 비급여 부분은 제외)을 집계하여 상한액을 초과한 본인부담금을 환급하여 주는 제도로서 공단은 사후환급대상이 되는 분께 다음해 4, 5월 중 지급신청 안내문을 보내준다.

□ 소득분위별 본인부담상한액 및 월별 기준보험료

소득분위별 본인부담상한액		본인부담상한액 월별 기준보험료	
소득분위	본인부담상한액	직장가입자	지역가입자
소득 1분위	83만 원 (128만 원)	52,850원 이하	11,430원 이하
소득 2~3분위	103만 원 (160만 원)	52,850원 초과 75,080원 이하	11,430원 초과 18,530원 이하
소득 4~5분위	155만 원 (217만 원)	75,080원 초과 100,620원 이하	18,530원 초과 53,470원 이하
소득 6~7분위	289만 원	100,620원 초과 144,480원 이하	53,470원 초과 118,490원 이하
소득 8분위	360만 원	144,480원 초과 182,840원 이하	118,490원 초과 163,230원 이하
소득 9분위	443만 원	182,840원 초과 250,250원 이하	163,230원 초과 242,380원 이하
소득 10분위	598만 원	250,250원 초과	242,380원 초과

기간 : 1년 (2022년1월1일~12월31일)

( )은 요양병원 120일 초과 입원한 경우의 본인부담상한액
▶ 보험료는 매 년 재조정됨

■ 법제처 → (검색어) 본인부담상한액 → 행정규칙
■ 법제처 → 국민건강보험법 시행령 → [별표 3] 본인부담상한액

Q&A 요양병원 입원비도 환급을 받을 수 있나?

부모님이 노인성 질환등으로 장기 요양이 필요한 경우 반드시 의료법에 의한 의료기관에서 요양을 하여야 연간 80만원부터 523만원을 초과하

는 금액을 환급받을 수 있다. 따라서 병원이 아닌 일반요양원 등에 입원하시는 경우 의료비 환급도 받을 수 없으며, 근로자의 경우 세법에 의한 의료비공제 또한 받을 수 없는 것이므로 특히 유의를 하여야 한다. 요양원의 경우 치매, 중풍 등으로 등급판정을 받은 경우 입원을 할 수 있으며, 입원비용의 80% 이상을 노인장기요양보험에서 지원하고 있다.

Q&A 농어촌에서 생활하시는 부모님의 주소지를 부양의무자인 근로자의 주소지로 이전하는 것은 좋은가?

농어촌에서 생활하시는 부모님의 건강보험료는 대부분 지역가입자 하위 50%에 해당하여 건강보험료가 얼마 되지 않아 의료비 지출액이 최하위 보험료 납부자의 경우 연간 의료비가 80만원을 초과하면, 부담한 의료비 중 80만원을 초과하는 금액은 환급을 받을 수 있는 장점이 있다. 또한 암, 심장질환, 뇌혈관질환 등 중증질환에 걸린 경우 비급여부분도 재난적 의료비 지원대상에도 해당될 수 있기 때문에 정부의 의료비 지원혜택을 받기 위해서는 부모님을 부양의무자의 주소로 이전을 하지 않는 것이 좋을 것이다. 참고로 농·어촌에서 생활하시는 부모님 주소지를 근로자의 주소지로 이전하지 않아도 연말정산시 부양가족으로 공제를 받을 수 있다.

SECTION 04

일용근로자 근로기준법 4대보험 및 원천징수실무

일용근로자 근로소득세 원천징수방법 및 4대보험 신고에 대한 내용에 대하여 살펴보도록 하겠습니다.

1 일용직근로자 법정수당, 퇴직금 등

Q 일용직근로자란?

일용근로자란 근로를 제공한 날 또는 시간에 따라 급여를 계산하거나 근로를 제공한 날 또는 시간의 근로성과에 따라 급여를 계산하여 지급받는 자로 다음에 해당되지 아니하는 자를 말합니다.

○ 건설공사 종사자, 하역(항만)작업 종사자가 아닌 자 : 근로자로서 근로계약에 따라 일정한 고용주에게 3월 이상 계속하여 고용되는 자
○ 하역(항만)작업 종사자 : 통상 근로를 제공한 날에 급여를 지급받지 아니하고 정기적으로 근로대가를 받는 자

○ 건설공사 종사자 : 동일한 고용주에게 계속하여 1년 이상 고용된 자

> **보 충** 건설공사에 종사하는 자의 일용근로자 해당 요건
>
> ◎ 건설공사에 종사하는 자로서 다음에 해당하지 아니하는 자
> ① 동일한 고용주에게 계속하여 1년 이상 고용된 자
> ② 다음의 업무에 종사하기 위하여 통상 동일한 고용주에게 계속 고용되는 자
> 1. 작업준비를 하고 노무에 종사하는 자를 직접 지휘·감독하는 업무
> 2. 작업현장에서 필요한 기술적인 업무, 사무, 취사, 경비 등의 업무
> 3. 건설기계의 운전 또는 정비업무

일용직근로자의 법정수당 및 퇴직금

일용직근로자의 주휴일 및 주휴수당

근로기준법상 1주간의 소정근로일수를 개근한 근로자에게는 1일의 유급휴가를 주어야 하는데 1일단위로 근로계약을 체결하는 일용근로자의 경우 1주간의 소정근로일수를 산정할 수 없으므로 유급 주휴일을 부여하지 않습니다.

다만, 일용근로자가 계속적으로 근로를 제공하는 경우에는 실제 근로일수를 기준으로 1주일에 소정근로일수를 개근한 경우 주휴일을 부여하여야 합니다.

이 경우 주휴수당을 포함하여 임금을 지급하기로 사전에 약정한 경우에는 무급으로 주휴일을 부여하는 것이나 약정이 없는 경우 유급으로 주휴일을 부여하여야 합니다.

▶ 일용직근로자의 연장·야간·휴일근로 가산수당

① 일용근로자의 경우도 연장근로 및 야간근로에 대하여 가산수당을 지급하여야 합니다.
② 휴일근로의 경우 주휴수당을 포함하여 임금을 지급하기로 사전에 약정하지 아니한 계속근로자는 휴일근로에 대하여 가산수당을 지급하여야 합니다.
③ 일용근로자를 포함하여 상시 근로자 수가 5인 미만인 경우에는 가산수당 지급의무가 없습니다.

보 충 일용근로자의 주휴수당 및 통상임금

일급계약인 경우, 주휴수당은 1주간의 소정근로에 대해 개근하는 경우 지급되는 조건부 임금으로 통상임금에 포함되지 않습니다만, 월급 계약인 경우에는 급여액에 주휴수당이 포함되어 있는데, 이러한 경우 주휴수당은 '소정근로시간외에 유급으로 처리되는 시간'을 말하므로 통상임금에 포함합니다.

▶ 일용직근로자 퇴직금

① 일용근로자의 경우에도 근로기간이 1년 이상인 경우 퇴직금을 지급하여야 합니다.
② 퇴직금 산정의 기준이 되는 일용직근로자의 평균임금은 통상근로자와 동일하게 퇴사일로부터 역산하여 3개월 동안의 임금을 기준으로 계산합니다. 다만, 근로일수가 통상의 근로와 달리 현저히 적을 때에는 통상근로계수(0.73)를 적용하여 평균임금을 산정할 수 있습니다. (1일 임금 × 통상근로계수)

② 일용직근로자 4대보험 가입 및 신고

일용직 근로자의 경우 다음의 가입제외자가 아닌 경우 4대보험에 가입을 하여야 합니다.

◎ 일용직근로자 4대보험 가입대상 및 제외자

[1] 국민연금 가입대상자 및 제외되는 자
(1) 가입대상자
사업장에서 종사하는 18세 이상 60세 미만의 근로자로서, 사업장에 고용된 날부터 1개월간 8일 이상이고, 근로시간이 월60시간 이상인 근로자는 사업장에 고용된 날부터 사업장가입자로 적용하여야 합니다. 한편, 일용직 근로자로서 채용 당시에는 가입 요건에 해당하지 아니하여 제외되었으나 그 후 요건에 해당되는 때에는 취득신고를 하여야 하며, 이 경우 자격취득일은 최초고용일로 합니다.
(2015.5.6. 국민연금 일용근로자 사업장 가입기준 지침 개정)
1. 명시적인 근로(고용)계약서가 있는 경우, 실제 근로를 제공한 기간·일수 불문하고 계약내용이 1개월 이상(기간의 정함이 없는 경우 포함)이고, 1개월 간 8일 이상인 경우 사업장가입자로 적용
2. 명시적인 근로(고용)계약서가 없는 경우(계약내용이 1개월 미만 포함), 사업장에 고용된 날 또는 기산일부터 1개월간 8일 이상 근로한 경우, 사업장에 고용된 날 또는 기산일부터 사업장가입자로 적용

(2) 가입제외자
1월 미만의 기한부로 사용되는 근로자로서 1개월의 근로시간이 월 60시간 미만이거나 근로일수가 8일 미만인 자

[2] 건강보험 가입대상자 및 제외되는 자

1월 미만의 기한부로 사용되는 근로자 및 1개월 동안의 소정(所定) 근로시간이 60시간 미만인 단시간근로자는 건강보험가입대상에 해당하지 않습니다. 다만, 1월 이상 계속 사용되는 경우에는 자격 취득 신고 대상입니다.

[3] 고용보험 가입대상자 및 제외되는 자

1개월간 소정근로시간이 60시간 미만인 자(1주간의 소정근로시간이 15시간 미만인 자 포함)는 고용보험가입대상이 아닙니다. 다만, 생업을 목적으로 근로를 제공하는 자 중 3개월 이상 계속하여 근로를 제공하는 자와 일용근로자(1개월 미만 동안 고용되는 자)는 1개월간 소정근로시간이 60시간 미만이더라도 가입대상에 해당합니다.

[4] 산재보험 가입대상근로자에서 제외되는 자

근무일수와 시간에 관계없이 모든 근로자에 대하여 가입을 하여야 합니다.

▶ 일용직 근로자 고용보험 및 산재보험 가입 요약표

구 분	가입대상자
국민연금	18세 이상 60세 미만인 근로자로서 일반 근로자는 1개월간 근로시간이 60시간 이상인 단시간근로자 * 건설업의 경우 1개월간 20일 이상 근로자
건강보험	1개월 이상 근로하는 일용 근로자 * 건설업의 경우 1개월간 20일 이상 근로자
고용보험	1개월간 근로시간이 60시간 이상인 단시간근로자　단, 실업급여의 경우 65세 이상 신규 채용자는 제외
산재보험	모든 일용근로자

■ 건설업 일용직 근로자 4대보험 가입

건설업체 건설일용직의 사회보험(연금/건강)은 [사후정산제도]를 적용하고 있으며, 4대사회보험 사업장 적용은 [건설현장별 사업장 적용]을 원칙으로 하며, 사업장 적용단위를 본사 및 일반근로자와 구분하여, 건설현장의 건설 일용직만을 대상으로 사업장 적용신고를 하여야 합니다.

사업장 최초 적용 신고는 각 기관(연금/건강) 지사로 서면(팩스전송) 등의 방법으로 공통신고하고, 가입자(일용직 근로자) 취득신고는 반드시 EDI로 신고하여야 합니다. 또한, 가입자 취득신고는 건설일용근로자가 1월간 8일 이상 근무하게 된 때 다음달 5일까지 사업주가 신고하여야 합니다.

[1] 국민연금 및 건강보험 가입

1) 국민연금 : 2018. 8. 1. 이후 건설업종 일용근로자 국민연금 가입대상 기준일수 (종전) 20일 → (개정) 8일
2018. 8. 1일 이후 최초 입찰공고 되는 건설공사부터 적용
2018. 7. 31일 이전 입찰공고 되어, 기 진행중인 건설공사는 2년간 유예 후 2020. 8. 1일 부터 시행
2) 건강보험료 가입 기준일수 8일

[상세 내용] (검색어) 건강보험 건설일용 근로자 업무처리 메뉴얼

[2] 고용/산재보험 공사현장 고용보험 및 산재보험 가입

① 일괄유기사업장 : '일괄적용 사업개시신고서'를 근로복지공단에 제출, 일용근로자 신고는 '근로내용확인신고서'로 **고용센터**에 신고를 하시면 됩니다.

② 일괄유기사업장 외 사업장 : '건설공사 및 벌목업 성립신고서'와 '보험료신고서'를 작성하여 공사도급계약서, 공사비내역서 등을 첨부하여 근로복지공단에 제출, 일용근로자는 '근로내용확인신고서'로 **고용센터**에 신고를 하시면 됩니다.

🅠 일용직 근로자의 '근로내용확인신고서' 제출

일용직근로자의 경우 고용보험 및 산재보험 신고시 근로내용확인서를 작성하여 채용일의 다음달 15일까지 고용노동부에 제출하여야 하며, 제출하지 않는 경우 고용노동부로부터 300만원 이하의 과태료가 부과될 수 있습니다.

▶ 근로내용확인신고서 제출시 일용근로자 지급명세서 제출 의무 면제

일용근로자의 임금 지급내역에 대한 지급명세서를 지급일이 속하는 달의 다음달 말일까지 제출하여야 합니다. 미제출시 '지급명세서보고 불성실가산세'(지급금액의 0.25%)가 부과됩니다. (제출기한일로부터 1개월 이내 제출시 가산세 0.125%)

단, '근로내용확인신고서'에 국세청 신고항목 일용근로 소득신고가 추가되어 고용노동부에 신고한 내용은 국세청에 일용근로소득 지급명세서를 별도 제출하지 않아도 되나 지급명세서를 제출하여도 무방합니다.

③ 일용직근로자 세무실무

◎ 일용직근로자 근로소득세 원천징수

다음의 산식에 의하여 계상한 근로소득세를 원천징수하여 지급일의 다음달 10일까지 관할 세무서에 신고 및 납부하여야 합니다.

① 과세대상급여 = 일급여액 - 비과세급여
② 근로소득과세표준 = 과세대상급여 - 근로소득공제(150,000원)
③ 근로소득산출세액 = 근로소득과세표준 × 원천징수세율(6%)
④ 원천징수세액 = 산출세액 - 근로소득세액공제(산출세액의 55%)

■ 일용근로자와 일반근로자의 세무신고

구 분	일용근로자	일반근로자
대 상 자	근로일수나 시간에 따라 일당 계산	월급으로 지급
원천징수	일당에서 근로소득공제 후 세율적용	간이세액표 적용
연말정산	하지 않음	연말정산(종합과세)
지급명세서	매월 지급일의 다음달 말일	다음해 3월 10일

사 례 일용직근로자 근로소득세 계산

[예제] 일당 200,000원인 일용근로자가 10일을 근로한 경우 원천징수할 금액
① 과세표준(500,000원) = [일당 (200,000원) - 근로소득공제(15만원)]× 10일
② 산출세액(30,000원) = 과세대상급여 (500,000원) × 세율(0.06)
③ 납부할 세액(13,500) = 산출세액(30,000) - 세액공제 (16,500)

[개정 세법] 2019년 이후 일용근로소득 원천징수세액 [소득세법 제47조 ②]
(일용근로소득 - 150,000원) × 2.7%

보 충   일용직근로자 근로소득세 소액부징수

① 지급시점에서 소득자별로 원천징수할 세액의 합계액을 기준으로 근로소득세가 1,000원 미만인 경우 근로소득세를 징수하지 아니합니다.
② 지방세는 소득분(원천납부하는 세액 제외)의 세액이 2,000원미만인 때에는 소득분을 징수하지 아니합니다.

보 충   일용직근로자의 연장, 야간근로수당 과세 여부

생산직 일용근로자의 경우 월정액급여에 관계없이 연장근로, 야간근로로 인하여 통상임금에 가산하여 받는 급여(한도 없음)는 비과세됩니다.
단, 건설업을 영위하는 업체의 건설현장에서 근로를 제공하는 일용근로자는 "공장 또는 광산에서 근로를 제공하는 자"에 해당하지 아니하므로 연장. 야간 또는 휴일근로로 인하여 받는 급여는 과세대상 근로소득에 해당합니다.

보 충   일용근로자로서 3개월 이상 근무시 원천징수방법 예시

1. 20×7년 1월 일용근로자로 고용 : 1월 ~ 3월 일용근로자로 원천징수
2. 20×7년 4월부터 : 상용근로자로 간이세액표에 의거 원천징수
3. 20×8년 2월 연말정산 : 20×7년 1월 ~ 12월 급여 합산하여 연말정산
   * 일용근로기간 동안의 원천징수세액은 기납부액에 포함하여 차감함

보 충   일용근로자의 연말정산 및 종합소득세 신고

일용직근로자는 임금 지급시 임금을 지급하는 자가 근로소득세를 징수하여 납부함으로서 납세의무가 종결되므로 별도의 연말정산을 하지 아니하며, 다른 소득이 있어 종합소득세 신고를 하는 경우에도 종합소득에 합산하지 아니합니다.

보 충   연말정산시 일용근로자에 대한 배우자공제

근로자의 배우자가 일용직근로자로서 다른 소득이 없는 경우 배우자공제를 받을 수 있습니다.

◧ 일용직근로자 세무신고 및 증빙

▶ 원천징수이행상황신고서 기재방법

근로소득 일용근로자란(A03)에 인원수, 총지급액 등 해당 내역을 기재한 후 원천세 신고를 합니다. 단, 일용근로자를 3개월 이상(건설업은 1년 이상) 계속하여 고용시는 일반급여소득자와 마찬가지로 매월 급여를 지급하는 때에 근로소득간이세액표에 의하여 계산한 세액을 근로소득세로 원천징수하여야 합니다.

▶ 일용직근로자에 대한 임금 지급과 증빙서류

일용근로자 임금지급대장에 급여를 지급받는 자의 서명 및 날인은 받아두고 일용근로자의 신원을 확인할 수 있는 주민등록등본이나 주민등록증 앞·뒤 사본을 첨부하여 두어야 하며, 지급사실을 확인할 수 있는 서류 (무통장입금표 등 금융기관을 통한 지급증빙서류)를 보관하여야 합니다.

서 식   경영정보사 홈페이지(www.ruddud.co.kr)

상호	일용노무비 지급명세서		기간	년 월 일부터 년 월 일까지														일간	공사장명		
																			공정명		
직종 직책	성명	주민 등록 번호	주소지 거소지	출역 상황													출역 일수	단가	총액	세액합계		차감 지급액	영수인
				1 2 3 4 5 6 7 8 9 10 11 12 13 14 15 16																근로 소득세	지방 소득세		
				17 18 19 20 21 22 23 24 25 26 27 28 29 30 31																		

▶ 일용근로자 지급명세서 제출

일용근로자의 임금 지급내역에 대한 지급명세서를 지급일이 속하는 달의 다음달 말일까지 제출하여야 합니다.

지급명세서를 제출하지 않은 경우 '지급명세서보고불성실가산세'(지급금액의 0.25%)가 부과됩니다. (단, 제출기한일로부터 1개월 이내 제출 시 가산세 0.125%)

◆ 일용근로자 지급명세서 발급기한 및 제출기한단축
[발급기한] 분기 다음달 말일 → 2023.1.1. 이후 지급일의 다음달 말일
[제출기한] 분기 다음달 말일 → 2021.7.1. 이후 지급일의 다음달 말일

◆ 일용근로자가 유급휴일에 대하여 지급받는 유급휴일수당
일용근로자가 유급휴일에 대하여 지급받는 유급휴일수당은 당해 법령에서 정한 기간의 근로일수에 배분하여 원천징수하여야 한다.

[개정 세법] 2021년 7.1. 이후 일용근로소득 지급명세서 가산세 인하
해당 지급명세서를 그 기한까지 제출하지 아니한 경우 : 제출하지 아니한 분의 지급금액의 1% → 0.25%(제출기한이 지난 후 1개월 이내에 제출하는 경우 → 지급금액의 0.125%)

▶ 근로내용확인신고서 제출시 일용근로자 지급명세서 제출의무 면제

고용노동부의 '근로내용확인신고서'에 국세청 신고항목 일용근로소득 신고가 추가됨에 따라 고용노동부에 이미 신고한 내용은 국세청에 일용근로소득지급명세서를 별도 제출하지 않아도 됩니다.

CHAPTER 3

고용창출 지원제도
두루누리 일자리안정자금
근로장려금 지원제도

SECTION 01

고용창출 관련 정부지원 제도

고용노동부에서 지원하는 고용과 관련한 각종 정부지원제도에 대하여 고용노동부 홈페이지에서 특정 메뉴에서 통일하여 제공하지 아니하고 부서별로 여기 저기 올려 놓다보니 자료를 찾기가 쉽지 않습니다.

따라서 본서에서는 해당 자료를 쉽게 찾을 수 있도록 고용노동부 메뉴 경로 또는 구글, 네이버 등에서 메뉴얼을 바로 찾을 수 있도록 제시하고 있으므로 참고하시기 바랍니다.

1 청년일자리 도약 장려금 사업

◎ 사업 개요

- 5인 이상 우선지원대상기업에서 취업애로청년을 정규직으로 채용하고 6개월 이상 고용유지시 최장 2년간 최대 1,200만원 지원

■ 성장유망업종, 미래유망기업, 고용위기지역 소재 기업 등은 5인 미만 기업도 가능

■ 고용보험법 시행령 [별표 1] <개정 2017. 12. 26.>

우선지원 대상기업의 상시 사용하는 근로자 기준(제12조제1항 관련)

산업분류	분류 기호	상시 사용하는 근로자 수
1. 제조업[다만, 산업용 기계 및 장비 수리업(34)은 그 밖의 업종으로 본다]	C	500명 이하
2. 광업 3. 건설업 4. 운수 및 창고업 5. 정보통신업 6. 사업시설 관리, 사업 지원 및 임대 서비스업[다만, 부동산 이외 임대업(76)은 그 밖의 업종으로 본다] 7. 전문, 과학 및 기술 서비스업 8. 보건업 및 사회복지 서비스업	B F H J N M Q	300명 이하
9. 도매 및 소매업 10. 숙박 및 음식점업 11. 금융 및 보험업 12. 예술, 스포츠 및 여가관련 서비스업	G I K R	200명 이하
13. 그 밖의 업종		100명 이하

비고: 업종의 구분 및 분류기호는 「통계법」 제22조에 따라 통계청장이 고시한 한국표준산업분류에 따른다.

지원대상

■ 기업

사업참여 신청 직전 월부터 이전 1년간 평균 고용보험 피보험자 수가 5인 이상인 우선지원 대상기업 사업주

■ 지식서비스·문화콘텐츠·신재생에너지 산업, 미래유망기업, 지역주력산업, 고용위기지역 소재 기업, 특별고용지원업종 등은 1인 이상도 가능

■ 소비향락업 등 업종, 국가 및 공공기관, 임시 및 일용 인력 공급업, 근로자 파견업, 임금체불·중대 산업재해 발생 등으로 명단 공표 중인 기업 등은 참여 제한

■ 구체적인 참여자격, 참여제한 요건 등은 「청년일자리도약장려금 사업 운영지침」에서 확인할 수 있습니다. (공지사항 참조)

■ 청년

채용일 기준 6개월 이상 실업상태인 만15세~34세 취업애로청년

■ 단, 고졸 이하 학력, 고용촉진장려금 대상, 국민취업지원제도 참여자, 청년도전지원사업 수료자, 폐자영업자, 최종학교졸업일 이후 채용일까지 고용보험 총 가입기간이 12개월 미만인 청년 등은 실업기간이 6개월 미만이어도 지원

■ 사업주의 배우자, 직계 존비속, 외국인, 중앙부처 또는 지방자치단체로부터 다른 인건비 지원을 받는 청년, 채용일 기준 고등학교 또는 대학교재학 중인자 등은 지원 제외

■ 구체적인 청년 요건 등은 「청년일자리도약장려금 사업 운영지침」에서 확인할 수 있습니다. (공지사항 참조)

🅠 지원내용 및 지원한도

■ 지원내용
신규채용 청년 1인당 월 최대 60만원씩 1년간 지원
최초 채용 후 2년 근속시 480만원 일시지급(2년간 최대 1,200만원)

■ 지원요건
정규직 채용 후 6개월 이상 고용유지, 주 30시간 이상 근로 및 최저임금 이상 지급, 고용보험 가입 등

■ 지원한도
사업참여 신청 직전 월말부터 이전 1년간 평균 고용보험 피보험자 수의 50%(비수도권 지역은 100%)까지 지원(단, 최대 30명)

🅠 참여방법 및 문의처

■ 참여방법
- 청년일자리창출지원 사업 누리집에서 기업 소재지를 담당하는 운영기관을 지정하여 참여 신청

- 온라인 참여 승인 이후 청년을 채용하는 것이 원칙이며, 사업 참여신청 전 청년을 먼저 채용한 경우, 3개월 이내 사업 참여신청을 해야 지원 가능

■ 지원절차
사전 참여신청(운영기관) 후 청년 채용, 6개월 후 지원금 지급

■ **문의처**
- 고용노동부 고객상담센터 상담문의 (국번없이) 1350
- 청년일자리창출지원사업 누리집(www.work.go.kr/youthjob)의 공지사항에서 지역별 운영기관에 문의

2023년 개편사항 주요 내용

■ **참여기업에 대한 재정건전성(매출액) 심사 도입**

참여신청일 기준 업력이 1년 이상인 기업은 연매출액('21년, '22년 중 택일)이 일정 수준* 이상이어야 지원대상에 포함
* 해당 기업의 기준 피보험자수 × 1,800만원

■ **지원대상 취업애로청년 확대**

가정밖·학교밖 청년 등 안정적인 자립을 위해 정부지원이 필요한 청년 및 북한이탈청년도 지원대상에 포함

■ **지원기간 연장 및 지원수준 개편**

'23년 채용자부터는 2년간 최대 1,200만원을 지원*
* 최초 1년은 월60만원 × 12개월 지원, 2년 근속시 장기고용인센티브 480만원 일시지급

2024년 청년 일자리 도약 장려금 상세내용

[구글, 네이버] (검색어) **청년 일자리 창출 지원 사업 워크넷**

② 고용촉진과 관련한 지원금 등

◉ 고용촉진장려금

[1] 사업내용
- 고용노동부장관이 지정하는 취업지원프로그램(취업성공패키지 등)을 이수하고 직업안정기관 등에 구직등록한 실업자를 고용한 사업주
- 구직등록 후 1개월 이상 실업상태에 있는 중증장애인, 여성가장 등 취업취약자 및 취업지원프로그램(취업성공패키지 등)을 참여하기 어려운 도서지역 거주자를 고용한 사업주

[2] 지원내용
- 신규 고용 근로자 1인당 1년간 지원
 - 우선지원대상기업 월 60만원(연간 720만원)
 - 대규모기업 월 30만원(연간 360만원)
- 취업성공패키지 Ⅰ유형을 이수한 사람 중 기초생활수급자, 취업지원프로그램 이수면제자 중 중증장애인·여성가장으로서 1개월 이상 실업상태에 있는 사람에 대하여는 최대 2년간 지원

[관련 법령] 고용보험법 시행령 제26조(고용촉진장려금)

2024년 고용촉진장려금 상세내용

고용노동부 → 뉴스·소식 → 공지사항 [2024년 고용장려금 지원제도]
[구글] (검색어) 2024년 고용장려금 공모사업
[구글] (검색어) 고용촉진장려금 가이드 워크넷

고령자 계속고용장려금

[1] 지원 요건
정년에 도달한 재직 노동자를 정년 이후에도 계속해서 고용하는 제도를 취업규칙, 단체협약 등에 명시적으로 도입하면 비용 지원

[2] 비용지원이 되는 계속고용제도(정년 운용기업)
* 정년 연장 : 현 정년보다 정년을 연장(1년 이상)하는 것
* 정년 폐지 : 정년을 폐지하는 것
* 계속 고용(재고용) : 현행 정년은 유지 하지만, 재고용 등을 통하여 1년 이상 계속해서 고용하는 것

[3] 지원 수준
정년 이후 계속고용 된 근로자 1인당 분기 90원씩, 최대 2년간 지원 (분기 내월 밀 피보힘지수 평균의 30% 및 최대 30명 한도)

[4] 대상 기업
우선지원대상기업 및 중견기업
- (지원제외업종) 국가 지방자치단체, 공공기관, 지방공기업과 60세 이상인 피보험자 비율이 30% 초과하는 기업

[5] 신청
고용보험 누리집(www.ei.go.kr) → 기업서비스 → 고용창출장려금 → 고령자 계속고용장려금 메뉴에서 신청

[고용노동부 홈페이지] → 정책자료 → 정책자료실
■ 고령자 계속고용장려금, 고령자 고용지원금 안내자료

③ 두루누리 사회보험

◼ 지원내용 및 지원대상

[1] 지원대상

근로자 수가 10명 미만인 사업에 고용된 근로자 중 월평균보수가 260만원 미만인 신규가입 근로자와 그 사업주
- 2021년부터는 신규가입자에 대해서만 지원

◆ 근로자 수가 '10명 미만인 사업'이란?
지원신청일이 속한 보험연도의 전년도에 근로자인 피보험자 수가 월평균 10명 미만이고, 지원신청일이 속한 달의 말일을 기준으로 10명 미만인 사업

[2] 지원수준 및 지원기간

(지원수준) 신규가입 근로자 및 사업주가 부담하는 고용보험과 국민연금 보험료의 80%
(지원기간) 36개월간

[3] 지원제외자 (다음 하나 이상에 해당하는 자)

지원 대상에 해당하는 근로자가 아래의 어느 하나라도 해당되는 경우에는 지원 제외됩니다.

1. 지원신청일이 속한 보험연도의 전년도 재산의 과세표준액 합계가 6억원 이상인 자
2. 지원신청일이 속한 보험연도의 전년도(소득자료 입수 시기에 따라 보험연도 전전년도) 종합소득이 4,300만원 이상인 자

지원절차

■ 두루누리 사회보험료 지원을 신청하면 사업주가 월별보험료를 법정기한 내에 납부하였는지를 확인하여 완납한 경우 그 다음 달 보험료에서 해당 월의 보험료 지원금을 뺀 나머지 금액을 고지하는 방법으로 지원하고 있습니다.

■ 두루누리 사회보험료의 경우 지원신청일이 속한 달의 고용보험료부터 해당 보험연도 말까지 지원하되, 보험연도 말 현재 고용보험료 지원을 받고 있고 그 보험연도 중 보험료 지원기간의 월평균 근로자인 피보험자 수가 **10명 미만인 경우**에는 다음 보험연도에 별도로 신청하지 않더라도 계속 지원을 받으실 수 있습니다.

◆ 신규가입자의 사업주 지원액 예시
<월평균보수 200만원 기준> 근로자 수 10명 미만인 사업
월 90,400원(80%) 지원
(고용보험) 200만원 × 1.15%(고용보험료 사업주부담금 요율) × 80%
(국민연금) 200만원 × 4.5%(국민연금 사업주 부담금 요율) × 80%

◆ 신규가입자의 근로자 지원액 예시
<월평균보수 200만원 기준> 근로자 수 10명 미만인 사업
월 86,400원(80%) 지원
(고용보험) 200만원 × 0.9%(고용보험 근로자 부담금 요율) × 80%
(국민연금) 200만원 × 4.5%(국민연금 근로자부담금 요율) × 80%

두루누리 상세 내용

■ 두루누리 사회보험 홈페이지 [구글, 네이버] (검색어) 두루누리
http://insurancesupport.or.kr/home/start.php

SECTION 02

고용 창출 세금 감면

1 고용증대 세액공제

Q 고용증대세제 신설

2018년 1월 1일 이후 개시하는 과세연도분부터 종전 고용창출투자 세액공제 및 청년고용증대세제를 통합하여 조세특례제한법 제29조의7에 고용을 증대시킨 기업에 대한 세액공제를 신설하였습니다.

Q 고용증대세액공제

내국인(소비성서비스업 등 일부 업종 제외)이 2024년 12월 31일이 속하는 과세연도까지의 기간 중 해당 과세연도의 상시근로자(내국인) 수가 직전 과세연도의 상시근로자의 수보다 증가한 경우에는 다음에 따른 금액을 더한 금액을 해당 과세연도의 법인세 또는 소득세에서 공제를 받을 수 있습니다. [조세특례제한법 제29조의7]

◼ 세액공제액 [2023년 귀속분]

구 분	중소기업		중견기업	대기업
	수도권 내	수도권 밖		
상시근로자	770만원	700만원	450만원	-
청년, 장애인등	1100만원	1200만원	800만원	400만원

• 2021~2024년 고용증가분에 한시 적용

[개정 세법] 고령자에 대한 고용증대세제 세액공제액 인상
(종전) 청년 정규직 근로자, 장애인 근로자
(개정) 청년 정규직 근로자, 장애인 근로자, 60세 이상인 근로자
<적용시기> '21.1.1. 이후 개시하는 과세연도부터 적용

▶ **청년 정규직 근로자와 장애인 근로자 등**

1. 15세 이상 29세 이하인 사람 다만, 해당 근로자가 병역을 이행한 경우에는 그 기간(6년 한도)을 현재 연령에서 빼고 계산한 연령이 29세 이하인 사람을 포함합니다.
2. 「장애인복지법」의 적용을 받는 장애인과 「국가유공자 등 예우 및 지원에 관한 법률」에 따른 상이자

◆ 청년 정규직에서 제외하는 자
기간제근로자 및 단시간근로자, 파견근로자, 청소년

▶ **소비성서비스업 (공제대상에서 제외되는 업종)**

1. 호텔업 및 여관업(「관광진흥법」에 따른 관광숙박업은 제외)
2. 주점업(일반유흥주점업, 무도유흥주점업 및 단란주점 단, 외국인전용유흥음식점업 및 관광유흥음식점업은 제외)

▶ **상시근로자에서 제외하는 근로자**

1. 근로계약기간이 1년 미만인 근로자

2. 단시간근로자. 다만, 1개월간의 소정근로시간이 60시간 이상인 근로자는 상시근로자로 봅니다.

3. 임원, 해당 기업의 최대주주 또는 최대출자자(개인사업자의 경우 대표자)와 그 배우자

4. 제3호에 해당하는 자의 직계존비속(그 배우자 포함) 및 「국세기본법 시행령」제1조의2제1항에 따른 친족관계인 사람

▶ 상시근로자 수, 청년등 상시근로자 수의 계산(100분의 1 미만 절사)

1. 상시근로자 수

$$\frac{\text{해당 과세연도의 매월 말 현재 상시근로자 수의 합}}{\text{해당 과세연도의 개월 수}}$$

2. 청년등 상시근로자 수

$$\frac{\text{해당 과세연도의 매월 말 현재 청년등 상시근로자 수의 합}}{\text{해당 과세연도의 개월 수}}$$

▶ 단시간근로자의 근로자수 계산

단시간근로자로서 1개월간의 소정근로시간이 60시간 이상인 근로자는 0.5명으로 하여 계산하되, 다음의 요건을 모두 충족하는 경우에는 0.75명으로 하여 계산합니다.

1. 해당 과세연도의 상시근로자 수가 직전 과세연도의 상시근로자 수보다 감소하지 아니하였을 것
2. 기간의 정함이 없는 근로계약을 체결하였을 것
3. 상시근로자와 시간당 임금, 그 밖에 근로조건과 복리후생 등에 관한 사항에서 차별적 처우가 없을 것
4. 시간당 임금이 「최저임금법」제5조에 따른 최저임금액의 100분의 130(중소기업의 경우에는 100분의 120) 이상일 것

▶ **해당 과세연도에 창업을 한 내국인의 상시근로자수 계산**
해당 과세연도에 창업을 한 내국인의 경우 직전 과세연도의 상시근로자 수는 없는 것으로 합니다.

◆ 창업으로 보지 아니하는 경우
1. 현물출자 또는 사업의 양수를 통하여 종전의 사업을 승계하거나 종전의 사업에 사용되던 자산을 인수 또는 매입하여 같은 종류의 사업을 하는 경우
2. 거주자가 하던 사업을 법인으로 전환한 경우
3. 폐업 후 사업을 다시 개시하여 폐업 전의 사업과 같은 종류의 사업을 하는 경우

상시근로자가 감소하지 않은 경우 추가 공제

해당 과세연도의 상시근로자의 수가 최초로 공제받은 과세연도의 상시근로자의 수보다 증가한 경우에는 해당 과세연도와 해당 과세연도의 종료일부터 **2년[중소기업 및 중견기업의 경우에는 3년]**이 되는 날이 속하는 과세연도까지의 소득세(사업소득에 대한 소득세만 해당) 또는 법인세에서 공제를 받을 수 있습니다.

2년내 근로자수가 감소한 경우 추가 납부

고용증대세액공제를 받은 내국인이 공제를 받은 과세연도의 종료일부터 2년이 되는 날이 속하는 과세연도의 종료일까지의 기간 중 각 과세연도의 청년 등 상시근로자 수 또는 전체 상시근로자 수가 공제를 받은 과세연도보다 감소한 경우에는 공제받은 세액에 상당하는 금액을 소득세 또는 법인세로 납부하여야 합니다.

단, 공제받은 과세연도의 종료일 현재 29세 이하인 사람은 이후 과세연도에도 29세 이하인 것으로 봅니다.

1. 공제받은 과세연도(2개 과세연도 이상 연속으로 공제받은 경우에는 공제받은 마지막 과세연도로 함) 대비 해당 과세연도의 상시근로자 및 청년등 상시근로자 감소 인원에 공제받은 금액을 곱한 금액
2. 공제받은 과세연도 대비 직전 과세연도의 상시근로자 및 청년등 상시근로자 감소 인원에 공제받은 금액을 곱한 금액

[개정 세법] 상시근로자 수 감소 기준연도 변경
공제받은 직전 과세연도 → 공제받은 과세연도
<적용시기> 2020년 이후 신고하는 분부터

▶ 고용증대세액 공제 추가 납부 계산 사례
국세상담센터 → 법인세 → 조세특례제한법(고용증대세액공제 등)

농어촌특별세, 최저한세 적용 및 중복공제

▶ **최저한세 적용**

'청년고용 증대기업에 대한 세액공제'는 조세특례제한법 제132조의 규정에 의한 최저한세 적용대상이 되며, 최저한세로 인하여 공제를 받지 못한 금액은 이월하여 공제를 받을 수 있습니다.

■ 최저한세율
<법인기업> [중소기업] 과세표준의 7%
　　　　　　[일반기업] 과세표준 100억원 이하 10%
<개인기업> 산출세액의 35%(산출세액 3천만원 초과분은 45%)

▶ **농어촌특별세 적용**

'청년고용 증대기업에 대한 세액공제'는 농어촌특별세 적용대상이므로 감면받은 세액의 20%를 농어촌특별세로 납부하여야 합니다.

▶ **중복공제**

창업중소기업 등에 대한 세액감면 또는 중소기업에 대한 특별세액감면이 있는 경우에도 고용증대세액공제를 받을 수 있습니다.

[중복공제] 중소기업에 대한 특별세액감면이 있는 경우
중소기업에 대한 특별세액감면 + 청년고용 증대기업에 대한 세액

[개정 세법] 고용증대세제 공제액 명확화 및 사후관리 기준 보완
(조특법 §29의7①·②)
ㅇ 각 공제금액(청년/청년 외)은 전체 상시근로자 수 증가분을 한도로 함을 명시
ㅇ 상시근로자 수 감소 기준연도 변경
공제받은 직전 과세연도 → 공제받은 과세연도
<적용시기> (사후관리) 2020.1.1. 이후 신고하는 분부터 적용

고용증대 세액공제 및 세액감면 등 상세 내용

경영정보사 홈페이지 (www.ruddud.co.kr)
[아이디] aa11
[비밀번호] aa1111

[세법 개정] 고용증대세액공제 공제금액 한시 상향 및 적용기한 연장(조특법 §29의7)

종 전	개 정
□ 고용증대 세액공제	□ 수도권 외 지역 취약계층 공제금액 한시 상향 및 적용기한 3년 연장
○ (대상) 모든 기업 (소비성 서비스업 제외) ○ (요건) 상시근로자 수 증가	○ (좌 동)
○ (공제금액) 상시근로자 증가 인원 × 1인당 공제금액	○ 청년·장애인·60세 이상 근로자 공제금액 100만원 한시 상향 ('21~'22년)

종전:

구 분	중소 수도권	중소 지방	중견	대
청년·장애인 등	1,100	1,200	800	400
기 타	700	770	450	-

개정:

구 분	중소 수도권	중소 지방	중견 수도권	중견 지방	대 수도권	대 지방
청년·장애인 등	1,100	1,300*	800	900*	400	500*
기 타	700	770	450	450	-	-

* '21~'22년 고용증가분에 한시 적용

○ (공제기간) 중소·중견 3년 대기업 2년 ○ (사후관리) 공제기간 동안 상시근로자 감소 시 잔여기간 공제 배제 및 공제세액 추징	○ (좌 동)
○ (적용기한) '21.12.31.	○ '24.12.31.

<적용시기> '21.12.31. 및 '22.12.31.이 속하는 과세연도의 상시근로자 증가 분에 대해 적용

■ 통합고용세액공제 신설(조특법 §29의8 신설)

현 행	개 정
□ 고용지원 관련 세액공제 제도 ❶ 고용증대 세액공제(§29의7) 고용증가인원 × 1인당 세액공제액	○ (적용대상) 모든 기업* * (제외) 소비성 서비스업 ○ (기본공제) 고용증가인원 × 1인당 세액공제액

현행 공제액 (단위:만원)

구 분	중소 (3년 지원)		중견 (3년 지원)	대기업 (2년 지원)
	수도권	지방		
상시근로자	700	770	450	-
청년 정규직, 장애인, 60세 이상	1,100	1,200	800	400

* 청년 연령범위(시행령): 15~29세

❷ 사회보험료 세액공제(§30의4)
 : 고용증가인원 × 사용자분 사회보험료 × 공제율

구 분	중소 (공제율)
상시근로자 (2년 지원)	50%**
청년*, 경력단절여성 (2년 지원)	100%

* 청년 연령범위(시행령): 15~29세
** 전기통신업, 인쇄물 출판업 등의 서비스업종 영위기업은 75%

개정 공제액 (단위:만원)

구 분	중소 (3년 지원)		중견 (3년 지원)	대기업 (2년 지원)
	수도권	지방		
상시근로자	850	950	450	-
청년 정규직, 장애인, 60세 이상, 경력단절여성	1,450	1,550	800	400

- 우대공제 대상인 청년 연령범위* 확대
경력단절여성을 우대공제 대상에 추가
 * 청년 연령범위(시행령): 15~34세
 ** 일부 서비스업종 우대는 폐지

- 공제 후 2년 이내 상시근로자 수가 감소하는 경우 공제금액 상당액을 추징

<적용시기> '23.1.1. 이후 개시하는 과세연도 분부터 적용
* '23년 및 '24년 과세연도 분에 대해서는 기업이 '통합고용세액공제'와 기존 '고용증대 및 사회보험료 세액공제' 중 선택하여 적용 가능(중복 적용 불가)

현 행	개 정
❸ 경력단절여성 세액공제(§29의3①) : 경력단절여성 채용자 인건비 × 공제율 | 구 분	공제율
---	---	---
	중소	중견
경력단절여성 (2년 지원)	30%	15%	 ❹ 정규직 전환 세액공제(§30의2) : 정규직 전환 인원 × 공제액 * 전체 상시근로자 수 미감소 시 	구 분	공제액 (단위:만원)
---	---	---
	중소	중견
정규직 전환자 (1년 지원)	1,000	700	 ❺ 육아휴직복귀자 세액공제(§29의3②) : 육아휴직 복귀자 인건비 × 공제율 * 전체 상시근로자 수 미감소 시 	구 분	공제율
---	---	---
	중소	중견
육아휴직 복귀자 (1년 지원)	30%	15%		○ (추가공제) : 정규직 전환·육아휴직 복귀자 인원 × 공제액 * 전체 상시근로자 수 미감소 시 | 구 분	공제액 (단위:만원)
---	---	---
	중소	중견
정규직 전환자 (1년 지원)	1,300	900
육아휴직 복귀자 (1년 지원)			 - 전환일·복귀일로부터 2년 이내 해당 근로자와의 근로관계 종료 시 공제금액 상당액 추징

<적용시기> '23.1.1. 이후 개시하는 과세연도 분부터 적용
* '23년 및 '24년 과세연도 분에 대해서는 기업이 '통합고용세액공제'와 기존 '고용증대 및 사회보험료 세액공제' 중 선택하여 적용 가능(중복 적용 불가)

② 고용증가 인원에 대한 사회보험료 세액공제

개요

중소기업이 **2024년 12월 31일**이 속하는 과세연도까지의 기간 중 해당 과세연도의 상시근로자 수가 직전 과세연도의 상시근로자 수보다 증가한 경우 상시근로자 고용증가 인원 사회보험료 상당액에 공제율을 곱한 금액을 해당 과세연도의 소득세 또는 법인세에서 공제를 받을 수 있습니다. [조세특례제한법 제30조의4]

▶ **사회보험료 상당액**

사회보험료 상당액이란 해당 과세연도 종료일 현재 적용되는 다음 각 호의 수를 더한 수로 합니다.
1. 건강보험료 사업주부담금 비율
2. 장기요양보험료 사업주부담금 비율
3. 국민연금보험료 사업주부담금 비율
4. 고용보험료 사업주부담금 및 산재보험료 (업종별로 다름)

공제율

[1] 청년 상시근로자 고용증가 인원 사회보험료 상당액

청년 상시근로자 고용증가인원 × 청년 상시근로자 고용증가인원에 대한 **사용자**의 사회보험료 부담금액 × 100분의 100

$$\frac{\text{해당 과세연도에 청년 상시근로자에게 지급하는 과세대상 총급여액}}{\text{해당 과세연도의 청년 상시근로자 수}} \times \text{사회보험료 요율}$$

▶ **상시근로자**

상시근로자는 「근로기준법」에 따라 근로계약을 체결한 내국인 근로자로 하며, 다음 각 호의 어느 하나에 해당하는 사람은 제외합니다.
1. 근로계약기간이 1년 미만인 근로자. 다만, 근로계약의 연속된 갱신으로 그 근로계약 총 기간이 1년 이상인 근로자는 상시근로자로 봄
2. 임원
3. 해당 기업의 최대주주와 그 배우자 및 직계존비속(배우자)과 친족
4. 단시간근로자. 다만, 1개월간의 소정근로시간이 60시간 이상인 근로자는 상시근로자로 보나 인원수는 0.5로 합니다.(일정 요건을 갖춘 상용형 시간제 근로자의 경우 **0.75명**)

▶ **일정 요건 [조특령 제23조]**

1. 해당 과세연도의 상시근로자 수가 직전 과세연도 보다 감소하지 아니하였을 것
2. 기간의 정함이 없는 근로계약을 체결하였을 것
3. 상시근로자와 시간당 임금, 복리후생 등에 관한 사항에서 차별적 처우가 없을 것
4. 시간당 임금이 최저임금액의 100분의 120 이상일 것

[2] 청년 외 상시근로자 고용증가 인원 사회보험료 상당액

청년 외 상시근로자 고용증가인원 × 청년 외 상시근로자 고용증가인원에 대한 사용자의 사회보험료 부담금액 × 100분의 50(신성장서비스업 75%, 경력단절여성 100%)

▶ 청년 외 상시근로자 고용증가 인원에 대한 세액공제액

$$\text{청년 외 상시 근로자 고용증가인원} \times \frac{\text{해당 과세연도에 청년 외상시근로자에게 지급하는 과세대상 총급여액}}{\text{해당 과세연도의 청년 외 상시근로자 수}} \times \text{사회보험료율} \times \frac{50}{100}$$

[관련 법령] 조세특례제한법 제30조의4 및 동법 시행령 제27의4

농어촌특별세, 최저한세, 중복공제

▶ **중복공제**

'중소기업 사회보험료 세액공제'는 '고용증대세액공제' '중소기업에 대한 특별세액감면'이 있는 경우에도 공제를 받을 수 있으며, 투자 관련 세액공제와 중복공제가 가능합니다.

[중복공제] 중소기업에 대한 특별세액감면이 있는 경우
▶ 중소기업에 대한 특별세액감면(○) + 사회보험료 세액공제(○)
▶ 창업중소기업에 대한 세액감면(○) + 사회보험료 세액공제(×)

▶ **최저한세 적용**

'중소기업 사회보험료 세액공제'는 조세특례제한법 제132조의 규정에 의한 최저한세 적용대상이 되며, 최저한세로 인하여 공제를 받지 못한 금액은 이월하여 공제를 받을 수 있습니다.

▶ **농어촌특별세 적용**

세액을 공제감면받은 경우 공제감면세액의 20%를 농어촌특별세로 납부하여야 하나 '중소기업 사회보험료 세액공제'는 농어촌특별세가 비과세 됩니다. [농어촌특별세법 제4조(비과세)]

[세법 개정] 중소기업 사회보험료 세액공제 실효성 제고 및 적용기한 연장(조특법 §30의4)
[현행] (사후관리) 공제기간 동안 상시근로자 감소 시 잔여기간 공제 배제
[개정] 상시근로자 수 감소 시 공제세액 납부* 추가
* 고용증대세액공제 등 여타 고용지원세제와 동일하게 규정
(적용기한) '21.12.31. → '24.12.31.
<적용시기> '22.1.1. 이후 개시하는 과세연도에 상시근로자 수가 증가하는 경우부터 적용

③ 근로소득을 증대시킨 기업의 세액공제 등

❶ 근로소득을 증대시킨 기업에 대한 세액공제

내국인이 다음 각 호의 요건을 모두 충족하는 경우에는 2025년 12월 31일이 속하는 과세연도까지 직전 3년 평균 초과 임금증가분의 100분의 5(중소기업 100분의 20. 중견기업 100분의 10)에 상당하는 금액을 해당 과세연도의 소득세(사업소득에 대한 소득세만 해당함) 또는 법인세에서 공제합니다. [조세특례제한법 제29조의4]

1. 상시 근로자의 해당 과세연도의 평균임금 증가율이 직전 3개 과세연도의 평균임금 증가율의 평균(직전 3년 평균임금 증가율의 평균)보다 클 것
2. 해당 과세연도의 상시근로자 수가 직전 과세연도의 상시 근로자 수보다 크거나 같을 것

▶ **상시근로자 수**

다음 계산식에 따라 계산하며, 이 경우 100분의 1 미만의 부분은 없는 것으로 합니다.

$$\frac{\text{해당 과세연도의 매월 말 현재 상시근로자 수의 합}}{\text{해당 과세연도의 개월 수}}$$

◆ **상시 근로자에서 제외하는 자**

1. 임원
2. 근로소득의 금액이 7천만원 이상인 근로자
3. 해당 기업의 최대주주 또는 최대출자자(개인사업자의 경우 대표자) 및 그와 친족관계인 근로자

4. 근로소득세를 원천징수한 사실이 확인되지 아니하는 근로자
5. 근로계약기간이 1년 미만인 근로자
6. 단시간근로자

◆ 세액공제를 받으려는 연도의 5년 이내 기간 중에 퇴사한 직원이 있는 경우 [조세특례제한법 시행령 제26조의4 ⑩]
세액공제를 받으려는 과세연도의 종료일 전 5년 이내의 기간 중에 퇴사하거나 새로 상시근로자수에서 제외하게 된 근로자가 있는 경우에는 상시근로자 수 및 평균임금을 계산할 때 해당 근로자를 제외하고 계산한다.

◆ 세액공제를 받으려는 연도의 5년 이내 기간 중에 입사한 직원이 있는 경우
세액공제를 받으려는 과세연도의 종료일 전 5년 이내의 기간 중에 입사한 근로자가 있는 경우에는 해당 근로자가 입사한 과세연도의 평균임금 증가율을 계산할 때 해당 근로자를 제외하고 계산한다.

평균임금증가분 초과분 임금증가분 세액공제

근로소득증대 세액공제에도 불구하고 중소기업이 다음 각 호의 요건을 모두 충족하는 경우에는 2025년 12월 31일이 속하는 과세연도까지 전체 중소기업의 평균임금증가분을 초과하는 임금증가분의 100분의 20에 상당하는 금액을 제1항에 따른 금액 대신 해당 과세연도의 소득세(사업소득에 대한 소득세만 해당) 또는 법인세에서 공제할 수 있습니다. [조세특례제한법 제29조의4 ⑤]
1. 상시 근로자의 해당 과세연도의 평균임금 증가율이 전체 중소기업 임금증가율(3.0%, 2023년 이후 3.2%)보다 클 것

2. 해당 과세연도의 상시근로자 수가 직전 과세연도의 상시 근로자 수보다 크거나 같을 것
3. 직전 과세연도의 평균임금 증가율이 음수가 아닐 것

▶ **전체 중소기업의 평균임금증가분을 초과하는 임금증가분**

전체 중소기업의 평균임금증가분을 초과하는 임금증가분 = [해당 과세연도 상시근로자의 평균임금 - 직전 과세연도 상시근로자의 평균임금 × (1 + 0.033)] × 직전 과세연도 상시근로자 수

[개정 세법] 근로소득증대세제 재설계(조특법 §29의4)

현 행	개 정
□ 근로소득증대세제 ㅇ (적용요건) 당해연도 임금 증가율 > 직전 3년 평균임금 증가율* 　* 중소기업은 전체 중소기업 평균임금증가율 보다 높은 경우도 가능	□ 적용기한 연장 및 대기업 적용배제 ㅇ (좌 동)
ㅇ (세액공제) 3년 평균임금 증가율 초과 임금증가분 × 공제율* 　* 중소 20%, 중견 10% 　　대기업 5%	ㅇ 대기업을 적용대상에서 제외
ㅇ (적용기한) '22.12.31.	ㅇ '25.12.31.

<적용시기> '23.1.1. 이후 개시하는 과세연도 분부터 적용

농어촌특별세, 최저한세, 중복공제

[1] 농어촌특별세 신고 및 납부
근로소득증대세액공제를 받은 경우 농어촌특별세법에 의하여 세액공제액의 20%를 신고 및 납부하여야 합니다.

[2] 중복지원 또는 중복지원 배제
아래의 세액공제는 각각의 사유별로 세액공제를 받을 수 있으며, 창업중소기업 등에 대한 세액감면 또는 중소기업에 대한 특별세액감면등과 중복하여 공제받을 수 있습니다.

[조세특례제한법] 제29조의3(경력단절 여성 재고용 기업에 대한 세액공제)
제29조의5(청년고용을 증대시킨 기업에 대한 세액공제)
제29조의7(고용을 증대시킨 기업에 대한 세액공제)
제30조의2(정규직 근로자로의 전환에 따른 세액공제)

[3] 세액공제의 이월공제
근로소득증대세액공제가 해당 과세연도에 납부할 세액이 없거나 최저한세 적용을 받아 해당연도에 공제받지 못한 금액이 있다면 이는 해당 과세연도의 다음 과세연도의 개시일로부터 5년 이내(2021년 이후 10년)에 끝나는 각 과세연도에 이월하여 공제받을 수 있습니다.

④ 청년 등 취업자에 대한 소득세 감면

◉ 청년 등 취업자에 대한 소득세 감면

[1] 개요

근로계약 체결일 현재 연령이 15세 이상 34세 이하인 청년(2018년 1월 1일 이후 29세 → 34세), 60세 이상인 사람·장애인(2014년 1월 1일 이후) 경력단절여성(2017년 1월 1일 이후)이 특정한 업종의 중소기업체(비영리기업 포함)에 2023년 12월 31일까지 취업하는 경우 그 중소기업체로부터 받는 근로소득으로서 **취업일부터 3년(2018년 이후 청년의 경우 5년)이 되는 날**이 속하는 달까지 발생한 소득에 대해서 일정비율에 상당하는 금액을 감면받을 수 있습니다. 이 경우 소득세 감면기간은 소득세를 감면받은 사람이 다른 중소기업체에 취업하거나 해당 중소기업체에 재취업하는 경우에 관계없이 소득세를 감면받은 최초 취업일부터 계산합니다. [조세특례제한법 제30조]

[2] 취업 연도별 감면율 [감면한도액 : 150만원]

2012.1.1. ~ 2013.12.31. 기간 취업시 : 100분의 100
2014.1.1. ~ 2015.12.31. 기간 취업시 : 100분의 50
2016.1.1. ~ 2017.12.31. 기간 : 100분의 70(감면한도액 150만원)
2018.1.1. 이후 : 100분의 70(청년의 경우 100분의 90)

[3] 2018년 개정 → 감면기간 및 감면율

청년 중소기업 취업자 소득세 감면기간은 취업일부터 5년이 되는 날이 속하는 달까지입니다. 예를 들어 2017년 6월 10일 입사한 경우 감면기간은 2017년 6월부터 2022년 6월 30일까지이며, **2017년 6월 10일부터 2017년 12월까지는 70%의 감면율이 적용되고,**

2018년 1월부터 2022년 6월 30일까지 적용되는 감면율은 90%입니다. (취업일부터 감면기간을 계산하는 것으로 신청일이 아님)

[4] 2018년 이후 취업하고, 종전 근무지에서 감면을 받은 사실이 없는 경우

취업일(근로계약체결일) 현재 연령이 15세이상 34세 이하인 경우 취업월부터 5년간 근로소득세의 90%를 감면받을 수 있습니다.

[5] 감면대상 연령

1. 감면대상 근로자 연령은 만34세 이하입니다. 예를 들어 2018년 9월 17일 입사자의 경우 1983년 9월 18일 이후 출생한 경우 만34세 이하로 감면을 받을 수 있습니다.
2. 취업시 연령요건을 충족하면 취업일부터 5년이 되는 날까지 감면 적용을 받을 수 있는 것으로 감면 기간 중 연령을 초과하는 경우에도 감면을 받을 수 있습니다.

[6] 종전 법령에 의하여 취업 당시 29세 이하로 감면기간(3년)이 종료되었으나 개정 법령으로 감면기간이 남아 있는 경우

종전 법령에 의하여 감면기간이 종료된 경우 그 종료월부터 2017년 12월까지는 감면을 받을 수 없으나 2018년 이후 개정 법령에 의한 감면기간 연장으로 2018년 이후 감면기간이 남아 있는 경우 종료월까지 근로소득의 90%를 감면받을 수 있습니다.

[7] 2017. 12. 31. 이전 입사시 만30세 ~ 만34세 이하인 경우

취업 당시 만34세 이하인 경우로서 5년이 경과되지 않는 경우 2017년 이전 소득에 대하여는 감면을 받을 수 없으나 2018년 이후 잔여기간에 대하여는 90% 감면을 받을 수 있습니다.

🅠 감면대상 청년 근로자 등

[1] 청년

근로계약 체결일 현재 연령이 15세 이상 34세 이하인 사람(외국인 포함). 다만, 다음의 어느 하나에 해당하는 병역을 이행한 경우에는 그 기간(6년을 한도)을 근로계약 체결일 현재 연령에서 **빼고** 계산한 연령이 34세 이하인 사람을 포함합니다.
① 현역병(상근예비역 및 경비교도·전투경찰순경·의무소방원을 포함)
② 공익근무요원
③ 현역에 복무하는 장교, 준사관 및 부사관

[2] 60세 이상의 사람

근로계약 체결일 현재 연령이 60세 이상인 사람

[3] 장애인

「장애인복지법」의 적용을 받는 장애인 및 상이자

[4] 다음의 요건을 모두 충족하는 경력단절여성

1. 해당 기업에서 1년 이상 근무하였을 것
2. 임신·출산·육아의 사유로 해당 기업에서 퇴직하였을 것
3. 해당 기업에서 퇴직한 날부터 3년 이상 10년 미만의 기간이 지났을 것

◆ 감면대상에서 제외되는 근로자

1. 법인의 임원
2. 법인의 최대주주 또는 최대출자자와 그 배우자
3. 제2호에 해당하는 자의 직계존속·비속 및 친족관계인 사람
4. 일용근로자

🅠 감면대상 업종

- 제조업, 건설업, 도매 및 소매업
- 운수업, 숙박 및 음식점업(주점 및 비알콜 음료점업은 제외한다)
- 부동산업 및 임대업, 기타 전문.과학 및 기술 서비스업
- 건축기술.엔지니어링 및 기타 과학기술서비스업,
- 출판.영상.방송통신 및 정보서비스업(비디오물 감상실 운영업 제외)
- 농업, 임업 및 어업, 광업, 전기.가스.증기 및 수도사업
- 하수.폐기물처리.원료재생 및 환경복원업, 연구개발업, 광고업
- 시장조사 및 여론조사업, 사업시설관리 및 사업지원 서비스업
- 기술 및 직업훈련 학원, 사회복지 서비스업
- 수리업을 주된 사업으로 영위하는 기업

▶ 제외 업종 예시
- 법무관련, 회계.세무관련 서비스업 등
- 보건업(병원, 의원 등), 금융 및 보험업
- 예술, 스포츠 및 여가관련 서비스업
- 교육서비스업(기술 및 직업훈련 학원 제외), 기타 개인 서비스업
- 국가, 지방자치단체, 공공기관 및 지방공기업

🅠 감면신청 및 감면세액

➡ 감면 신청

[1] 근로자
근로자는 '중소기업 취업자 소득세 감면신청서'에 병역복무기간을 증

명하는 서류 등을 첨부하여 취업일이 속하는 달의 다음 달 말일까지 원천징수의무자에게 제출하여야 합니다. 다만, 감면 신청기한 경과 후 감면신청서를 제출하더라도 감면을 적용받을 수 있습니다.

[2] 원천징수의무자

근로자로부터 감면 신청을 받은 경우 그 신청을 한 근로자의 명단을 신청을 받은 날이 속하는 달의 다음 달 10일까지 원천징수 관할 세무서장에게 제출하여야 합니다. 이 경우 원천징수의무자는 감면신청서를 제출받은 달의 다음 달부터 매월분의 근로소득에 대한 소득세 중 감면급여비율 상당액을 원천징수하지 않습니다.

[3] 감면세액

중소기업체로부터 받는 근로소득(감면소득)과 그 외의 종합소득이 있는 경우 해당 과세기간의 감면세액은 다음 계산식에 따라 계산한 금액으로 하되, 연간 감면한도액은 150만원으로 합니다.

$$종합소득산출세액 \times \frac{근로소득금액}{종합소득금액} \times \frac{감면대상 중소기업체로부터 받는 총급여액}{해당 근로자의 총급여액} \times 감면율$$

[개정 세법] 2023년 이후 중소기업 취업자에 대한 소득세 감면한도를 과세기간별 150만원에서 200만원으로 상향함(제30조)

SECTION 03

소득이 적은 근로자 지원제도 근로장려금

> 사업소득 또는 근로소득이 있으나 소득이 적어 생활이 어려운 가구를 지원하기 위하여 정부는 소득지원제도인 근로장려금을 지급하고 있으며, 국세청에 신청하면 심사후 지급하여 줍니다.

1 근로장려금 지원기준 및 금액

◉ 소득금액 기준

● **연간 총소득의 합계액이 다음의 기준금액 미만일 것**

거주자 및 배우자를 포함한 세대원(18세 미만 자녀 및 거주자 또는 그 배우자와 동일한 주소에 거주하는 직계존속과 직계비속))의 **연간 총소득의 합계액**이 총소득기준금액 미달하는 경우 근로장려금을 지급하며, 연간 총소득의 합계액에는 **사업소득**, 근로소득, 기타소득, 이자소득, 배당소득, 연금소득 등을 모두 포함한 금액으로 합니다.

◨ 총소득기준금액

가구의 구성		총소득기준금액	최대지원금액
단독가구		2,200만원	150만원
가족가구	홀벌이	3,200만원	260만원
	맞벌이	3,800만원	300만원

▶ **단독가구**

배우자와 부양자녀가 없는 가구

▶ **홀벌이가구**

1. 배우자가 있는 경우로서 배우자의 소득이 연간 300만원 미만인 경우
2. 18세 이하 부양자녀가 있는 경우
3. 배우자가 없어도 70세 이상의 부모를 부양하는 경우(단, 주민등록표상 동거가족으로서 생계를 같이하고, 부모의 연소득 100만원 이하여야 함)

▶ **맞벌이가구**

맞벌이가구인 경우 배우자의 근로소득 총급여(비과세소득 제외) 및 사업소득의 연간 합계액이 **3백만원 이상**이어야 합니다.

● **소득종류별 소득금액 계산 방법**

- 근로소득 = 총급여(비과세금액 제외)
- 사업소득 = 총수입금액 × <u>업종별 조정률</u>
- 이자·배당·연금소득 = 총수입금액
- 기타소득 = 총수입금액 - 필요경비

▶ **사업소득의 업종별 조정률**

1. 도매업 : 100분의 20
2. 농업·임업 및 어업, 광업, 자동차 및 부품 판매업, **소매업**, 부동산매매업, 그 밖에 다른 목에 해당되지 아니하는 사업 : 100분의 30
3. 제조업, 음식점업, 건설업(비주거용 건물 건설업은 제외하고, 주거용 건물 개발 및 공급업을 포함한다): 100분의 45
4. 상품중개업, 숙박업, 하수·폐기물처리·원료재생 및 환경복원업, 운수업, 출판·영상·방송통신 및 정보서비스업, 금융 및 보험업 : 100분의 60
5. 부동산 관련 서비스업, 전문·과학 및 기술서비스업, 사업시설관리 및 사업지원서비스업, 교육서비스업, 보건업 및 사회복지서비스업, 예술·스포츠 및 여가 관련 서비스업, 수리 및 기타 개인 서비스업 : 100분의 75
6. 부동산임대업, 임대업(부동산 제외), 인적용역, 가구 내 고용활동: 100분의 90

부양가족 기준

▶ **배우자 또는 자녀가 있는 경우**

배우자가 있거나 18세 이하 자녀가 있는 경우 홀벌이 가구 또는 맞벌이 가구의 근로장려금을 신청할 수 있으며, 이 경우 세대구성원 전부의 소득 및 재산이 기준금액 미만이어야 합니다.

▶ **배우자 또는 부양자녀 여부**

배우자 및 부양자녀 여부는 **해당 연도의 과세기간 종료일(12월 31일) 현재**를 기준으로 하며, 부양자녀가 해당 연도의 과세기간 중에 18세 미만에 해당하는 날이 있는 경우 18세 미만으로 봅니다.

> **보 충** 부양자녀 요건 : 다음 각 호의 요건을 모두 갖춘 사람
>
> 1. 거주자의 자녀이거나 동거입양자일 것. 다만, 부모가 없거나 부모가 자녀를 부양할 수 없는 경우 거주자의 손자·손녀 또는 형제자매를 포함합니다.
> 2. 18세 미만일 것. (장애인의 경우 연령 제한을 받지 않습니다.)
> 3. 연간 소득금액의 합계액이 100만원 이하일 것
> 4. 주민등록표상의 동거가족으로서 해당 거주자의 주소나 거소에서 현실적으로 생계를 같이 하는 사람일 것. 다만, 직계비속의 경우에는 그러하지 않음

재산 기준

거주자 및 배우자를 포함한 세대원(18세 미만 자녀 및 거주자 또는 그 배우자와 동일한 주소에 거주하는 직계존속과 직계비속)이 소유하고 있는 토지·건물·자동차·예금 등 재산 합계액(부채는 공제하지 않음)이 **직전연도 6월 1일 기준**으로 **2억원 미만**이어야 합니다. 단, 재산 합계액이 1.4억원 이상인 경우 근로장려금은 근로장려금 산정금액의 100분의 50에 해당하는 금액으로 합니다.

> **보 충** 재산의 합계액에 포함하는 재산
>
> 1. 토지 및 건축물
> 2. 승용자동차. 다만, 영업용 승용자동차는 제외합니다.
> 3. 전세금(임차보증금 포함) : 시가표준액을 준용하여 평가한 금액의 100분의 60 이내에서 국세청장이 정하여 고시하는 금액(55%)
> 4. 이자소득을 발생시키는 예금·적금·부금·예탁금·저축성보험 등 다만, 금융재산의 개인별 합계금액이 5백만원 미만인 경우 제외
> 5. 유가증권 및 회원제 골프장을 이용할 수 있는 회원권
> 6. 부동산을 취득할 수 있는 권리

■ (개정 세법) 근로·자녀장려금 재산요건 완화(조특법 §100의3·5·28)

현 행	개 정
□ 근로·자녀장려금 지급대상자 재산요건 ㅇ 재산합계액 2억원 미만 - 1.4억원 이상 시 근로·자녀 장려금 50% 지급	□ 재산요건 완화 ㅇ 2억원 미만 → 2.4억원 미만 - 1.7억원 이상 시 근로·자녀 장려금 50% 지급

<적용시기> '23.1.1. 이후 신청하는 분부터 적용

근로장려금 지원금액

[1] 단독가구

총급여액 등	근로장려금	비고
400만원 미만	총급여액 등 × 150/400	
400만원 이상 900만원 미만	150만원	
900만원 이상 1,300만원 미만	150만원 - (총급여액 등 - 900만원) × 150/1100	

[2] 홑벌이 가족가구

총급여액 등	근로장려금	비고
700만원 미만	총급여액 등 × 260/700	
700만원 이상 1,400만원 미만	260만원	
1,400만원 이상 3,000만원 미만	260만원 - (총급여액 등 - 1,400만원) × 260/1600	

[3] 맞벌이 가족가구

총급여액 등	근로장려금	비고
800만원 미만	총급여액 등 × 300/800	
800만원 이상 1,700만원 미만	300만원	
1,700만원 이상 3,600만원 미만	300만원 - (총급여액 등 - 1,700만원) × 300/1,500	

근로장려금 신청 및 환급

① 근로장려금을 지원받으려는 근로자 및 사업자는 종합소득과세표준확정신고 기간(5. 1. ~ 5. 31.)에 '근로장려금신청서'에 근로장려금 신청자격을 확인하기 위하여 필요한 증거자료를 첨부하여 관할 세무서장에게 근로장려금을 신청하여야 하며, 근로장려금의 신청을 한 경우에만 근로장려금을 지원받을 수 있습니다.

② 제1항에도 불구하고 반기(半期)동안 근로소득만 있는 거주자는 상반기 소득분에 대하여 8월 21일부터 9월 10일까지, 하반기 소득분에 대하여 다음 연도 2월 21일부터 3월 10일까지 근로장려금신청서에 근로장려금 신청자격을 확인하기 위하여 필요한 자료를 첨부하여 납세지 관할 세무서장에게 근로장려금을 신청할 수 있습니다.

■ (개정 세법) 근로장려금 지급액 인상(조특법 §100의5①)

현 행	개 정
□ 근로장려금 지급액	□ 지급액 인상
○ 단독 가구	○ 단독 가구

○ 단독 가구

총급여액등*	근로장려금
400만원 미만	총급여액등 × 400분의 150
400만원 이상 900만원 미만	150만원
900만원 이상 2,200만원 미만	150만원 - (총급여액등 - 900만원) × 1,300분의 150

* 근로소득 + 사업소득(총수입금액×업종별조정률)

총급여액등	근로장려금
400만원 미만	총급여액등 × 400분의 165
400만원 이상 900만원 미만	165만원
900만원 이상 2,200만원 미만	165만원 - (총급여액등 - 900만원) × 1,300분의 165

○ 홑벌이 가구

총급여액등	근로장려금
700만원 미만	총급여액등 × 700분의 260
700만원 이상 1,400만원 미만	260만원
1,400만원 이상 3,200만원 미만	260만원 - (총급여액등 - 1,400만원) × 1,800분의 260

○ 홑벌이 가구

총급여액등	근로장려금
700만원 미만	총급여액등 × 700분의 285
700만원 이상 1,400만원 미만	285만원
1,400만원 이상 3,200만원 미만	285만원 - (총급여액등 - 1,400만원) × 1,800분의 285

○ 맞벌이 가구

총급여액등	근로장려금
800만원 미만	총급여액등 × 800분의 300
800만원 이상 1,700만원 미만	300만원
1,700만원 이상 3,800만원 미만	300만원 - (총급여액등 - 1,700만원) × 2,100분의 300

○ 맞벌이 가구

총급여액등	근로장려금
800만원 미만	총급여액등 × 800분의 330
800만원 이상 1,700만원 미만	330만원
1,700만원 이상 3,800만원 미만	330만원 - (총급여액등 - 1,700만원) × 2,100분의 330

<적용시기> '23.1.1. 이후 신청하는 분부터 적용

② 자녀장려금 지원기준 및 지원금액

자녀장려금이란 사업소득 또는 근로소득이 있는 자로서 일정 소득기준 및 재산기준에 미달하는 경우 자녀양육비를 지원하기 위한 제도로서 해당 과세연도 12월 31일 현재 **18세 미만인 자녀**가 있고, 거주자와 그 배우자의 연간 총소득 합계액이 **7천만원 미만**이면서 가구원 **재산 합계액이 2억원 미만**인 경우 자녀 1인당 최대 100만원을 지원받을 수 있으며, 근로장려금과는 별도로 지급받을 수 있습니다.

■ 가구원 요건

가구명칭	가구 구분	가구원 구성
단독가구		배우자.부양자녀.부양부모가 없는 경우
홑벌이가구	배우자의 총급여액 등이 3백만원 미만인 가구	배우자·18세 미만 부양자녀·생계를 같이하는 70세 이상 부,모가 있는 경우
맞벌이가구	배우자의 총급여액 등이 3백만원 이상인 가구	

■ 총소득 요건
가구원 구성에 따라 거주자(배우자 포함)의 연간 총소득 기준금액이 다음표의 금액 미만이어야 합니다.

가구원 구성		단독 가구	홑벌이 가구	맞벌이 가구
총 소 득 기준금액	근로장려금	2,200만원	3,200만원	3,800만원
	자녀장려금	-	4,000만원	

■ 재산 요건
가구원 모두의 재산(토지.건물.자동차.예금.전세보증금 등)을 합산하여 2억원 미만이어야 하며, 부채는 차감하지 않습니다.

■ (개정 세법) 자녀장려금 대상 및 지급액 확대(조특법 §100의29)

현 행	개 정
□ 자녀장려금 소득요건 및 지급액	□ 소득요건 상향 및 지급액 인상
ㅇ (소득요건) 총소득기준금액 4,000만원 미만인 홑벌이·맞벌이 가구	ㅇ 총소득기준금액 7,000만원 미만인 홑벌이·맞벌이 가구
ㅇ (지급액) 자녀 1인당 최대 80만원	ㅇ 자녀 1인당 최대 100만원
- 홑벌이 가구	- 홑벌이 가구

- 홑벌이 가구 (현행)

총급여액등	자녀장려금
2,100만원 미만	자녀 1인당 80만원
2,100만원 이상 4,000만원 미만	80만원 - (총급여액등 - 2,100만원) × 1,900분의 30

- 홑벌이 가구 (개정)

총급여액등	자녀장려금
2,100만원 미만	자녀 1인당 100만원
2,100만원 이상 7,000만원 미만	100만원 - (총급여액등 - 2,100만원) × 4,900분의 50

- 맞벌이 가구 (현행)

총급여액등	자녀장려금
2,500만원 미만	자녀 1인당 80만원
2,500만원 이상 4,000만원 미만	80만원 - (총급여액등 - 2,500만원) × 1,500분의 30

- 맞벌이 가구 (개정)

총급여액등	자녀장려금
2,500만원 미만	자녀 1인당 100만원
2,500만원 이상 7,000만원 미만	100만원 - (총급여액등 - 2,500만원) × 4,500분의 50

<적용시기> '24.1.1. 이후 신청하는 분부터 적용